図表でみる教育
OECDインディケータ
（2018年版）

経済協力開発機構（OECD）

明石書店

経済協力開発機構（OECD）

　経済協力開発機構（Organisation for Economic Co-operation and Development, OECD）は、民主主義を原則とする36か国の先進諸国が集まる唯一の国際機関であり、グローバル化の時代にあって経済、社会、環境の諸問題に取り組んでいる。OECDはまた、コーポレート・ガバナンスや情報経済、高齢化等の新しい課題に先頭になって取り組み、各国政府の新たな状況への対応を支援している。OECDは各国政府がこれまでの政策を相互に比較し、共通の課題に対する解決策を模索し、優れた実績を明らかにし国内及び国際政策の調和を実現する場を提供している。

　OECD加盟国は、オーストラリア、オーストリア、ベルギー、カナダ、チリ、チェコ、デンマーク、エストニア、フィンランド、フランス、ドイツ、ギリシャ、ハンガリー、アイスランド、アイルランド、イスラエル、イタリア、日本、韓国、ラトビア、リトアニア、ルクセンブルグ、メキシコ、オランダ、ニュージーランド、ノルウェー、ポーランド、ポルトガル、スロベニア、スロバキア、スペイン、スウェーデン、スイス、トルコ、英国、米国である。欧州委員会もOECDの活動に参加している。

　OECDが収集した統計や、経済、環境、社会の諸問題に関する研究成果は、加盟各国の合意に基づく条約、指標、原則と同様にOECD出版物として広く公開されている。

　本書はOECDの事務総長の責任のもと発行される。本書で表明されている意見や主張は必ずしもOECDまたはその加盟諸国の公式見解を反映するものではない。

Originally Published in English and French under the titles:
"Education at a Glance: OECD INDICATORS - 2018 EDITION"
"Regards sur l'éducation: LES INDICATEURS DE L'OCDE - ÉDITION 2018"
© 2018, Organisation for Economic Co-operation and Development (OECD), Paris. All rights reserved.

© 2018, Akashi Shoten Japan for this Japanese edition. Published by arrangement with the OECD, Paris.
Photo credits: © Christopher Futcher / iStock; © Marc Romanelli / Gettyimages; © michaeljung / Shutterstock; © Pressmaster / Shutterstock

表B2.3b、表B2.4、表C1.5、表C4.1（16）〜（19）、表C5.4、表C5.5は、OECDのホームページより引用され日本語版にのみ追加されたものである。

The quality of the Japanese translation and its coherence with the original text is the responsibility of the Akashi Shoten Japan.

　イスラエルの統計データは、イスラエル政府関係当局により、その責任の下で提供されている。OECDにおける当該データの使用は、ゴラン高原、東エルサレム、及びヨルダン川西岸地区のイスラエル入植地の国際法上の地位を害するものではない。

まえがき

各国政府は、教育機会や教育成果の国際比較に対し、ますます関心を深めている。というのも、個々人の社会的・経済的可能性を広げ、学校教育の質の向上に向けた誘因を提供し、増大する教育への需要に応えるべく資源を動員できるような、有効な政策が求められているからである。こうした各国政府の関心に応えるため、経済協力開発機構（Organisation for Economic Co-operation and Development, OECD）教育局は、定量的で国際比較が可能なインディケータ（指標）の開発と分析を行い、それを『図表でみる教育OECDインディケータ』で毎年発表している。それらの指標は、OECDによる各国の政策レビューと合わせて、より効果的で公平な教育制度を構築しようとする各国政府の取り組みの一助になると思われる。

『図表でみる教育OECDインディケータ』は、政策上の有用な先例に学びたい政府、詳細な分析のためのデータを求める学者や研究者、そして、世界に通用する人材育成という点での自国の学校教育の進捗状況を知りたい一般市民など、幅広い利用者のニーズに応えることを目指し、学習成果の質、その成果を生み出す政策手段や背景要因、教育投資による個人的・社会的収益率に関して考察を加えている。

『図表でみる教育OECDインディケータ』は、OECD加盟各国政府をはじめ、OECD教育インディケータ（Indicators of Education Systems, INES）事業に参加している専門家・諸機関及びOECD事務局の長年にわたる努力と協力の成果である。本書は、OECD教育局「イノベーションと進歩の評価」課（Innovation and Measuring Progress Division）が、Deborah RoseveareとMarie-Hélène Doumetの指揮の下、Étienne Albiser、Éric Charbonnier、Manon Constinot、Fatine Guedira、Corinne Heckmann、Karinne Logez、Axelle Magnier、Camila de Moraes、Simon Normandeau、Gara Rojas González、Daniel Sánchez Serra、Markus Schwabe、Giovanni Maria Semeraro、Roland Tuszの協力を得て、作成にあたった。また、管理業務ではValérie Forgesから、追加的な助言や分析についてはAgnese Gatti、Yaelin Ham、Michael Jacobs、Pauline Le Pape、Hanvit Park、Junyeong Parkから支援を受けた。編集・制作過程ではMarilyn Achiron、Cassandra Davis、Sophie Limogesの貴重な協力も得た。発行までの過程では、INES作業部会を通してOECD加盟各国が方向付けをし、INESネットワークの援助も得ている。巻末に、本書の発行並びにOECD教育インディケータ事業に対して、全般的な協力を得た各国政府及び諸機関のメンバーや専門家の氏名を掲載している。

OECD及び加盟各国は、政策的ニーズと、非常に有用で国際比較が可能なデータとのつながりを強化しようと努めており、その成果は近年大きく実りつつあるものの、なお努力を続ける必要がある。だがその過程には、避けて通れない各種の課題や矛盾もある。第一に、これらの指標は各国の政策課題の中でも優先順位が高い教育問題に応え、国内での分析や評価から得られる成果に対して、国際比較という視点から重要な付加価値を加えるものでなければならない。第二に、これらの指標は国際比較が可能な形で提示される必要がある一方、各国の歴史や制度、文化などの違いがみて取れるような国ごとのデータも示さなければならない。第三に、これらの指標はできるだけわかりやすく単純明快に提示される必要があるが、一方で、教育の持つ多面性を反映して相当程度の複雑さを残すことも求められる。最後に、指標全体の数量はなるべく少ない方が望ましいが、各国でさまざまな教育課題に

まえがき

取り組む政策立案者の利用に耐えるだけの十分な数量も必要である。

OECDはこうした課題に今後も積極的に取り組み、また、データの収集が容易で指標の作成が見込める分野だけでなく、概念の整理になお多大な投資が必要な分野においても努力を続けていく。課題達成に向けた取り組みの中でも、「生徒の学習到達度調査（Programme for International Student Assessment, PISA）」の発展と、「国際成人力調査（Programme for the International Assessment of Adult Competencies, PIAAC）」の一つの成果である「OECD成人スキル調査（OECD Survey of Adult Skills）」、さらには「国際教員指導環境調査（Teaching and Learning International Survey, TALIS）」を通したPISAの拡充は、重要なものとなる。

『図表でみる教育
OECDインディケータ
（2017年版）』
該当インディケータ

目　次

まえがき ……………………………………………………………………………………… 3

刊行にあたって：教育がすべての人々に約束するもの ………………………………… 11

はじめに：インディケータとその枠組み ………………………………………………… 14

利用にあたって ……………………………………………………………………………… 19

要　旨 ………………………………………………………………………………………… 25

教育の平等：持続可能な開発目標（SDGs） …………………………………………… 29

A章（Chapter A）教育機関の成果と教育・学習の効果 ……………………… 45

インディケータA1：成人の学歴分布 ………………………………………………… 46　　A1
　　表A1.1.　25〜64歳人口の学歴分布（2017年） ………………………………… 61
　　表A1.2.　25〜34歳人口の学歴分布の推移（男女別）（2007年、2017年） …… 62
　　表A1.3.　現居住国生まれ／外国生まれの25〜64歳人口の学歴分布（入国年齢別）(2017年)…… 63

インディケータA2：若年者の就学及び就業状況 …………………………………… 64　　C5
　　表A2.1.　18〜24歳人口の就学者及び非就学者の就業状況別割合（2017年） …… 74
　　表A2.2.　若年成人に占める就学者及び非就学者の就業の有無別・年齢層別割合の推移
　　　　　　（2007年、2017年） ……………………………………………………… 75
　　表A2.3.　現居住国生まれ／外国生まれの15〜29歳人口に占めるニートの割合
　　　　　　（入国年齢別）（2017年） ……………………………………………… 76

インディケータA3：最終学歴別の就業状況 ………………………………………… 78　　A5
　　表A3.1.　25〜64歳人口の学歴別就業率（2017年） …………………………… 94
　　表A3.2.　25〜34歳人口の学歴別・男女別就業率の推移（2007年、2017年） … 95
　　表A3.3.　25〜34歳人口の学歴別就業状況（2017年） ………………………… 96
　　表A3.4.　現居住国生まれ／外国生まれの25〜64歳人口の就業率
　　　　　　（入国年齢別、学歴別）（2017年） …………………………………… 97

インディケータA4：教育による所得の増加 ………………………………………… 98　　A6
　　表A4.1.　就業者の相対所得（学歴別）（2016年） …………………………… 110
　　表A4.2.　中央値と比較した所得分布（学歴別）（2016年） ………………… 111
　　表A4.3.　男女間の所得比較（学歴別、年齢層別）（2016年） ……………… 112
　　表A4.4.　現居住国生まれと外国生まれの就業者間の所得比較（学歴別、年齢層別）
　　　　　　（2016年） ……………………………………………………………… 113

目　次

『図表でみる教育 OECDインディケータ （2017年版）』 該当インディケータ

インディケータ A5：教育からの収益：教育投資への誘因 ································ 114

A7

表A5.1a. 男性が高等教育を修了する場合の私的費用と私的利益（2015年）··········· 128
表A5.1b 女性が高等教育を修了する場合の私的費用と私的利益（2015年）··········· 129
表A5.2a. 男性が高等教育を修了する場合の公的費用と公的利益（2015年）··········· 130
表A5.2b. 女性が高等教育を修了する場合の公的費用と公的利益（2015年）··········· 131
表A5.3a. 男性が高等教育を修了する場合の私的／公的費用と私的／公的利益
（教育段階別）（2015年）··· 132
表A5.3b. 女性が高等教育を修了する場合の私的／公的費用と私的／公的利益
（教育段階別）（2015年）··· 133

インディケータ A6：教育の社会的成果 ··· 134

A8

表A6.1. 環境問題を意識している、または、十分に意識していると回答した15歳児の生徒
の割合（科学的リテラシーの習熟度別）（2015年）····························· 147
表A6.2. 環境問題が日常生活に影響しているという考えに同意した成人の学歴別割合
（2014年または2010年）··· 148
表A6.3. 環境に配慮する個人的責任があると考える成人の学歴別割合
（2016年または2010〜2014年）··· 149
表A6.4. エネルギーの利用を減らす行動を個人として取っていると回答した成人の学歴別
割合（2016年または2010年）·· 150

インディケータ A7：成人教育への参加の平等度 ····································· 152

C6

表A7.1. 現居住国生まれ／外国生まれの成人における学校教育や学校教育以外の教育への
男女別参加率ならびに人口構成（2012年または2015年）····················· 165
表A7.2. 現居住国生まれ／外国生まれの成人における学校教育や学校教育以外の
教育への参加率（就業状況別）（2012年または2015年）······················ 166
表A7.3. 現居住国生まれ／外国生まれの成人における学校教育や学校教育以外の
教育への参加率（学歴別）（2012年または2015年）·························· 167

B章（Chapter B）教育機会・在学・進学の状況 ············· 169

インディケータ B1：初等教育から高等教育までの在学率 ························· 170

C1

表B1.1. 年齢層別在学率（2005年、2010年、2016年）····························· 185
表B1.2. 15〜20歳人口に占める在学者の割合（2010年、2016年）·············· 186
表B1.3. 前期・後期中等教育の在学者の特徴（2016年）····························· 187

インディケータ B2：幼児教育 ··· 188

C2

表B2.1a. 幼児教育及び保育と初等教育の年齢別在学率（2016年）·················· 205
表B2.1b. 幼児教育及び保育と初等教育の年齢別在学率の推移

			『図表でみる教育 OECDインディケータ (2017年版)』該当インディケータ

（2005年、2010年、2015年、2016年）------------------ 206

表B2.2.　幼児教育及び保育の設置形態別在学率と教員一人当たり在学者数（2016年）------- 207

表B2.3a.　幼児教育及び保育（ISCED 0）に対する教育支出ならびに就学前教育に対する
教育支出の対GDP比の変化（2005年、2010年、2014年、2015年）------------- 208

表B2.3b.　幼児教育及び保育（ISCED 0）に対する教育支出の公私負担割合
（2005～2015年）------------------ 209

表B2.4.　OECD加盟国及び非加盟国の幼児教育及び保育プログラム ------------- 210

インディケータB3：後期中等教育卒業率 ------------------ 216 　　A2

表B3.1.　後期中等教育の職業プログラムの卒業者（2016年）------------- 228

表B3.2.　後期中等教育及び高等教育以外の中等後教育初回卒業率（2016年）------- 229

表B3.3.　後期中等教育及び高等教育以外の中等後教育初回卒業率の推移
（2005年、2010年、2016年）------------------ 230

インディケータB4：高等教育進学率 ------------------ 232 　　C3

表B4.1.　博士課程プログラムへの新入学者の特徴（2016年）------------- 243

表B4.2.　高等教育初回入学者の特徴（2016年）------------------ 244

表B4.3.　高等教育の教育段階別初回進学率（2016年）------------- 245

インディケータB5：高等教育卒業率 ------------------ 246 　　A3

表B5.1.　高等教育初回卒業者の特徴（2016年）------------- 256

表B5.2.　高等教育卒業者の専攻分野別の割合（2016年）------------- 257

表B5.3.　高等教育初回卒業率（教育段階別）（2016年）------------- 258

インディケータB6：高等教育機関における留学生と外国人学生 ------------------ 260 　　C4

表B6.1.　高等教育機関に在学する留学生及び外国人学生（2016年）------- 274

表B6.2.　高等教育在学者に占める留学生と外国人学生の割合と専攻分野別分布（2016年）275

表B6.3.　外国人学生及び留学生の各種傾向（2016年）------------- 276

インディケータB7：高等教育の入学及び卒業の公平性 ------------------ 278

表B7.1.　学士課程及び長期の第一学位プログラムまたは同等レベルの新入学者と年齢人口
に占める、両親が高等教育未修了者である者の割合（男女別）（2015年）------- 289

表B7.2.　学士課程及び長期の第一学位プログラムまたは同等レベルの初回卒業者と年齢人
口に占める、両親が高等教育未修了者である者の割合（男女別）（2015年）------- 289

表B7.3.　学士課程及び長期の第一学位プログラムまたは同等レベルの新入学者と年齢人口
に占める、移民第一世代または第二世代の者の割合（男女別）（2015年）------- 290

表B7.4.　学士課程及び長期の第一学位プログラムまたは同等レベルの初回卒業者と年齢人
口に占める、移民第一世代または第二世代の者の割合（男女別）（2015年）------- 290

目　次

『図表でみる教育
OECDインディケータ
〔2017年版〕』
該当インディケータ

C章（Chapter C）教育への支出 ……………………………………291

インディケータC1：在学者一人当たり教育支出 …………………294　B1
表C1.1.　在学者一人当たり教育支出（2015年）………………………304
表C1.2.　在学者一人当たり教育支出の使途別（教育、補助的サービス、研究・開発活動）構成（2015年）…………………………305
表C1.3.　在学者一人当たり教育支出の推移（2005年、2011年、2015年）……306
表C1.5.　在学者一人当たり教育支出（財源別）（2015年）………………307

インディケータC2：国内総生産（GDP）に対する教育支出の割合 ……310　B2
表C2.1.　教育機関に対する支出の対GDP比（2015年）………………319
表C2.2.　教育機関に対する支出の対GDP比（財源別）（2015年）……320
表C2.3.　教育機関に対する支出の対GDP比の推移（2005〜2015年）……321

インディケータC3：教育支出の公私負担割合 ……………………322　B3
表C3.1.　教育支出に占める公財政支出、私費負担、国際財源の割合（教育段階別）（2015年）………………………………331
表C3.2.　資金移転前後の教育支出に占める公財政支出、私的負担、国際財源の割合（2015年）………………………………332
表C3.3.　初等教育段階から高等教育段階までの教育支出の公財政支出割合の推移と公財政支出、私費負担、国際財源の割合の変化指数（2005〜2015年）………………333

インディケータC4：公財政教育支出 …………………………………334　B4
表C4.1.　一般政府総支出に占める公財政教育支出の割合（2015年）……343
表C4.2.　資金移転前後の政府レベル別公財政教育支出（2015年）………345
表C4.3.　一般政府総支出に占める公財政教育支出の割合の推移（初期支出）（2005年、2011年、2015年）………………………346

インディケータC5：高等教育機関の授業料と学生への公的補助 ………348　B5
表C5.1.　高等教育機関における推定平均年間授業料（2015〜16年度）……360
表C5.2.　高等教育機関における授業料の推定変化指数（2005〜06年度から2015〜16年度）及び近年実施された授業料改革（2015〜16年度）………………………362
表C5.3.　公的貸与補助の返済と軽減・免除（高等教育）（2015〜16年度）……364
表C5.4.　国公立高等教育機関における専攻分野別平均年間授業料（2015〜16学年度）……366
表C5.5.　各種財政支援を受ける学生の割合（2015〜16学年度）………367

インディケータC6：教育支出の使途別構成 ………………………368　B6
表C6.1.　消費的支出と資本的支出の割合（教育段階別）（2015年）……375

8

表C6.2. 消費的支出の支出項目別構成（2015年） ———————————— 376
表C6.3. 教育機関の種類別消費的支出の支出項目別構成（2015年） ———— 377

インディケータC7：教員の給与支出を決定する要因 ———————— 378   B7

表C7.1. 生徒一人当たり教員給与支出（国公立教育機関）（教育段階別）（2016年） ———— 391
表C7.2. 生徒一人当たり教員給与支出に対する各種要因の寄与度（初等教育）（2016年）——— 392
表C7.3. 生徒一人当たり教員給与支出に対する各種要因の寄与度（前期中等教育）
（2016年）———————————————————————— 393

D章（Chapter D）教員と学習環境・学校組織 ———————— 395

インディケータD1：初等・中等教育学校の生徒の標準授業時間数 ———— 396   D1

表D1.1. 義務教育（普通プログラム）の授業時間（2018年） ———————— 410
表D1.2. 義務教育（普通プログラム）の体系（2018年） ————————— 412
表D1.3a. 初等教育段階の教科別授業時間（2018年） ————————— 413
表D1.3b. 前期中等教育段階（普通プログラム）の教科別授業時間（2018年） ——— 414

インディケータD2：学級規模と教員一人当たり生徒数 ——————— 416   D2

表D2.1. 教育機関の設置形態別平均学級規模（2016年）及び変化指数（2005年、2016年）425
表D2.2. 教員一人当たり生徒数（教育段階別）（2016年） ——————— 426
表D2.3. 教育機関の設置形態別教員一人当たり生徒数（2016年） ———— 427

インディケータD3：教員と学校長の給与 ———————————— 428   D3

表D3.1a. 教員の法定給与（最も一般的な教員資格）（勤続年数別）（2017年）——— 448
表D3.2a. 高等教育修了の就業者の所得に対する教員及び学校長の給与の比率（実際の給与）
（2017年）———————————————————————— 449
表D3.4. 教員及び学校長の実際の平均給与（年齢層別、男女別）（2016年） ——— 450
表D3.10. 学校長の最低給与と最高給与（法定給与）（最低限の教員資格）（2017年）——— 451

インディケータD4：教員の授業時間数及び勤務時間数 ——————— 452   D4

表D4.1. 教員の授業時間数及び勤務時間数（2017年） ———————— 465
表D4.2. 教員の年間授業時間数の推移（2000年、2005〜2017年） ——— 467
表D4.3. 教員の業務と職務（2017年） ————————————— 468

インディケータD5：教員の構成 ——————————————— 470   D5

表D5.1. 教員の年齢構成（2016年） ————————————— 480
表D5.2. 教員の男女別構成（教育段階別）（2016年） ———————— 481
表D5.3. 教員の男女構成（年齢層別、教育段階別）（2016年）と女性教員の割合（全年齢）
（2005年、2016年） ————————————————————— 482

『図表でみる教育
OECDインディケータ
（2017年版）』
該当インディケータ

9

目　次

『図表でみる教育
OECDインディケータ
（2017年版）』
該当インディケータ

インディケータ D6：教育システムに関する政策・方針決定の場 ································ **484**

表D6.1.　国公立前期中等教育における政策・方針決定権限の所在別割合（2017年）············· 498
表D6.2.　国公立前期中等教育における政策・方針決定権限の所在別割合（領域別）
　　　　　（2017年）·· 499
表D6.3.　国公立前期中等教育において学校が持つ政策・方針決定権限の所在別割合（方法
　　　　　別）（2017年）·· 501

付録1　教育制度の特徴（教育関連の主要基礎データ） ···································· **503**

表X1.1a.　教育段階別の標準卒業年齢（2016年）·· 504
表X1.1b.　教育段階別の標準入学年齢（2016年）·· 506
表X1.2a.　指標の算定対象となった会計年度及び学年度（OECD加盟国）······················· 507
表X1.2b.　指標の算定対象となった会計年度及び学年度（OECD非加盟国）····················· 508
表X1.3.　義務教育の開始年齢と終了年齢及び初等教育の開始年齢（2016年）··················· 509

付録2　主要な基本データ ·· **511**

表X2.1.　主要基準統計（調査年は2015年、2016年（暦年））·· 512
表X2.2.　GDPと一般政府総支出（調査年は2005年、2010～2015年（暦年）、時価）··········· 513
表X2.3.　主要基準統計（調査年は2005年、2010～2015年（暦年）、2010年不変価格）········ 515
表X2.4a.　最も一般的な教員資格を持つ教員の勤続年数別法定給与（2017年）··················· 517
表X2.4c.　最低限の教員資格を持つ教員の勤続年数別法定給与（2017年）······················· 519
表X2.4f.　教員給与の算定に用いた参照データ（2000年、2005～2017年）······················· 521
表X2.4g.　各国通貨による実際の教員給与の平均の推移（2000年、2005年、2010～2016年）··523
表X2.5.　教員の教員資格別割合（2017年）··· 525
表X2.6.　就学前・初等・前期中等・後期中等教育教員の学歴別の割合（2017年）············· 526

付録3　資料・算定方法・テクニカルノート ··· **527**

『図表でみる教育』出版への協力者·· 529

10

刊行にあたって

教育がすべての人々に約束するもの

私たちはみな、平等に生を受けるが、誰もが生まれつき同じ機会に恵まれるわけではない。裕福な家庭に生まれる者もいれば、やりくりに苦労する者もいる。紛争や動乱の中で育ち、外国への移住を余儀なくされる者がいる一方で、安定した社会と繁栄の恩恵を生涯にわたって享受する者もいる。また、身体障害に立ち向かい、基本的な作業を行うのにも苦労する者がいるかと思えば、健康のありがたみにまったく気づかない者もいる。こうした条件や社会的環境は生まれた時に定められたものであり、くじ引きと同じような偶然の結果だと思えるかもしれないが、それでもやはり、得られる機会だけでなく、人生を生き易くするのに必要な社会的能力や情緒的能力にも影響を与えて、私たちの人生の出発点が決まっていく。

「出発点における教育の方向が、その人の未来を決定する」。プラトンの『国家』（藤沢令夫訳、岩波書店、1979年）の中で、ソクラテスはプラトンの兄アデイマントスにそう語っている。事実、教育は、一生を通じて進歩の礎となるものである。誰もが認めるように、すべての子ども、すべての人間が、性別や社会経済的背景、民族的背景、文化的背景に関係なく、技能を身につけて社会の中で前進する同じような機会を与えられるべきである。実際、平等は、世界の多くの国が社会構築の拠り所とする基本的価値観の一つである。

強力な道徳的・倫理的理由が平等の希求を支えているだけではない。OECDの「包摂的成長イニシアチブ（Inclusive Growth Initiative）」が明らかにしてきたように、包摂的社会の経済的・社会的利点を示す確かな証拠もある。高い学歴を取得するほど高度な技能が身につき、生涯所得も高くなる。教育の質は、その国が経済的に繁栄するかどうかを予測する有力な手がかりになりうる。学力不足の場合には、政府はそれを補う方法を見つけて、すべての人が社会的にも経済的にも幸福に暮らせるようにしなければならないので、極めて高い費用がかかる。

だが、技能の不平等の影響は、国の経済的繁栄にとどまらず、もっと広範囲に及ぶ。社会のすべての側面に波及して、例えば健康状態の悪化や、暴力または社会不安につながるのである。そのどれをとっても、不平等が長期にわたり、往々にして悲劇的な結果を、個人と地域社会にもたらしかねないことがわかるだろう。OECDの「包摂的成長のための枠組み（Framework for Inclusive Growth）」が、取り残された人々や地域への投資を重要視する一方で、包摂的な労働市場を支持してきたのも、それが理由である。この枠組みは、指標を用いて、不平等が生まれる仕組みを明らかにし、すべての人に機会を与える政策を策定・実行できる方法を各国に提案しているが、その中核をなすのが、教育における不平等との闘いである。

2018年版の『図表でみる教育OECDインディケータ』では、こうした問題を認識し、教育における平等に焦点を絞っている。この10年間に、学歴は大幅に向上したが、早い時点で生じる不平等が、生涯を通じて積み重なっていく傾向にあること、つまり、教育における不平等から労働市場における不平等へと発展し、社会経済的地位や性別、移民としての背景、地理的位置など、多くの条件を通し

て蓄積されていくことを明らかにしていく。

不平等を生むこうした条件の中で、教育や学習への参加と経済的・社会的成果に最も大きな影響を及ぼすのは、社会経済的地位である。母親が高等教育未修了者である子どもは、幼児教育・保育プログラムへの参加率が低い。子どもの認知発達が学齢に達するかなり前から始まることは広く認められているが、この教育段階への政府支出はいまだに他の教育段階より少ない。一生の間に不平等が積み重なっていくため、背景に恵まれない子どもは進学率も低い。親が高等教育未修了者である生徒は、後期中等教育の普通プログラムより職業プログラムに在学することが多いが、職業プログラムの修了率は相対的に低い。このことが高等教育への参加に影響し、この教育段階では、両親が高等教育未修了者である入学者の割合が小さくなっている。それでも、低学歴の家庭出身の成人3人に2人が、親よりも高い学歴を取得していることは、背景に最も恵まれない人々が、今では多くの技能を身につけつつある表れである。

現在、より上位の段階の教育に参加することが、かつてないほど重要になっている。肉体労働者の子ども3人中約1人は肉体労働者になるが、テクノロジーの変化やデジタル化、技術革新によって、高度な技能は高く評価される一方で、低技能職は市場から締め出されつつある。後期中等教育しか修了していない人々は、平均して、所得が高等教育修了者の65%にとどまり、この悪循環は後の世代に引き継がれていく。平均では、所得分布の下位10%に入る家庭の子どもが、OECD加盟国の平均レベルの所得を得るのは、おおむね4～5世代先である。

男女差も、縮小または解消を目指す多くの取り組みがなされているにもかかわらず、依然として存在するが、学校と労働市場では、男女差が生まれる仕組みが異なる。男子は、女子と比べて、留年や中途退学、高等教育未修了になる可能性が高い。しかし、学校での成績が優秀であっても、女性の方が依然として就業状況や所得の面での成果が低い。これは、専攻分野を決めるにあたって、選択に男女間で違いがあるのも理由である。ジェンダー・ダイバーシティ（性別にとらわれない多様性）を推し進める試みがさまざまな職場で広く行われてきたが、高等教育段階で、高い所得が見込める専攻分野に入学して卒業する女性は、相変わらず少数派である。例えば、最近は工学系の技能に対する需要が高いが、工学の学位を取得する卒業者の割合は、男性では25%であるのに対して、女性ではわずか6%である。子ども時代に植え付けられた、生活の中での女性の役割に関する文化規範や先入観が、たいていの場合は無意識のうちに、こうした選択にいまだに影響を及ぼしていると思われる。

移住の傾向も、地域社会と教育制度を根底から変えつつある。結束力のある社会を築けるかどうかは、移民を統合し、労働市場と地域社会に貢献するのに必要な技能を身に付けさせることができるかどうかに左右される。しかしながら、データのある国では、移民第一世代及び第二世代は、学士課程または第一学位長期高等教育プログラムに入学して卒業する割合が比較的小さく、また、外国生まれの成人が生涯の間に学校教育や学校教育以外の教育に参加する可能性も、現居住国生まれの成人より低い。

一読したところでは、ソクラテスの言葉は真実を突いているように思える。背景に恵まれずに人生をスタートする人々は、質の高い学習環境を得にくく、また、社会で進歩成長するための技能や意志を身に付けることも難しい。だが、これは予言というよりむしろ、教育制度のために行動を起こすこと

刊行にあたって

を私たちに呼びかけ、子どもを育む質の高い学習環境を提供すれば、教育機会の格差を是正する一助になることを、思い出させる言葉である。

そうした大きな願いに枠組みを与えるべく、世界のリーダーたちは、「教育のための持続可能な開発目標（Sustainable Development Goals, SDGs）」を設定した。2030年までに「すべての人々に包摂的かつ公平で質の高い教育を提供し、生涯学習の機会を促進する」ことを約束し、これまでの取り組みで最も包括的な世界的教育アジェンダの一つを始動させたのである。この目標に向けた10のターゲットのうち、ターゲット4.5は平等の実現に専心し、特に「教育における男女差を無くし、障害者や先住民、恵まれない立場にある子どもなどの弱者が、すべての教育段階の教育や職業訓練を受ける公平な機会を得られるようにする」ことを目指している。このアジェンダは、男女差の問題に取り組むだけでなく、先進国にも開発途上国にも関連のある、他のさまざまな側面における平等のモニタリングを行うよう、各国に呼び掛けている。

教育における不平等が2030アジェンダ全体で横断的に取り上げられていることを考慮して、2018年版の『図表でみる教育OECDインディケータ』では、すべての「教育のための持続可能な開発目標」、なかでも特にターゲット4.5に関する章を特設し、平等という目標達成に向けたOECD加盟国及び非加盟国の進捗状況を評価している。その結果を見ると、平等な教育参加と質の高い学習成果の実現は、多くのOECD加盟国にとって依然として課題であることがわかる。成人の学校教育及び学校教育以外の教育への参加率における男女差は、国によって大きな差異があり、女性の割合が小さい国もあれば、男性の割合が小さい国もある。学習成果の平等実現における差異も著しく、すべてのOECD加盟国で、15歳児の数学的リテラシーの得点は、生徒の社会経済的地位や学校の所在地（都市部か、地方か）と強い関連性がある。ほとんどの国では、この関連性は過去10年間にまったく弱まっていない。

誰もが、偉大な人間になる潜在能力を備えており、成長し、進歩して、社会に十分に貢献する機会を得るに値する。教育における平等の実現には、さまざまな政策手段を通じた広範な介入が求められる。例えば、最も弱い立場にある人々を対象にした教育資金や教育資源の提供や、留年防止、機会の拡大による少数集団の普通教育への参加の奨励、学習困難な生徒を見つけて支援できるように、教員を適切に訓練して教育学的知識を身につけさせること、費用が手頃で質の高い幼児教育の機会拡大や提供が必要となる。

子どもたちが直面している機会の格差を埋めるために、これまでに多くの取り組みが行われてきたが、教育における平等の実現への道のりには依然として多くの障害が残されていることを、本書は思い出させてくれる。私たちには、個人的事情や社会状況が、潜在能力を生徒が発揮する妨げにならないようにする責任がある。教育はそれをすべての人に約束するものでなければならない。

経済協力開発機構（OECD）事務総長
アンヘル・グリア（Angel Gurría）

はじめに：インディケータとその枠組み

■ 枠組み

『図表でみる教育 OECD インディケータ（2018年版）』は、国際比較が可能な最新のインディケータ（指標）を多数提供しており、それぞれのインディケータは、教育の現況を国際的に比較・評価する方法に関し、専門家の合意を得て作成されている。指標の提供する情報は、教育に投資される人的資源や財源、教育制度の機能や変化の様相、教育投資による個人的・社会的収益率などに関するものである。指標はテーマ別に構成されており、それぞれの指標について、政策的背景に関する情報やデータの解釈を付す。

指標は、教育制度内の要素（関係者）によって区分し、考察対象の問題の種類に従ってそれらを分類して、政策に影響する背景要因を考察する枠組みの中で体系化している（図A）。こうした側面に加えて、「時間」の観点から、教育制度の変化の動的な側面を視覚化することもできる。

図 A. 『図表でみる教育 OECD インディケータ』の指標の枠組み

教育制度に関わる要素

OECD教育インディケータ（Indicators of Education Systems, INES）は、国の教育制度全体としての教育の成果を測定するものであって、個別の教育機関や、州・県その他のレベルの教育の成果を測るものではない。しかし、教育制度の変化や機能、効果（影響）に関する多くの重要な特徴を正しく評価するには、個人や個別の教育機関レベルにおける教育の成果や、その成果と資源の投入及びプロセスとの関係を知らなければならないという認識が一般的になってきている。このためOECD教育

インディケータでは、その枠組みの第1領域を、教育制度に関わる以下の三つの要素レベルに分類している。

■教育制度全体。
■教育サービス提供者（教育機関、学校）ならびに教育機関内の授業環境（学級、教員）。
■個人学習者、生徒・学生。初期教育・訓練を受ける子どもや若年成人か、生涯学習プログラムに参加する成人。

インディケータのグループ

上の三つのレベルは、枠組みの第2領域によってさらに三つのグループに分けられる。

■教育制度の結果や成果、影響に関するインディケータ：結果に関するインディケータでは、学歴など、教育制度を離れた者の特徴を分析し、成果に関するインディケータでは、就業状況や、上の教育段階に進学することによる所得の増加など、教育制度の結果の直接的な効果を検証する。影響に関するインディケータでは、身につけた知識や技能、経済成長や社会的幸福への貢献、社会的結束と公平性など、成果の長期的な間接的効果を分析する。
■教育単位内での参加と進歩に関するインディケータ：これらのインディケータでは、各教育段階の入学者や在学者、修了者の割合と、プログラムの性格別、教育段階別のさまざまな進路について見ていく。
■教育制度や学習環境への投入に関するインディケータ：これらのインディケータは、各教育段階の参加状況や進歩、結果、成果を形作る政策手段に関する情報を提供する。こうした政策手段は、財源、人的資源（教員や他の学校職員）、物理的資源（施設やインフラ）など、教育に投入される資源に関連し、学級の教育環境や教育内容、カリキュラムの提供に関する政策選択とも結びついている。また、運営や自治、特定プログラムへの生徒・学生の参加を規定する特別な政策など、学校組織と教育制度の体系を分析する。

政策に影響する背景要因

政策手段には通常、前例や、政策を決定・抑制するが、目下の政策課題に直接は関係しない外部要因がある。人口学的要因、社会経済的要因、政治的要因はいずれも、インディケータの解釈の際に考慮に入れるべき各国の重要な特徴である。例えば、最近の経済危機は、教育に充てられる公財政支出に大きな影響を及ぼした。

性別や年齢、社会経済的背景、文化的背景のような生徒・学生本人の特徴も、教育政策の成果に影響する重要な背景要因である。

■ 枠組みを用いたインディケータの分析

応用性が高いこの枠組みを用いれば、教育制度全体から特定の教育段階やプログラムまでの教育単位や、学級のようにもっと小さな教育単位の働きや機能を理解することができる。

応用性が重要なのは、教育制度の多くの特徴が教育制度のレベルごとに異なる影響を与えるからである。例えば、規模の小さな学級の方が生徒と教員の接する機会が増えて生徒が恩恵を受けるとすれ

ば、学級内の生徒レベルでは、学級規模と生徒の成績の間には負の関係が成立する。しかし、教育サービス提供者（学級や学校）のレベルでは、生徒は意図的にグループ分けされることが多く、成績の低い生徒は教員の目が届きやすいように規模の小さな学級に入れられるので、教育サービス提供者のレベルでの学級規模と生徒の成績の間にはしばしば正の関係が成立する（つまり、規模の大きい学級の生徒の成績の方が小さな学級の生徒の成績より高い）。そして、教育制度全体での学級規模と生徒の成績との関係は、学校の社会経済的背景や、教育や学習に影響を与える要因の国による違いなどによって、もっと複雑な様相を呈する。したがって、インディケータの解釈にあたっては、学級規模と生徒の成績との関係を十分に理解することが重要である。

枠組みの各要素と要素間の相互関係を分析すれば、以下のような、さまざまな政策的視点を理解するのに役立つ。

■教育の成果及び教育の提供の質の問題。
■教育の成果及び教育機会に関わる公平性の問題。
■教育に投資される資源の妥当性、有効性及び効率性。
■教育の成果を向上する教育政策措置の妥当性。

■『図表でみる教育OECDインディケータ』の章とインディケータの構成

『図表でみる教育OECDインディケータ（2018年版）』の各インディケータは、この枠組みの中で作成されてきた。各章は、教育制度全体の視点から構成されているが、各インディケータは教育段階や教育環境に分けて分析されているため、枠組みの複数要素を取り上げている場合もある。

A章「教育機関の成果と教育・学習の効果」には、国民の全体的な学歴というかたちでの教育の結果や成果、影響ならびに、学習面及び経済的、社会的な成果に関するインディケータが含まれる（図A）。こうした分析を通して、A章のインディケータは、生涯学習に関する政策立案に役立つ背景情報を提供する。また、成果と影響が国の戦略目標に合致しない分野への取り組みに必要な政策手段についても、知見を与える。

B章「教育機会・在学・進学の状況」は、幼児教育から高等教育までの教育制度全体について考察し、各教育段階及びプログラムの生徒・学生の在学や進学、修了に関するインディケータを示す（図A）。これらのインディケータは、各教育段階での結果が次の教育段階への投入に役立ち、進学率が学級、教育機関、教育制度レベルでの政策や実践の結果である限り、結果と成果を組み合わせたものと考えられる。しかし、例えば、不平等の問題への取り組みや留学の促進に政策介入が必要な分野を特定するための「背景」を示す場合もある。

C章とD章は、教育制度への投入に関係する（図A）。
■C章「教育への支出」は、教育や教育機関への支出とその公私負担割合に関するインディケータを示す。これらのインディケータは主に政策手段であるが、特定の学習成果を説明するのにも役立つ。例えば、在学者一人当たり教育支出は、個人学習者に最も直接影響する重要な政策措置となる一方で、学校での学習環境や教室での生徒の学習条件に対する制約にもなる。
■D章「教員と学習環境・学校組織」は、授業時間、教員の勤務時間、教員と学校長の給与などのイ

ンディケータを提示するが、これらのインディケータは、実行可能な政策手段を表すだけでなく、同時に教育の質や個人レベルの教育成果の背景を示すものでもある。また、教員の構成、教育制度における政策・方針決定を行う政府レベル、中等・高等教育への進学条件に関するデータも取り上げている。

『図表でみる教育OECDインディケータ』には、掲載されている通常のインディケータと中核となる統計データに加えて、コラムでの分析も含まれている。こうしたコラムは、たいていの場合、インディケータの理解に役立つ調査結果や、調査結果を補完する少数の国に関する補足的な分析を提供している。

■ 持続可能な開発目標（SDGs）の目標4

2015年9月、世界のリーダーが集結し、国際社会の未来のために意欲的な目標を定めた。その「持続可能な開発目標（Sustainable Development Goals, SDGs）」のうち目標4（SDG 4）は、「すべての人々に包摂的かつ公平で質の高い教育を提供し、生涯学習の機会を促進する」ことを目指している。SDG 4の枠組みでは、各ターゲットに少なくとも一つのグローバル指標があり、それに関連する多くのテーマ別指標によって、ターゲットの分析と測定を補完している。

UNESCOは、国連主導のSDGsの枠組みに照らして、SDGsの教育アジェンダのモニタリングを行っており、SDG 4指標の大半を管理する機関として、ユネスコ統計局（UNESCO Institute for Statistics, UIS）が、SDG 4の各ターゲットに向けた進捗状況をモニタリングする指標の枠組みを策定すべく、国際的な取り組みを調整している。データの収集に加えて、UISはパートナーと協力して、新しい指標や統計手法、モニタリングツールを開発し、教育関連のSDGsターゲットの達成に向けた進捗状況の評価を向上しようと取り組んでいる。

こうした状況で、OECDの教育プログラムは、SDG 4とそのターゲットの達成と、それに向けた進捗状況の評価において、重要な役割を担っている。SDG 4アジェンダとOECDの教育政策ツールや分析方法、データ、対話プラットフォームには、高度な相補性がある。OECDは現在、UIS、SDG 4ステアリング・コミッティー及び技術作業部会と協力している。技術作業部会は、世界規模の報告に向けた包括的データシステムを構築し、SDG 4のグローバル指標や、OECD加盟国及び非加盟国に関わる一部のテーマ別指標の報告に用いられているデータソースや算定方法と合致させるのを助けるために設置されたものである。

SDGsのモニタリングに関する対話と進捗状況の向上を目指したこうした国際的な取り組みの一環で、『図表でみる教育OECDインディケータ』は2年目も、SDGsターゲットの達成に向けたOECD加盟国・非加盟国の進捗状況を評価する目的で、この普遍的な教育アジェンダに一つの章を充てている。各版の主眼に応じて、扱うSDGsのグローバル指標やテーマ別指標が年ごとに変わると思われるので、SDGsの説明には、『図表でみる教育OECDインディケータ』の一般的な枠組みを利用する。

■『図表でみる教育OECDインディケータ（2018年版）』における公平性

2018年版の『図表でみる教育OECDインディケータ』では、厳選されたテーマとして公平性を中心に据えている。教育の公平性は、誰もが質の高い教育を受ける機会を与えられて在学・進学すること

はじめに

ができ、性別や家族または移民の背景のような個人的事情や社会的状況が、教育による可能性を実現する妨げにならないことを意味する。したがって、2018年版の多くのインディケータでは、就学率や進学率だけでなく、性別や（社会経済的背景の代理指標と見なされることが多い）親の学歴、移民としての背景、出身国、地域など、公平性に関わる多くの側面から教育の成果を分析する。

本書のこうした全体的な主眼に合わせて、『図表でみる教育OECDインディケータ（2018年版）』のSDGsに関する章では、2030年までに「教育における男女差を無くし、障害者や先住民、恵まれない立場にある子どもなどの弱者が、すべての教育段階の教育や職業訓練を受ける公平な機会を得られるようにする」ターゲット4.5に向けた進捗状況に焦点を当てている。

以下の表は、公平性に関する多くの側面で教育の公平性の分析に役立つ本書のインディケータと章をまとめたものである。

表A. 公平性に関する分析を含んだ『図表でみる教育OECDインディケータ（2018年版）』のインディケータ

章	インディケータ番号	インディケータ	公平性の側面			
			性別	親の学歴	移民としての背景／出身国	地域
A章：教育機関の成果と教育・学習の効果	A1	成人の学歴分布	○	○	○	○
	A2	若年者の就学及び就業状況	○	○	○	○
	A3	最終学歴別の就業状況	○		○	○
	A4	教育による所得の増加	○		○	
	A5	教育からの収益：教育投資への誘因	○			
	A6	教育の社会的成果				
	A7	成人教育への参加の平等度	○		○	
B章：教育機会・在学・進学の状況	B1	初等教育から高等教育までの在学率	○			○
	B2	幼児教育	○	○	○	○
	B3	後期中等教育卒業率	○	○	○	
	B4	高等教育進学率	○			
	B5	高等教育卒業率	○			
	B6	高等教育機関における留学生と外国人学生				
	B7	高等教育の入学及び卒業の公平性	○	○	○	
C章：教育への支出	C1	在学者一人当たり教育支出				○
	C2	国内総生産（GDP）に対する教育支出の割合				
	C3	教育支出の公私負担割合				
	C4	公財政教育支出				
	C5	高等教育機関の授業料と学生への公的補助				
	C6	教育支出の使途別構成				
	C7	教員の給与支出を決定する要因				
D章：教員と学習環境・学校組織	D1	初等・中等教育学校の生徒の標準授業時間数				○
	D2	学級規模と教員一人当たり生徒数				
	D3	教員と学校長の給与	○			○
	D4	教員の授業時間数及び勤務時間数				○
	D5	教員の構成	○			
	D6	教育システムに関する政策・方針決定の場				

利用にあたって

■ 統計の対象範囲

国によっては統計データがなく、指標としての有効範囲がなお限定される場合も多いが、原則として統計の対象範囲は、教育機関の設置形態や出資者、あるいは教育を提供する方法の如何にかかわらず、国内（国の統治権の及ぶ地域内）の教育制度全体である。また、下記の例を除き、あらゆるタイプの生徒、あらゆる年齢層を対象とする。すなわち、子ども（特別支援教育の対象者を含む）、成人、自国民、外国人、さらには、個人の知識を広げ深めることを主目的とする、遠隔教育や特別な教育プログラム、あるいは、教育担当省以外の省庁が設置している教育プログラムの受講生などである。職場で行われる職業・技術訓練は、教育制度の一部として明確に位置づけられている学校・企業連携プログラム以外は基本的な教育費や就学データに含めない。

「成人教育」「非正規教育」等の教育活動については、「学校教育」と同様の学習内容を扱う場合、あるいは、その活動が、学校教育プログラムで得られるのと同等の資格が取得可能なプログラムに含まれる場合は調査対象とした。一方、成人向けのコースでも、主として一般的なテーマを扱うもの、個人の関心を深めるもの、レジャー・レクリエーションを目的とするものは除外した。

『図表でみる教育OECDインディケータ』に示すインディケータの対象範囲に関する詳細については、『OECD国際比較教育統計ハンドブック（*OECD Handbook for Internationally Comparable Statistics on Education 2018*）』（OECD, 2018[1]）を参照。

■ 時系列での比較について

『図表でみる教育OECDインディケータ』の各指標については、指標のロバスト性や国際比較の可能性を高める目的で、継続的に算定方法を向上させてきた。そのため、時系列で指標の分析を行う場合は、異なる版でデータを比較するのではなく、最新版内のみで比較するよう強く勧める。『図表でみる教育OECDインディケータ（2018年版）』に掲載されている時系列での比較はすべて、過去データの毎年の修正と、2018年版で実施された算定方法の向上に基づく。

■ 対象の国について

今年度の『図表でみる教育OECDインディケータ』では、OECD加盟35か国と、OECD非加盟国でOECD教育インディケータ（Indicators of Education Systems, INES）事業に参加する2か国（ブラジル、ロシア）、及びINESに参加していない他のOECD非加盟のG20加盟国及びOECD加盟候補国（アルゼンチン、中国、コロンビア、コスタリカ、インド、インドネシア、リトアニア[1]、サウジアラビア、南アフリカ）のデータをもとに考察を進めている。最後に挙げた9か国のデータソースは、通常のINESデータコレクションまたはユネスコ統計研究所（UNESCO Institute of Statistics, UIS）、欧州統計局（Eurostat）である。

一部の国については、適時、国に準ずる地域や特定の地域で表示している。

イスラエルの統計データは、イスラエル政府関係当局により、その責任の下で提供されている。OECDにおける当該データの使用は、ゴラン高原、東エルサレム、及びヨルダン川西岸地区のイスラエル入植地の国際法上の地位を害するものではない。

■ 国に準ずる地域に関する注記

国に準ずる地域のデータを解釈する際には、場合によっては、各国内で地域の人口規模と面積に大きな差異があることを考慮に入れる必要がある。カナダを例に取ると、ヌナブト準州は人口が37,082人で、面積が190万平方キロメートルであるのに対し、オンタリオ州は人口1,390万人で面積が90万9,000平方キロメートルである（OECD, 2018[2]）。また、分析対象とする地域が増えると、カナダやロシア、アメリカ合衆国のような大国では特に、地域差が大きくなる傾向がある。

■ 地域名について

一貫性を保つため、国と国に準ずる地域は、本書ではそれぞれ「国」と「地域」と表記し、国に準じる地域は、地域名と国名を示す（例えば、イングランド（イギリス））。『図表でみる教育OECDインディケータ』の他の指標と整合性を持たせるために、成人スキル調査と「国際教員指導環境調査（Teaching and Learning International Survey, TALIS）で用いられている「フランドル（ベルギー）」は、本書では「フラマン語圏（ベルギー）」と表記する。図と表では、ベルギーのフラマン語圏は「フラマン語圏（ベルギー）」、フランス語圏は「フランス語圏（ベルギー）」とする。

■ 国際平均の計算方法

『図表でみる教育OECDインディケータ』の主たる目的は、教育統計の主要な国際比較データをまとめて、信頼できる資料として提供することである。国際比較では国ごとに固有の数値が示されるが、同じ国の中でも内部は一様ではないことに留意する必要がある。OECD各国平均が各国のさまざまな状況を包括的に取り扱っているのと同様に、国ごとの平均値にも、国内の管轄区ごとのかなりのばらつきが一括りにされているのである。

大多数のインディケータではOECD各国平均（OECD average）を示し、一部にOECD全域平均（OECD total）を示すものもある。OECD各国平均は、データが得られた、または推定できたすべてのOECD加盟国について、各国ごとに算出された値をそのまま単純に加えて（重み付けなしで）算出した平均値である。したがって、OECD各国平均は各国の教育制度レベルの平均値を示し、ある国の指標の値が、標準的・平均的な国の値と比較した場合、どのような位置づけにあるかをこれによって知ることができる。この計算方法では、各国の教育システムの規模は考慮されない。

OECD全域平均は、データが得られた、または推定できたすべてのOECD加盟国について、各国ごとに算出された値に重み付けを行って算出した平均値である。つまり、OECD加盟国全体を一つの地域として考えた場合の値を示すものである。この平均値を求める目的は、例えば、個々の国の歳出表を、有効なデータが得られるOECD全域を一国とみなして、その歳出表と比較することなどにある。

推移データを用いる表では、OECD 各国平均は全調査年のデータを提出した国のみを算出対象としている。これによって、OECD 各国平均の経時的比較を行う際に、年によって計算対象国が異なるために生じるゆがみを排除している。

多くの指標で、**EU 加盟 22 か国平均**も示している。この平均値は、データが得られる、または推定できる EU と OECD の両方に加盟している 22 か国について、各国のデータを重み付けなしで算出したものである。EU 加盟 22 か国とは、オーストリア、ベルギー、チェコ共和国、デンマーク、エストニア、フィンランド、フランス、ドイツ、ギリシャ、ハンガリー、アイルランド、イタリア、ラトビア、ルクセンブルグ、オランダ、ポーランド、ポルトガル、スロベニア、スロバキア共和国、スペイン、スウェーデン、イギリスである。一部の指標では、**G20 各国平均**も示している。この平均値は、データが得られる、または推定できるすべての G20 加盟国について、各国ごとに算出された値を重み付けなしで算出したものである。G20 加盟国は、アルゼンチン、オーストラリア、ブラジル、カナダ、中国、フランス、ドイツ、インド、インドネシア、イタリア、日本、韓国、メキシコ、ロシア、サウジアラビア、南アフリカ、トルコ、イギリス、アメリカ合衆国であり、EU は 20 番目の加盟地域であるが、G20 各国平均の算定には含まない。中国とインドの両方のデータがない場合は、G20 各国平均は算出していない。

OECD 各国平均や EU 加盟 22 か国平均、G20 各国平均、OECD 全域平均は、欠測値によって違いが出ることに注意が必要である。特定のインディケータに用いるデータが得られない、また、特定の区分が適用できないという国も一部にある。したがって、「OECD 各国平均」や「EU 加盟 22 か国平均」「G20 各国平均」とは、あくまで、当該の比較で対象となっている OECD 加盟国や EU 加盟 22 か国、G20 加盟国の平均であることに留意されたい。欠測値のある国や、測定値が他の縦列に含まれる国が 40％を超える場合、平均値を算出していない。

また、**国・地域の平均**を示す場合もある。国・地域の平均は、図表において、推定値の相加平均を表すものである。

■ 教育段階区分

教育段階区分は、国際教育標準分類（ISCED）に準拠している。国際教育標準分類は、教育に関する統計データの国際的な収集に用いる分類法である。ISCED-97 は最近改定され、改定版のISCED-2011 が 2011 年 11 月に公式に採択された。ISCED 97 を用いている成人スキル調査のデータを示す表を除き、本書に記載された教育段階は、この ISCED-2011 に基づく。

一部の指標では、中間プログラムも使用している。中間プログラムとは、ISCED-2011 の当該教育段階修了には不十分とみなされて下位の教育段階に分類される、ISCED-2011 のプログラムの認定資格をいう。

以下の表は、本書で採用している ISCED 2011 の教育段階の一覧である。

利用にあたって

本書で用いている用語	ISCEDの教育段階区分
幼児教育 計画的な教育要素を持つ幼児教育プログラムで、学校や社会への参加に必要な認知的・身体的・社会情緒的能力を育むねらいがある。提供されるプログラムは、年齢ごとに区別されていることが多い。	ISCED 0 小区分：ISCED 01（早期幼児発達教育） ISCED 02（就学前教育）
初等教育 国語と算数の確実な基礎教育を行うとともに、他のいくつかの教科の基礎的理解を進めることを目的としている。5〜7歳から始まり、標準的な教育年数は6年間である。	ISCED 1
前期中等教育 基礎教育を完了する段階であり、初等教育より各教科の専門性が高く、教員の専門性も高い。その性格によって普通プログラムと職業プログラムとに区別されている場合もあるが、そういうケースは後期中等教育段階ほど多くはない。6年間の初等教育修了後に入学し、標準的な履修期間は3年。この段階の修了をもって義務教育の終了とする国もある。	ISCED 2
後期中等教育 前期中等教育よりさらに各教科の専門性が高くなる。提供されるプログラムは、性格によって普通プログラムと職業プログラムとに区別されている。標準的な履修期間は3年。	ISCED 3
高等教育以外の中等後教育 後期中等教育で習得した知識やスキル、能力を、深めるよりも広げるのに資する。設置の目的は、就業者の選択肢を増やすこと、または、高等教育段階でのさらなる研究に備えること、もしくはその両方であると考えられる。職業指向である場合が多い。	ISCED 4
短期高等教育 後期中等教育では一般に扱われない新しい技術や概念、思考を教授することで、それまでの教育段階で身につけた知識を深めることに資するものである。	ISCED 5
学士課程または同等レベル 中級レベルの学問知識や職業知識、スキル、能力を習得して、第一学位または同等の資格を取得するために設置されている。履修期間は一般に、フルタイム就学で3〜4年である。	ISCED 6
修士課程または同等レベル 学士課程よりも専門性が高く、内容がかなり複雑である。高度な学問知識や職業知識を習得するために設置される。十分な研究的要素が含まれる。	ISCED 7
博士課程または同等レベル 上級研究学位を取得するために設置されている。この教育段階のプログラムは、上級レベルの研究や独創的な研究を中心としており、学術的な分野にも、専門的な分野にも、ともに設置される。	ISCED 8

教育・訓練の分野

ISCEDでは、プログラムとそれに関連する資格は、教育段階だけでなく教育・訓練分野によっても分類できる。ISCED-2011の採択後、ISCEDの教育分野について別個に見直しと国際協議のプロセスが進められた。その結果、ISCEDの分野も改定が行われ、2013年11月に第37回UNESCO総会で、「ISCED 2013 教育・訓練分野の分類（ISCED 2013 Fields of Education and Training classification, ISCED-F 2013）」（UNESCO-UIS, 2014[4]）が採択された。本書で用いる「教育分野」という用語は、ISCEDの各分野をいう。

■ 標準誤差（S.E.）

本書に示す統計の推定値は、すべての国の対象集団のすべての人からすべての質問に回答を得た場合に算定可能な値ではなく、あくまで標本に基づく値である。したがって、各推定値には、標本抽出や測定の誤りによるある程度の不確実性が伴うが、それは標準誤差で表すことができる。また、信頼区間を用いることで、標本の推定値に関わるその不確実性を反映する形で、母集団の平均や割合を推定できる。本書では、信頼水準95%で信頼区間を設定している。つまり、同じ母集団から抽出した別の標本で測定を反復した場合、その結果が100回中95回は信頼区間に収まるということである。

標準誤差を示す表では、「%」の見出しがついた縦列は平均の割合を示し、「S.E.」の見出しがついた縦列は標準誤差を示す。調査方法を考えると、割合（%）に関わる標本抽出に伴う不確実性は標準誤差の2倍になる。例えば、% = 10、S.E. = 2.6の場合、誤差リスクを5%とすると、10%の不確実性範囲は標準誤差2.6の2（1.96）倍になる。したがって、実際の割合（誤差リスク5%）は、5%と15%の間のどこかであると考えられる（『信頼区間』）。信頼区間は、% ＋／－ 1.96 × S.E.で求められるので、上記の例の場合、5% ＝ 10% － 1.96 × 2.6、また15% ＝ 10% ＋ 1.96 × 2.6となるからである。

■ 表中の省略記号

本書の図表には、以下の記号や略号を使用している。

a 分類があてはまらないためデータが適用できない。

b 時系列上の大幅な変化がある（例えば、最新年のデータはISCED-2011 を参照し、その前年までのデータはISCED-97 を参照している場合）。

c 対象数が少なすぎて信頼できる推定値を得られない。

d 別の区分のデータを含む。

m データが得られない（欠測データの場合や、回答数が少ないため、指標の算定を行えない場合）。

r データが一定の信頼性閾値を下回り、解釈に注意が必要である。

q 当該国の要請でデータを非表示とする。

x 同じ表の別のカテゴリー、もしくは縦列にデータが含まれている（例えば、x（2）となっている場合、同じ表の第2列にデータが含まれていることを意味する）。

■ その他の資料

『図表でみる教育OECD インディケータ（2018年版）』のホームページ（www.oecd.org/education/education-at-a-glance-19991487.htm）では、指標の計算に用いられた方法、各国の状況を踏まえた指標の解釈、使用したデータソースに関して詳細な情報を提供している。また、指標の計算の基となったデータを閲覧することも可能である。

『図表でみる教育OECD インディケータ（2018年版）』の発行後の修正・更新一覧はホームページ（www.oecd.org/publishing/corrigenda）（修正）、（http://dx.doi.org/10.1787/eag-data-en）（更新）を参照。

『図表でみる教育OECD インディケータ（2018年版）』では、StatLinksサービスを採用している。本書の各図表の下に、その指標の基となるデータを掲載したエクセル集計表にリンクするURLを示す。このURLが変更されることはない。本書e-bookの利用者は、URLをクリックすることによって、エクセル集計表を別のウィンドウとして開くことができる。

OECD.stat（http://stats.oecd.org/）のEducation at a Glance Databaseには、『図表でみる教育OECD インディケータ』の元データと指標のほか、各国のデータの背景と説明がわかるメタデータを収録している。Education at a Glance Databaseでは、調査対象国の教育制度について

独自の分析を行うために、本書では不可能なもっと多くの方法でデータを分類できる。OECD. statサイトの「Education and Training」という項目から、Education at a Glance Databaseにアクセスできる。本書に示す地域データは、ウェブサイト（https://nces.ed.gov/surveys/annualreports/oecd/）を通じて、『図表でみる教育OECDインディケータ』の地域に関する補遺からアクセスできる。

■ 表のレイアウトに関する注記

すべての表で、縦列の上部に置いた括弧入りの数字（(1)(2)(3)……）は、単に参照の便宜をはかったものである。数字が途切れている場合、その縦列はホームページの表でのみ参照できる。

■ 本書で用いる略語

ICT　　情報通信技術
ISCED　国際教育標準分類
PIAAC　国際成人力調査
PPP　　購買力平価
S.E.　　標準誤差
STEM　自然科学・技術・工学・数学
UIS　　ユネスコ統計研究所
UOE　　UNESCO、OECD、欧州統計局の三つの機関が管理するデータコレクション

注

1. OECD理事会は、2018年5月3日にリトアニアに加盟を招請したが、本書の編集時には、リトアニアのOECD条約批准が未確定だったため、OECD加盟国リストには記載せず、OECD各国平均とEU加盟22か国平均に含めていない。

資料

OECD（2017a）, OECD *Handbook for Internationally Comparative Education Statistics: Concepts, Standards, Definitions and Classifications*, OECD Publishing, Paris, http://dx.doi.org/10.1787/9789264279889-en.

OECD（2017b）, OECD Regional Databast, http://stats.oecd.org/Index.aspx?DataSetCode=REGION_DEMOGR.

OECD, Eurostat, UNESCO Institute for Statistics（2015）, *ISCED 2011 Operational Manual: Guidelines for Classifying National Education Programmes and Related Qualifications*, OECD Publishing, Paris, http://dx.doi.org/10.1787/9789264228368.

UNESCO–UIS（2014）, *ISCED 2013 Fields of Education and Training 2013 (ISCED-F 2013)*, UNESCO Institute for Statistics, Montreal, http://dx.doi.org/10.15220/978-92-9189-150-4-en.

要　旨

教育における公平性への社会経済的背景の影響は、生涯を通じて強まる傾向がある

この10年間に学歴は大幅に向上しているが、両親が低学歴（低い社会経済的地位の代理指標）である者は、少なくとも両親のどちらかが高等教育修了者である者より、幼児教育プログラムへの参加率や後期中等教育の修了率、高等教育への進学率が低い。両親が後期中等教育未修了者である25〜64歳人口の3分の2は、両親よりも高い学歴の取得が見込めるが、その大半が修了するのは後期中等教育の職業プログラムである。高等教育段階も似たような状況で、データのあるOECD加盟国では、両親が高等教育未修了者である者は、18〜24歳人口の65%超を占めながら、同年齢層の学士課程、長期的な第一学位プログラムまたは同等レベルのプログラムの新入学者に占める割合は47%にとどまる。こうした不平等は労働市場に反映され、後期中等教育しか修了していない者は、就業率が低く、所得は高等教育修了者の65%である。

就学中は女性、労働市場では男性が優位

データのあるOECD加盟国の平均では、男子生徒は、中等教育機関の留年者の約60%を占め、女子生徒より中等教育修了率が低い。その結果、中等教育卒業者に占める割合は女子生徒の方が男子生徒より大きい。男性は女性より高等教育修了率も低い。2017年には、OECD加盟国の平均で、25〜34歳人口の高等教育修了者の割合は、女性が50%であるのに対し男性は38%で、この10年間でこの男女差が広がっている。

学歴が高くなっても、女性は依然として就業率が低い。OECD加盟国の平均では、若年齢層の高等教育修了者の就業率は、男性が89%、女性が80%で、学歴が低くなるとこの男女差が拡大する。高等教育修了者についてみた場合も、OECD加盟国の平均で、女性の所得は男性より26%低い。この賃金格差は、高等教育段階の高賃金の専攻分野と低賃金の専攻分野の間に見られる男女差を反映しているが、女性の方が非労働力人口率や失業率が高いために、昇給が遅れる結果とも考えられる。

外国生まれの成人と移民の背景を持つ成人は、就学率と就業率が低い

データのある国では、第一世代と第二世代の移民は、学士課程や長期的な第一学位プログラムまたは同等レベルの入学者や卒業者に占める割合が小さい。受入国への入国年齢が26歳以上の外国生まれの成人も、現居住国生まれの成人や入国年齢が25歳以下の外国生まれの成人と比べて、学校教育や学校教育以外の教育への参加率が低いが、これは、受入国の教育制度や言語にあまり精通していないからである。

ほとんどのOECD加盟国では、高等教育修了者では、外国生まれの成人の方が現居住国生まれの成人より就業率が低いが、低学歴層では逆のケースが見られることも多い。この相反する傾向は、高等教育修了の外国生まれの成人が、自分の学歴や経験を受入国でなかなか認めてもらえず、学歴が低い外国生まれの成人の方が要求する賃金が低く、雇用主にとって魅的なことを表している。外国生まれの成人は、教育や訓練を受けず、就業もしていない者（ニート）の割合も大きく、15〜29歳人口に占めるニートの割合は、現居住国生まれの成人では13%であるのに対し、外国生まれの成人では約18%である。

要　旨

就学から就業への移行
就学と就業に影響があるのは？

親の学歴

性別

移民としての背景及び出生国

後期中等教育未満

就業率
後期中等教育未修了である外国生まれの成人の就業率

47% 25～64歳人口
68% 25～64歳人口
60% 25～64歳人口

学歴
両親が後期中等教育未修了者である25～64歳人口の学歴（2012年または2015年）

- 37% 後期中等教育未満
- 14% 後期中等教育普通プログラム
- 32% 後期中等教育職業プログラム
- 21% 高等教育

就業率
外国生まれの高等教育修了者の就業率

78% 25～64歳人口
89% 25～64歳人口
81% 25～64歳人口

高等教育

高等教育修了者の給与

高等教育修了女性の所得は高等教育修了男性より26%低い

授業料と公的補助

2,364ドル

学士課程の平均授業料

授業料が最も高い国の学生の75%超は、公的補助を受給している

要 旨

高等教育修了者を基準とした男性教員の所得は女性教員より低いが、学校長になると大幅に所得が増える

高等教育修了の他のフルタイム就業者と比較した前期中等教育の教員と学校長の所得

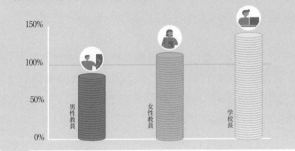

高等教育段階は教育支出に占める私費負担の割合が大きい

就学前教育

83% 17%

初等・中等・高等教育以外の中等後教育

91% 9%

高等教育

69% 31%

■ 公財政支出と国際財源からの支出　■ 私費負担

後期中等教育

留年者
後期中等教育普通プログラムの留年者の割合は4%

そのうち58%が男子生徒

就業率
後期中等教育修了の外国生まれの成人の就業率

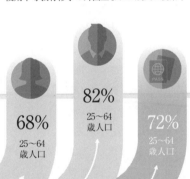

68%　82%　72%
25〜64歳人口　25〜64歳人口　25〜64歳人口

後期中等教育修了者の給与
高等教育修了の就業者の65%

高等教育就学率

性別
若年齢層では高等教育修了率は男性の方が低い

50%　38%

親の学歴
両親が高等教育未修了者である成人は、若年齢層（18〜24歳人口）のほぼ3分の2を占めるが、高等教育の新入学者の半分に満たない

47%　65%

■ 18〜24歳人口　■ 新入学者

移民としての背景
第一世代と第二世代の移民は、高等教育の新入学者に占める割合が小さい

27

要　旨

公財政支出は増加しているが、高等教育と就学前教育は私費負担の割合が大きい

2010～2015年の間に、在学者一人当たり教育支出は、初等・中等・高等教育以外の中等後教育段階では5%増加し、高等教育段階では11%増加している。教育機関の財源は依然として公財政支出が大部分を占める。2015年には、教育支出に占める公財政支出の割合は、初等・中等・高等教育以外の中等後教育段階では90%、高等教育段階では66%であった。高等教育段階になると、家計支出の割合が大きくなるので、各国は家族支援の財政構造を実現してきた。授業料が最高水準である国では、75%以上の学生が公的貸与補助や給与補助を受給している。

幼児教育に在学する3～5歳児が増加していることから、就学前教育機関への公財政支出も増加し、2015年には総支出の83%を占めている。データのある国では、この割合は、この10年間に4パーセントポイント増加している。しかし、OECD加盟国の平均では、就学前教育機関の在学者の3人に1人が私立教育機関に在学し、高等教育以外の他のどの教育段階よりもこの割合が大きい。

教員数にはまだ大きな男女差がある

就学前教育段階では、ほぼすべての教員が女性であるが、高等教育段階では女性教員の割合は2人に1人を下回る。この10年間で、こうした男女差は、初等・中等教育段階では拡大し、高等教育段階では縮小している。男性を惹きつけて教職に就かせるのは特に難しい。女性教員の実際の平均給与は、フルタイム就業の他の高等教育修了女性と同じか、それ以上であるが、初等・中等教育段階の男性教員の所得は、フルタイム就業している他の高等教育修了男性の平均所得の77～88%である。

しかし、2005～2017年の間に、データのあるOECD加盟の国・地域の平均では、勤続15年で最も一般的な教員資格を持つ初等・中等教育の教員の給与は、5～8%増加し、経済危機以前の水準に戻っている。教員には、学校長になろうと努力する強い誘因がある。学校長の実際の給与は、教員より35%以上高く、高等教育を修了した他の就業者の平均所得を20%以上上回るからである。

その他の調査結果

在学率の地域差は、教育段階が上がるにつれて拡大する傾向があるが、最も大きな地域差が見られるのは、3歳未満児の幼児教育及び保育の在学率である。

データのあるOECD加盟の国・地域の半数では、恵まれない地域や遠隔地で働く学校長と教員は、追加給付を支給されている。

ほとんどの国では、教育・指導体制に関する政策・方針決定は、主に学校が行っている。一方、学校制度の整備と教育課程、人事管理、教育資源の管理に関する政策・方針決定は、上位の教育当局が行うことが多い。

教育の平等：持続可能な開発目標（SDGs）

■ 2015年の第70回国連総会で採択された「我々の世界を変革する：持続可能な開発のための2030アジェンダ（Transforming Our World: The 2030 Agenda for Sustainable Development）」は、17の「持続可能な開発目標（Sustainable Development Goals, SDGs）」、通称「グローバル・ゴールズ（Global Goals）」を設定している。SDGsは、貧困に終止符を打ち、地球を保護し、平和と豊かさを享受できるようにする普遍的な行動を呼びかけており、4番目の目標（SDG 4）は、「すべての人々に包摂的かつ公平で質の高い教育を提供し、生涯学習の機会を促進する」ことを目指している。SDG 4は10のターゲットの達成を通じて実現するものであり、総合的にみれば、世界の教育のためにこれまで試みられた中で最も包括的かつ野心的なアジェンダである。10のターゲットのうち、ターゲット4.5は、公平性に焦点を当てているので、『図表でみる教育OECDインディケータ（2018年版）』では特に興味深いものである。

■「持続可能な開発のための2030アジェンダ」は、成人教育への参加など、義務教育ではない教育段階やプログラムの就学状況に関心を広げているが、多くのOECD加盟国にとって、こうしたプログ

図1. 数学的リテラシーの得点と性別、経済・社会・文化的地位に関する指標（ESCS）、場所の平等指数（2015年）

PISA調査の数学的リテラシーの習熟度がレベル2以上である15歳児の生徒の割合（指標4.1.1）

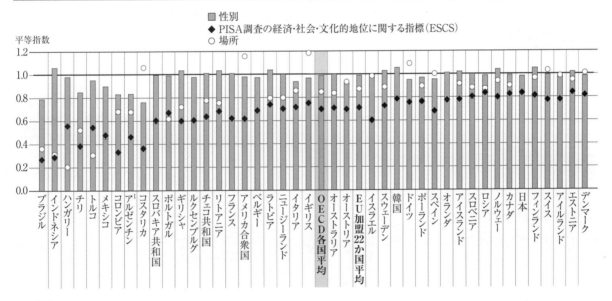

図の見方
デンマークでは、PISA調査の数学的リテラシーの習熟度がレベル2以上である女子生徒の割合は、男子生徒とほぼ同じである（平等指数が1であれば完全に平等）。PISA ESCSの平等指数で下位25％に入る生徒は、PISA調査の数学的リテラシーの習熟度がレベル2以上である生徒の割合が、上位25％の生徒より20％小さい。

注：男女平等指数は、男性の値に対する女性の値の比率を示す。ESCSは、PISA調査の経済・社会・文化的地位に関する指標をいい、ESCS平等指数は、ESCSの上位25％の値に対する下位25％の値の比率を示す。場所の平等指数は、PISA調査の地方と都市部の定義（「定義」を参照）を用いて測定され、都市部の値に対する地方の値の比率を示す。
1. PISA調査の結果は、対象範囲が小さすぎるので比較ができない。
左から順に、各指数の1までの平均的な間隔が大きい国。
資料：OECD (2018). 表2. 詳細は「資料」を参照。付録3の注を参照（http://dx.doi.org/10.1787/eag-2018-36-en）。

StatLink : https://doi.org/10.1787/888933801487

ラムへの平等な参加を実現するのは依然として困難である。

■「持続可能な開発のための2030アジェンダ」により、学習成果の平等にも強い関心が向けられている。すべてのOECD加盟国で、15歳児の生徒の数学的リテラシーの得点は、学校の所在地（地方か都市部か）や生徒の社会経済的背景と強い関連性がある。大多数の国で、この10年間、こうした社会経済的不平等の水準は変わっていない。

■ 政策との関連

教育は、持続可能で豊かな、そして公平な世界を実現する上で重要である。『世界開発報告2018（*World Development Report 2018*, WDR 2018)』（World Bank Group, 2017[1]）と『グローバルエデュケーションモニタリングレポート2016（*Global Education Monitoring Report 2016*)』（UNESCO, 2016[2]）に明記されているように、教育は、人の命を救い、健康を増進し、理解と価値観の共有を促す働きをするので、他のほぼすべてのSDGsの礎でもある。したがって、SDG 4の達成は、SDGsアジェンダのさらに広範な目標の実現に役立つとみられる。

国際社会は、「持続可能な開発のための2030アジェンダ」、それも特に、SDGsの教育アジェンダで、平等の問題に強い関心を向けている。SDG 4には10のターゲットがあり、各ターゲットは、一連のグローバル指標とテーマ別指標によって測定される。そのうちの一つであるターゲット4.5は、平等の問題を扱い、「2030年までに、教育における男女差を無くし、障害者や先住民、恵まれない立場にある子どもなどの弱者が、すべての教育段階の教育や職業訓練を受ける公平な機会を得られるようにする」ことを目指している。これは本質的に分野横断的なターゲットであり、すべての教育成果におけるあらゆる種類の不平等を網羅している。

『図表でみる教育OECDインディケータ（2018年版）』の公平性という全体的なテーマに沿って、本章では、SDGsのターゲット4.5に焦点を当て（コラム1）、国連主導のSDGsの枠組み内での国際的な合意に従って、グローバル指標とテーマ別指標についてのデータを示す（SDG 4の場合、UNESCOがSDGsの枠組みを統括している）。SDGsのターゲット4.5の公平性に関する目標達成に向けたOECD加盟国・非加盟国の進捗状況を評価するのが、ねらいである。

■ その他のハイライト

■ 生徒の社会経済的背景は、幼児教育や技術・職業教育への参加に影響する（インディケータB2参照）。

■ 成人（25〜64歳人口）の読解力は男女同程度であるが、数的思考力は男性の方が高い傾向がある。社会経済的背景は数的思考力の得点とも強い関連性があり、データがある国の3分の2では、少なくとも両親のどちらかが高等教育修了者である成人（25〜64歳人口）は、両親が高等教育未修了者である成人より得点が高い。

■ 男性は女性より、情報通信技術（ICT）スキル、それも特に、プログラミングなどの比較的専門的なスキルを用いることが多い。OECD加盟国の平均では、専門的なプログラミング言語を最近使用した15歳超の成人は、10%未満であるが、すべての国で、男性がプログラミング言語を利用する可能性は女性より50%以上高い。

■注記

SDGsのモニタリングの枠組みでは、各ターゲットに少なくとも一つのグローバル指標があり、それに関連する多くのテーマ別指標によって、ターゲットの分析と測定を補完している。SDG 4のモニタリングの枠組みには、合計で11のグローバル指標と32のテーマ別指標が含まれている。すべての指標とその算定方法の一覧は、http://SDG4monitoring.uis.unesco.orgで参照可能。

本章の表と図では、各ターゲットについて、合意が得られた指標の中で、OECD加盟国及び非加盟国にとって適切で、かつデータがある数種だけを選んで示している。SDG 4に関する指標の一部は、『図表でみる教育OECDインディケータ』の他の章に掲載済みの指標に対応しており、その場合、本章ではデータを再掲載せずに、対応する指標を記載している。

コラム1. 持続可能な開発目標（SDGs）のターゲット4.5

本章では、教育の不平等是正を求めるSDGsのターゲット4.5に焦点を当てる。下記の表Aで概説しているように、このターゲットについて測定するのに5つの指標が提案されている。

グローバル指標4.5.1は、平等指数を、SDG 4アジェンダにおける教育の不平等の主要な尺度と見なしている。データがある他のSDG 4の指標すべてに適用され、いくつかの側面で不平等の測定に利用できるので、この指標は不平等の測定範囲が幅広い。本章の「教育への参加」と「スキル」で、多くの各指標の平等指数を示して考察するが、データの有無により、性別、居住地（地方／都市部）、社会経済的背景（経済・社会・文化的地位に関する指標（ESCS）を用いて測定するか、親の学歴を代理指標とする）の三つの側面しか分析していない。

指標4.5.2は、言語が教育における不平等の大きな原因になりうる問題を扱っている。家庭で話さない言語で子どもに教えると、学習能力の妨げとなり、各集団間の学力差が広がる恐れがある。2015年のPISA調査の結果を見ると、移民としての背景を持つ生徒間でも、調査で用いたのと異なる言語を家庭で話す生徒は、調査と同じ言語を家庭で話す生徒より、科学的リテラ

表1. 持続可能な開発目標（SDGs）のターゲット4.5の指標

ターゲット4.5：2030年までに、教育における男女差を無くし、障害者や先住民、恵まれない立場にある子どもなどの弱者が、すべての教育段階の教育や職業訓練を受ける公平な機会を得られるようにする。

指標	定義
4.5.1 (グローバル指標)	この一覧で細分化できるすべての教育指標についての平等指数(女性／男性、地方／都市部、富裕度に関する四分位の最下位／最上位、その他、データが入手できるようになれば障害の状態、先住民、紛争地域なども含む)
4.5.2	第一言語または家庭で話す言語が授業で用いられる言語である初等教育在学者の割合
4.5.3	明確な決定式に基づく政策で、恵まれない人口に教育資源を再配分している度合い
4.5.4	教育援助全体に占める後発開発途上国への配分割合
4.5.5	教育段階別・財源別の在学者一人当たり教育支出

シーの得点が20点超低い。ただし、指標4.5.2は、初等教育段階の低年齢の子どもが対象で、今のところデータがない（OECD, 2016[3]）ので、本章では扱わない。

他の三つの指標（指標4.5.3、指標4.5.4、指標4.5.5）は、公平性を追求できる重要な手段である教育支出に関連し、本章の「資源」で取り上げる。

■ 結果と解説

SDG 4とそれに関連する各ターゲットは、機会や参加といった従来の指標と並行して、質の高い学習や教育の平等に力点を置いた野心的なアジェンダを設定している。そうすることで、世界のすべての国に教育制度の改善を迫るとともに、「ミレニアム開発目標（Millennium Development Goals, MDGs）」のような、広範囲に及ばず機会と参加にもっと重点を置いたこれまでのグローバルな教育目標やターゲットからの大幅な脱却をはっきりと示している。ここでの分析では、こうしたもっと広い範囲を考慮に入れ、参加やスキルの獲得、資源の分野の平等度について報告する。

教育への参加

「持続可能な開発のための2030アジェンダ」は、幼児教育及び保育（指標4.2.2）、中等・高等教育以外の中等後教育の職業プログラム（指標4.3.3）、成人教育（指標4.3.1）など、義務教育の従来の枠を越えた教育段階に関心を広げている。しかし、ほとんどのOECD加盟国及び非加盟国にとって、これらの教育段階で包摂的かつ質の高い教育を実現するのは依然として困難である。

ターゲット4.2は、すべての子どもが幼児教育・保育を通じて確固たる基盤を受け入れる重要性を再確認している。幼児期が、将来の成績を決めて、社会経済的不平等の悪循環を断ち切るのに、極めて重要な役割を果たしていることを示す証拠は、広く示されてきた（OECD, 2017[4]）。OECD加盟国の平均では、公式な初等教育開始年齢より1歳下の子どもの95%が、幼児教育・保育を受けており、男女の区別なく平等に幼児教育・保育に参加している（表1）。しかし、最も恵まれない立場にある集団に照準を絞ることが、依然として課題となっている国も多い。本書のインディケータB2から、母親の学歴は、幼児教育・保育の在学率に影響する場合が多いことが明らかになっている。データがある国の平均では、幼児教育の在学率は、母親が高等教育修了者である3歳未満児では41%であるのに対し、母親が高等教育未修了者である3歳未満児では31%にとどまる（ホームページの表B2.1c）。

幼児教育・保育とは対照的な義務教育以外の教育については、ターゲット4.3が、技術教育や職業教育、高等教育段階の教育・訓練への参加に焦点を当てている。これらのプログラムはそれぞれ、生徒を就業に備えさせるのに重要な役割を果たしている。15〜24歳人口における中等教育及び高等教育以外の中等後教育、短期高等教育の技術・職業プログラムへの参加率（テーマ別指標4.3.3）は、ブラジルの4%からスロベニアの30%まで、国によってかなりばらつきがあり[1]、性別と社会経済的背景の両方と強い関連性がある。大半のOECD加盟国及び非加盟国では、男性は女性よりも職業教育の在学率が10%以上高く（図2.a）、両親が高等教育未修了者である生徒は、後期中等教育の普通プログラムより職業プログラムを選択する可能性が高い（コラムB3.1）。

32

教育の平等：持続可能な開発目標（SDGs）

コラム2. 教育における不平等の測定と平等指数

平等性の測定が困難であるのには、少なくとも三つの理由がある。第一に、平等の概念は、公平の基準となる枠組みに関連し、こうした枠組みは国や文化によって異なると考えられる。第二に、平等指標は、人口集団別に細分化できるもっと緻密なデータが必要なことが多いので、全体的にデータが不足している。もう一つ問題となるのは、SDGsの枠組みの場合、こうした細分化は、各国の定義と必ずしも一致しない国際合意に達した定義にも従う必要がある点である。第三に、平等性の測定にはいくつかの方法があるが、いずれも長所と短所があり、特定の国の不平等度に関して、それぞれ異なる結論に達しかねない（UIS, 2018[5]）。

SDG 4アジェンダ全体の平等性の測定のために選ばれた主要な指標は、平等指数である。平等指数は、最も恵まれないとみられる集団の値を分子にした、二つの異なる集団に関する特定の指標の値の比率である。平等指数が1の場合は、考察対象の二つの集団は平等である。値が1未満の場合は、恵まれている方の集団に有利な格差があり、値が1より大きい場合は、恵まれない方の集団に有利な格差がある。

平等指数を用いると、格差の相対的な大きさを、わかりやすい簡単な形で示せる。ただし、低値の影響を受けやすく、1（完全な平等）を挟んで対称ではないなど、欠点もいくつかある。例えば、女子の在学率が40%で、男子の在学率が50%であれば、男女平等指数の値は0.8になる。男女の値が逆転すると、男女平等指数の値は1.25になり、0.8より1.25の方が1との差が大きいので、男女差がもっと大きいという誤った印象を与える（UIS, 2010[6]）。この問題を解決するため、この指標に関する図表では、恵まれていると思われる集団と恵まれていないと思われる集団の値が入れ替わった結果になった場合は、常に、1を挟んで対称となるように調整した平等指数を用いている（「算定方法」を参照）。

教育における不平等の測定に関する詳細は、『UNESCO 教育における平等の測定に関するハンドブック（*UNESCO Handbook on Measuring Equity in Education*）』（UIS, 2018[5]）を参照。このハンドブックは、教育における平等を測定するための概念的な枠組みを提示し、さまざまな種類の平等指標の算定・解釈方法について、方法論的な完全な指針を示している。

また、グローバル指標4.3.1は、成人（25～64歳）の過去12か月間の学校教育及び学校教育以外の教育・訓練への参加率を測定している。学校教育と学校教育以外の教育を含めることで、この指標はあらゆる種類のプログラム——個人、市民、社会、または雇用関係の視点から知識やスキル、能力の向上を目的とするものすべて——への参加を捉えている（UNESCO, 2016[2]）。大半のOECD加盟国及び非加盟国では、25～64歳人口の20%以上が、過去12か月間に学校教育または学校教育以外の教育・訓練に参加しているが、国によって参加率の男女差に大きなばらつきがある。図2.bをみると、グローバル指標4.3.1の男女差は、国によって大きさや傾向が異なり、女性の方が参加率が高いのは17

か国、男性の方が高いのは13か国である。最も極端な例はトルコで、女性の参加率は男性を約30%下回り、エストニア、リトアニア、ロシアでは、女性の方が参加率が30%以上高い。

スキル

あらゆる段階の教育機会を提供するだけでなく、生涯を通して指針とするのに必要なスキルをすべての生徒に身につけさせることも、教育政策の究極の目標である。性別や場所、背景に関係なく、すべての子どもや若者、成人が、同様のスキルを身につけ、比較可能な水準の習熟度に達することができるべきである。PISA調査は、グローバル指標4.1.1.cについて貴重な洞察を与えている。この指標は、「前期中等教育終了時点に、(i) 読解力と (ii) 数学的リテラシーの習熟度が最低レベル以上に達している子どもと若者の男女別割合」を測定している。PISA調査における読解力と数学的リテラシーの習熟度レベル2は、SDG 4のモニタリングの目的上、2017年と2018年の前期中等教育終了時点で達しているべき最低限の習熟度レベルと国際的に認められてきた。図1は、性別、場所（都市部か地方か）、社会経済的背景（PISA調査の経済・社会・文化的地位に関する指標（ESCS）に基づく。「定義」を参照）ごとに測定された指標4.1.1.cの平等指数を示している。たいていの場合、習熟度がレベル2以上に達している15歳児の生徒の割合は、数学的リテラシーでは男女同程度であるが、読解力では女子生徒の方が大きい（ホームページの表2及び表3)[2]。

しかし、大多数のOECD加盟国及び非加盟国では、生徒の成績は依然として、学校の所在地に大きく左右されている。（住民が10万人を超える市町村にある）都市部の学校の生徒は、（住民が10万人未満である市町村にある）地方の学校の生徒と比べて、習熟度がレベル2以上に達する可能性が高い。郊外は考察対象ではない。都市部の学校の生徒の方が成績が高い傾向にあるのは、一般に規模が大きく、資格のある教員の割合が大きいことが多い学校に在学しているからである。都市部の学校の生徒は、社会経済的背景に恵まれている可能性も高く、それがPISA調査の得点に直接結びついている（OECD, 2013[7]）。

どの国でも、社会経済的背景による生徒の得点差は、読解力と数学的リテラシーの両方で、まだ現実のものである。デンマーク、エストニア、スロベニアのような、図1に示す三つの側面のそれぞれで平等が（ほぼ）達成されている国でさえ、最も恵まれない生徒についてみると、PISA調査で数学的リテラシーの習熟度がレベル2に達している者の割合が、依然として20%低下する。もっと懸念されるのは、2006年以降、社会経済的不平等の水準が、大多数の国で変化していないことである。図3をみると、オーストラリア、フィンランド、韓国など少数の国では、PISA調査のESCSの平等指数で上位25%と下位25%に含まれる生徒の差は、2006〜2015年の間にさらに広がった。とはいえ、PISA調査の結果から、機会の不平等は是正可能であり、一部の国の学校制度は比較的短期間に平等性の向上に成功していることがわかる（OECD, 2017[8]）。これが当てはまるのがメキシコとロシアで、この2か国は、同期間に、ESCSの上位25%と下位25%の差が大幅に縮小しているものの、恵まれない生徒と恵まれた生徒の間には、いまだに大きな差がある。

ターゲット4.4は、仕事に必要なスキルに注意を向けている。このターゲットの一つの尺度は、成人に占める高等教育修了者の割合（テーマ別指標4.4.3）である。OECD加盟国では、25〜64歳人口の36%が高等教育を修了しているが、本人の学歴は親の学歴に左右されやすい。高等教育修了者の割合は、両親が後期中等教育未修了者である成人では21%であるのに対し、少なくとも両親のどちらか

図2.a. 技術・職業プログラムへの参加率における男女平等（2016年）

15～24歳人口の技術・職業プログラムへの参加率（指標4.3.3）と関連の男女平等指数

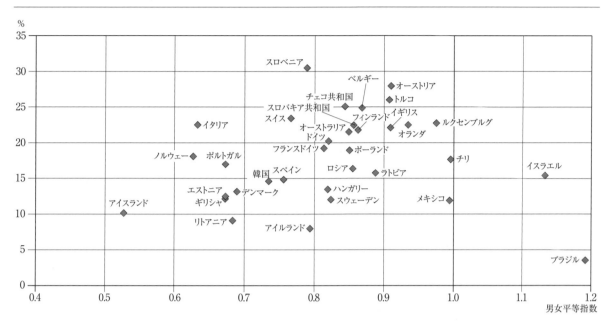

注：指標4.3.3とは、中等教育及び高等教育以外の中等後教育、短期高等教育（ISCED 2～5）の技術・職業プログラムへの参加率をいう。
資料：OECD（2018）、表1。詳細は「資料」を参照。付録3の注を参照（http://dx.doi.org/10.1787/eag-2018-36-en）。
StatLink : https://doi.org/10.1787/888933801506

が高等教育修了者である成人では68％である（インディケータA1のコラムA1.1参照）。こうした不平等は労働市場に反映されていると思われるが、学歴取得率がスキルの直接的な尺度ではないことに留意する必要がある。

グローバル指標4.6.1は、「実用的な（a）読解力と（b）数的思考力の習熟度が一定レベル以上である特定の年齢人口の男女別割合」を測定している。「OECD国際成人力調査（Programme for the International Assessment of Adult Competencies, PIAAC）」の一つの成果である「OECD成人スキル調査（OECD Survey of Adult Skills）」では、一定レベルとは（a）読解力と（b）数的思考力の得点226点に相当する。226点という得点は、「レベル1未満」（176点未満）から「レベル5」（376点以上）まで6段階に分類された同調査の習熟度レベル2に相当する。25～64歳人口では、数的思考力の男女平等が実現しているのは、データがあるOECD加盟国及び非加盟国の半数に満たない（表2）。しかし、過半数のOECD加盟国及び非加盟国で、読解力の得点は男女ほぼ同じである（ホームページの表3）。社会経済的背景は、性別と比べて得点との関連性が強い。データがあるすべての国で、少なくとも両親のどちらかが高等教育修了者である成人は、両親が高等教育未修了者である成人より、数的思考力が高い（表2）。

デジタル化が進む現代経済においては、読解力と数的思考力だけでは、労働市場で成功するのに不十分だと考えられる。仕事に必要なスキルに関するSDGsのターゲット4.4に関連し、グローバル指標4.4.1は、「情報通信技術（ICT）スキルを有する若者及び成人のスキルの種類別割合」を測定している。この指標は、「ICTの測定に関する開発パートナーシップ（Partnership on Measuring ICT for

図2.b. 成人教育への参加率における男女平等（2012年、2015年、2016年）

25～64歳人口の過去12か月間の学校教育及び学校教育以外の教育への参加率（指標4.3.1）と関連の男女平等指数

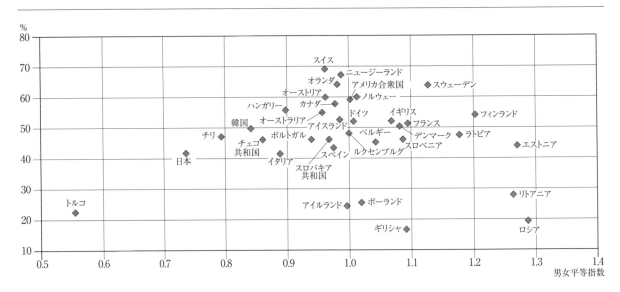

注：オーストラリア、カナダ、韓国、ロシア、アメリカ合衆国は成人スキル調査の2012年のデータ、チリ、イスラエル、ニュージーランド、トルコは同調査の2015年のデータ。アイルランドは成人教育調査の2011年のデータ、それ以外の国は同調査の2016年のデータ。

資料：OECD (2018)。表1。詳細は「資料」を参照。付録3の注を参照 (http://dx.doi.org/10.1787/eag-2018-36-en)。
StatLink : https://doi.org/10.1787/888933801525

Development)」の枠組みで国際電気通信連合（International Telecommunication Union, ITU）の定義に従って開発された（ITU, 2014[9]）。ICTスキルとは、コンピュータと他の機器間のファイル転送や、専門的なプログラミング言語を用いたコンピュータプログラムの作成など、難易度の異なるコンピュータ関連の9つの活動をいう。

男性の方が女性よりICTスキルを使用する傾向が強く、プログラミングのような比較的専門的なスキルについては特にそれが言える。OECD加盟国の平均では、15歳を超える成人のうち50%超は、過去3か月間にコンピュータと他の機器間のファイル転送を行っており、女性は、男性と比べて、最近このスキルを用いた割合が約10%だけ小さい[3]。一方、デンマークやアイスランドのような少数の国を除き、専門的なプログラミング言語を最近使用した15歳超の成人の割合は、10%を下回る。すべての国で、男性は女性より、最近プログラムを実行した割合が50%以上高い（表2）。男性の方が自然科学・技術・工学・数学（STEM）分野の学位を取得することが多いので、これらの結果は、専攻分野と職業の男女差を反映している（OECD, 2018[10]）。

■ 資金

公平な参加とスキルの獲得を保証できるかどうかは、資金の利用可能性に左右される。そのため、ターゲット4.5には、資金調達に関連する三つの指標が含まれており、各指標は異なる角度から教育支出を扱っている。

図3. 経済・社会・文化的地位に関する指標（ESCS）の平等指数の推移（2006年、2015年）
PISA調査の数学的リテラシーの習熟度がレベル2以上である15歳児の割合（指標4.1.1）

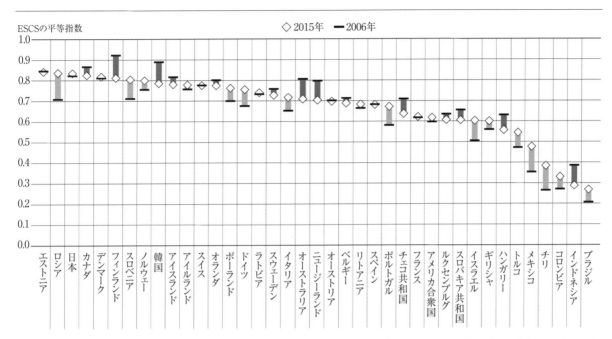

注：薄色の棒グラフは、2006～2015年の間に、ESCSの平等指数が1（完全な平等）に近くなったことを示し、濃色の棒グラフは、同期間に、ESCSの平等指数が1から遠くなったことを示す。
左から順に、2015年のESCSの平等指数が高い国。
資料：OECD (2018)。表1。詳細は「資料」を参照。付録3の注を参照 (http://dx.doi.org/10.1787/eag-2018-36-en)。
StatLink : https://doi.org/10.1787/888933801544

「教育段階別・財源別の在学者一人当たり教育支出」に関するテーマ別指標4.5.4は、国内の資金の利用可能性を測定する有意義な方法である。この指標だけでは、国内の教育の質や公平性を測定することはできないが、評価基準として役に立つ。例えば生徒の社会経済的背景や学校の場所によって細分化するなど、データの有用性が高まれば、ターゲット4.5の測定にもっと関連した情報が得られると思われる。

OECD加盟国及び非加盟国の在学者一人当たり教育支出は、本書のインディケータC1に示している。調査結果をみると、政府は教育への圧倒的な主たる投資者であり、初等・中等教育段階では特にそれが言える。高等教育段階では私費負担割合が大きくなり、給与補助や公的貸与補助のような、学生に対する財政支援を容易に受けられない場合は、公平性の懸念が生じると思われる。

教育支出の主な財源が公財政支出であっても、後発開発途上国では、国際支援はまだ資金調達の重要な仕組みである。指標4.5.5「教育援助総額に占める後発開発途上国への配分割合」は、国際教育援助が、最も必要としている国にどの程度行われているかを測定するのが目的である。図4は、OECD加盟の各国が発展途上国全体に支出した教育関連の政府開発援助（ODA）の総額と後発開発途上国への配分割合を示している。

これらの数字には、公的な二国間支援の資金移転のみ含まれ、世界銀行や欧州委員会、世界各国に

図4. 教育関連の政府開発援助（ODA）の総額と後発開発途上国への配分割合（2016年）
奨学金と学生帰属費用を含む、時価

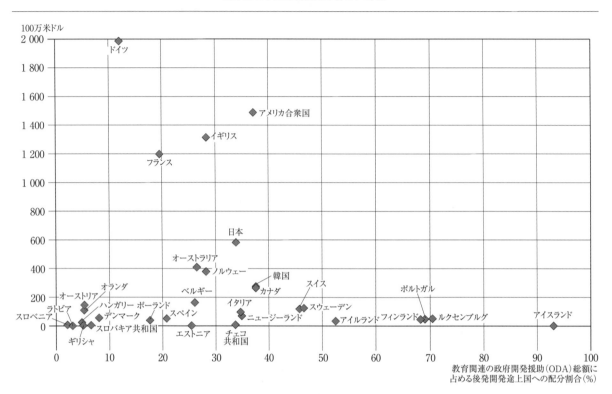

資料：OECD（2018），"Creditor Reporting System: Aid activities", OECD International Development Statistics (database), http://dx.doi.org/10.1787/data-00061-en (access on 03 May 2018).
StatLink : https://doi.org/10.1787/888933801563

教育資金を拠出している「教育のためのグローバル・パートナーシップ（Global Partnership for Education, GPE）」のような他の重要な機関など、国際機関への資金移転は含まれない。そのため、主に国際機関を通じて資金提供している国は、拠出総額は上回っていても、他国に資金を直接提供している国を下回るように見えると思われる。これらの数字には、人道援助や、教育目標達成にも役立つ可能性がある予算支援に充てられる援助も含まれない。

この二つの指標は、資金の利用可能性を扱っているが、資金の総額だけでなく、これらの資金がどれだけ効果的に配分されているかも、重要である。データは一貫して、支出が多いからといって優れた成果につながるとは限らないことを示している（OECD, 2012[11]）。各国は、公平かつ優れた教育制度を確立しようと取り組んでいるので、特にそれが言える。SDGsのテーマ別指標4.5.3は、「明確な数式に基づく政策で、社会経済的に恵まれない人口に対して教育資金を再配分している度合い」を測定して、この問題に取り組もうとしている。この指標は、その範囲についてデータが不足し、国際的な合意に達していないため、さらなる発展が必要な指標に分類され、まだモニタリングが認められていない。とはいえ、この指標の背景にある概念と、各国が教育における不平等をなくす効果的な方法を見出さなければならないという考えは、依然として妥当である。

OECDの2017年の報告書『学校教育の資金：財源と学習の結びつけ（*The Funding of School*

教育の平等：持続可能な開発目標（SDGs）

Education: Connecting Resources and Learning）』（OECD, 2017[12]）は、学校によって資金の必要性が異なることを考慮に入れ、各国の資金配分戦略に光を当てている。例えば、チリ、フラマン語圏及びフランス語圏（ベルギー）、エストニア、イスラエルでは、学校の主要な資金調達の仕組みの少なくとも一部で、生徒の社会経済的特徴や学校の場所、教育上の特別なニーズのような変動要因に異なる重み付けをした数式を用いて、配分が行われている。こうした国の中には、新来の移民や難民のような特定の集団に対して、主要な配分の仕組み以外で、対象を絞った資金拠出を行っているところもある。こうした例は、あらゆる状況で適切なわけではなく、各国が採用できる他の政策手段がいくつかある（UNESCO, 2016[2]）。重要なのは、各国が、資金配分によって公平の問題にも取り組めるような措置を取ることである。

■ 定義

PISA調査のレベル2（基準となる習熟度レベル）

■ **数学的リテラシー**：生徒は、基礎的なアルゴリズム、公式、手順、規約を用いて整数を扱う問題を解くことができる（例えば、異なる通貨の対象物の概算価格を計算できる、あるいは二つの異なるルートの合計距離を計算できる、など）。また、直接的な推論を行う以上のことは求められない文脈において、状況を解釈し認識すること、単一の情報源から関連する情報を引き出し、単一の表現様式でそれを利用すること、結果について文字通りの解釈を行うことができる。

■ **読解力**：生徒は、有効かつ生産的に生活に参加できるような読解力を示し始める。レベル2の課題には、推論が必要で、いくつかの条件を満たさなければならない一つ以上の情報を引き出すことを生徒に求めるものがある。一つのテキストにある主要なアイディアを認識すること、関係を理解すること、情報が明白でなく低いレベルの推論が必要なテキストの限定された部分において意味を解釈することが求められる課題もある。

成人スキル調査のレベル2（226点）（基準となる習熟度レベル）

■ **数的思考力**：このレベルの問題では、整数や簡単な小数、百分率、分数の計算、簡単な測定と空間表現、推量、テキストや表、グラフで示される比較的簡単なデータや統計の解釈を含む、2つ以上のステップやプロセスを適用する必要がある。

■ **読解力**：このレベルの問題では、デジタルテキストまたは印刷テキストと情報の照合を求められ、言い換え（パラフレーズ）や低いレベルの推論が要求される場合もある。

PISA調査の経済・社会・文化的地位に関する指標（ESCS）は、以下の変数、すなわち、1）「家庭の社会経済的背景」指標（Socio-Economic Index of Occupational Status, ISEI）、2）生徒の親の最終学歴を就学年数に換算したもの、3）PISA調査の家庭の裕福さに関する指数、4）家庭の教育資源に関する指数、5）実家にある「古典的」文化に関連する所有物に関する指数に基づいて作成された。詳細は『PISA2015年調査結果報告書（第1巻）』（OECD, 2016[3]）を参照。

技術・職業教育訓練は、UNESCO統計局が一般的に用いている包括的な用語で、幅広い職業分野や製作、サービス、生活の教育や訓練、スキル開発を指す。職業教育には、職場で行われる要素（例え

39

ば、見習い訓練プログラム、デュアルシステム（二重制度）教育プログラム）が含まれる場合もある。このプログラムを修了すると、国の教育当局及び／または労働市場に職業志向と認められた、労働市場の求める職業資格が取得できる。

両親の学歴（本章の考察対象は以下の二つのカテゴリーのみ）:
■ 高等教育未満とは、両親が高等教育（ISCED 2011のISCED 5、6、7及び8）未修了の場合をいう。
■ 高等教育とは、少なくとも両親のどちらかが高等教育（ISCED 2011のISCED 5、6、7及び8）修了の場合をいう。

場所は、学校がある市町村の住民数に基づいて定義される。PISA調査では、学校長が、当該市町村の説明として最も近いものを選ぶよう求められた。地方の学校とは、学校長が「村、小村落、田舎」（人口3,000人未満）、「小さな町」（人口3,000〜約1万5,000人）または町（人口1万5,000〜約10万人）と回答した学校をいう。一方、都市部の学校とは、学校長が「都市」（人口10万〜約100万人）または「大都市」（人口100万人超）と回答した学校をいう。

開発援助委員会ODA援助受取国・地域リスト（Development Assistance Committee List of Official Development Assistance Recipients）には、ODAを受ける資格があるすべての国と地域が記載されている。世界銀行が発表する一人当たりGNIに基づき、すべての低中所得国が含まれ、G8諸国やEU加盟国、EUへの加盟日が確定している国は除く。リストには、国連が定める後発開発途上国もすべて含まれる（UN-OHRLLS[13]）。後発開発途上国（Least developed countries, LDCs）は、持続可能な開発を妨げる深刻な構造的障害に直面している低所得国を指し、経済及び環境への打撃に対して非常に脆弱で、人的資源の水準が低い。

■ 算定方法

平等指数は、恵まれない可能性が高い集団を分子、恵まれている可能性が高い集団を分母にして算定される。男女平等指数は、女性の指標の値を男性の指標の値で除して算出されている。ESCS平等指数は、［Q1（%）］÷［Q2〜4（%）］（QはESCSの四分位数）として計算される。場所の平等指数は、地方の学校の指標の値を都市部の学校の指標の値で除して算出されている。両親の学歴の平等指数は、両親が高等教育未修了者である者の指標の値を、少なくとも両親のどちらかが高等教育修了者である者の指標の値で除して計算している。

恵まれていると思われる集団と恵まれていないと思われる集団の指標の値が入れ替わっている場合は、常に、平等指数が1を挟んで対称となるように調整した平等指数を用いている。例えば、（恵まれていないと思われる）女子の在学率が、（恵まれていると思われる）男子の在学率を上回る場合は、調整した平等指数が算出されている。調整後の平等指数（API）の計算式は、「API＝2−（恵まれていないと思われる集団の値／恵まれていると思われる集団の値）」である。

本章に示す指標はすべて、SDGsの合意済みの算定方法に従っており、人口データソース（本章で用いた人口データは、国連の人口部（Population Division）のデータ）等に問題により、『図表でみる教育OECDインディケータ』に掲載されている他の指標と異なる場合がある。

リトアニアは、本書を編集時にはOECD加盟国ではなかったので、OECD加盟国リストには記載せず、OECD加盟国の総計に含めていない。

■ 資料

指標	ソース
4.1.1	OECD, PISA 2015 Database
4.2.2	UOE 2017データコレクション
4.3.1	二つの異なるデータソース：PIAAC（2012, 2015）及び2016年の「成人教育調査（Adult Education Survey）」
4.3.3	UOE 2017データコレクション
4.4.1	国際電気通信連合（2015年）
4.4.3	『図表でみる教育OECDインディケータ（2018年版）』インディケータA1
4.5.3	OECDの報告書「学校教育の資金」
4.5.4	OECD International Development Statistics Database
4.5.5	『図表でみる教育OECDインディケータ（2018年版）』インディケータC1
4.6.1	PIAAC Database（2012年、2015年）

イスラエルのデータについて

イスラエルの統計データは、イスラエル政府関係当局により、その責任の下で提供されている。OECD における当該データの使用は、ゴラン高原、東エルサレム、及びヨルダン川西岸地区のイスラエル入植地の国際法上の地位を害するものではない。

注記

1. 多くの国では、技術・職業プログラムに参加する生徒の大多数は、後期中等教育に相当する年齢（主に15～19歳。中等教育の在学率に関する詳細はインディケータB1参照）ではない。そのため、指標4.3.3では、15～24歳人口というもっと幅広い年齢層について考察しているが、これらのプログラムの参加率が実際よりも低くなっている可能性がある。

2. PISA調査の数学的リテラシーの習熟度がレベル2である生徒の割合は、男女ほぼ同じであるが、得点が高くなるほど、男子生徒が優位な男女差が拡大する。

3. ITUの調査便覧によると、「過去3か月間に、以下のコンピュータ関連の活動のうちどれを行いましたか。当てはまるものをすべて選んでください」という質問に、選択肢として9つのICTスキルが挙げられていた。したがって、この指標は、特定のICTスキルを用いた者の割合を測定するものである。

■ 参考資料

ITU（2014）, *Manual for Measuring ICT Access and Use by Households and Individuals*, International Telecommunication Union. [9]

OECD（2018）, "How is the tertiary-educated population evolving?", *Education Indicators in Focus*, No. 61, OECD Publishing, Paris, http://dx.doi.org/10.1787/a17e95dc-en. [10]

OECD（2017）, *Starting Strong 2017: Key OECD Indicators on Early Childhood Education and Care*, OECD Publishing, Paris, http://dx.doi.org/10.1787/9789264276116-en. [4]

OECD（2017）, *The Funding of School Education: Connecting Resources and Learning*, OECD Reviews of School Resources, OECD Publishing, Paris, http://dx.doi.org/10.1787/9789264276147- [12]

en.

OECD（2017），"Where did equity in education improve over the past decade?", *PISA in Focus*, No. 68, OECD Publishing, Paris, http://dx.doi.org/10.1787/33602e45-en. [8]

OECD（2016），*PISA 2015 Results（Volume I）: Excellence and Equity in Education*, PISA, OECD Publishing, Paris, http://dx.doi.org/10.1787/9789264266490-en. [3]

OECD（2013），"What makes urban schools different?", *PISA in Focus*, No. 28, OECD Publishing, Paris, http://dx.doi.org/10.1787/5k46l8w342jc-en. [7]

OECD（2012），"Does money buy strong performance in PISA?", *PISA in Focus*, No. 13, OECD Publishing, Paris, http://dx.doi.org/10.1787/5k9fhmfzc4xx-en. [11]

UIS（2018），*Handbook on Measuring Equity in Education*, UNESCO Institute for Statistics, Montreal, http://uis.unesco.org/sites/default/files/documents/handbook-measuring-equity-education-2018-en.pdf（accessed on 02 May 2018）. [5]

UIS（2010），*Global Education Digest 2010: Comparing Education Statistics across the World*, UNESCO Institute for Statistics, Montreal, http://unesdoc.unesco.org/images/0018/001894/189433e.pdf（accessed on 05 June 2018）. [6]

UNESCO（2016），*Global Education Monitoring Report 2016: Education for People and Planet: Creating Sustainable Futures for All*. [2]

UN-OHRLLS（n.d.），*About LDCs*, http://unohrlls.org/about-ldcs/（accessed on 10 July 2018）. [13]

World Bank Group（2017），*World Development Report 2018: Learning to Realize Education's Promise*, The World Bank, Washington DC, http://dx.doi.org/10.1596/978-1-4648-1096-1. [1]

■ 持続可能な開発目標における教育目標の表*

- 表1. 教育への参加における平等
- 表2. スキルの獲得における平等（数学的リテラシー、数的思考力、ICTスキル）
- 表3.（ホームページの表）スキルの獲得における平等（読解力）

＊データはホームページ（http://dx.doi.org/10.1787/eag-data-en）で確認可能。

表1. 教育への参加における平等

指標4.2.2、指標4.3.1及び指標4.3.3、関連の平等指数

	ターゲット4.2：2030年までに、すべての子どもが男女の区別なく、質の高い早期幼児発達プログラムや保育、就学前教育を受ける機会を与えられ、初等教育に備えられるようにする。		ターゲット4.3：2030年までに、すべての男女が、手頃な授業料で質の高い技術教育や職業教育、大学を含む高等教育を受ける公平な機会を得られるようにする。				
	指標4.2.2：公式な初等教育入学年齢[1]より1歳下の年齢の体系的教育への参加率（2016年）		指標4.3.1：成人の学校教育または学校教育以外の教育への参加率[2]（2012年、2015年、2016年）			指標4.3.3：15～24歳人口における技術・職業プログラムへの参加率[3]（2016年）	
	%	男女平等指数[4]	%	(S.E.)	男女平等指数[4]	%	男女平等指数[4]
	(1)	(2)	(3)		(4)	(5)	(6)
OECD加盟国							
オーストラリア	91	1.0	55	0.7	1.0	22	0.8
オーストリア	99	1.0	60	m	1.0	28	0.9
ベルギー	100	1.0	45	m	1.0	25	0.9
カナダ	93	1.0	58	0.6	1.0	m	m
チリ	97	1.0	47	1.9	0.8	18	1.0
チェコ共和国	92	1.0	46	m	0.9	25	0.8
デンマーク	98	1.0	50	m	1.1	13	0.7
エストニア	91	1.0	44	m	1.3	12	0.7
フィンランド	99	1.0	54	m	1.2	22	0.9
フランス[5]	100	1.0	51	m	1.1	19	0.8
ドイツ	100	1.0	52	m	1.0	20	0.8
ギリシャ	89	1.0	17	m	1.1	12	0.7
ハンガリー	91	1.0	56	m	0.9	13	0.7
アイスランド	99	1.0	m	m	m	10	0.5
アイルランド[5]	98	1.0	24	m	1.0	8	0.8
イスラエル[5]	97	1.0	53	0.7	1.0	15	1.1
イタリア	98	1.0	42	m	0.9	23	0.6
日本	91	m	42	0.8	0.7	6	0.8
韓国	96	1.0	50	0.8	0.8	15	0.7
ラトビア[5]	97	1.0	48	m	1.2	16	0.9
ルクセンブルグ	99	1.0	48	m	1.0	23	1.0
メキシコ	99	1.0	m	m	m	12	1.0
オランダ	99	1.0	64	m	1.0	22	0.9
ニュージーランド	92	1.0	67	0.8	1.0	m	m
ノルウェー	98	1.0	60	m	1.0	18	0.6
ポーランド	100	1.0	26	m	1.0	19	0.9
ポルトガル	100	1.0	46	m	0.9	17	0.7
スロバキア共和国	82	1.0	46	m	1.0	22	0.9
スロベニア	94	1.0	46	m	1.1	30	0.8
スペイン	96	1.0	43	m	1.0	15	0.8
スウェーデン	99	1.0	64	m	1.1	12	0.8
スイス	99	1.0	69	m	1.0	23	0.8
トルコ	66	1.0	22	0.8	0.6	26	0.9
イギリス	100	1.0	52	m	1.1	22	0.9
アメリカ合衆国[5]	91	1.0	59	1.1	1.0	m	m
OECD各国平均	95	1.0	49	~	1.0	18	0.8
EU加盟22か国平均	96	1.0	47	~	1.0	19	0.8
OECD非加盟国							
アルゼンチン	m	m	m	m	m	m	m
ブラジル[5]	97	1.0	m	m	m	4	1.2
中国	m	m	m	m	m	m	m
コロンビア	m	m	m	m	m	m	m
コスタリカ	m	m	m	m	m	m	m
インド	m	m	m	m	m	m	m
インドネシア	m	m	m	m	m	m	m
リトアニア[5]	99	1.0	28	m	1.3	9	0.7
ロシア	96	1.0	19	1.5	1.3	16	0.9
サウジアラビア	m	m	m	m	m	m	m
南アフリカ	m	m	m	m	m	m	m
G20各国平均	m	m	m	~	m	m	m

1. 公式な初等教育開始年齢は、付録1の表X1.3に掲載。
2. 成人スキル調査のデータはイタリック体で表示し、オーストラリア、カナダ、韓国、ロシア、アメリカ合衆国の調査年は2012年、チリ、イスラエル、ニュージーランド、トルコの調査年は2015年である。成人教育調査のデータは通常の書体で表示し、アイルランドの調査年は2011年、それ以外の国の調査年はすべて2016年である。
3. 指標4.3.3は、中等教育及び高等教育以外の中等後教育、短期高等教育（ISCED 2～5）の技術・職業プログラムへの参加率。
4. 男女平等指数とは、男性の値に対する女性の値の比率をいう。
5. 人口データは、（国連人口部ではなく）UOEのデータまたは欧州統計局（Eurostat）のデータベースから収集している。

資料：OECD/UIS/Eurostat（2018）。Eurostat（2011, 2016）。PIAAC（2012/2015）。詳細は「資料」を参照。付録3の注を参照（http://dx.doi.org/10.1787/eag-2018-36-en）。

表中の省略記号については、「利用にあたって」を参照。

StatLink : https://doi.org/10.1787/888933801449

表2. スキルの獲得における平等（数学的リテラシー、数的思考力、ICTスキル）

指標4.1.1（数学的リテラシー）、指標4.4.1及び指標4.6.1（数的思考力）、関連の平等指数

	ターゲット4.1：2030年までに、すべての子どもが男女の区別なく、無償で公平かつ質の高い初等・中等教育を修了して、適切で有効な学習成果を示せるようにする。				ターゲット4.4：2030年までに、雇用や働きがいのある人間らしい仕事、起業のための技術や職業上の技能など、適切なスキルを備えた若者と成人の数を大幅に増やす。						ターゲット4.6：2030年までに、すべての若者及び男女ともに大多数の成人が、読解力及び数的思考力を身につけられるようにする。			
	指標4.1.1：数学的リテラシーの習熟度が最低レベル（PISA調査でレベル2）以上である15歳児の割合（2015年）[1]				指標4.4.1：情報通信技術（ICT）スキル（プログラミング言語）を有する15歳超の成人の割合（2015年）		指標4.4.1：情報通信技術（ICT）スキル（プレゼンテーション）を有する15歳超の成人の割合（2015年）		指標4.4.1：情報通信技術（ICT）スキル（ファイル転送）を有する15歳超の成人の割合（2015年）		指標4.6.1：実用的な数的思考力の習熟度が一定レベル（226点）以上である成人（25〜64歳人口）の割合（2012年、2015年）[1]			
	%	標準誤差	男女平等指数[2]	ESCS平等指数[3]	場所の平等指数[4]	%	男女平等指数[2]	%	男女平等指数[2]	%	男女平等指数[2]	%	標準誤差	男女平等指数[2]	両親の学歴の平等指数[5]
	(1)		(2)	(3)	(4)	(5)	(6)	(7)	(8)	(9)	(10)	(11)		(12)	(13)
オーストラリア	78	0.6	1.0	0.7	0.8	m	m	m	m	m	m	80	0.7	**0.9**	0.8
オーストリア	78	1.1	**0.9**	0.7	0.9	8	0.2	42	0.7	59	0.8	85	0.7	1.0	0.9
フランス語圏（ベルギー）	80	1.0	1.0	0.7	1.2	5	0.2	33	0.8	58	0.9	m	m	m	m
カナダ	86	0.7	1.0	0.8	0.9	m	m	m	m	m	m	77	0.5	**0.9**	0.8
チリ	51	1.3	**0.8**	0.4	0.5	m	m	m	m	m	m	38	2.6	**0.7**	0.5
チェコ共和国	78	1.1	1.0	0.6	0.8	4	0.1	31	0.9	56	0.9	87	0.8	1.0	0.8
デンマーク	86	0.9	1.0	0.8	1.0	13	0.5	58	0.9	71	0.9	86	0.6	1.0	0.9
エストニア	89	0.7	1.0	0.8	0.9	7	0.3	37	1.0	58	0.9	86	0.5	1.0	0.9
フィンランド	86	0.8	**1.1**	0.8	1.0	8	0.3	46	0.9	66	0.9	87	0.5	1.0	0.9
フランス	77	0.9	1.0	0.6	m	5	0.3	35	0.9	62	0.9	72	0.6	**0.9**	0.7
ドイツ	83	1.0	1.0	0.8	1.1	6	0.3	39	0.8	60	0.8	81	0.7	**0.9**	0.8
ギリシャ	64	1.8	1.0	0.6	0.7	4	0.2	25	0.9	47	0.8	71	1.1	**0.9**	0.6
ハンガリー	72	1.2	1.0	0.6	**0.2**	3	0.2	25	0.9	54	0.9	m	m	m	m
アイスランド	76	1.0	1.0	0.8	0.9	18	0.5	58	1.0	74	0.9	m	m	m	m
アイルランド	85	0.9	1.0	0.8	1.0	4	0.3	30	0.9	37	0.9	75	0.9	0.9	0.7
イスラエル	68	1.4	1.0	0.6	1.0	m	m	m	m	m	m	68	0.8	**0.9**	0.7
イタリア	77	1.1	**0.9**	0.7	0.9	5	0.4	31	0.8	43	0.8	68	1.0	**0.9**	0.8
日本	89	0.8	1.0	0.8	c	m	m	m	m	m	m	92	0.6	1.0	0.9
韓国	85	1.1	**1.1**	0.8	c	5	0.5	m	m	48	0.8	81	0.6	**0.9**	0.8
ラトビア	79	1.0	1.0	0.7	0.8	1	0.3	24	1.2	56	0.9	m	m	m	m
ルクセンブルグ	74	0.7	1.0	0.6	m	13	0.5	63	0.9	75	0.9	m	m	m	m
メキシコ	43	1.3	**0.9**	0.5	0.5	m	m	m	m	m	m	m	m	m	m
オランダ	83	0.9	1.0	0.8	c	7	0.3	43	0.8	63	0.9	86	0.6	**0.9**	0.9
ニュージーランド	78	1.0	1.0	0.7	0.9	m	m	m	m	m	m	80	0.6	**0.9**	0.8
ノルウェー	83	0.8	**1.0**	0.8	0.9	10	0.5	55	0.9	61	0.9	85	0.6	1.0	0.9
ポーランド	83	1.0	1.0	0.8	0.9	2	0.2	21	0.9	43	0.8	77	0.7	1.0	0.8
ポルトガル	76	1.0	1.0	0.7	0.6	3	0.4	35	0.9	45	0.9	m	m	m	m
スロバキア共和国	72	1.2	1.0	0.6	0.6	3	0.2	31	1.0	57	0.9	86	0.6	1.0	0.8
スロベニア	84	0.6	**1.0**	0.8	0.9	4	0.3	33	1.1	49	1.0	74	0.8	1.0	0.7
スペイン	78	1.0	1.0	0.7	1.0	6	0.4	39	0.9	53	0.9	69	0.7	**0.9**	0.7
スウェーデン	79	1.2	1.0	0.7	0.9	10	0.5	34	1.0	63	0.9	85	0.7	**0.9**	m
スイス	84	1.0	1.0	0.8	1.0	7	m	m	m	m	m	m	m	m	m
トルコ	49	2.2	1.0	0.5	**0.3**	2	m	18	m	26	0.9	49	1.6	**0.7**	0.6
イギリス	78	1.0	1.0	0.8	1.2	7	0.4	45	0.9	52	0.9	m	m	m	m
アメリカ合衆国	71	1.4	1.0	0.6	1.2	m	m	m	m	m	m	70	0.9	**0.9**	0.7
OECD各国平均	77	~	1.0	0.7	0.8	7	0.3	37	0.9	55	0.9	77	~	0.9	0.8
EU加盟22か国平均	79	~	1.0	0.7	0.8	6	0.3	36	0.9	56	0.9	80	~	1.0	0.8
アルゼンチン[6]	44	1.7	**0.8**	0.5	0.7	m	m	m	m	m	m	m	m	m	m
ブラジル	30	1.2	**0.8**	0.3	0.4	6	0.6	12	0.9	21	0.8	m	m	m	m
中国	m	m	m	m	m	m	m	m	m	m	m	m	m	m	m
コロンビア	34	1.2	**0.8**	0.3	0.7	m	m	m	m	m	m	m	m	m	m
コスタリカ	38	1.5	**0.8**	0.4	1.1	m	m	m	m	m	m	m	m	m	m
インド	m	m	m	m	m	m	m	m	m	m	m	m	m	m	m
インドネシア	31	1.6	**1.1**	0.3	0.3	m	m	m	m	m	m	m	m	m	m
リトアニア	75	1.1	1.0	0.7	0.8	4	0.3	32	1.0	55	0.9	82	0.8	1.0	**0.8**
ロシア	81	1.2	1.0	0.8	**0.9**	1	0.3	8	1.2	28	0.9	86	1.5	1.0	1.0
サウジアラビア	m	m	m	m	m	m	m	m	m	m	m	m	m	m	m
南アフリカ	m	m	m	m	m	m	m	m	m	m	m	m	m	m	m
G20各国平均	m	~	m	m	m	m	m	m	m	m	m	m	~	m	m

左端の区分：OECD加盟国／OECD非加盟国／G20

1. 指標4.1.1と指標4.6.1の平等指数は、考察対象の集団の差が統計的に有意な場合は太字で表示している。
2. 男女平等指数とは、男性の値に対する女性の値の比率をいう。
3. ESCSとは、PISA調査の経済・社会・文化的地位に関する指標をいう。ESCS平等指数は、ESCSの上位25%の値に対する下位25%の値の比率をいう。
4. 場所の平等指数とは、都市部の値に対する地方の値の比率をいう。
5. 両親の学歴の平等指数とは、少なくとも両親のどちらかが高等教育修了者である者の値に対する両親が高等教育未修了者である者の値の比率をいう。
6. PISA調査の結果は、対象範囲が小さすぎるので比較ができない。
C：対象数が少なすぎる、またはゼロで信頼できる推定値を得られない（有効なデータがあるのが生徒30人未満または学校5校未満）。
資料：PISA（2015）。ITU（2015）。PIAAC（2012/2015）。詳細は「資料」を参照。付録3の注を参照（http://dx.doi.org/10.1787/eag-2018-36-en）。
表中の省略記号については、「利用にあたって」を参照。
StatLink：https://doi.org/10.1787/888933801468

教育機関の成果と教育・学習の効果

インディケータA1：成人の学歴分布 ……………………………………46
[StatLink：https://doi.org/10.1787/888933801582]
インディケータA2：若年者の就学及び就業状況 ……………………64
[StatLink：https://doi.org/10.1787/888933801772]
インディケータA3：最終学歴別の就業状況 ……………………………78
[StatLink：https://doi.org/10.1787/888933801962]
インディケータA4：教育による所得の増加 ……………………………98
[StatLink：https://doi.org/10.1787/888933802171]
インディケータA5：教育からの収益：教育投資への誘因 ……………114
[StatLink：https://doi.org/10.1787/888933802361]
インディケータA6：教育の社会的成果 …………………………………134
[StatLink：https://doi.org/10.1787/888933802608]
インディケータA7：成人教育への参加の平等度 ………………………152
[StatLink：https://doi.org/10.1787/888933802798]

インディケータ **A1**

成人の学歴分布

- ほとんどの国で、若年齢層（25〜34歳人口）では後期中等教育未修了者の割合が20％に満たない。男女差は小さい国が大半だが、インド、ポルトガル、スペインでは10パーセントポイントを超える。インドでは後期中等教育未修了者は女性の方が多く、ポルトガルとスペインでは男性の方が多い。
- OECD加盟国の平均では、25〜34歳人口に占める高等教育修了者の割合は、男性では38％であるのに対し、女性では50％である。
- 大半のOECD加盟国では、25〜34歳人口の学士号または修士号の取得者は大多数が女性だが、博士号または同等レベルの取得者は51％が男性である。

図A1.1. 25〜34歳人口における後期中等教育未修了者の男女別割合（2017年）

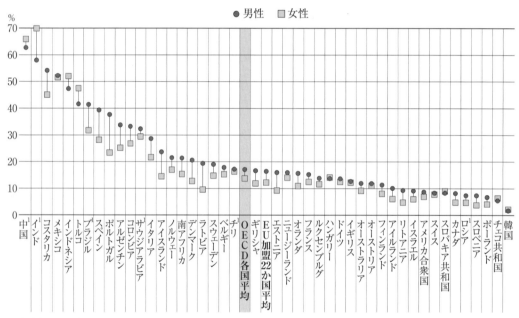

1. 調査年は2017年ではない。詳細は原表を参照。
左から順に、25〜34歳人口の男性に占める後期中等教育未修了者の割合が大きい国。
資料：OECD（2018）。表A1.2。詳細は「資料」を参照。付録3の注を参照（http://dx.doi.org/10.1787/eag-2018-36-en）。
StatLink：https://doi.org/10.1787/888933801658

■政策との関連

すべての人が質の高い教育を受ける機会を平等に持てるようにすることは、社会契約の根幹をなす要素である。教育を受ける機会の不平等をなくすことは、社会の流動性と社会経済適正化を向上させる上できわめて重要であり、高技能職への就業を志望する人材の幅を広げることによる包括的な成長の促進につながる。

ある国の学歴は、一定の教育段階を修了し、その教育段階の学校教育の修了資格を保持

している国民の割合で表される。学歴はしばしば、人的資本及び個人の知識・技能の水準の代理指標、言い換えれば、国民及び労働者が有する、一定の教育段階に関連した知識・技能を測る指標として用いられる。この意味で修了資格は、その人が学校教育で習得した知識や技能について保証するとともに、そうした知識や技能に関する情報を提供するものである。

高い学歴水準は、個人のいくつかの望ましい経済的・社会的成果のいくつかと相関がある（インディケータ A3、A4、A5、A6 参照）。高い学歴水準にある者は社会参加を行うことが多く、就業率や相対所得も高い。また読解力や数的思考力の習熟度の高さも、学校教育の水準の高さと強い相関がある（OECD, 2016[1]）。

こうした点は、個人にとっては教育継続の動機となり、また政府にとっては、国民の学歴水準の向上を促す適切なインフラや組織の整備への誘因となる。この数十年間に、ほぼすべての OECD 加盟国で、学歴水準は、特に若年齢層及び女性において大幅に向上してきた。

『国際移民アウトルック 2017 年版（*International Migration Outlook 2017*）』（OECD, 2017[2]）によると、OECD 加盟国の総人口の 13% が外国生まれである。この集団の規模と特徴は国によって異なり、その国の人口構成をより深く理解するには、こうした要素を分析することが重要である。また、地理的位置や周辺国との距離の近さが、当該国の外国生まれ人口の人口統計にどのような影響を及ぼしているかを考察することも大事である。例えば、OECD の人口動態・人口データベース（Demography and Population database）によると、OECD 加盟のほぼすべてのヨーロッパ諸国で、移民の大半がヨーロッパ出身である（OECD, 2018[3]）。また現居住国生まれ人口と外国生まれ人口の学歴も、各集団内の人的資源に関連する政策を知る上で情報源になるはずである。二つの集団の類似点または相違点から、学校教育や学校教育以外の成人教育プログラムの必要性が窺える場合もあるだろう（インディケータ A7 参照）。

■ その他のハイライト

- 高等教育の拡大は、主に女性に恩恵をもたらしてきた。OECD 加盟国の平均で、高等教育修了者の割合は、55〜64 歳人口では男女間で完全にバランスが取れているが、若い世代（25〜34 歳人口）では女性の方が大きい。
- 若年齢層の後期中等教育または高等教育以外の中等後教育修了者についてみると、職業プログラムでは男性の割合が女性より大きいが、普通プログラムでは男女の割合がほぼ同じである。
- OECD 加盟国では、現居住国生まれ人口と外国生まれ人口の学歴分布にはっきりとした傾向は認められない。例えば、オーストラリア、カナダ、アイルランド、イスラエル、ポーランドは、外国生まれの高等教育修了者の割合が特に大きく、50% を上回っているのに対して、コスタリカやイタリアでは、外国生まれの成人の 45% 超が後期中等教育を修了していない。

CHAPTER **A**　教育機関の成果と教育・学習の効果

A₁

■ 結果と解説

後期中等教育未満

ほとんどのOECD加盟国では、2017年に、若年齢層（25～34歳人口）の大多数が、最低でも後期中等教育の修了資格を取得している。わずか数十年のうちに、後期中等教育は、社会的地位を上げる手段から、現代社会で暮らしていくための最低必要条件へと変化した。後期中等教育を修了せずに学校を去る若者は、労働市場で厳しい状況に直面するだけでなく、後期中等教育修了者と比べると特に認知スキルも低く、数的思考力が低い可能性が後期中等教育修了者の2倍になる（OECD, 2015[4]）。

2007～2017年の間に、若年齢層の後期中等教育未修了者の割合は減少しており、OECD加盟国では、2007年の20%から2017年の15%へと低下している。こうした進歩がみられる一方で、数か国はまだ後れを取っており、若年齢層の後期中等教育未修了者の割合が大きい。カナダ、チェコ共和国、アイルランド、イスラエル、韓国、リトアニア、ポーランド、ロシア、スロバキア共和国、スロベニア、スイス、アメリカ合衆国では、後期中等教育未修了者の割合は25～34歳人口の10%未満であるが、中国、コスタリカ、インド、インドネシア、メキシコでは。この割合が50%以上に達している。韓国は、この割合が男女とも2%にとどまり、OECD加盟国及び非加盟国の中で最も小さい（表A1.2）。

若年齢層の後期中等教育未修了者の割合を男女別でみると、大半の国では女性より男性の方が大きい。男女差が大きい国は概して、若年齢層の後期中等教育未修了者の割合が大きい。例えば、OECD加盟国及び非加盟国の約4分の1（アルゼンチン、ブラジル、コロンビア、コスタリカ、デンマーク、エストニア、アイスランド、インド、イタリア、ラトビア、ポルトガル、南アフリカ、スペイン）では、男女差が5パーセントポイントを超えるが、エストニアとラトビアを除くこれらの国すべてで、若年齢層における後期中等教育未修了者の割合はOECD各国平均の15%を上回っている。インド、ポルトガル、スペインは、男女差が10パーセントポイントを超え、OECD加盟国及び非加盟国の中で最大である。唯一の例外はメキシコで、若年齢層の後期中等教育未修了者の割合は、男女ともに大きいが同程度（52%）である。オーストリア、チリ、チェコ共和国、ドイツ、ハンガリー、韓国、スロバキア共和国、スイス、イギリスも、この割合が男女ほぼ同じである（表A1.2）。

後期中等教育または高等教育以外の中等後教育

高等教育の拡大にもかかわらず、後期中等教育は、OECD加盟17か国では依然として、25～64歳人口で取得される最も一般的な学歴段階であり、OECD加盟14か国では25～34歳人口で最大の割合を占めている。25～34歳人口に占める後期中等教育または高等教育以外の中等後教育修了者の割合は、OECD加盟国の平均では41%であり、OECD加盟国及び非加盟国では、中国の18%から南アフリカの76%まで開きがある（表A1.2）（OECD, 2018[5]）。

OECD加盟国の後期中等教育は、2種類のプログラムに大別される。「普通プログラム」は生徒に上の教育段階に向けた準備をさせるために設けられている場合が多く、「職業教育及び訓練」（VET）は修了後すぐに就業することを目指すプログラムである。どの国でも、後期中等教育または高等教育以外の中等後教育では、普通プログラムより職業プログラムを最終学歴として修了する成人の方が多い。OECD加盟国の平均では、25～34歳人口で最終学歴段階として職業プログラムを修了したのは24%、普通プログラムは18%である。普通プログラムの方が割合が小さいのは、このプログラムが通常は上

48

インディケータA1：成人の学歴分布　　**CHAPTER A**

の教育段階への準備として設けられたものであり、修了資格の取得者は高等教育に進学することが多いことによって説明できる。職業プログラムの普及状況は国によって異なる。職業プログラム修了者が25〜34歳人口に占める割合は、コスタリカやメキシコでは2%と小さく、イスラエルの3%がそれに続くが、他の国ではもっと大きく、ドイツとスロバキア共和国では約50%に上る（OECD, 2018[5]）。

25〜34歳人口の後期中等教育または高等教育以外の中等後教育修了者には、男女差もみられる。OECD加盟国の平均では、若年齢層で最終学歴がこの教育段階である者の割合は、男性では46%であるのに対して、女性ではもっと小さい（37%）。この割合は、職業プログラムでは男性（28%）が女性（21%）を上回るが、普通プログラムでは男性（19%）も女性（17%）もほぼ同じである（表A1.2）（OECD, 2018[5]）。

コラムA1.1. プログラム選択と教育の世代間移動

教育は不平等の是正手段と見なされることが多いが、学歴が次の世代も同じ水準のままであることも多々あり、不平等を固定化させる可能性もある。現在と将来の世代のために、社会的包摂を容易にし、社会経済的成果の向上を図る上で、各国はすべての若者が質の高い教育を受ける機会を平等に持てるようにする必要がある。

親の学歴が低い家庭に育つ子どもは、学業を継続するための金銭的支援を得にくいことも多い。背景に恵まれない生徒を教育制度によって支援しなければ、状況はさらに悪化する。短期的に見れば、学業を継続すれば雇用所得を放棄することになりかねず、こうした場合、背景に恵まれない生徒は機会費用を負担できず、早くに教育制度を離れる。

こうした問題を考察するために、本コラムでは、「OECD国際成人力調査（Programme for the International Assessment of Adult Competencies, PIAAC）」の一つの成果である「成人スキル調査（Survey of Adult Skills）」（「資料」を参照）のデータを引用して、25〜64歳人口の学歴を親の学歴（「定義」及び「資料」を参照）と比較する。これらのデータには、最終学歴が後期中等教育または高等教育以外の中等後教育である成人がプログラムの性格別（普通プログラムか職業プログラムか）に分けられたものもあり、旧版の『図表でみる教育OECDインディケータ（*Education at a Glance*）』に掲載された、教育の世代間移動に関する分析を補完している（OECD, 2014[6]; OECD, 2015[7]; OECD, 2016[1]; OECD, 2017[8]）。

25〜64歳人口の後期中等教育または高等教育以外の中等後教育修了者の10%超に関して、普通プログラムと職業プログラムに細分化されたデータを得られていないので、イングランド（イギリス）、フラマン語圏（ベルギー）、イタリア、北アイルランド（イギリス）、スウェーデン、トルコ、アメリカ合衆国は、分析対象から除外している（ホームページの表A1.a）。

両親が後期中等教育未修了者である25〜64歳人口の学歴

図A1.aを見ると、成人スキル調査に参加したOECD加盟の国・地域の平均では、25〜64歳人

CHAPTER A　教育機関の成果と教育・学習の効果

図A1.a. 両親が後期中等教育未修了者である25〜64歳人口の学歴（2012年または2015年）
成人スキル調査

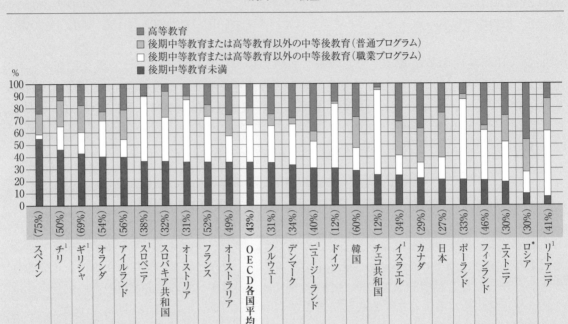

注：括弧内の割合は、25〜64歳人口に占める、両親が後期中等教育未修了者である者の割合を示す。25〜64歳人口の後期中等教育または高等教育以外の中等後教育修了者のうち、普通プログラムと職業プログラムの区別ができない者が10%を超えている国は除外している。各国平均の数値は、合計が100%になるように調整されている。成人スキル調査のデータはISCED-97に準拠している。詳細は「定義」「算定方法」「資料」を参照。
1. 調査年は2015年。それ以外の国・地域の調査年は2012年。
* 「資料」の「成人スキル調査のロシアのデータについて」を参照。
左から順に、25〜64歳人口の後期中等教育未修了者の割合が大きい国・地域。
資料：OECD（2018）。ホームページの表A.1a及び表A.1b。詳細は「資料」を参照。付録3の注を参照（http://dx.doi.org/10.1787/eag-2018-36-en）。
StatLink : https://doi.org/10.1787/888933801734

口の43%は、両親が後期中等教育未修了者である。そのうち36%が、親と同じ低い段階の学歴を取得しているので、残り64%は、親より高い学歴を修了したことになる。教育におけるこうした上昇移動の内訳をみると、両親が後期中等教育未修了者である25〜64歳人口のうち、後期中等教育または高等教育以外の中等後教育の普通プログラム修了者は14%、同教育段階の職業プログラム修了者は30%で、高等教育修了者は20%である。つまり、大半の国では、後期中等教育または高等教育以外の中等後教育の職業プログラムは、両親が後期中等教育未修了者である25〜64歳人口の教育における上昇移動の点で、目立った成果を上げている（図A1.a及びホームページの表A1.b）。

8か国では、普通プログラムへの上昇移動が職業プログラムへの上昇移動を上回り、統計的に有意な差が見られる。そのうちの1か国の日本では、両親が後期中等教育未修了者である25〜64歳人口の37%が、後期中等教育または高等教育以外の中等後教育の普通プログラムを修了しており、8か国の中でこの割合が最も大きい。対照的に、15か国では、この教育段階の職業プログラムへの上昇移動の方が多い。この割合が最も大きいのはチェコ共和国とポーランドで、両

インディケータA1：成人の学歴分布

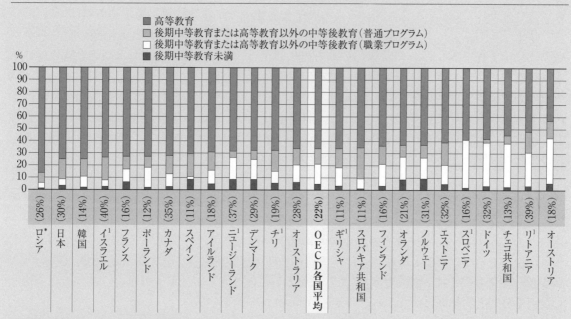

図A1.b. 少なくとも両親のどちらかが高等教育修了者である25～64歳人口の学歴（2012年または2015年）
成人スキル調査

注：括弧内の割合は、25～64歳人口に占める、少なくとも両親のどちらかが高等教育修了者である者の割合を示す。25～64歳人口の後期中等教育または高等教育以外の中等後教育修了者のうち、普通プログラムと職業プログラムの区別ができない者が10％を超えている国は除外している。各国平均の数値は、合計が100％になるように調整されている。成人スキル調査のデータはISCED-97に準拠している。詳細は「定義」「算定方法」「資料」を参照。
1. 調査年は2015年。その他の国・地域の調査年はすべて2012年。
* 「資料」の「成人スキル調査のロシアのデータについて」を参照。
左から順に、25～64歳人口の高等教育修了者の割合が大きい国・地域。
資料：OECD（2018）。ホームページの表A.1a及び表A.1b。詳細は「資料」を参照。付録3の注を参照（http://dx.doi.org/10.1787/eag-2018-36-en）。
StatLink : https://doi.org/10.1787/888933801753

コラムA1.1の表

表A1.a.	（ホームページの表）	プログラムの性格別・親の学歴別にみた成人の学歴（2012年または2015年）
表A1.b.	（ホームページの表）	プログラムの性格別・親の学歴別にみた成人の学歴分類（2012年または2015年）

親が後期中等教育未修了者である25～64歳人口の65％超が職業プログラムを修了している（図A1.a）。

少なくとも両親のどちらかが高等教育修了者である25～64歳人口の学歴

少なくとも両親のどちらかが高等教育修了者である25～64歳人口（平均で22％）の学歴分布は、両親が後期中等教育未修了者である成人とは全く異なる。少なくとも両親のどちらかが高等教育修了者である成人のうち、後期中等教育未修了者はわずか5％で、後期中等教育または高等教育以外の中等後教育の普通プログラム修了者は13％、職業プログラム修了者は16％、高等教育修了者は66％である（図A1.b及びホームページの表A1.a）。

CHAPTER A　教育機関の成果と教育・学習の効果

A₁

少なくとも両親のどちらかが高等教育修了者である者の大半は、労働市場への参入に成功して雇用可能性を維持できる最低基準と考えられている、後期中等教育以上の学歴を取得している。高等教育を受けた親の子どもは、高等教育を修了する可能性が高く、志望する教育段階に進む機会にも恵まれている。とはいえ、そうした子どもすべてが高等教育を修了するわけではない。例えばオーストリア、チェコ共和国、ドイツ、スロベニアでは、少なくとも両親のどちらかが高等教育修了者である25〜64歳人口のうち35％以上は、後期中等教育または高等教育以外の中等後教育の職業プログラムが最終学歴である（図A1.b）。インディケータA3で示すが、この4か国の若年齢層では、職業プログラム修了者が、労働市場で高等教育修了者と同程度またはそれ以上の成果を上げている。したがって、国によっては、後期中等教育または高等教育以外の中等後教育の職業プログラムを修了するのが、熟慮の上での選択であり、高等教育未修了者のためのセカンドチャンス・プログラムと言えない場合もある。

とはいえ、大半の国では、25〜64歳人口に占める後期中等教育または高等教育以外の中等後教育の職業プログラム修了者の割合は、両親が後期中等教育未修了者である者より高学歴の親を持つ者の方が小さい。中にはその差が非常に大きい国もあり、一例を挙げると、スロバキア共和国では、職業プログラムの修了者は、両親が後期中等教育未修了者である成人では36％だが、高等教育修了の親を持つ成人では8％にとどまる。このことから、多くの場合、高等教育を修了した親を持つと高学歴につながるとわかる（図A1.a及び図A1.b）。

高等教育

ここ数十年間に、高等教育は大幅に拡大し、今では多くのOECD加盟国で、高等教育の修了者が25〜34歳人口で最大の割合を占めている。OECD加盟国の平均では、25〜64歳人口の36％が高等教育を修了している。高等教育の拡大の結果、若年齢層（25〜34歳人口）に占める高等教育修了者の割合は各国平均で44％と、55〜64歳人口に占める割合（27％）をはるかに超えている（表A1.2、表A1.3）（OECD, 2018[5]）。

高等教育修了者が25〜34歳人口に占める割合は、カナダや韓国では60％以上である。一方、インドや南アフリカでは、この割合が15％を下回り、後期中等教育未修了者が多くを占めている（図A1.2）。

ほとんどのOECD加盟国及び非加盟国では、25〜34歳人口の高等教育修了者で最大の割合を占めるのは、学士課程または同等レベルの学位取得者だが、オーストリアや中国のような一部の国では、短期高等教育の学位取得者が最も大きな割合を占めている。チェコ共和国、フランス、イタリア、ルクセンブルグ、ポーランド、ポルトガル、ロシア、スロバキア共和国、スロベニア、スペインでは、修士課程または同等レベルの学位取得者の割合が最も大きい（図A1.2）。

高等教育の拡大は、主に女性に恩恵をもたらしてきた。OECD加盟国の平均では、高等教育修了者の割合は、55〜64歳人口では男女間で完全にバランスが取れていて、男女ともに27％であるが、若い世代（25〜34歳人口）では女性の方が割合が大きく、女性が50％であるのに対し、男性は38％で

52

インディケータA1：成人の学歴分布　CHAPTER A

図A1.2. 25～34歳人口における高等教育修了者の教育段階別割合（2017年）

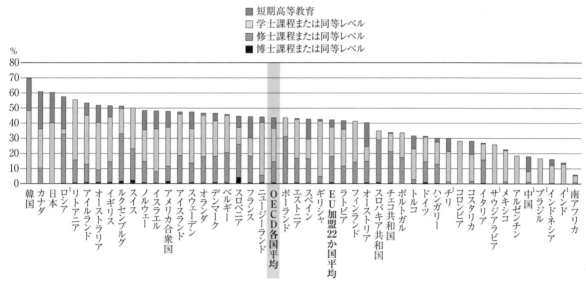

注：一部の教育段階が他の教育段階に含まれている場合がある。詳細は表A1.1を参照。
1. 調査年は2017年ではない。詳細は表A1.1を参照。
左から順に、25～34歳人口に占める高等教育修了者の割合が大きい国。
資料：OECD (2018)。Education at a Glance Database (http://stats.oecd.org)。詳細は「資料」を参照。付録3の注を参照 (http://dx.doi.org/10.1787/eag-2018-36-en)。
StatLink : https://doi.org/10.1787/888933801677

ある。男女構成の変化が最も大きいのは韓国とサウジアラビアで、55～64歳人口では約16パーセントポイント差で男性が上回っているが、25～34歳人口では女性が男性を約10パーセントポイント上回っている。韓国では、高等教育修了者の割合は、女性では55～64歳人口の14％から25～34歳人口の75％へと増加しているのに対し、男性では29％から65％への増加となっており、高等教育の拡大は男女ともに非常に大規模であるものの、拡大幅は女性の方が大きい。サウジアラビアの場合、男性は両年齢層で22％が高等教育を受けている一方、女性はこの割合が55～64歳人口の5％から25～34歳人口の31％へと増加している（表A1.2）（OECD, 2018[5]）。

男女のバランスは、高等教育で教育段階が上がると逆転する。25～34歳人口についてみると、女性が学士課程修了者の過半数を占めている国は30か国であるが、修士課程修了者になると33か国に増加し、博士課程または同等レベルで女性の割合が50％を上回るのは、データがあるOECD加盟国中11か国にとどまる。

現居住国生まれ／外国生まれの成人の学歴

現居住国生まれ人口と外国生まれ人口の学歴レベルは、OECD加盟国間でかなり開きがある。現居住国生まれ人口の方が外国生まれ人口より高等教育修了者の割合が大きい国もあれば、その逆の国もある。入国時の年齢との関連もOECD加盟国によって異なり、入国年齢が15歳以下の方が高等教育修了者の割合が大きい国、16歳以上の方が割合が大きい国とさまざまである。言い換えると、OECD加盟国では、現居住国生まれ人口と外国生まれ人口の高等教育修了者を分析しても、明確な傾向は見えてこない。

図A1.3. 現居住国生まれ／外国生まれの25～64歳人口に占める高等教育修了者の入国年齢別割合（2017年）

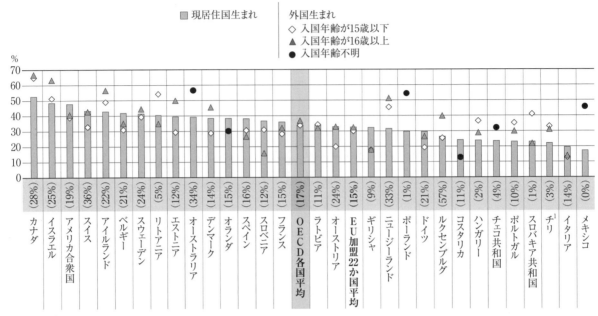

注：括弧内の割合は、25～64歳人口に占める外国生まれの成人の割合を示す。
1. 調査年は2017年ではない。詳細は原表を参照。
左から順に、現居住国生まれの高等教育修了者の割合が大きい国。
資料：OECD（2018）。表A1.3。詳細は「資料」を参照。付録3の注を参照（http://dx.doi.org/10.1787/eag-2018-36-en）。
StatLink : https://doi.org/10.1787/888933801696

ただ、OECD加盟国間である程度共通しているところも一つだけある。それは、現居住国生まれ人口と外国生まれ人口に占める高等教育修了者の割合は、その国の全体的な傾向と重なることが多いという点である。例えばカナダでは、高等教育修了者の割合は現居住国生まれ人口（53%）で大きいが、外国生まれ人口（67%）になるとそれをさらに上回り、入国年齢と関係がない。これと反対なのがイタリアで、高等教育修了者の割合は全体的に小さく、現居住国生まれ人口（20%）か外国生まれ人口（14%）かや、入国年齢は問わない（図A1.3）。

デンマーク、エストニア、リトアニア、スロバキア共和国では、高等教育修了者の割合は、入国年齢が15歳以下と16歳以上とで15パーセントポイント超の差がある（図A1.3）。

OECDの「生徒の学習到達度調査（Programme for International Student Assessment, PISA）」のデータでは、15歳児の読解力の習熟度は、5歳以前に入国した生徒と6～11歳で入国した生徒とではあまり大きな差がないが、入国年齢が12歳以上の場合、それ以前に入国した同学年の15歳児の生徒より低い（OECD, 2015[9]）。入国年齢が高くなるほど、新しい言語や異文化を学ぶのにさらに苦労すると思われる。また、すでに出身国で数年間の学校教育を修了しているので、新しい教育制度に順応して成果を上げるのが困難になっているとも考えられる。

デンマーク、エストニア、リトアニア、スロバキア共和国で、入国年齢が15歳以下かそれ以降かで、外国生まれの高等教育修了者の割合が異なるのも、それである程度説明が付くとみられる。だが、入

インディケータA1：成人の学歴分布　CHAPTER A

図A1.4. 外国生まれの25～64歳人口の学歴分布（2017年）
最終学歴として当該の教育段階を修了した成人の割合

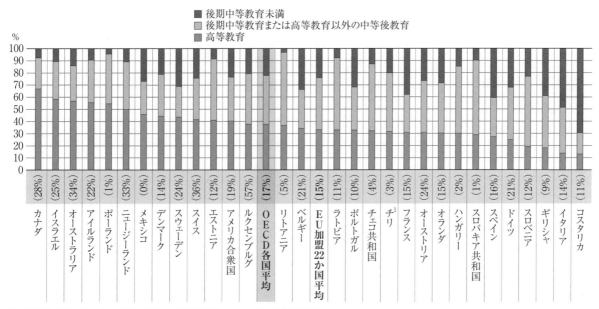

注：括弧内の割合は、25～64歳人口に占める外国生まれの成人の割合を示す。
1. 調査年は2017年ではない。詳細は原表を参照。
左から順に、外国生まれの高等教育修了者の割合が大きい国。
資料：OECD（2018）。表A1.3。詳細は「資料」を参照。付録3の注を参照（http://dx.doi.org/10.1787/eag-2018-36-en）。
StatLink: https://doi.org/10.1787/888933801715

国年齢が16歳以上の方が、高等教育修了者の割合が大きい国が他にいくつかある（図A1.3）。こうした差の説明としては色々考えられる。例えば、高等教育修了資格を取得するのは16歳以降なので、取得した国が受入国か出身国かは、知ることが不可能な上に、国によって異なると思われる。また、25～64歳人口という幅広い年齢層にはさまざまな移民の波が含まれ、各移民群の特徴や学歴にかなりの相違がある。

入国年齢に関係なく、各国が外国生まれ人口という一般的な人的資源について知ることが重要である。図A1.4は、OECD加盟国における外国生まれ人口の学歴分布の多様性を示している。外国生まれの成人の割合が約30%であるオーストラリアとカナダの2か国は、外国生まれ人口に占める高等教育修了者の割合がOECD加盟国で最も大きく、50%を超えている。この2か国は、成人に占める高等教育修了者の割合も大きく、オーストラリアでは45%、カナダでは57%にのぼる。加えて、両国は高学歴で高度な技能を備えた移民を誘致するために、選択的な移民政策を採用している。それと対照的なのがコスタリカ（外国生まれの成人の割合は11%）とイタリア（同14%）で、外国生まれの成人の約50%以上が後期中等教育未修了である。この2か国は、高等教育修了の成人の割合も小さく、コスタリカでは23%、イタリアでは19%である（表A1.3）。

共通する特徴として言えるのは、学歴に関係なく、外国生まれ人口は現居住国生まれ人口よりも読解力が低いことである。成人スキル調査のデータを見ると、外国生まれ人口の読解力の平均得点は248点で、現居住国生まれの276点と比較すると、およそ4学年分に相当する差がある（OECD/EU, 2015[10]）。

学歴の地域差

OECD加盟国の平均では、若年齢層（25～34歳人口）のうち約15%は、最終学歴が後期中等教育未満であるが、国内でかなりの地域差がある。学歴に関する地域データを報告したOECD加盟国及び非加盟国19か国中13か国では、25～34歳人口に占める後期中等教育未修了者の割合は、最も大きい地域と最も小さい地域とで2倍を超える差がある。各国内で最も大きい割合の数字を最も小さい割合の数字で割ると、カナダとロシアに限って、その比が6を上回る。カナダでは、25～34歳人口に占める後期中等教育未修了者の割合が41%に達する地域がある一方で、5%にとどまる地域がある。対照的に、地域データを報告したOECD加盟国及び非加盟国の中で、差が最も小さいのはアイルランドとスロベニアで、アイルランドでは最も割合の大きい地域で10%、最も小さい割合の地域で8%、スロベニアでは最も割合の大きい地域で6%、最も割合の小さい地域で5%である（OECD/NCES, 2018[11]）。

後期中等教育未修了者の場合と比べると、概して、25～34歳人口に占める後期中等教育または高等教育以外の中等後教育修了者の相対的な割合に見られる地域差は小さい。データのある国で、この割合が最も大きい地域と最も小さい地域とで2倍を超える差があるのは、ロシア、スイス、トルコ、アメリカ合衆国の4か国にとどまる（OECD/NCES, 2018[11]）。

25～34歳人口に占める高等教育修了者の割合については、最も大きい地域と最も小さい地域の差が2倍を超えるのは、ブラジル、カナダ、ドイツ、ロシア、トルコ、アメリカ合衆国である。これに対して、アイルランドとスロベニアの2か国は、この割合についても国内の差が最も小さい（OECD/NCES, 2018[11]）。

■ 定義

年齢層：**成人**とは25～64歳人口をいい、**若年齢層**は25～34歳人口、**高年齢層**は55～64歳人口を指す。

中間プログラム修了（ISCED-2011）とは、ISCED-2011の当該教育段階修了には不十分とみなされて下位の教育段階に分類される、ISCED-2011のプログラムの認定資格をいう。また、この認定資格は、上位のISCED-2011プログラムへの直接的な進学を可能にするものではない。

学歴とは、修了した最も高い教育段階を指す。

教育段階：ISCED-2011の全教育段階区分については、本書冒頭の「利用にあたって」を参照。

コラムA1.1の成人力調査に基づく分析は、旧分類のISCED-97に準拠する。ISCED-97に準拠する場合、教育段階は以下のように定義される。**後期中等教育未満**はISCED-97 0、ISCED-97 1、ISCED-97 2、ISCED-97 3Cの短期プログラムに相当し、**後期中等教育または高等教育以外の中等後教育の普通プログラム**はISCED-97 3A、ISCED-97 3B、ISCED-97 3C長期プログラム、ISCED-97 4に相当し普通プログラムに分類されるもの、**後期中等教育または高等教育以外の中等後教育の職業プログラム**はISCED-97 3A、ISCED-97 3B、ISCED-97 3C長期プログラム、ISCED-97 4に相当し職業プログラムに分類されるもの、**高等教育**はISCED-97 5A、ISCED-97 5B、ISCED-97 6に相当する。ISCED-97 4

インディケータ A1：成人の学歴分布　**CHAPTER A**

A1

の普通プログラム（普通プログラム及び人文科学・語学・芸術）と職業プログラム（教育・教職課程、社会科学・商学・法学、自然科学・数学・コンピュータ科学、工学・製造・建築、農学・獣医学、保健・福祉、サービス）を区別するために、可変要素のある職業教育及び訓練（VET）の代わりに、可変要素のある学習分野（Area of study）（B-Q01b）を用いている。

職業プログラム：国際教育標準分類（ISCED-2011）では職業プログラムについて、「特定の職業または職種に特有の知識、技能、能力を身につける機会を学習者に提供する教育プログラムである。このプログラムには、職場で行われる要素（例えば、見習い訓練プログラム、デュアルシステム（二重制度）教育プログラム）が含まれる場合もある。このプログラムを修了すると、国の教育当局及び／または労働市場に職業志向と認められた、労働市場の求める職業資格が取得できる」と定義している。

■ 算定方法

学歴については、特定の年齢層の成人人口（25～64歳人口）に占める各教育段階修了者の割合に関する年データに基づく。

OECDの統計では、ISCED-2011 3プログラムの認定資格のうち、ISCED-2011 3修了に必要な履修期間を満たしていないものは、ISCED-2011 2に分類されている（「利用にあたって」を参照）。ただし、以前「中間段階の後期中等教育プログラム修了」（例えば、イギリスの一般中等教育修了試験（General Certificate of Secondary Education, GCSE）の5科目でグレードC以上または同等レベル）や「後期中等教育修了」として分類されていた学歴と、労働市場での価値が同等と示すことができた国では、上記の学歴は、3つの学歴水準を示す表でISCED-2011 3修了として報告されている（UNESCO Institute for Statistics, 2012 [12]）。

各国は、教育プログラムの特徴と、取得する卒業証明書や資格に基づいて、普通プログラムと職業プログラムを区別している。中には、生徒の専攻分野の選択や卒業後の希望進路に基づく可変要素も利用する国もあると思われる。そのような可変要素は、普通プログラムと職業プログラムの生徒分布も反映するからである。

ほとんどのOECD加盟国のデータには、国際教育標準分類でISCED-2011 0に分類される学校教育を受けていない人口が含まれるため、それが「初等教育修了未満」カテゴリーの平均値に影響している可能性がある。

詳細については『OECD国際比較教育統計ハンドブック2018年版（*OECD Handbook for Internationally Comparative Education Statistics 2018*）』（OECD, 2018[13]）を参照。各国の注記については付録3を参照（http://dx.doi.org/10.1787/eag-2018-36-en）。

コラム A1.1で用いた算定方法については、インディケータ A7の「算定方法」を参照。

リトアニアは、本書を編集時にはOECD加盟国ではなかったので、OECD加盟国リストには記載せず、OECD加盟国の総計に含めていない。

57

CHAPTER A　教育機関の成果と教育・学習の効果

A1

■ 資料

ほとんどの国の人口と学歴のデータは、OECDの労働市場・経済・社会に対する教育の成果（Labour Market, Economic and Social Outcomes of Learning, LSO）ネットワークによる労働力人口調査をもとにまとめられたOECDと欧州統計局（Eurostat）のデータベースから抽出している。インドネシア、サウジアラビアの学歴に関するデータは、国際労働機関（ILO）のデータベースから、中国のデータはユネスコ統計研究所（UNESCO Institute of Statistics, UIS）のデータベースから得ている。

一部の指標の地域データは、全米教育統計センター（US National Centre for Education Statistics, NCES）の協力を得てOECDが公開しているものであり、オーストラリア、オーストリア、ベルギー、ブラジル、カナダ、フィンランド、ドイツ、ギリシャ、アイルランド、イタリア、ポーランド、ロシア、スロベニア、スペイン、スウェーデン、スイス、トルコ、イギリス、アメリカ合衆国の19か国が、2018年版のインディケータA1のデータを提出している。地域の推計値は、全国的なデータソースを用いている国、または、第二種地域統計分類単位（Level 2 of the Nomenclature of Territorial Units for Statistics, NUTS 2）のデータに基づいて欧州統計局（Eurostat）から提供されたものであるが、イギリスについては、第一種地域統計分類単位（Level 1 of the Nomenclature of Territorial Units for Statistics, NUTS 1）のデータに基づく。

コラムA1.1で使用したデータは、OECD国際成人力調査（Programme for the International Assessment of Adult Competencies, PIAAC）の一つの成果である成人スキル調査に基づく。

イスラエルのデータについて

イスラエルの統計データは、イスラエル政府関係当局により、その責任の下で提供されている。OECDにおける当該データの使用は、ゴラン高原、東エルサレム、及びヨルダン川西岸地区のイスラエル入植地の国際法上の地位を侵害するものではない。

成人スキル調査のロシアのデータについて

ロシアの標本には、モスクワ市（Moscow municipal area）の住民が含まれていないことに注意する必要がある。すなわち、発表されたデータは、ロシアの16～65歳の全人口を表すものではなく、モスクワ市を除くロシアの人口に関するものとなっている。ロシア及びその他の国のデータについての詳細は、『成人スキル調査テクニカル・レポート第2版（*Technical Report of the Survey of Adult Skills, Second Edition*）』（OECD, 2016[14]）を参照。

■ 参考資料

OECD（2018）, *Education at a Glance Database - Educational attainment and labour-force status*, http://stats.oecd.org/Index.aspx?datasetcode=EAG_NEAC.　[5]

OECD（2018）, *Immigrants in OECD countries（DIOC）Database - Immigrants by sex and age,* http://stats.oecd.org/Index.aspx?DataSetCode=DIOC_SEX_AGE（accessed on 16 May 2018）.　[3]

OECD（2018）, *OECD Handbook for Internationally Comparative Education Statistics 2018: Concepts, Standards, Definitions and Classifications,* OECD Publishing, Paris, https://　[13]

58

doi.org/10.1787/9789264304444-en.

OECD（2017）, *Education at a Glance 2017: OECD Indicators,* OECD Publishing, Paris, [8]
http://dx.doi.org/10.1787/eag-2017-en.（『図表でみる教育OECDインディケータ（2017
年版）』経済協力開発機構（OECD）編著、矢倉美登里，稲田智子，大村有里，坂本千佳
子，立木勝，三井理子訳、明石書店、2017年）

OECD（2017）, *International Migration Outlook 2017,* OECD Publishing, Paris, http://dx.doi. [2]
org/10.1787/migr_outlook-2017-en.

OECD（2016）, *Education at a Glance 2016: OECD Indicators,* OECD Publishing, Paris, [1]
http://dx.doi.org/10.1787/eag-2016-en.（『図表でみる教育OECDインディケータ（2016
年版）』経済協力開発機構（OECD）編著、徳永優子，稲田智子，矢倉美登里，大村有里，
坂本千佳子，三井理子訳、明石書店、2016年）

OECD（2016）, *Technical Report of the Survey of Adult Skills（PIAAC）, 2nd Edition,* OECD, [14]
Paris, www.oecd.org/skills/piaac/PIAAC_Technical_Report_2nd_Edition_Full_Report.
pdf.

OECD（2015）, *Education at a Glance 2015: OECD Indicators,* OECD Publishing, Paris, [7]
http://dx.doi.org/10.1787/eag-2015-en.（『図表でみる教育OECDインディケータ（2015
年版）』経済協力開発機構（OECD）編著、徳永優子，稲田智子，西村美由起，矢倉美登
里訳、明石書店、2015年）

OECD（2015）, *Immigrant Students at School: Easing the Journey towards Integration,* [9]
OECD Reviews of Migrant Education, OECD Publishing, Paris, http://dx.doi.
org/10.1787/9789264249509-en.（『移民の子どもと学校：統合を支える教育政策』OECD
編著、布川あゆみ，木下江美，斎藤里美監訳、三浦綾希子，大西公恵，藤浪海訳、明石書 [4]
店、2017年）

OECD（2015）, "What are the advantages today of having an upper secondary qualification?",
Education Indicators in Focus, No. 34, OECD Publishing, Paris, http://dx.doi. [6]
org/10.1787/5jrw5p4jn426-en.

OECD（2014）, *Education at a Glance 2014: OECD Indicators,* OECD Publishing, Paris,
http://dx.doi.org/10.1787/eag-2014-en.（『図表でみる教育OECDインディケータ（2014
年版）』経済協力開発機構（OECD）編著、徳永優子，稲田智子，定延由紀，矢倉美登里 [10]
訳、明石書店、2014年）

OECD/EU（2015）, *Indicators of Immigrant Integration 2015: Settling In,* OECD Publishing, [11]
Paris, http://dx.doi.org/10.1787/9789264234024-en.

OECD/NCES（2018）, *Education at a Glance Subnational Supplement,OECD/National Center
for Education Statistics,* Paris and Washington, DC, https://nces.ed.gov/surveys/ [12]
annualreports/oecd/index.asp.

UNESCO Institute for Statistics（2012）, *International Standard Classification of Education:
ISCED 2011,* UNESCO Institute for Statistics, Montreal, http://uis.unesco.org/sites/
default/files/documents/international-standard-classification-ofeducation-isced-2011-en.
pdf.

CHAPTER A 教育機関の成果と教育・学習の効果

■ **インディケータA1の表***

- 表 A1.1. 25 〜 64 歳人口の学歴分布（2017 年）
- 表 A1.2. 25 〜 34 歳人口の学歴分布の推移（男女別）（2007 年、2017 年）
- 表 A1.3. 現居住国生まれ／外国生まれの 25 〜 64 歳人口の学歴分布（入国年齢別）（2017 年）

* データの締切日は 2018 年 7 月 18 日。更新データはホームページで確認可能（http://dx.doi.org/10.1787/eag-data-en）。詳細な内訳も Education at a Glance Database（http://stats.oecd.org/）で確認可能。

インディケータ A1：成人の学歴分布　CHAPTER A

表A1.1. 25〜64歳人口の学歴分布（2017年）

最終学歴として当該の教育段階を修了した成人の割合

後期中等教育未満：(1)〜(5)　／　後期中等教育または高等教育以外の中等後教育：(6)〜(7)　／　高等教育：(8)〜(11)

	初等教育未満	初等教育	中間段階の前期中等教育プログラム修了	前期中等教育	中間段階の後期中等教育プログラム修了	後期中等教育	高等教育以外の中等後教育	短期高等教育	学士課程または同等レベル	修士課程または同等レベル	博士課程または同等レベル	全教育段階
	(1)	(2)	(3)	(4)	(5)	(6)	(7)	(8)	(9)	(10)	(11)	(12)
OECD加盟国												
オーストラリア	0	5	a	14	a	30	5	12	26	7	1	100
オーストリア	m	1	a	14	a	50	3	15	4	12	1	100
ベルギー	3	5	a	15	a	35	2	0	22	17	1	100
カナダ	x(2)	2[d]	a	7	a	24	11	26	21	10[d]	x(10)	100
チリ[1]	7	6	a	22	a	42	a	8	13	1[d]	x(10)	100
チェコ共和国	0	0	a	6	a	70[d]	x(6)	0	6	17	1	100
デンマーク	x(2)	3[d]	a	16	c	42	0	5	21	13	1	100
エストニア	0	1	a	11	a	40	9	6	12	20	1	100
フィンランド	x(2)	2[d]	a	9	a	43	1	12	17	15	1	100
フランス	2	6	a	14	a	43	0	14	10	10	1	100
ドイツ	x(2)	4[d]	a	10	a	46	12	1	15	12	1	100
ギリシャ	1	13	0	13	0	32	9	2	26	3	1	100
ハンガリー	0	1	a	15	a	52	8	1	13	9	1	100
アイスランド	x(2)	0[d]	a	23	a	27	8	3	21	17	1	100
アイルランド	0	6	a	12	a	22	14	10	25	10	1	100
イスラエル	2	4	a	7	a	36	a	14	23	14	0	100
イタリア	1	5	a	33	a	41	1	0	12	4	0	100
日本	x(6)	x(6)	a	x(6)	a	49[d]	x(8)	21[d]	30[d]	x(9)	x(9)	100
韓国	x(2)	4[d]	a	8	a	40	a	13	34[d]	x(9)	x(9)	100
ラトビア	0	0	a	9	3	46	8	3	19	12	0	100
ルクセンブルク	0	9	a	14	a	34	3	3	12	24	2	100
メキシコ	13	17	2	27	4	20	a	1	15	1	0	100
オランダ	1	6	a	15	a	41	0	2	21	13	1	100
ニュージーランド	x(4)	x(4)	a	21[d]	a	27	14	4	28	5	1	100
ノルウェー	0	0	a	17	a	37	2	12	19	11	1	100
ポーランド	0	7	a	1	a	59	3	0	7	23	1	100
ポルトガル	2	29	a	21	a	23	1	c	6	17	1	100
スロバキア共和国	0	0	x(2)	8	0	66	2	0	3	20	1	100
スロベニア	0	1	a	11	a	53	a	7	7	16	4	100
スペイン	3	8	a	31	a	23	0	11	10	15	0	100
スウェーデン	x(2)	3[d]	a	12	2	34	7	10	17	14	2	100
スイス	0	2	a	10	a	45[d]	x(6)	x(9, 10, 11)	21[d]	19[d]	3[d]	100
トルコ	5	41	a	15	a	19	a	5	12	2	0	100
イギリス	0	2	a	17	17	19	a	10	23	12	1	100
アメリカ合衆国	1	3	a	6	a	44[d]	x(6)	11	23	11	2	100
OECD各国平均	2	6	m	14	m	39	7	7	17	12	1	100
EU加盟22か国平均	1	5	m	14	m	42	4	5	14	14	1	100
OECD非加盟国												
アルゼンチン	5	18	a	16	a	40	a	x(9)	21[d]	x(9)	x(9)	100
ブラジル[1]	17	20	a	15	a	34[d]	x(6)	x(9)	15[d]	x(9)	x(9)	100
中国[2]	3	25	a	47	a	15[d]	x(6)	6	3	0[d]	x(10)	100
コロンビア	x(4)	x(4)	a	41[d]	5	31[d]	x(6)	x(9)	22[d]	x(9)	x(9)	100
コスタリカ	13	29	8	7	2	16	0	6	15	2[d]	x(10)	100
インド[3]	46	10	a	18	a	18	0	1	10[d]	x(9)	x(10)	100
インドネシア	17	27	a	18	a	26	0	3	8	1	0	100
リトアニア	0	0	0	4	2	32	20	a	26	14	1	100
ロシア[4]	x(2)	1[d]	a	5	a	20	21	25	1	26	0	100
サウジアラビア[5]	3	24	a	19	a	32	a	x(9)	23[d]	x(9)	x(9)	100
南アフリカ	x(2)	15[d]	a	12	a	58	8	1	5	1[d]	x(10)	100
G20各国平均	9	13	m	16	m	33	m	9	16	8	m	100

注：ほとんどの国のデータはISCED-2011に準拠している。ISCED-97に準拠する国は、インドネシア、サウジアラビアである。詳細は「定義」と「算定方法」を参照。データと詳細な内訳はEducation at a Glance Database（http://stats.oecd.org/）で参照可能。

1. 調査年は2015年。
2. 調査年は2010年。
3. 調査年は2011年。
4. 調査年は2016年。
5. 調査年は2014年。

資料：OECD/ILO/UIS（2018）。詳細は「資料」を参照。付録3の注を参照（http://dx.doi.org/10.1787/eag-2018-36-en）。
表中の省略記号については、「利用にあたって」を参照。

StatLink：https://doi.org/10.1787/888933801601

A1

表A1.2. 25～34歳人口の学歴分布の推移（男女別）（2007年、2017年）

最終学歴として当該の教育段階を修了した成人の割合

	後期中等教育未満						後期中等教育または高等教育以外の中等後教育						高等教育					
	男性		女性		男女合計		男性		女性		男女合計		男性		女性		男女合計	
	2007	2017	2007	2017	2007	2017	2007	2017	2007	2017	2007	2017	2007	2017	2007	2017	2007	2017
	(1)	(2)	(3)	(4)	(5)	(6)	(7)	(8)	(9)	(10)	(11)	(12)	(13)	(14)	(15)	(16)	(17)	(18)
オーストラリア	20b	12	17b	9	19b	11	45b	43	36b	32	41b	37	35b	45	46b	59	41b	52
オーストリア	11	12	16	11	14	11	59	52	52	45	55	48	30	36	32	44	31	40
ベルギー	20b	18	17b	15	18b	17	45b	42	40b	33	42b	38	35b	40	47b	51	41b	45
カナダ	10	8	7	5	9	7	42	40	30	26	36	33	48	52	63	70	56	61
チリ1	m	17	m	16	m	17	m	55	m	52	m	53	m	28	m	31	m	30
チェコ共和国	5b	6	6b	6	6b	6	81b	67	77b	53	79b	60	14b	27	17b	40	15b	34
デンマーク	21b	21	18b	13	19b	17	47b	41	42b	32	44b	37	32b	38	40b	55	36b	47
エストニア	18	16	10	9	14	13	56	50	47	38	52	44	26	34	43	53	34	43
フィンランド	12	11	8	8	10	10	57	55	44	42	51	49	31	33	48	50	39	41
フランス	18	15	16	13	17	14	45	45	38	38	41	42	37	39	46	49	41	44
ドイツ	14b	14	16b	13	15b	13	64b	56	61b	55	62b	56	22b	30	23b	32	23b	31
ギリシャ	29b	17	19b	14	24b	16	45b	48	50b	36	48b	42	25b	35	31b	50	28b	42
ハンガリー	15	14	15	14	15	14	67	62	59	50	63	56	18	25	26	36	22	30
アイスランド	31	24	28	15	29	19	40	37	35	29	38	33	29	39	37	57	33	47
アイルランド	19b	10	13b	6	16b	8	43b	41	36b	36	40b	38	38b	49	51b	58	44b	53
イスラエル	18b	9	12b	6	15b	8	48b	53	40b	36	44b	44	35b	38	48b	58	42b	48
イタリア	36b	29	28b	22	32b	25	50b	51	49b	45	49b	48	15b	20	23b	33	19b	27
日本2	m	m	m	m	m	m	m	m	m	m	m	m	50db	59d	58db	62d	54db	60d
韓国	3b	2	2b	2	3b	2	43b	33	40b	23	42b	28	53b	65	58b	75	55b	70
ラトビア	25	19	14	10	20	15	55	51	54	36	55	44	19	30	32	54	26	42
ルクセンブルグ	24b	14	22b	12	23b	13	44b	39	39b	33	41b	36	32b	47	40b	55	36b	51
メキシコ	65	52	66	52	65	52	19	25	16	26	18	26	17	23	16	23	16	23
オランダ	19b	16	16b	11	17b	14	47b	43	45b	38	46b	40	34b	42	39b	51	37b	47
ニュージーランド	23	16	18	14	21	15	m	44	m	38	m	41	m	40	m	48	m	44
ノルウェー	19	21	14	17	19	19	46	37	35	28	40	32	35	42	51	55	43	48
ポーランド	9b	7	7b	4	8b	5	67b	59	57b	42	62b	51	24b	34	36b	54	30b	44
ポルトガル	63	38	48	23	56	30	22	37	24	34	23	36	15	26	28	42	21	34
スロバキア共和国	6b	8	6b	9	6b	9	79b	64	74b	48	77b	56	15b	27	20b	43	17b	35
スロベニア	9b	7	6b	4	8b	6	71b	60	53b	40	62b	50	20b	33	40b	56	30b	45
スペイン	40	39	29	28	35	34	25	24	25	23	25	24	35	36	45	49	40	43
スウェーデン	10b	19	8b	15	9b	17	56b	41	46b	30	51b	36	34b	40	45b	55	40b	47
スイス	9b	8	12b	8	10b	8	52b	42	57b	41	55b	42	39b	49	31b	51	35b	50
トルコ	55b	42	67b	47	61b	44	30b	27	20b	21	25b	24	16b	31	13b	32	14b	32
イギリス3	19b	13	21b	12	20b	12	38b	38	36b	34	37b	36	43b	50	43b	54	43b	52
アメリカ合衆国	15	9	11	7	13	8	49	48	44	41	47	44	36	43	45	52	40	48
OECD各国平均	22	17	19	14	20	15	49	46	44	37	47	41	30	38	38	50	34	44
EU加盟22か国平均	20	16	16	12	18	14	53	48	47	39	50	44	27	35	36	48	32	42
アルゼンチン	m	34	m	25	m	30	m	51	m	53	m	52	m	15	m	22	m	18
ブラジル1	57	41	49	32	53	36	35	45	39	49	37	47	8	14	12	20	10	17
中国4	m	63	m	66	m	64	m	19	m	16	m	18	m	18	m	18	m	18
コロンビア	m	33	m	27	m	30	m	42	m	42	m	42	m	24	m	32	m	28
コスタリカ	62	54	56	45	59	50	15	22	16	23	16	22	23	24	28	32	25	28
インド5	m	58	m	70	m	64	m	26	m	18	m	22	m	16	m	12	m	14
インドネシア	64b	48	67b	51	66b	50	29b	37	24b	31	26b	34	8b	14	9b	18	8b	16
リトアニア	17b	9	12b	5	14b	7	50b	44	43b	30	47b	37	33b	46	45b	66	39b	56
ロシア6	m	7	m	5	m	6	m	42	m	31	m	36	m	50	m	65	m	58
サウジアラビア7	m	32	m	29	m	31	m	46	m	40	m	43	m	22	m	31	m	26
南アフリカ	m	21	m	15	m	18	m	73	m	78	m	76	m	5	m	7	m	6
G20各国平均	m	28	m	26	m	27	m	41	m	36	m	39	m	32	m	39	m	35

注：ほとんどの国で時系列上の大幅な変化があり、「b」という記号で示されている。これは、2017年のデータはISCED-2011に準拠しているが、2007年のデータはISCED-97に準拠しているためである。インドネシア、サウジアラビアのデータは、ISCED-97に準拠している。詳細は「定義」と「算定方法」を参照。データと詳細な内訳はEducation at a Glance Database（http://stats.oecd.org/）で参照可能。

1. 調査年は2017年ではなく2015年。
2. 高等教育のデータに高等教育以外の中等後教育プログラムが含まれる（成人の5%未満がこのグループに該当する）。
3. 後期中等教育修了者のデータに、中間段階の後期中等教育プログラムを修了したとみなされるに十分な分量と基準を満たす、各種プログラムの修了者が含まれる（25～64歳の成人の17%がこのグループに該当する）。
4. 調査年は2017年ではなく2010年。
5. 調査年は2007年ではなく2011年。
6. 調査年は2017年ではなく2016年。
7. 調査年は2017年ではなく2014年。

資料：OECD/ILO/UIS（2018）。詳細は「資料」を参照。付録3の注を参照（http://dx.doi.org/10.1787/eag-2018-36-en）。
表中の省略記号については、「利用にあたって」を参照。

StatLink：https://doi.org/10.1787/888933801620

インディケータA1：成人の学歴分布　　CHAPTER A

A1

表A1.3. 現居住国生まれ／外国生まれの25～64歳人口の学歴分布（入国年齢別）（2017年）

最終学歴として当該の教育段階を修了した成人の割合

	25～64歳人口に占める外国生まれの成人の割合	後期中等教育未満					後期中等教育または高等教育以外の中等後教育					高等教育				
		現居住国生まれ成人	外国生まれの成人			合計	現居住国生まれ成人	外国生まれの成人			合計	現居住国生まれ成人	外国生まれの成人			合計
			入国年齢が15歳以下	入国年齢が16歳以上	合計			入国年齢が15歳以下	入国年齢が16歳以上	合計			入国年齢が15歳以下	入国年齢が16歳以上	合計	
	(1)	(2)	(3)	(4)	(5)	(6)	(7)	(8)	(9)	(10)	(11)	(12)	(13)	(14)	(15)	(16)
オーストラリア	34	22	x(5)	x(5)	14	19	39	x(10)	x(10)	29	36	39	x(15)	x(15)	57	45
オーストリア	24	11	29	26	27	15	56	51	41	43	53	33	20	33	31	32
ベルギー	21	20	29	35	34	23	38	40	30	32	37	42	31	35	34	40
カナダ	28	9	6	8	8	9	38	29	25	26	34	53	65	67	67	57
チリ[1]	3	36	14	21	20	35	42	53	48	48	42	22	33	31	31	22
チェコ共和国	4	6	x(5)	x(5)	13	6	70	x(10)	x(10)	55	70	24	x(15)	x(15)	32	24
デンマーク	14	18	36	20	21	19	43	35	34	35	42	38	29	46	44	39
エストニア	12	12	12	5	9	11	49	58	45	50	49	39	29	50	41	40
フィンランド	m	m	m	m	m	12	m	m	m	m	44	m	m	m	m	44
フランス	15	19	27	43	38	22	45	45	25	31	43	36	28	32	31	35
ドイツ	21	9	26	33	32	13	62	54	40	43	58	30	19	27	25	29
ギリシャ	9	26	36	40	39	27	42	46	42	43	42	32	18	18	18	31
ハンガリー	2	16	19	14	15	16	60	44	57	55	60	24	37	29	30	24
アイスランド	m	m	m	m	m	23	m	m	m	m	35	m	m	m	m	42
アイルランド	22	21	16	8	9	18	37	35	35	35	36	42	49	57	55	46
イスラエル	25	13	9	11	11	13	38	39	26	31	36	48	51	63	58	51
イタリア	14	37	42	50	49	39	43	45	36	38	42	20	13	14	14	19
日本	m	m	m	m	m	m	m	m	m	m	m	m	m	m	m	51[d]
韓国	m	m	m	m	m	12	m	m	m	m	40	m	m	m	m	48
ラトビア	11	13	11	5	8	12	53	55	63	59	54	34	34	32	33	34
ルクセンブルグ	57	17	24	20	21	23	57	50	40	42	36	26	25	40	38	40
メキシコ	0	62	x(5)	x(5)	27	62	20	x(10)	x(10)	27	20	17	x(15)	x(15)	46	17
オランダ	15	20	x(5)	x(5)	28	22	41	x(10)	x(10)	41	41	38	x(15)	x(15)	30	37
ニュージーランド	33	26	16	9	11	21	42	38	39	39	41	32	46	51	50	38
ノルウェー	m	m	m	m	m	18	m	m	m	m	39	m	m	m	m	43
ポーランド	1	8	x(5)	x(5)	4	8	62	x(10)	x(10)	41	62	30	x(15)	x(15)	54	30
ポルトガル	10	54	30	34	32	52	23	35	36	35	24	23	35	30	33	24
スロバキア共和国	1	9	c	13	10	9	68	54	65	61	68	23	41	22	29	23
スロベニア	12	11	11	27	23	12	53	58	58	58	53	37	31	16	19	34
スペイン	16	41	42	40	41	41	21	27	33	32	23	38	31	27	27	36
スウェーデン	24	12	19	35	31	12	46	42	21	25	41	41	39	44	44	42
スイス	36	5	15	26	24	12	51	52	32	34	45	43	33	43	41	43
トルコ	m	m	m	m	m	61	m	m	m	m	19	m	m	m	m	20
イギリス	m	m	m	m	m	19	m	m	m	m	35	m	m	m	m	46
アメリカ合衆国	19	6	19	25	23	9	46	42	35	36	44	48	39	41	40	46
OECD各国平均	17	20	22	24	22	22	46	45	39	40	43	34	34	37	38	36
EU加盟22か国平均	15	19	26	26	24	20	48	46	41	43	46	33	30	32	33	34
アルゼンチン	m	m	m	m	m	39	m	m	m	m	40	m	m	m	m	21
ブラジル[1]	m	m	m	m	m	51	m	m	m	m	34	m	m	m	m	15
中国[2]	m	m	m	m	m	76	m	m	m	m	15	m	m	m	m	10
コロンビア	m	m	m	m	m	46	m	m	m	m	31	m	m	m	m	22
コスタリカ	11	59	x(5)	x(5)	70	60	16	x(10)	x(10)	17	17	24	x(15)	x(15)	13	23
インド[3]	m	m	m	m	m	71	m	m	m	m	18	m	m	m	m	11
インドネシア	m	m	m	m	m	62	m	m	m	m	26	m	m	m	m	12
リトアニア	5	5	3r	3	3	7	54	43r	62	60	53	40	54r	35	37	40
ロシア[4]	m	m	m	m	m	6	m	m	m	m	41	m	m	m	m	53
サウジアラビア[5]	m	m	m	m	m	45	m	m	m	m	32	m	m	m	m	23
南アフリカ	m	m	m	m	m	27	m	m	m	m	66	m	m	m	m	7
G20各国平均	m	m	m	m	m	36	m	m	m	m	36	m	m	m	m	30

注：ほとんどの国のデータはISCED-2011に準拠する。ISCED-97に準拠する国は、インドネシア、サウジアラビアである。詳細は「定義」と「算定方法」を参照。データと詳細な内訳はEducation at a Glance Database（http://stats.oecd.org/）で参照可能。
1. 調査年は2015年。
2. 調査年は2010年。
3. 調査年は2011年。
4. 調査年は2016年。
5. 調査年は2014年。

資料：OECD/ILO/UIS（2018）。詳細は「資料」を参照。付録3の注を参照（http://dx.doi.org/10.1787/eag-2018-36-en）。
表中の省略記号については、「利用にあたって」を参照。

StatLink：https://doi.org/10.1787/888933801639

インディケータ **A₂**

若年者の就学及び就業状況

■ OECD加盟国の平均では、15〜19歳人口の6%が教育や訓練を受けず、就業もしていない者（ニート）であり、この割合は20〜24歳人口では16%、25〜29歳人口では18%まで上昇する。

■ ほぼすべてのOECD加盟国及び非加盟国で、18〜24歳人口のニートに占める非労働力人口の割合は男性より女性の方が大きく、平均では、女性は65%超である一方、男性は50%に達していない。

■ OECD加盟国の平均では、15〜29歳人口のニートの割合は、外国生まれの者では18%であるのに対し、現居住国生まれの者では13%である。

図A1.1. 18〜24歳人口のニートの男女別割合（2017年）

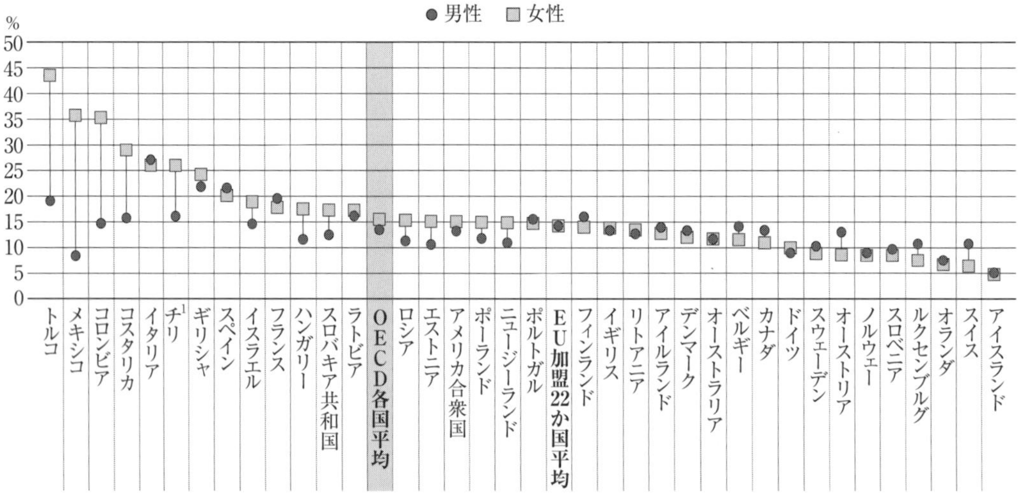

注：ニートとは、就業せず教育も訓練も受けていない若年者をいう。
1. 調査年は2017年とは異なる。詳細は表A2.1を参照。
左から順に、18〜24歳人口のニートの女性の割合が大きい国。
資料：OECD（2018）。Education at a Glance Database（http://stats.oecd.org/）。詳細は「資料」を参照。付録3の注を参照（http://dx.doi.org/10.1787/eag-2018-36-en）。

StatLink：https://doi.org/10.1787/888933801848

■ 政策との関連

就学から就業への移行は、学校教育を受ける期間やその質、労働市況、経済状況、及び文化的背景の影響を受ける。若年者が学校教育の修了後に仕事を探すのが伝統的な国もあれば、就学期間中から働くのが一般的な国もある。また、就学から就業への移行に男女差がほとんどない国がある一方で、女性については、教育制度から離れた後は就業せずに育児に専念する割合が大きい国もある。また、労働市況が低調な時期は、学校教育を受ける期間が延びる傾向が往々にしてみられるが、これは、高い失業率が教育の機会費用を押し下げ、労働市況が改善した時に備えて技能を向上できるためである。

経済状況のいかんに関わりなく、就学から就業への移行が円滑に行われるようにするためには、各国の教育制度が、労働市場で必要とされる技能の習得を保証することを目指す必要がある。景気後退期には、教育への公的支出は、必要とされる技能を育成することで、失業に対抗し、将来の経済成長への投資をするという理にかなった手段となり得る。また、若年者の雇用への誘因という形で、公的投資を潜在的な雇用主に振り向けることも考えられる。

失業による影響は長期間続く可能性がある。失業期間が長く、意欲を失っている場合は特にそうである。若年者のニートは現代の問題の表れだが、この問題に取り組まなければ、将来的に個人にも社会にも大きな影響が及びかねない。

移民の若年者は特にリスクにさらされている。『国際移民アウトルック 2017 年版（*International Migration Outlook 2017*）』（OECD, 2017[1]）によると、OECD加盟国の総人口の13%が外国生まれである。この中には依然として経済危機の影響に苦しんでいる者もいる。例えば、ヨーロッパは経済危機からの回復ペースが遅いため、2007年以降、移民の若年者は失業率が上昇している。

■ その他のハイライト

- 義務教育の終了年齢が高いからといって、必ずしも就学率が高いとは限らない。例えば、チリでは、15～19歳人口の就学率はOECD各国平均を下回っているが、義務教育の終了年齢（18歳）はOECD加盟国で最も高い。
- 就学から就業への移行状況に関する地域データを報告しているOECD加盟国及び非加盟国の過半数で、15～29歳人口のニートの割合は、最も大きい地域と最も小さい地域とで2倍以上の差がある。
- OECD加盟国及び非加盟国では、18～24歳人口の53%が就学中であり、17%が就学しながら就業している。

■ 注記

本指標は、若年者の就学から就業への移行状況、つまり、就学者、就業者、そして教育や訓練を受けず、就業もしていない者（ニート）について分析する。ニートの中には、仕事をみつけることができない場合（失業者ニート）だけでなく、積極的に雇用を求めていない場合（非労働力人口ニート）も含まれる。この分析の一部では、18～24歳人口に注目する。この年齢になると、多くが義務教育後も就学を続け、非労働力人口や失業者の割合に義務教育が影響しないからである。

■ 結果と解説

ニートの若年者（18〜24歳人口）

OECD加盟国及び非加盟国では、18〜24歳人口の53%が就学中である。若年者の生徒・学生のほとんどは就学に専念しているが、17%は就学しながら就業しており、その割合は、ハンガリー、イタリア、スロバキア共和国の3%未満からアイスランドとオランダの35%超まで国によって幅がある（表A2.1）。

就学から就業への移行は、多くの若年者にとって困難な時期になる可能性がある。失業期間や、低賃金または臨時・派遣雇用契約による仕事の不安定さ、自律生活の開始に伴う先行き不安から、若年者にとっては人生の試練となる。

教育制度を離れた18〜24歳人口（OECD加盟国の平均で47%）のほとんどは就業しているが、ニートの割合は依然として大きい。18〜24歳人口全体でみると、33%は就学も就業もしておらず、14%はニートである（表A2.1）。

ニートの割合はおおむね男女同程度である。男女差は、OECD加盟国の平均では約2パーセントポイントだが、国によってかなりばらつきがある。チリ、コロンビア、コスタリカ、メキシコ、トルコでは、ニートの割合は概して大きく、10パーセントポイント以上の差をつけて、女性の方が男性より一貫して大きい。対照的に、オーストリアとスイスでは、18〜24歳のニートの割合はおしなべて小さく、女性が男性を約5パーセントポイント下回る（図A2.1）。

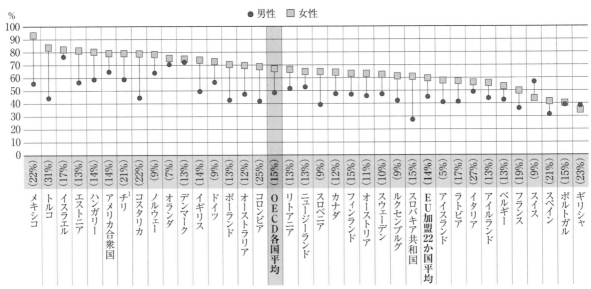

図A2.2. 18〜24歳人口のニートに占める非労働力人口の男女別割合（2017年）

注：ニートとは、就業せず教育も訓練も受けていない若年者をいう。括弧内は、18〜24歳人口のニートの割合。
1. 調査年は2017年とは異なる。詳細は表A2.1を参照。
左から順に、18〜24歳人口のニートの女性に占める非労働力人口の割合が大きい国。
資料：OECD (2018). Education at a Glance Database (http://stats.oecd.org/)。詳細は「資料」を参照。付録3の注を参照 (http://dx.doi.org/10.1787/eag-2018-36-en)。

StatLink : https://doi.org/10.1787/888933801867

インディケータ A2：若年者の就学及び就業状況　　**CHAPTER A**

非労働力人口ニートはニート全体の人口より男女差が大きく、各国でも同様の傾向がみられる。図 A2.2を見ると、ほぼすべてのOECD加盟国及び非加盟国において、ニートに占める非労働力人口の割合は女性の方が男性より大きい。2017年の平均では、この割合は女性では65%を超える一方、男性では50%に満たない（図A2.2）。

ギリシャ、ポルトガル、スペインでは、ニートに占める非労働力人口の割合は男女ともに小さい。これは、ほとんどのニートが積極的に求職しているため、失業者ニートに分類されていることを示唆している。対照的に、メキシコとトルコでは、女性のニートの約90%が非労働力人口であり、この割合はすべてのOECD加盟国及び非加盟国の中で最も大きい。この2か国では、非労働力人口ニートの割合は男性の方がはるかに小さく、ニート人口の構成に大きな男女差がみられる。コスタリカとスロバキア共和国も、非労働力人口ニートの割合の男女差が約30パーセントポイントと大きい。このように大きな男女差がある理由はいろいろあり得るが、一つの要因として、女性は依然として育児の責任を負うことが多く、子育てのために労働市場から離れる決意をするため、非労働力人口において女性が多数を占めるということも考えられる。18～24歳人口のニートの割合は、スロバキア共和国よりコスタリカの方が7パーセントポイント大きいことも、注目に値する（図A2.2及び表A2.1）。

就学から就業への年齢別移行状況

15歳から29歳になるまでにはかなりの期間があり、10代と青年期につきものの多くの変化がある。さらに細かい年齢層に分類することで、15～29歳人口が置かれている様々な状況をよりよく評価することができる。大半の国では、15～19歳の期間に、後期中等教育を修了して就業または高等教育に移行する。20～24歳と25～29歳の期間は、経済的に自立することが多くなる時期であり、ほとんどが教育制度を離れて労働市場に参入する。OECD加盟国の平均では、20～24歳人口の約40%が就学せずに就業し、25～29歳人口になるとこの割合が65%超にまで上昇する（表A2.2）（OECD, 2018[2]）。

教育制度を離れた全員が仕事を見つけるわけではない。見つけることができても、経験不足のため、臨時・派遣雇用契約や低賃金の仕事を引き受けることが多い。このような労働市場への移行の難しさは、ニートの割合の大きさにも反映されている。OECD加盟国の平均では、20～24歳人口の16%がニートであり、この割合は25～29歳人口では18%にまで上昇する（図A2.3）。

OECD加盟国及び非加盟国では、就学から就業への移行状況は非常に多様である。図A2.3は、一部の国にみられるいくつかのパターンを示している。コロンビア、コスタリカ、トルコでは、ニートの割合は概して大きいが、15～19歳人口には特にそれが言え、OECD各国平均が約6%であるのと比べて15%を超えている。この年齢層で教育制度を離れているということは、修了可能な最も高い教育段階が後期中等教育であるが、この教育段階でも未修了の割合が大きいと思われる（インディケータA1参照）。これらの国では、進学によって好ましい結果が得られる可能性がある若年成人の多くが機会を失っているようである（図A2.3）。

ギリシャ、イタリア、スペインはいずれも、最近の経済危機により深刻な打撃を受けており、それが依然としてニート人口の割合の大きさに反映されている。これらの国では、ニートの割合は、15～19歳人口ではOECD各国平均をやや上回る程度だが、年齢が上がるとともに継続的に急上昇してい

図A2.3. ニートの年齢層別割合（2017年）

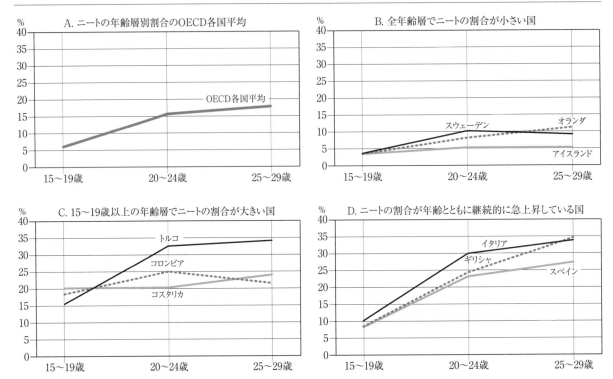

注：ニートとは、就業せず教育も訓練も受けていない若年者をいう。
資料：OECD（2018）。Education at a Glance Database（http://stats.oecd.org/）。詳細は「資料」を参照。付録3の注を参照（http://dx.doi.org/10.1787/eag-2018-36-en）。
StatLink：https://doi.org/10.1787/888933801886

る。ギリシャでは、ニートの割合は、15～19歳人口では10％を下回っているが、25～29歳人口では35％に達し、すべてのOECD加盟国の中で最も大きい。ギリシャとスペインでは、25～29歳人口に占めるニートの割合が大きいのは、非労働力人口率が高いからではなく、失業率が高く、仕事を見つけるのが難しいことが主に関係している。イタリアでは、25～29歳人口に占める非労働力人口と失業者の割合が、いずれもOECD各国平均を上回っている（図A2.3）（OECD, 2018[2]）。

対照的に、アイスランド、オランダ、スウェーデンでは、ニートの割合は全年齢層で小さい。これが特に当てはまるのがアイスランドであり、ニートの割合は一定で、全年齢層で約5％である。興味深いことに、ニートの割合が小さいのは、就業者の割合が平均より大きいことよりも、25～29歳人口の就学者の割合が平均より大きいことが関係している。オランダとスウェーデンにも同じことが言え、これらの国では成人の就学期間が長いようである（図A2.3及び図A2.4）（OECD, 2018[2]）。

義務教育の終了年齢と15～19歳人口の就学者の割合に関するデータを国ごとに比較すると、その二つに直接的な関連性がないことがわかる。例えば、スロベニアでは、15～19歳人口の在学率は94％だが、義務教育が終了するのは14歳で、教育制度から離れる年齢がOECD加盟国の中で最も低い（付録1参照）。対照的に、チリは、義務教育の終了年齢（18歳）が最も高いOECD加盟国の一つだが、15～19歳人口の在学率は83％であり、中途退学率が高いことを示唆している（図A2.4）。

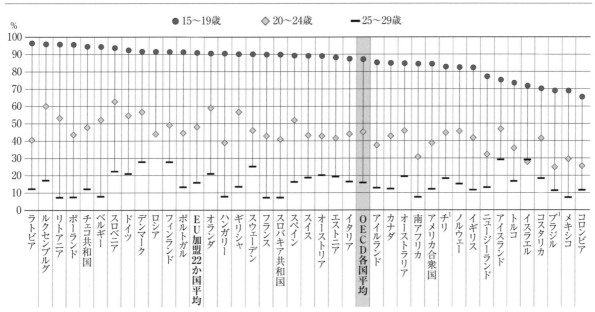

図A2.4. 就学者の年齢層別割合（2017年）

1. 調査年は2017年とは異なる。詳細は表A2.1を参照。
左から順に、15～19歳人口の就学者の割合が大きい国。
資料：OECD (2018). Education at a Glance Database (http://stats.oecd.org/). 詳細は「資料」を参照。付録3の注を参照 (http://dx.doi.org/10.1787/eag-2018-36-en)。
StatLink: https://doi.org/10.1787/888933801905

現居住国生まれと外国生まれのニートの若年者

ほとんどのOECD加盟国で、15～29歳人口に占める外国生まれのニートの割合は、同じ年齢層の現居住国生まれのニートの割合より大きい。OECD加盟国の平均では、ニートの割合は、外国生まれの15～29歳人口で18%である一方、現居住国生まれの15～29歳人口では13%である。この差が最も大きいのはオーストリアとドイツで、ニートの割合は外国生まれの15～29歳人口で約25%、現居住国生まれの15～29歳人口で10%未満である。対照的に、約3分の1の国では、その差が3パーセントポイントを下回っている。例えば、ニュージーランドでは、その差がほんのわずかしかない。ニュージーランドは、外国生まれの15～29歳人口の割合（27%）が最も大きい国の一つだが、そのうちのニートの割合（10%）は、データのあるすべてのOECD加盟国の中で最も小さい。ニュージーランドで外国生まれの15～29歳人口に占めるニートの割合がこのように小さいのは、ポイント制の移民制度と関連があると見られる。この制度によって、高い技能を持った移民を優先し、移民を精選しているのである（図A2.5）(OECD, 2017[1])。

ギリシャ、イタリア、スペインでは、外国生まれの15～29歳人口の約3人に1人がニートである。これらの国では、ニートの割合は、現居住国生まれの15～29歳人口でも大きいが、外国生まれの15～29歳人口と比べるとはるかに小さい。ギリシャは、外国生まれの15～29歳人口に占めるニートの割合（35%超）がOECD加盟国で最も大きいが、その影響を受ける者はイタリアやスペインより少ない可能性がある。というのも、ギリシャでは、15～29歳人口のうち外国生まれはわずか7%であるのに対し、イタリアではこの割合が12%、スペインでは17%であるからである（図A2.5）。

図A2.5. 現居住国生まれ／外国生まれの15～29歳人口に占めるニートの割合（2017年）

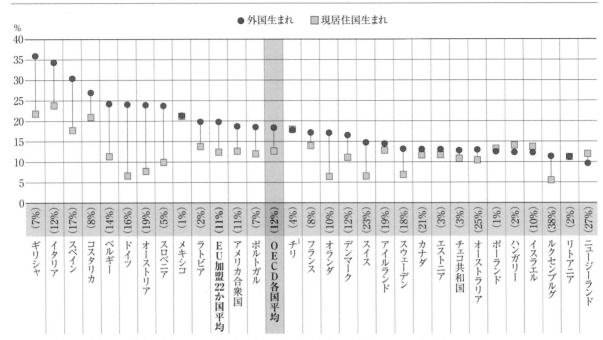

注：ニートとは、就業せず教育も訓練も受けていない若年者をいう。括弧内は、外国生まれの15～29歳人口の割合。
1. 調査年は2017年とは異なる。詳細は原表を参照。
左から順に、外国生まれの15～29歳人口に占めるニートの割合が大きい国。
資料：OECD（2018）。表A2.3。詳細は「資料」を参照。付録3の注を参照（http://dx.doi.org/10.1787/eag-2018-36-en）。
StatLink : https://doi.org/10.1787/888933801924

若年者に占めるニートの割合の地域差

OECD加盟国の平均では、15～29歳人口の47%が就学中であり、39%が就学も就業もしておらず、13%がニートであるが、各国内でかなりの地域差がある（表A2.2）（OECD/NCES, 2018[3]）。

就学から就業への移行に関する地域データを報告したOECD加盟国及び非加盟国17か国のうち10か国では、15～29歳人口のニートの割合は、最も大きい地域と最も小さい地域とで2倍以上の差がある。各国内で最も大きい割合の数字を最も小さい割合の数字で割ると、カナダ、イタリア、ロシア、スペインではその比が3以上になる。対照的に、地域データを報告したOECD加盟国及び非加盟国の中で、差が最も小さいのはアイルランドとスロベニアである。ただし、これには、この2か国には地域が二つしかないことが関連している可能性がある（図A2.6）。

図A2.6を見ると、多くの国に、国の平均と比べてニートの割合が特に大きい外れ値の地域がある。これは特に、多くの地域がある大国のカナダとロシアで顕著であるが、オーストリア、ドイツ、イタリア、ポーランド、スペイン、トルコにも当てはまる（図A2.6）。

ベルギー、フィンランド、アイルランド、スロベニアでは、概して地域差が小さいが、これらの国の地域は5つ以下で、ロシアの85地域に比べてはるかに少ない（図A2.6）。

インディケータ A2：若年者の就学及び就業状況　CHAPTER A

図A2.6. 15〜29歳人口のニートの地域別割合（2017年）

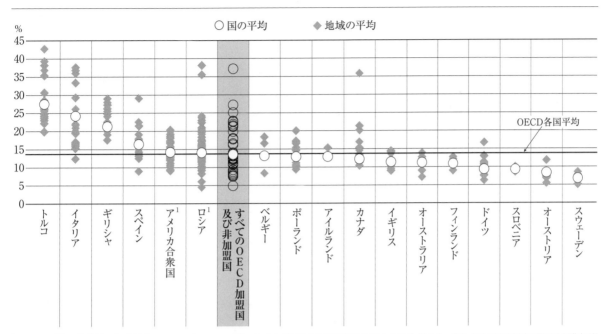

注：国の平均は各地域の加重平均で、データソースの違いにより表A2.2の各国平均と異なる場合がある。「すべてのOECD加盟国及び非加盟国」は表A2.2に示す各国平均。ニートとは、就業せず教育も訓練も受けていない若年者をいう。
1. 調査年は2016年。
左から順に、15〜29歳人口のニートの割合（国の平均）が大きい国。
資料：OECD/NCES (2018)。Education at a Glance Subnational Supplement (https://nces.ed.gov/surveys/annualreports/oecd/index.asp)。詳細は「資料」を参照。付録3の注を参照 (http://dx.doi.org/10.1787/eag-2018-36-en)。
StatLink : https://doi.org/10.1787/888933801943

■ 定義

学歴とは、修了した最も高い教育段階を指す。

就業者、非労働力人口及び失業者：インディケータA3の「定義」を参照。

就学者とは、調査前の4週間の間に、正規の教育制度における教育や訓練を受けている者をいう。

教育段階：ISCED-2011の全教育段階区分については、本書冒頭の「利用にあたって」を参照。

ニート：就業せず教育や訓練も受けていない者。

■ 算定方法

データは通常、4学期制の第2学期に関するものである。この期間は、若年者が実際に就学しているか、教育制度を離れて就業しているのかを調べるのに、最も適しているからである。第2学期は、ほとんどの国では暦年の最初の3か月にあたるが、春学期（すなわち、3月、4月、5月）を指す国もある。

教育や訓練とは、学校教育を指す。したがって、就業せずに学校教育以外の教育を受けている者は

CHAPTER **A**　教育機関の成果と教育・学習の効果

ニートとみなされる。

地域の算定方法については、インディケータA1を参照。

詳細については『OECD国際比較教育統計ハンドブック2018年版（*OECD Handbook for Internationally Comparative Education Statistics 2018*）』（OECD, 2018[4]）を参照。各国の注記については付録3を参照（http://dx.doi.org/10.1787/eag-2018-36-en）。

リトアニアは、本書を編集時にはOECD加盟国ではなかったので、OECD加盟国リストには記載せず、OECD加盟国の総計に含めていない。

■資料

資料については、インディケータA1を参照。

一部の指標の地域データは、全米教育統計センター（US National Centre for Education Statistics, NCES）の協力を得てOECDが公開してきたものであり、オーストラリア、オーストリア、ベルギー、カナダ、フィンランド、ドイツ、ギリシャ、アイルランド、イタリア、ポーランド、ロシア、スロベニア、スペイン、スウェーデン、トルコ、イギリス、アメリカ合衆国の17か国が、2018年版インディケータA2のデータを提出している。地域の推計値は、全国的なデータソースを用いている国、または、第二種地域統計分類単位（Level 2 of the Nomenclature of Territorial Units for Statistics, NUTS 2）のデータに基づいて欧州統計局（Eurostat）から提供されたものであるが、イギリスについては、第一種地域統計分類単位（Level 1 of the Nomenclature of Territorial Units for Statistics, NUTS 1）のデータに基づく。

イスラエルのデータについて

イスラエルの統計データは、イスラエル政府関係当局により、その責任の下で提供されている。OECDにおける当該データの使用は、ゴラン高原、東エルサレム、及びヨルダン川西岸地区のイスラエル入植地の国際法上の地位を害するものではない。

■参考資料

OECD（2018）, *Education at a Glance Database – Transition from education to work*, http://stats.oecd.org/Index.aspx?datasetcode=EAG_TRANS.　[2]

OECD（2018）, *OECD Handbook for Internationally Comparative Education Statistics 2018: Concepts, Standards, Definitions and Classifications*, OECD Publishing, Paris, https://doi.org/10.1787/9789264304444-en.　[4]

OECD（2017）, *International Migration Outlook 2017*, OECD Publishing, Paris, http://dx.doi.org/10.1787/migr_outlook-2017-en.　[1]

OECD/NCES（2018）, Education at a Glance Subnational Supplement, OECD/National Center for Education Statistics, Paris and Washington, DC, https://nces.ed.gov/surveys/　[3]

72

annualreports/oecd/index.asp.

■ インディケータ A2 の表*

- 表A2.1. 18〜24歳人口の就学者及び非就学者の就業状況別割合（2017年）
- 表A2.2. 若年成人に占める就学者及び非就学者の就業の有無別・年齢層別割合の推移（2007年、2017年）
- 表A2.3. 現居住国生まれ／外国生まれの15〜29歳人口に占めるニートの割合（入国年齢別）（2017年）

* データの締切日は2018年7月18日。更新データはホームページで確認可能（http://dx.doi.org/10.1787/eag-data-en）。詳細な内訳も Education at a Glance Database（http://stats.oecd.org/）で確認可能。

CHAPTER A　教育機関の成果と教育・学習の効果

表A2.1. 18〜24歳人口の就学者及び非就学者の就業状況別割合（2017年）

	就学者						非就学者					就学者と非就学者の合計
	就業者							ニート				
	学校・職場プログラムの生徒	他の就業者	就業者の合計	失業者	非労働力人口	就学者の合計	就業者	失業者	非労働力人口	ニートの合計	非就学者の合計	
	(1)	(2)	(3)=(1)+(2)	(4)	(5)	(6)=(3)+(4)+(5)	(7)	(8)	(9)	(10)=(8)+(9)	(11)=(7)+(10)	(12)=(6)+(11)
OECD加盟国												
オーストラリア	5.7	26.1	31.8	3.0	16.8	51.6	36.7	4.9	6.8	11.7	48.4	100
オーストリア	7.7	14.1	21.8	1.6	28.3	51.7	37.4	5.1	5.7	10.8	48.3	100
ベルギー	0.2	3.6	3.8	0.9	57.0	61.7	25.3	6.8	6.1	12.9	38.3	100
カナダ	x(2)	23.4^d	23.4	2.7	24.2	50.2	37.5	5.5	6.7	12.2	49.8	100
チリ[1]	x(2)	9.3^d	9.3	2.8	38.2	50.3	28.6	6.0	15.1	21.1	49.7	100
チェコ共和国	m	m	m	m	m	m	m	m	m	m	m	m
デンマーク	x(2)	34.3^d	34.3	4.3	24.2	62.7	24.6	3.4	9.3	12.7	37.3	100
エストニア	c	18.1	18.1	2.9	28.6	49.6	37.6	3.7	9.1	12.8	50.4	100
フィンランド	x(2)	19.7^d	19.7	6.1	30.8	56.6	28.4	6.8	8.2	15.0	43.4	100
フランス	6.4	4.3	10.7	0.8	42.1	53.5	27.8	10.7	8.0	18.7	46.5	100
ドイツ	16.0	14.2	30.1	1.1	31.2	62.5	28.0	3.3	6.1	9.5	37.5	100
ギリシャ	a	4.7	4.7	2.6	54.6	61.8	15.2	14.6	8.4	23.0	38.2	100
ハンガリー	a	2.8	2.8	0.2	46.3	49.3	36.2	4.1	10.3	14.5	50.7	100
アイスランド	a	38.8	38.8	3.2	11.6	53.6	41.5	2.5	2.4	4.9	46.4	100
アイルランド	a	17.1	17.1	1.3	31.1	49.6	37.0	6.8	6.6	13.4	50.4	100
イスラエル	x(2)	10.7^d	10.7	0.7	18.2	29.6	53.6	3.4	13.3	16.7	70.4	100
イタリア	a	2.3	2.3	0.7	50.1	53.1	20.4	12.6	13.9	26.6	46.9	100
日本	m	m	m	m	m	m	m	m	m	m	m	m
韓国	m	m	m	m	m	m	m	m	m	m	m	m
ラトビア	a	12.6	12.6	0.6	39.4	52.6	30.7	8.5	8.3	16.7	47.4	100
ルクセンブルグ	a	10.2	10.9	1.3	53.3	65.5	25.4	4.6	4.6	9.1	34.5	100
メキシコ	a	9.6	9.6	0.7	26.5	36.8	41.0	3.1	19.1	22.1	63.2	100
オランダ	x(2)	40.2^d	40.2	3.4	22.1	65.7	27.2	1.9	5.2	7.1	34.3	100
ニュージーランド	a	20.1	20.1	1.8	15.2	37.1	50.0	5.2	7.6	12.9	62.9	100
ノルウェー	0.5	19.6	20.2	3.0	27.1	50.3	40.9	2.6	6.2	8.8	49.7	100
ポーランド	a	8.9	8.9	1.4	45.4	55.6	31.0	5.6	7.7	13.3	44.4	100
ポルトガル	a	5.3	5.3	2.8	46.3	54.4	30.4	9.2	6.0	15.2	45.6	100
スロバキア共和国	0.2	2.7	2.9	0.2	47.9	51.0	34.2	8.0	6.9	14.8	49.0	100
スロベニア	x(2)	21.2^d	21.2	1.2	46.9	69.2	21.6	4.6	4.6	9.1	30.8	100
スペイン	x(2)	6.7^d	6.7	4.9	48.0	59.6	19.5	13.4	7.5	20.9	40.4	100
スウェーデン	a	16.3	16.3	6.8	30.2	53.3	37.1	4.4	5.2	9.6	46.7	100
スイス	16.9	16.1	33.1	2.2	17.6	52.8	38.6	4.1	4.5	8.6	47.2	100
トルコ	a	13.7	13.7	4.6	22.5	40.7	28.2	8.9	22.3	31.1	59.3	100
イギリス	4.6	13.7	18.3	1.9	22.8	43.0	43.4	5.2	8.4	13.6	57.0	100
アメリカ合衆国	x(2)	20.7^d	20.7	1.4	24.8	47.0	38.9	3.9	10.2	14.1	53.0	100
OECD各国平均	m	15.0	16.9	2.3	33.4	52.6	32.9	6.0	8.4	14.5	47.4	100
EU加盟22か国平均	m	13.0	14.7	2.2	39.4	56.3	29.4	6.8	7.4	14.3	43.7	100
OECD非加盟国												
アルゼンチン	m	m	m	m	m	m	m	m	m	m	m	m
ブラジル	m	m	m	m	m	m	m	m	m	m	m	m
中国	m	m	m	m	m	m	m	m	m	m	m	m
コロンビア	a	11.1	11.1	3.2	16.7	30.9	43.8	9.8	15.4	25.3	69.1	100
コスタリカ	a	16.3	16.3	4.9	24.8	46.0	31.9	7.5	14.5	22.0	54.0	100
インド	m	m	m	m	m	m	m	m	m	m	m	m
インドネシア	m	m	m	m	m	m	m	m	m	m	m	m
リトアニア	a	15.9	15.9	1.5	45.7	63.1	23.8	5.3	7.8	13.1	36.9	100
ロシア	m	6.6	6.6	c	44.4	52.8	33.9	5.7	7.6	13.3	47.2	100
サウジアラビア	m	m	m	m	m	m	m	m	m	m	m	m
南アフリカ	a	m	m	m	m	m	m	m	m	m	m	m
G20各国平均	m	m	m	m	m	m	m	m	m	m	m	m

注：ニートとは、就業せず教育も訓練も受けていない若年者をいう。詳細は「定義」と「算定方法」を参照。データと詳細な内訳は Education at a Glance Database（http://stats.oecd.org/）で閲覧可能。
1. 調査年は2015年。
資料：OECD（2018）。詳細は「資料」を参照。付録3の注を参照（http://dx.doi.org/10.1787/eag-2018-36-en）。
表中の省略記号については、「利用にあたって」を参照。

StatLink: https://doi.org/10.1787/888933801791

インディケータ A2：若年者の就学及び就業状況　**CHAPTER A**

表A2.2. 若年成人に占める就学者及び非就学者の就業の有無別・年齢層別割合の推移
（2007年、2017年）

	20～24歳人口						15～29歳人口					
	2007年			2017年			2007年			2017年		
	就学者	非就学者		就学者	非就学者		就学者	非就学者		就学者	非就学者	
		就業者	ニート		就業者	ニート		就業者	ニート		就業者	ニート
	(1)	(2)	(3)	(4)	(5)	(6)	(7)	(8)	(9)	(10)	(11)	(12)
オーストラリア	39.1[b]	50.1[b]	10.7[b]	45.8	42.6	11.5	45.4[b]	44.1[b]	10.5[b]	48.1	41.0	10.9
オーストリア	33.5	54.7	11.8	42.8	45.4	11.8	43.6	45.1	11.3	47.2	42.0	10.8
ベルギー	39.2[b]	45.3[b]	15.5[b]	51.8	33.0	15.2	45.4[b]	41.9[b]	12.7[b]	48.8	37.9	13.2
カナダ	38.4	47.8	13.8	42.8	44.0	13.2	43.7	44.3	12.1	44.0	43.8	12.2
チリ[1]	m	m	m	44.7	34.6	20.7	m	m	m	48.5	33.5	18.0
チェコ共和国	42.1[b]	46.9[b]	11.0[b]	47.8	41.7	10.5	44.8[b]	43.5[b]	11.7[b]	46.1	43.0	10.9
デンマーク	48.9[b]	43.1[b]	8.0[b]	56.6	29.2	14.2	52.8[b]	40.1[b]	7.1[b]	57.7	30.5	11.8
エストニア	45.4	39.3	15.3	41.6	45.2	13.2	48.0	38.9	13.0	44.4	43.9	11.8
フィンランド	51.9	34.8	13.3	49.1	34.0	17.0	56.5	33.4	10.1	54.4	33.0	12.6
フランス	41.9	40.1	17.9	42.8	36.5	20.7	46.1	39.4	14.5	47.1	36.3	16.5
ドイツ	45.7[b]	39.1[b]	15.2[b]	54.6	35.4	10.1	52.4[b]	35.0[b]	12.6[b]	52.7	37.9	9.3
ギリシャ	48.1[b]	34.5[b]	17.4[b]	56.6	19.4	24.0	43.9[b]	39.5[b]	16.6[b]	52.1	25.2	22.8
ハンガリー	49.2	33.9	16.9	38.9	45.0	16.1	48.6	35.7	15.6	42.5	43.5	14.0
アイスランド	51.9	43.1	5.0	46.8	47.6	5.6	51.3	44.1	4.6	47.8	47.3	4.9
アイルランド	25.9[b]	62.0[b]	12.1[b]	37.5	48.1	14.4	33.3[b]	55.9[b]	10.7[b]	46.4	40.5	13.1
イスラエル	28.5[b]	31.9[b]	39.6[b]	27.8	54.8	17.3	41.0[b]	29.3[b]	29.7[b]	43.9	42.5	13.6
イタリア	41.7[b]	35.7[b]	22.6[b]	43.9	26.0	30.1	44.5[b]	35.5[b]	20.0[b]	47.9	27.0	25.1
日本	31.8[b]	56.1[b]	12.1[b]	m	m	m	39.5[b]	48.9[b]	11.7[b]	m	m	m
韓国	m	m	m	m	m	m	m	m	m	m	m	m
ラトビア	42.5	41.0	16.5	40.5	39.2	20.3	48.2	37.0	14.8	43.5	42.7	13.9
ルクセンブルグ	55.1[b]	35.6[b]	9.2[b]	60.1	29.8	10.2	49.8[b]	41.2[b]	8.9[b]	54.2	38.0	7.7
メキシコ	24.6	49.8	25.6	29.5	46.8	23.8	33.5	43.2	23.3	37.5	41.3	21.2
オランダ	50.8[b]	42.2[b]	6.9[b]	58.9	33.4	7.7	53.1[b]	40.2[b]	6.7[b]	56.1	36.3	7.5
ニュージーランド	38.8	47.6	13.6	32.2	54.5	13.3	46.2	41.9	12.0	39.1	49.7	11.2
ノルウェー	37.7	53.6	8.8	45.5	44.4	10.1	44.4	48.1	7.5	46.2	45.0	8.8
ポーランド	56.5[b]	25.2[b]	18.3[b]	43.6	40.5	15.9	53.4[b]	31.0[b]	15.5[b]	43.7	43.1	13.3
ポルトガル	35.5	49.3	15.2	44.5	38.4	17.1	39.1	47.5	13.4	49.9	37.7	12.4
スロバキア共和国	29.4[b]	50.7[b]	19.9[b]	40.8	42.7	16.5	40.5[b]	42.3[b]	17.2[b]	41.1	42.7	16.2
スロベニア	58.7[b]	30.9[b]	10.4[b]	62.7	26.8	10.5	56.3[b]	33.6[b]	10.1[b]	56.1	33.0	10.9
スペイン	34.9	48.2	16.9	51.9	24.9	23.2	35.4	49.0	15.6	51.2	28.9	19.9
スウェーデン	39.6[b]	47.3[b]	13.1[b]	46.0	43.5	10.5	50.1[b]	39.9[b]	10.1[b]	50.5	41.4	8.0
スイス	41.0[b]	48.6[b]	10.4[b]	43.2	47.7	9.1	45.5[b]	44.3[b]	10.2[b]	47.3	44.3	8.4
トルコ	18.6[b]	35.1[b]	46.3[b]	35.8	31.4	32.9	24.3[b]	34.4[b]	41.3[b]	42.5	30.3	27.2
イギリス	29.7[b]	52.3[b]	18.1[b]	41.7	45.4	12.9	40.1[b]	45.0[b]	14.9[b]	42.8	45.0	12.2
アメリカ合衆国	35.7	48.1	16.2	38.8	47.0	14.2	44.5	42.3	13.2	44.1	42.6	13.3
OECD 各国平均	40.4	43.8	15.9	45.1	39.4	15.6	45.0	41.1	13.9	47.4	39.1	13.4
EU 加盟22か国平均	43.0	42.4	14.6	48.0	36.5	15.6	46.6	40.5	12.9	48.9	37.7	13.4
アルゼンチン	m	m	m	m	m	m	m	m	m	m	m	m
ブラジル[1]	24.6	52.0	23.4	24.9	48.1	27.0	35.1	45.0	19.9	36.6	40.9	22.5
中国	m	m	m	m	m	m	m	m	m	m	m	m
コロンビア	m	m	m	25.5	49.5	25.0	m	m	m	34.6	43.6	21.9
コスタリカ	m	m	m	41.5	38.1	20.5	m	m	m	44.6	34.0	21.4
インド	m	m	m	m	m	m	m	m	m	m	m	m
インドネシア	m	m	m	m	m	m	m	m	m	m	m	m
リトアニア[2]	51.4[b]	32.7[b]	15.9[b]	53.2	30.8	16.1	56.0[b]	32.6[b]	11.4[b]	50.2	38.6	11.2
ロシア	m	m	m	44.0	41.4	14.6	m	m	m	37.6	50.0	12.4
サウジアラビア	m	m	m	m	m	m	m	m	m	m	m	m
南アフリカ	m	m	m	30.8	21.3	47.9	m	m	m	40.9	21.9	37.2
G20 各国平均	m	m	m	m	m	m	m	m	m	m	m	m

注：ニートとは、就業せず教育も訓練も受けていない若年者をいう。詳細は「定義」と「算定方法」を参照。データと詳細な内訳はEducation at a Glance Database（http://stats.oecd.org/）で閲覧可能。
1. 調査年は2017年ではなく2015年。
2. 調査年は2007年ではなく2005年。
資料：OECD（2018）。詳細は「資料」を参照。付録3の注を参照（http://dx.doi.org/10.1787/eag-2018-36-en）。
表中の省略記号については、「利用にあたって」を参照。

StatLink : https://doi.org/10.1787/888933801810

CHAPTER **A** 教育機関の成果と教育・学習の効果

A₂

表A2.3. 現居住国生まれ／外国生まれの15～29歳人口に占めるニートの割合（入国年齢別）（2017年）

| | 現居住国生まれ | 外国生まれ | | | 合計 |
| | | 入国年齢が15歳以下 | 入国年齢が16歳以上 | 合計 | |
	(1)	(2)	(3)	(4)	(5)
オーストラリア	11.0	m	m	12.5	10.9
オーストリア	7.7	20.2	26.9	23.9	10.8
ベルギー	11.4	18.7	30.3	24.2	13.2
カナダ	11.7	9.3	19.4	13.1	12.2
チリ¹	18.0	14.1	18.9	17.8	18.0
チェコ共和国	10.9	m	m	12.8	10.9
デンマーク	11.1	13.6	19.8	16.6	11.8
エストニア	11.7	c	19.4ʳ	13.1	11.8
フィンランド	m	m	m	m	12.6
フランス	14.0	17.9	16.5	17.2	16.5
ドイツ	6.6	11.4	32.1	24.1	9.3
ギリシャ	21.8	31.3	47.6	36.0	22.8
ハンガリー	14.0	11.6	12.9	12.3	14.0
アイスランド	m	m	m	m	4.9
アイルランド	12.9	15.7	13.5	14.5	13.1
イスラエル	13.7	9.6	19.5	12.3	13.6
イタリア	23.8	25.9	46.6	34.3	25.1
日本	m	m	m	m	m
韓国	m	m	m	m	m
ラトビア	13.8	c	c	19.8ʳ	13.9
ルクセンブルグ	5.5	7.5	15.6	11.4	7.7
メキシコ	21.2	m	m	21.4	21.2
オランダ	6.4	m	m	17.1	7.5
ニュージーランド	12.0	7.9	11.9	9.6	11.2
ノルウェー	m	m	m	m	8.8
ポーランド	13.3	m	m	12.5	13.3
ポルトガル	12.0	15.0	29.1	18.5	12.4
スロバキア共和国	16.3	m	c	c	16.2
スロベニア	9.9	8.0ʳ	36.8ʳ	23.8	10.9
スペイン	17.7	23.2	41.3	30.4	19.9
スウェーデン	6.9	9.9	17.4	13.2	8.0
スイス	6.5	10.5	18.1	14.8	8.4
トルコ	m	m	m	m	27.2
イギリス	m	m	m	m	12.2
アメリカ合衆国	12.6	15.6	22.1	18.7	13.3
OECD各国平均	12.7	m	m	18.4	13.4
EU加盟22か国平均	12.4	16.4	27.1	19.8	13.4
アルゼンチン	m	m	m	m	m
ブラジル¹	m	m	m	m	22.5
中国	m	m	m	m	m
コロンビア	m	m	m	m	21.9
コスタリカ	21.0	m	m	26.9	21.4
インド	m	m	m	m	m
インドネシア	m	m	m	m	m
リトアニア	11.2	11.8ʳ	m	11.3	11.2
ロシア	m	m	m	m	12.4
サウジアラビア	m	m	m	m	m
南アフリカ	m	m	m	m	37.2
G20各国平均	m	m	m	m	m

（左端の縦書き：OECD加盟国／OECD非加盟国）

注：ニートとは、就業せず教育も訓練も受けていない若年者をいう。詳細は「定義」と「算定方法」を参照。データと詳細な内訳はEducation at a Glance Database（http://stats.oecd.org/）で閲覧可能。
1. 調査年は2015年。
資料：OECD（2018）。詳細は「資料」を参照。付録3の注を参照（http://dx.doi.org/10.1787/eag-2018-36-en）。
表中の省略記号については、「利用にあたって」を参照。
StatLink：https://doi.org/10.1787/888933801829

インディケータ A3

最終学歴別の就業状況

- 25～34歳の成人の就業率をみると、OECD加盟国の平均では、後期中等教育未修了者が60%であるのに対し、取得学歴が後期中等教育以上の者は81%である。
- OECD加盟国の平均では、若年齢層（25～34歳人口）の就業率は、後期中等教育未修了者では男性が71%であるのに対し、女性は45%であるが、男女差は学歴が高くなるにつれて小さくなる。
- OECD加盟国及び非加盟国では、外国生まれの後期中等教育未修了者の労働市場における成果はさまざまであるが、外国生まれの高等教育修了者の就業可能性は、データのある国の大半で、現居住国生まれの高等教育修了者より低い。

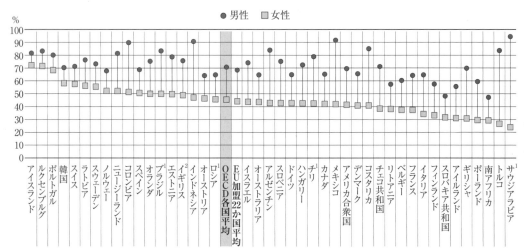

図A3.1. 25～34歳人口の後期中等教育未修了者の男女別就業率（2017年）

1. 調査年は2017年ではない。詳細は原表を参照。
2. 後期中等教育修了者のデータには、それぞれ中間段階の後期中等教育プログラムを修了したとみなされるに十分な分量と基準を満たす、各種プログラムの修了者を含む（25～64歳の成人の17%がこのグループに該当する）。

左から順に、25～34歳人口における後期中等教育未修了の女性の就業率が高い国。
資料：OECD/ILO（2018）。表A3.2。詳細は「資料」を参照。付録3の注を参照（http://dx.doi.org/10.1787/eag-2018-36-en）。
StatLink: https://doi.org/10.1787/888933802057

■ 政策との関連

OECD加盟国の経済は、高度な技能を有する労働者が供給されるかどうかにかかっており、教育機会の拡大によって、技能を有する人材が各国で増加している。学歴が高いほど、就業機会に恵まれる可能性が高い一方、学歴が低い場合、低学歴の人に対する仕事はまだあるものの、労働市場で就業機会を得るのは比較的困難である。低学歴層は所得が低いだけでなく（インディケータA4参照）、オートメーション化される可能性が高い単調な仕事に就いていることが多いため、失業のリスクも高くなる（Arntz, Gregory and Zeirahn, 2016[1]）。こうした労働市場での成果の差によって社会的不平等は拡大しかねない。

各国の教育制度は、技能に対する労働市場の需要の変化に応える上で、課題を抱えている。科学技術の進歩によって、労働市場のニーズが世界規模で変容を遂げていることから、高い技能、特に情報通信技術（ICT）のスキルが高いほど、また問題解決にICTを活用し慣れているほど、就業可能性は大きくなる。そうした技能は、学校教育外で習得することも考えられ、場合によっては、学歴が低くても就業が可能になる（Lane and Conlon, 2016[2]）。

就業率や失業率を経時的にみていくと、男女の労働市場におけるリスクの長期的推移と差異を学歴レベル別及び年齢別に評価する拠り所となる。そうした評価結果を利用すれば、政府は今後の経済の発展状況をよりよく理解し、ひいては、現在の生徒や学生が将来の就業にもっとしっかりと備えられるようにすべく、教育政策を伝えていくこともできる。

OECD加盟国への移民流入が最近増加していることから、外国生まれの成人が労働市場で置かれている状況について、公の場で盛んに議論されている。『OECD国際移民アウトルック2017年版(*International Migration Outlook 2017*)』（OECD, 2017[3]）によれば、OECD加盟国の総人口の13%が外国生まれである。人道移民の大幅な増加は、移民政策見直しへの関心が高まる大きな一因となったが、人道移民は人口移動全体の一部を占めるに過ぎない。移民の多くは就労を理由に移住しており、移民のプラスの社会的経済的利益を示すデータもある。全般的にみて、外国生まれの成人は、労働力の増加に大きく寄与し、得る利益以上に税収や社会保障負担の形で貢献することが多い（OECD, 2014[4]）。

■ その他のハイライト

- OECD加盟国の平均で、後期中等教育未修了者の失業率は、それより上の教育段階の修了者のほぼ2倍である。若年齢層（25〜34歳人口）について見ると、後期中等教育未修了者の失業率は、より高い学歴を持つ者（後期中等教育または高等教育以外の中等後教育修了者）の失業率が約7%であるのに対して15%である。
- OECD加盟国の平均で、成人（25〜64歳人口）に占める非労働力人口の割合は、後期中等教育または高等教育以外の中等後教育修了者で20%、高等教育修了者で12%であるのに対し、後期中等教育未修了者では約35%である。
- 2007〜2017年の間に、低学歴の若年齢層（25〜34歳人口）における就業率の男女差は、OECD加盟国の約3分の1では5パーセントポイント超縮小したが、エストニア、リトアニア、ニュージーランド、ポーランド、スロバキア共和国、スロベニアでは5パーセントポイント以上拡大している。
- 「OECD国際成人力調査（Programme for the International Assessment of Adult Competencies, PIAAC）」の一環である「成人スキル調査（Survey of Adult Skills）」に参加したOECD加盟国及び非加盟国では、大多数の就業者が、自分の仕事に必要なレベルに相当する学歴を有していると回答している。

CHAPTER A 教育機関の成果と教育・学習の効果

A₃

■ 結果と解説

学歴と就業状況

後期中等教育は、労働市場に首尾よく参入するのに必要な最低限の教育段階である。この教育段階以上の教育を修了していない成人（25～64歳人口）は、労働市場で不利な立場に置かれる。OECD加盟国の平均では、高等教育修了の成人は就業率が85%であるのに対し、後期中等教育または高等教育以外の中等後教育修了の成人は76%、後期中等教育未修了の成人では60%未満にとどまる（表A3.1）。

ベルギー、チェコ共和国、ポーランド、スロバキア共和国では、後期中等教育または高等教育以外の中等後教育修了者は、それよりも低学歴の者と比較した場合の就業率の上昇幅が25パーセントポイント以上である。上昇幅が最も小さい国（10パーセントポイント未満）は、アルゼンチン、ブラジル、コロンビア、コスタリカ、ギリシャ、インドネシア、韓国、メキシコ、サウジアラビアである（表A3.1）。

後期中等教育未修了者は、就業率が高い（70～80%）国が数か国（コロンビア、アイスランド、インドネシア、ニュージーランド）に限られる。それ以外のすべての国で、後期中等教育未修了者は、労働市場で不利な立場にあり、ベルギー、ポーランド、スロバキア共和国、スロベニア、南アフリカでは、就業者の割合が半分を下回る（図A3.1）。

OECD加盟国の平均では、高等教育を修了すれば、後期中等教育または高等教育以外の中等後教育修了者と比較して、就業率がさらに約10パーセントポイント上昇する。ラトビア、リトアニア、ポーランド、スロベニア、南アフリカでは、その差は15パーセントポイント以上である。就業面での優位性は、オーストラリア、チェコ共和国、デンマーク、エストニア、ドイツ、ハンガリー、アイスランド、韓国、ニュージーランド、ポルトガル、スロバキア共和国、スウェーデン、スイス、イギリスでは7パーセントポイント以下である。このような状況の一つの説明として、これらの国の一部では、後期中等教育または高等教育以外の中等後教育職業プログラム修了者の就業率が、高等教育修了者とほぼ同じ高さであることが挙げられる。例えば、ドイツとスイスでは、職業プログラム卒業者の大半が、学校・企業連携プログラムに参加しており、このことが就学から就業への移行を円滑にしている（表A3.1）（OECD, 2018[5]）。

すべてのOECD加盟国及び非加盟国で、若年齢層（25～34歳人口）は高年齢層より高学歴である。ほとんどのOECD加盟国で、若年齢層の後期中等教育未修了者の割合は20%未満である（インディケータA1参照）。この世代による違いは、卒業者の労働市場における成果に影響しており、OECD加盟国の平均では、若年齢層の就業率は、義務教育終了後に進学した者では81%であるが、後期中等教育未修了者では60%である（表A3.2）（OECD, 2018[5]）。

アルゼンチン、ブラジル、チリ、フランス、インドネシア、アイルランド、イスラエル、韓国、ラトビア、リトアニア、メキシコ、ポーランド、南アフリカ、トルコ、アメリカ合衆国の若年齢層では、高等教育修了者の就業面での優位性が、後期中等教育または高等教育以外の中等後教育しか修了していない者と比べて10パーセントポイント以上高い（表A3.2）。

インディケータA3：最終学歴別の就業状況　**CHAPTER A**

学歴と就業状況の男女差

ノルウェーとポルトガルを除くすべてのOECD加盟国と非加盟国で、学歴レベルに関わりなく、女性は男性より就業率が低い。

後期中等教育未修了の女性の就業率は特に低く、OECD各国平均で、若年齢層の後期中等教育未修了者の就業率は、男性が71%であるのに対して女性は45%である。若年齢層についてみると、ほとんどのOECD加盟国と非加盟国で、後期中等教育未修了の女性のうち就業者は半数に満たないが、サウジアラビアやトルコは女性の就業率が最も低く、後期中等教育未修了の女性の4人に1人しか就業していない（表A3.1）。

対照的に、同じ若年齢層（25～34歳人口）でも後期中等教育未修了の男性は、OECD加盟国の半分で、就業率が70%を超えている。コロンビア、インドネシア、メキシコ、サウジアラビアは、若年齢層の男性ではほぼ完全雇用（90%超）に達しているが、女性の就業率はそれより40～70パーセントポイント低いので、若年齢層の男性のこうした高い就業率は若年齢層の女性を犠牲にして実現されているようである。アイスランド、ルクセンブルグ、ポルトガルなど少数の国では、若年齢層の後期中等教育未修了者で、男性の就業率が比較的高く（約80%）、それと同時に女性の就業率も高い（約70%）（図A3.1）。

就業率の男女差は、学歴が高くなるほど小さくなる。OECD加盟国の平均では、25～34歳人口の就業率の男女差は、後期中等教育未修了者では25パーセントポイント（男性が71%、女性が45%）であるが、後期中等教育または高等教育以外の中等後教育修了者では16パーセントポイント（男性が84%、女性が68%）、高等教育修了者では9パーセントポイント（男性が89%、女性が80%）に縮まる（表A3.2）。

学歴と失業状況

多くのOECD加盟国と非加盟国では、失業率は若年齢層（25～34歳人口）で特に高い。OECD加盟国の平均では、後期中等教育未修了者の失業率は、後期中等教育または高等教育以外の中等後教育修了者の失業率が8%であるのに対し、15%とほぼ2倍の高さである。若年齢層の高等教育修了者の失業率はわずか6%である（表A3.3）。

若年齢層の後期中等教育未修了者は、スロバキア共和国と南アフリカで特に厳しい状況に置かれていて、失業率が30%を超えているほか、フランス、ギリシャ、スペインでも失業率が非常に高く、約25%が失業している（表A3.3）。

後期中等教育以上の教育段階を修了すれば、失業のリスクは軽減する。オーストラリア、オーストリア、ドイツ、ハンガリー、スロバキア共和国、スウェーデン、スイスでは、進学による失業率へのプラス効果が特に大きく、これらの国すべてで、若年齢層では、後期中等教育または高等教育以外の中等後教育修了者の失業率は、後期中等教育未修了者の約3分の1である（表A3.3）。

多くの国では、後期中等教育または高等教育以外の中等後教育を修了後に進学しても、25～34歳人口の失業率はわずかに改善するだけであるが、アルゼンチン、チェコ共和国、エストニア、フラン

ス、アイスランド、アイルランド、ラトビア、ニュージーランド、ポーランド、ロシア、アメリカ合衆国では、この年齢層の高等教育修了による失業率へのプラス効果が特に大きい。これらの国では、25～34歳人口で、高等教育修了者の失業率は後期中等教育または高等教育以外の中等後教育修了者の約半分である。リトアニアと南アフリカでは、若年齢層の高等教育修了者の失業率は、後期中等教育または高等教育以外の中等後教育修了者の3分の1にとどまる（表A3.3）。

コスタリカ、アイスランド、イスラエル、韓国、メキシコ、ポルトガル、トルコでは、どの学歴レベルでも失業率は同程度である。いくつかの国では、失業率と学歴レベルの関係が逆転している。例えば、サウジアラビアでは、後期中等教育未修了者の失業率が2%にとどまるのに対して、高等教育修了の若年成人の20%が失業している（表A3.3）。

学歴と非労働力人口

非就業で求職していない非労働力人口の割合は、学歴が低いほど大きい。OECD加盟国の平均で、2017年には、25～64歳人口の非労働力人口率は、後期中等教育または高等教育以外の中等後教育修了者が20%、高等教育修了者が約10%であるのに比べ、後期中等教育未修了者は約35%である（OECD, 2018[5]）。

図A3.2. 非労働力人口率の男女差（学歴別）（2017年）
25～64歳人口、差（パーセントポイント）（女性の非労働力人口率から男性の非労働力人口率を差し引いた値）

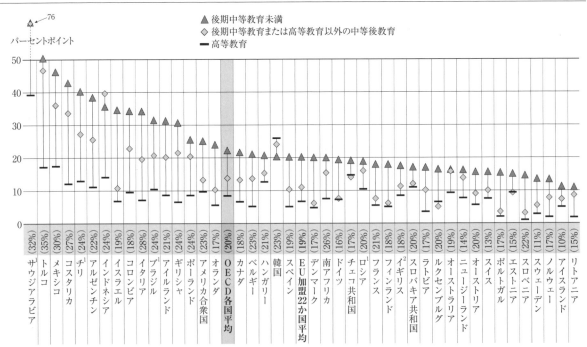

注：括弧内の割合は25～64歳人口の非労働力人口率を示す。
1. 調査年は2017年ではない。詳細は表A3.1を参照。
2. 後期中等教育修了者のデータには、それぞれ中間段階の後期中等教育プログラムを修了したとみなされるに十分な分量と基準を満たす、各種プログラム修了者を含む（25～64歳の成人の17%がこのグループに該当する）。
左から順に、後期中等教育未修了者の非労働力人口率の男女差が大きい国。
資料：OECD/ILO (2018), Education at a Glance Database (http://stats.oecd.org/)。詳細は「資料」を参照。付録3の注を参照（http://dx.doi.org/10.1787/eag-2018-36-en）。
StatLink: https://doi.org/10.1787/888933802076

インディケータ A3：最終学歴別の就業状況　　**CHAPTER A**

女性の非労働力人口率は、どの学歴レベルでも一貫して男性より高いが、後期中等教育未修了者では特に高い。非労働力人口率の男女差は、後期中等教育または高等教育以外の中等後教育修了者では14パーセントポイント、高等教育修了者では8パーセントポイントであるのに対し、後期中等教育未修了者では22パーセントポイントである（図A3.2）。

後期中等教育未修了者の非労働力人口率の男女差が最も大きいのは、サウジアラビア（76パーセントポイント）とトルコ（50パーセントポイント）で、チリ、コスタリカ、メキシコではその差が40パーセントポイント以上である。学歴が高くなるほど非労働力人口率の男女差は小さくなるが、OECD加盟国の3分の1では、高等教育修了者の非労働力人口率における男女差が依然として10パーセントポイントを超え、韓国（26パーセントポイント）とサウジアラビア（39パーセントポイント）では20パーセントポイントを上回っている（図A3.2）。

高等教育修了者の非労働力人口率の男女差がほとんどない（3％ポイント未満）のは、リトアニア、ノルウェー、ポルトガル、スロベニアなど少数の国に限られる（図A3.2）。

学歴別就業率の全体的推移

2000年代後半から2010年代初めにかけての大不況以降、ほとんどのOECD加盟国及び非加盟国では、就業率が10年前の水準にまで回復している。OECD各国平均では、学歴に関わりなく、2017年には成人（25〜64歳人口）の約75％が就業しているが、これは2007年の水準とほぼ同じである。だが、こうした推移からは見えてこないが、若年齢層（25〜34歳人口）と高年齢層（55〜64歳人口）とで就業率の傾向は異なる（OECD, 2018[5]）。

25〜34歳人口の高等教育修了者の就業率は、OECD加盟国の平均で、2007年と2017年に約85％であった。インドネシア、日本、ニュージーランドなど少数の国では、若年齢層の高等教育修了者の就業率が過去10年間で上昇しているが、多くの国では逆の傾向が見られる。コスタリカ、デンマーク、ギリシャ、イタリア、スロバキア共和国、スロベニア、スペインでは、高等教育修了の若年齢層の就業率は、2017年の方が2007年より5パーセントポイント以上低い。こうした国の中には、大不況による打撃がとりわけ大きく、経済がまだ十分に回復していない国もある（図A3.3）。

対照的に、55〜64歳人口の高等教育修了者の就業率は、OECD加盟国の平均で、2007年の67％から2017年の73％へと6パーセントポイント上昇している（図A3.3）。高年齢層の就業率の上昇は、データがあるOECD加盟24か国の平均では、労働市場を去る年齢（実質的な定年退職年齢）が男女とも過去15年間に高くなっていることによって、ある程度説明がつく。一方で、1970年代から1990年代後半にかけては平均退職年齢が低下している。OECD加盟国の平均では、2017年の退職年齢は64.3歳で、女性の退職年齢が男性より1.5歳低い。だが、OECD各国平均のデータ以外では、国によって大きな違いがあり、労働市場を去る実質的な平均年齢は、フランスとスロバキア共和国の60.2歳から韓国の72.1歳まで幅がある。　この年齢は、ベルギー、フランス、ルクセンブルク、スロバキア共和国では62歳を下回り、チリ、アイスランド、イスラエル、日本、韓国、メキシコ、ニュージーランド、トルコでは66歳を超える（OECD, 2017[6]）。

OECD加盟国の半数以上では、高等教育修了の高年齢層の就業率が過去10年間で少なくとも5パー

図A3.3. 25〜34歳人口及び55〜64歳人口における高等教育修了者の就業率の推移（2007年、2017年）

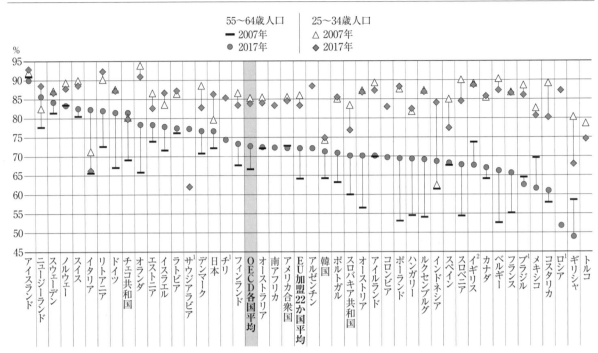

1. 調査年は2017年ではない。詳細は表A3.2を参照。
2. 後期中等教育修了者のデータには、それぞれ中間段階の後期中等教育プログラムを修了したとみなされるに十分な分量と基準を満たす、各種プログラム修了者を含む（25〜64歳の成人の17%がこのグループに該当する）。
* 「資料」の「成人スキル調査のロシアのデータについて」を参照。
左から順に、2017年の55〜64歳人口における高等教育修了者の就業率が高い国。
資料：OECD/ILO（2018）。Education at a Glance Database（http://stats.oecd.org/）。詳細は「資料」を参照。付録3の注を参照（http://dx.doi.org/10.1787/eag-2018-36-en）。
StatLink: https://doi.org/10.1787/888933802095

セントポイント上昇している。これらの国の多くでは、就業率の上昇幅が10パーセントポイントを上回り、イタリアとポーランドで最も高い伸びを示している（図A3.3）。

高年齢層の就業率の経時的な上昇は、どの学歴レベルでも見られる。OECD加盟国の平均では、55〜64歳人口の後期中等教育未修了者の就業率は、2007年の40%から2017年の46%へと6パーセントポイント上昇している。同じ期間に、高年齢層の就業率は、後期中等教育または高等教育以外の中等後教育修了者で8パーセントポイント（52%から60%に）、高等教育修了者では6パーセントポイント（67%から73%に）上昇している（OECD, 2018[5]）。

OECD加盟国の平均のあらゆる学歴レベルで、若年齢層の就業率の男女差は、過去10年間ほぼ一定であったが、国によって推移は異なる（表A3.2）。

ほとんどのOECD加盟国及び非加盟国では、後期中等教育未修了者の就業率の男女差は、2007〜2017年の間に小さくなっている。これらの国の大半では、こうした男女差の縮小は、女性の就業率の上昇よりもむしろ男性の就業率の低下が理由である。若年女性の就業率の上昇による男女差の縮小幅は韓国で最も大きく（16パーセントポイント）、若年齢層（25〜34歳人口）の後期中等教育未修了

インディケータ A3：最終学歴別の就業状況　　**CHAPTER A**

者では、女性の就業率が2007年の42%から2017年の58%へと上昇した一方で、男性の就業率は横ばいであった（2007年、2017年ともに約70%）（表A3.2）。

少数の国では、低学歴の若年齢層（25～34歳人口）で男女差が拡大している。例えば、リトアニア、ポーランド、スロベニアでは、若年齢層の中等教育未修了者で、女性の就業率が男性よりもかなり速いペースで低下しており、5パーセントポイント以上の男女差拡大につながっている（表A3.2）。

学歴別にみた外国生まれの成人の労働市場における成果

現居住国生まれの成人と比較した外国生まれの成人の労働市場における成果は、OECD加盟国と非加盟国でかなりばらつきがある。現居住国生まれの成人でも外国生まれの成人でも、学歴が高くなるほど雇用される可能性は高くなるが、その可能性は、外国生まれの成人よりも現居住国生まれの成人の方が急激に高まる（表A3.4）。

データがある国で後期中等教育未修了者を比較すると、現居住国生まれの成人の方が外国生まれの成人よりも就業率が高い国と低い国がある。例えば、チリ、ハンガリー、イスラエル、イタリア、ルクセンブルグ、ポルトガル、アメリカ合衆国では、外国生まれの成人の就業率は、現居住国生まれの成人と比べて10パーセントポイント超高い一方、デンマーク、オランダ、スウェーデンでは、外国生まれの成人の就業率が現居住国生まれの成人より10パーセントポイント超低い。現居住国生まれの成人と外国生まれの成人の就業率の差は、外国生まれの成人の入国年齢によって異なるとみられる（表A3.4）。

OECD加盟国及び非加盟国では、外国生まれの後期中等教育未修了者の労働市場における成果はさまざまであるが、外国生まれの高等教育修了者の就業可能性は、データのある国のほとんどで、現居住国生まれの高等教育修了者より低い。オーストリア、ベルギー、デンマーク、エストニア、フランス、ドイツ、ギリシャ、イタリア、ラトビア、オランダ、スペイン、スウェーデンでは、高等教育修了者の場合、現居住国生まれの成人と外国生まれの成人とで就業率に10パーセントポイントを超える差があり、現居住国生まれの成人が一貫して優位である（表A3.4）。

外国生まれの高等教育修了者では、入国年齢が就業可能性を左右する。同じ外国生まれでも、ほとんどの国では、15歳以下で入国した成人の方が、16歳以上で入国した成人より就業率が高い。例えば、ギリシャ、イタリア、ポルトガルでは、早期に入国すると、就業面で約20パーセントポイントの優位性が生まれる（図A3.4）。

外国生まれの成人間でも、若年時に入国した者は、受入国で教育を数年間受け、受入国で認定されている資格を取得するので、外国の資格を有し、年齢が高くなってから入国した者よりも、労働市場で良い成果を上げている。外国生まれの成人は、自身の教育と経験を受入国で認めてもらうにあたって問題にぶつかることが少なくない。自身の持つ資格を受入国でなかなか評価してもらえないことが、就く仕事に対して往々にして学歴過剰である理由の説明にもなる（OECD, 2017[3]）。

加えて、家族支援の観点でみると、外国生まれの成人は一般に、現居住国生まれの成人よりも選択肢が少ない。たいていの場合、外国生まれの成人の方が失業保険の支払額も少なく、復学する可

図A3.4. 25～64歳人口における現居住国生まれ／外国生まれの高等教育修了者の就業率（入国年齢別）（2017年）

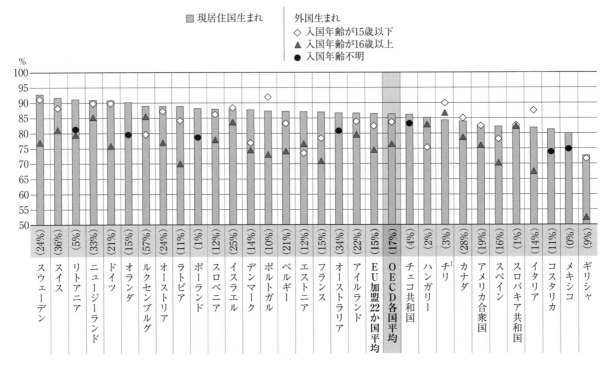

注：括弧内の割合は、25～64歳人口に占める外国生まれの成人の割合を示す。
1. 調査年は2017年ではない。詳細は原表を参照。
左から順に、外国生まれの高等教育修了者の就業率の高い国。
資料：OECD/ILO（2018）。表A3.4。詳細は「資料」を参照。付録3の注を参照（http://dx.doi.org/10.1787/eag-2018-36-en）。
StatLink：https://doi.org/10.1787/888933802114

能性も低い（OECD, 2017[3]）。「少数民族と差別に関するEU調査（European Union Minorities and Discrimination Survey）」（FRA, 2017[7]）で明らかになったように、外国生まれの成人、それも特に北アフリカ出身者は、仕事を探す際に差別に直面することも多々ある。そのため、外国生まれの労働者は留保賃金（労働者が特定の種類の仕事を進んで引き受ける最低額の賃金）が低くなりがちで、得られるどんな仕事でも引き受ける可能性が高いことを示している。多くの国では、低学歴の外国生まれの成人は、低学歴の現居住国生まれの成人より就業率が高い事実も、これで説明がつくと思われる。

コラムA3.1. 就業者の学歴マッチ／ミスマッチ

学校教育の目的は多岐にわたるが、収入を得られる仕事を通じて活動的な社会生活を送る準備をするのは重要な目的であり、暮らし向きに大きく影響する。労働市場では労働者の学歴と仕事に必要な学歴が比較され、この過程での学歴マッチングは、教育制度と労働市場の密接な関係を知る手がかりになる。成人スキル調査に基づく最初の二つの国際報告書（「資料」を参照）は、

学歴ミスマッチの重要な特徴を明らかにし、学歴過剰が特に多いのが、外国生まれの就業者や、パートタイム労働または有期雇用契約で小規模な就業先に雇用されている就業者であることを示している（OECD, 2013[8]; OECD, 2016[9]）。

個人レベルでは、学歴ミスマッチは、就業者が受けた学校教育の水準が不要な仕事に就いている（学歴過剰または学歴不足である）場合に生じる（「定義」と「算定方法」を参照）。これら2種類のミスマッチのどちらかであれば、所得に影響が及ぶ可能性がある（インディケータA4のコラムA4.1を参照）。国レベルになると、学歴過剰は、その国の経済の職業構造と比べて、有資格の労働者の供給が過剰な結果である一方、学歴不足は、正式学歴以上に評価されるスキルを労働者が身につけることに成功した結果であると考えられる。

学歴過剰と学歴不足の割合はさまざま

成人スキル調査に参加した国・地域では、大多数の就業者が、今の仕事に必要なレベルに相当する学歴を有していると回答している（図A3.a）。例えば、平均では、後期中等教育（ISCED 3）以下の学歴を有する就業者の85％が、その段階の学歴が必要な仕事に就いていると回答している。大学型高等教育または上級研究学位プログラム（ISCED 5AまたはISCED 6）の学歴を有する就業者では、75％が同様に、十分にマッチした状況にあると回答している。非大学型高等教育（ISCED 5B）の学位を取得している成人については、取得学歴と仕事で必要な学歴とがそれほどマッチしていないが、これはおそらく、この学歴レベルはあまり一般的でないので、そうした学歴を要求する雇用主が比較的少ないためだと考えられる（図A3.a）。

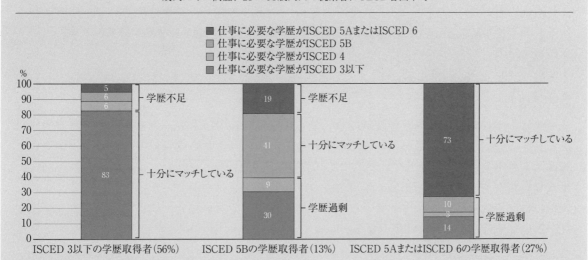

図A3.a. 就業者の学歴マッチ／ミスマッチ（2012年または2015年）
成人スキル調査、25～64歳人口の就業者、OECD各国平均

注：括弧内の割合は、当該学歴レベルの就業者の割合を示す。数値は合計が100％になるように調整されている。成人スキル調査のデータはISCED-97に準拠している。わかりやすくするために「学歴不足」、「十分にマッチしている」、「学歴過剰」に分類しているが、ISCEDレベル間の境界が曖昧な場合もある。詳細は「定義」、「算定方法」、「資料」を参照。
資料：OECD（2018）。ホームページの表A3.a。詳細は「資料」を参照。付録3の注を参照（http://dx.doi.org/10.1787/eag-2018-36-en）。
StatLink : https://doi.org/10.1787/888933802133

成人スキル調査に参加したOECD加盟の国・地域の平均では、就業者の15%が、仕事に対して学歴過剰（ISCED 5AまたはISCED 6の学歴でありながら、ISCED 3以下の学歴が必要な仕事に就いている）と回答している。その割合が最も大きいのはイングランド（イギリス）と日本で、25%を超える就業者がこうした状況にあると回答している（図A3.a及びホームページの表A3.a）。

対照的に、仕事に対して学歴不足（ISCED 3以下の学歴でありながら、ISCED 5AまたはISCED 6の学歴が必要な仕事に就いている）と回答した就業者の割合は、平均で5%にとどまる。フィンランド、イスラエル、イタリア、オランダはその割合が最も大きく、就業者の10%以上がこうした状況にあると回答している（図A3.a及びホームページの表A3.a）。

移民としての背景と年齢

移民人口の多い国の大半では、学歴過剰と学歴不足のさまざまな状況に関係していると考えられる個人的な特徴のうち、現居住国生まれかどうかが重要な要因となっている。ノルウェーとスウェーデンでは、移民の場合、学歴過剰な就業者の割合が、現居住国生まれの者に比べて3倍以上である。さらに、自分の教育水準にマッチする仕事を探す第一世代の高学歴の移民にとっては、言語や文化などの問題に加え、資格認定が深刻な問題となっている（ホームページの表A3.b）。

年齢は労働市場での経験と密接に関係することが多く、両方の学歴ミスマッチ状況の一因にもなっている。若年齢層が、労働市場に参入するために、学歴を下回る仕事を引き受ける場合もあれば、高年齢層の労働者が、さらに訓練を積んで正式学歴以上に評価されるスキルを備えることに成功する場合もあり、どちらの場合も、学歴過剰な就業者や学歴不足の就業者の年齢による傾向の違いにつながる。成人スキル調査のデータはこの仮説を裏付けており、学歴過剰な就業者の平均年齢は39歳で、学歴不足の就業者の平均年齢（46歳）よりも7歳若い（ホームページの表A3.b）。

数的思考力

スキルは、学校教育のどの教育段階においても決して一様ではなく、個々の就業と経済的成果を左右する重要な要因となっている（OECD, 2015[10]）。同学歴の成人の平均では、学歴過剰な者は、学歴が十分にマッチしている者に比べて数的思考力が低い傾向にある（図A3.b）。これは、正式な資格があっても学歴相応の仕事を見つけられる保証はないことを示唆している。正式な資格には、優れたスキルも伴っているべきであり、そうでない場合、取得した学歴より学歴要件が低い仕事に就く可能性が高くなる。

成人スキル調査に参加したすべての国・地域で同様の傾向が見られ、学歴過剰な者に関するデータがない、または、差が統計的に有意ではない例外は、少数にとどまる。ISCED 5AまたはISCED 6の学歴を有する高等教育修了者のうち、十分にマッチしている就業者と学歴過剰な

インディケータ A3：最終学歴別の就業状況　CHAPTER A

図A3.b. ISCED 5AまたはISCED 6の学歴を有する就業者の数的思考力の平均点
（学歴マッチ／ミスマッチ別）（2012年または2015年）
成人スキル調査、25歳～64歳の就業者

注：記載していないデータがあるのは、対象数が少なすぎて信頼できる推定値を得られないためである。成人スキル調査のデータはISCED-97に準拠している。詳細は「定義」、「算定方法」、「資料」を参照。
1. 十分にマッチしている就業者と学歴過剰な就業者の差が5%で、統計的に有意ではない。
2. 調査年は2015年。その他の国・地域の調査年はすべて2012年。
*「資料」の「成人スキル調査のロシアのデータについて」を参照。
左から順に、仕事に必要な学歴と同等の学歴を有していると回答した成人（十分にマッチしている成人）の平均点が高い国。
資料：OECD (2018)。ホームページの表A3.c。詳細は「資料」を参照。付録3の注を参照 (http://dx.doi.org/10.1787/eag-2018-36-en)。
StatLink : https://doi.org/10.1787/888933802152

コラム A3.1 の表

表A3.a.	（ホームページの表）	就業者の学歴マッチ／ミスマッチと就業者の学歴分布（2012年または2015年）
表A3.b.	（ホームページの表）	就業者の学歴ミスマッチ（平均年齢別、現居住国生まれ／外国生まれ別）（2012年または2015年）
表A3.c.	（ホームページの表）	ISCED 5AまたはISCED 6の学歴を有する成人の数的思考力の平均点（就業者の学歴マッチ／ミスマッチ別）（2012年または2015年）

就業者の間に数的思考力の平均点に最も大きな差が認められるのは、カナダ、デンマーク、イスラエル、ノルウェーであり、その差は30点を超える（この差は学校教育4年分超に相当する）。これに対して、10の国・地域では、十分にマッチしている就業者と学歴過剰な就業者の差が統計的に有意ではない（図A3.b）。

労働市場での成果の学歴別地域差

就業状況に関する地域データのあるOECD加盟及び非加盟の19か国では、就業率は、高学歴層よりも低学歴層の方が地域によるばらつきが大きい傾向にある。例えば、多くの地域がある大国の一つのアメリカ合衆国では、州によって、後期中等教育未修了者の就業率は32～68%の幅があるのに対し、後期中等教育修了者の就業率は60～79%の範囲内に収まっている（OECD/NCES, 2018[11]）。

概して、高等教育修了者は就業率の地域差が最も小さく、ほとんどの国で、就業率が最も低い地域と最も高い地域との差が10パーセントポイント未満である。多くの地域があるもう一つの大国ロシアは、最低値が69%、最高値が93%で、地域差が最も大きい国である（OECD/NCES, 2018[11]）。

多くの国では、学歴レベルに関係なく、首都圏の就業率は国内平均を上回る。例えばスペインでは、首都圏の後期中等教育未修了者の就業率は60%で、国内平均（56%）より4パーセントポイント高い。これは、他のほとんどの学歴レベルにも当てはまる。対照的に、オーストリアとドイツでは、学歴レベルに関わりなく、首都圏の就業率が国内平均を下回っている（OECD/NCES, 2018[11]）。

■定義

労働力人口とは、労働力調査（Labour Force Survey）の定義に従い、就業者と失業者を合計した人口である。

年齢層：成人とは25～64歳人口をいい、**若年齢層**は25～34歳人口、**高年齢層**は55～64歳人口を指す。

学歴とは、修了した最も高い教育段階を指す。

就業者とは、調査の行われた1週間に、報酬または利益を得るために1時間以上就労した者、または、職があるが、何らかの理由のために一時的に就労していない者を指す。就業率は、生産年齢人口に占める就業者の割合である。

非労働力人口とは、調査の行われた1週間に、就業しておらず、また失業もしていない、すなわち職を求めていない人を指す。非労働力人口率とは、生産年齢人口に占める非労働力人口の割合のことである（すなわち、非労働力人口を全生産年齢人口で除した数値）。

教育段階：ISCED-2011の全教育段階区分については、本書冒頭の「利用にあたって」を参照。

コラムA3.1の成人力調査に基づく分析は、旧分類のISCED-97に準拠する。ISCED-97に準拠する場合、教育段階は以下のように定義される。**後期中等教育未満**はISCED-97 0、ISCED-97 1、ISCED-97 2、ISCED-97 3Cの短期プログラム、**後期中等教育**はISCED-97 3A、ISCED-97 3B、ISCED-97 3C長期プログラム、高等教育以外の中等後教育はISCED-97 4A、ISCED-97 4B、**高等教育**はISCED-97 5A、ISCED-97 5B、ISCED-97 6にそれぞれ相当する。ISCED 5Aは、主として理論中心のプログラムで、上級研究学位プログラムへ進学したり、医学や歯学、建築学といった高い技能を要求される専門的職業に従事したりするのに十分な資格・技能を習得できるようになっている。通算教育年数は、フルタイム換算で少なくとも3年間となっているが、一般には4年以上であることが多い。これらのプログラムを提供しているのは大学だけではない。逆に、各国で大学教育と認められているプログラムがすべて大学型高等教育というカテゴリーに分類されるための基準を満たしているとは限らない。大学型高等教育プログラムには、アメリカ合衆国の修士課程のような、第二学位プログラムなども含まれる。ISCED 5Bは、通常、大学型高等教育よりも修業年限が短く、就職に直接結びつく、実践的、

技術的及び職業技能に焦点を絞ったプログラムであり、基礎理論を教える場合もある。プログラムの通算教育年数は、高等教育段階のフルタイム換算で最低2年間である。ISCED 6とは、博士号などの上位の研究資格の取得に直接結びつくプログラムを指す。これらのプログラムの理論上の通算教育年数は大半の国でフルタイムで3年（高等教育の通算教育年数はフルタイムで7年以上）とされている。しかし実際の在籍期間は、これよりも長いのが普通である。こうしたプログラムでは、主に先進的な研究や独創的な研究活動が行われる。

学歴マッチ／ミスマッチ：コラムA3.1の分析では、**学歴過剰な就業者**とは、ISCED 5Aまたは6の学歴を有しながらISCED 3以下の学歴しか要求されない仕事に就いている者をいう。**学歴不足の就業者**とは、ISCED 3以下の学歴を有しながらISCED 5AまたはISCED 6の学歴が必要な仕事に就いている者をいう。**学歴が十分にマッチしている就業者**は、取得した学歴レベルが必要な仕事に就いていると回答した者を指す。コラムA3.1の分析に用いているISCED-97の教育段階区分は、ISCED 0〜3、ISCED 4、ISCED 5B及びISCED 5A-6である。

失業者とは、調査の行われた1週間に、仕事をしておらず、すぐに働き始められる状況にある者を指す。失業率は、労働力人口に占める失業者の割合である（すなわち、失業者数を就業者と失業者の合計で除した数値）。

生産年齢人口とは、25〜64歳人口の全体を指す。

■ 算定方法

算定方法については、インディケータA1を参照。

コラムA3.1に示すマッチ／ミスマッチは、選択対象の教育段階の数に左右される。ここでの分析では学歴を4つのグループに分類している。それより多くのグループに分類すると、結果的にミスマッチの割合が大きくなるが、これは特に、4つの学歴レベル（ISCED 0〜3）を含み、就業者の50％超を占めるカテゴリー「ISCED 3以下」に関連している。また、この分析で示すミスマッチが、就業者の専攻分野と職務要件のずれを反映しているわけではないことにも注意すべきである。学歴過剰と学齢不足の定義は、この問題に関する調査によって異なる場合がある。成人スキル調査の職務要件に関する質問は、「仮に今、誰かがこの仕事に応募するとしたら、通常どのような学歴が必要とされますか？」である。この分析では、ISCED 3以下とISCED 5AまたはISCED 6との比較に焦点を当て、ISCED 4及びISCED 5Bの状況には目を向けていない。これは、ISCED 5BとISCED 5AまたはISCED 6との境界が曖昧なためであり、ISCED 4レベルが労働市場で十分に定義されていないことも考慮に入れている。コラムA3.1で用いている算定方法の詳細については、インディケータA7の「算定方法」を参照。

詳細については『OECD国際比較教育統計ハンドブック2018年版（*OECD Handbook for Internationally Comparative Education Statistics 2018*）』（OECD, 2018[12]）を参照。各国の注記については付録3を参照（http://dx.doi.org/10.1787/eag-2018-36-en）。

リトアニアは、本書を編集時にはOECD加盟国ではなかったので、OECD加盟国リストには記載せず、OECD加盟国の総計に含めていない。

■ 資料

資料については、インディケータA1を参照。

一部の指標の地域データは、全米教育統計センター（US National Centre for Education Statistics, NCES）の協力を得てOECDが公開してきたものであり、オーストラリア、オーストリア、ベルギー、カナダ、コロンビア、フィンランド、ドイツ、ギリシャ、アイルランド、イタリア、ポーランド、ロシア、スロベニア、スペイン、スウェーデン、スイス、トルコ、イギリス、アメリカ合衆国の19か国が2018年版のインディケータA3のデータを提出している。地域の推定値は、全国的なデータソースを用いている国、または、第二種地域統計分類単位（Level 2 of the Nomenclature of Territorial Units for Statistics, NUTS 2）のデータに基づいて欧州統計局（Eurostat）から提供されたものであるが、イギリスについては、第一種地域統計分類単位（Level 2 of the Nomenclature of Territorial Units for Statistics, NUTS 1）のデータに基づく。

コラムA3.1で使用したデータは、OECD国際成人力調査（Programme for the International Assessment of Adult Competencies, PIAAC）の一つの成果である成人スキル調査に基づく。

イスラエルのデータについて

イスラエルの統計データは、イスラエル政府関係当局により、その責任の下で提供されている。OECDにおける当該データの使用は、ゴラン高原、東エルサレム、及びヨルダン川西岸地区のイスラエル入植地の国際法上の地位を害するものではない。

成人スキル調査のロシアのデータについて

ロシアの標本には、モスクワ市（Moscow municipal area）の住民が含まれていないことに注意する必要がある。すなわち、発表されたデータは、ロシアの16〜65歳の全人口を表すものではなく、モスクワ市を除くロシアの人口に関するものとなっている。ロシア及びその他の国のデータについての詳細は、『成人スキル調査テクニカル・レポート第2版（*Technical Report of the Survey of Adult Skills, Second Edition*）』（OECD, 2016[13]）を参照。

■ 参考資料

Arntz, M., T. Gregory and U. Zierahn (2016), "The risk of automation for jobs in OECD countries: A comparative analysis", *OECD Social, Employment and Migration Working Papers*, No. 189, OECD Publishing, Paris, http://dx.doi.org/10.1787/5jlz9h56dvq7-en. [1]

FRA (European Union Agency for Fundamental Rights) (2017), *Second European Union Minorities and Discrimination Survey: Main Results*, FRA, Vienna, http://dx.doi.org/10.2811/268615. [7]

Lane, M. and G. Conlon (2016), "The impact of literacy, numeracy and computer skills on [2] earnings and employment outcomes", *OECD Education Working Papers*, No. 129, OECD Publishing, Paris, http://dx.doi.org/10.1787/5jm2cv4t4gzs-en.

OECD（2018）, *Education at a Glance Database - Educational attainment and labour-force status*, http://stats.oecd.org/Index.aspx?datasetcode=EAG_NEAC. [5]

OECD（2018）, *OECD Handbook for Internationally Comparative Education Statistics 2018: Concepts, Standards, Definitions and Classifications*, OECD Publishing, Paris, https://doi.org/10.1787/9789264304444-en. [12]

OECD（2017）, *International Migration Outlook 2017*, OECD Publishing, Paris, http://dx.doi.org/10.1787/migr_outlook-2017-en. [3]

OECD（2017）, *Pensions at a Glance 2017: OECD and G20 Indicators*, OECD Publishing, Paris, http://dx.doi.org/10.1787/pension_glance-2017-en. [6]

OECD（2016）, *Skills Matter: Further Results from the Survey of Adult Skills*, OECD Skills Studies, OECD Publishing, Paris, http://dx.doi.org/10.1787/9789264258051-en. [9]

OECD（2016）, *Technical Report of the Survey of Adult Skills, Second Edition*, OECD, Paris, www.oecd.org/skills/piaac/PIAAC_Technical_Report_2nd_Edition_Full_Report.pdf. [13]

OECD（2015）, *Education at a Glance 2015: OECD Indicators*, OECD Publishing, Paris, http://dx.doi.org/10.1787/eag-2015-en.（『図表でみる教育OECDインディケータ（2015年版）』経済協力開発機構（OECD）編著、徳永優子、稲田智子、西村美由起、矢倉美登里訳、明石書店、2015年） [10]

OECD（2014）, "Is migration good for the economy?", *Migration Policy Debates*, www.oecd.org/migration/OECD%20Migration%20Policy%20Debates%20Numero%202.pdf（accessed on 05 February 2018）. [4]

OECD（2013）, *OECD Skills Outlook 2013 : First results from the Survey of Adult Skills*, OECD Publishing, Paris, http://dx.doi.org/10.1787/9789264204256-en.（『OECD成人スキル白書：第1回国際成人力調査（PIAAC）報告書＜OECDスキル・アウトルック2013年版＞』経済協力開発機構（OECD）編著、矢倉美登里, 稲田智子, 来田誠一郎訳、明石書店、2014年） [8]

OECD/NCES（2018）, *Education at a Glance Subnational Supplement*, OECD/National Center for Education Statistics, Paris and Washington, DC, https://nces.ed.gov/surveys/annualreports/oecd/index.asp. [11]

■インディケータA3の表*

• 表A3.1. 25〜64歳人口の学歴別就業率（2017年）
• 表A3.2. 25〜34歳人口の学歴別・男女別就業率の推移（2007年、2017年）
• 表A3.3. 25〜34歳人口の学歴別就業状況（2017年）
• 表A3.4. 現居住国生まれ／外国生まれの25〜64歳人口の就業率（入国年齢別、学歴別）（2017年）

* データの締切日は2018年7月18日。更新データはホームページで確認可能（http://dx.doi.org/10.1787/eag-data-en）。詳細な内訳もEducation at a Glance Database（http://stats.oecd.org/）で確認可能。

CHAPTER A　教育機関の成果と教育・学習の効果

表A3.1. 25〜64歳人口の学歴別就業率（2017年）
25〜64歳人口に占める就業者の割合

| | 後期中等教育未満 | 後期中等教育または高等教育以外の中等後教育 | | | 高等教育 | | | | | 全教育段階 |
		後期中等教育	高等教育以外の中等後教育	合計	短期高等教育	学士課程または同等レベル	修士課程または同等レベル	博士課程または同等レベル	合計	
	(1)	(2)	(3)	(4)	(5)	(6)	(7)	(8)	(9)	(10)
オーストラリア	59	77	83	78	82	85	84	89	84	77
オーストリア	54	76	81	77	86	80	89	92	86	76
ベルギー	47	73	87	73	81	84	87	93	85	72
カナダ	56	72	79	74	81	83	85[d]	x(7)	82	77
チリ[1]	62	72	a	72	80	86	95[d]	x(7)	84	71
チェコ共和国	51	82[d]	x(2)	82	88	81	87	92	86	81
デンマーク	62	81	93	81	85	84	89	94	86	79
エストニア	65	79	78	79	81	84	88	94	86	80
フィンランド	53	73	c	74	82	84	87	97	85	76
フランス	53	73	66	73	84	84	88	90	85	73
ドイツ	60	80	86	82	90	88	88	93	89	81
ギリシャ	50	58	63	59	63	71	83	85	72	61
ハンガリー	55	77	84	78	86	83	88	93	85	76
アイスランド	77	88	95	90	89	92	95	98	93	88
アイルランド	51	70	75	72	80	85	89	90	85	74
イスラエル	52	74	a	74	84	87	90	93	87	78
イタリア	52	71	75	71	c	73	83	93	81	65
日本[2]	x(2)	79[d]	x(5)	m	79[d]	88[d]	x(6)	x(6)	84[d]	82
韓国	66	73	a	73	77	78[d]	x(6)	x(6)	77	74
ラトビア	61	73	73	73	86	86	90	98	88	76
ルクセンブルグ	60	74	80	75	82	81	89	89	86	76
メキシコ	65	71	a	71	70	80	87	89	80	69
オランダ	61	80	84	80	87	88	91	95	89	79
ニュージーランド	73	80	87	83	88	89	88	93	89	83
ノルウェー	61	79	85	80	82	90	93	95	89	80
ポーランド	42	69	73	70	67	85	89	98	88	73
ポルトガル	68	82	83	82	c	83	88	92	87	76
スロバキア共和国	39	75	77	75	91	73	83	86	82	74
スロベニア	46	70	a	70	78	89	88	93	87	73
スペイン	56	70	78	70	79	79	84	90	81	68
スウェーデン	67	87	83	86	85	90	92	93	89	84
スイス	67	82[d]	x(2)	82	x(6, 7, 8)	88[d]	88[d]	92[d]	88	83
トルコ	52	63	a	63	66	77	85	93	75	59
イギリス[3]	63	83	a	81	82	86	86	88	85	80
アメリカ合衆国	56	70[d]	x(2)	70	78	82	85	90	82	74
OECD 各国平均	58	75	80	76	81	84	88	92	85	76
EU 加盟22か国平均	55	75	79	76	82	83	87	92	85	75
アルゼンチン	65	74	a	74	x(6)	85[d]	x(6)	x(6)	85	73
ブラジル[1]	65	74[d]	x(2)	74	x(9)	x(9)	x(9)	x(9)	83	71
中国	m	m	m	m	m	m	m	m	m	m
コロンビア	72	75[d]	x(2)	75	x(9)	x(9)	x(9)	x(9)	83	75
コスタリカ	64	69	c	69	71	83	89d	x(7)	81	69
インド	m	m	m	m	m	m	m	m	m	m
インドネシア	73	74	m	74	78	87	94	98	85	75
リトアニア	52	71	77	73	a	90	91	94	91	79
ロシア[4]	51	68	75	72	77	88	85	89	81	75
サウジアラビア[5]	60	65	a	65	x(6)	75[d]	x(6)	x(6)	75	65
南アフリカ	43	55	74	58	82	85	85[d]	x(7)	85	56
G20各国平均	m	m	m	m	m	m	m	m	m	m

注：ほとんどの国のデータはISCED-2011に準拠する。ISCED-97に準拠する国は、インドネシア、サウジアラビアである。詳細は「定義」と「算定方法」を参照。データと詳細な内訳はEducation at a Glance Database（http://stats.oecd.org/）で参照可能。
1. 調査年は2015年。
2. 高等教育に後期中等教育及び高等教育以外の中等後教育を含む（成人の5%未満がこのグループに該当する）。
3. 後期中等教育修了者のデータには、それぞれ中間段階の後期中等教育プログラムを修了したとみなされるに十分な分量と基準を満たす、各種プログラムの修了者を含む（成人の17%がこのグループに該当する）。
4. 調査年は2016年。
5. 調査年は2014年。
資料：OECD/ILO（2018）。詳細は「資料」を参照。付録3の注を参照（http://dx.doi.org/10.1787/eag-2018-36-en）。

StatLink：https://doi.org/10.1787/888933801981

インディケータ A3：最終学歴別の就業状況　　**CHAPTER A**

A3

表A3.2. 25～34歳人口の学歴別・男女別就業率の推移（2007年、2017年）

25～34歳人口に占める就業者の割合

	後期中等教育未満						後期中等教育または高等教育以外の中等後教育						高等教育					
	男性		女性		男女合計		男性		女性		男女合計		男性		女性		男女合計	
	2007	2017	2007	2017	2007	2017	2007	2017	2007	2017	2007	2017	2007	2017	2007	2017	2007	2017
	(1)	(2)	(3)	(4)	(5)	(6)	(7)	(8)	(9)	(10)	(11)	(12)	(13)	(14)	(15)	(16)	(17)	(18)
OECD加盟国																		
オーストラリア	80[b]	65	46[b]	44	64[b]	55	91[b]	89	68[b]	67	81[b]	80	93[b]	91	80[b]	79	85[b]	84
オーストリア	78	64	56	46	65	56	89	86	73	83	82	85	92	89	83	85	87	87
ベルギー	69[b]	60	44[b]	37	58[b]	50	88[b]	83	72[b]	70	81[b]	78	91[b]	89	89[b]	86	90[b]	87
カナダ	70	65	50	42	62	57	86	80	74	70	81	78	89	89	83	84	85	86
チリ[1]	m	79	m	43	m	61	m	80	m	57	m	69	m	89	m	83	m	85
チェコ共和国	66[b]	71	35[b]	38	50[b]	54	93[b]	94	63[b]	66	79[b]	82	93[b]	93	70[b]	71	80[b]	80
デンマーク	84[b]	66	63[b]	41	74[b]	56	91[b]	83	82[b]	72	87[b]	78	91[b]	85	86[b]	81	89[b]	83
エストニア	77	79	53	50	69	69	95	92	69	68	83	82	94	94	82	75	87	83
フィンランド	74	58	53	m	66	48	85	79	70	67	78	74	94	90	81	79	87	83
フランス	75	64	45	37	61	54	89	84	72	66	81	74	90	90	84	84	87	87
ドイツ	68[b]	65	42[b]	43	55[b]	55	82[b]	86	72[b]	79	77[b]	83	93[b]	90	83[b]	84	88[b]	87
ギリシャ	89[b]	70	43[b]	31	71[b]	54	86[b]	68	62[b]	48	73[b]	59	84[b]	75	77[b]	63	80[b]	68
ハンガリー	60	73	33	43	47	58	87	91	63	69	76	82	92	94	74	74	82	82
アイスランド	90	82	74	72	83	78	93	89	76	80	86	85	95	96	89	90	92	93
アイルランド	74[b]	56	45[b]	31	62[b]	46	90[b]	82	71[b]	63	81[b]	73	93[b]	90	87[b]	85	89[b]	87
イスラエル	61[b]	74	22[b]	44	45[b]	62	74[b]	74	58[b]	66	67[b]	71	87[b]	90	81[b]	84	84[b]	87
イタリア	81[b]	65	42[b]	34	64[b]	52	83[b]	73	64[b]	53	73[b]	64	75[b]	69	69[b]	65	71[b]	66
日本[2]	m	m	m	m	m	m	m	m	m	m	m	m	92	93[d]	69	79[d]	80	86[d]
韓国	71[b]	70	42[b]	58	61[b]	64	76[b]	71	51[b]	54	64[b]	65	84[b]	81	65[b]	69	74[b]	75
ラトビア	79	76	52	56	70	70	91	86	70	69	81	79	92	94	83	83	86	87
ルクセンブルグ	90[b]	83	71[b]	72	81[b]	78	88[b]	88	77[b]	79	83[b]	84	89[b]	90	86[b]	84	87[b]	87
メキシコ	93	92	40	42	64	66	91	89	58	54	73	71	90	88	77	74	83	81
オランダ	88[b]	75	59[b]	50	75[b]	65	94[b]	89	83[b]	77	88[b]	83	96[b]	93	92[b]	90	94[b]	91
ニュージーランド	80	81	56	52	69	69	92	91	69	68	82	80	90	92	76	85	89	88
ノルウェー	77	68	61	52	70	61	90	85	81	74	86	80	91	87	88	88	89	88
ポーランド	61[b]	59	38[b]	30	51[b]	48	84[b]	89	63[b]	60	74[b]	77	92[b]	95	85[b]	84	88[b]	88
ポルトガル	87	80	71	68	80	76	80	82	77	82	78	82	87	85	84	86	85	86
スロバキア共和国	27[b]	48	21[b]	32	24[b]	40	89[b]	89	62[b]	62	76[b]	78	93[b]	90	76[b]	68	83[b]	77
スロベニア	78[b]	75	59[b]	43	70[b]	64	89[b]	88	79[b]	76	85[b]	81	94[b]	90	88[b]	81	90[b]	84
スペイン	85	69	58	51	74	61	86	73	72	65	79	69	89	79	82	76	85	77
スウェーデン	75[b]	73	51[b]	55	64[b]	66	89[b]	87	79[b]	81	84[b]	84	89[b]	88	86[b]	86	87[b]	87
スイス	84[b]	71	59[b]	58	70[b]	65	91[b]	89	78[b]	82	84[b]	85	94[b]	91	84[b]	86	90[b]	89
トルコ	83[b]	84	20[b]	27	49[b]	54	86[b]	87	31[b]	35	65[b]	65	87[b]	85	68[b]	64	79[b]	75
イギリス[3]	78[b]	76	44[b]	49	60[b]	60	90[b]	84	73[b]	75	82[b]	83	93[b]	93	85[b]	84	89[b]	89
アメリカ合衆国	77	69	46	42	62	57	84	80	68	66	76	73	92	88	81	81	86	85
OECD 各国平均	76	71	48	45	63	60	88	84	69	67	79	77	91	89	81	80	85	84
EU 加盟22か国平均	75	68	49	44	63	58	88	85	71	70	80	78	91	88	82	80	86	83
OECD非加盟国																		
アルゼンチン	m	84	m	43	m	67	m	84	m	60	m	72	m	93	m	85	m	88
ブラジル[1]	88	83	56	50	72	68	89	69	69	64	79	75	92	91	86	83	89	86
中国	m	m	m	m	m	m	m	m	m	m	m	m	m	m	m	m	m	m
コロンビア	m	90	m	51	m	72	m	88	m	62	m	75	m	89	m	78	m	83
コスタリカ	94	85	45	41	71	66	95	88	59	55	77	71	94	84	85	77	89	80
インド	m	m	m	m	m	m	m	m	m	m	m	m	m	m	m	m	m	m
インドネシア	92[b]	91	46	47	67[b]	68	80[b]	90	39[b]	49	60[b]	71	72[b]	91	54[b]	79	62[b]	84
リトアニア	66[b]	57	53[b]	38	61[b]	51	87[b]	86	75[b]	69	81[b]	79	92[b]	94	89[b]	91	90[b]	92
ロシア[4]	m	65	m	46	m	57	m	88	m	70	m	80	m	94	m	82	m	87
サウジアラビア[5]	m	94	m	24	m	65	m	91	m	12	m	59	m	92	m	35	m	62
南アフリカ	m	47	m	29	m	40	m	58	m	43	m	50	m	86	m	81	m	83
G20 各国平均	m	m	m	m	m	m	m	m	m	m	m	m	m	m	m	m	m	m

注：ほとんどの国で時系列上の大幅な変化があり、「b」という記号で示されている。これは、2017年のデータはISCED-2011に準拠しているが、2007年のデータはISCED-97に準拠しているためである。インドネシア、サウジアラビアのデータはISCED-97に準拠している。詳細は「定義」と「算定方法」を参照。データと詳細な内訳はEducation at a Glance Database（http://stats.oecd.org/）で参照可能。

1. 調査年は2017年ではなく2015年。
2. 高等教育に後期中等教育及び高等教育以外の中等後教育を含む（成人の5%未満がこのグループに該当する）。
3. 後期中等教育修了者のデータには、それぞれ中間段階の後期中等教育プログラムを修了したとみなされるに十分な分量と基準を満たす、各種プログラムの修了者を含む（成人の17%がこのグループに該当する）。
4. 調査年は2017年ではなく2016年。
5. 調査年は2017年ではなく2014年。

資料：OECD／ILO（2018）。詳細は「資料」を参照。付録3の注を参照（http://dx.doi.org/10.1787/eag-2018-36-en）。

StatLink：https://doi.org/10.1787/888933802000

CHAPTER **A**　教育機関の成果と教育・学習の効果

A₃

表A3.3. 25～34歳人口の学歴別就業状況（2017年）

就業率と非労働力人口率は25～34歳人口に占める割合、失業率は25～34歳の労働力人口に占める割合

	就業率			失業率			非労働力人口率		
	後期中等教育未満	後期中等教育または高等教育以外の中等後教育	高等教育	後期中等教育未満	後期中等教育または高等教育以外の中等後教育	高等教育	後期中等教育未満	後期中等教育または高等教育以外の中等後教育	高等教育
	(1)	(2)	(3)	(4)	(5)	(6)	(7)	(8)	(9)
オーストラリア	55	80	84	13.4	4.4	4.1	36	17	12
オーストリア	56	85	87	18.8	5.5	3.7	31	10	10
ベルギー	50	78	87	22.7	9.0	4.7	36	15	8
カナダ	57	78	86	14.0	7.5	5.0	34	16	10
チリ[1]	61	69	85	11.6	9.2	6.7	32	24	9
チェコ共和国	54	82	80	13.9	3.2	1.6	37	15	19
デンマーク	56	78	83	10.2	5.6	7.8	37	17	10
エストニア	69	82	83	12.3	6.0	3.0	22	13	15
フィンランド	48	74	83	15.8	9.8	5.6	43	18	12
フランス	52	74	87	26.3	12.7	5.8	30	15	8
ドイツ	55	83	87	15.2	3.8	2.8	36	14	10
ギリシャ	54	59	68	30.0	28.1	25.4	23	17	9
ハンガリー	58	82	82	13.7	3.8	2.4	33	15	16
アイスランド	78	85	93	3.4	3.8	1.9	19	11	5
アイルランド	46	73	87	19.7	9.7	4.2	43	19	9
イスラエル	62	71	87	5.3	5.8	3.8	35	25	10
イタリア	52	64	66	23.8	15.7	13.7	32	25	23
日本[2]	m	m	86d	m	m	2.6d	m	m	11d
韓国	64	65	75	4.4	7.0	6.6	33	31	20
ラトビア	70	79	87	14.7	9.7	4.6	18	12	9
ルクセンブルグ	78	84	87	c	4.0	4.8	15	15	9
メキシコ	66	71	81	3.2	4.4	5.7	32	26	14
オランダ	65	83	91	8.6	4.7	2.7	29	13	7
ニュージーランド	68	80	89	8.5	5.0	2.5	26	15	9
ノルウェー	61	80	88	10.5	4.7	2.9	32	16	10
ポーランド	48	77	88	16.0	6.1	3.2	42	18	9
ポルトガル	76	82	86	11.3	10.0	8.1	15	9	7
スロバキア共和国	40	78	77	31.8	8.9	5.5	42	15	19
スロベニア	64	83	84	14.8	8.3	8.8	24	9	7
スペイン	61	69	77	27.8	18.4	13.9	15	15	10
スウェーデン	66	84	87	16.7	5.3	4.8	21	11	9
スイス	65	85	89	14.6	4.7	4.5	24	10	7
トルコ	54	65	75	11.7	11.3	13.1	39	27	14
イギリス[3]	63	83	89	9.5	3.8	2.7	31	13	9
アメリカ合衆国	57	73	85	13.2	6.2	2.8	34	22	13
OECD各国平均	60	77	84	14.8	7.8	5.8	30	17	11
EU加盟22か国平均	58	78	83	17.8	8.7	6.4	30	15	11
アルゼンチン	67	72	88	11.1	8.1	4.3	25	22	8
ブラジル[1]	68	75	86	10.6	10.9	6.5	23	16	8
中国	m	m	m	m	m	m	m	m	m
コロンビア	72	75	83	8.5	11.5	11.0	21	15	7
コスタリカ	66	71	80	10.0	11.2	8.8	27	20	12
インド	m	m	m	m	m	m	m	m	m
インドネシア	68	71	84	3.1	5.2	5.3	30	25	11
リトアニア	51	79	92	18.6	8.1	2.8	37	14	5
ロシア[4]	57	80	87	16.5	8.5	4.4	32	12	9
サウジアラビア[5]	65	59	62	2.1	8.4	19.6	33	35	23
南アフリカ	40	50	83	38.8	34.3	9.7	35	24	8
G20各国平均	m	m	m	m	m	m	m	m	m

注：ほとんどの国のデータはISCED-2011に準拠する。ISCED-97に準拠する国は、インドネシア、サウジアラビアである。詳細は「定義」と「算定方法」を参照。データと詳細な内訳はEducation at a Glance Database（http://stats.oecd.org/）で参照可能。
1. 調査年は2015年。
2. 高等教育に後期中等教育及び高等教育以外の中等後教育を含む（成人の5％未満がこのグループに該当する）。
3. 後期中等教育修了者のデータには、それぞれ中間段階の後期中等教育プログラムを修了したとみなされるに十分な分量と基準を満たす、各種プログラムの修了者を含む（成人の17％がこのグループに該当する）。
4. 調査年は2016年。
5. 調査年は2014年。
資料：OECD/ILO（2018）。詳細は「資料」を参照。付録3の注を参照（http://dx.doi.org/10.1787/eag-2018-36-en）。
StatLink：https://doi.org/10.1787/888933802019

インディケータ A3：最終学歴別の就業状況　**CHAPTER A**

表A3.4. 現居住国生まれ／外国生まれの25～64歳人口の就業率（入国年齢別、学歴別）（2017年）
25～64歳人口に占める就業者の割合

		後期中等教育未満				後期中等教育または高等教育以外の中等後教育					高等教育				
			外国生まれ					外国生まれ					外国生まれ		
	現居住国生まれ	入国年齢が15歳以下	入国年齢が16歳以上	合計	合計	現居住国生まれ	入国年齢が15歳以下	入国年齢が16歳以上	合計	合計	現居住国生まれ	入国年齢が15歳以下	入国年齢が16歳以上	合計	合計
	(1)	(2)	(3)	(4)	(5)	(6)	(7)	(8)	(9)	(10)	(11)	(12)	(13)	(14)	(15)
オーストラリア	61	x(4)	x(4)	54	59	80	x(9)	x(9)	73	78	87	x(14)	x(14)	81	84
オーストリア	56	57	51	52	54	77	84	71	73	77	89	87	77	78	86
ベルギー	48	38	44	43	47	76	64	63	63	73	87	83	74	76	85
カナダ	56	63	53	55	56	75	73	71	71	74	84	85	79	80	82
チリ[1]	62	54	83	81	62	71	78	83	81	72	84	90	87	85	84
チェコ共和国	50	x(4)	x(4)	59	51	82	x(9)	x(9)	85	82	86	x(14)	x(14)	83	86
デンマーク	64	56	53	53	62	83	64	69	69	81	88	77	75	76	86
エストニア	66	68	61	64	66	80	74	67	71	79	87	73	77	76	86
フィンランド	m	m	m	m	53	m	m	m	m	74	m	m	m	m	85
フランス	54	52	48	49	53	74	64	61	63	73	87	78	71	73	85
ドイツ	62	63	57	58	60	82	82	75	77	82	91	90	76	78	89
ギリシャ	48	57	57	57	50	60	61	52	54	59	73	72	52	56	72
ハンガリー	55	57r	79	75	55	78	89	80	81	78	85	75	83	82	85
アイスランド	m	m	m	m	77	m	m	m	m	90	m	m	m	m	93
アイルランド	51	49	48	48	51	72	63	71	70	72	87	84	80	80	85
イスラエル	47	65	73	71	52	72	79	79	79	74	88	88	84	85	87
イタリア	50	56	61	61	52	71	69	67	68	71	82	88	68	71	81
日本[2]	m	m	m	m	m	m	m	m	m	73	m	m	m	m	84d
韓国	m	m	m	m	66	m	m	m	m	73	m	m	m	m	77
ラトビア	62	53	56	53	61	74	70	58	63	73	89	84	70	77	88
ルクセンブルグ	52	66	65	65	60	76	71	74	74	75	89	80	86	85	86
メキシコ	65	x(4)	x(4)	63	65	71	x(9)	x(9)	64	71	80	x(14)	x(14)	75	80
オランダ	64	x(4)	x(4)	49	61	82	x(9)	x(9)	68	80	90	x(14)	x(14)	80	89
ニュージーランド	74	69	65	67	73	85	84	77	79	83	91	90	85	86	89
ノルウェー	m	m	m	m	61	m	m	m	m	80	m	m	m	m	89
ポーランド	42	x(4)	x(4)	c	42	70	x(9)	x(9)	76	70	88	x(14)	x(14)	79	88
ポルトガル	68	76	71	73	68	82	86	74	80	82	87	92	73	83	87
スロバキア共和国	39	c	c	c	39	75	74	69	71	75	82	83	82	82	82
スロベニア	48	58r	53	54	46	73	71	70	70	70	88	86	78	81	87
スペイン	55	57	58	58	56	71	68	68	68	70	82	78	70	71	81
スウェーデン	74	67	56	57	67	88	80	73	75	86	93	91	77	80	89
スイス	66	71	67	68	67	87	83	81	79	82	92	88	81	82	88
トルコ	m	m	m	m	52	m	m	m	m	73	m	m	m	m	75
イギリス[3]	m	m	m	m	63	m	m	m	m	81	m	m	m	m	85
アメリカ合衆国	46	68	66	66	56	69	77	73	74	70	83	82	76	78	82
OECD各国平均	57	60	60	60	58	76	74	71	72	76	86	84	76	78	85
EU加盟22か国平均	55	58	57	57	55	76	73	68	71	76	86	82	75	77	85
アルゼンチン	m	m	m	m	65	m	m	m	m	74	m	m	m	m	85
ブラジル[1]	m	m	m	m	65	m	m	m	m	74	m	m	m	m	83
中国	m	m	m	m	m	m	m	m	m	m	m	m	m	m	m
コロンビア	m	m	m	m	72	m	m	m	m	75	m	m	m	m	83
コスタリカ	63	x(4)	x(4)	69	64	69	x(9)	x(9)	67	69	81	x(14)	x(14)	74	81
インド	m	m	m	m	m	m	m	m	m	m	m	m	m	m	m
インドネシア	m	m	m	m	73	m	m	m	m	74	m	m	m	m	85
リトアニア	46	c	c	c	52	74	c	66	67	73	91	c	80	81	91
ロシア[4]	m	m	m	m	51	m	m	m	m	72	m	m	m	m	81
サウジアラビア[5]	m	m	m	m	60	m	m	m	m	65	m	m	m	m	75
南アフリカ	m	m	m	m	43	m	m	m	m	58	m	m	m	m	85
G20各国平均	m	m	m	m	m	m	m	m	m	m	m	m	m	m	m

注：ほとんどの国のデータはISCED-2011に準拠する。ISCED-97に準拠する国は、インドネシア、サウジアラビアである。詳細は「定義」と「算定方法」を参照。データと詳細な内訳はEducation at a Glance Database（http://stats.oecd.org/）で参照可能。
1. 調査年は2015年。
2. 高等教育に後期中等教育及び高等教育以外の中等後教育を含む（成人の5%未満がこのグループに該当する）。
3. 後期中等教育修了者のデータには、それぞれ中間段階の後期中等教育プログラムを修了したとみなされるに十分な分量と基準を満たす、各種プログラムの修了者を含む（成人の17%がこのグループに該当する）。
4. 調査年は2016年。
5. 調査年は2014年。
資料：OECD（2018）。詳細は「資料」を参照。付録3の注を参照（http://dx.doi.org/10.1787/eag-2018-36-en）。
StatLink : https://doi.org/10.1787/888933802038

インディケータ A4

教育による所得の増加

- OECD加盟国の平均では、25～64歳の成人についてみた場合、後期中等教育修了者と比べて、高等教育修了者は所得が54%高いのに対して、後期中等教育未修了者は所得が22%低い。
- 所得の男女差は、すべての学歴レベルでなお存在する。高等教育修了のフルタイム就業者の所得には大きな男女差がみられ、OECD加盟国では、女性の所得は男性の74%にとどまる。
- 低学歴の者の割合が小さい国ほど、所得格差が小さい傾向がある。所得格差は、ブラジル、コスタリカ、メキシコなど、後期中等教育未修了者の割合が大きい国で最も大きく、チェコ共和国、スロバキア共和国など、この割合が低い国で最も小さい。

図A4.1. 高等教育を修了した女性の所得の対男性比の推移（2005年、2016年）

25～64歳のフルタイム就業者

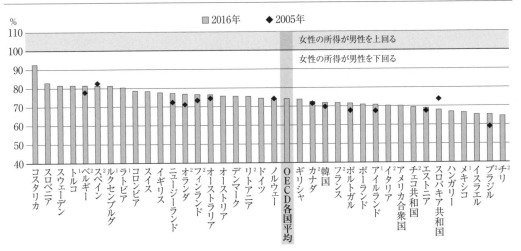

1. 税引き後の所得。
2. 調査年は2016年ではない。詳細は原表を参照。
左から順に、2016年の女性の所得の対男性比が大きい国。
資料：OECD（2018）。表A4.3。Education at a Glance Database (http://stats.oecd.org)。詳細は「資料」を参照。付録3の注を参照 (http://dx.doi.org/10.1787/eag-2018-36-en)。
StatLink: https://doi.org/10.1787/888933802266

■ 政策との関連

一般に、学歴が高いほど就業機会に恵まれ（インディケータA3参照）、所得も高い。高学歴者は、概して有利な仕事に就いて、年数とともに所得が堅調に上昇するのに対し、後期中等教育未修了者は、労働市場への参入にあたって所得が低い仕事に就く場合が多く、またその所得は年齢が上がっても微増するだけである（『図表でみる教育OECDインディケータ（2017年版）』（OECD, 2017[1]）のインディケータA6参照）。したがって、高所得と速いペースでの所得上昇が見込めることは、上の段階の教育や訓練を受ける大きな動機になると考えられ、高等教育段階での専攻分野の選択を左右する要因の一つに

もなるとみられる。

個人の所得には、学歴以外にもさまざまな要因が影響する。多くの国では、すべての学歴レベルで一貫して、女性は男性より所得が低いが、これは働く部門や職種の男女差が関係していると思われる（OECD, 2016[2]）。所得のばらつきには、次のような要因も反映されている。例えば、労働市場で求められる技能、労働者とその技能の供給量、最低賃金、労働市場に関わるその他の法律・制度・習慣（労働組合の交渉力、労働協約の適用範囲、労働環境の質など）などである。こうした要因は、所得分布の違いを生む一因にもなっている。所得のばらつきが小さい国がある一方で、大きな所得格差があって、それが不平等の拡大につながっている国もある。

OECD加盟国への移民流入が最近増加していることから、外国生まれの成人が労働市場で置かれている状況について、公の場で盛んに議論されている。『国際移民アウトルック2017年版（*International Migration Outlook 2017*）』（OECD, 2017[3]）によると、OECD加盟国の総人口の13%が外国生まれである。この集団の規模と特徴は国によって異なり、その国の人口構成をより深く理解するには、こうした要素を分析することが重要である。『国際移民アウトルック2017年版』のデータをみると、2015年には、永住移民フローのうち11%は労働移民、33%は自由移動による移民、32%は家族移民、13%は人道移民である。「移民政策論議（Migration Policy Debates）」（OECD, 2014[4]）は、移民のプラスの社会的経済的利益に関するデータがあることを示唆している。全般的にみて、外国生まれの成人は、労働力の増加に大きく寄与し、得る利益以上に税収や社会保障負担の形で貢献することが多い。

■ その他のハイライト

- どの国でも、所得が中央値を超える可能性は、学歴が高くなるにつれて増加する。OECD加盟国の平均では、フルタイムとパートタイム両方の就業者を含めた全雇用者の所得の中央値を超える所得を得ている者は、高等教育修了者では3人に2人であるのに対し、後期中等教育未修了者では4人に1人にとどまる。
- データのある国の大半では、2005～2016年の間に、高等教育を修了したフルタイム就業者の所得の男女差は縮小し、ブラジル、オランダ、ニュージーランドでは縮小幅が5パーセントポイント以上である。
- 高等教育修了者についてみると、ベルギー、チリ、コロンビア、フランス、ドイツ、ルクセンブルグ、スロベニア、スイス、アメリカ合衆国では、外国生まれの就業者の所得は、現居住国生まれの就業者と同程度で、場合によっては上回ることもある。

CHAPTER A　教育機関の成果と教育・学習の効果

■ 結果と解説

学歴別の所得の男女差

どのOECD加盟国と非加盟国においても、女性は男性ほど所得を得ていない。高等教育修了のフルタイム就業者で比較すると、OECD加盟国では、女性は男性の74%の所得しか得ていない。高高等教育修了者の所得のこうした男女差（26%）は、後期中等教育未修了者や後期中等教育または高等教育以外の中等後教育修了者の男女差（ともに22%）よりわずかに大きい（図A4.1及び表A4.1）。

フルタイム就業者の場合、女性の所得水準は男性と比べて大きなばらつきがある。高等教育を修了した女性の所得は、ブラジル、チリ、イスラエルでは男性の所得の65%で、ベルギー、コスタリカ、ラトビア、ルクセンブルグ、スロベニア、スペイン、スウェーデン、トルコでは80%以上である。コスタリカは、高等教育を修了した女性の所得が男性の所得に最も近い国であるが、それでもまだ7%下回っている（図A4.1）。

女性は男性よりパートタイムで働く傾向が強いので、（フルタイム、パートタイムを含めた）就業者の平均所得では男女差がさらに大きくなる（OECD, 2016[5]）。OECD加盟国では、25～64歳人口の女性の24%と男性の17%がパートタイム労働や季節労働を行っており（OECD, 2018[6]）、平均では、高等教育修了のフルタイムまたはパートタイム就業者の場合、女性の所得は男性の所得の68%にとどまる。後期中等教育修了者や後期中等教育未修了者の男女差は、高等教育修了者の男女差とほぼ同じで、いずれも女性の所得は男性の約68%である（OECD, 2018[6]）。

男女差の理由には、性別をめぐる固定観念や社会慣習、女性差別が含まれるが（OECD, 2017[7]）、専攻分野の選択における男女差も理由の一つである。男性は女性より、工学・製造・建築または自然科学・数学・コンピュータ科学のような、高い所得と関連がある分野を専攻することが多い一方、女性は、教育・教職課程、人文科学・言語・芸術など、低い所得と関連している分野を専攻している割合の方が大きい（『図表でみる教育OECDインディケータ（2016年版）』（OECD, 2016[5]）のインディケータA6参照）。別の理由として、専門職の仕事と家事や家族に対する責任とを両立させる難しさが関連しているとも考えられる。女性はこうしたさまざまなことをこなすために、競争があまり激しくないキャリアの道や柔軟性が高い働き方を希望し、同学歴の男性より所得が低くなる傾向が強い（OECD, 2016[2]）。

近年、男女間の賃金格差への認識が高まっており、多くの国が、男女間の所得格差を軽減すべく新たな政策を導入している。男女間の賃金の公平性を高めるため、賃金の透明性のような具体的な措置を取っている国もある（OECD, 2017[7]）。データのある国の大半で、高等教育修了者の所得の男女差は2005～2016年の間に縮小している（図A4.1）。

学歴と相対所得

OECD加盟国の平均では、成人（25～64歳人口）についてみた場合、後期中等教育修了者と比べて、後期中等教育未修了者は、パートタイムまたはフルタイム雇用での所得が約20%低く、高等教育修了者は所得が約55%高い（表A4.1）。

インディケータ A4：教育による所得の増加　**CHAPTER A**

後期中等教育未修了者の相対所得面での不利益は、概して高等教育修了者の所得の優位性より小さい。オーストリア、ブラジル、チリ、メキシコ、スロバキア共和国では、後期中等教育未修了者のパートタイムまたはフルタイム労働による所得が、後期中等教育修了者よりも約35%低い。後期中等教育未修了者の所得面での不利益は、OECD加盟国と非加盟国の中でブラジルとメキシコが最も大きく（約40%）、オーストラリア、エストニア、フィンランド、ラトビア、リトアニア、ニュージーランドでは15%以下である（表A4.1）。

OECD加盟国と非加盟国のほとんどで、高等教育修了者にはかなりの所得の優位性がある。フルタイムまたはパートタイムの就業者の相対所得はブラジルが最も高く、高等教育修了者の所得は後期中等教育修了者の150%である。チリ、コロンビア、コスタリカ、ハンガリー、メキシコでは、高等教育修了者は低学歴の成人の約2倍の所得がある（表A4.1）。これらの国はいずれも、高等教育修了者の割合がOECD加盟国と非加盟国の中で最も小さく（25%未満）、高等教育を修了した就業者の所得の優位性が大きいのもある程度説明がつく（『図表でみる教育OECDインディケータ（2017年版）』（OECD, 2017[1]）のインディケータA6参照）。

高等教育修了者の割合が大きいにもかかわらず、相対所得がOECD各国平均を下回る国もある（インディケータA1参照）。例えばオーストラリア、デンマーク、エストニア、ニュージーランド、ノルウェーでは、成人の約40%が高等教育修了者で、その所得の優位性は約30%しかなく、スウェーデンでは、高等教育修了者の割合がそれと同程度で、優位性が15%にすぎない（表A4.1）。ただし、これらの諸国では高等教育修了者の就業率が最も高い（インディケータA3参照）。

学歴別所得分布

学歴レベルごとの所得分布のデータを見れば、その国の所得の中央値付近にどの程度集中して分布しているかがわかる。なお、「所得の中央値」とは、労働時間の差異による調整前の全就業者の所得をいう。

OECD加盟国と非加盟国では、学歴が高くなるにつれて、所得が中央値を超える可能性が大きくなる。OECD加盟国の平均では、高等教育修了者の68%が、フルタイムとパートタイム両方の就業者を含めた全雇用者の所得の中央値を超える所得を得ている一方で、後期中等教育未修了者ではこの割合がわずか26%である。ブラジル、チリ、コロンビア、コスタリカ、ハンガリー、メキシコ、ポルトガルでは、高等教育修了者の80%超が中央値を上回る所得を得ており、コロンビア、ハンガリー、ポルトガルを除き、高等教育修了者のほとんどが中央値の2倍を超える所得を得ている。著しく非対称の所得分布は所得格差を示唆し、社会的結束に影響を及ぼしている可能性がある（図A4.2及び表A4.2。所得格差と後期中等教育未修了者の割合については下記の項を参照）。

対照的に、後期中等教育未修了者では、所得が中央値を超える者の割合はOECD加盟国の平均で26%にとどまる。イタリア、ニュージーランド、ポルトガルでは、この割合が35%以上である。所得が中央値の2倍を超える後期中等教育未修了の就業者の割合は、OECD加盟国の平均ではわずか3%であるが、ブラジル、カナダ、エストニア、メキシコ、ポルトガル、スペインでは5%以上であり、これらの国では学歴以外の要因が高所得に大きな影響を及ぼしていることを示唆している（図A4.2及び表A4.2）。

101

図A4.2. 所得が中央値を超える成人の割合（学歴別）（2016年）

25～64歳人口の就業者（フルタイム就業者及びパートタイム就業者）

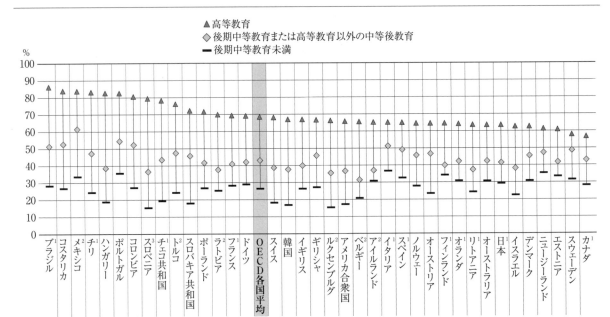

1. 調査年は2016年ではない。詳細は原表を参照。
2. 税引き後の所得。
3. 対象はフルタイム通年就業者のみ。

左から順に、所得が中央値を超える25～64歳人口の高等教育修了者の割合が大きい国。
資料：OECD (2018)。表A4.2。詳細は「資料」を参照。付録3の注を参照（http://dx.doi.org/10.1787/eag-2018-36-en）。
StatLink : https://doi.org/10.1787/888933802285

後期中等教育または高等教育以外の中等後教育修了者のうち、所得が国の中央値を超える割合は、高等教育修了者の数値と後期中等教育未修了者の数値の中間である。OECD加盟国の平均ではこの割合が43%で、ブラジル、コスタリカ、コロンビア、イタリア、メキシコ、ポルトガルではこの割合が50%を超える。これらの国のほとんどで、後期中等教育未修了者の割合はOECD各国平均（15%）の2倍を上回っており、所得が中央値を超える就業者の割合が大きいのも、それである程度説明がつく（図A4.2及び表A1.2参照）。

所得格差と後期中等教育未修了者の割合

OECD加盟国ではこの数十年間に所得格差が拡大している。所得格差の拡大は、貧困層が自らのスキルや教育に投資する余裕がなくなるので、経済成長に重大な影響を及ぼす。もっと平等な社会になれば、傾向として、国民により良い教育機会を与えて包括的な経済成長の条件を整えることができる（OECD, 2015[8]）。

所得格差を測定するのに用いられる一般的な手法は、18～65歳人口の可処分所得分布の下位10%の所得に対する上位10%の所得の比率（P90/P10）である。図A4.3を見ればわかるように、コスタリカでは、所得分布の上位10%の一人当たり所得が下位10%の一人当たり所得の10倍で、P90/P10は10である。所得格差についてみると、コスタリカに続くブラジル、チリ、エストニア、ギリシャ、イスラエル、リトアニア、メキシコ、スペイン、トルコ、アメリカ合衆国は、P90/P10が5を超え、所得格差が最も小さい（P90/P10が3）のはチェコ共和国、デンマーク、アイスランド、スロバキア共和

図A4.3. 24～64歳人口に占める後期中等教育未修了者の割合と所得格差（2015年）
P90/P10に基づく所得格差

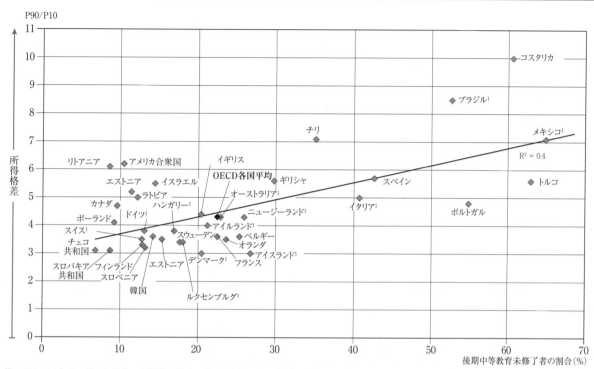

注：P90/P10とは、第1十分位の上限値に対する第9十分位の上限値（最上位10%の所得層）の比率。所得分布は18～65歳人口の可処分所得に関するものである。
1. 調査年は2014年
資料：OECD (2018)。Education at a Glance Database及びOECD Income Distribution database (IDD) (http://stats.oecd.org)。詳細は「資料」を参照。付録3の注を参照 (http://dx.doi.org/10.1787/eag-2018-36-en)。
StatLink: https://doi.org/10.1787/888933802304

国である（図A4.3）(OECD, 2018[9])。

OECD加盟国及び非加盟国のP90/P10と、成人人口に占める後期中等教育未修了者の割合を比較すると、後期中等教育未修了者の割合が小さい国ほど、所得格差が小さいようである。所得格差は、ブラジル、コスタリカ、メキシコのような後期中等教育未修了者の割合が大きい国で最も大きく、チェコ共和国やスロバキア共和国のような後期中等教育未修了者の割合が小さい国で最も小さい。図A4.3は比較的強い直線相関を示しているが、この相関は、所得格差が最も大きいブラジルとコスタリカを除くと弱まる（図A4.3）。

現居住国生まれの就業者と外国生まれの就業者の所得の差異（学歴別）

外国生まれの成人は、外国で取得した資格の認定、必要なスキルの不足、言語上の問題、仕事探しの時の差別など、さまざまな問題に直面するので、現居住国生まれの成人と比べて仕事を見つけるのが難しい。そのため、外国生まれの就業者（フルタイム就業者）は、得られるどんな仕事でも引き受ける傾向が強いので、現居住国生まれの就業者と比べると所得水準に影響がある（OECD, 2017[3]; FRA, 2017[10]）。

フルタイム就業者を比較した場合、OECD加盟国と非加盟国のほとんどで、外国生まれの成人はどの学歴段階でも現居住国生まれの成人より所得が低い。

後期中等教育未修了者では、多くの国で、外国生まれの就業者の所得は、現居住国生まれの就業者より低い。これが特に当てはまるエストニア、ニュージーランド、スペイン、スウェーデンの4か国では、所得の差が約20％以上である。例外的に外国生まれの就業者が現居住国生まれの就業者より所得が高いのは、ドイツ（18％）とスイス（6％）である（図A4.4）。

後期中等教育または高等教育以外の中等後教育を修了している場合でも、外国生まれの就業者は、現居住国生まれの就業者と比べて所得面での不利益に直面している。外国生まれの就業者と現居住国生まれの就業者の所得の差は、チリ、イタリア、スペインでは30パーセントポイント以上に達している。対照的に、フランスとドイツでは、外国生まれの就業者と現居住国生まれの就業者の所得が同程度で、コロンビアでは、外国生まれの就業者の方が現居住国生まれの就業者より所得が約25％高い（図A4.4）。

高等教育修了者についてみると、ベルギー、チリ、コロンビア、フランス、ドイツ、ルクセンブルグ、スロベニア、スイス、アメリカ合衆国では、外国生まれの就業者の所得は、現居住国生まれの就業者と同じ水準であるか、それより高い。チリでは、外国生まれの就業者の所得は現居住国生まれの就業者より30％高く、コロンビアでは、所得面での優位性は約125％にまで上昇する。対照的に、エストニア、フィンランド、イタリア、スペインでは、外国生まれの就業者の所得は現居住国生まれの所得の80％未満である（図A4.4）。

図A4.4. 現居住国生まれの就業者の所得に対する外国生まれの就業者の所得の比率（学歴別）（2016年）

25～64歳人口のフルタイム就業者

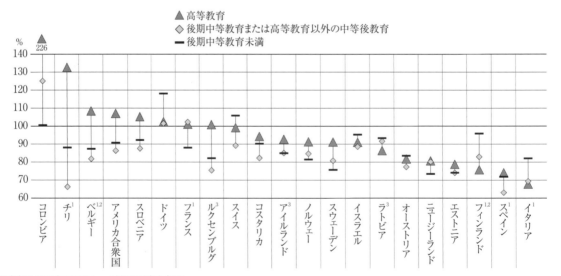

1. 調査年は2016年ではない。詳細は原表を参照。
2. 対象はフルタイム就業者とパートタイム就業者。
3. 税引き後の所得。

左から順に、高等教育修了者における現居住国生まれの就業者の所得に対する外国生まれの就業者の所得の比率が大きい国。
資料：OECD（2018）．表A4.4．詳細は「資料」を参照。付録3の注を参照（http://dx.doi.org/10.1787/eag-2018-36-en）．
StatLink : https://doi.org/10.1787/888933802323

インディケータ A4：教育による所得の増加　　CHAPTER **A**

A4

国と学歴レベルによって、現居住国生まれの就業者と外国生まれの就業者の所得の差には大きなばらつきがある。ベルギー、チリ、コロンビア、フィンランド、アメリカ合衆国では学歴レベル間の所得の差が20パーセントポイントを超える。一方、オーストリア、エストニアでは、どの学歴レベルでも、外国生まれの就業者と現居住国生まれの就業者の所得の差が小さく、7パーセントポイント未満である（図A4.4）。

コラムA4.1. 学歴マッチ／ミスマッチと所得

「OECD国際成人力調査（Programme for the International Assessment of Adult Competencies, PIAAC）」の一環である「成人スキル調査（Survey of Adult Skills）」（「資料」を参照）のデータに基づいて、本コラムでは学歴過剰や学歴不足と所得の関係をみていく。本コラムは、学歴マッチ／ミスマッチと所得の関係を詳細に調べ、就業者の学歴のマッチやミスマッチについてのコラムA3.1を補完するものである（インディケータA3参照）。

所得は学歴よりも職務レベルと密接に関連しているようである。すなわち、高等教育段階の学歴が必要な仕事に就いている就業者は、学歴が不足しているか十分にマッチしているかに関係なく、同程度の賃金を得ているが、要求される学歴がもっと低い仕事に就いている高等教育修了の就業者は、十分にマッチしている就業者よりも所得がかなり低い。図A4.aを見ればわかるように、後期中等教育（ISCED-97のISCED 3）や、それより下位の教育段階の修了資格を取得し、大学型高等教育または上級研究学位プログラムの修了資格（ISCED 5AまたはISCED 6）が必要な仕事に就いている者（学歴不足の就業者）は、所得の中央値が時間当たり約19ドルで、同じ職種の十分にマッチした就業者と同程度である。ほとんどの国で、これらの二つの集団間に統計的に有意な差異は見られない。後期中等教育以下の学歴が必要な仕事に就いている大学型高等教育または上級研究学位プログラム修了者（学歴過剰の就業者）は、所得の中央値が時間当たり約11ドルである（図A4.a）。学歴ミスマッチの理由は各国間及び各国内で異なると考えられるが、コラムA3.1が示すように、学歴過剰の就業者は数的思考力が低い傾向がある。学歴過剰の就業者は、自分の学歴レベルに見合った仕事を得るのに十分なスキルを示せなかったため、学歴より低いスキルが必要な仕事に就いているとみられる（インディケータA3参照）。

国ごとに差異はあるが、傾向にはかなり一貫性がある。十分にマッチしている就業者と学歴過剰な就業者の間に、時間当たり所得の中央値の最も大きな差（時間当たり10ドル超）が見られるのは、カナダ、デンマーク、ドイツ、アイルランド、アメリカ合衆国である。この差はカナダで特に大きく（時間当たり約15ドル）、後期中等教育以下の学歴が必要な仕事に就いている大学型高等教育または上級研究学位プログラム修了の就業者は、十分にマッチしている就業者の時間当たり所得の中央値の半分を下回る所得を得ている（図A4.a）。

対照的に、チェコ共和国では、十分にマッチしている就業者と学歴過剰な就業者、学歴不足の就業者の所得差が、統計的に有意ではない。チェコ共和国、エストニア、ギリシャ、トルコでは、所得水準が概して低いが、それにも関わらず、学歴過剰の就業者も、十分にマッチしている就業

105

者のおよそ半分の所得を得ていると考えられる。例えばトルコでは、大学型高等教育または上級研究学位プログラムを修了し、十分にマッチしている就業者は、所得の中央値が時間当たり約11ドルであるのに対し、後期中等教育以下の学歴が必要な仕事に就いている、大学型高等教育または上級研究学位プログラム修了の就業者は、所得の中央値が時間当たり約4ドルである。ただし、トルコでは、学歴過剰な就業者の割合（9％）が、成人スキル調査の参加国の平均（15％）をはるかに下回るので、これは限られた問題である（図A4.a及びホームページの表A3.a）。

データから、就業者は、学歴レベルから期待する給与を雇用主に払ってもらうために、正式学歴レベルにふさわしいスキルを示さなければいけないことがわかる。対照的に、学歴不足の就業者が正式学歴を超える所得を得ている場合には、雇用主が正式学歴より実際のスキルを認めているので、スキルの重要性が窺える。こうしたことから、ミスマッチの状況をより詳しく評価することが重要であり、労働市場で報酬を得られるスキルを十分に習得することなく、人的資本に投資した学歴過剰な者や、その教育に投資した社会については、特にそれが言える。

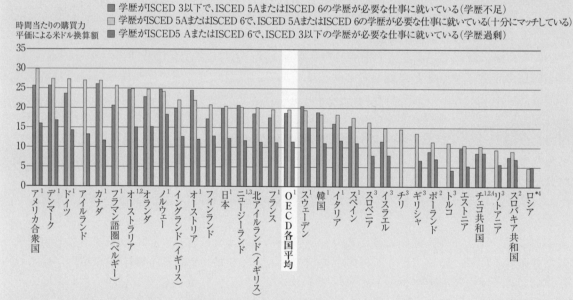

図A4.a. 就業者の学歴マッチ／ミスマッチと時間当たり所得の中央値（2012年または2015年）

成人スキル調査、25〜64歳の就業者、2012年の個人消費ベースの購買力平価よる米ドル換算額

注：記載していないデータがあるのは、対象数が少なすぎて信頼できる推定値を得られないためである。成人スキル調査のデータはISCED-97に準拠する。詳細は「定義」、「算定方法」、「資料」を参照。
1. 十分にマッチしている就業者と学歴不足の就業者の所得の差は5％で、統計的に有意ではない。
2. 学歴過剰な就業者と学歴不足の就業者の所得の差は5％で、統計的に有意ではない。
3. 調査年は2015年。その他の国・地域の調査年はすべて2012年。
4. 十分にマッチしている就業者と学歴過剰な就業者の所得の差は5％で、統計的に有意ではない。
*「資料」の「成人スキル調査のロシアのデータについて」を参照。
左から順に、学歴が仕事に必要な学歴とマッチしている（十分にマッチしている）と回答した就業者の時間当たり所得の中央値が大きい国。
資料：OECD（2018）。ホームページの表A4.a。詳細は「資料」を参照。付録3の注を参照（http://dx.doi.org/10.1787/eag-2018-36-en）。
StatLink：https://doi.org/10.1787/888933802342

インディケータ A4：教育による所得の増加　　CHAPTER **A**

A₄

■ 定義

成人とは、25 〜 64 歳人口をいう。

学歴とは、修了した最も高い教育段階を指す。

教育段階：ISCED-2011 の全教育段階区分については本書冒頭の「利用にあたって」を参照。

コラム A4.1 の「成人スキル調査」に基づく分析には、以前の教育区分（ISCED-97）を用いている。
ISCED-97 に基づく各教育段階の定義はインディケータ A3 を参照。

学歴のマッチ／ミスマッチ：定義はインディケータ A3 を参照。

■ 算定方法

特定の学歴取得者の相対所得（表 A4.1）についてはフルタイム就業者とパートタイム就業者、所得
の男女差（表 A4.3）及び現居住国生まれの就業者と外国生まれの就業者の所得の差（表 A4.4）につ
いてはフルタイム就業者のみ、所得分布についてはフルタイム就業者とパートタイム就業者が、それ
ぞれ分析対象である。労働時間は所得一般、とりわけ所得分布に影響を及ぼしているとみられるが、
調整はされていない。フルタイム所得の定義については、フルタイムの分類が自己申告によるもの
か、あるいは標準的な週間労働時間数という基準値に基づくものかについて、各国に回答を求めた。

所得に関するデータは、年間所得、月間所得、週間所得のいずれかに基づいているが、どれによるか
は国によって異なる。また、所得の対象期間も、国により異なる。所得のデータはほとんどが税引前
のものである。多くの国では自営業者の所得は含まれておらず、一般に、雇用収入と事業投資の収益
とを区別する簡便で比較可能な方法はない。

本指標は、政府の無償サービスによる実質所得への影響を考慮していない。したがって、所得は他国
より低いが、医療や学校教育を無償で提供している国もある。

全体（男性＋女性（男女合計））の平均所得は、男性と女性の数値の単純平均ではなく、総人口の所
得に基づく平均であり、各学歴の男女の割合によって平均所得の数値に男女別々に重み付けをしてい
る。

詳細については『OECD 国際比較教育統計ハンドブック 2018 年版（*OECD Handbook for Internationally
Comparative Education Statistics 2018*）』（OECD, 2018[11]）を参照。各国の注記については付録 3 を参照
(http://dx.doi.org/10.1787/eag-2018-36-en)。

コラム A4.1 で用いている算定方法についてはインディケータ A7 の「算定方法」を参照。

リトアニアは、本書を編集時には OECD 加盟国ではなかったので、OECD 加盟国リストには記載せ
ず、OECD 加盟国の総計に含めていない。

107

CHAPTER A　教育機関の成果と教育・学習の効果

■資料

本インディケータは、OECDのLSO（労働市場・経済・社会に対する教育の成果）ネットワークによる、教育と所得に関するデータコレクションに基づいている。このデータコレクションは、調査期間にフルタイムの通年労働及び、パートタイムあるいは季節労働を行う個人の所得も考慮に入れている。このデータベースには、労働所得の分布や、就学者と非就学者の所得の比較に関するデータが含まれている。大半の国のデータソースは、労働力調査（Labour Force Surveys, LFS）、欧州連合所得・生活状況統計調査（European Union Statistics on Income and Living Conditions, EU-SILC）、所得に関するデータの収集を目的としたその他の調査など、全国的な世帯調査である。約4分の1の国は租税等の記録データを用いている。

コラムA4.1で使用したデータは、OECD国際成人力調査（Programme for the International Assessment of Adult Competencies, PIAAC）の一つの成果である成人スキル調査に基づく。

イスラエルのデータに関する注記

イスラエルの統計データは、イスラエル政府関係当局により、その責任の下で提供されている。OECDにおける当該データの使用は、ゴラン高原、東エルサレム、及びヨルダン川西岸地区のイスラエル入植地の国際法上の地位を害するものではない。

成人スキル調査のロシアのデータについて

ロシアの標本には、モスクワ市（Moscow municipal area）の住民が含まれていないことに注意する必要がある。すなわち、発表されたデータは、ロシアの16～65歳の全人口を表すものではなく、とりわけモスクワ市を除くロシアの人口に関するものとなっている。ロシア及びその他の国のデータについての詳細は、『成人スキル調査テクニカル・レポート第2版（*Technical Report of the Survey of Adult Skills*）』（OECD, 2016[12]）を参照。

■参考資料

FRA（2017）, *Second European Union Minorities and Discrimination Survey: Main Results,* FRA（European Union Agency for Fundamental Rights）, Vienna, http://dx.doi. org/10.2811/268615. [10]

OECD（2018）, *Education at a Glance Database - Education and earning*s, http://stats.oecd.org/ Index.aspx?datasetcode=EAG_EARNINGS [6]

OECD（2018）, *OECD Handbook for Internationally Comparative Education Statistics 2018: Concepts, Standards, Definitions and Classifications,* OECD Publishing, Paris, https://doi. org/10.1787/9789264304444-en. [11]

OECD（2018）, *OECD Income Distribution database（IDD）*, http://stats.oecd.org/Index. aspx?DataSetCode=IDD（accessed on 31 May 2018）. [9]

OECD（2017）, *Education at a Glance 2017: OECD Indicators*, OECD Publishing, Paris, http:// dx.doi.org/10.1787/eag-2017-en.（『図表でみる教育OECDインディケータ（2017年版）』経済協力開発機構（OECD）編著、矢倉美登里，稲田智子，大村有里，坂本千佳子，立木勝，三井理子訳、明石書店、2017年） [1]

108

OECD（2017）, *International Migration Outlook 2017*, OECD Publishing, Paris, http://dx.doi. [3]
org/10.1787/migr_outlook-2017-en.

OECD（2017）, *The Pursuit of Gender Equality: An Uphill Battle*, OECD Publishing, Paris, [7]
http://dx.doi.org/10.1787/9789264281318-en.

OECD（2016）, *Education at a Glance 2016 : OECD Indicators*, OECD Publishing, Paris, [5]
http://dx.doi.org/10.1787/eag-2016-en（accessed on 12 January 2018）.（『図表でみる教育
OECDインディケータ（2016年版)』経済協力開発機構（OECD）編著、德永優子, 稲田
智子, 矢倉美登里, 大村有里, 坂本千佳子, 三井理子訳、明石書店、2016年）

OECD（2016）, *OECD Employment Outlook 2016*, OECD Publishing, Paris, http://dx.doi. [2]
org/10.1787/empl_outlook-2016-en.

OECD（2016）, *Technical Report of the Survey of Adult Skills, Second Edition*, OECD, Paris, [12]
www.oecd.org/skills/piaac/PIAAC_Technical_Report_2nd_Edition_Full_Report.pdf.

OECD（2015）, *In It Together: Why Less Inequality Benefits All*, OECD Publishing, Paris, [8]
http://dx.doi.org/10.1787/9789264235120-en.

OECD（2014）, "Is migration good for the economy?", *Migration Policy Debates*, www.oecd.org/ [4]
migration/OECD%20Migration%20Policy%20Debates%20Numero%202.pdf（accessed on
05 February 2018）.

■ インディケータ A4 の表*

- 表A4.1. 就業者の相対所得（学歴別)（2016年）
- 表A4.2. 中央値と比較した所得分布（学歴別)（2016年）
- 表A4.3. 男女間の所得比較（学歴別、年齢層別)（2016年）
- 表A4.4. 現居住国生まれと外国生まれの就業者間の所得比較（学歴別、年齢層別)（2016年）

* データの締切日は2018年7月18日。更新データはホームページで確認可能（http://dx.doi.org/10.1787/eag-
data-en)。詳細な内訳も Education at a Glance Database（http://stats.oecd.org/）で参照可能。

CHAPTER A　教育機関の成果と教育・学習の効果

表A4.1. 就業者の相対所得（学歴別）（2016年）

雇用収入を有する25〜64歳人口（フルタイム及びパートタイム就業者）、後期中等教育＝100

		後期中等教育未満	高等教育以外の中等後教育	高等教育			
				短期高等教育	学士号または同等レベル	修士号・博士号または同等レベル	全高等教育
		(1)	(2)	(3)	(4)	(5)	(6)
OECD加盟国	オーストラリア	87	101	107	135	152	131
	オーストリア	69	112	133	93	174	146
	ベルギー[1]	82	c	c	126	165	141
	カナダ[1]	83	126	121	152	186	144
	チリ[1]	68	a	142	264	472	237
	チェコ共和国[12]	74	m	112	142	180	169
	デンマーク	80	136	116	111	166	129
	エストニア	89	89	90	124	139	127
	フィンランド[1]	98	118	124	125	169	141
	フランス[3]	80	c	125	142	210	155
	ドイツ	76	114	151	165	183	169
	ギリシャ	77	99	145	133	174	140
	ハンガリー	76	98	110	172	234	194
	アイスランド	m	m	m	m	m	m
	アイルランド[4]	80	91	129	167	208	168
	イスラエル	77	a	115	149	216	159
	イタリア[3]	78	m	x(5)	x(5)	138[d]	138
	日本[5]	78	x(6)	x(6)	x(6)	x(6)	152[d]
	韓国	72	a	116	149	198	145
	ラトビア[4]	89	97	118	136	166	145
	ルクセンブルグ[4]	77	c	122	139	159	148
	メキシコ[4]	59	a	133	192	303	195
	オランダ[3]	82	124	132	132	184	150
	ニュージーランド	87	108	114	130	154	132
	ノルウェー	76	102	118	114	156	127
	ポーランド	83	100	m	139	161	156
	ポルトガル	75	103	166	170[d]	x(4)	169
	スロバキア共和国[2]	65	m	123	124	174	168
	スロベニア	m	m	m	m	m	m
	スペイン[1]	73	101[r]	x(6)	x(6)	x(6)	151
	スウェーデン	82	109	98	105	135	115
	スイス[2]	78	m	x(4, 5)	141[d]	167[d]	155
	トルコ[4]	72	a	x(6)	x(6)	x(6)	171
	イギリス	76	a	125	148	172	150
	アメリカ合衆国[2]	74	m	112	169	233	175
	OECD 各国平均	78	m	123	144	191	154
	EU加盟22か国平均	79	107	125	136	173	151
OECD非加盟国	アルゼンチン	m	m	m	m	m	m
	ブラジル[12]	62	m	x(4)	235[d]	449	249
	中国	m	m	m	m	m	m
	コロンビア[2]	67	m	m	m	m	236
	コスタリカ	69	c	119	207	337	203
	インド	m	m	m	m	m	m
	インドネシア	m	m	m	m	m	m
	リトアニア[3]	86	113	a	155	213	179
	ロシア	m	m	m	m	m	m
	サウジアラビア	m	m	m	m	m	m
	南アフリカ	m	m	m	m	m	m
	G20 各国平均	m	m	m	m	m	m

注：詳細は「定義」と「算定方法」を参照。データと詳細な内訳はEducation at a Glance Database（http://stats.oecd.org/）で参照可能。
1. 調査年は2015年。
2. 対照群（指数100）は、ISCED-2011のISCED 3とISCED 4を合わせたもの。
3. 調査年は2014年。
4. 税引き後の所得。
5. 調査年は2012年。
資料：OECD（2018）。詳細は「資料」を参照。付録3の注を参照（http://dx.doi.org/10.1787/eag-2018-36-en）。
表中の省略記号については、「利用にあたって」を参照。
StatLink : https://doi.org/10.1787/888933802190

表A4.2. 中央値と比較した所得分布（学歴別）（2016年）

25〜64歳の有所得のフルタイム及びパートタイム就業者（全教育段階）の労働所得の中央値に対する分布別割合

	後期中等教育未満					後期中等教育または高等教育以外の中等後教育					高等教育				
国	中央値の半分以下	中央値の半分を超えているが中央値以下	中央値を超えているが中央値の1.5倍以下	中央値の1.5倍を超えているが中央値の2倍以下	中央値の2倍超	中央値の半分以下	中央値の半分を超えているが中央値以下	中央値を超えているが中央値の1.5倍以下	中央値の1.5倍を超えているが中央値の2倍以下	中央値の2倍超	中央値の半分以下	中央値の半分を超えているが中央値以下	中央値を超えているが中央値の1.5倍以下	中央値の1.5倍を超えているが中央値の2倍以下	中央値の2倍超
	(1)	(2)	(3)	(4)	(5)	(6)	(7)	(8)	(9)	(10)	(11)	(12)	(13)	(14)	(15)
OECD加盟国															
オーストラリア	13	57	22	4	4	8	50	29	8	6	5	31	36	14	14
オーストリア	37	39	18	4	1	21	32	29	11	7	16	19	24	17	23
ベルギー[1]	12	68	20	1	0	6	63	29	2	0	2	33	49	12	4
カナダ[2]	38	34	16	6	6	28	29	21	11	11	21	22	21	15	21
チリ[2]	23	53	16	5	3	11	41	24	12	11	3	14	17	17	50
チェコ共和国[2]	22	58	17	2	0	10	47	32	8	4	3	18	37	18	23
デンマーク	29	40	24	4	2	17	38	34	8	4	14	23	38	14	11
エストニア	19	48	20	6	7	13	46	26	7	9	8	31	30	13	18
フィンランド[2]	29	37	25	6	3	22	38	30	7	3	14	22	33	17	15
フランス[3]	34	37	20	5	3	21	38	27	9	4	11	20	32	18	19
ドイツ	41	30	19	7	2	22	36	28	10	4	13	18	26	19	24
ギリシャ	30	43	19	5	4	19	35	31	9	6	11	22	33	18	15
ハンガリー	2	79	15	3	1	0	61	24	9	6	0	17	28	22	32
アイスランド	m	m	m	m	m	m	m	m	m	m	m	m	m	m	m
アイルランド[1]	41	28	20	6	4	30	33	21	9	7	15	20	21	19	26
イスラエル	28	50	14	4	4	17	45	21	9	8	11	26	20	15	28
イタリア[3]	31	32	24	8	4	19	30	30	12	10	16	19	27	16	22
日本[4]	37	33	18	7	4	29	29	19	12	11	17	20	21	16	27
韓国	27	56	13	3	1	14	48	23	8	6	6	27	29	17	21
ラトビア[1]	9	66	18	5	2	6	57	26	8	3	2	28	35	19	16
ルクセンブルグ[1]	20	65	11	4	1	12	52	20	12	3	3	30	30	21	16
メキシコ[1]	29	38	21	8	6	12	26	25	15	21	5	11	15	17	52
オランダ[3]	33	36	24	5	2	22	35	28	10	5	15	21	26	18	20
ニュージーランド	23	42	23	8	4	19	34	27	12	8	13	25	27	17	17
ノルウェー	31	41	21	5	2	16	38	34	9	5	5	23	39	14	20
ポーランド	0	73	20	5	2	0	58	28	9	5	0	28	34	17	20
ポルトガル	9	55	24	6	6	6	40	29	11	15	3	14	22	20	41
スロバキア共和国	37	45	13	3	1	18	36	28	11	6	12	16	28	19	26
スロベニア[5]	0	85	14	1	0	0	64	28	6	2	0	21	32	25	22
スペイン[2]	37	31	20	8	5	24	26	22	14	13	17	18	17	15	33
スウェーデン	19	49	26	4	2	11	40	34	10	4	10	25	36	12	10
スイス	32	50	17	1	1	22	39	30	6	2	10	22	34	19	15
トルコ[1]	33	43	18	5	2	17	26	26	13	18	11	15	27	12	35
イギリス	28	46	20	5	2	21	39	25	9	6	10	23	28	18	20
アメリカ合衆国	42	40	11	3	3	26	37	20	9	8	13	21	23	15	28
EU加盟22か国平均	26	48	19	5	3	16	41	27	9	7	10	22	28	17	23
OECD平均	24	50	20	5	2	15	43	28	9	6	9	22	30	18	21
OECD非加盟国															
アルゼンチン	m	m	m	m	m	m	m	m	m	m	m	m	m	m	m
ブラジル[2]	29	42	15	6	7	9	40	22	12	18	2	12	13	13	60
中国	m	m	m	m	m	m	m	m	m	m	m	m	m	m	m
コロンビア	38	35	20	4	3	19	28	32	10	10	7	13	21	13	47
コスタリカ	23	51	20	4	3	11	37	29	13	11	3	13	19	16	50
インド	m	m	m	m	m	m	m	m	m	m	m	m	m	m	m
インドネシア	m	m	m	m	m	m	m	m	m	m	m	m	m	m	m
リトアニア[3]	31	44	13	8	3	20	43	19	11	7	15	22	20	17	27
ロシア	m	m	m	m	m	m	m	m	m	m	m	m	m	m	m
サウジアラビア	m	m	m	m	m	m	m	m	m	m	m	m	m	m	m
南アフリカ	m	m	m	m	m	m	m	m	m	m	m	m	m	m	m
G20各国平均	m	m	m	m	m	m	m	m	m	m	m	m	m	m	m

注：詳細は「定義」と「算定方法」を参照。データと詳細な内訳はEducation at a Glance Database（http://stats.oecd.org/）で参照可能。
1. 税引き後の所得。
2. 調査年は2015年。
3. 調査年は2014年。
4. 調査年は2012年。
5. 対象はフルタイム通年就業者のみ。
資料：OECD（2018）。詳細は「資料」を参照。付録3の注を参照（http://dx.doi.org/10.1787/eag-2018-36-en）。
表中の省略記号については、「利用にあたって」を参照。

StatLink : https://doi.org/10.1787/888933802209

CHAPTER A　教育機関の成果と教育・学習の効果

表A4.3. 男女間の所得比較（学歴別、年齢層別）（2016年）

雇用収入を有する成人（フルタイム就業者）、男性の平均年間所得に対する女性の平均年間所得の比率（%）

		後期中等教育未満			後期中等教育または 高等教育以外の中等後教育			高等教育		
		25〜64歳	35〜44歳	55〜64歳	25〜64歳	35〜44歳	55〜64歳	25〜64歳	35〜44歳	55〜64歳
		(1)	(2)	(3)	(4)	(5)	(6)	(7)	(8)	(9)
OECD加盟国	オーストラリア	82	81	80	77	74	70	76	79	73
	オーストリア	76	71	70	82	81	80	76	73	80
	ベルギー[1]	c	c	c	86	89	c	82	86	c
	カナダ[1]	70	73	74	69	66	72	72	76	66
	チリ[1]	78	81	74	73	72	74	65	71	59
	チェコ共和国[1]	81	82	83	79	75	86	69	66	82
	デンマーク	84	81	83	81	79	83	76	78	72
	エストニア	62	62	61	63	60	72	69	77	69
	フィンランド[1]	81	79	80	79	76	79	77	76	74
	フランス[2]	76	c	c	83	87	95	72	80	c
	ドイツ	75	c	76	84	80	89	74	83	82
	ギリシャ	71	71	70	80	85	67	74	80	63
	ハンガリー	83	81	84	84	81	87	67	62	76
	アイスランド	m	m	m	m	m	m	m	m	m
	アイルランド[3]	92	c	c	73	84	59	71	77	75
	イスラエル	66	63	54	70	67	73	65	65	66
	イタリア[2]	80	75	79	79	77	77	70	67	73
	日本	m	m	m	m	m	m	m	m	m
	韓国	70	77	66	65	68	62	72	75	74
	ラトビア[3]	76	77	85	73	69	78	80	83	90
	ルクセンブルグ[3]	83	c	c	81	c	c	81	87	c
	メキシコ[3]	74	72	75	78	73	93	66	76	35
	オランダ[2]	87	90	88	83	89	79	77	87	75
	ニュージーランド	80	75	85	76	75	84	77	80	73
	ノルウェー	82	80	81	79	77	78	74	75	71
	ポーランド	75	73	76	80	74	87	71	69	74
	ポルトガル	77	77	74	74	75	68	71	76	69
	スロバキア共和国	74	74	74	75	71	81	68	62	73
	スロベニア	83	81	83	87	82	95	83	81	87
	スペイン[1]	78	72	89	78	70	80	81	79	82
	スウェーデン	90	c	93	85	84	84	82	82	77
	スイス	77	76	73	83	85	82	78	88	78
	トルコ[3]	67	68	c	80	77	c	82	88	c
	イギリス	79	73	84	74	70	73	78	79	67
	アメリカ合衆国	74	73	87	73	68	78	70	70	71
	OECD 各国平均	78	76	78	78	76	79	74	77	73
	EU 加盟22か国平均	79	76	80	79	78	80	75	77	76
OECD 非加盟国	アルゼンチン	m	m	m	m	m	m	m	m	m
	ブラジル[1]	69	69	68	65	66	60	65	66	63
	中国	m	m	m	m	m	m	m	m	m
	コロンビア	78	79	75	79	76	78	79	80	69
	コスタリカ	85	92	73	78	76	c	93	97	99
	インド	m	m	m	m	m	m	m	m	m
	インドネシア	m	m	m	m	m	m	m	m	m
	リトアニア[2]	79	76	73	79	76	85	75	70	80
	ロシア	m	m	m	m	m	m	m	m	m
	サウジアラビア	m	m	m	m	m	m	m	m	m
	南アフリカ	m	m	m	m	m	m	m	m	m
	G20 各国平均	m	m	m	m	m	m	m	m	m

注：詳細は「定義」と「算定方法」を参照。データと詳細な内訳はEducation at a Glance Database（http://stats.oecd.org/）で参照可能。
1. 調査年は2015年。
2. 調査年は2014年。
3. 税引き後の所得。
資料：OECD（2018）。詳細は「資料」を参照。付録3の注を参照（http://dx.doi.org/10.1787/eag-2018-36-en）。
表中の省略記号については、「利用にあたって」を参照。

StatLink：https://doi.org/10.1787/888933802228

インディケータ A4：教育による所得の増加　　**CHAPTER A**

表A4.4. 現居住国生まれと外国生まれの就業者間の所得比較（学歴別、年齢層別）（2016年）

雇用収入を有する成人（フルタイム就業者）、現居住国生まれの就業者の平均年間所得に対する外国生まれの就業者の平均年間所得の比率（%）

	後期中等教育未満			後期中等教育または 高等教育以外の中等後教育			高等教育		
	25～64歳	35～44歳	55～64歳	25～64歳	35～44歳	55～64歳	25～64歳	35～44歳	55～64歳
	(1)	(2)	(3)	(4)	(5)	(6)	(7)	(8)	(9)
オーストラリア	m	m	m	m	m	m	m	m	m
オーストリア	84	86	76	77	83	70	82	86	72
ベルギー[1]	87	m	m	82	m	m	108	m	m
カナダ	m	m	m	m	m	m	m	m	m
チリ[2]	88	113	c	66	71	c	133	128	c
チェコ共和国	m	m	m	m	m	m	m	m	m
デンマーク	m	m	m	m	m	m	m	m	m
エストニア	74	c	89	74	85	82	79	93	71
フィンランド[1,2]	96	99	109	83	81	85	76	79	77
フランス[3]	88	c	c	102	c	c	101	c	c
ドイツ	118	m	m	102	m	m	102	m	m
ギリシャ	m	m	m	m	m	m	m	m	m
ハンガリー	m	m	m	m	m	m	m	m	m
アイスランド	m	m	m	m	m	m	m	m	m
アイルランド[4]	85	c	c	85	72	c	93	78	c
イスラエル	95	m	m	89	m	m	91	m	m
イタリア[3]	82	88	73	69	70	58	68	56	88
日本	m	m	m	m	m	m	m	m	m
韓国	m	m	m	m	m	m	m	m	m
ラトビア[4]	93	c	116^r	92	97	99	86	73	102
ルクセンブルグ[4]	82	c	c	75	c	m	101	c	m
メキシコ	m	m	m	m	m	m	m	m	m
オランダ	m	m	m	m	m	m	m	m	m
ニュージーランド	73	51	35	80	73	95	81	87	80
ノルウェー	81	80	99	85	81	100	91	96	154
ポーランド	m	m	m	m	m	m	m	m	m
ポルトガル	m	m	m	m	m	m	m	m	m
スロバキア共和国	m	m	m	m	m	m	m	m	m
スロベニア	92	90	96	88	87	88	105	106	100
スペイン[2]	72	79	74^r	63	63	62^r	74	56	100^r
スウェーデン	76	c	c	81	73	87	91	97	87
スイス	106	99^r	116	89	90	89	99	99	99
トルコ	m	m	m	m	m	m	m	m	m
イギリス	m	m	m	m	m	m	m	m	m
アメリカ合衆国	91	74	118	86	85	82	107	112	92
OECD 各国平均	m	m	m	m	m	m	m	m	m
EU 加盟22か国平均	m	m	m	m	m	m	m	m	m
アルゼンチン	m	m	m	m	m	m	m	m	m
ブラジル	m	m	m	m	m	m	m	m	m
中国	m	m	m	m	m	m	m	m	m
コロンビア	101	c	c	125	96^r	c	226	161^r	c
コスタリカ	90	91	c	82	c	c	94	c	c
インド	m	m	m	m	m	m	m	m	m
インドネシア	m	m	m	m	m	m	m	m	m
リトアニア	m	m	m	m	m	m	m	m	m
ロシア	m	m	m	m	m	m	m	m	m
サウジアラビア	m	m	m	m	m	m	m	m	m
南アフリカ	m	m	m	m	m	m	m	m	m
G20 各国平均	m	m	m	m	m	m	m	m	m

注：詳細は「定義」と「算定方法」を参照。データと詳細な内訳は Education at a Glance Database（http://stats.oecd.org/）で参照可能。
1. フルタイム就業者とパートタイム就業者の所得。
2. 調査年は2015年。
3. 調査年は2014年。
4. 税引き後の所得。
資料：OECD（2018）。詳細は「資料」を参照。付録3の注を参照（http://dx.doi.org/10.1787/eag-2018-36-en）。
表中の省略記号については、「利用にあたって」を参照。

StatLink：https://doi.org/10.1787/888933802247

インディケータ A5

教育からの収益：教育投資への誘因

- 教育は、個人に対して経済的な利益をもたらすが、高等教育修了者の割合が大きければ、例えば税収の増加や社会保障負担の軽減といった形で、公的部門にも利益となる。
- 高等教育修了者は、その投資に対して大きな収益を得ることができる。これは、高等教育未修了者よりも就業機会が多く、所得も高くなる場合が多いためである。
- OECD加盟国の平均では、高等教育修了資格を取得するための投資額（直接費用と放棄所得）は、男性で約52,500ドル、女性は41,700ドルである。男性の方が所得と就業率が高いので、生涯の間に得る総利益も、男性が319,600ドル、女性が234,000ドルと男性の方が高い。

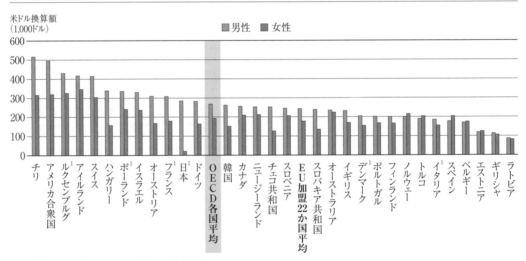

図A5.1. 高等教育修了者の私的正味収益（男女別）（2015年）

後期中等教育修了者との比較、GDP購買力平価（PPP）による米ドル換算額、将来の費用と利益の割引率は2%

1. 調査年は2015年ではない。詳細は原表を参照。
左から順に、男性の私的正味収益が大きい国。
資料：OECD（2018）。表A5.1a及び表A5.1b。詳細は「資料」を参照。付録3の注を参照（http://dx.doi.org/10.1787/eag-2018-36-en）。
StatLink : https://doi.org/10.1787/888933802494

■ 政策との関連

教育に時間と費用をかけることは、人的資本への投資に他ならない。就業機会が拡大し（インディケータA3参照）、高所得が見込める（インディケータA4参照）と、個人が教育に投資し、就業を先送りにすることへの強い誘因となる。平均すると、現在は女性の方が男性よりも学歴レベルが高い（インディケータA1参照）が、教育投資から得られる収益は男性が女性を上回る。これは男性の方が概して、雇用機会や所得という教育の成果がより大きいからである。

一方、国としては、個人の学歴が高くなれば、労働市場への参入後に、社会保障にかかる公的費用の削減や、税金による増収といった形で利益が得られる。個人も政府もともに高学歴による恩恵を得ていることから、教育からの収益については、高等教育修了率や高等教育進学率など、その他のインディケータとも合わせて考察することが重要である（インディケータB7参照）。

政策立案においては、経済面での教育投資への誘因を理解することがきわめて重要である。例えば、より高学歴の労働者に対する需要が労働市場で大幅に高まると、場合によっては、供給が需要に追いつくまで所得や収益が押し上げられる。こういった状況は、さらなる教育投資の必要性を示唆している。

本指標では取り上げない要因も、教育からの収益に影響を及ぼしている。教育からの収益は、専攻分野や、各国に固有の経済状況、労働市況、制度的な問題の他、社会的・文化的要因からも影響を受けている可能性がある。さらに、教育からの収益には、財政的な収益だけではなく、経済成長を促進する生産性の向上といった経済的成果や、環境保護に向けた取り組みの拡大といった社会的成果も含まれる（インディケータA6参照）。

■ その他のハイライト

- ■ ほとんどのOECD加盟国において、高等教育にかかる主たる費用は、授業料や生活費といった直接費用ではなく、個人が在学することによって生じる放棄所得である。これは、働きながら進学する学生が多いのを考慮に入れても言えることである。
- ■ 教育投資による私的利益は、各国の税制や社会保障制度に左右される。例えば、チリ、エストニア、韓国では、高等教育を修了した男性の所得税と社会保障負担費は総所得増加分の4分の1未満であるが、ベルギーでは総所得増加分の2分の1を超える。
- ■ データのあるすべての国で、学士・修士・博士課程修了者の私的正味収益は、短期高等教育プログラム修了者よりも40％以上大きい。

■ 注記

本指標では、正味収益や内部収益率を含む教育投資の費用と利益について考察し、教育投資への誘因に関する情報を提供する。より高い学歴を求めて進学するか、労働市場に参入するかの選択肢について検討するが、その際、以下の二つのケースに焦点を当てている。

1) 高等教育に投資することと、後期中等教育修了という学歴で労働市場に参入することとの比較。
2) 後期中等教育に投資することと、その教育段階を修了せずに労働市場に参入することとの比較。

教育への投資者としては以下の2種が考えられる。

115

CHAPTER A   教育機関の成果と教育・学習の効果

A5

1) 予測される純所得と費用の増加分をもとに、高い教育段階への進学を選択する個人（以下「私的」
　　投資者）。
2) 予測される歳入（税収など）と費用の増加分をもとに、教育への投資を決定する政府（以下「公的」
　　投資者）。

本指標は、一般的な退職年齢（64歳）までの、教育投資による収益を推定するものであり、年金は
考慮に入れていない。所得や失業率の男女差を明らかにするため、数値は男女別に示す。また、教育
にかかる直接費用は貸与補助を考慮に入れていない。

本指標の算定方法については継続的に改訂が行われているため、本書の数値は、『図表でみる教育
OECDインディケータ』のこれまでの版と比較できない場合があることに注意が必要である。

■ 結果と解説

個人の高等教育投資に対する経済的誘因

図A5.1を見ると、OECD加盟国の平均では、教育への投資は、長い目で見れば男女いずれにも利益
をもたらすものであることがわかる。進学に関連して現役時代に得られると期待できる利益は、就学
中にかけた費用を上回ることになる。これは、高等教育修了者に当てはまるのはもちろんだが、後期
中等教育修了者にもいえることである（図A5.1、表A5.1a、表A5.1b、ホームページの表A5.4a及び
表A5.4b）。

OECD加盟国の平均では、男性が高等教育を修了する場合の私的収益は267,100ドルである。若年齢
層では、女性の方が男性よりも高い教育段階を修了する傾向がある（インディケータA1参照）もの
の、高等教育への投資に関連して得られる相対的な正味収益は男性よりも女性の方が小さくなりが
ちである。女性が高等教育修了によって得る正味収益は平均192,300ドルで、男性の4分の3を下回る
（図A5.1）。

ベルギー、エストニア、ノルウェー、スペイン、トルコを除く、データのあるすべてのOECD加盟
国で、高等教育修了による私的収益は、男性の方が女性よりも大きい。2016年には、これらの諸国
の女性は依然として、男性よりも所得と就業率が低いが、後期中等教育しか修了していない場合と比
べた高等教育修了による収益は、女性の方が大きい。これは、これらの国では、女性は男性より学歴
レベルによる所得と就業率の差が大きいことを意味している。

女性の収益が概して低い理由としては、所得が低いこと、就業率が低いこと、パートタイム就業者の
割合が平均して大きいこと、専攻分野選択における男女差など、さまざまな要因が考えられる。費用
が手頃で質の高い幼児教育及び保育を利用できるかどうかも、女性の就業状況に影響する可能性があ
る。日本は男女差が最も大きい国で、高等教育修了による正味収益でみると男性が女性の約13倍に
達しており、税制や労働市場の構造が、高等教育修了による女性の収益を低く抑える傾向がある。だ
が現政権は、女性の労働市場参入を推進すべく、各種の施策を導入しており、将来的には日本の女性
の私的正味収益も上昇すると思われる（Cabinet Secretariat, 2016[1]）（表A5.1a及び表A5.1b）。

116

インディケータA5：教育からの収益：教育投資への誘因　　CHAPTER A

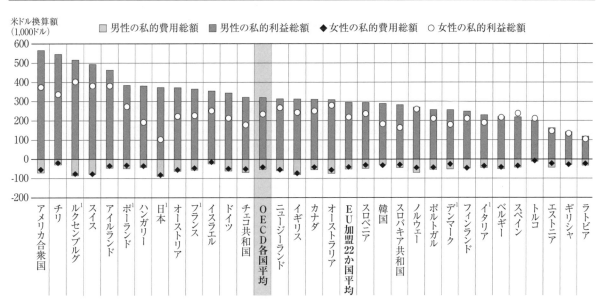

図A5.2. 高等教育修了者の私的費用と私的利益（男女別）（2015年）
後期中等教育修了者との比較、GDP購買力平価（PPP）による米ドル換算額、将来の費用と利益の割引率は2%

1. 調査年は2015年ではない。詳細は原表を参照。
左から順に、男性の私的利益総額が大きい国。
資料：OECD（2018）。表A5.1a及び表A5.1b。詳細は「資料」を参照。付録3の注を参照（http://dx.doi.org/10.1787/eag-2018-36-en）。
StatLink：https://doi.org/10.1787/888933802513

　教育からの収益を分析するもう一つの方法は内部収益率である。これは教育投資の費用と収益が五分五分になる実質金利であり、個人が一つ高い教育段階への進学のために行った投資に対して、職業人生を通じて毎年受け取りが見込める金利と解釈できる。OECD加盟国の平均では、高等教育修了による内部収益率は男性で14%、女性で16%である。女性の内部収益率が高いのは、より高い学歴を取得するための初期投資が、放棄所得の面で男性より少ないことを反映している（表A5.1a及び表A5.1b）。

高等教育段階における私的費用と私的利益

　私的正味収益とは、より高い教育段階に進学することに関連してかかる費用と得られる利益との差である。本インディケータの分析においては、費用は、教育を受けるのにかかる直接費用と放棄所得からなり、利益には、雇用収入と失業給付が含まれる。税制が総利益に及ぼす影響を明らかにするため、所得税効果、社会保障負担効果、社会移転効果についても、すべて分析している（「定義」を参照）。

　私的費用は直接費用と放棄所得からなり、一般に学歴が高くなるほど費用も大きくなる。高等教育に進学することでかかる直接費用総額は、OECD加盟国の平均で約9,000ドルである。だが、費用の主たる部分を占めるのは放棄所得（上位の教育段階に進学しなかった場合に個人が見込めた所得）である。放棄所得は、履修期間や所得水準、学歴間の所得格差などによって、国ごとの差異がかなり大きい。2018年版の『図表でみる教育OECDインディケータ』では、多くの国では、学生が就学中に就労するの一般的なため、放棄所得と教育にかかる総費用が抑えられていることも考慮に入れている。

CHAPTER A　教育機関の成果と教育・学習の効果

A₅

OECD加盟国及び非加盟国における学生の就業率と所得水準については、2017年版『図表でみる教育OECDインディケータ』（OECD, 2017[2]）のインディケータA6を参照。

高等教育修了男性の放棄所得は、トルコの8,500ドルからルクセンブルグの80,000ドル超までと幅がある。直接費用と放棄所得の合計でみると、私的費用が最も高いのは日本である。日本の高等教育修了者の総費用は、男女とも、トルコの7倍を超える（表A5.1a及び表A5.1b）。

図A5.2から、より高い学歴を持つことによる所得増加は個人にかなり大きな利益をもたらすが、各国の労働市場での就業状況次第で利益に男女差が生じる場合があることがわかる。各国平均をみると、高等教育修了男性の総利益は319,600ドルであるのに対し、高等教育修了女性の場合は234,000ドルである。この数値は、生涯の労働年数を40年とすると、後期中等教育修了者と比較した場合の高等教育修了者の1年当たり利益は、男性が女性と比べて約2,100ドルも多いことを意味している。これは主に、所得の男女差（インディケータA4参照）によるが、同時に女性の非労働力人口率と失業率が高いこととも関連している（インディケータA3参照）（表A5.1a及び表A5.1b）。

学歴が高いほど個人の生涯所得は高くなるが、教育投資による私的利益は各国の税制や社会保障制度の影響も受ける（Brys and Torres, 2013[3]）。例えば、チリ、エストニア、韓国では、高等教育修了男性が所得税と社会保障負担費として支払うのは総所得増加分の4分の1未満であるが、ベルギーでは総所得増加分の2分の1を超える。女性の場合は所得が低い傾向にあるため、所得税率の区分でも低い層に入ることが多い。例えばギリシャ、アイルランド、イスラエルでは、高等教育修了女性の総所得に対して課される所得税及び社会保障費は、同じ学歴の男性よりも約10パーセントポイント低い（表A5.1a及び表A5.1b）。税金と社会保障費は年金や退職貯蓄制度とも関連があるが、本インディケータでは考慮に入れていない。

政府の高等教育への教育投資に対する経済的誘因

政府は教育への主たる投資者であり（インディケータC3参照）、緊縮予算の時代には特に、予算の視点からその投資を回収できるかどうかを分析することが大事である。高い教育段階を修了すれば所得水準が高くなる傾向があるため（インディケータA4参照）、教育投資はより大きな公的収益をもたらすといえる。高等教育修了者は納める所得税や社会保障費の額が大きく、社会移転が少なくてすむからである。OECD加盟国の平均では、高等教育修了者の公的正味収益は、男性が約135,600ドル、女性が72,100ドルである（表A5.2a及び表A5.2b）。

一般に、政府の教育投資に対する正味収益は、私的収益と密接に関連している。個人が高等教育への投資から得る利益が特に大きい国々は、同時に、政府が得る収益も特に大きい。アイルランド、ルクセンブルグ、アメリカ合衆国がこれにあたり、私的正味収益と公的正味収益のいずれも非常に大きい。

とはいえ、公的収益が私的収益に伴うかどうかには、税制の違いがかなり影響すると考えられる。例えばチリは、高等教育修了男性の私的収益が最も大きいが、所得が増えると徴収する税金や社会保障費の割合が小さくなるので、公的収益は3番目に小さい（表A5.1a及び表A5.2a）。

インディケータ A5：教育からの収益：教育投資への誘因

図A5.3. 高等教育修了者の公的費用と公的利益（男女別）（2015年）
後期中等教育修了者との比較、GDP購買力平価（PPP）による米ドル換算額、将来の費用と利益の割引率は2%

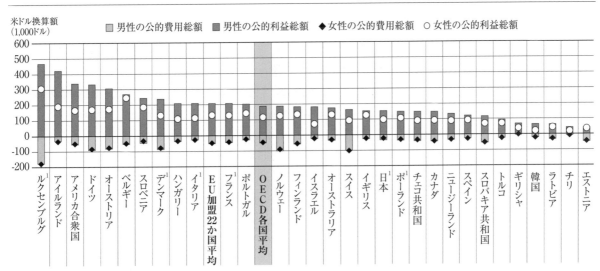

1. 調査年は2015年ではない。詳細は原表を参照。
左から順に、男性の公的利益総額が大きい国。
資料：OECD（2018）．表A5.2a及び表A5.2b．詳細は「資料」を参照。付録3の注を参照（http://dx.doi.org/10.1787/eag-2018-36-en）。
StatLink：https://doi.org/10.1787/888933802532

高等教育段階における公的費用と公的利益

公的正味収益は、個人がより高い教育段階に進学することに関連してかかる費用と得られる利益との差に基づいている。本インディケータの分析では、費用には、教育支援にかかる直接公的費用と放棄所得税とが含まれる。利益は、所得税、社会保障負担、社会移転、及び失業給付から算出される。

政府にとって、直接費用は、本インディケータで貸与補助を考慮に入れていないにしても、高等教育にかかる公的費用総額の最も大きな部分を占める。これは、デンマーク、フィンランド、ノルウェーなど、高等教育の授業料が無料または低額で、公的補助制度も充実している国々で特に顕著である（インディケータC5参照）。そのため、直接費用の高い国は、公的費用総額も最も高い水準となっており、ルクセンブルグとノルウェーの男性では100,000ドル超に達している。対照的に、OECD加盟国のうちチリとギリシャは公的費用総額が最も低い（男女とも10,000ドル未満）。OECD加盟国の平均では、高等教育修了にかかる公的費用総額は男性で48,500ドル、女性で44,700ドルである（表A5.2a及び表A5.2b）。

各国政府は、直接費用や放棄所得税からなる公的費用を、所得の高い成人（高い教育段階を修了している場合が多い）から多くの税収や社会保障負担費を得ることで、相殺している。平均すると、公的利益の総額は、最終学歴が高等教育修了の男性では188,100ドル、同学歴の女性では116,800ドルである（表A5.2a及び表A5.2b）。

また公的利益総額には、男女間でも、主に労働市場での雇用状況の違いによって差がみられる。この点からすれば、各国政府には、女性に対する巨額の教育投資からも確実に大きな利益を得るために、労働市場への女性の統合や参入を容易にする上で、果たすべき役割があるということになる。平

均すると、高等教育修了男性の公的利益総額は、同じ学歴の女性の公的利益総額よりも約60%大きい。OECD加盟国の中で、高等教育修了の公的利益総額が最も大きいのはルクセンブルグで、男性が467,700ドル、女性が306,800ドル超である（表A5.2a及び表A5.2b）。

政府の内部収益率も男性の方が高く、男性は高等教育修了者で10%、後期中等教育修了者で9%だが、女性は高等教育修了者で8%、後期中等教育修了者で5%である。このように男女差があるのは、公的費用（公的支出）は男女ほぼ同じだが、公的利益は男性の方が女性より大きいからである（表A5.2a、表A5.2b、ホームページの表5.5a及び表A5.5b）。

公的利益総額は内訳でみることもでき、高等教育修了男性（188,100ドル）の場合、平均では、所得税効果が132,500ドル、社会保障負担効果が51,900ドル、社会移転効果が600ドル、失業給付効果が3,100ドルである。高等教育修了女性の場合、公的利益総額（116,800ドル）の内訳は、所得税効果が74,700ドル、社会保障負担効果が37,400ドル、社会移転効果が2,700ドル、失業給付効果が2,000ドルである（表A5.2a及び表A5.2b）。高等教育修了男性の社会移転効果は平均して低く、ほとんどの国ではゼロに近いが、これは、後期中等教育修了者でもおそらく、所得が十分高い水準に達し、政府からかなりの額を社会移転される資格が得られないからである。女性の場合は、ほとんどの国でプラスの社会移転効果があり、平均してその効果が高い。この差は、特に高等教育未修了者では、一般に女性の所得が男性と比べて低く、政府から社会移転される可能性が高いことを反映している。

より高い税金を課すことによって教育などさまざまな分野への個人の投資が抑制される可能性があるので、多くの国では、個人、特に高所得者が実際に支払う税額を抑える上で有効な租税政策がとられている。例えばOECD加盟国では、自宅購入を奨励するため、不動産抵当負債の利払いに対する税控除を導入している国が多い。この制度は、高学歴で課税率の高い層に有利である。チェコ共和国、デンマーク、フィンランド、ノルウェー、アメリカ合衆国では、この税制上の誘因が特に大きい（Andrews, Caldera Sánchez and Johansson, 2011[4]）。

高等教育の公私の費用と利益（教育段階別）

高等教育からの収益は、短期高等教育プログラム（ISCED 5）、学士課程、修士課程、博士課程または同等レベル（ISCED 6〜8）に細分化できる。高等教育修了者に占める各学位取得者の割合は国ごとに異なっており（インディケータA1参照）、それぞれがどの程度の割合で組み合わされているかということが、高等教育段階全体に関する教育からの収益に大きな影響を及ぼす可能性がある（図A5.4）。

データのあるすべての国で、学士・修士・博士課程または同等レベル修了者の私的正味収益は、短期高等教育プログラム修了者よりも大きい。韓国は例外であるが、これは公的正味収益にも当てはまる。学士・修士・博士課程または同等レベル修了者の費用総額は、短期高等教育プログラム修了者よりも大きい傾向があるが、職業人生を通して得る利益総額によって、高い初期費用は相殺される（表A5.3a及び表A5.3b）。

そのため、短期高等教育プログラム修了者の割合が大きい国では特に、高等教育段階全体の私的収益に着目すると、学士・修士・博士課程または同等レベルに投資する価値が実際よりも低く見える。

図A5.4. 高等教育修了女性の私的費用と私的利益（教育段階別）（2015年）

後期中等教育修了者との比較、GDP購買力平価（PPP）による米ドル換算額、将来の費用と利益の割引率は2%

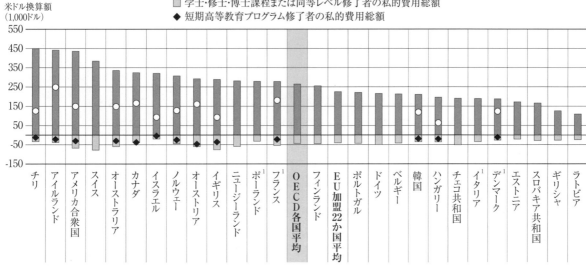

注：短期高等教育プログラムはISCED 5、学士・修士・博士課程または同等レベルはISCED 6、7、8に相当する。
1. 調査年は2015年ではない。詳細は原表を参照。
左から順に、学士・修士・博士課程または同等レベル修了女性の私的利益総額が大きい国。
資料：OECD（2018）。表A5.3b。詳細は「資料」を参照。付録3の注を参照（http://dx.doi.org/10.1787/eag-2018-36-en）。
StatLink : https://doi.org/10.1787/888933802551

コラムA5.1. 教育からの正味収益に与える割引率の影響

教育からの経済的収益、すなわち正味現在価値（NPV：net present value）は、割引率を適用して、将来見込まれるキャッシュフローを現在の価値に換算する費用便益分析を用いて算定される。翌日の金額は現在の金額よりも低い価値を有するので、現在の価値に見合った特定の

表A5.a. 国内の費用便益分析で各国政府が適用している割引率

	割引率(%)
オーストラリア	7.0
カナダ	8.0
チリ	6.0
フランス	4.0
ドイツ	3.0
アイルランド	5.0
イタリア	5.0
ニュージーランド	6〜8
ノルウェー	3.5
イギリス	3.5
アメリカ合衆国	7.0

資料：OECD（2018）。詳細は「資料」を参照。付録3の注を参照（http://dx.doi.org/10.1787/eag-2018-36-en）。
StatLink : https://doi.org/10.1787/888933802570

CHAPTER A　教育機関の成果と教育・学習の効果

A5

レートで「割り引かれる」必要があることを考慮に入れて、割引率は定められている。割引率の選択は容易ではなく、長期的な投資からの収益を分析する場合にはかなり大きな違いが生じるが、これは教育への投資に関しても当てはまる。

本インディケータ中の図表に示される正味現在価値は、OECD加盟各国の国債の平均実質金利に基づき、2%の割引率で算定されている。だが、教育はリスクのある投資なので、より高い割引率が適用されるべきであるとも言える。

表A5.b. 割引率による高等教育修了男性の正味収益の違い（2015年）

後期中等教育修了男性との比較、GDP購買力平価（PPP）による米ドル換算額

	割引率		
	2%	3.75%	8%
	(1)	(2)	(3)
オーストラリア	234 500	132 300	22 800
オーストリア	309 700	166 500	25 300
ベルギー	170 300	94 600	15 400
カナダ	255 600	152 500	41 000
チリ	516 500	334 300	134 300
チェコ共和国	252 100	145 700	29 900
デンマーク	204 400	115 200	21 800
エストニア	119 200	68 400	12 500
フィンランド	200 600	116 900	27 500
フランス[1]	308 500	178 300	43 500
ドイツ	282 800	166 300	41 400
ギリシャ	114 000	64 300	12 800
ハンガリー	339 300	221 500	85 800
アイルランド	417 500	268 000	101 800
イスラエル	330 500	224 100	98 100
イタリア[1]	185 100	93 600	4 500
日本[2]	284 600	160 400	28 200
韓国	261 000	168 900	67 100
ラトビア	86 700	52 400	13 000
ルクセンブルグ[1]	430 600	249 100	58 800
ニュージーランド	252 500	151 300	42 200
ノルウェー	198 700	98 700	- 2 400
ポーランド[1]	336 000	210 300	70 300
ポルトガル	201 500	107 300	13 300
スロバキア共和国	237 900	143 400	39 500
スロベニア	245 100	141 900	33 400
スペイン	176 600	100 900	22 200
スイス	414 900	248 500	69 500
トルコ	189 900	124 300	51 100
イギリス	231 700	134 800	27 700
アメリカ合衆国	495 000	311 400	108 700
OECD各国平均	267 100	159 552	43 903
EU加盟22か国平均	242 500	147 043	36 662

注：表の数値は、高等教育修了の男性と後期中等教育修了の男性との差異に基づく。数値は切り上げて100の位までの概数にしている。
1. 調査年は2014年。
2. 調査年は2012年。学生の所得は放棄所得の算定に含まれていない。
資料：OECD（2018）。詳細は「資料」を参照。付録3の注を参照（http://dx.doi.org/10.1787/eag-2018-36-en）。
表中の省略記号については、「利用にあたって」を参照。

StatLink：https://doi.org/10.1787/888933802589

122

インディケータ A5：教育からの収益：教育投資への誘因　CHAPTER **A**

同様の費用便益分析を行っている OECD 加盟国は、2% よりも高い割引率を用いているが、適用する割引率は国によって大きく異なる。表 A5.a は、教育関連の投資に限らず、公共投資の評価に一部の OECD 加盟国が適用している割引率を示している。

割引率の影響の大きさを評価するにあたっては、感度分析を行うと役に立つ。表 A5.b は、高等教育修了男性の正味現在価値が、3 通りの割引率を適用するとどう変化するかを示したものである。割引率を 2% から 3.75% に変更すると、データのあるすべての国で、正味現在価値は30% 超減少する。8% の割引率を適用すると、正味現在価値はすべての国で 70% 超減少し、ノルウェーにいたっては数値がマイナスになる。これらの比較からは、正味現在価値の算定結果が割引率の違いによって大きく変動することがはっきりと読み取れる。

■ 定義

成人（本インディケータの対象年齢）は、15 〜 64 歳人口を指す。

直接費用は、学校で過ごす間にかかる学生・生徒 1 人当たりの直接教育支出をいう。貸与補助は含まない。

■ **私的直接費用**とは、家計からの教育支出総額である。教育機関に支払う費用に加えて、教材費や教育機関の外部でのサービスの対価（学用品購入、家庭教師など）を含む。

■ **公的直接費用**とは、政府が支出する学生・生徒 1 人当たりの教育費である。教育機関に直接支出する公財政支出、学生・生徒や家計に支給する政府奨学金やその他の補助金、その他の私的部門への教育を目的とした資金移転や支払いを含む。貸与補助は含まない。

放棄所得は、労働市場に参入して就業した場合に得られたはずの純所得から、在学中に見込める純所得を差し引いたものである。

放棄所得税は、個人が上位の教育段階に進学する代わりに労働市場に参入して就業できた場合に政府が受け取ることができたはずの税収の増加分を指す。

総所得増加分とは、より高い学歴を持つ者が労働市場に参入できた場合、職業人生を通じて得ることになる所得のうち、学歴の高さに関連した増加分の割引合計である。

所得税効果とは、より高い学歴に関連して、職業人生を通じて個人が政府に納める、もしくは政府が受け取ることになる、所得税の増加分の割引合計である。

内部収益率とは、教育投資の費用と収益が五分五分になる（仮定の）実質金利をいう。個人が一つ高い教育段階への進学のために行った投資に対する、職業人生を通じて毎年受け取りが見込める金利と解釈することもできる。

123

教育段階：ISCED 2011の全教育段階区分については、本書冒頭の「利用にあたって」を参照。

正味収益は教育投資の正味現在価値である。これは割引利益と割引投資費用の差であり、これらのキャッシュフローに課される2％の実質金利を超えて、教育が生み出す付加価値を表す。

社会保障負担効果とは、より高い学歴に関連して、個人が政府に納める、もしくは政府が受け取ることになる、職業人生を通じた社会保障負担費の増加分の割引合計である。

移転効果とは、政府から個人へ社会移転される費用のうち、より高い学歴に関連した減少分の職業人生を通じた割引合計である。社会移転には住宅手当と社会扶助の二つの種類がある。

失業給付効果とは、個人が失業している期間に受け取る失業給付のうち、より高い学歴に関連した増加分の職業人生を通じた割引合計である。

■ 算定方法

本インディケータは、より高い教育段階への進学年齢から一般的な退職年齢（64歳）までの、教育投資による収益を推定するものである。収益については純粋に財政的な投資の面からのみ調査し、投資の費用と利益を比較検討している。

二つの期間が想定される（図1）。
■ 個人や政府が教育費用を負担する在学期間。
■ 個人や政府が、より高い学歴に関連して追加的に収益を得る労働市場参入期間。

ここでは、教育からの経済的収益の算定に、投資額の正味現在価値を用いる。正味現在価値は、異なる時点で発生した現金給付を現在価値で表したものであり、費用と利益を直接比較することが可能になる。この枠組みでは、職業人生を通じての費用と利益を投資開始時点に戻して評価する。すなわち、すべてのキャッシュフローを定められた利率（割引率）で割引いて、投資開始時点の状態に戻すのである。

図1. 典型的な個人の教育投資による生涯収益

割引率を求める際には長期国債が基準として用いられている。割引率は、投資の全体的な時間の流れだけではなく、借入金の費用や予想される投資のリスクなども反映しているため、その選択は容易ではない（コラムA5.1）。比較を可能にし、結果の解釈を容易にするため、同じ割引率（2%）をすべてのOECD加盟国に適用している。本インディケータ中の表に示される値はすべて、正味現在価値の購買力平価（PPP）による米ドル換算額である。

『図表でみる教育OECDインディケータ』2017年版と2018年版の算定方法の違い

2018年版では、以下の3点で算定方法に重要な変更が加えられている。

1) 2018年版では、放棄所得の算定に学生の所得が含まれている。2017版では、学生は就業せず、所得がなく税金も支払わないものとしていた。2018年版でも引き続き、学生は政府からいかなる移転もされていないものとする。

2) 2018年版では、個人が非労働力人口である可能性を考慮に入れ、100%から失業率を引いた数値ではなく就業率を、所得がある者の割合として用いている。

3) 調査年1年間の所得データではなく、3年間にわたって蓄積された所得データを用いている。

また、本インディケータの調査年は1年先送りされた。2017年版の調査年は2013年であるが、2018年版の調査年は2015年である。

詳細については『OECD国際比較教育統計ハンドブック2018年版（*OECD Handbook for Internationally Comparative Education Statistics 2018*）』（OECD, 2018[5]）を参照。各国の注記については付録3を参照（http://dx.doi.org/10.1787/eag-2018-36-en）。

リトアニアは、本書を編集時にはOECD加盟国ではなかったので、OECD加盟国リストには記載せず、OECD加盟国の総計に含めていない。

■資料

教育投資の費用のうち直接費用に関するデータは、OECDが収集した財務統計のUOEデータコレクション（特に記載のない限り調査年は2015年）に基づいている。

総所得に関するデータは、OECDの「労働市場・経済・社会に対する教育の成果ネットワーク（LSO）」が収集した所得データコレクションを用いている。所得データは年齢別、男女別、学歴レベル別に収集されている。本インディケータの算定のため、3年分（2013～2015年）の所得データが蓄積された。今後の『図表でみる教育OECDインディケータ』では移動平均を用いる。

所得税のデータは、「OECD租税モデル（OECD Taxing Wages model）」を用いて計算されている。これは、ある所得水準にどの程度の税が課されるのかを示すものである。OECD租税モデルでは、数種の家族構成を想定して、それぞれの所得に対する「タックス・ウェッジ（tax wedge）」の水準を算定しているが、そのうち本指標では、子どものいない独身労働者という家族構成を採用している。OECD租税モデルに記載された国ごとの所得税データの詳細は、『OECD租税年鑑2017年版（*Taxing Wages 2017*）』（OECD, 2017[6]）を参照。

CHAPTER A 教育機関の成果と教育・学習の効果

雇用者の社会保障負担は、OECD租税モデルの想定する「子どものいない40歳の独身労働者」について算定している。OECD租税モデルに記載された国ごとの雇用者の社会保障負担データに関する詳細は、『OECD 租税年鑑2017年版（*Taxing Wages 2017*）』（OECD, 2017[6]）を参照。

社会移転と失業給付の算定は、「OECD税・給付モデル（Tax and Benefits model）」を用い、子どものいない40歳の独身労働者という想定で行い、また個人は、失業中に満額の失業給付を受け取る資格を有するものとみなしている。「OECD税・給付モデル」に記載された国ごとの社会移転データ及び失業給付データの詳細は、ホームページの「OECD税・給付（OECD Benefits and Wages）」の国別情報を参照（www.oecd.org/els/soc/benefits-and-wages-country-specific-information.htm）。

イスラエルのデータについて

イスラエルの統計データは、イスラエル政府関係当局により、その責任の下で提供されている。OECDにおける当該データの使用は、ゴラン高原、東エルサレム、及びヨルダン川西岸地区のイスラエル入植地の国際法上の地位を害するものではない。

■ 参考資料

Andrews, D., A. Caldera Sanchez and A. Johansson （2011）, "Housing markets and structural policies in OECD countries", *OECD Economics Department Working Papers*, No. 836, OECD Publishing, Paris, http://dx.doi.org/10.1787/5kgk8t2k9vf3-en. [4]

Brys, B. and C. Torres （2013）, "Effective personal tax rates on marginal skills investments in OECD countries: A new methodology", *OECD Taxation Working Papers*, No. 16, OECD Publishing, Paris, http://dx.doi.org/10.1787/5k425747xbr6-en. [3]

Cabinet Secretariat （2016）, *Japan Revitalization Strategy （Growth Strategy）Revised in 2015: Main Achievements to Date and Further Reforms*, www.kantei.go.jp/jp/singi/keizaisaisei/pdf/new_seika_torikumien.pdf.（日本国官邸ホームページ、日本経済再生本部による「日本再興戦略改訂2015 これまでの成果と新たな改革」） [1]

OECD （2018）, *OECD Handbook for Internationally Comparative Education Statistics 2018: Concepts, Standards, Definitions and Classifications*, OECD Publishing, Paris, https://doi.org/10.1787/9789264304444-en. [5]

OECD （2017）, *Education at a Glance 2017: OECD Indicators*, OECD Publishing, Paris, http://dx.doi.org/10.1787/eag-2017-en.（『図表でみる教育OECDインディケータ（2017年版）』経済協力開発機構（OECD）編著、矢倉美登里，稲田智子，大村有里，坂本千佳子，立木勝，三井理子訳、明石書店、2017年） [2]

OECD （2017）, *Taxing Wages 2017*, OECD Publishing, Paris, http://dx.doi.org/10.1787/tax_wages-2017-en. [6]

■ インディケータA5の表*

• 表A5.1a. 男性が高等教育を修了する場合の私的費用と私的利益（2015年）
• 表A5.1b. 女性が高等教育を修了する場合の私的費用と私的利益（2015年）

インディケータ A5：教育からの収益：教育投資への誘因　　CHAPTER A

- 表 A5.2a. 男性が高等教育を修了する場合の公的費用と公的利益（2015年）
- 表 A5.2b. 女性が高等教育を修了する場合の公的費用と公的利益（2015年）
- 表 A5.3a. 男性が高等教育を修了する場合の私的／公的費用と私的／公的利益（教育段階別）（2015年）
- 表 A5.3b. 女性が高等教育を修了する場合の私的／公的費用と私的／公的利益（教育段階別）（2015年）
- 表 A5.4a.（ホームページの表）男性が後期中等教育を修了する場合の私的費用と私的利益（2015年）
- 表 A5.4b.（ホームページの表）女性が後期中等教育を修了する場合の私的費用と私的利益（2015年）
- 表 A5.5a.（ホームページの表）男性が後期中等教育を修了する場合の公的費用と公的利益（2015年）
- 表 A5.5b.（ホームページの表）女性が後期中等教育を修了する場合の公的費用と公的利益（2015年）

＊データの締切日は2018年7月18日。更新データはホームページで確認可能（http://dx.doi.org/10.1787/eag-data-en）。データは Education at a Glance Database（http://stats.oecd.org/）でも参照可能。

CHAPTER A　教育機関の成果と教育・学習の効果

表A5.1a. 男性が高等教育を修了する場合の私的費用と私的利益 (2015年)
後期中等教育を修了する場合との比較、GDP購買力平価 (PPP) による米ドル換算、将来の費用と利益の割引率は2%

	直接費用	放棄所得	総費用	総所得増加分	所得税効果	社会保障負担効果	移転効果	失業給付効果	総利益	正味収益	内部収益率
				所得増加分の内訳（失業給付を考慮）							
	(1)	(2)	(3)=(1)+(2)	(4)	(5)	(6)	(7)	(8)	(9)=(4)+(5)+(6)+(7)+(8)	(10)=(9)+(3)	(11)
オーストラリア	- 31 500	- 42 600	- 74 100	482 900	- 171 800	0	0	- 2 500	308 600	234 500	10%
オーストリア	0	- 62 600	- 62 600	678 400	- 208 100	- 95 700	0	- 2 300	372 300	309 700	10%
ベルギー	- 1 400	- 48 800	- 50 200	489 000	- 187 100	- 70 300	0	- 11 100	220 500	170 300	10%
カナダ	- 20 800	- 34 200	- 55 000	457 800	- 125 300	- 14 900	0	- 7 000	310 600	255 600	13%
チリ	- 10 400	- 18 600	- 29 000	588 400	- 13 200	- 41 200	0	11 500	545 500	516 500	31%
チェコ共和国	- 4 200	- 64 900	- 69 100	469 300	- 92 500	- 51 600	0	- 4 000	321 200	252 100	11%
デンマーク[1]	0	- 51 200	- 51 200	493 300	- 223 500	0	- 15 600	1 400	255 600	204 400	11%
エストニア	0	- 42 500	- 42 500	204 000	- 37 700	- 2 800	0	- 1 800	161 700	119 200	10%
フィンランド	0	- 47 300	- 47 300	430 900	- 152 200	- 35 100	0	4 300	247 900	200 600	12%
フランス[1]	- 5 400	- 51 300	- 56 700	572 500	- 134 600	- 74 000	- 100	2 000	365 200	308 500	12%
ドイツ	- 3 400	- 58 300	- 61 700	677 100	- 208 700	- 118 500	0	- 5 400	344 500	282 800	12%
ギリシャ	- 3 300	- 24 600	- 27 900	209 700	- 30 900	- 32 800	0	- 4 100	141 900	114 000	11%
ハンガリー	- 9 000	- 33 300	- 42 300	590 700	- 94 500	- 109 300	0	- 5 300	381 600	339 300	20%
アイスランド	m	m	m	m	m	m	m	m	m	m	m
アイルランド	0	- 45 900	- 45 900	885 500	- 366 900	- 35 700	- 900	- 18 600	463 400	417 500	22%
イスラエル	- 7 600	- 16 800	- 24 400	536 800	- 119 200	- 60 200	0	- 2 500	354 900	330 500	30%
イタリア[1]	- 8 600	- 35 300	- 43 900	438 100	- 161 600	- 42 500	0	- 5 000	229 000	185 100	8%
日本[2]	- 29 600	- 59 300	- 88 900	527 300	- 77 700	- 70 300	0	- 5 800	373 500	284 600	10%
韓国	- 7 600	- 19 700	- 27 300	352 200	- 37 100	- 29 500	0	2 700	288 300	261 000	25%
ラトビア	- 9 200	- 22 500	- 31 700	181 200	- 35 800	- 19 000	0	- 8 000	118 400	86 700	11%
ルクセンブルグ[1]	0	- 85 300	- 85 300	983 600	- 344 000	- 121 100	0	- 2 600	515 900	430 600	12%
メキシコ	m	m	m	m	m	m	m	m	m	m	m
オランダ	m	m	m	m	m	m	m	m	m	m	m
ニュージーランド	- 18 700	- 41 800	- 60 500	446 400	- 131 400	0	0	- 2 000	313 000	252 500	13%
ノルウェー	0	- 70 300	- 70 300	456 700	- 147 600	- 37 500	0	- 2 600	269 000	198 700	8%
ポーランド[1]	- 3 000	- 45 900	- 48 900	533 900	- 45 900	- 95 200	0	- 7 900	384 900	336 000	16%
ポルトガル	- 8 400	- 46 100	- 54 500	458 300	- 157 100	- 50 400	0	5 200	256 000	201 500	9%
スロバキア共和国	- 6 500	- 37 300	- 43 800	397 800	- 63 200	- 53 300	0	400	281 700	237 900	13%
スロベニア	- 500	- 48 200	- 48 700	537 700	- 116 200	- 118 800	0	- 8 900	293 800	245 100	12%
スペイン	- 10 500	- 31 500	- 42 000	339 400	- 85 000	- 21 500	0	- 14 300	218 600	176 600	11%
スウェーデン	m	m	m	m	m	m	m	m	m	m	m
スイス	- 6 600	- 71 500	- 78 100	655 300	- 129 200	- 40 800	0	8 300	493 400	414 900	14%
トルコ	- 3 100	- 8 500	- 11 600	295 400	- 54 000	- 44 300	0	4 400	201 500	189 900	31%
イギリス	- 39 500	- 41 100	- 80 600	466 300	- 97 400	- 52 600	- 1 000	- 3 000	312 300	231 700	11%
アメリカ合衆国	- 35 700	- 35 000	- 70 700	904 300	- 257 500	- 69 200	0	- 11 900	565 700	495 000	18%
OECD各国平均	- 9 200	- 43 300	- 52 500	507 700	- 132 500	- 51 900	- 600	- 3 100	319 600	267 100	14%
EU加盟22か国平均	- 5 600	- 46 200	- 51 800	501 800	- 142 100	- 60 000	- 900	- 4 500	294 300	242 500	12%

注：表の数値は、高等教育修了の男性と後期中等教育修了の男性との差異に基づく。数値は切り上げて100の位までの概数にしている。直接費用に貸与補助は含まない。

算定方法の変更により、2018年版『図表でみる教育OECDインディケータ』の値は旧版と比較することができない。詳細は「定義」と「算定方法」を参照。
1. 調査年は2014年。
2. 調査年は2012年。学生の所得は放棄所得の算定に含まれていない。
資料：OECD (2018)。詳細は「資料」を参照。付録3の注を参照 (http://dx.doi.org/10.1787/eag-2018-36-en)。
表中の省略記号については、「利用にあたって」を参照。

StatLink：https://doi.org/10.1787/888933802380

インディケータ A5：教育からの収益：教育投資への誘因　　**CHAPTER A**

表A5.1b. 女性が高等教育を修了する場合の私的費用と私的利益（2015年）

後期中等教育を修了する場合との比較、GDP購買力平価（PPP）による米ドル換算、将来の費用と利益の割引率は2%

	直接費用	放棄所得	総費用	所得増加分の内訳（失業給付を考慮）総所得増加分	所得税効果	社会保障負担効果	移転効果	失業給付効果	総利益	正味収益	内部収益率
	(1)	(2)	(3)=(1)+(2)	(4)	(5)	(6)	(7)	(8)	(9)=(4)+(5)+(6)+(7)+(8)	(10)=(9)+(3)	(11)
オーストラリア	- 31 500	- 24 300	- 55 800	410 700	- 125 300	0	- 100	- 5 900	279 400	223 600	14%
オーストリア	0	- 55 600	- 55 600	395 700	- 95 600	- 75 300	0	- 2 300	222 500	166 900	9%
ベルギー	- 1 400	- 39 600	- 41 000	461 800	- 149 500	- 87 000	0	- 9 100	216 200	175 200	15%
カナダ	- 20 800	- 20 100	- 40 900	341 600	- 64 500	- 27 300	- 800	1 200	250 200	209 300	17%
チリ	- 10 400	- 9 200	- 19 600	355 800	- 2 000	- 24 900	0	7 400	336 300	316 700	35%
チェコ共和国	- 4 200	- 47 300	- 51 500	268 000	- 50 000	- 29 500	- 4 500	- 6 300	178 000	126 500	8%
デンマーク[1]	0	- 25 300	- 25 300	311 600	- 120 600	0	- 6 300	- 5 300	179 400	154 100	18%
エストニア	0	- 21 500	- 21 500	182 700	- 33 100	- 2 700	0	- 300	146 600	125 100	19%
フィンランド	0	- 45 300	- 45 300	345 100	- 105 500	- 28 400	- 200	0	211 000	165 700	13%
フランス[1]	- 5 400	- 41 500	- 46 900	356 000	- 70 200	- 49 100	- 6 200	- 4 100	226 400	179 500	13%
ドイツ	- 3 400	- 46 500	- 49 900	382 700	- 88 400	- 78 300	- 1 000	- 1 900	213 100	163 200	10%
ギリシャ	- 3 300	- 23 700	- 27 000	172 800	- 7 300	- 26 900	0	- 5 200	133 400	106 400	12%
ハンガリー	- 9 000	- 26 300	- 35 300	301 600	- 48 300	- 55 800	0	- 5 300	192 200	156 900	14%
アイスランド	m	m	m	m	m	m	m	m	m	m	m
アイルランド	0	- 34 700	- 34 700	571 600	- 160 400	- 24 400	- 600	- 4 900	381 300	346 600	29%
イスラエル	- 7 600	- 7 400	- 15 000	322 700	- 42 900	- 32 200	0	3 500	251 100	236 100	35%
イタリア[1]	- 8 600	- 26 200	- 34 700	303 800	- 83 900	- 28 800	- 1 700	- 1 700	189 400	154 600	10%
日本[2]	- 29 600	- 52 600	- 82 200	201 700	- 16 600	- 27 600	- 50 200	- 4 100	103 200	21 000	3%
韓国	- 7 600	- 23 700	- 31 300	204 400	- 7 400	- 17 100	0	2 600	182 500	151 200	19%
ラトビア	- 9 200	- 13 100	- 22 300	148 900	- 29 200	- 15 600	0	400	104 500	82 200	13%
ルクセンブルグ[1]	0	- 76 300	- 76 300	709 700	- 225 100	- 88 100	0	6 400	402 900	326 600	14%
メキシコ	m	m	m	m	m	m	m	m	m	m	m
オランダ	m	m	m	m	m	m	m	m	m	m	m
ニュージーランド	- 18 700	- 36 200	- 54 900	355 500	- 78 200	0	- 2 100	- 8 200	267 000	212 100	15%
ノルウェー	0	- 44 300	- 44 300	384 700	- 92 700	- 31 500	0	- 1 500	259 000	214 700	14%
ポーランド[1]	- 3 000	- 29 300	- 32 300	380 700	- 31 000	- 67 900	0	- 8 800	273 000	240 700	19%
ポルトガル	- 8 400	- 34 500	- 42 900	354 200	- 108 400	- 39 000	0	4 100	210 900	168 000	11%
スロバキア共和国	- 6 500	- 21 800	- 28 300	233 400	- 34 700	- 31 700	0	- 3 400	163 600	135 300	12%
スロベニア	- 500	- 29 700	- 30 200	421 200	- 79 200	- 93 100	0	- 13 000	235 900	205 700	15%
スペイン	- 10 500	- 23 700	- 34 200	329 800	- 68 800	- 20 400	0	- 2 300	237 800	203 600	15%
スウェーデン	m	m	m	m	m	m	m	m	m	m	m
スイス	- 6 600	- 70 500	- 77 100	474 900	- 67 300	- 29 700	0	3 600	381 500	304 400	14%
トルコ	- 3 100	- 4 500	- 7 600	282 500	- 39 300	- 42 400	0	10 500	211 300	203 700	41%
イギリス	- 39 500	- 33 800	- 73 300	369 500	- 71 200	- 42 300	- 12 200	- 1 300	242 500	169 200	10%
アメリカ合衆国	- 35 700	- 18 400	- 54 100	539 900	- 118 200	- 41 300	0	- 6 400	374 000	319 900	18%
OECD各国平均	- 9 200	- 32 500	- 41 700	350 800	- 74 700	- 37 400	- 2 700	- 2 000	234 000	192 300	16%
EU加盟22か国平均	- 5 600	- 34 800	- 40 400	350 100	- 83 000	- 44 200	- 1 600	- 3 200	218 100	177 700	13%

注：表の数値は、高等教育修了の女性と後期中等教育修了の女性との差異に基づく。数値は切り上げて100の位までの概数にしている。直接費用に貸与補助は含まない。
算定方法の変更により、2018年版『図表でみる教育OECDインディケータ』の値は旧版と比較することができない。詳細は「定義」と「算定方法」を参照。
1. 調査年は2014年。
2. 調査年は2012年。学生の所得は放棄所得の算定に含まれていない。
資料：OECD（2018）。詳細は「資料」を参照。付録3の注を参照（http://dx.doi.org/10.1787/eag-2018-36-en）。
表中の省略記号については、「利用にあたって」を参照。
StatLink：https://doi.org/10.1787/888933802399

CHAPTER A　教育機関の成果と教育・学習の効果

表A5.2a. 男性が高等教育を修了する場合の公的費用と公的利益（2015年）

後期中等教育を修了する場合との比較、GDP購買力平価（PPP）による米ドル換算、将来の費用と利益の割引率は2%

		直接費用	放棄所得税	総費用	所得税効果	社会保障負担効果	移転効果	失業給付効果	総利益	正味収益	内部収益率
		(1)	(2)	(3)=(1)+(2)	(4)	(5)	(6)	(7)	(8)=(4)+(5)+(6)+(7)	(9)=(8)+(3)	(10)
OECD加盟国	オーストラリア	- 29 600	- 5 300	- 34 900	171 800	0	0	2 500	174 300	139 400	11%
	オーストリア	- 65 500	- 16 100	- 81 600	208 100	95 700	0	2 300	306 100	224 500	8%
	ベルギー	- 52 000	- 300	- 52 300	187 100	70 300	0	11 100	268 500	216 200	11%
	カナダ	- 40 700	- 3 300	- 44 000	125 300	14 900	0	7 000	147 200	103 200	8%
	チリ	- 8 700	800	- 7 900	13 200	41 200	0	- 11 500	42 900	35 000	10%
	チェコ共和国	- 30 000	- 11 700	- 41 700	92 500	51 600	0	4 000	148 100	106 400	9%
	デンマーク[1]	- 80 400	- 6 600	- 87 000	223 500	0	15 600	- 1 400	237 700	150 700	7%
	エストニア	- 42 700	- 5 300	- 48 000	37 700	2 800	0	1 800	42 300	- 5 700	1%
	フィンランド	- 75 100	18 000	- 57 100	152 200	35 100	0	- 4 300	183 000	125 900	8%
	フランス[1]	- 51 700	6 600	- 45 100	134 600	74 600	100	- 2 000	207 300	162 200	10%
	ドイツ	- 68 700	- 22 600	- 91 300	208 700	118 500	0	5 400	332 600	241 300	9%
	ギリシャ	- 12 800	9 300	- 3 500	30 900	32 800	0	4 100	67 800	64 300	17%
	ハンガリー	- 23 400	- 12 200	- 35 600	94 500	109 300	0	5 300	209 100	173 500	15%
	アイスランド	m	m	m	m	m	m	m	m	m	m
	アイルランド	- 43 900	12 500	- 31 400	366 900	35 700	900	18 600	422 100	390 700	21%
	イスラエル	- 24 200	1 100	- 23 100	119 200	60 200	0	2 500	181 900	158 800	16%
	イタリア[1]	- 35 600	9 500	- 26 100	161 600	42 500	0	5 000	209 100	183 000	11%
	日本[2]	- 23 000	- 11 200	- 34 200	77 700	70 300	0	5 800	153 800	119 600	10%
	韓国	- 19 200	- 1 900	- 21 100	37 100	29 500	0	- 2 700	63 900	42 800	7%
	ラトビア	- 29 100	- 4 100	- 33 200	35 800	19 000	0	8 000	62 800	29 600	6%
	ルクセンブルグ[1]	- 167 900	- 9 700	- 177 600	344 000	121 100	0	2 600	467 700	290 100	7%
	メキシコ	m	m	m	m	m	m	m	m	m	m
	オランダ	m	m	m	m	m	m	m	m	m	m
	ニュージーランド	- 32 000	- 2 300	- 34 300	131 400	0	0	2 000	133 400	99 100	10%
	ノルウェー	- 81 600	- 19 200	- 100 800	147 600	37 500	0	2 600	187 700	86 900	4%
	ポーランド[1]	- 31 100	- 5 400	- 36 500	45 900	95 200	0	7 900	149 000	112 500	11%
	ポルトガル	- 33 800	5 100	- 28 700	157 100	50 400	0	- 5 200	202 300	173 600	11%
	スロバキア共和国	- 52 800	- 1 200	- 54 000	63 200	53 300	0	- 400	116 100	62 100	6%
	スロベニア	- 35 700	- 9 600	- 45 300	116 200	118 800	0	8 900	243 900	198 600	11%
	スペイン	- 35 500	10 700	- 24 800	85 000	21 500	0	14 300	120 800	96 000	9%
	スウェーデン	m	m	m	m	m	m	m	m	m	m
	スイス	- 96 200	- 3 000	- 99 200	129 800	40 800	0	- 8 300	162 300	63 100	4%
	トルコ	- 24 600	800	- 23 800	54 000	44 300	0	- 4 400	93 900	70 100	9%
	イギリス	- 27 900	1 500	- 26 400	97 400	52 600	1 000	3 000	154 000	127 600	16%
	アメリカ合衆国	- 48 600	- 4 900	- 53 500	257 500	69 200	0	11 900	338 600	285 100	14%
	OECD 各国平均	- 45 900	- 2 600	- 48 500	132 500	51 900	600	3 100	188 100	139 600	10%
	EU加盟22か国平均	- 49 800	- 1 600	- 51 400	142 100	60 000	900	4 500	207 500	156 200	10%

注：表の数値は、高等教育修了の男性と後期中等教育修了の男性との差異に基づく。数値は切り上げて100の位までの概数にしている。直接費用に貸与補助は含まない。
　算定方法の変更により、2018年版『図表でみる教育OECDインディケータ』の値は旧版と比較することができない。詳細は「定義」と「算定方法」を参照。
1. 調査年は2014年。
2. 調査年は2012年。学生の所得は放棄所得の算定に含まれていない。
資料：OECD（2018）。詳細は「資料」を参照。付録3の注を参照（http://dx.doi.org/10.1787/eag-2018-36-en）。
表中の省略記号については、「利用にあたって」を参照。
StatLink：https://doi.org/10.1787/888933802418

130

インディケータ A5：教育からの収益：教育投資への誘因　　CHAPTER A

表A5.2b. 女性が高等教育を修了する場合の公的費用と公的利益（2015年）

後期中等教育を修了する場合との比較、GDP購買力平価（PPP）による米ドル換算、将来の費用と利益の割引率は2%

| | 直接費用 | 放棄所得税 | 総費用 | 所得増加分の内訳（失業給付を考慮） | | | 失業給付効果 | 総利益 | 正味収益 | 内部収益率 |
| | | | | 所得税効果 | 社会保障負担効果 | 移転効果 | | | | |
	(1)	(2)	(3)=(1)+(2)	(4)	(5)	(6)	(7)	(8)=(4)+(5)+(6)+(7)	(9)=(8)+(3)	(10)
オーストラリア	- 29 600	- 500	- 30 100	125 300	0	100	5 900	131 300	101 200	12%
オーストリア	- 65 500	- 10 200	- 75 700	95 600	75 300	0	2 300	173 200	97 500	6%
ベルギー	- 52 000	4 200	- 47 800	149 500	87 000	0	9 100	245 600	197 800	13%
カナダ	- 40 700	- 800	- 41 500	64 500	27 300	800	- 1 200	91 400	49 900	7%
チリ	- 8 700	800	- 7 900	2 000	24 900	0	- 7 400	19 500	11 600	7%
チェコ共和国	- 30 000	- 3 800	- 33 800	50 000	29 500	4 500	6 300	90 300	56 500	7%
デンマーク[1]	- 80 400	3 300	- 77 100	120 600	0	6 300	5 300	132 200	55 100	5%
エストニア	- 42 700	- 1 500	- 44 200	33 100	2 700	0	300	36 100	- 8 100	1%
フィンランド	- 75 100	21 400	- 53 700	105 500	28 400	200	0	134 100	80 400	7%
フランス[1]	- 51 700	10 400	- 41 300	70 200	49 100	6 200	4 100	129 600	88 300	10%
ドイツ	- 68 700	- 15 500	- 84 200	88 400	78 300	1 000	1 900	169 600	85 400	5%
ギリシャ	- 12 800	11 600	- 1 200	7 300	26 900	0	5 200	39 400	38 200	22%
ハンガリー	- 23 400	- 9 500	- 32 900	48 300	55 800	0	5 300	109 400	76 500	9%
アイスランド	m	m	m	m	m	m	m	m	m	m
アイルランド	- 43 900	9 400	- 34 500	160 400	24 400	600	4 900	190 300	155 800	14%
イスラエル	- 24 200	2 600	- 21 600	42 900	32 200	0	- 3 500	71 600	50 000	9%
イタリア[1]	- 35 600	9 600	- 26 000	83 900	28 800	0	1 700	114 400	88 400	8%
日本[2]	- 23 000	700	- 22 300	16 600	27 600	50 200	4 100	98 500	76 200	13%
韓国	- 19 200	- 2 200	- 21 400	7 400	17 100	0	- 2 600	21 900	500	2%
ラトビア	- 29 100	600	- 28 500	29 200	15 600	0	- 400	44 400	15 900	4%
ルクセンブルグ[1]	- 167 900	- 10 100	- 178 000	225 100	88 100	0	- 6 400	306 800	128 800	5%
メキシコ	m	m	m	m	m	m	m	m	m	m
オランダ	m	m	m	m	m	m	m	m	m	m
ニュージーランド	- 32 000	300	- 31 700	78 200	0	2 100	8 200	88 500	56 800	8%
ノルウェー	- 81 600	- 8 300	- 89 900	92 700	31 500	0	1 500	125 700	35 800	4%
ポーランド[1]	- 31 100	1 000	- 30 100	31 000	67 900	0	8 800	107 700	77 600	10%
ポルトガル	- 33 800	9 900	- 23 900	108 400	39 000	0	- 4 100	143 300	119 400	11%
スロバキア共和国	- 52 800	1 400	- 51 400	34 700	31 700	0	3 400	69 800	18 400	3%
スロベニア	- 35 700	3 600	- 32 100	79 200	93 100	0	13 000	185 300	153 200	12%
スペイン	- 35 500	8 600	- 26 900	68 800	20 900	0	2 300	92 000	65 100	7%
スウェーデン	m	m	m	m	m	m	m	m	m	m
スイス	- 96 200	- 5 000	- 101 200	67 300	29 700	0	- 3 600	93 400	- 7 800	2%
トルコ	- 24 600	1 400	- 23 200	39 300	42 400	0	- 10 500	71 200	48 000	8%
イギリス	- 27 900	5 400	- 22 500	71 200	42 300	12 200	1 300	127 000	104 500	21%
アメリカ合衆国	- 48 600	- 900	- 49 500	118 200	41 300	0	6 400	165 900	116 400	10%
OECD各国平均	- 45 900	1 200	- 44 700	74 700	37 400	2 700	2 000	116 800	72 100	8%
EU加盟22か国平均	- 49 800	2 500	- 47 300	83 000	44 200	1 600	3 200	132 000	84 700	9%

注：表の数値は、高等教育修了の女性と後期中等教育修了の女性との差異に基づく。数値は切り上げて100の位までの概数にしている。直接費用に貸与補助は含まない。
算定方法の変更により、2018年版『図表でみる教育OECDインディケータ』の値は旧版と比較することができない。詳細は「定義」と「算定方法」を参照。
1. 調査年は2014年。
2. 調査年は2012年。学生の所得は放棄所得の算定に含まれていない。
資料：OECD（2018）。詳細は「資料」を参照。付録3の注を参照（http://dx.doi.org/10.1787/eag-2018-36-en）。
表中の省略記号については、「利用にあたって」を参照。
StatLink : https://doi.org/10.1787/888933802437

CHAPTER **A**   教育機関の成果と教育・学習の効果

表A5.3a. 男性が高等教育を修了する場合の私的／公的費用と私的／公的利益（教育段階別）（2015年）

後期中等教育を修了する場合との比較、GDP購買力平価（PPP）による米ドル換算、将来の費用と利益の割引率は2%

	短期高等教育プログラム（ISCED 5）						学士・修士・博士課程または同等レベル（ISCED 6～8）					
	私的			公的			私的			公的		
	総費用	総利益	正味収益	総費用	総利益	正味収益	総費用	総利益	正味収益	総費用	総利益	正味収益
	(1)	(2)	(3)	(4)	(5)	(6)	(7)	(8)	(9)	(10)	(11)	(12)
オーストラリア	- 38 800	155 600	116 800	- 15 200	84 100	68 900	- 80 400	361 400	281 000	- 39 600	207 300	167 700
オーストリア	- 53 000	236 800	183 800	- 68 200	207 300	139 100	- 67 700	555 300	487 600	- 88 200	438 800	350 600
ベルギー	m	m	m	m	m	m	- 51 000	221 600	170 600	- 53 400	269 400	216 000
カナダ	- 46 700	186 700	140 000	- 29 200	86 500	57 300	- 53 300	406 100	352 800	- 49 400	201 900	152 500
チリ	- 19 700	193 800	174 100	- 3 000	9 600	6 600	- 49 000	689 800	640 800	- 15 500	62 700	47 200
チェコ共和国	m	m	m	m	m	m	- 69 000	334 300	265 300	- 41 500	154 000	112 500
デンマーク[1]	- 23 500	127 400	103 900	- 40 100	103 200	63 100	- 54 500	289 200	234 700	- 92 700	276 200	183 500
エストニア	a	a	a	a	a	a	- 42 500	193 800	151 300	- 48 000	50 100	2 100
フィンランド	a	a	a	a	a	a	- 47 300	295 700	248 400	- 57 100	218 100	161 000
フランス[1]	- 28 000	186 200	158 200	- 22 100	99 700	77 600	- 64 500	496 800	432 300	- 51 400	289 300	237 900
ドイツ	m	m	m	m	m	m	- 61 900	361 900	300 000	- 91 700	349 600	257 900
ギリシャ	a	a	a	a	a	a	- 27 900	142 600	114 700	- 3 500	65 100	61 600
ハンガリー	- 25 200	119 600	94 400	- 15 900	68 900	53 000	- 43 100	387 200	344 100	- 36 600	212 200	175 600
アイスランド	m	m	m	m	m	m	m	m	m	m	m	m
アイルランド	- 28 600	240 900	212 300	- 19 500	187 500	168 000	- 50 500	547 000	496 500	- 34 600	514 200	479 600
イスラエル	- 8 800	134 500	125 700	- 6 200	37 500	30 900	- 31 000	458 600	427 600	- 32 100	261 600	229 500
イタリア[1]	m	m	m	m	m	m	- 43 900	229 000	185 100	- 26 100	209 100	183 000
日本	m	m	m	m	m	m	m	m	m	m	m	m
韓国	- 16 200	196 600	180 400	- 7 800	34 600	26 800	- 30 700	310 100	279 400	- 26 000	71 800	45 800
ラトビア	m	m	m	m	m	m	- 34 500	125 500	91 000	- 36 600	64 100	27 500
ルクセンブルグ[1]	m	m	m	m	m	m	m	m	m	m	m	m
メキシコ	m	m	m	m	m	m	m	m	m	m	m	m
オランダ	m	m	m	m	m	m	m	m	m	m	m	m
ニュージーランド	m	m	m	m	m	m	- 65 500	338 600	273 100	- 40 700	145 600	104 900
ノルウェー	- 39 300	126 900	87 600	- 40 400	91 700	51 300	- 71 600	348 600	277 000	- 103 500	243 600	140 100
ポーランド[1]	m	m	m	m	m	m	- 48 900	402 100	353 200	- 36 400	155 100	118 700
ポルトガル	m	m	m	m	m	m	- 54 500	268 400	213 900	- 28 700	213 900	185 200
スロバキア共和国	m	m	m	m	m	m	- 44 600	284 300	239 700	- 55 400	116 900	61 500
スロベニア	m	m	m	m	m	m	m	m	m	m	m	m
スペイン	m	m	m	m	m	m	m	m	m	m	m	m
スウェーデン	m	m	m	m	m	m	m	m	m	m	m	m
スイス	m	m	m	m	m	m	- 79 000	485 700	406 700	- 100 500	159 400	58 900
トルコ	m	m	m	m	m	m	m	m	m	m	m	m
イギリス	- 41 600	144 300	102 700	m	m	m	- 84 000	361 400	277 400	- 29 000	183 900	154 900
アメリカ合衆国	- 39 800	158 500	118 700	- 30 100	82 800	52 700	- 88 500	673 900	585 400	- 67 000	412 100	345 100
OECD各国平均	m	m	m	m	m	m	- 55 400	368 000	312 600	- 49 400	213 300	163 900
EU加盟22か国平均	m	m	m	m	m	m	- 52 400	323 300	270 900	- 47 700	222 400	174 700

注：表の数値は、高等教育の各レベル修了の男性と後期中等教育修了の男性との差異に基づく。数値は切り上げて100の位までの概数にしている。
　　直接費用に貸与補助は含まない。

算定方法の変更により、2018年版『図表でみる教育OECDインディケータ』の値は旧版と比較することができない。詳細は「定義」と「算定方法」
を参照。

1. 調査年は2014年。
資料：OECD（2018）。詳細は「資料」を参照。付録3の注を参照（http://dx.doi.org/10.1787/eag-2018-36-en）。
表中の省略記号については、「利用にあたって」を参照。

StatLink : https://doi.org/10.1787/888933802456

インディケータ A5：教育からの収益：教育投資への誘因　**CHAPTER A**

表A5.3b. 女性が高等教育を修了する場合の私的／公的費用と私的／公的利益（教育段階別）（2015年）

後期中等教育を修了する場合との比較、GDP購買力平価（PPP）による米ドル換算、将来の費用と利益の割引率は2%

	短期高等教育プログラム(ISCED 5)						学士・修士・博士課程または同等レベル(ISCED 6〜8)					
	私的			公的			私的			公的		
	総費用	総利益	正味収益	総費用	総利益	正味収益	総費用	総利益	正味収益	総費用	総利益	正味収益
	(1)	(2)	(3)	(4)	(5)	(6)	(7)	(8)	(9)	(10)	(11)	(12)
オーストラリア	- 30 200	148 700	118 500	- 13 000	60 900	47 900	- 59 900	335 500	275 600	- 34 300	160 800	126 500
オーストリア	- 47 000	161 100	114 100	- 63 200	120 300	57 100	- 60 000	292 000	232 000	- 81 900	231 300	149 400
ベルギー	m	m	m	m	m	m	- 41 700	213 200	171 500	- 48 900	241 900	193 000
カナダ	- 37 400	166 300	128 900	- 27 600	55 700	28 100	- 37 300	323 800	286 500	- 46 600	126 800	80 200
チリ	- 12 500	126 100	113 600	- 3 000	6 300	3 300	- 33 800	448 700	414 900	- 15 400	31 500	16 100
チェコ共和国	m	m	m	m	m	m	- 51 400	190 800	139 400	- 33 600	95 900	62 300
デンマーク[1]	- 11 600	123 900	112 300	- 35 500	63 200	27 700	- 26 900	187 600	160 700	- 82 100	146 200	64 100
エストニア	a	a	a	a	a	a	- 21 500	172 200	150 700	- 44 200	42 300	- 1 900
フィンランド	a	a	a	a	a	a	- 45 300	255 200	209 900	- 53 700	171 200	117 500
フランス[1]	- 22 800	180 900	158 100	- 20 100	110 000	89 900	- 53 600	277 800	224 200	- 47 400	153 700	106 500
ドイツ	m	m	m	m	m	m	- 50 100	215 800	165 700	- 84 500	172 300	87 800
ギリシャ	a	a	a	a	a	a	- 27 000	126 100	99 100	- 1 200	36 800	35 600
ハンガリー	- 20 500	64 200	43 700	- 14 100	38 200	24 100	- 36 000	196 400	160 400	- 33 800	111 800	78 000
アイスランド	m	m	m	m	m	m	m	m	m	m	m	m
アイルランド	- 21 600	248 900	227 300	- 21 400	85 500	64 100	- 38 200	441 900	403 700	- 37 900	243 800	205 900
イスラエル	- 4 400	93 400	89 000	- 5 500	10 100	4 600	- 20 300	320 600	300 300	- 30 300	102 800	72 500
イタリア[1]	m	m	m	m	m	m	- 34 800	189 500	154 700	- 26 000	114 400	88 400
日本	m	m	m	m	m	m	m	m	m	m	m	m
韓国	- 18 800	119 300	100 500	- 8 000	10 700	2 700	- 35 200	210 800	175 600	- 26 400	28 900	2 500
ラトビア	m	m	m	m	m	m	- 24 100	109 200	85 100	- 31 400	46 500	15 100
ルクセンブルグ[1]	m	m	m	m	m	m	m	m	m	m	m	m
メキシコ	m	m	m	m	m	m	m	m	m	m	m	m
オランダ	m	m	m	m	m	m	m	m	m	m	m	m
ニュージーランド	m	m	m	m	m	m	- 59 400	281 100	221 700	- 37 800	94 500	56 700
ノルウェー	- 25 400	128 200	102 800	- 34 500	50 100	15 600	- 45 100	307 000	261 900	- 92 400	152 300	59 900
ポーランド[1]	m	m	m	m	m	m	- 32 300	278 800	246 500	- 30 000	109 700	79 700
ポルトガル	m	m	m	m	m	m	- 42 900	221 300	178 400	- 23 900	151 700	127 800
スロバキア共和国	m	m	m	m	m	m	- 28 800	166 400	137 600	- 52 700	70 800	18 100
スロベニア	m	m	m	m	m	m	m	m	m	m	m	m
スペイン	m	m	m	m	m	m	m	m	m	m	m	m
スウェーデン	m	m	m	m	m	m	m	m	m	m	m	m
スイス	m	m	m	m	m	m	- 78 000	385 000	307 000	- 102 600	94 400	- 8 200
トルコ	m	m	m	m	m	m	m	m	m	m	m	m
イギリス	- 36 500	93 000	56 500	m	m	m	- 76 500	288 900	212 400	- 25 000	148 300	123 300
アメリカ合衆国	- 30 400	150 000	119 600	- 27 800	57 000	29 200	- 67 700	436 100	368 400	- 62 000	204 200	142 200
OECD 各国平均	m	m	m	m	m	m	- 43 400	264 300	220 900	- 45 600	126 300	80 700
EU 加盟22か国平均	m	m	m	m	m	m	- 40 700	224 900	184 200	- 43 400	134 600	91 200

注：表の数値は、高等教育の各レベル修了の女性と後期中等教育修了の女性との差異に基づく。数値は切り上げて100の位までの概数にしている。
　　直接費用に貸与補助は含まない。
算定方法の変更により、2018年版『図表でみる教育OECDインディケータ』の値は旧版と比較することができない。詳細は「定義」と「算定方法」
　　を参照。
1. 調査年は2014年。
資料：OECD（2018）。詳細は「資料」を参照。付録3の注を参照（http://dx.doi.org/10.1787/eag-2018-36-en）。
表中の省略記号については、「利用にあたって」を参照。
StatLink：https://doi.org/10.1787/888933802475

インディケータ A6

教育の社会的成果

- 15歳児の生徒では、科学的リテラシーの習熟度レベルが高くなると、環境意識が一貫して大幅に向上する。
- 大半のOECD加盟国では、学歴の高さと環境問題に対する承認や姿勢、行動との間には、統計的に有意でない場合があるものの正の相関が見られる。
- 国連の17の「持続可能な開発目標（Sustainable Development Goals, SDGs）」のうち7つは、環境及び環境保護に直接関連しているが、8年生（平均年齢は13.5歳）の教育課程にこのテーマが含まれていない学校もある。

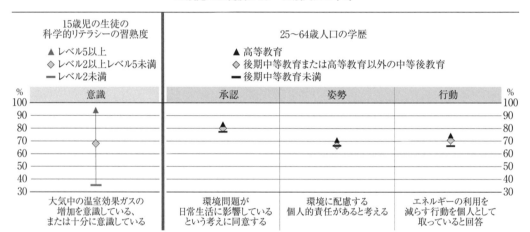

図A6.1. 環境問題に対する意識、承認、姿勢、行動
（科学的リテラシーの習熟度別、学歴別）（2014年、2015年、2016年）
15歳児の生徒及び25〜64歳人口の平均

注：意識に関するデータは2015年のPISA調査、承認に関するデータは2014年のユーロバロメーター調査、姿勢及び行動に関するデータは2016年の欧州社会調査に基づく。
左から順に、個人の環境との関わりへの影響度が小さい認知・行動プロセス。
資料：OECD（2018）。表A6.1、表A6.2、表A6.3及び表A6.4。詳細は「資料」を参照。付録3の注を参照（http://dx.doi.org/10.1787/eag-2018-36-en）。
StatLink : https://doi.org/10.1787/888933802703

■ 政策との関連

環境への配慮は、悪気象から生物多様性の喪失、呼吸している空気や消費している水の質にいたるまで、人々の日々の生活状態に反映される。人間開発の最重要項目として、また人類にとっての決定的瞬間として、環境や環境保護の問題が急浮上しつつある（UN, 2013[1]; World Economic Forum, 2018[2]）。過去150年間、世界は驚異的な人口増加と並行して、前例のない工業と技術の進歩を経験してきた。この前例なき開発の過程で、世界の生態系は、大きくなる一方の負荷を掛けられつつも、広範な工業化と天然資源への需要の高まりに起因する生態系被害を緩和してきた（Dimick, 2014[3]; WWF, 2016[4]）。地球に暮らす者すべてにとって健全でバランスのとれた居住環境を維持できるかどうか、生態系の面で微妙な分かれ道に立っているというのが、一般的な科学的見

解である（Ripple *et al.*, 2017[5]; UNEP, 2016[6]; Waters *et al.*, 2016[7]）。

世界規模で課題が山積みする中、地域または国レベルでは、前向きな動きを示す例がこの数十年間に数多く見られた。さらに重要なことに、近年、世界は一致協力して、環境被害を食い止め回復させるべく政策や行動の協調を呼びかけるようになっている。こうした動きから、世界規模での取り組みが環境の持続可能性確保に向けた鍵であることが浮き彫りになっている（Goosen, 2012[8]）。その最新の取り組みは、2017年11月にドイツのボンで開催された国連気候変動枠組条約締約国会議（United Nation Climate Change Conference, COP）で頂点に達し、17あるSDGsのうち7つが、明確に環境問題を扱うか、環境問題に関連している（コラムA6.2）。

教育はSDGsの達成において根本的な役割を果たす。「持続可能な開発のための教育（Education for Sustainable Development, ESD）」は、すべての人びとに包摂的かつ公平な教育を提供するという目標に向けたターゲットであると明確に認識されている。教育は自身の行動を変える力を個人に与える。一人ひとりが行動を改めてこそ、必要な社会的、経済的、政治的変化を促し、持続可能な開発に向け一丸となって貢献できるのである。

2018年版の『図表でみる教育OECDインディケータ』で教育と環境の関係を取り上げるのは、同2017年版のコラムA8.1（OECD, 2017[9]）で述べたように、4年に1度の報告サイクルに従い、教育と社会的成果に関する指標の新たなテーマ別枠組みを導入する取り組みの第一弾である。この後3年間にわたって、教育と社会的成果に関する指標で、ワークライフバランス及び社会とのつながり（2019年版）、市民参加とガバナンス及び生活の安全（2020年版）、健康状態及び主観的幸福（2021年版）に焦点を当て、教育との関連において社会の幸福について見ていく最初のサイクルが完了する。

■ その他のハイライト

■ 成人の回答をみると、エネルギーの利用を減らす行動を個人として取っているかを問う質問では、多くの国で、学歴レベル間に統計的に有意な差がある。対照的に、環境問題が自分たちの日常生活に影響を及ぼしているという考えに同意するかどうか、または、環境に配慮する個人的責任があると考えるかどうかという質問では、統計的に有意な差を示す国が数か国に限られる。

■ 環境上の理由から請願書に署名する、あるいは環境団体に寄付すると回答した成人は、30％未満である。ただし、この割合は小さいものの、学歴による差は他の行動と比べて大きい。例えばエネルギーの利用削減では、学歴に関係なく成人の約45％が、行動を取っていると回答している。

■ 注記

本インディケータは、多様な資料から得たデータを提示している。主要なデータソース

は、2015年の「生徒の学習到達度調査（Programme for International Student Assessment, PISA）」と2016年の第8回「欧州社会調査（European Social Survey, ESS）」であるが、2016年の「公民・市民教育に関する国際研究（International Civics and Citizenship Education Study, ICCS）」の8年生の生徒に関するデータも含まれている。また、三つの人口ベースの国際的な調査、すわなち「ユーロバロメーター（Eurobarometer）」（2014年の特別調査416及び417）、「国際社会調査プログラム（International Social Survey Programme, ISSP）」（2010年の「環境（Environment）Ⅲ」）、「世界価値観調査（World Values Survey, WVS）」（2010～2014年の「ウェーブ（Wave）6」）のデータを補助資料として用いている。

人口ベースの国際的調査については、各学歴段階の成人の割合を国レベルでインディケータA1の各割合と比較している。ISCEDと比較する上で大きな問題があり、その問題を満足のいくかたちで解決できない場合、その国のデータを分析対象から除外している。データの評価及び、調査で用いられた各質問項目についての詳細は、「算定方法」を参照。

こうした調査で用いられた質問はいくつかの面で違いがあるので、調査結果を直接比較していない。しかし、各国内の学歴段階による差や各国に共通する傾向は、教育と環境面での社会的成果との関係を知る上で良い手がかりになる。

■ 結果と解説

本インディケータの分析では、以下の4つの枠組み（4As）を用いている。これは、個人の環境との関わりを左右する認知・行動プロセスを表すもので、下のプロセスに進むにつれて徐々に環境問題への関与度が大きくなる。

1) 環境問題の**意識**（Awareness）とは、ある状況とそれを取り巻く環境及び今後の動向についての、個人の知識や知覚のレベルを表す。概ね受動的なプロセスであり、単純な事実認識を超えた高度な認知相互作用を必要としない。
2) 環境問題の**承認**（Acknowledgement）は、個人及び（そこから推して）社会が規準と認めているものを反映する。承認は、単なる受容や受け止めから一歩進んで、環境問題について知っているとはっきりと認めており、事実の認知処理を始めていることを意味する。
3) 環境問題への**姿勢**（Attitude）とは、個人の価値体系によって緩和された一連の感情や考えをいう。姿勢から暗示されるのは、個人がこれまでに下してきた複雑な価値判断であり、それはさらに高度な認知プロセスを構成する。
4) 環境問題に対する**行動**（Action）は、個人の姿勢の外部への表出であり、一定の方向性をとって表れる。一つひとつの具体的な行動が全体的な振る舞いを形作ることは明白だが、行動しないことからも同じようにそうした全体的な振る舞いが明らかになる。

図A6.1は、主要なデータソースから各国のデータを抜き出し、かなり概略した図で上記の4Asを横断的に示したものである。高学歴層になると、環境に関する社会的成果が、顕著に、そしてたいていの場合は統計的に有意に向上している。全体としての4Asの水準は高いが、データソースと調査対象の人口集団が異なるので、4As間でデータを比較すべきではない。4Asの中で、集団ごとの分布の

インディケータ A6：教育の社会的成果　　**CHAPTER A**

広がりが最も大きいのが意識で、最も小さいのが姿勢である。このことから、生徒の科学的リテラシーの習熟度は意識の向上に大きく影響しているが、学歴は、姿勢に表れる考えを形成する上で大きな役割を果たしていないように思われる。

環境問題の意識

2015年のPISA調査のデータから、幅広い環境問題に対する15歳児の生徒の自己申告による意識は、一般にかなり高いことがわかる。OECD加盟国では、天然資源の利用と保全に関する環境問題（動植物の絶滅、森林破壊及び他の土地利用の影響、水不足など）に対して、かなり意識が高く、約10人に7人の生徒が、こうした問題について少なくともある程度の知識があり、一般的な用語で説明できると回答している。対照的に、技術が招いた環境問題（大気中の温室効果ガスの増加、核廃棄物、遺伝子組み換え生物の利用など）についての意識は相対的に低い（表A6.1）。

生徒の自己申告による意識をPISAの科学的リテラシーの習熟度別にみると、習熟度の高い生徒と低い生徒で著しい対照をなしている。環境問題を意識していると回答した生徒の割合は、科学的リテラシーの習熟度が上がるにつれて有意に上昇し、この傾向は7つの環境問題すべてで一貫して見られる（図A6.2）。

日本は、科学的リテラシーの習熟度による意識の傾度が特に大きく、生徒が大半の環境問題に関する意識水準を低く報告する傾向もある。ベルギーとフランスでは、天然資源の利用と保全に関連する環境問題について、生徒の自己申告による意識が習熟度レベルによって大きく異なる。韓国とルクセンブルグでは、技術が招いた環境問題に関する自己申告による意識に、科学的リテラシーの習熟度によ

図A6.2. 環境問題を意識している、または、十分に意識していると回答した15歳児の生徒の割合
（科学的リテラシーの習熟度別）（2015年）

PISA調査、OECD各国平均

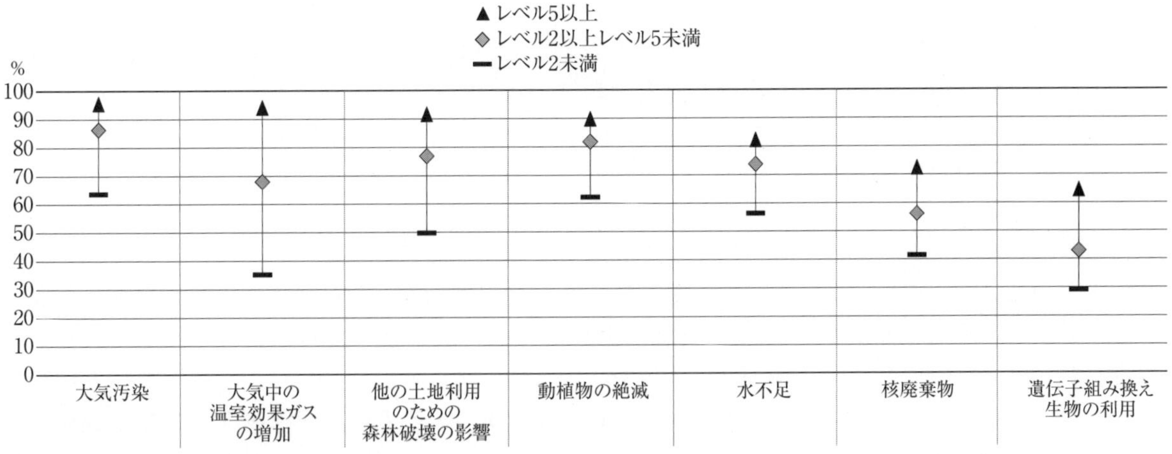

注：「意識している」か「十分に意識している」かの判断基準は、「ある程度の知識があり、一般的な問題を説明できる」と「精通していてうまく説明できる」という区分に基づく。
　　左から順に、科学的リテラシーの習熟度がレベル5以上で、「意識している」または「十分に意識している」と回答した15歳児の生徒の割合が大きい環境問題。
資料：OECD（2018）。表A6.1。詳細は「資料」を参照。付録3の注を参照（http://dx.doi.org/10.1787/eag-2018-36-en）。
StatLink：https://doi.org/10.1787/888933802722

137

CHAPTER A　教育機関の成果と教育・学習の効果

A6

る大きな傾度が見られる（表A6.1）。

図A6.2から、OECD加盟国では、大気中の温室効果ガスの増加が、PISA調査の科学的リテラシーの習熟度レベルによる生徒間の開きが最も大きい問題であることもわかる。平均では、習熟度がレベル5以上の生徒は、温室効果ガスについて意識していると回答する割合が習熟度レベル2以下の生徒の2.5倍を超え、大多数の国に同様の傾向が見られる（表A6.1）。

コラムA6.1. 学校での環境教育

環境教育の分野には40年にわたる確固たる歴史がある（Stevenson *et al.*, 2013[10]）。この40年間に、環境教育は個別に考察されるものから、医療、教育、貧困及び広範な社会進歩といった社会問題と結びつけて議論されるものになった。近年、この分野への関心は大いに高まり、環境保護、生物多様性、持続可能性といったテーマが特に大きく取り上げられている。

OECD加盟国の平均では、15歳児の生徒の2分の1から4分の3が、学校はさまざまな環境問題についての主要な情報源であると回答している。学校での環境教育は、より持続可能な世界への移行を支えるのに必要な知識、スキル、価値観を若者が身につけるのに役立っている。PISA in Focus, No. 21の「今日の15歳児は環境に対して責任を感じているか（Do today's 15-year-olds feel environmentally responsible?）」では、環境問題に関する情報源として学校が中心的な役割を果たしているようだと結論付けられている（OECD, 2012[11]）。

教育及び環境教育は、「国連持続可能な開発のための教育の10年（United Nations Decade of Education for Sustainable Development）」（2005～2014年）の中核であり、持続可能な開発の原則や価値観、実践を教育や学習のすべての側面に組み込むことを使命としていた。国連欧州経済委員会(United Nations Economic Commission for Europe)の2015年のモニタリングレポートによれば、全国的な実施報告書を提出した加盟国の90%超が、持続可能な開発のための教育（Education for Sustainable Development, ESD）を国の教育政策文書に盛り込んでいる（Creech and Buckler, 2015[12]）。こうした国々の大多数は、政策の枠組みを越えて、すでにカリキュラムや規準に取り組みを移行している。各国が取り組みで一般に焦点を当てているのは、1）カリキュラム中の持続可能な開発に関わる重要テーマ、2）広範な能力と学習成果、3）教授法である。

各国は、カリキュラムでESDに取り組む多様なアプローチを報告しており、これには、教育の枠組みや知識、スキル、姿勢、能力の要件へのESDの組み込み、持続可能性に焦点を当てた学習単位がある実験的カリキュラムの試行、現地調査やコンクールといった課外活動への支援が含まれている（Creech and Buckler, 2015[12]）。多くの国が以前よりもツールや資源を利用しやすくなっていると報告しているが、こうした資料に対する需要の水準が不明なことを浮き彫りにしている国もある。

8年生（平均年齢は13.5歳）とその教員及び学校から情報を収集した2016年のICCSでは、環

138

インディケータ A6：教育の社会的成果　　CHAPTER A

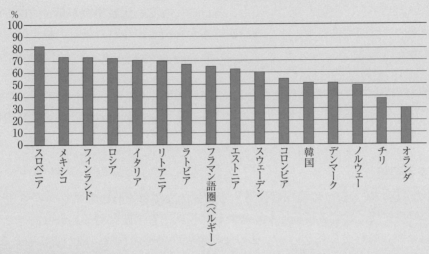

図A6.a. 環境の持続可能性に関する校内または校外活動に8年生のすべてまたは大半が参加している学校の割合（2016年）

公民・市民教育に関する国際研究（ICCS）

注：8年生の平均年齢は13.5歳。
資料：公民・市民教育に関する国際研究（ICCS）（2016）。詳細は「資料」を参照。付録3の注を参照（http://dx.doi.org/10.1787/eag-2018-36-en）。
StatLink : https://doi.org/10.1787/888933802760

境や環境の持続可能性が8年生のカリキュラムの学習テーマに含まれているのが一般的であった。調査に参加してカリキュラムの学習テーマに関する質問に回答したOECD加盟及び非加盟の15か国のうち11か国が、このテーマが当該教育段階のカリキュラムに含まれているとしている（ICCS/IEA, 2016[13]）。

一部の国で、授業や校内活動で環境の持続可能性を重視する動きが広まっていることを示す調査結果もある。図A6.aは、8年生のすべてまたは大半に現学年で環境の持続可能性に関する活動に参加する機会がある、と校長が回答した学校の割合を示している。ただし、分析単位が個々の学校なので、誤差の範囲は比較的大きい。

フィンランド、イタリア、リトアニア、メキシコ、ロシア、スロベニアでは、8年生のすべてまたは大半が2016学年度中に環境の持続可能性に関する活動に参加したと回答した学校の割合が、70％以上である。チリ、デンマーク、韓国、オランダ、ノルウェーは、この割合がかなり小さい（図A6.a）。

環境問題の承認

全体として、環境問題の影響については広範なコンセンサスがある。EU加盟国の世論をくみ取るユーロバロメーター調査の参加国では、成人の約70～90％が、環境問題が日常生活に影響していると認めている。社会科学に関連する多様なテーマについて毎年調査を実施している国際協力プログラム、ISSPの参加国では、環境問題が日常生活に影響していると認めた成人の割合はそれより小さい

が、それでも平均で45%を超えている（表A6.2）。二つのソース間の差違は、質問の仕方によってある程度説明が付く（「算定方法」を参照）。

環境問題の承認のレベルは学歴によって大きく異なる。各国平均では、学歴が高いほど環境問題の承認のレベルも高い。しかし、国別に見ていくと、統計的に有意な比較事例が相対的に少なくなる。これはこうした調査の一般的な性質や、小さな副次標本から引き出された統計の推定値につきものの不正確さが理由である（表A6.2）。

環境問題の影響の承認について教育傾度が特に大きいのはベルギー、ラトビア、トルコ、イギリスで、環境問題が日常生活に影響していると認めた高等教育修了者の割合が、高等教育未修了者よりかなり大きい（表A6.2）。

環境問題に対する姿勢

平均では、3分の2超の成人が、環境保護に対する積極的な姿勢を自認している。意識や承認のレベルと比べると、環境保護に対する積極的な姿勢のレベルは、各学歴段階で比較的同等であるように見え、社会的規範や社会的望ましさといった他の変動要因が姿勢の形成に関わっていることが窺える。それでも教育傾度が明らかにまだ認められ、各国平均では、環境保護に対する積極的な姿勢のレベルは学歴が上がるほど高くなっている（表A6.3）。

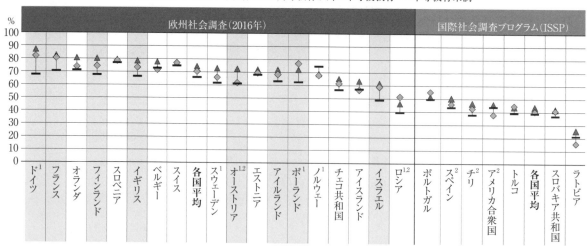

図A6.3. エネルギーの利用を減らす行動を個人として取っていると回答した成人の学歴別割合（2016年または2010年）

欧州社会調査（ESS）及国際社会調査プログラム（ISSP）、25～64歳人口

注：調査によって質問が異なるので、調査結果を直接比較していない（詳細は「定義」を参照）。網かけの範囲は、一部またはすべての学歴段階間に統計的に有意な差があることを示す。
1. インディケータA1に掲載したデータと比較すると、最終学歴による調査標本の分布になお一定の相違がある。
2. 調査回答者の最終学歴に関するデータは、ISCED 2011と比較しやすくするために再コード化している。各国の注記については付録3を参照。
左から順に、エネルギーの利用を減らす行動を個人として取っていると回答した25～64歳人口の高等教育修了者の割合が大きい国。
資料：OECD（2018）。表A6.4。詳細は「資料」を参照。付録3の注を参照（http://dx.doi.org/10.1787/eag-2018-36-en）。
StatLink: https://doi.org/10.1787/888933802741

インディケータ A6：教育の社会的成果　CHAPTER **A**

A6

高等教育を修了した成人は、高等教育未修了の成人と比べて、環境保護に対する積極的な姿勢のレベルがかなり高い。このことが特に当てはまるのはチェコ共和国とイギリスである。チェコ共和国の場合は、後期中等教育未修了者と後期中等教育または高等教育以外の中等後教育修了者との間にも、積極的な姿勢のレベルに大きな差がある（表A6.3）。

対照的に、イスラエルとスイスでは、環境保護に対する姿勢と学歴との間に逆相関があるように思われる。ただし、学歴区分間の差は統計的に有意なものではない（表A6.3）。

環境問題に対する行動

環境保護のために取れる行動には広い幅がある。人口ベースの一般的な社会調査では、個人消費における行動パターンや生活様式の変化か、特定の環境保護運動を支援する明確な参加行動のどちらかに焦点が当てられる傾向がある。

ESS（ヨーロッパ全土で実施される学究目的の国際調査）の参加国では、平均して70％を超える成人が、環境上の理由からエネルギーの利用削減に向けた行動を常にまたは度々取っていると回答している（表A6.4）。積極的な行動の全体的なレベルは、前述の積極的な姿勢のレベルをやや上回るが、以下に示すように、姿勢は必ずしも行動とは一致しない。

他の認知領域と同様に、行動パターンも正の教育傾度を示しており、学歴が高くなるにつれて、行動を取っている成人の割合が増している。しかし他の認知領域とは違い、各国の平均では、後期中等教育未修了者と後期中等教育または高等教育以外の中等後教育修了者との間に、よりはっきりした漸増的差違が見られる（表A6.4）。

コラム A6.2. 国連の持続可能な開発目標（SDGs）と個人の行動

17あるSDGsのうち7つは環境や環境保護と直接結びついている（目標6、7、11、12、13、14、15）(UN, 2015[15])。こうした目標は、世界を変えるよう設計されており、国連チームが準備したウェブサイト「怠け者が世界を救うためのガイド（Lazy Person's Guide to Saving the World）」では、個人でも影響を与えられることが例示されている (UN, 2018[16])。

環境に関する社会調査では、こうした草の根活動についての質問が多い。例えばISSPでは、6つの行動をどれくらいの頻度で取るかを成人に問うているが、これにはリサイクルのためのゴミの分別、殺虫剤や化学物質を使用せずに栽培された果物や野菜の購入、家庭でのエネルギーや燃料の利用削減、環境上の理由による自動車の使用の制限など、消費や生活様式の選択に関する行動が含まれている。

図A6.bは、調査に参加したOECD加盟国及び非加盟国についてのプールデータを示している。行動「エネルギー利用の削減」のデータについての詳細な分析は、図A6.3に示している。行動「環境上の理由による水の節約または再利用」を除いて、他のすべての行動で、明確な正の教育

141

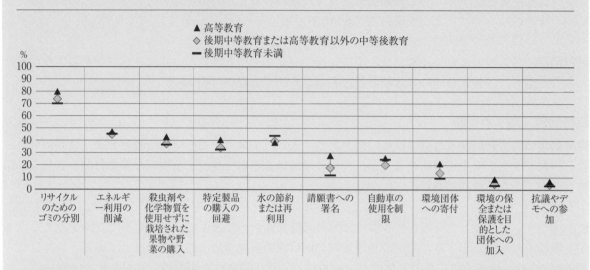

図A6.b. 環境的理由から個人として行動を取っていると回答した成人の学歴別割合（2010年）
国際社会調査プログラム（ISSP）、平均、25～64歳人口

注：平均に含まれるのは、オーストラリア、オーストリア、ベルギー、カナダ、チリ、チェコ共和国、デンマーク、フィンランド、フランス、ドイツ、イスラエル、日本、韓国、ラトビア、メキシコ、オランダ、ニュージーランド、ノルウェー、ポルトガル、スロバキア、スロベニア、スペイン、スウェーデン、スイス、トルコ、イギリス、アメリカ合衆国のデータ。
左から順に、個人として行動を取っていると回答した高等教育修了の成人の割合が大きい項目。
資料：国際社会調査プログラム（ISSP）（2010）。詳細は「資料」を参照。付録3の注を参照（www.oecd.org/education/education-at-a-glance-19991487.htm）。
StatLink : https://doi.org/10.1787/888933802779

傾度が示されており、教育水準が上がるほど、環境に配慮した行動を常にまたは度々取る成人の割合が大きくなっている（図A6.b）。

前述のように、一部の個人が選択した別の行動には、もっと積極的な形での社会参加や市民参加が含まれている。ISSPでは、成人に対して、環境の保全や保護を主目的とする団体に加入しているかどうか、過去5年間に環境問題に関する請願書に署名したかどうか、環境団体に寄付したかどうか、環境問題に関する抗議やデモに参加したかどうかも質問している。興味深いことに、市民的参加行動に積極的な者の割合は概して、消費や生活様式の選択に関する行動と比べてかなり小さいが、正の教育傾度はもっと目立ち、特に高等教育修了者と高等教育未修了者との間で顕著である。この最後の調査結果は、教育の影響が生活様式や消費に対してより市民活動に対して大きいことを示唆している（図A6.b）。

教育傾度が最も大きいのはドイツで、高等教育修了者と後期中等教育未修了者とで、常にまたは度々エネルギー消費を削減しているという回答の割合に約20パーセントポイントの差がある。オーストリア、フィンランド、フランス、アイルランド、イスラエル、ポーランド、イギリスはいずれも、一部またはすべての学歴間で統計的に有意な差がある（図A6.3）。

データをさらに分析すると、環境上の理由から常にまたは度々エネルギー利用を削減しているのは、環境への配慮が重要だと考える成人の4人に3人にとどまる。また、教育傾度は、行動を取っている者と取っていない者との間でも同様に見られる。言い替えれば、学歴が高くなるほど、積極的な姿勢

インディケータ A6：教育の社会的成果　**CHAPTER A**

A₆

を積極的な行動につなげる効果が高くなるということである（ESS, 2017[14]）。

■ 定義

環境問題の承認は、調査によって定義が異なる。ユーロバロメーター調査では、環境問題が日常生活に直接影響しているという考えに全面的に同意する、または同意する傾向がある成人に注目している。一方、ISSPでは、環境問題が日常生活に直接影響しているという考えに同意する、または強く同意する成人が対象である。

環境問題に対する行動も、調査によって定義が異なる。ESSでは、使用していない電化製品のスイッチを切る、短い距離なら歩く、本当に必要なとき以外は冷暖房を使わないといった行動を度々または頻繁に、あるいは常に取っている成人を調べている。一方、ISSPでは、環境上の理由から家庭でのエネルギーや燃料の使用を度々または常に削減している成人に目を向けている。

成人とは、25〜64歳人口をいう。

環境問題に対する姿勢は、ESSでは「人は自然に配慮すべきだと強く信じている。環境に気を配ることは自分に取って重要だ」、WVSでは「環境に配慮して、自然を大事にし、生活資源を節約することが重要だ」という特徴を持った人物を、「自分に似ている」「自分にとても似ている」と回答する成人に注目している。

学歴とは、修了している最も高い教育段階を指す。

教育傾度とは、学歴段階の違いを考慮した場合のある変数の値の変化をいう。教育傾度が大きければ、選択した変数の値が学歴段階の違いによって大きく変化するということである。

環境に対する意識は、特定の環境問題に関して、ある程度の知識があって一般的な問題を説明できる、または、精通していてうまく説明できる、と回答した15歳児の生徒について調べている。

科学的リテラシーの習熟度レベル：わかりやすいかたちで生徒の得点の意味を解釈できるように、PISA調査の尺度は習熟度レベルに分けられている。2015年のPISA調査では、科学的リテラシーの課題の難易度を（レベル6を最高にレベル1bまで）7段階の習熟度レベルで示し、習熟度レベルがレベル2未満は得点が410点未満、レベル2以上レベル5未満は410〜632点、レベル5以上は632点超となっている。科学的リテラシーの習熟度レベルに関する詳細については、『PISA 2015年調査結果報告書（第1巻）：教育における優秀性と公平性（*PISA 2015 Results（Volume I）: Excellence and Equity in Education*）』（OECD, 2016[17]）を参照。

■ 算定方法

それぞれの調査について、各学歴段階の成人の割合をインディケータA1のそれぞれの割合と国別に比較している。各国との協議を経て、以下の調査と国については、インディケータA1の各段階と比

143

較しやすくするために、学歴に関するデータを再コード化している。

■欧州社会調査（ESS）：オーストリア、ロシア
■ユーロバロメーター：オーストリア、ベルギー、フィンランド、スペイン
■国際社会調査プログラム（ISSP）：チリ、イスラエル、スペイン、スイス、アメリカ合衆国
■世界価値観調査（WVS）：チリ、トルコ

ESSでは、オーストリア、ロシアの学歴を再コード化した後でも、オーストリア、ポーランド、ロシア、スウェーデンについて、調査標本の分布になお一定の相違が存在する。同様の相違はユーロバロメーターのギリシャにも存在している。付録3を参照（http://dx.doi.org/10.1787/eag-2018-36-en）。

リトアニアは、本書を編集時にはOECD加盟国ではなかったので、OECD加盟国リストには記載せず、OECD加盟国の総計に含めていない。

■ 資料

2015年のPISA調査のデータは、15歳児の生徒の環境意識に関するものである。

2016年のICCSのデータは、環境の持続可能性に関連する活動に参加する機会があった8年生に関するものである。

2016年のESS（ラウンド8）のデータは、環境問題に対する成人の姿勢と行動に関するものである。

2014年のユーロバロメーター（特別調査416及び417）のデータは、環境問題に対する成人の承認に関するものである。

2010年のISSP（環境III）のデータは、環境問題に対する成人の承認と行動に関するものである。

2010～2014年のWVS（ウェーブ6）のデータは、環境問題に対する成人の姿勢に関するものである。

イスラエルのデータに関する注記

イスラエルの統計データは、イスラエル政府関係当局により、その責任の下で提供されている。OECD における当該データの使用は、ゴラン高原、東エルサレム、及びヨルダン川西岸地区のイスラエル入植地の国際法上の地位を害するものではない。

■ 参考資料

Creech, H. and C. Buckler (2015), *Learning from each other: achievements, challenges and ways forward, Third evaluation report of the UNECE Strategy for Education for Sustainable Development*, United Nations Economic Commission for Europe Steering, Geneva, https://www.unece.org/fileadmin/DAM/env/esd/11thMeetSC/Documents/1521609E.pdf. [12]

Dimick, D. (2014), *As World's Population Booms, Will Its Resources Be Enough for Us?*, https://news.nationalgeographic.com/news/2014/09/140920-population-11billion-demographics-anthropocene/ (accessed on 27 February 2018). [3]

ESS (2017), *Data and Documentation by Round*, http://www.europeansocialsurvey.org/data/download.html?r=8 (accessed on 28 February 2018). [14]

Goosen, M. (2012), "Environmental management and sustainable development", *Procedia Engineering*, Vol. 33, pp. 6-13, http://dx.doi.org/10.1016/J.PROENG.2012.01.1171. [8]

ICCS/IEA (n.d.), *International Civic and Citizenship Education Study 2016*, http://iccs.iea.nl/cycles/2016.html (accessed on 27 February 2018) . [13]

OECD (2017), *Education at a Glance 2017: OECD Indicators*, OECD Publishing, Paris, http://dx.doi.org/10.1787/eag-2017-en. (『図表でみる教育OECDインディケータ（2017年版）』経済協力開発機構（OECD）編著、矢倉美登里, 稲田智子, 大村有里, 坂本千佳子, 立木勝, 三井理子訳、明石書店、2017年) [9]

OECD (2016), *PISA 2015 Results (Volume I) : Excellence and Equity in Education*, OECD Publishing, Paris, http://dx.doi.org/10.1787/9789264266490-en. [17]

OECD (2012), "Do Today's 15-Year-Olds Feel Environmentally Responsible?", *PISA in Focus*, No. 21, OECD Publishing, Paris, http://dx.doi.org/10.1787/5k918xhzk88t-en. [11]

Ripple, W. *et al.* (2017), "World Scientists' Warning to Humanity: A Second Notice", *BioScience*, Vol. 67/12, pp. 1026-1028, http://dx.doi.org/10.1093/biosci/bix125. [5]

Stevenson, R. *et al.* (2013), *International Handbook of Research on Environmental Education*, Routledge, London, https://www.routledge.com/International-Handbook-of-Research-on-Environmental-Education/Stevenson-Brody-Dillon-Wals/p/book/9780415892391 (accessed on 27 February 2018). [10]

UN (2018), *Lazy Person's Guide to Saving the World*, http://www.un.org/sustainabledevelopment/takeaction/ (accessed on 27 February 2018). [16]

UN (2015), *Transforming our world: The 2030 Agenda for Sustainable Development*, https://sustainabledevelopment.un.org/post2015/transformingourworld (accessed on 15 May 2018). [15]

UN (2013), *Open Working Group proposal for Sustainable Development Goals*, https://sustainabledevelopment.un.org/focussdgs.html (accessed on 27 February 2018). [1]

UNEP (2016), *Rate of Environmental Damage Increasing Across the Planet but Still Time to Reverse Worst Impacts*, http://www.un.org/sustainabledevelopment/blog/2016/05/rate-of-environmental-damage-increasing-across-planet-but-still-time-to-reverse-worst-impacts/ (accessed on 27 February 2018). [6]

Waters, C. *et al.* (2016), "The Anthropocene is functionally and stratigraphically distinct from the Holocene.", *Science*, Vol. 351/6269, http://dx.doi.org/10.1126/science.aad2622. [7]

World Economic Forum (2018), *The Global Risks Report 2018 13th Edition*, World Economic Forum, Geneva, http://www3.weforum.org/docs/WEF_GRR18_Report.pdf (accessed on 27 February 2018). (『第13回グローバルリスク報告書2018年版』翻訳・政策責任：マーシュジャパン株式会社／マーシュブローカージャパン株式会社、2018年、https://www.mmc.com/content/dam/mmc-web/Global-Risk-Center/Files/Global- [2]

Risks-2018 (Japanese).pdf)

WWF (2016), *Living Planet Report 2016: Risk and Resilience in a New Era*, http://wwf. [4]
panda.org/about_our_earth/all_publications/lpr_2016/ (accessed on 27 February
2018). (『生きている地球 レポート2016 要約版』WWFジャパン、2018年、https://
www.wwf.or.jp/activities/data/201610LPR2016_jpn_sum.pdf)

■ インディケータA6の表＊

• 表A6.1. 環境問題を意識している、または、十分に意識していると回答した15歳児の生徒の割合（科学的リ
　　　　テラシーの習熟度別）（2015年）

• 表A6.2. 環境問題が日常生活に影響しているという考えに同意した成人の学歴別割合（2014年または2010年）

• 表A6.3. 環境に配慮する個人的責任があると考える成人の学歴別割合（2016年または2010〜2014年）

• 表A6.4. エネルギーの利用を減らす行動を個人として取っていると回答した成人の学歴別割合（2016年また
　　　　は2010年）

＊更新データはホームページで確認可能（http://dx.doi.org/10.1787/eag-data-en）。データはEducation at a
Glance Database（http://stats.oecd.org/）でも確認可能。

インディケータ A6：教育の社会的成果　　CHAPTER **A**

A6

表A6.1. 環境問題を意識している、または、十分に意識していると回答した15歳児の生徒の割合（科学的リテラシーの習熟度別）（2015年）

PISA調査

		大気中の温室効果ガスの増加					遺伝子組み換え生物の利用		核廃棄物		他の土地利用のための森林破壊の影響		大気汚染		動植物の絶滅		水不足	
		科学的リテラシーの習熟度がレベル2未満		科学的リテラシーの習熟度がレベル5以上		科学的リテラシーの習熟度の全レベル		科学的リテラシーの習熟度の全レベル		科学的リテラシーの習熟度の全レベル		科学的リテラシーの習熟度の全レベル		科学的リテラシーの習熟度の全レベル		科学的リテラシーの習熟度の全レベル		科学的リテラシーの習熟度の全レベル	
		%	標準誤差	%	標準誤差	%	標準誤差	%	標準誤差	%	標準誤差	%	標準誤差	%	標準誤差	%	標準誤差	%	標準誤差
		(1)	(2)	(5)	(6)	(7)	(8)	(15)	(16)	(23)	(24)	(31)	(32)	(39)	(40)	(47)	(48)	(55)	(56)
OECD加盟国	オーストラリア	40	(1.2)	95	(1.0)	69	(0.6)	45	(0.7)	50	(0.5)	79	(0.5)	81	(0.5)	82	(0.4)	64	(0.5)
	オーストリア	26	(1.9)	94	(1.5)	57	(1.0)	32	(0.8)	58	(0.8)	76	(0.7)	82	(0.6)	76	(0.6)	65	(0.8)
	ベルギー	26	(1.3)	95	(1.1)	62	(0.7)	24	(0.7)	53	(0.7)	73	(0.7)	81	(0.5)	72	(0.6)	59	(0.7)
	カナダ	47	(1.7)	97	(0.6)	78	(0.5)	59	(0.6)	57	(0.6)	82	(0.7)	88	(0.5)	85	(0.5)	68	(0.6)
	チリ	30	(1.4)	93	(3.3)	51	(1.1)	30	(0.8)	53	(0.8)	72	(0.8)	80	(0.7)	81	(0.7)	79	(0.7)
	チェコ共和国	20	(1.6)	90	(1.7)	50	(0.9)	19	(0.7)	64	(0.9)	77	(0.7)	85	(0.6)	75	(0.8)	73	(0.7)
	デンマーク	41	(2.3)	98	(0.9)	73	(0.9)	36	(1.0)	59	(1.0)	79	(0.7)	82	(0.7)	74	(0.8)	66	(0.8)
	エストニア	30	(3.1)	91	(1.4)	62	(1.0)	57	(1.1)	61	(0.8)	84	(0.6)	87	(0.6)	86	(0.6)	82	(0.6)
	フィンランド	35	(2.8)	97	(0.7)	74	(1.0)	28	(1.0)	66	(0.8)	72	(0.8)	90	(0.5)	85	(0.6)	71	(0.8)
	フランス	31	(1.9)	96	(1.1)	66	(0.8)	61	(0.8)	50	(0.7)	68	(0.7)	79	(0.6)	70	(0.7)	58	(0.8)
	ドイツ	32	(2.8)	93	(1.3)	65	(1.1)	35	(0.8)	65	(1.0)	79	(0.9)	85	(0.6)	79	(0.7)	68	(0.8)
	ギリシャ	42	(1.9)	97	(1.8)	67	(1.2)	43	(1.2)	53	(0.8)	59	(0.8)	90	(0.8)	85	(0.8)	83	(0.8)
	ハンガリー	38	(2.1)	93	(2.1)	63	(0.8)	23	(0.8)	43	(0.8)	71	(0.8)	87	(0.7)	82	(0.7)	83	(0.8)
	アイスランド	28	(1.9)	95	(2.9)	56	(0.9)	43	(0.7)	50	(0.9)	70	(0.8)	79	(0.7)	73	(0.9)	75	(0.7)
	アイルランド	44	(2.4)	98	(0.7)	79	(1.0)	35	(0.8)	59	(0.7)	84	(0.7)	88	(0.6)	81	(0.6)	76	(0.7)
	イスラエル	29	(1.7)	82	(2.4)	46	(1.0)	46	(0.9)	35	(0.6)	64	(0.9)	82	(0.7)	73	(0.6)	78	(0.8)
	イタリア	50	(1.9)	97	(1.3)	73	(1.0)	57	(0.8)	52	(0.8)	73	(0.8)	87	(0.6)	74	(0.7)	74	(0.7)
	日本	19	(2.4)	90	(1.2)	59	(1.2)	42	(0.9)	36	(0.9)	59	(1.0)	71	(0.8)	62	(0.9)	45	(1.0)
	韓国	40	(2.1)	96	(1.0)	72	(0.9)	47	(1.2)	43	(1.0)	52	(1.0)	87	(0.6)	83	(0.7)	86	(0.6)
	ラトビア	29	(2.3)	83	(3.5)	48	(0.9)	49	(1.0)	64	(0.8)	86	(0.6)	89	(0.5)	84	(0.7)	73	(0.7)
	ルクセンブルグ	28	(1.7)	95	(1.7)	55	(0.6)	39	(0.7)	56	(0.7)	70	(0.6)	81	(0.6)	76	(0.6)	65	(0.6)
	メキシコ	40	(1.3)	c	c	52	(1.1)	35	(0.7)	49	(0.7)	75	(0.7)	85	(0.6)	82	(0.6)	81	(0.7)
	オランダ	27	(2.0)	98	(0.5)	69	(1.0)	20	(0.9)	59	(0.8)	77	(0.9)	61	(1.0)	76	(0.7)	62	(0.8)
	ニュージーランド	29	(2.3)	90	(1.8)	60	(1.0)	41	(0.8)	39	(0.7)	69	(0.8)	73	(0.7)	74	(0.7)	54	(0.8)
	ノルウェー	42	(1.9)	98	(0.8)	73	(0.9)	36	(1.1)	53	(0.9)	82	(0.7)	81	(0.7)	82	(0.6)	74	(0.7)
	ポーランド	30	(2.6)	94	(1.9)	57	(1.1)	48	(1.1)	60	(0.8)	86	(0.6)	89	(0.6)	83	(0.6)	73	(0.7)
	ポルトガル	59	(2.2)	100	(0.2)	86	(0.7)	56	(0.9)	67	(0.7)	85	(0.6)	91	(0.5)	90	(0.5)	88	(0.5)
	スロバキア共和国	27	(1.5)	94	(1.8)	55	(0.9)	24	(0.7)	57	(0.8)	66	(0.7)	82	(0.7)	75	(0.8)	75	(0.7)
	スロベニア	31	(2.2)	95	(1.5)	67	(0.6)	74	(0.6)	55	(0.8)	80	(0.6)	91	(0.4)	83	(0.6)	85	(0.4)
	スペイン	43	(1.8)	97	(1.2)	72	(0.9)	42	(1.0)	56	(0.8)	70	(0.8)	83	(0.7)	81	(0.7)	70	(0.8)
	スウェーデン	53	(2.0)	99	(0.5)	81	(0.9)	43	(1.4)	60	(1.1)	51	(1.0)	76	(0.8)	81	(0.7)	72	(0.8)
	スイス	27	(2.4)	92	(1.7)	60	(1.2)	34	(0.9)	58	(0.9)	70	(1.0)	74	(0.8)	74	(0.8)	62	(1.1)
	トルコ	40	(1.3)	c	c	55	(1.3)	70	(1.2)	69	(0.8)	75	(0.9)	87	(0.8)	82	(0.7)	59	(0.8)
	イギリス	51	(1.8)	98	(0.7)	80	(0.7)	55	(1.1)	62	(1.0)	78	(0.8)	83	(0.6)	82	(0.6)	59	(0.8)
	アメリカ合衆国	33	(1.8)	88	(2.0)	55	(1.2)	49	(1.0)	53	(1.0)	74	(0.8)	83	(0.7)	81	(0.5)	69	(0.8)
	OECD各国平均	35	(0.3)	94	(0.3)	64	(0.2)	42	(0.2)	55	(0.1)	73	(0.1)	83	(0.1)	79	(0.1)	71	(0.1)
	EU加盟22か国平均	36	(0.5)	95	(0.3)	66	(0.2)	41	(0.2)	58	(0.2)	75	(0.2)	84	(0.1)	79	(0.1)	72	(0.2)
OECD非加盟国	CABA（アルゼンチン）[1]	23	(2.9)	88	(8.6)	44	(2.8)	25	(1.7)	35	(1.8)	76	(1.9)	83	(1.4)	75	(1.5)	72	(1.6)
	ブラジル	38	(0.9)	96	(3.2)	55	(0.9)	36	(0.7)	49	(0.7)	68	(0.8)	79	(0.7)	75	(0.7)	72	(0.8)
	B-S-J-G（中国）[2]	36	(2.0)	98	(0.7)	73	(1.2)	37	(0.9)	37	(0.8)	88	(0.6)	91	(0.5)	82	(0.6)	89	(0.6)
	コロンビア	32	(1.2)	95	(6.2)	45	(1.0)	40	(0.8)	37	(0.7)	61	(1.0)	m	m	71	(0.9)	77	(0.8)
	コスタリカ	36	(1.2)	c	c	49	(1.0)	25	(0.7)	39	(0.8)	71	(0.8)	78	(0.8)	74	(0.9)	74	(0.9)
	インド	m	m	m	m	m	m	m	m	m	m	m	m	m	m	m	m	m	m
	インドネシア	17	(1.2)	c	c	27	(1.2)	19	(1.0)	15	(0.7)	58	(1.2)	67	(1.2)	64	(1.1)	62	(1.1)
	リトアニア	37	(1.6)	96	(2.1)	64	(1.0)	64	(0.9)	57	(0.7)	80	(0.6)	88	(0.6)	84	(0.7)	80	(0.6)
	ロシア	34	(2.2)	83	(3.6)	57	(1.1)	57	(1.2)	71	(1.1)	89	(0.7)	89	(0.7)	86	(0.8)	54	(0.9)
	サウジアラビア	m	m	m	m	m	m	m	m	m	m	m	m	m	m	m	m	m	m
	南アフリカ	m	m	m	m	m	m	m	m	m	m	m	m	m	m	m	m	m	m
	G20各国平均	36	(0.5)	93	(0.8)	61	(0.3)	46	(0.2)	50	(0.2)	73	(0.2)	83	(0.2)	78	(0.2)	69	(0.2)

注：さらに多くの縦列がある習熟度レベル別データは、ホームページで参照可能（下記StatLinkを参照）。詳細は「定義」を参照。
1. ブエノスアイレス自治市を指す。
2. PISA調査に参加した中国の4つの行政地域、北京・上海・江蘇・広東を指す。
資料：OECD（2018）。詳細は「資料」を参照。付録3の注を参照（http://dx.doi.org/10.1787/eag-2018-36-en）。
表中の省略記号については「利用にあたって」を参照。

StatLink : https://doi.org/10.1787/888933802627

147

CHAPTER **A**　教育機関の成果と教育・学習の効果

A6

表A6.2. 環境問題が日常生活に影響しているという考えに同意した成人の学歴別割合
（2014年または2010年）

ユーロバロメーター調査及び国際社会調査プログラム（ISSP）、25〜64歳人口

	ユーロバロメーター（2014年）							
	後期中等教育未満		後期中等教育または高等教育以外の中等後教育		高等教育		合計	
	%	標準誤差	%	標準誤差	%	標準誤差	%	標準誤差
	(1)	(2)	(3)	(4)	(5)	(6)	(7)	(8)
オーストリア[1]	70	(4.7)	66	(2.7)	73	(2.8)	69	(1.8)
ベルギー[1]	66	(5.6)	67	(2.7)	78	(2.5)	72	(1.8)
チェコ共和国	77	(6.2)	78	(1.7)	75	(4.3)	78	(1.5)
エストニア	78	(6.4)	78	(2.2)	81	(2.4)	79	(1.6)
フィンランド[1]	79	(4.8)	77	(2.7)	76	(2.3)	77	(1.7)
ギリシャ[2]	93	(2.1)	95	(1.2)	96	(1.5)	q	q
ハンガリー	73	(4.1)	80	(1.9)	86	(2.9)	80	(1.5)
アイルランド	80	(3.9)	80	(2.2)	85	(2.1)	82	(1.4)
ラトビア	58	(6.7)	79	(2.1)	79	(2.7)	77	(1.6)
ルクセンブルグ	75	(5.0)	78	(3.6)	89	(2.7)	82	(2.1)
ポーランド	81	(3.8)	80	(2.0)	76	(3.5)	79	(1.6)
スロバキア共和国	76	(6.1)	85	(1.6)	83	(2.8)	84	(1.3)
スロベニア	86	(4.0)	88	(1.5)	88	(2.3)	88	(1.2)
スペイン[1]	85	(2.2)	89	(2.1)	91	(1.9)	88	(1.2)
イギリス	81	(4.4)	78	(2.2)	90	(1.5)	84	(1.3)
各国平均	77	(1.3)	80	(0.6)	83	(0.7)	80	(0.4)
リトアニア	75	(8.3)	87	(1.8)	90	(1.8)	88	(1.3)

	国際社会調査プログラム(2010年)							
	後期中等教育未満		後期中等教育または高等教育以外の中等後教育		高等教育		合計	
	%	標準誤差	%	標準誤差	%	標準誤差	%	標準誤差
	(1)	(2)	(3)	(4)	(5)	(6)	(7)	(8)
チリ[1]	55	(3.1)	62	(2.4)	63	(2.9)	60	(1.6)
イスラエル[1]	47	(4.7)	52	(3.0)	61	(2.5)	56	(1.8)
ノルウェー	19	(2.9)	16	(1.9)	24	(2.2)	20	(1.3)
ポルトガル	55	(2.6)	52	(4.1)	61	(4.0)	55	(1.9)
スイス[1]	37	(4.7)	36	(2.3)	42	(3.0)	38	(1.7)
トルコ	44	(1.8)	40	(3.0)	57	(4.4)	45	(1.5)
アメリカ合衆国[1]	54	(4.5)	46	(2.3)	51	(2.5)	49	(1.6)
各国平均	44	(1.4)	44	(1.1)	51	(1.2)	46	(0.6)

1. 調査回答者の最終学歴に関するデータは、ISCED 2011と比較しやすくするために再コード化している。
2. インディケータA1に掲載しているデータと比較すると、最終学歴による調査標本の分布に相違があるため、「合計」の値は非表示にしている。
資料：OECD（2018）。詳細は「資料」を参照。付録3の注を参照（http://dx.doi.org/10.1787/eag-2018-36-en）。
表中の省略記号については「利用にあたって」を参照。

StatLink：https://doi.org/10.1787/888933802646

インディケータA6：教育の社会的成果　　CHAPTER **A**

表A6.3. 環境に配慮する個人的責任があると考える成人の学歴別割合（2016年または2010～2014年）

欧州社会調査（ESS）及び世界価値観調査（WVS）、25～34歳人口

<table>
<tr><th colspan="2" rowspan="4"></th><th colspan="8">欧州社会調査(2016年)</th></tr>
<tr><th colspan="2">後期中等教育未満</th><th colspan="2">後期中等教育または高等教育以外の中等後教育</th><th colspan="2">高等教育</th><th colspan="2">合計</th></tr>
<tr><th>%</th><th>標準誤差</th><th>%</th><th>標準誤差</th><th>%</th><th>標準誤差</th><th>%</th><th>標準誤差</th></tr>
<tr><th>(1)</th><th>(2)</th><th>(3)</th><th>(4)</th><th>(5)</th><th>(6)</th><th>(7)</th><th>(8)</th></tr>
<tr><td rowspan="18">OECD加盟国</td><td>オーストリア[1,2]</td><td>65</td><td>(4.0)</td><td>66</td><td>(1.6)</td><td>72</td><td>(2.4)</td><td>q</td><td>q</td></tr>
<tr><td>ベルギー</td><td>76</td><td>(2.9)</td><td>74</td><td>(2.2)</td><td>74</td><td>(2.0)</td><td>74</td><td>(1.3)</td></tr>
<tr><td>チェコ共和国</td><td>43</td><td>(3.9)</td><td>55</td><td>(1.5)</td><td>65</td><td>(3.0)</td><td>55</td><td>(1.3)</td></tr>
<tr><td>エストニア</td><td>70</td><td>(3.9)</td><td>72</td><td>(1.7)</td><td>76</td><td>(2.0)</td><td>73</td><td>(1.2)</td></tr>
<tr><td>フィンランド</td><td>65</td><td>(4.8)</td><td>72</td><td>(2.1)</td><td>75</td><td>(1.7)</td><td>73</td><td>(1.3)</td></tr>
<tr><td>フランス</td><td>63</td><td>(3.6)</td><td>63</td><td>(1.9)</td><td>64</td><td>(2.2)</td><td>63</td><td>(1.3)</td></tr>
<tr><td>ドイツ[2]</td><td>70</td><td>(4.5)</td><td>72</td><td>(1.5)</td><td>76</td><td>(1.5)</td><td>q</td><td>q</td></tr>
<tr><td>アイスランド</td><td>59</td><td>(4.9)</td><td>59</td><td>(3.6)</td><td>70</td><td>(2.7)</td><td>64</td><td>(2.0)</td></tr>
<tr><td>アイルランド</td><td>61</td><td>(2.5)</td><td>61</td><td>(2.0)</td><td>68</td><td>(1.5)</td><td>64</td><td>(1.1)</td></tr>
<tr><td>イスラエル</td><td>68</td><td>(4.6)</td><td>62</td><td>(2.0)</td><td>59</td><td>(1.8)</td><td>61</td><td>(1.3)</td></tr>
<tr><td>オランダ</td><td>66</td><td>(3.1)</td><td>66</td><td>(2.4)</td><td>72</td><td>(2.2)</td><td>68</td><td>(1.4)</td></tr>
<tr><td>ノルウェー[2]</td><td>57</td><td>(5.8)</td><td>46</td><td>(2.7)</td><td>57</td><td>(2.1)</td><td>q</td><td>q</td></tr>
<tr><td>ポーランド[2]</td><td>74</td><td>(2.1)</td><td>80</td><td>(2.1)</td><td>77</td><td>(2.4)</td><td>q</td><td>q</td></tr>
<tr><td>スロベニア</td><td>87</td><td>(3.1)</td><td>85</td><td>(1.7)</td><td>89</td><td>(1.9)</td><td>86</td><td>(1.2)</td></tr>
<tr><td>スウェーデン[2]</td><td>64</td><td>(5.9)</td><td>62</td><td>(2.3)</td><td>65</td><td>(2.3)</td><td>q</td><td>q</td></tr>
<tr><td>スイス</td><td>84</td><td>(3.1)</td><td>78</td><td>(2.0)</td><td>75</td><td>(2.2)</td><td>78</td><td>(1.3)</td></tr>
<tr><td>イギリス</td><td>56</td><td>(2.9)</td><td>59</td><td>(2.7)</td><td>71</td><td>(1.9)</td><td>64</td><td>(1.4)</td></tr>
<tr><td>各国平均</td><td>66</td><td>(1.0)</td><td>67</td><td>(0.5)</td><td>71</td><td>(0.5)</td><td>69</td><td>(0.4)</td></tr>
<tr><td>OECD非加盟国</td><td>ロシア[1,2]</td><td>65</td><td>(5.6)</td><td>68</td><td>(2.5)</td><td>65</td><td>(1.3)</td><td>q</td><td>q</td></tr>
</table>

<table>
<tr><th rowspan="4"></th><th colspan="8">世界価値観調査(2010～2014年)</th></tr>
<tr><th colspan="2">後期中等教育未満</th><th colspan="2">後期中等教育または高等教育以外の中等後教育</th><th colspan="2">高等教育</th><th colspan="2">合計</th></tr>
<tr><th>%</th><th>標準誤差</th><th>%</th><th>標準誤差</th><th>%</th><th>標準誤差</th><th>%</th><th>標準誤差</th></tr>
<tr><th>(1)</th><th>(2)</th><th>(3)</th><th>(4)</th><th>(5)</th><th>(6)</th><th>(7)</th><th>(8)</th></tr>
<tr><td>チリ[1,3]</td><td>55</td><td>(3.1)</td><td>62</td><td>(2.4)</td><td>63</td><td>(2.9)</td><td>60</td><td>(1.6)</td></tr>
<tr><td>トルコ[1,3]</td><td>19</td><td>(2.9)</td><td>16</td><td>(1.9)</td><td>24</td><td>(2.2)</td><td>20</td><td>(1.3)</td></tr>
<tr><td>アメリカ合衆国[4]</td><td>55</td><td>(2.6)</td><td>52</td><td>(4.1)</td><td>61</td><td>(4.0)</td><td>55</td><td>(1.9)</td></tr>
<tr><td>各国平均</td><td>43</td><td>(1.6)</td><td>43</td><td>(1.7)</td><td>49</td><td>(1.8)</td><td>45</td><td>(0.9)</td></tr>
</table>

1. 調査回答者の最終学歴に関するデータは、ISCED 2011と比較しやすくするために再コード化している。
2. インディケータA1に掲載しているデータと比較すると、最終学歴による調査標本の分布に相違があるため、「合計」の値は非表示にしている。
3. 調査年は2012年。
4. 調査年は2011年。
資料：OECD（2018）。詳細は「資料」を参照。付録3の注を参照（http://dx.doi.org/10.1787/eag-2018-36-en）。
表中の省略記号については「利用にあたって」を参照。
StatLink：https://doi.org/10.1787/888933802665

CHAPTER A　教育機関の成果と教育・学習の効果

表A6.4. エネルギーの利用を減らす行動を個人として取っていると回答した成人の学歴別割合
（2016年または2010年）

欧州社会調査（ESS）及び国際社会調査プログラム（ISSP）、25～64歳人口

	欧州社会調査（2016年）							
	後期中等教育未満		後期中等教育または高等教育以外の中等後教育		高等教育		合計	
	%	標準誤差	%	標準誤差	%	標準誤差	%	標準誤差
	(1)	(2)	(3)	(4)	(5)	(6)	(7)	(8)
オーストリア[1,2]	61	(4.1)	62	(1.6)	73	(2.4)	q	q
ベルギー	73	(3.1)	72	(2.2)	78	(1.9)	75	(1.3)
チェコ共和国	57	(3.9)	61	(1.4)	65	(3.0)	62	(1.2)
エストニア	68	(4.0)	70	(1.7)	72	(2.1)	70	(1.3)
フィンランド	68	(4.7)	74	(2.0)	80	(1.6)	77	(1.2)
フランス	71	(3.4)	81	(1.5)	83	(1.8)	80	(1.1)
ドイツ[2]	68	(4.6)	82	(1.3)	87	(1.2)	q	q
アイスランド	57	(4.7)	57	(3.6)	63	(2.8)	60	(2.0)
アイルランド	63	(2.5)	68	(2.0)	72	(1.5)	69	(1.1)
イスラエル	49	(4.6)	59	(1.9)	62	(1.8)	60	(1.3)
オランダ	71	(2.9)	74	(2.2)	81	(2.0)	76	(1.3)
ノルウェー[2]	75	(5.0)	68	(2.5)	69	(1.9)	q	q
ポーランド[2]	62	(2.4)	77	(2.2)	72	(2.5)	q	q
スロベニア	77	(3.9)	78	(1.9)	79	(2.5)	79	(1.4)
スウェーデン[2]	62	(5.9)	66	(2.3)	73	(2.2)	q	q
スイス	75	(3.7)	77	(2.0)	77	(2.1)	77	(1.4)
イギリス	66	(2.8)	73	(2.5)	78	(1.7)	74	(1.3)
各国平均	66	(1.0)	71	(0.5)	74	(0.5)	71	(0.4)
ロシア[1,2]	39	(5.9)	51	(2.7)	46	(1.4)	q	q

	国際社会調査プログラム（2010年）							
	後期中等教育未満		後期中等教育または高等教育以外の中等後教育		高等教育		合計	
	%	標準誤差	%	標準誤差	%	標準誤差	%	標準誤差
	(1)	(2)	(3)	(4)	(5)	(6)	(7)	(8)
チリ[1]	38	(2.8)	42	(2.4)	46	(3.0)	42	(1.6)
ラトビア	21	(4.2)	16	(1.8)	26	(3.4)	19	(1.5)
ポルトガル	49	(2.5)	55	(4.1)	51	(4.1)	51	(1.9)
スロバキア共和国	37	(2.5)	41	(2.9)	42	(4.9)	39	(1.7)
スペイン[1]	43	(1.9)	46	(2.5)	50	(2.0)	46	(1.2)
トルコ	39	(1.7)	44	(3.0)	44	(4.4)	41	(1.4)
アメリカ合衆国[1]	44	(4.4)	38	(2.2)	46	(2.5)	42	(1.6)
各国平均	39	(1.1)	40	(1.1)	44	(1.4)	40	(0.6)

1. 調査回答者の最終学歴に関するデータは、ISCED 2011と比較しやすくするために再コード化している。
2. インディケータA1に掲載しているデータと比較すると、最終学歴による調査標本の分布に相違があるため、「合計」の値は非表示にしている。
資料：OECD（2018）。詳細は「資料」を参照。付録3の注を参照（http://dx.doi.org/10.1787/eag-2018-36-en）。
表中の省略記号については「利用にあたって」を参照。

StatLink：https://doi.org/10.1787/888933802684

インディケータ A7

成人教育への参加の平等度

- 「OECD国際成人力調査（Programme for the International Assessment of Adult Competencies, PIAAC）の一環である成人スキル調査（Survey of Adult Skills）に参加した国・地域では、学校教育や学校教育以外の教育への参加率は、学歴が高くなるにつれて上昇している。しかし、現居住国生まれの成人や外国生まれで25歳までに入国した成人は、外国生まれで26歳以降に入国した成人より急激に上昇している。
- 平均では、学校教育や学校教育以外の教育への参加率は、入国年齢が26歳以上である外国生まれの成人の方が、現居住国生まれの成人や入国年齢が25歳以下である外国生まれの成人よりやや低い。
- 全般的に見れば、就業していると学校教育や学校教育以外の教育への参加率は上昇するが、現居住国生まれの成人や入国年齢が25歳以下である外国生まれの成人の方が、入国年齢が26歳以上である外国生まれの成人より上昇幅がやや大きい。

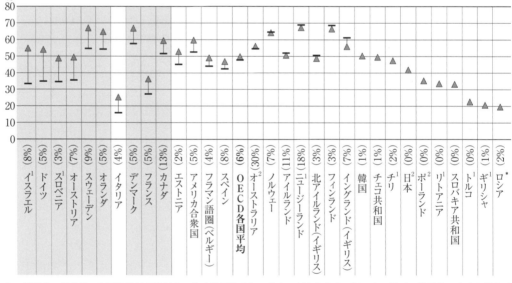

図A7.1. 現居住国生まれ／外国生まれの成人における
学校教育や学校教育以外の教育への参加率（2012年または2015年）

成人スキル調査、25〜64歳人口

注：括弧内の割合は、入国年齢が26歳以上である外国生まれの成人の割合を表す。網かけの範囲は統計的に有意な差を示す。記載していないデータがあるのは、対象数が少なすぎて信頼できる推定値を得られないためである。詳細は「定義」と「算定方法」を参照。
1. 調査年は2015年。その他の国・地域の調査年はすべて2012年。
2. 現居住国生まれの成人と外国生まれの成人を細分化するにあたって入国年齢を考慮に入れていないので、「現居住国生まれの成人」と「外国生まれの成人」の二つのカテゴリーを示す。
*「資料」の「成人スキル調査のロシアのデータについて」を参照。
左から順に、二つのグループの差が大きい国・地域。
資料：OECD（2018）。表A7.1。詳細は「資料」を参照。付録3の注を参照（http://dx.doi.org/10.1787/eag-2018-36-en）。
StatLink : https://doi.org/10.1787/888933802874

152

■ 政策との関連

インディケータ **A**7

成人教育は、成人が情報処理のキー・スキルを向上・維持する上で、またその他の知識やスキルを習得する上でも、生涯にわたって大きな役割を果たすと思われる。初期教育を修了した成人、それも特に、職業生活を通じて変化への適応が求められる労働者に、体系化された学習機会を提供し、その機会を利用しやすいものにすることは非常に重要である（OECD, 2013[1]）。

生涯教育は、個人的充足感、健康状態の向上、市民参加、社会的包摂といった経済面以外の目標達成にも貢献できる。社会統合には、個人が市民としての権利や責任を遂行し、社会生活からもたらされる恩恵を享受するのに必要な、基本的スキルや知識を備えていることが必須である。しかし、経済発展が同程度のOECD加盟国であっても、成人教育の活動や参加状況は国によって違いが大きい。これは、国ごとに学習文化や職場での学習機会、成人教育のしくみがかなり異なっていることを示唆している（Borkowsky, 2013[2]）。

本インディケータでは、初めて出生国（現居住国生まれか外国生まれか）別に学校教育や学校教育以外の教育への参加率を見ていき、旧版の『図表でみる教育OECDインディケータ』に掲載した成人教育と学習に関する分析を補完する。学校教育や学校教育以外の教育は、特に外国生まれの成人にとっては、受入国への統合過程で役立つとみられるので、教育レベルに関係なく重要である（OECD, 2017[3]）。受入国で話される言語の知識が不足している外国生まれの成人にとって、言語教育を受ける機会は欠かせない。すべての外国生まれの成人が受入国でスキルを活用したり、労働市場が求める新しいスキルを身につけたりするのを助けるには、別種の成人教育も必要である。

2015年のOECD/EU報告書『移民統合の指標2015：定住（*Indicators of Immigrant Integration 2015: Settling In*）』は、現居住国生まれの成人と外国生まれの成人の読解力に顕著な差があり、その差は受入国での滞在期間が長くなるほど縮小していることを明らかにしている。また、受入国の言語にあまり習熟していないことが、移民の学校教育や学校教育以外の教育への参加に影響を及ぼしている可能性があると結論付けている。外国生まれの成人は、現居住国生まれの成人と比べて、教育を必要としていると回答する頻度は高いが、教育や教育講座への参加は少ない傾向にある。参加が少ない主要な理由として、外国生まれの成人は、費用と必要な基準を満たしていないことの二つを挙げている（OECD/EU, 2015[4]）。

■ その他のハイライト

■ 学校教育や学校教育以外の教育への参加率をみると、当該国における、入国年齢が26歳以上である外国生まれの成人の全体的な割合や、学校教育や学校教育以外の教育への全体的な参加水準に関係なく、現居住国生まれの成人や入国年齢が25歳以下である外国生まれの成人と入国年齢が26歳以上である外国生まれの成人との間には、差が認められる。

CHAPTER A　教育機関の成果と教育・学習の効果

A7

■ 現居住国生まれの成人や入国年齢が25歳以下である外国生まれの成人と、入国年齢が26歳以上である外国生まれの成人との間で、学校教育や学校教育以外の教育への参加率に統計的に有意な差がある国では、就業者と高等教育修了者に細分類しても、ほとんどの場合、その差が統計的に有意である。

■ 注記

学校教育は成人教育の基盤となるが、受入国以外の学校教育制度に従ってきた者が、学校教育や学校教育以外の教育を受ける機会と恩恵を得ることも重要である。

外国生まれの成人は、教育への参加を阻むさまざまな障害に直面する恐れがある。例えば、別の国ですべてまたはほとんどの教育を受けた外国生まれの成人は、受入国で提供される教育の機会になじめず、結果的に、現居住国生まれの成人や若年齢で受入国に入国した成人より参加率が低くなることも考えられる。

出生国が学校教育や学校教育以外の教育への参加に与える影響を分析するにあたっては、いつ受入国に入国したかの情報を考慮に入れることが大事である。実際、入国年齢は（受入国の言語に関する知識、出生国、移住の理由、出生国の人間開発指数、学歴といった他の変動要因とともに）、外国生まれの成人と現居住国生まれの成人による学校教育や学校教育以外の教育への参加機会の差を評価する際にきわめて重要である。

本インディケータでは、分析対象を1）現居住国生まれの成人及び入国年齢が25歳以下である外国生まれの成人、2）入国年齢が26歳以上である外国生まれの成人の二つのグループに分けている。「現居住国生まれの成人」には当該国で生まれた成人が含まれるが、両親がその国で生まれたかどうかは考慮に入れていない。

■ 結果と解説

現居住国生まれの成人と外国生まれの成人における学校教育や学校教育以外の教育への参加率

成人スキル調査（「資料」を参照）に参加した国・地域の平均では、調査前12か月間に、成人（25～64歳人口）の約半数が、学校教育や学校教育以外の教育に参加しているが、この割合は、ギリシャ、イタリア、トルコ、ロシアの25%以下から、デンマーク、フィンランド、ニュージーランド、スウェーデンの65%超まで幅がある（表A7.1）。

すべての国で、現居住国生まれの成人及び入国年齢が25歳以下である外国生まれの成人の学校教育や学校教育以外の教育への参加率は、総人口の平均と同程度で、その差は1、2パーセントポイントである。入国年齢が26歳以上である外国生まれの成人の参加率は、現居住国生まれの成人及び入国年齢が25歳以下である外国生まれの成人より平均で約2パーセントポイント低い（図A7.1及び表A7.1）。

フィンランド、ニュージーランド、ノルウェーでは、学校教育や学校教育以外の教育への参加率は、現居住国生まれの成人及び入国年齢が25歳以下である外国生まれの成人と、入国年齢が26歳以上で

154

インディケータ A7：成人教育への参加の平等度　　CHAPTER A

ある外国生まれの成人のどちらも60％を超えている。これは、出生国に関わらず、学校教育や学校教育以外の教育全般への参加水準が高いことを示している。現居住国生まれの成人及び入国年齢が25歳以下である外国生まれの成人と、入国年齢が26歳以上である外国生まれの成人の両方のデータがある9か国では、2グループ間の参加率の差が統計的に有意である。これらすべての国で、入国年齢が26歳以上である外国生まれの成人は、現居住国生まれの成人及び入国年齢が25歳以下である外国生まれの成人より、学校教育や学校教育以外の教育への参加率が低い。とはいえ、入国年齢が26歳以上である外国生まれの成人の参加率が比較的高い水準にとどまっている国もある。カナダ、デンマーク、オランダ、スウェーデンでは、OECD加盟の国・地域の平均が48％であるのに対し、入国年齢が26歳以上である外国生まれの成人で学校教育や学校教育以外の教育への参加率が50％を超えている。対照的に、ドイツとイスラエルでは、二つのグループの差が15パーセントポイントで、入国年齢が26歳以上である外国生まれの成人の参加率が平均を下回る（図A7.1）。

学校教育や学校教育以外の教育への参加率の差は、入国年齢が26歳以上である外国生まれの成人の割合には影響されていない。例えばオーストリアとノルウェーでは、外国生まれの成人の7％が26歳以上で入国している。ノルウェーでは、25歳までに入国した成人と26歳以上で入国した成人の参加率にほとんど差はなく、両グループとも参加率は平均より高い。オーストリアでは、現居住国生まれの成人及び入国年齢が25歳以下である外国生まれの成人の約50％が、学校教育や学校教育以外の教育に参加しているが、入国年齢が26歳以上である外国生まれの成人ではこの割合がそれより約15パーセントポイント小さい。このことから、両グループに等しい機会を提供することに成功して高い参加率を保っている国がある一方で、入国年齢が26歳以上である外国生まれの成人が取り残されているように思われる国もあることが窺える（図A7.1）。

現居住国生まれの成人と外国生まれの成人における学校教育と学校教育以外への参加率（就業状況別）

成人スキル調査に参加したOECD加盟の国・地域の平均では、25～64歳人口の50％が調査前12か月間に学校教育や学校教育以外の教育に参加したと回答している。平均では、就業者の参加率（58％）は、失業者（43％）や求職していない非労働力人口（22％）より高い（表A7.1及び表A7.2）。

就業状況が同じでも、外国生まれの成人と現居住国生まれの成人の間には、参加率の違いがある。OECD加盟の国・地域の平均では、入国年齢が26歳以上である外国生まれの就業者は、学校教育や学校教育以外の教育への参加率が52％で、現居住国生まれの成人及び入国年齢が25歳以下である外国生まれの就業者より7パーセントポイント低い。この7パーセントポイントという平均値の差は統計的に有意であり、成人全体の平均的な差の約3倍である（図A7.1及び図A7.2）

データのある21の国・地域のうち11の国・地域では、現居住国生まれの成人及び入国年齢が25歳以下である外国生まれの成人と、入国年齢が26歳以上である外国生まれの成人との参加率の差が、統計的に有意である。フラマン語圏（ベルギー）、イタリア、スペインでは、二つのグループの差は、就業者について見ると統計的に有意になる。11の国・地域のすべてで、入国年齢が26歳以上である外国生まれの就業者は、現居住国生まれの就業者及び入国年齢が25歳以下である外国生まれの就業者より、学校教育や学校教育以外の教育への参加率が低い。参加率の差は、デンマークの10パーセントポイントからフランス、ドイツ、イスラエル、スロベニアの20パーセントポイント超まで幅がある。また、11の国・地域のすべてにおいて、就業状況に関係なく成人全体について見た場合より、

155

CHAPTER A　教育機関の成果と教育・学習の効果

図A7.2. 現居住国生まれ／外国生まれの就業者における学校教育や学校教育以外の教育への参加率（2012年または2015年）

成人スキル調査、25～64歳人口

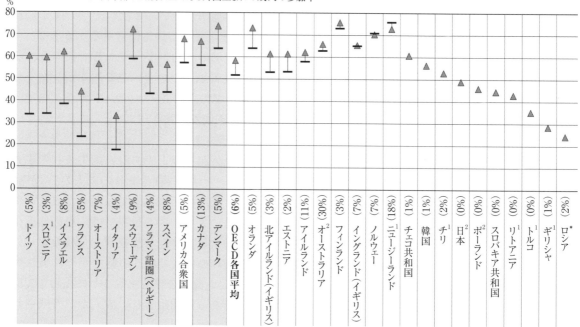

注：括弧内の割合は、入国年齢が26歳以上である外国生まれの成人の割合を表す。網かけの範囲は統計的に有意な差を示す。記載していないデータがあるのは、対象数が少なすぎて信頼できる推定値を得られないためである。詳細は「定義」と「算定方法」を参照。
1. 調査年は2015年。その他の国・地域の調査年はすべて2012年。
2. 現居住国生まれと外国生まれの成人を細分化するにあたって入国年齢を考慮に入れていないので、「現居住国生まれの成人」と「外国生まれの成人」の二つのカテゴリーを示す。
*「資料」の「成人スキル調査のロシアのデータについて」を参照。
左から順に、二つのグループの差が大きい国・地域。
資料：OECD（2018）。表A7.2。詳細は「資料」を参照。付録3の注を参照（http://dx.doi.org/10.1787/eag-2018-36-en）。
StatLink : https://doi.org/10.1787/888933802893

就業者について見た場合の方が差は大きい（図A7.1及び図A7.2）。

就業者の間で特に差が大きい理由の一つとして、就業していると、参加率は、入国年齢が26歳以上である外国生まれの成人ではたいして上昇しないが、現居住国生まれの成人及び入国年齢が25歳以下である外国生まれの成人では上昇することが考えられる。OECD加盟の国・地域の平均では、入国年齢が26歳以上である外国生まれの就業者の参加率（52%）は、入国年齢が26歳以上である外国生まれの成人全体の参加率（48%）を4パーセントポイント上回るにとどまっている。一方、現居住国生まれの就業者及び入国年齢が25歳以下である外国生まれの就業者の参加率（58%）は、現居住国生まれの成人及び入国年齢が25歳以下である外国生まれの成人全体の参加率（50%）を8パーセントポイント上回り、差が統計的に有意である（図A7.1及び図A7.2）。

このことから、就業は、全体としては学校教育や学校教育以外の教育への参加率にプラス効果を与えるが、入国年齢が26歳以上である外国生まれの成人は、学校教育や学校教育以外の教育への参加機会という点で、就業による利益をあまり享受していないことがわかる。フランスとスペインでは、現

インディケータA7：成人教育への参加の平等度　CHAPTER A

居住国生まれの成人及び入国年齢が25歳以下である外国生まれの成人と入国年齢が26歳以上である外国生まれの成人との、学校教育や学校教育以外の教育への参加率の差は、就業者の間で特に大きい（図A7.1及び図A7.3）。これは、低技能職の従事者は概して成人教育への参加率が低いことと関係していると思われる。フランスとスペインでは、入国年齢が26歳以上である外国生まれの成人の多くが低学歴であり、最終的に低技能職に就いているとみられる。

現居住国生まれの成人と外国生まれの成人における学校教育や学校教育以外の教育への参加率（学歴別）

成人スキル調査に参加したOECD加盟の国・地域の平均では、高等教育修了者の70%が調査前12か月間に学校教育や学校教育以外の教育に参加している。この割合は、後期中等教育未修了者（26%）や後期中等教育または高等教育以外の中等後教育修了者（46%）の参加率よりはるかに高い（表A7.3）。

入国年齢が26歳以上である外国生まれの成人は、同等レベルの学歴をもつ成人の間でも、現居住国生まれの成人及び入国年齢が25歳以下である外国生まれの成人より参加率が低い。OECD加盟の国・

図A 7.3. 現居住国生まれ／外国生まれの高等教育修了者における学校教育や学校教育以外の教育への参加率（2012年または2015年）

成人スキル調査、25～64歳人口

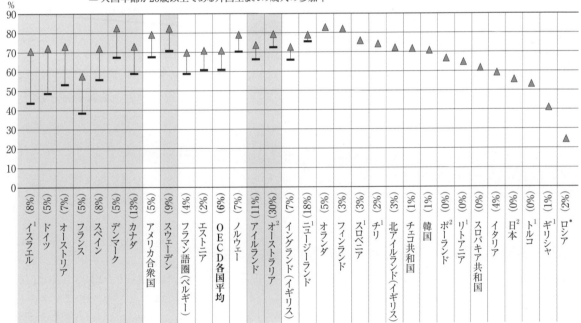

注：括弧内の割合は、入国年齢が26歳以上である外国生まれの成人の割合を表す。網かけの範囲は統計的に有意な差を示す。記載していないデータがあるのは、対象数が少なすぎて信頼できる推定値を得られないためである。詳細は「定義」と「算定方法」を参照。
1. 調査年は2015年。その他の国・地域の調査年はすべて2012年。
2. 現居住国生まれと外国生まれの成人を細分化するにあたって入国年齢を考慮に入れていないので、「現居住国生まれの成人」と「外国生まれの成人」の二つのカテゴリーを示す。
*「資料」の「成人スキル調査のロシアのデータについて」を参照。
左から順に、二つのグループの差が大きい国・地域。
資料：OECD (2018). 表A7.3. 詳細は「資料」を参照。付録3の注を参照（http://dx.doi.org/10.1787/eag-2018-36-en）。
StatLink : https://doi.org/10.1787/888933802912

CHAPTER A　教育機関の成果と教育・学習の効果

地域の平均では、入国年齢が26歳以上である外国生まれの高等教育修了者は学校教育や学校教育以外の教育への参加率が61％で、現居住国生まれ及び入国年齢が25歳以下である外国生まれの高等教育修了者より10パーセントポイント低い（図A7.3）。

現居住国生まれの成人及び入国年齢が25歳以下である外国生まれの成人と、入国年齢が26歳以上である外国生まれの成人との参加率の差は、データのある16か国中10か国で統計的に有意である。これらの国では、その差はオーストラリアとアイルランドの7パーセントポイントからイスラエルの27パーセントポイントまで幅がある。オーストリア、フランス、ドイツ、スペインでも、その差が15パーセントポイントを超えている（図A7.3）。

OECD加盟の国・地域の平均では、入国年齢が26歳以上である外国生まれの高等教育修了者は、入国年齢が26歳以上である外国生まれの成人全体より、参加率が13パーセントポイント高い。しかし、現居住国生まれの成人及び入国年齢が25歳以下である外国生まれの成人では、この差がもっと大きく（21パーセントポイント）、高等教育が現居住国生まれの成人及び入国年齢が25歳以下である外国生まれの成人に与える影響が、入国年齢が26歳以上である外国生まれの成人に与える影響より大きいことを示している。フランスとスペインでは、両グループの参加率の差が、成人全体の差より10パーセントポイント以上大きい（図A7.1及び図A7.3）

コラムA7.1. OECD加盟国の積極的労働市場政策

積極的労働市場政策（Active Labor Market Programmes, ALMPs）は、求職者の雇用適正と意欲を高め、所得を得る機会を拡大させて、労働市場が効率的に機能するよう支援することを目指すものである（OECD, 2015[5]; OECD, 2017[6]）。ALMPsには、労働市場サービス（就職斡旋や関連サービス、給付金の管理など）や労働市場プログラム（訓練、雇用奨励金、直接的雇用創出、起業奨励金など）が含まれる（OECD, 2017[6]）。

データをみると、訓練プログラムが参加者の雇用と所得に長期的な影響を与えていることがわかる。しかし、最大限の効果を上げるには、訓練プログラムが市場のニーズに合致していることが重要であるため、こうしたプログラムには雇用主のニーズも反映すべきである（OECD, 2015[5]）。

積極的労働市場政策の一環としての訓練に対する各国の投資

労働市場プログラムに関するOECDデータベース（OECD Database on Labour Market Programmes）は、さまざまな労働市場プログラムへの参加と支出の傾向に関するデータを提供しており、その一つが訓練プログラムに関するデータである。図A7.aをみると、訓練プログラムに対する支出の対GDP比が最も大きいのはオーストリア、デンマーク、フィンランドで、0.40％を超えている。一方、オーストラリア、ハンガリー、日本、メキシコ、ポーランド、スロバキア共和国、イギリスは、ALMPsの一環としての訓練プログラムに対する公的支出が特に少なく、GDPの0.02％に満たない。

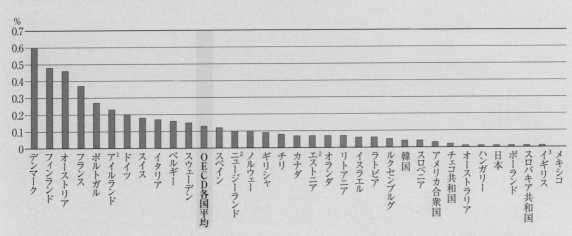

図A7.a. 積極的労働市場政策の一環としての訓練プログラムに対する公的支出の対GDP比

1. 2014年から2015年までの変化に影響している主な要因は、2015年のGDPの大幅な増加である。この増加に関する詳細については、www.cso.ie/en/media/csoie/newsevents/documents/pr_GDPexplanatorynote.pdf. Inで閲覧可能。アイルランドは2016年に、アイルランド経済の測定規模に不相応な影響を及ぼしているグローバル化の効果を排除するとして、経済統計審査部会が推奨していたGNIの修正を行った。
2. 調査年は2014年。
3. 調査年は2011年。

左から順に、ALMPsの一環としての訓練プログラムに対する公的支出の対GDP比が大きい国。
資料：OECD (2018). Labour Market Programmes; Public expenditure and participant stocks on LMP (https://stats.oecd.org/Index.aspx?DataSetCode=LMPEXP#)。

StatLink：https://doi.org/10.1787/888933802931

いくつかの国は、他の種類のALMPsに対する支出が多い。例えばスウェーデンは、雇用奨励金に対GDP比で0.60%を支出し、ハンガリーは直接的雇用創出に対GDP比で0.74%を充てている。とはいえ、OECD加盟国の平均では、すべてのALMPsに対する公的支出の25%を訓練プログラムが占め、訓練プログラムに対する公的支出とALMPs全体に対する公的支出との間に、高い相関関係がみられる。

失業率が高い時期の積極的訓練プログラム

景気低迷時にはALMPsに大きなプラス効果があることについては合意が形成されていないが、再雇用との正の相関を示した研究結果もある。ノードランドは、スウェーデンでは訓練プログラムが景気状況に関係なくプラス効果をもたらしていることを示した（Nordlund, 2011[7]）。しかし、景気低迷中は、仕事を見つけるのが困難な時期に求職者が労働市場に戻るのを遅らせるつなぎ効果があるため、訓練プログラムは有益である。ドイツでは、レヒナー、ミーケル、ヴンシュ（Lechner, Miquel and Wunsch, 2011[8]）によって、失業率が高かった1990年代に、訓練プログラムへの参加が長期的なプラス効果をもたらしたことが明らかにされている。とはいえ、これらの調査結果から概括することはできない。ヴンシュとレヒナー（Wunsch and Lechner, 2008[9]）は、2000年代に打ち出された一連の同様のプログラムで、訓練参加者が定職を見つける可能性を高められなかったことを発見し、プログラム、参加者、課題のプロセスの質や、労働市場のある種の特性などが大きな影響を与えると結論付けた。数種類のALMPsに関する137の評価結果を分析したメタ研究では、プログラムへの参加時点での労働市場における失業率の高

図A7.b. 積極的労働市場政策の訓練プログラムと積極的労働市場政策全体に対する公的支出の対GDP比の推移（2004〜2015年）

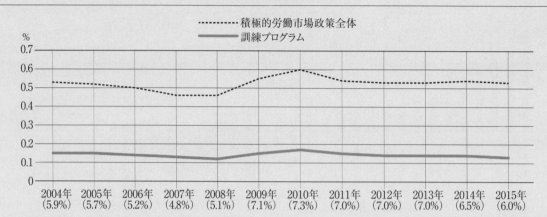

注：括弧内の割合は、25〜64歳人口の加重平均失業率を表す。
資料：OECD（2018）．Labour Market Programmes; Public expenditure and participant stocks on LMP（https://stats.oecd.org/Index.aspx?DataSetCode=LMPEXP#）．
StatLink：https://doi.org/10.1787/888933802950

さが、予測されるプラス効果が実現する著しく高い可能性と関連しているとの結果が出ている（Kluve, 2010[10]）。

図A7.bは、ALMPsに対する公的支出と、もっと具体的に、訓練プログラムに対する公的支出の平均の2004〜2015年の推移を示している。ALMPs全体に対する公的支出は、2008年の対GDP比0.46%から2010年の0.60%へと増加し、それと並行して、訓練プログラムに対する公的支出は2008年の対GDP比0.12%から2010年の0.17%へと変化している。このことから、ALMPsと訓練プログラムに対する公的支出が同様の傾向に従い、失業率上昇の影響を受けて、それぞれ2008年から2010年の間に30%増加しているのがわかる。

OECD加盟国の平均では、訓練プログラムに対する支出は、経済状況に関係なく、常にALMPsに対する総支出の約25%を占めている。平均すると、訓練プログラムへの公的支出はALMPsへの総支出と連動しているが、資源の配分の点で各国内の推移にはばらつきがあり、2008年から2009年にかけていくつか重要な変化がある。例えば、カナダ、エストニア、ラトビア、ポルトガル、スロベニアでは、ALMPsの予算に占める訓練プログラムの割合が10パーセントポイント以上増加しているが、これは主に、制度化された訓練に対する支出の増加が原因である。ポーランドでは同時期に、この割合が15パーセントポイント減少しているが、その原因は見習い訓練プログラムへの特別支援が削減されたためである（OECD, 2017[6]）。

インディケータA7：成人教育への参加の平等度　　CHAPTER **A**

A7

学校教育や学校教育以外の教育への参加率は、学歴が低くなるにつれて低下する。これは、現居住国生まれの成人と外国生まれの成人における学校教育や学校教育以外の教育への学歴別参加率のデータがある国・地域のどちらのグループにも当てはまる。その差が統計的に有意な7カ国すべてで、後期中等教育または高等教育以外の中等後教育修了者では、入国年齢が26歳以上である外国生まれの成人は、現居住国生まれの成人及び入国年齢が25歳以下である外国生まれの成人より、学校教育や学校教育以外の教育への参加率が低い。ドイツ、イスラエル、イタリアでは、この差が20パーセントポイントを超え最大である（表A7.3）。

後期中等教育未満になると、入国年齢が26歳以上である外国生まれの成人の参加率の推定値がある国は少数にとどまる。だが、データのある国では、現居住国生まれの成人及び入国年齢が25歳以下である外国生まれの成人と、入国年齢が26歳以上である外国生まれの成人のどちらも、高学歴の成人と比べて参加率が低い傾向がある。入国年齢が26歳以上である外国生まれの成人の方が、現居住国生まれの成人及び入国年齢が25歳以下である外国生まれの成人より、学校教育や学校教育以外の教育への参加率が高い国もあるが、データのあるすべての国で、その差は統計的に有意ではない（表A7.3）。

前述のように、調査対象国の大半では、参加率の差が最も大きいのは高等教育修了者間である。この差は、入国年齢が26歳以上である外国生まれの高学歴の成人が、受入国の言語を習得していなかったり、労働市況の動きに対する理解が乏しかったりした場合に、スキルを活かしにくいことと関係があると思われる。こうした状況は、低い就業率や低賃金の仕事への就職につながって、雇用主が支援する訓練を外国生まれの成人が受ける機会を妨げかねない。OECD/EU報告書「移民統合の指標2015：定住」（OECD/EU, 2015[4]）によると、移民、中でも最近入国した移民は、学歴レベルに関係なく、受入国生まれの成人より受入国の言語の読解力が著しく低い。その言語が国境を越えて広く使用されていない受入国では特に、高等教育修了資格が習熟度の保証になっていない（OECD, 2015[5]）。外国生まれの成人は異なる言語及び教育的背景を持つので、統合を成功させたければ、個々に合った方策を提供することが大事である。外国生まれの成人の言語スキルが労働市場で十分に活かされない場合には、言語の障壁に対処するのに学校教育や学校教育以外の教育プログラムを提供するだけでは不十分である。語学の授業と職業統合プログラムを組み合わせれば、労働市場のニーズにより適切に応じて、結果的にもっと成功した形で迅速に就業への移行を進められると思われる（OECD, 2017[3]）。

■ 定義

成人とは25～64歳人口を指す。

成人教育・訓練：学校教育とは、学校、大学など、正規の教育機関の制度内で提供される計画的な教育のことであり、通常は、児童や若年者を対象とするフルタイム教育の連続した「教育段階」からなる。提供者は、公的部門あるいは民間部門である。学校教育以外の教育とは、厳密には前述の「学校教育」の定義にあてはまらないものの、継続的に実施される教育活動である。したがって、**学校教育以外の教育**は、教育機関の内外どちらでも行われる場合があり、またあらゆる年齢層を対象とすることが考えられる。国の状況によっては、成人の識字教育や非就学児童への基礎教育、生活技能・労働技能・文化全般に関わるプログラムを含む場合もある。成人スキル調査では、公開講座や遠隔学習、

161

CHAPTER **A**　教育機関の成果と教育・学習の効果

A₇

個人指導、実地訓練（OJT）のために組織的な活動、ワークショップ、セミナーなど、学校教育以外の教育として考えられる活動のリストを用いて、過去12か月間に参加した学習活動をすべて挙げるよう回答者に求めている。こうした学習活動の中には、短期的なものもあると考えられる。

教育段階：後期中等教育未満はISCED-97のISCED 0、ISCED 1、ISCED 2、ISCED 3Cの短期プログラムに相当し、**後期中等教育または高等教育以外の中等後教育**はISCED-97のISCED 3A、ISCED 3B、ISCED 3Cの長期プログラム、ISCED 4に相当する。**高等教育**はISCED-97のISCED 5A、ISCED 5B、ISCED 6に相当する。

■ 算定方法

分子が5人未満、あるいは分母が30人未満の観測値は、表中では「c」に置き換えている。チリ、チェコ共和国、ギリシャ、日本、韓国、リトアニア、ポーランド、ロシア、スロバキア共和国、トルコでは、対象数が少なすぎて、「入国年齢が26歳以上である外国生まれの成人」に関して信頼できる推定値を得られない。現居住国生まれの成人及び入国年齢が25歳以下である外国生まれの成人における学校教育や学校教育以外の教育への参加率は、各国間の比較を行うために図に記載している。

オーストラリア、日本、ポーランドについては、現居住国生まれの成人と外国生まれの成人との細分化にあたって、入国年齢に関するデータを考慮に入れていないため、二つのグループは、入国時の年齢に関係なく、現居住国生まれの成人と外国生まれの成人である。

成人スキル調査で選択可能な言語は、外国生まれの成人の多くが同じ背景を持つ諸国でも違いがある。例えば、オーストリアとドイツでは、外国生まれの成人に占めるトルコ人の割合がかなり大きいが、背景調査がトルコ語に対応しているのはオーストリアだけで、ドイツはトルコ語に非対応である。

いくつかの国では、回答者は背景調査の公式翻訳の他に通訳サポートも提供された。例えばスウェーデンでは、回答者がスウェーデン語に十分に習熟していない場合は、背景調査の聞き取りに通訳が同席した。

国によっては、受入国の言語に習熟していない外国生まれの成人は、調査対象から除外されている。

本インディケータのデータはすべて、コラムA7.1を除き、OECDによる「国際成人力調査（Programme for the International Assessment of Adult Competencies, PIAAC）」の一環で実施された成人スキル調査から得ている。成人スキル調査は、移民人口の分析を特に目的にしたものではないため、入国年齢が26歳以上である外国生まれの成人の標本数が少ない場合があり、標準誤差や統計的に有意な差を考慮に入れ、慎重にデータを解釈する必要がある。

各国の注記については付録3を参照（http://dx.doi.org/10.1787/eag-2018-36-en）。

リトアニアは、本書を編集時にはOECD加盟国ではなかったので、OECD加盟国リストには記載せず、OECD加盟国の総計に含めていない。

インディケータ A7：成人教育への参加の平等度　**CHAPTER A**

■ 資料

データはすべて、コラム A7.1 を除き、OECD による「国際成人力調査（Programme for the International Assessment of Adult Competencies, PIAAC）」の一環で実施された成人スキル調査に基づく。

イスラエルのデータについて

イスラエルの統計データは、イスラエル政府関係当局により、その責任の下で提供されている。OECD における当該データの使用は、ゴラン高原、東エルサレム、及びヨルダン河西岸地区のイスラエル入植地の国際法上の地位を害するものではない。

成人スキル調査のロシアのデータについて

ロシアの標本には、モスクワ市（Moscow municipal area）の住民が含まれていないことに注意する必要がある。すなわち、発表されたデータは、ロシアの16〜65歳の全人口を表すものではなく、モスクワ市を除くロシアの人口に関するものとなっている。ロシア及びその他の国のデータについての詳細は、『成人スキル調査テクニカル・レポート（*Technical Report of the Survey of Adult Skills*)』（OECD, 2016[11]）を参照。

■ 参考資料

Borkowsky, A. (2013), "Monitoring adult learning policies: A theoretical framework and indicators", *OECD Education Working Papers*, No. 88, OECD Publishing, Paris, http://dx.doi.org/10.1787/5k4c0vxjlkzt-en. [2]

Kluve, J. (2010), "The effectiveness of European active labor market programs", *Labour Economics*, Vol. 17/6, pp. 904-918, http://dx.doi.org/10.1016/J.LABECO.2010.02.004. [10]

Lechner, M., R. Miquel and C. Wunsch (2011), "Long-run effects of public sector sponsored training in West Germany", *Journal of the European Economic Association*, Vol. 9/4, pp. 742-784, http://dx.doi.org/10.1111/j.1542-4774.2011.01029.x. [8]

Nordlund, M. (2011), "What works best when? The role of active labour market policy programmes in different business cycles", *International Journal of Social Welfare*, Vol. 20/1, pp. 43-54, http://dx.doi.org/10.1111/j.1468-2397.2009.00683.x. [7]

OECD (2017), *International Migration Outlook 2017*, OECD Publishing, Paris, http://dx.doi.org/10.1787/migr_outlook-2017-en. [3]

OECD (2017), *Labour Market Programmes Database - Public expenditure and participant stocks on LMP*, https://stats.oecd.org/Index.aspx?DataSetCode=LMPEXP (accessed on 28 November 2017). [6]

OECD (2016), *Technical Report of the Survey of Adult Skills (PIAAC), 2nd Edition*, OECD, Paris, www.oecd.org/skills/piaac/PIAAC_Technical_Report_2nd_Edition_Full_Report.pdf. [11]

OECD (2015), *OECD Employment Outlook 2015*, OECD Publishing, Paris, http://dx.doi.org/10.1787/empl_outlook-2015-en. [5]

OECD (2013), *OECD Skills Outlook 2013 : First results from the Survey of Adult Skills*, OECD Publishing, Paris, http://dx.doi.org/10.1787/9789264204256-en.（『OECD成人スキル白書：第 [1]

1回国際成人力調査（PIAAC）報告書＜OECDスキル・アウトルック2013年版＞』経済協力開発機構（OECD）編著、矢倉美登里, 稲田智子, 来田誠一郎訳、明石書店、2014年）

OECD/EU (2015), *Indicators of Immigrant Integration 2015: Settling In*, OECD Publishing, Paris, http://dx.doi.org/10.1787/9789264234024-en. [4]

Wunsch, C. and M. Lechner (2008), "What did all the money do? On the general ineffectiveness of recent West German labour market programmes", *Kyklos,* Vol. 61/1, pp. 134-174, http://dx.doi.org/10.1111/j.1467-6435.2008.00396.x. [9]

■ インディケータA1の表*

- 表A7.1. 現居住国生まれ／外国生まれの成人における学校教育や学校教育以外の教育への男女別参加率ならびに人口構成（2012年または2015年）
- 表A7.2. 現居住国生まれ／外国生まれの成人における学校教育や学校教育以外の教育への参加率（就業状況別）（2012年または2015年）
- 表A7.3. 現居住国生まれ／外国生まれの成人における学校教育や学校教育以外の教育への参加率（学歴別）（2012年または2015年）

* 更新データはホームページで確認可能（http://dx.doi.org/10.1787/eag-data-en）。詳細な内訳もEducation at a Glance Database（http://stats.oecd.org/）で確認可能。

インディケータ A7：成人教育への参加の平等度　**CHAPTER A**

表A7.1. 現居住国生まれ／外国生まれの成人における学校教育や学校教育以外の教育への男女別参加率ならびに人口構成（2012年または2015年）

成人スキル調査、25～64歳人口

	学校教育や学校教育以外の教育への参加率														人口構成			
	現居住国生まれの成人及び入国年齢が25歳以下である外国生まれの成人						入国年齢が26歳以上である外国生まれの成人											
	男性		女性		男女合計		男性		女性		男女合計		成人全体		現居住国生まれの成人及び入国年齢が25歳以下である外国生まれの成人		入国年齢が26歳以上である外国生まれの成人	
	%	標準誤差	%	標準誤差	%	標準誤差	%	標準誤差	%	標準誤差	%	標準誤差	%	標準誤差	%	標準誤差	%	標準誤差
	(1)	(2)	(3)	(4)	(5)	(6)	(7)	(8)	(9)	(10)	(11)	(12)	(13)	(14)	(15)	(16)	(17)	(18)
国																		
オーストラリア[1]	57	(1.2)	55	(1.1)	56	(0.9)	57	(2.1)	52	(1.9)	55	(1.4)	56	(0.7)	70	(0.7)	30	(0.7)
オーストリア	51	(1.2)	48	(1.1)	49	(0.7)	41	(4.9)	29	(4.9)	36	(3.8)	48	(0.7)	93	(0.4)	7	(0.4)
カナダ	60	(0.8)	59	(0.8)	59	(0.6)	52	(2.5)	51	(1.8)	52	(1.7)	58	(0.6)	87	(0.4)	13	(0.4)
チリ[2]	53	(2.2)	42	(2.1)	48	(1.9)	c	c	c	c	c	c	47	(1.9)	98	(0.9)	2	(0.9)
チェコ共和国	53	(1.7)	46	(1.3)	50	(1.2)	c	c	c	c	c	c	50	(1.2)	99	(0.3)	1	(0.3)
デンマーク	64	(1.0)	69	(0.9)	67	(0.7)	54	(3.2)	61	(2.8)	58	(2.2)	66	(0.6)	95	(0.1)	5	(0.1)
エストニア	48	(1.0)	57	(0.9)	53	(0.7)	c	c	42	(4.7)	45	(3.9)	53	(0.7)	98	(0.2)	2	(0.2)
フィンランド	63	(1.0)	70	(1.1)	66	(0.7)	c	c	c	c	69	(5.0)	66	(0.7)	97	(0.2)	3	(0.2)
フランス	37	(0.8)	36	(0.9)	36	(0.6)	23	(3.3)	31	(3.5)	27	(2.5)	36	(0.6)	95	(0.2)	5	(0.2)
ドイツ	57	(1.3)	51	(1.4)	54	(1.1)	39	(6.4)	32	(5.2)	35	(4.0)	53	(1.0)	95	(0.4)	5	(0.4)
ギリシャ[2]	22	(1.1)	19	(1.0)	21	(0.8)	c	c	c	c	c	c	20	(0.8)	99	(0.3)	1	(0.3)
アイルランド	52	(1.2)	49	(1.0)	51	(0.8)	56	(3.7)	48	(3.3)	52	(2.4)	51	(0.7)	89	(0.5)	11	(0.5)
イスラエル[2]	54	(1.1)	55	(1.2)	55	(0.8)	39	(5.3)	29	(3.6)	33	(3.5)	53	(0.8)	92	(0.4)	8	(0.4)
イタリア	27	(1.5)	23	(1.0)	25	(1.0)	c	c	18	(6.2)	16	(4.4)	25	(1.0)	96	(0.4)	4	(0.4)
日本[1]	48	(1.1)	35	(0.9)	42	(0.8)	c	c	c	c	c	c	42	(0.8)	100	(0.1)	0	(0.1)
韓国	54	(1.1)	46	(1.0)	50	(0.8)	c	c	c	c	c	c	50	(0.8)	99	(0.1)	1	(0.1)
オランダ	67	(1.1)	62	(1.0)	65	(0.6)	55	(6.0)	53	(5.8)	54	(4.1)	64	(0.6)	95	(0.4)	5	(0.4)
ニュージーランド[2]	68	(1.2)	67	(1.3)	67	(0.9)	71	(3.0)	67	(2.8)	69	(2.3)	68	(0.8)	82	(0.7)	18	(0.7)
ノルウェー	63	(1.1)	66	(1.1)	64	(0.8)	66	(3.8)	63	(4.5)	65	(2.8)	64	(0.7)	93	(0.4)	7	(0.4)
ポーランド[1]	35	(1.1)	36	(1.1)	35	(0.8)	c	c	c	c	c	c	35	(0.8)	100	(0.0)	0	(0.0)
スロバキア共和国	34	(1.2)	32	(1.1)	33	(0.8)	c	c	c	c	c	c	33	(0.8)	100	(0.1)	0	(0.1)
スロベニア[2]	47	(1.1)	50	(1.0)	49	(0.8)	32	(5.7)	c	c	35	(4.3)	48	(0.8)	97	(0.3)	3	(0.3)
スペイン	47	(0.9)	46	(1.1)	47	(0.7)	48	(4.2)	38	(3.9)	42	(2.9)	47	(0.7)	92	(0.3)	8	(0.3)
スウェーデン	65	(1.2)	69	(1.1)	67	(0.8)	48	(4.3)	61	(4.4)	55	(2.9)	66	(0.8)	91	(0.4)	9	(0.4)
トルコ[2]	29	(1.2)	16	(1.1)	23	(0.8)	c	c	c	c	c	c	23	(0.8)	100	(0.1)	0	(0.1)
アメリカ合衆国	59	(1.6)	60	(1.4)	60	(1.1)	62	(6.4)	45	(5.8)	53	(3.4)	59	(1.1)	95	(0.4)	5	(0.4)
地域																		
フラマン語圏（ベルギー）	49	(1.3)	49	(1.1)	49	(0.8)	c	c	52	(5.2)	44	(4.4)	49	(0.8)	96	(0.3)	4	(0.3)
イングランド（イギリス）	58	(1.4)	54	(1.1)	56	(0.9)	61	(5.5)	61	(4.6)	61	(3.5)	56	(0.9)	93	(0.4)	7	(0.4)
北アイルランド（イギリス）	48	(1.5)	49	(1.2)	49	(1.0)	c	c	56	(7.5)	51	(5.4)	49	(0.9)	97	(0.4)	3	(0.4)
OECD各国平均	51	(0.2)	49	(0.2)	50	(0.2)	50	(1.1)	47	(1.0)	48	(0.8)	50	(0.2)	94	(0.1)	6	(0.1)
リトアニア[2]	30	(1.4)	36	(1.3)	34	(0.8)	c	c	c	c	c	c	34	(0.8)	100	(0.1)	0	(0.1)
ロシア*	16	(1.6)	23	(2.0)	20	(1.6)	c	c	c	c	c	c	20	(1.6)	98	(0.4)	2	(0.4)

OECD加盟国 ／ OECD非加盟国

1. 現居住国生まれと外国生まれの成人を細分化するにあたって入国年齢を考慮に入れていないので、「現居住国生まれの成人」と「外国生まれの成人」の二つのカテゴリーを示す。
2. 調査年は2015年。その他の国・地域の調査年はすべて2012年。
* 「資料」の「成人スキル調査のロシアのデータについて」を参照。
資料：OECD（2018）。詳細は「資料」を参照。付録3の注を参照（http://http://dx.doi.org/10.1787/eag-2018-36-en）。
表中の省略記号については、「利用にあたって」を参照。

StatLink : https://doi.org/10.1787/888933802817

CHAPTER A　教育機関の成果と教育・学習の効果

表A7.2. 現居住国生まれ／外国生まれの成人における学校教育や学校教育以外の教育への参加率（就業状況別）（2012年または2015年）

成人スキル調査、25〜64歳人口

	就業者の参加率						失業者の参加率		非労働力人口の参加率	
	現居住国生まれの成人及び入国年齢が25歳以下である外国生まれの成人		入国年齢が26歳以上である外国生まれの成人		成人全体		現居住国生まれの成人及び入国年齢が25歳以下である外国生まれの成人		現居住国生まれの成人及び入国年齢が25歳以下である外国生まれの成人	
	%	標準誤差	%	標準誤差	%	標準誤差	%	標準誤差	%	標準誤差
	(1)	(2)	(3)	(4)	(5)	(6)	(7)	(8)	(13)	(14)
国										
オーストラリア[1]	66	(1.0)	63	(1.6)	65	(0.8)	51	(6.1)	19	(1.7)
オーストリア	56	(0.9)	40	(3.9)	55	(0.9)	53	(6.3)	21	(1.6)
カナダ	67	(0.6)	56	(1.9)	65	(0.6)	49	(3.4)	26	(1.2)
チリ[2]	53	(2.1)	c	c	53	(2.0)	48	(6.9)	23	(2.7)
チェコ共和国	61	(1.4)	c	c	61	(1.4)	32	(4.9)	13	(1.7)
デンマーク	74	(0.8)	64	(2.5)	73	(0.7)	63	(3.9)	34	(1.8)
エストニア	61	(0.9)	53	(4.5)	61	(0.9)	36	(2.8)	16	(1.1)
フィンランド	76	(0.7)	73	(5.7)	76	(0.7)	58	(3.7)	29	(1.7)
フランス	44	(0.8)	24	(2.8)	43	(0.8)	28	(3.0)	13	(1.0)
ドイツ	60	(1.2)	34	(4.8)	59	(1.1)	41	(4.7)	24	(2.1)
ギリシャ[2]	29	(1.2)	c	c	28	(1.2)	17	(1.9)	9	(1.1)
アイルランド	62	(1.0)	58	(2.8)	62	(1.0)	40	(2.7)	24	(1.4)
イスラエル[2]	62	(1.0)	38	(4.2)	60	(0.9)	44	(4.3)	28	(1.5)
イタリア	33	(1.3)	18	(5.2)	32	(1.2)	19	(2.5)	10	(1.1)
日本[1]	49	(0.9)	c	c	49	(0.9)	c	c	17	(1.3)
韓国	56	(1.0)	c	c	56	(1.0)	51	(4.9)	30	(1.5)
オランダ	73	(0.8)	64	(5.4)	73	(0.8)	56	(5.0)	26	(1.8)
ニュージーランド[2]	73	(1.0)	76	(2.2)	73	(0.9)	56	(3.8)	39	(2.3)
ノルウェー	70	(0.8)	71	(3.2)	70	(0.8)	54	(5.8)	28	(2.1)
ポーランド[1]	46	(1.0)	c	c	46	(1.0)	27	(2.8)	10	(0.9)
スロバキア共和国	45	(1.1)	c	c	44	(1.1)	12	(2.0)	7	(0.8)
スロベニア[2]	60	(0.9)	34	(5.1)	59	(0.9)	47	(3.2)	23	(1.3)
スペイン	56	(0.9)	44	(4.6)	55	(0.9)	42	(2.6)	24	(1.4)
スウェーデン	72	(0.9)	59	(3.2)	71	(0.8)	52	(4.9)	36	(2.4)
トルコ[2]	35	(1.4)	c	c	35	(1.4)	27	(3.6)	11	(0.7)
アメリカ合衆国	68	(1.2)	57	(4.7)	68	(1.2)	47	(3.2)	25	(1.8)
地域										
フラマン語圏（ベルギー）	56	(0.9)	43	(5.2)	56	(0.9)	52	(7.3)	20	(1.5)
イングランド（イギリス）	65	(1.1)	65	(4.2)	65	(1.1)	49	(4.5)	20	(1.6)
北アイルランド（イギリス）	61	(1.2)	53	(6.0)	61	(1.2)	46	(6.6)	14	(1.2)
OECD 各国平均	58	(0.2)	52	(0.9)	58	(0.2)	43	(0.8)	21	(0.3)
リトアニア[1]	43	(1.0)	c	c	43	(1.0)	14	(2.3)	8	(1.2)
ロシア*	24	(1.8)	c	c	24	(1.8)	23	(3.6)	9	(1.3)

注：失業者と非労働力人口の参加率に関するその他のデータはホームページで参照可能（下記StatLink参照）。
1. 現居住国生まれと外国生まれの成人を細分化するにあたって入国年齢を考慮に入れていないので、「現居住国生まれの成人」と「外国生まれの成人」の二つのカテゴリーを示す。
2. 調査年は2015年。その他の国・地域の調査年はすべて2012年。
* 「資料」の「成人スキル調査のロシアのデータについて」を参照。
資料：OECD（2018）。詳細は「資料」を参照。付録3の注を参照（http://http://dx.doi.org/10.1787/eag-2018-36-en）。
表中の省略記号については、「利用にあたって」を参照。

StatLink：https://doi.org/10.1787/888933802836

インディケータ A7：成人教育への参加の平等度　**CHAPTER A**

表A7.3. 現居住国生まれ／外国生まれの成人における学校教育や学校教育以外の教育への参加率（学歴別）（2012年または2015年）

成人スキル調査、25～64歳人口

	成人スキル調査、25～64歳人口		後期中等教育または高等教育以外の中等後教育修了者の参加率		高等教育修了者の参加率					
	現居住国生まれの成人及び入国年齢が25歳以下である外国生まれの成人		現居住国生まれの成人及び入国年齢が25歳以下である外国生まれの成人		現居住国生まれの成人及び入国年齢が25歳以下である外国生まれの成人		入国年齢が26歳以上である外国生まれの成人		成人全体	
	%	標準誤差	%	標準誤差	%	標準誤差	%	標準誤差	%	標準誤差
	(1)	(2)	(7)	(8)	(13)	(14)	(15)	(16)	(17)	(18)
国										
オーストラリア[1]	35	(1.8)	53	(1.3)	79	(1.2)	72	(1.7)	76	(1.1)
オーストリア	26	(2.0)	49	(0.9)	73	(1.4)	53	(5.8)	71	(1.5)
カナダ	26	(1.3)	52	(0.9)	73	(0.9)	59	(1.9)	70	(0.8)
チリ[2]	25	(1.8)	46	(2.1)	74	(1.4)	c	c	74	(1.5)
チェコ共和国	19	(2.5)	48	(1.4)	72	(2.5)	c	c	71	(2.6)
デンマーク	44	(2.0)	62	(1.1)	83	(0.8)	67	(2.9)	82	(0.7)
エストニア	28	(1.4)	43	(1.0)	71	(1.0)	61	(5.4)	70	(1.0)
フィンランド	32	(2.2)	62	(1.0)	82	(0.9)	c	c	81	(0.9)
フランス	18	(1.0)	33	(1.0)	58	(1.1)	38	(4.8)	56	(1.1)
ドイツ	22	(2.6)	48	(1.5)	72	(1.4)	49	(5.8)	71	(1.3)
ギリシャ[2]	7	(1.2)	18	(1.1)	41	(1.7)	c	c	41	(1.7)
アイルランド	29	(1.5)	47	(1.2)	74	(1.2)	66	(2.6)	72	(1.1)
イスラエル[2]	23	(2.0)	45	(1.4)	71	(1.1)	44	(4.4)	68	(1.1)
イタリア	12	(1.2)	32	(1.4)	59	(2.2)	c	c	59	(2.1)
日本[1]	22	(2.2)	32	(1.2)	56	(1.1)	c	c	56	(1.1)
韓国	21	(1.3)	43	(1.3)	71	(1.1)	c	c	71	(1.1)
オランダ	42	(1.3)	65	(1.3)	83	(0.9)	c	c	82	(0.9)
ニュージーランド[2]	49	(1.7)	65	(1.3)	79	(1.2)	75	(2.6)	78	(1.1)
ノルウェー	40	(1.9)	62	(1.5)	79	(0.9)	70	(3.9)	78	(0.9)
ポーランド[1]	14	(1.9)	24	(1.0)	67	(1.5)	c	c	67	(1.5)
スロバキア共和国	6	(0.9)	30	(1.1)	62	(1.5)	c	c	62	(1.5)
スロベニア[2]	19	(1.5)	46	(1.1)	76	(1.3)	c	c	76	(1.3)
スペイン	28	(1.0)	49	(2.1)	72	(1.2)	56	(5.3)	71	(1.2)
スウェーデン	44	(2.3)	65	(1.1)	82	(1.2)	71	(3.8)	81	(1.1)
トルコ[2]	14	(0.7)	31	(2.0)	53	(1.8)	c	c	53	(1.8)
アメリカ合衆国	28	(2.4)	50	(1.6)	79	(1.1)	68	(5.6)	79	(1.2)
地域										
フラマン語圏（ベルギー）	20	(1.8)	41	(1.3)	70	(1.2)	59	(6.4)	69	(1.2)
イングランド（イギリス）	33	(1.6)	54	(1.5)	73	(1.2)	66	(4.8)	72	(1.3)
北アイルランド（イギリス）	23	(1.5)	52	(1.9)	72	(1.6)	c	c	72	(1.5)
OECD 各国平均	26	(0.3)	46	(0.3)	71	(0.3)	61	(1.1)	70	(0.2)
リトアニア[2]	10	(2.3)	22	(1.1)	65	(1.5)	‒ c	c	65	(1.5)
ロシア*	6	(3.0)	11	(2.0)	25	(1.9)	c	c	24	(1.8)

注：後期中等教育未修了者と後期中等教育または高等教育以外の中等後教育修了者の参加率に関するその他のデータはホームページで参照可能（下記StatLink参照）。成人スキル調査のデータはISCED-97に準拠する。詳細は「定義」を参照。
1. 現居住国生まれと外国生まれの成人を細分化するにあたって入国年齢を考慮に入れていないので、「現居住国生まれの成人」と「外国生まれの成人」の二つのカテゴリーを示す。
2. 調査年は2015年。その他の国・地域の調査年はすべて2012年。
* 「資料」の「成人スキル調査のロシアのデータについて」を参照。
資料：OECD（2018）。詳細は「資料」を参照。付録3の注を参照（http://http://dx.doi.org/10.1787/eag-2018-36-en）。
表中の省略記号については、「利用にあたって」を参照。

StatLink : https://doi.org/10.1787/888933802855

Chapter B

教育機会・在学・進学の状況

インディケータB1：初等教育から高等教育までの在学率 …………………… 170
[StatLink：https://doi.org/10.1787/888933802969]

インディケータB2：幼児教育 …………………………………………………… 188
[StatLink：https://doi.org/10.1787/888933803121]

インディケータB3：後期中等教育卒業率 ……………………………………… 216
[StatLink：https://doi.org/10.1787/888933803330]

インディケータB4：高等教育進学率 …………………………………………… 232
[StatLink：https://doi.org/10.1787/888933803482]

インディケータB5：高等教育卒業率 …………………………………………… 246
[StatLink：https://doi.org/10.1787/888933803615]

インディケータB6：高等教育機関における留学生と外国人学生 …………… 260
[StatLink：https://doi.org/10.1787/888933803748]

インディケータB7：高等教育の入学及び卒業の公平性 ……………………… 278
[StatLink：https://doi.org/10.1787/888933803900]

インディケータ **B1**

初等教育から高等教育までの在学率

- OECD加盟国の平均でみると、2016年には、人口の90％以上が、義務教育年齢（平均6～16歳）より年齢幅が広い4～17歳の時に就学している。労働市場や高等教育への移行はほとんどが17～20歳で行われる。
- 2016年には、OECD加盟国の平均で、15～19歳人口の85％が就学中であった。在学率は、15歳人口及び16歳人口ではほぼすべてのOECD加盟国で95％を上回っているが、19歳人口では63％、20歳人口では54％にまで低下する。
- 在学者に占める留年者の割合は、前期中等教育の普通プログラムでは2％、後期中等教育では4％である。データのあるOECD加盟国の平均では、男子生徒は女子生徒よりも留年率が高い。

図B1.1. 16～20歳の在学率の推移（2016年）
国公私立教育機関のフルタイム及びパートタイム就学者

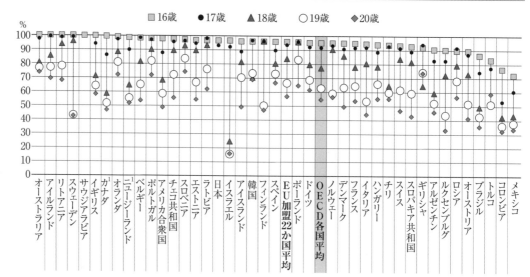

1. 高等教育以外の中等後教育を除く。
左から順に、16歳の在学率が高い国。
資料：OECD（2018）。表B1.2。詳細は「資料」を参照。付録3の注を参照（http://dx.doi.org/10.1787/eag-2018-36-en）。
StatLink：https://doi.org/10.1787/888933803045

■ 政策との関連

教育制度の中でどのような進路をとるのかは、国によっても、また同じ国内でも人によってさまざまだと思われる。初等教育及び前期中等教育は、おそらく、各国が互いに最も類似しているといえる。初等教育、前期中等教育と進んでいくこの段階は、義務教育であるのが一般的であり、国ごとの差異はそれほどない。だが、能力やニーズ、好みは人によって異なるため、ほとんどの教育制度は、多様な教育プログラムや参加形態を提供しようとしており、特に、後期中等教育以降の高い教育段階や成人対象の場合はそ

れがいえる。

人々が適切な学歴を取得できる十分な機会を保証することは重要な課題であり、実現するかどうかは、人々が各段階の教育を修了するまで学習を継続できるかどうかにかかっている。後期中等教育の修了は公平性の問題に取り組む上で必須の課題であるが（『図表でみる教育OECDインディケータ（2017年版）』（OECD, 2017[1]）のインディケータA9参照）、後期中等教育の卒業率は依然としてOECD加盟国間で大きなばらつきがある（インディケータB3参照）。後期中等教育段階の普通プログラムと職業プログラム（「定義」を参照）をともに拡充、強化することで、教育をより包摂的に、また、さまざまな好みや傾向を持つ個人にとって魅力あるものにしていくことができる。多くの教育制度では、成人が職業訓練（VET）プログラムを通じて、学習環境に再び統合されたり、雇用可能性を高めるような技能を習得したりできる場合もある。また、VETプログラムは、初等・前期中等教育の段階で学業の継続が難しく、後期中等教育を修了できないリスクの高い生徒が選択することが多い（OECD, 2017[1]）。したがって、盤石な後期中等教育制度とは、高等教育に進学するか、卒業後すぐに労働市場に参入するか、生徒が柔軟に進路を選択できるものである。

■ その他のハイライト

■ OECD加盟国では、学生の90%以上が平均14年の教育を受けると予想されるが、この教育年数はスロバキア共和国とトルコの10年からノルウェーの17年まで幅がある。

■ 若年齢層の教育年数は延びており、2005〜2016年の間に、両年のデータがあるOECD加盟国の平均では、20〜24歳人口の在学率が6パーセントポイント上昇している。

■ パートタイム就学の割合は教育段階が上がるにつれて、また、在学者の平均年齢とともに増加する。OECD加盟国の平均では、2016年には、パートタイム学生が高等教育在学者の20%を占めている。パートタイム学生の割合は、25歳以上で35%に、30歳以上では44%にまで増加している。

インディケータ **B1**

CHAPTER **B**　教育機会・在学・進学の状況

■結果と解説

義務教育

OECD加盟国では、義務教育は初等教育とともに6歳から始まるのが一般的であるが、OECD加盟国及び非加盟国の約3分の1ではそれより早く、エストニア、フィンランド、インドネシア、ロシア、南アフリカ、スウェーデンではそれより遅い（7歳）。また、義務教育は後期中等教育の修了または一部修了とともに終わるが、その年齢には、韓国、スロベニアの14歳からベルギー、チリ、ドイツ、オランダ、ポルトガルの18歳まで幅がある。義務教育の期間はOECD加盟国の平均では6〜16歳だが、それより広い年齢層でも在学率は高く、平均すると、人口の90％以上が4〜17歳の14年間在学している。年齢の幅は一般にOECD非加盟国の方が短く、全員就学（本インディケータでは在学率90％超と定義）の期間が3年（南アフリカ）または4年（コロンビア）しかない国もある。

2016年には、OECD加盟国の3分の2超で、3歳児及び4歳児の在学率が90％を超えていた（全員就学）。さらに早期の就学が比較的一般的な国もあり、デンマーク、アイスランド、ノルウェーは、2歳児で全員就学を達成している（インディケータB2も参照）。他の国では5〜6歳児で全員就学が達成されているが、スロバキア共和国は例外で、全員就学の達成は7歳の時点である。全員就学が終わるのは、OECD加盟国の大半では17〜18歳頃であるが、メキシコ（14歳）、オーストリアとトルコ（どちらも15歳）ではかなり早い。19歳人口の90％超が就学している国はない。

初等教育と前期中等教育は、すべてのOECD加盟国で義務教育となっている。また、大半の国では、各教育段階の理論上の履修年齢次第で、後期中等教育も少なくとも一部が義務教育化されている。OECD加盟国では基礎教育がほぼ全員に提供されており、スロバキア共和国（93％）を除くすべてのOECD加盟国で、5〜14歳人口の在学率が95％を超えている。OECD非加盟国でも5〜14歳児のほぼ全員が就学しているが、コロンビア（87％）、コスタリカ（93％）、南アフリカ（84％）は例外である。

中等教育の就学者の特徴

前期中等教育プログラムは通例、初等教育の学習成果を踏まえたものになっており、一般に生涯学習や人間開発の基盤を築くことを目的とし、さらに上の段階の教育を受ける場合に土台となる。この教育段階のプログラムは通常、教科の専門性が高いカリキュラムに生徒を移行させるように作られており、幅広い教科で理論的な概念が導入される。この教育段階に分類されるプログラムは、中等学校（第1段階または低学年）、下級中等学校、中学校、下級高等学校などと呼ばれる。履修期間は、最短となるベルギーの2年から、スロバキア共和国の5年、ドイツの6年まで幅がある。

後期中等教育は通例、中等教育を修了して高等教育に備えさせたり、労働市場に参入するためのスキルを身につけさせたり、あるいはその両方の目的がある。この教育段階のプログラムは、前期中等教育よりも多様で専門性が高く、掘り下げた指導が行われる。生徒がこの教育段階に進むのは14〜16歳が一般的で、こうしたプログラムはたいてい、初等教育が始まってから12、3年後に終了する。この段階に分類されるプログラムは、中等学校（第2段階または高学年）、上級中等学校、（上級）高等学校などと呼ばれる。前期及び後期中等教育には、セカンドチャンス・プログラム、リテラシープログラム、成人教育、継続教育が含まれる。後期中等教育の履修期間は、オーストラリア、アイルランド、リトアニア、ロシアの2年からイタリアの5年までさまざまである。

172

インディケータB1：初等教育から高等教育までの在学率　**CHAPTER B**

近年、各国は後期中等教育プログラムの多様化を進めている。これは、後期中等教育への需要の高まりと、カリキュラムや労働市場のニーズの変化に対応したものである。カリキュラムは、普通プログラムと職業プログラムを別個に提供するものから、両方を含む包括的なカリキュラムを提供して、教育の継続や労働市場への参入に向けた柔軟な進路選択を可能にするものへと、次第に変化してきている。

中等教育の体系は、入学年齢やプログラムの履修期間、職業プログラムや学校・企業連携プログラムの有無、さらには、そうしたプログラムが一度労働市場に参入した成人の在学をどの程度認めるか（セカンドチャンス・プログラム、リテラシープログラム、成人教育、継続教育）など、いくつかの要因に左右される。

OECD加盟国では、前期中等教育の平均入学年齢は14歳だが、オーストリア、イタリアの12歳からメキシコの17歳、ベルギーの19歳まで幅がある。後期中等教育段階の平均入学年齢は19歳に達するが、この教育段階では下位の教育段階よりも国ごとのばらつきが大きくなる。その理由はプログラムの多様性が増すためで、これには、労働市場のニーズを比較的意識したプログラムが含まれるほか、成人学習者に対応しているかどうかも影響してくる。実際、後期中等教育の平均入学年齢は、イスラエル、イタリア、日本、韓国、メキシコ、ロシア、アメリカ合衆国の16歳からフィンランドの25歳まで開きがある。デンマーク、フィンランド、アイスランド、ニュージーランドでは、前期中等教育から後期中等教育への平均入学年齢の上昇幅が最も大きい（7歳超）。

どの教育段階でも、国公立教育機関の在学率が高いが、その割合は、教育段階が進むにつれて小さくなる傾向にある。2016年には、OECD加盟国の平均で、前期中等教育の生徒の約85%が国公立教育機関に在学していた。すべてのOECD加盟国及び非加盟国の中でベルギー、チリ、イギリスに限り、この段階で生徒の50%超が私立教育機関に在学しているが、これには公営私立教育機関の在学者がかなり含まれている。後期中等教育段階になると、国公立教育機関の在学率はOECD加盟国の平均で80%にまで低下する。アイスランド、日本、韓国では、この低下幅が20パーセントポイントを超え、この教育段階では私立教育機関の役割の方が大きい。対照的に、デンマーク、イスラエル、スペインでは、後期中等教育段階の方が前期中等教育段階よりも、国公立教育機関に在学する生徒の割合が大きい。

職業訓練プログラム

職業訓練プログラム（VET）は、技能を習得して労働市場への円滑で適切な移行を果たす上で、有効な手段とみなされている。実際、VETや見習い訓練プログラムがよく整備された国の方が、若年者の失業率を悪化させないという意味で成果を上げている（インディケータA3参照）。その一方で、職業教育は理論中心の教育に比べて魅力がないという見方もあり、また、職業教育を受けることで後々の失業リスクが増すという研究結果もある（Hanushek, Woessmann and Zhang, 2011[2]）。

OECD加盟国の職業プログラムの構成はさまざまで、職業プログラムと見習い訓練プログラムの組み合わせは国ごとに異なる。多くの国の教育制度では、後期中等教育段階で職業プログラムに在学することができるが、中には後期中等教育を修了するまで職業教育を受けられない国もある。例えばオーストリア、ドイツ、ハンガリー、スペインでは、職業プログラムが後期中等教育として提供され

173

ている一方、カナダでは通常、同様のプログラムが中等後教育として提供されている。

2016年には、OECD加盟国の平均で、後期中等教育の生徒の56%が普通プログラムに在学し、44%が職業プログラムに在学していた（表B1.3）。職業プログラムと普通プログラムの中等教育在学者の割合は、提供されている教育プログラムと、そのプログラムの労働市場での成果に大きく左右される。データがある国の約3分の1では、職業プログラムの後期中等教育在学者の割合が普通プログラムよりも大きく、チェコ共和国、フィンランド、スロベニアでは70%以上に達している。対照的に、アルゼンチンとアイルランドでは、この教育段階で職業プログラムが提供されておらず、ブラジル、カナダ、インドでも、後期中等教育の生徒の90%超が普通プログラムに在学している（表B1.3）。

学校・企業連携プログラムでは、カリキュラムの10〜75%が学校環境で、あるいは遠隔教育を通じて提供される。これらのプログラムには、学校での訓練と企業での訓練が並行して行われる見習い訓練プログラムや、教育機関での在学と職場での訓練への参加が交互に行われるプログラムなどがある（「定義」を参照）。OECD加盟国の平均では、後期中等教育の生徒の11%が学校・企業連携プログラムに在学している。ただし、プログラムが提供されているのも、データがあるのも、OECD加盟21か国に限られる。ハンガリーとラトビアでは、職業プログラムはすべて学校・企業連携プログラムである。

留年者

生涯の間に国際教育標準分類（International Standard Classification of Education, ISCED）の各教育段階の教育プログラムを修了すれば、より高い教育段階に進み、生涯を通して労働市場でより良い機会を得る力をつけられる。一方で、ある学年での落第や留年は、早すぎる段階で学校を離れて雇用可能性を下げることにつながり、学生・生徒の学習や校舎の利用、教員の労働時間のような社会的財政的資源の観点から、教育制度に損失をもたらす恐れがある（UNESCO International Bureau of Education, 1970[3]）。

教育の公平性が、学生・生徒の選別や選抜に当たって学校が採用する方針と関連している可能性もある。留年、すなわち原級留置は、学習に苦労している在学者により多くの時間を与え、次学年に進級する前にその学年に相応しい内容を習得させるため（ひいては中途退学を防ぐため）に用いられている。留年は、短期的には、成績の低い者の達成度を上げるのに効果的ではないという研究結果もあるが（OECD, 2016[4]）、たとえそうでも、早いうちに原級留置した方が遅れて原級留置するよりも良い結果につながることがあり、また、留置された生徒が数年後に追いつくこともある（Fruehwirth, Navarro and Takahashi, 2016[5]）。

移民としての背景を持ち社会経済的に恵まれない生徒や男子生徒は、社会経済的に恵まれた生徒よりも留年する可能性が高く（OECD, 2016[4]）、それが社会経済的不平等にもつながりかねない。修了率は通常、背景に恵まれない生徒（両親の学歴が低い、移民の第一世代など）の方が低い（OECD, 2017[1]; OECD, 2016[6]）。

留年者に対する教育制度の対応は国による差が大きく、また同じ国でも、教育段階やプログラム、地方か都市部か、社会経済的状況などの要因によって異なる。大半の国では、留年者は、卒業前の2年

間に集中する傾向があるが、各学年にもっと均等に分布している国もある。また、それよりも少数だが、法律や校則で留年に制限がある国もあり、そういった国では、特に下位の教育段階で留年の概念が存在すらしない。これが当てはまるのが、ノルウェーの前期中等教育プログラムやフィンランドの後期中等教育プログラム、イギリスの前期・後期中等教育プログラムである。カナダでは、前期・後期中等教育機関の生徒は通常、学年全体ではなく落第した科目のみを再履修するのが一般的で、初等教育段階の生徒は留年させないのが普通である。

留年者の割合は、国や教育段階によってかなりばらつきがある。前期中等教育の普通プログラムでは2％に達し（成人の学習者を除く）、教育段階が上がるにつれて増加している。大半の国では、前期中等教育普通プログラムでの留年は比較的珍しく、留年者の割合は5％を下回るが、アルゼンチン、コスタリカ、ルクセンブルグ、スペインでは、この割合が10％を超えている（図B1.2）。

図B1.2. 中等教育における留年者の割合及び留年者に占める男子生徒の割合（2016年）
普通プログラムのみ

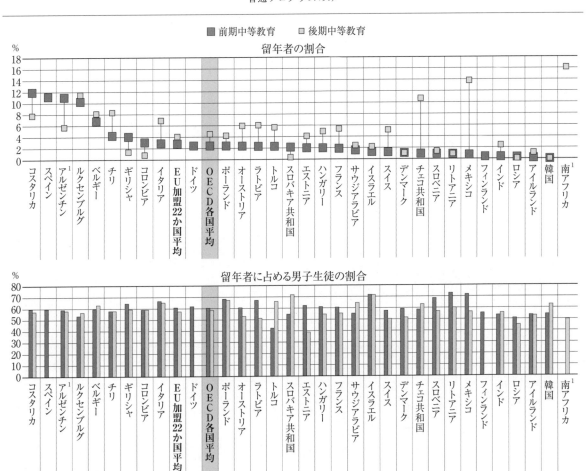

1. 調査年は2015年。
左から順に、前期中等教育における留年者の割合が大きい国。
資料：OECD（2018）。表B1.3。詳細は「資料」を参照。付録3の注を参照（http://dx.doi.org/10.1787/eag-2018-36-en）。
StatLink : https://doi.org/10.1787/888933803064

留年は後期中等教育での方が一般的で、特にチェコ共和国、ルクセンブルグ、メキシコ、南アフリカでは、在学者に占める留年者の割合が10%以上に達し、ベルギー、チリ、コスタリカの3か国でもそれぞれ8%、イタリアでも7%となっている。

後期中等教育での留年者の割合は、OECD加盟国の平均で4%と、前期中等教育より2パーセントポイント高い。後期中等教育段階になって留年者の割合が最も大幅に増えているのは、チェコ共和国（前期中等教育プログラムと比べて10パーセントポイント増加）とメキシコ（同13パーセントポイント増加）である。反対に、後期中等教育段階の方が前期中等教育よりも留年者の割合が小さいのは、アルゼンチン、コロンビア、コスタリカ、ギリシャ、スロバキア共和国である。

コラムB1.1. 過年齢の生徒

過年齢の生徒とは、各学年で想定されている年齢より2歳以上年長の生徒をいう。過年齢の生徒の人数及び割合は、留年者の人数及び割合の補完的な尺度となる。最終学年の過年齢の生徒は、想定年齢より2歳以上高い年齢で次の教育段階を始めるとみられるからである。大半の国では、過年齢の生徒の割合が大きいのは、1年以上留年した生徒が各学年で累積していくのが主な理由なので、留年者と過年齢の生徒の人数は密接に関連している（各学年の過年齢の生徒数のわずかな増加が、当該学年の留年者数と相関している）。留年や遅れて入学した結果として過年齢で在学していると、教育を受ける機会が減る恐れがある（UNESCO, 2016[7]）。

初等教育機関の最終学年で過年齢の生徒の割合が大きいのは、アルゼンチン、ブラジル、コロンビア、コスタリカ、サウジアラビア、南アフリカなどの非加盟国だけでなく、チリやハンガ

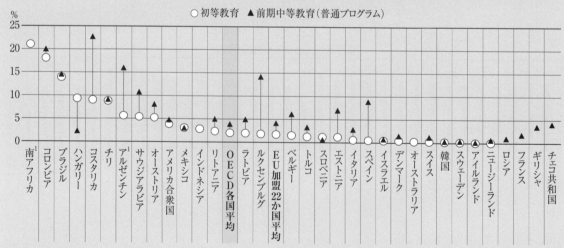

図B1.a. 初等教育及び前期中等教育の最終学年における過年齢の生徒の割合（2016年）

1. 調査年は2015年。
資料：OECD（2018）。表B1.3。ホームページのデータ。詳細は「資料」を参照。付録3の注を参照（http://dx.doi.org/10.1787/eag-2018-36-en）
StatLink: https://doi.org/10.1787/888933803102

リーでも比較的一般的なことであり、特にブラジル、コロンビア、南アフリカでは、在学者に占める過年齢の生徒の割合が10%を超えている。データがある他のすべての国では、この割合は0〜5%である（図B1.a）。前期中等教育の最終学年では、この割合が大半の国で増加し、OECD加盟国の平均では2%から4%へと2倍になっている。過年齢の生徒の割合が初等教育の最終学年から前期中等教育の最終学年にかけて最も大きく増加しているのは、アルゼンチン（10パーセントポイント）、コスタリカ（14パーセントポイント）、ルクセンブルグ（12パーセントポイント）、スペイン（8パーセントポイント）である。一方、ハンガリーではこの割合が大きく（7パーセントポイント）減少しており、15〜19歳人口の中途退学率の高さと在学率の落ち込みが顕著である。

データのあるOECD加盟国の平均では、男子生徒は女子生徒よりも留年する可能性が高く、前期中等教育では留年者の60%、後期中等教育では58%を占めている（図B1.2）。これはすべての国の前期中等教育に当てはまる。唯一の例外はトルコで、留年者の過半数を女子生徒が占めている（男子生徒は42%のみ）。インドネシア、イスラエル、イタリア、ラトビア、リトアニア、メキシコ、ポーランド、スロベニアでは、前期中等教育段階の留年者の3人に2人が男子生徒である。これはイスラエル、ポーランド、スロバキア共和国、トルコの後期中等教育についても当てはまるが、エストニアでは女子の留年が相対的に多い。

15〜19歳人口の在学率

OECD加盟国の平均では、15〜19歳人口の85%が在学している。この年齢層は、多くの国で義務教育の終了や後期中等教育の修了と対応している。大半のOECD加盟国では、生徒は19歳または20歳までに高等教育へ移行するか、学校教育を離れて労働市場に参入する。15歳及び16歳ではほぼ全員（ほとんどの国では90%超）が在学しているが、これより上の年齢になると在学率が下がり始める。16歳から20歳にかけて在学率が最も大幅に低下する国は、イスラエル、ルクセンブルグ、スウェーデンである。

2016年には、15〜16歳人口（通常、後期中等教育プログラムに在学している年齢）の在学率は、OECD加盟国の平均で95%以上に達している。17歳の在学率は、OECD加盟国の平均で92%であり、アイルランドとスウェーデンで99%以上に達しているほか、非加盟国のリトアニアとサウジアラビアでも99%以上となっている。対照的に、ブラジル、コスタリカ、インドネシア、メキシコ、トルコでは17歳人口の在学率が80%を下回り、コロンビアでは最も低い52%となっている。

在学率は18歳で大きく低下し始める。OECD加盟国の平均では、18歳人口の76%が中等教育、高等教育以外の中等後教育、または高等教育に在学している。この年齢層の在学率の低下は、後期中等教育修了と時期が一致する。17〜18歳の在学率の低下幅は、ブラジル、チリ、ギリシャ、韓国、ニュージーランド、トルコでは25パーセントポイント以上である。19歳になる頃には、在学率はOECD加盟国の平均で63%にまで低下する（表B1.2）。中にはこれと異なるパターンに従って、18歳以降に在学率が上昇している国もある。例えばギリシャでは、18歳の64%から20歳での74%へと在学率が上昇している。

CHAPTER **B**　教育機会・在学・進学の状況

各教育段階の在学率を年齢ごとにみていくと、各国の教育制度や進路の違いが窺える。年齢が上がるにつれて、上位の教育段階や高度なプログラムへの移行が進むのが一般的であり、後期中等教育（普通及び職業プログラム）の在学率は低下する。OECD加盟国でも、教育制度の体系によっては、17歳から高等教育以外の中等後教育や高等教育への入学が始まることがある。とはいえ、この年齢層ではまだ例外的なことであり、OECD加盟国の平均では、17歳人口の90%はまだ中等教育に在学している。18歳になると進路がかなり多様化し始めるが、後期中等教育から高等教育に移行する年齢は国によって大きく異なる。フィンランド、ノルウェー、ポーランド、スロベニア、スウェーデンでは、18歳人口の90%以上がまだ後期中等教育に在学しているが、韓国とロシアでは、60%超がその年齢ですでに高等教育に入学している。19歳人口についてみると、OECD加盟国の平均では、中等教育にまだ在学しているのは26%だが、チェコ共和国、デンマーク、アイスランド、ルクセンブルグ、オランダ、ポーランド、スイスでは、この割合が40%を超える。この説明としては、教育制度の体系のほか、これらの国では、提供する就業機会が強みとなって、後期中等教育の職業プログラムが高等教育より魅力的であることも考えられる。19歳人口の高等教育在学率は、OECD加盟国の平均では34%であり、ルクセンブルグの2%（在学率が低いのは、留学する学生が多いのが主な理由）とアイスランドの3%から韓国の73%まで幅がある。

18歳、19歳、20歳人口の在学率は2010年以降上昇しているが、各年齢の上昇幅は国によってさまざまである。データのあるOECD加盟国及び非加盟国の中では、2010年以降に18歳人口の在学率の上昇が最も著しいのはオーストラリアで、11パーセントポイント上昇している。他の国はもっと上昇が緩やかである。ベルギー、チリ、メキシコ、スペインでは、2016年までの11年間に18歳人口の在学率が6〜9パーセントポイント上昇したが、チリとメキシコでは依然として、在学率がOECD各国平均の76%を下回っている。2010年以降についてみると、18歳人口の在学率は、データのある国の大半で上昇しているが、ドイツで8パーセントポイント（近年の難民流入でこの年齢の人口が増加したことも一因）、ハンガリーで10パーセントポイント、リトアニアで6パーセントポイントといったように、低下している国もある（図B1.2）。在学率は、オーストラリアの19歳人口及び20歳人口、エストニアの20歳人口、スペインの19歳人口と20歳人口で11パーセントポイント以上上昇し、ポーランドでは19歳人口と20歳人口の両方で35パーセントポイント以上上がっている（表B1.2）。

高等教育以外の中等後教育プログラム（「利用にあたって」を参照）の場合、OECD加盟国及び非加盟国の大半で、その役割は比較的小さい。アルゼンチン、チリ、コスタリカ、デンマーク、インドネシア、韓国、メキシコ、オランダ、サウジアラビア、スロベニア、トルコ、イギリスでは、この種のプログラムは全く提供されておらず、OECD加盟国の平均では、17〜19歳人口に占めるこの教育段階（普通プログラムまたは職業プログラム）の在学者の割合は1〜4%にとどまる。だが、この教育段階の在学率がかなり高い国もいくつかあり、19歳人口の在学者の割合は、ドイツとギリシャでは11%、ハンガリーとアイルランドでは17%である（表B1.2）。

20〜29歳人口の在学率

20歳人口についてみると、学生・生徒が労働市場に参入し始めるため、在学率はOECD加盟国の平均で55%にまで低下するが、国別では、ルクセンブルグ、メキシコ、及び大半のOECD非加盟国の40%以下から、オーストラリア、ベルギー、ギリシャ、オランダ、スロベニアの70%以上まで幅がある。この年齢の在学率は、教育制度の体系や、プログラムに期待される労働市場での成果に左

右される。デンマーク、ドイツ、アイスランド、ルクセンブルグ、スイス、南アフリカでは、20歳の就学者の過半数が中等教育または高等教育以外の中等後教育プログラムに在学しているが、他のOECD加盟国では、20歳人口のほとんどが高等教育に在学するのが一般的であり、チリ、韓国、ロシア、アメリカ合衆国ではその割合が90％を超えている。

OECD加盟国及び非加盟国の平均では、20〜24歳人口と25〜29歳人口の二つの年齢層間で、最も急激な在学率の低下が起きている。2016年には、OECD加盟国の平均で、後期中等教育、高等教育以外の中等後教育、または高等教育プログラムに在学しているのは、20〜24歳人口では42％であるが、25〜29歳人口では16％にとどまる。しかし、20〜24歳人口の在学率は他の年齢層と同様に、時が経つにつれて上昇している。データのある国の中で2005〜2016年にこの人口の在学率が最も上昇したのは、オーストラリア、ポーランド、スペインである（14パーセントポイント以上上昇）。一方、他の国はこの11年間に在学率が低下しており、フィンランド、ハンガリー、リトアニア、ニュージーランドは、3パーセントポイント以上の低下を経験している（表B1.1）。

25〜29歳人口の在学率は、他の年齢層と同じ増加パターンに従っており、OECD加盟国の平均では、2016年の在学率は2010年より3パーセントポイント高い。オーストラリアとポーランドは最も大きな伸び（8パーセントポイント以上）を経験した一方で、他の国では在学率が低下しており、ニュージーランドとロシアでは、2005〜2016年の期間に5パーセントポイント以上下がっている。

30歳以上の在学率

成人が初期教育以降の体系化された学習機会に参加できるようにすることは、非常に重要である。こうした機会があれば、職歴を通じて変化に適応する必要がある人、労働市場への参入を希望しているが必要な資格を持っていないと感じている人、あるいは、社会生活に積極的に参加するために技能や知識を向上させる必要があると感じている人に、有用だと考えられる。成人教育は、成人の技術的または職業的資格を向上させ、能力を高め、知識を養うことを目的としている。成人教育の参加者は、一定段階の学校教育を修了することもあればしないこともあるが、いずれにせよ知識、技能、能力を習得したり最新のものにしたりすることで利益を得る立場にある。成人学習には、学校教育や学校教育以外の教育、実地訓練（OJT）、インフォーマル教育など、さまざまな形がある。本項では、学校教育プログラム（国公立教育機関及び認定された私立教育機関が提供する、計画的で制度化された教育）について取り上げ、学校教育以外の教育を含む成人教育については、インディケータA7でさらに広い観点から論じている。

30歳以上の成人でも、学校教育プログラムの在学率がまだかなり高い国もある。OECD加盟国の平均では、30〜39歳の成人の在学率はわずか7％だが、オーストラリアでは19％、フィンランドでは16％と高い。2005年以降、この年齢層の在学率は、OECD加盟国の平均では上昇しており、オーストラリアで上昇幅が最も大きい（6パーセントポイント）。ただし、それ以外の国では在学率は低下しており、例えば、ニュージーランドとスロベニアでは低下幅が4パーセントポイントとなっている。

40歳以上の成人の在学率は、2016年には、データのあるOECD加盟国の平均で1％であったが、オーストラリア（6％）、及びベルギー、フィンランド、アイスランド、ニュージーランド、スウェーデン、

179

図B1.3. 高等教育のパートタイム就学率（年齢層別）（2016年）

パートタイム就学者の割合

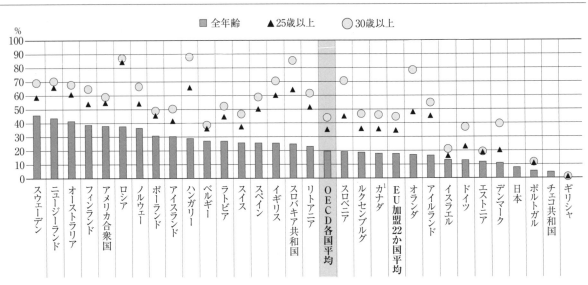

1. 私立教育機関の短期高等プログラムへの在学を除く。
左から順に、全年齢の高等教育のパートタイム就学率が高い国。
資料：OECD (2018). Education at a Glance Database (http://stats.oecd.org/). 詳細は「資料」を参照。付録3の注を参照 (http://dx.doi.org/10.1787/eag-2018-36-en)。
StatLink : https://doi.org/10.1787/888933803083

イギリス（この6か国すべてで3%）では依然として高い。特定の国でこの年齢層の在学率が高いのは、パートタイム就学者の割合が大きいこと、また、生涯教育プログラムが盛んなことによるものと考えられる。例えば、スウェーデンの単位履修制では、成人が、特定分野の技能向上の一手段として、学校教育の一部プログラムを選択して学習することが可能である。生徒は独立したコースを自分で組み合わせて選択でき、そのような組み合わせが予め明記された要件を満たせば、資格を付与される。

パートタイム就学者の割合は、教育段階と在学者の平均年齢が上がるにつれて増加していく。2016年には、OECD加盟国の平均で、パートタイム就学者の割合は、後期中等教育では9%であるのに対して、高等教育では20%である（図B1.3）。多くの国では、高等教育のパートタイム就学者の割合がもっと大きく、オーストラリア、ニュージーランド、スウェーデンでは40%を超えている。

25歳未満の在学者を除いても、パートタイム就学者の割合は35%にまで増加し、ハンガリー、ニュージーランド、ロシアでは、在学者総数の3分の2に達している。パートタイム就学は30歳以上の在学者ではさらに一般的で、データのあるOECD加盟国すべての平均では44%に達する。パートタイム就学者の割合が年齢とともに（全年齢の割合と30歳以上の割合を比べて）最も大きく増加しているのは、ハンガリー、オランダ、スロバキア共和国、スロベニアで、これらの国では増加幅が50パーセントポイントを超えている。年齢が上がるにつれてパートタイム就学者が減少している国はない。

在学率の地域差

在学率の地域差は、国内の教育機会の平等性や就業機会、義務教育以降の教育段階の生涯教育に対す

インディケータB1：初等教育から高等教育までの在学率　**CHAPTER B**

B1

る認識をも浮き彫りにする。多くの国で義務教育の対象である5〜14歳と、生徒が労働市場や高等教育へ移行する15〜19歳との間は、他の年齢層と比べて地域差が小さく、地域間の変動係数は、地域データがあるすべての国で20%を下回っている。

地域データがあるすべての国のデータの平均を5歳以上の年齢層ごとにみると、地域レベルでの在学率に大きなばらつきが見られるのは年長層である。ベルギー、ドイツ、スウェーデン、アメリカ合衆国では、20〜29歳人口の在学水準の地域差は比較的小さいが、オーストリア、コロンビア、韓国、スロベニア、トルコでは変動係数が上がって35%を超えている。コロンビアとトルコは、この年齢層の在学率が最も高い地域と最も低い地域の比も最も大きい。

在学率の地域差は30〜39歳人口でさらに広がる。特に変動が大きいのはスペインとトルコで、地域の変動係数が60%を超えている。ただし、スロベニアでは、この年齢層の地域差が20〜29歳人口と比べてかなり縮んでいる。それより上の年齢層（40歳以上人口）の在学率は比較的低く、OECD加盟国の平均で1%に届く程度である。この年齢層でも、データがある国ではまだ地域差が見られ、特にベルギー、ドイツ、イタリアでは、地域間の変動係数がこの年齢層で最も大きく増加している。

■ 定義

本インディケータのデータは、フルタイム換算で少なくとも1学期間（または1学年度の2分の1の期間）継続し、すべて教育機関内で実施されている、もしくは学校・企業連携プログラムとして実施されている、学校教育プログラムを対象としている。

全員就学とは、本インディケータにおいては、90%を超える在学率をいう。

普通プログラムは、学習者の一般知識、技能、能力の育成を目的にしており、同等以上の教育段階の普通または職業プログラムへの進学に向け、準備ができるように設計されている場合が多い。普通プログラムは特定の職業や職業分野への就業を目指すものではない。

職業訓練（VET）プログラムは、修了後にそれ以上の訓練を受けずに、特定の職業または職業分野に就職するための教育を行うプログラムである。このプログラムを修了すると、労働市場の求める職業的、技術的資格が取得できる。職業訓練プログラムは、学校で実施される教育・訓練と企業で実施される教育・訓練の量に基づいて、さらに二つのカテゴリー（学校でのプログラム及び学校・企業連携プログラム）に分けられる。プログラムがどの程度、職業教育または普通教育を志向しているかによって、必ずしも高等教育への進学状況が決まるわけではない。OECD加盟国の中には、職業志向のプログラムで高等教育進学のための教育を行う国もあれば、普通教育のプログラムが高等教育への進学に直結していない国もある。

学校・企業連携プログラムは、学校環境で、あるいは遠隔教育を通じて提供されるカリキュラムが全体の10〜75%であるプログラム。つまり、職場環境における教育要素は、最小で25%、最大で90%になるということである。このプログラムは、教育当局や教育機関と共同で設置される場合もあり、学校での訓練と企業での訓練が並行して行われる見習い訓練プログラムや、教育機関での在学と職場

181

CHAPTER **B**　教育機会・在学・進学の状況

B1

での訓練への参加が交互に行われるプログラム（「サンドイッチ」プログラムと呼ばれることもある）などがある。

私立教育機関とは、政府機関からの拠出が主たる財源の50％以上を占める公営私立教育機関及び、非政府組織（例えば、教会、労働組合、企業など）によって管理・運営されている、または運営組織の構成員のほとんどが公的機関による任命ではない独立私立教育機関をいう。

留年者とは、同じ学年に2回以上在学している生徒・学生をいう。最初のプログラムを修了した後、同じ教育段階の教育プログラムに2回以上参加する場合は、留年者とは見なされない。留年者には同じプログラムへの再入学者が含まれる。

過年齢の生徒とは、各学年の想定年齢より2歳以上年長の生徒をいう。過年齢の生徒は各国の教育制度に従って定義され、各学年の開始年齢の違いが常に考慮される。標準年齢を超える生徒とは、後期中等教育段階の開始年齢や終了年齢を問わず、この教育段階に在学する20歳以上の生徒をいう。

フルタイム就学者とは、所定の学習量がフルタイム就学の標準的な年間学習量の75％以上である教育プログラムに在学する生徒・学生をいう。パートタイム就学者とは、所定の学習量がフルタイム就学の標準的な年間学習量の75％未満の教育プログラムに在学している生徒・学生をいう。

■算定方法

OECD加盟国の中には、パートタイム就学の学習量を定めるのが困難な国があるため、特に注記しない限り、数値は在学者数（人数）に基づいている。純在学率は、一定の年齢層の全教育段階に在学する在学者数を当該年齢人口で除したものである。ほとんどの場合、在学率データと人口データの対象期間は同じであるが、データの有無により不一致が生じて、在学率が100％を超えている国もある。

留年者の割合は、ある年のある学年の留年者数を同じ年の同じ学年の在学者総数と比較したものである。したがって、比較対象が元の学年及び年ではなく、再登録された学年及び年であるため、本インディケータの解釈には注意が必要である。

詳細については『OECD国際比較教育統計ハンドブック2018年版：概念・標準・定義・分類（OECD *Handbook for Internationally Comparative Education Statistics 2018: Concepts, Standards, Definitions and Classifications*）』（OECD, 2018[8]）を参照。各国の注記については付録3を参照（http://dx.doi.org/10.1787/eag-2018-36-en）。

リトアニアは、本書を編集時にはOECD加盟国ではなかったので、OECD加盟国リストには記載せず、OECD加盟国の総計に含めていない。

■資料

データは2015〜16学年度のものであり、2017年にOECDが収集した教育統計のUNESCO-UIS/

インディケータB1：初等教育から高等教育までの在学率　**CHAPTER B**

B₁

OECD/EUROSTATデータコレクションに基づく。詳細については付録3を参照（http://dx.doi.org/10.1787/eag-2018-36-en）。アルゼンチン、中国、コロンビア、インド、インドネシア、サウジアラビア、南アフリカのデータはユネスコ統計研究所（UIS）から得ている。

一部の指標の地域データは、全米教育統計センター（US National Centre for Education Statistics, NCES）の協力を得てOECDが公開してきたものであり、現在15か国のデータがある。地域の推定値は、全国的なデータソースを用いている国から提供されたもの、または、第二種地域統計分類単位（Level 2 of the Nomenclature of Territorial Units for Statistics, NUTS 2）のデータに基づいて欧州統計局（Eurostat）が算定したものである。

イスラエルのデータについて
イスラエルの統計データは、イスラエル政府関係当局により、その責任の下で提供されている。OECDにおける当該データの使用は、ゴラン高原、東エルサレム、及びヨルダン河西岸地区のイスラエル入植地の国際法上の地位を害するものではない

■ 参考資料

Fruehwirth, J., S. Navarro and Y. Takahashi（2016，"How the timing of grade retention affects outcomes: Identification and estimation of time-varying treatment effects", *Journal of Labor Economics*, Vol. 34/4, pp. 979-1021, http://dx.doi.org/10.1086/686262.　[5]

Hanushek, E., L. Woessmann and L. Zhang（2011）, "General education, vocational education, and labor-market outcomes over the life-cycle", *IZA Discussion Papers*, 6083, http://ftp.iza.org/dp6083.pdf（accessed on 27 April 2018）.　[2]

OECD（2018）, *OECD Handbook for Internationally Comparative Education Statistics 2018: Concepts, Standards, Definitions and Classifications*, OECD Publishing, Paris, https://doi.org/10.1787/9789264304444-en.　[8]

OECD（2017）, *Education at a Glance 2017 : OECD Indicators*, OECD Publishing, http://dx.doi.org/10.1787/eag-2017-en.（『図表でみる教育OECDインディケータ（2017年版）』経済協力開発機構（OECD）編著、矢倉美登里, 稲田智子, 大村有里, 坂本千佳子, 立木勝, 三井理子訳、明石書店、2017年）　[1]

OECD（2016）, *Education at a Glance 2016 : OECD Indicators*, OECD Publishing, Paris, http://dx.doi.org/10.1787/eag-2016-en（accessed on 12 January 2018）.（『図表でみる教育OECDインディケータ（2016年版）』経済協力開発機構（OECD）編著、徳永優子, 稲田智子, 矢倉美登里, 大村有里, 坂本千佳子, 三井理子訳、明石書店、2016 年）　[6]

OECD（2016）, *PISA 2015 Results（Volume I）: Excellence and Equity in Education*, PISA, OECD Publishing, Paris, http://dx.doi.org/10.1787/9789264266490-en.　[4]

UNESCO（2016）, "Leaving no one behind: How far on the way to universal primary and secondary education? Global number of out－of－school children and youth, 2000－2014", *UNESCO Policy Paper*, 27, http://uis.unesco.org/sites/default/files/documents/fs37-leaving-no-one-behind-how-far-on-the-way-to-universal-primary-and-secondary-education-2016-en.pdf（accessed on 27 June 2018）.　[7]

183

CHAPTER **B**　教育機会・在学・進学の状況

UNESCO International Bureau of Education（1970）, *Educational Trends in 1970: An International* [3] *Survey*, UNESCO, Paris, http://unesdoc.unesco.org/images/0000/000006/000673eo.pdf.

■ インディケータB1の表*

- 表B1.1. 年齢層別在学率（2005年、2010年、2016年）
- 表B1.2. 15〜20歳人口に占める在学者の割合（2010年、2016年）
- 表B1.3. 前期・後期中等教育の在学者の特徴（2016年）

* データの締切日は2018年7月18日。更新データはホームページで確認可能（http://dx.doi.org/10.1787/ eagdata-en）。詳細な内訳も Education at a Glance Database（http://stats.oecd.org/）で確認可能。

表B1.1. 年齢層別在学率（2005年、2010年、2016年）

国公立教育機関及び私立教育機関におけるフルタイム及びパートタイム就学者

	2016年 学齢人口の90%以上が就学する年数 (1)	2016年 学齢人口の90%以上が就学する年齢範囲 (2)	各年齢人口に占める在学者数の割合(%) 2016年 5~14歳 (3)	15~19歳 (4)	20~24歳 (5)	25~29歳 (6)	30~39歳 (7)	40歳以上 (8)	2010年 20~24歳 (9)	25~29歳 (10)	30~39歳 (11)	2005年 20~24歳 (12)	25~29歳 (13)	30~39歳 (14)
OECD加盟国														
オーストラリア	14	4-17	100	91	58	30	19	6	45	19	12	44	21	13
オーストリア	12	4-15	98	78	34	18	6	1	33	17	5	m	m	m
ベルギー	16	3-18	98	93	47	14	7	3	52	17	9	42	15	8
カナダ[1]	12	5-16	100	78	33	10	4	5	36	11	5	m	m	m
チリ	13	5-17	98	81	43	16	6	1	36	13	4	m	m	m
チェコ共和国	14	4-17	98	91	41	10	3	0	39	11	4	34	10	4
デンマーク	16	2-17	99	86	55	32	9	1	49	27	8	m	m	m
エストニア	14	4-17	97	89	40	16	7	1	44	14	6	40	14	10
フィンランド	13	6-18	97	87	51	31	16	3	53	31	15	55	30	13
フランス	15	3-17	99	85	36	7	2	0	34	6	1	32	7	1
ドイツ	15	3-17	98	86	48	21	5	0	45	17	3	41	18	2
ギリシャ	13	5-17	97	84	52	21	8	1	m	m	m	m	m	m
ハンガリー	13	4-16	96	84	36	10	3	1	41	11	4	38	13	6
アイスランド	15	2-16	99	87	46	26	12	3	m	m	m	m	m	m
アイルランド	14	4-17	100	93	44	12	6	2	32	9	5	32	10	4
イスラエル[1]	15	3-17	97	66	20	20	4	1	24	21	5	m	m	m
イタリア	15	3-17	98	83	34	11	2	0	35	11	3	33	10	3
日本[2]	14	4-17	100	m	m	m	m	m	m	m	m	m	m	m
韓国	14	3-17	97	87	50	9	2	0	54	10	2	46	9	2
ラトビア	15	4-18	98	92	44	15	6	1	44	11	5	m	m	m
ルクセンブルグ	13	4-16	97	76	21	6	2	0	m	m	m	m	m	m
メキシコ	11	4-14	100	59	25	8	4	2	19	5	2	17	5	2
オランダ	14	4-17	100	93	53	18	5	3	47	12	3	41	21	14
ニュージーランド	14	4-17	99	81	36	16	8	3	42	20	12	41	21	14
ノルウェー	17	2-18	99	87	45	18	8	2	48	19	7	46	19	7
ポーランド	14	5-18	95	93	50	11	3	1	11	2	1	12	3	1
ポルトガル	14	4-17	98	89	37	10	4	1	37	14	9	34	12	4
スロバキア共和国	10	7-16	93	84	33	7	2	0	m	m	m	m	m	m
スロベニア	15	4-18	97	93	61	13	2	0	54	16	5	50	17	6
スペイン	15	3-17	97	87	49	16	5	1	37	12	4	34	11	3
スウェーデン	16	3-18	99	87	42	27	15	3	42	14	4	31	13	4
スイス	13	5-17	100	85	39	17	4	1	34	14	4	31	13	4
トルコ[3]	10	6-15	95d	71	52	29	13	2	m	m	m	m	m	m
イギリス	15	3-17	98	85	34	14	10	3	27	10	6	m	m	m
アメリカ合衆国	12	5-16	99	83	34	15	7	2	38	15	7	32	13	6
OECD 各国平均	14	4-17	98	85	42	16	7	1	39	14	6	37	14	6
すべての調査年についてデータがある国の平均	~	~	~	~	43	16	6	1	40	14	6	37	14	6
EU加盟22か国平均	14	4-17	98	87	43	15	6	1	40	14	5	37	13	5
OECD非加盟国														
アルゼンチン[4]	12	5-16	100	76	40	21	m	m	m	m	m	m	m	m
ブラジル	11	4-14	98	69	29	14	8	2	m	m	m	m	m	m
中国	m	m	m	m	m	m	m	m	m	m	m	m	m	m
コロンビア	4	9-12	87	59	25	12	6	2	m	m	m	m	m	m
コスタリカ	m	m	93	m	m	m	m	m	m	m	m	m	m	m
インド	m	m	m	m	m	m	m	m	m	m	m	m	m	m
インドネシア	14	5-18	100	94	47	13	6	1	56	16	6	49	17	6
リトアニア	13	5-17	96	84	33	7	3	0	m	m	m	34	13	1
ロシア	13	5-17	96	84	33	7	3	0	m	m	m	34	13	1
サウジアラビア	11	6-16	100	m	m	m	m	m	m	m	m	m	m	m
南アフリカ[4]	3	7-9	84	m	25	8	2	1	m	m	m	m	m	m
G20各国平均	m	m	m	m	m	m	m	m	m	m	m	m	m	m

1. 高等教育以外の中等後教育を除く。
2. 15歳以降の年齢別データはない。
3. 5～14歳に15～17歳の初等教育在学者が含まれる。
4. 調査年は2015年。

資料：OECD/UIS/Eurostat (2018)。詳細は「資料」を参照。付録3の注を参照（http://dx.doi.org/10.1787/eag-2018-36-en）。

表中の省略記号については、「利用にあたって」を参照。

StatLink：https://doi.org/10.1787/888933802988

表B1.2. 15～20歳人口に占める在学者の割合（2010年、2016年）

国公立教育機関及び私立教育機関のフルタイム及びパートタイム就学者

	2016年 15歳 中等教育 (1)	16歳 中等教育 (2)	17歳 中等教育 (3)	17歳 高等教育以外の中等後教育 (4)	17歳 高等教育 (5)	18歳 中等教育 (6)	18歳 高等教育以外の中等後教育 (7)	18歳 高等教育 (8)	19歳 中等教育 (9)	19歳 高等教育以外の中等後教育 (10)	19歳 高等教育 (11)	20歳 中等教育 (12)	20歳 高等教育以外の中等後教育 (13)	20歳 高等教育 (14)	2010年 17歳 全教育段階 (15)	18歳 全教育段階 (16)	19歳 全教育段階 (17)	20歳 全教育段階 (18)
OECD加盟国																		
オーストラリア	100	100	90	1	6	39	3	38	22	4	51	18	4	51	87	69	66	62
オーストリア	94	89	73	1	13	43	1	29	19	1	31	9	2	31	87	72	50	39
ベルギー	98	98	96	0	1	51	2	38	27	3	51	14	4	54	98	81	83	75
カナダ¹	100	99	83	m	3	23	m	35	8	m	43	4	m	42	m	m	m	m
チリ	97	93	92	a	0	34	a	30	11	a	48	5	a	51	89	58	51	46
チェコ共和国	100	98	95	m	0	88	m	2	48	m	24	14	m	41	m	m	m	m
デンマーク	99	95	91	a	0	85	a	1	56	a	8	28	a	21	86	82	63	49
エストニア	98	97	94	0	0	88	0	1	36	3	27	15	5	35	m	m	m	41
フィンランド	98	96	96	0	0	95	0	1	35	0	27	16	0	27	95	94	52	49
フランス	96	94	88	0	3	35	1	42	12	1	51	6	0	47	88	77	64	52
ドイツ	97	94	88	4	0	65	7	7	39	11	19	22	12	28	93	87	71	58
ギリシャ	96	92	93	0	1	16	1	48	9	11	54	5	13	56	m	m	m	m
ハンガリー	96	94	88	0	0	68	5	5	28	17	21	11	16	29	98	88	74	63
アイスランド	99	96	89	0	0	81	0	0	67	0	3	31	0	18	m	m	m	m
アイルランド	100	100	90	6	3	42	16	28	5	17	55	2	12	56	m	m	m	m
イスラエル	97	96	91	0	1	16	m	9	2	m	14	1	m	15	88	26	16	18
イタリア	97	94	92	0	0	78	0	3	20	0	33	7	0	37	m	m	m	m
日本	97	97	93	0	0	3	1	m	1	0	m	0	0	m	m	m	m	m
韓国	100	96	96	a	1	9	a	61	0	a	73	0	a	69	91	68	74	71
ラトビア	98	96	97	0	0	89	0	4	36	2	37	13	3	47	100	93	82	59
ルクセンブルク	92	90	82	0	0	72	0	1	41	0	2	25	0	8	m	m	m	m
メキシコ	82	72	57	0	2	23	0	20	11	a	27	6	a	28	53	37	32	26
オランダ	100	99	90	0	8	63	0	25	43	a	38	28	a	44	95	85	75	67
ニュージーランド	98	98	86	2	2	27	7	31	9	6	41	5	5	42	86	65	58	55
ノルウェー	100	95	93	0	0	90	0	0	39	1	20	20	1	36	92	88	60	57
ポーランド	95	95	94	0	1	93	0	2	44	4	35	10	8	47	96	92	44	19
ポルトガル	96	97	97	0	0	53	0	28	26	1	38	13	1	40	89	76	64	55
スロバキア共和国	97	92	88	0	0	76	3	3	33	5	22	6	3	34	m	m	m	m
スロベニア	97	97	96	a	0	91	a	2	30	a	54	17	a	57	100	92	82	64
スペイン	96	96	89	0	0	43	0	37	26	0	47	17	0	49	84	73	62	53
スウェーデン	100	100	99	0	0	95	0	1	26	1	15	16	1	23	m	m	m	m
スイス	98	93	91	0	0	79	1	4	49	1	11	25	1	21	90	84	61	44
トルコ	90	83	77	a	1	34	a	18	11	a	40	10	a	49	m	m	m	m
イギリス	100	99	92	a	2	39	a	33	22	a	42	15	a	43	82	68	61	53
アメリカ合衆国	100	97	87	0	1	30	1	37	5	2	52	0	2	47	82	68	61	53
OECD各国平均	97	95	90	1	2	56	2	18	26	4	34	13	4	39	89	75	61	51
すべての調査年についてデータがある国の平均	~		89	1	2	55	2	21	26	4	35	13	4	40	89	75	61	51
EU加盟22か国平均	97	95	91	1	2	66	2	16	30	5	33	14	5	39	93	84	67	53
OECD非加盟国																		
アルゼンチン²	94	88	79	a	1	39	a	19	19	a	32	9	a	36	m	m	m	m
ブラジル	86	85	68	1	5	33	2	14	20	2	20	11	2	22	m	m	m	m
中国	m	m	m	m	4	m	m	22	m	m	35	m	m	36	m	m	m	m
コロンビア	83	72	38	0	14	19	0	23	9	0	27	5	0	27	m	m	m	m
コスタリカ	85	78	53	a	2	31	a	m	19	a	m	14	a	m	m	m	m	m
インド	m	m	m	m	m	m	m	m	m	m	m	m	m	m	m	m	m	m
インドネシア	m	m	m	a	5	m	a	19	m	a	23	18	a	23	m	m	m	m
リトアニア	100	100	m	a	0	83	1	9	22	7	49	6	8	54	100	100	88	77
ロシア³	85	55	39	13	40	3	11	65	0	5	63	0	2	54	m	m	m	m
サウジアラビア	100	99	100	a	m	59	a	m	27	a	m	11	a	m	m	m	m	m
南アフリカ²	76	m	m	0	1	m	1	7	35	2	10	24	3	11	m	m	m	m
G20各国平均	m	m	m	m	4	m	m	28	m	m	39	m	m	40	m	m	m	m

1. 高等教育以外の中等後教育を除く。
2. 調査年は2015年。
3. 後期中等教育職業プログラムに関するデータは、高等教育以外の中等後教育及び短期高等教育プログラムに含まれる。

資料：OECD/UIS/Eurostat（2018）。詳細は「資料」を参照。付録3の注を参照（http://dx.doi.org/10.1787/eag-2018-36-en）。
表中の省略記号については、「利用にあたって」を参照。

StatLink：https://doi.org/10.1787/888933803007

インディケータB1：初等教育から高等教育までの在学率　　CHAPTER **B**

表B1.3. 前期・後期中等教育の在学者の特徴（2016年）

		前期中等教育					後期中等教育			生徒の割合		職業プログラムの女子生徒の割合（全プログラムに占める割合）	標準年齢(20歳)を超える生徒の割合			
	在学者の平均年齢	国公立教育機関の生徒の割合	普通プログラムの留年者の割合	普通プログラムに占める女子生徒の割合	最終学年の生徒に占める過年齢の生徒の割合（普通プログラムのみ）	普通プログラムの過年齢の生徒に占める女子生徒の割合	在学者の平均年齢	国公立教育機関の生徒の割合	パートタイム就学者の割合	職業プログラム	学校・企業連携プログラム		普通プログラム	職業プログラム	普通プログラムの留年者の割合	普通プログラムの留年者に占める女子生徒の割合
	(1)	(2)	(3)	(4)	(5)	(6)	(7)	(8)	(9)	(10)	(11)	(12)	(13)	(14)	(15)	(16)
OECD加盟国																
オーストラリア	m	59	m	m	m	m	m	60	50	56	x(10)	49	7	82	m	m
オーストリア	12	90	2	39	8	40	17	89	0	69	32	64	3	12	6	47
ベルギー	19	42	7	40	6	40	22	41	30	59	3	57	21	25	8	37
カナダ	13	92	m	m	m	m	17	93	0	9	x(10)	8	m	m	m	m
チリ	13	42	4	42	9	37	17	37	0	28	2	26	7	3	8	42
チェコ共和国	13	97	1	42	4	37	18	85	1	73	6	67	1	17	11	37
デンマーク	15	71	1	41	1	39	21	97	8	41	33	36	19	72	1	48
エストニア	15	96	2	38	7	37	20	97	11	39	1	30	11	36	4	61
フィンランド	14	95	0	45	m	m	25	80	a	71	9	69	6	65	a	a
フランス	13	78	2	39	2	41	17	71	0	41	10	36	0	13	5	45
ドイツ	13	90	2	38	m	m	18	92	2	38	31	38	4	44	m	m
ギリシャ	14	96	4	35	4	35	17	96	7	29	a	20	1	16	1	41
ハンガリー	13	83	2	39	2	38	18	73	12	21	21	16	10	16	5	45
アイスランド	14	99	m	m	a	a	21	77	22	32	15	26	23	65	m	m
アイルランド	14	100	0	46	0	49	17	99	1	a	a	a	4	1	1	47
イスラエル	13	83	1	28	3	39	16	94	4	40	3	41	1	0	2	28
イタリア	12	96	3	33	3	35	16	91	0	56	a	43	1	6	7	35
日本	13	93	m	m	a	a	16	67	5	23	a	20	m	m	m	m
韓国	13	82	0	46	0	40	16	57	0	18	a	15	0	0	0	37
ラトビア	14	98	2	33	5	32	19	96	15	38	38	32	17	18	6	49
ルクセンブルグ	14	81	10	46	14	49	18	82	1	61	13	59	5	25	11	43
メキシコ	17	90	1	28	3	37	16	81	a	38	a	36	4	6	14	44
オランダ	14	99	m	m	1	46	21	90	8	68	m	67	2	46	m	m
ニュージーランド	13	95	m	m	1	46	21	87	27	30	x(10)	32	2	67	m	m
ノルウェー	14	96	a	a	a	a	19	90	3	50	17	42	10	26	m	m
ポーランド	14	93	2	32	m	m	18	86	12	51	8	41	18	2	4	33
ポルトガル	15	86	m	m	m	m	18	79	8	41	a	36	9	20	m	m
スロバキア共和国	13	92	2	45	m	m	17	84	2	69	7	63	2	7	0	28
スロベニア	13	100	1	32	1	37	18	94	22	70	a	64	4	28	1	43
スペイン	15	68	11	40	9	39	20	73	14	35	1	32	7	57	m	m
スウェーデン	16	83	a	a	0	44	21	83	28	37	2	36	32	40	a	a
スイス	14	91	1	43	1	44	18	85	1	65	58	57	11	24	5	50
トルコ	13	95	2	58	3	52	18	92	a	48	a	47	26	6	6	34
イギリス	m	28	a	a	a	a	21	19	34	53	20	54	0	53	a	a
アメリカ合衆国	13	91	m	m	5	36	16	91	a	m	m	m	m	m	m	m
OECD各国平均	14	85	2	40	3	40	19	80	9	44	11	40	8	28	4	42
EU加盟22か国平均	14	85	3	39	4	40	19	82	10	48	11	44	8	28	4	43
OECD非加盟国																
アルゼンチン[1]	15	76	11	41	16	49	17	70	m	a	m	a	9	a	6	42
ブラジル	14	86	m	m	15	38	18	86	m	9	a	10	15	28	m	m
中国	m	88	m	m	m	m	m	89	m	41	m	38	m	m	m	m
コロンビア	14	81	3	41	20	40	17	74	a	26	a	27	14	1	1	41
コスタリカ	16	91	12	40	23	43	19	90	a	33	a	34	23	22	8	43
インド	m	58	0	m	46	m	m	41	m	3	m	1	m	m	2	44
インドネシア	m	61	m	25	0	m	18	53	m	43	m	37	8	6	m	m
リトアニア	14	97	1	27	5	32	19	98	5	27	a	20	9	19	1	40
ロシア	13	99	0	49	1	m	16	97	1	54	m	46	0	m	0	55
サウジアラビア	14	92	2	45	11	48	18	83	m	m	m	m	12	m	2	35
南アフリカ[1]	15	96	m	m	m	m	m	m	m	12	m	11	15	78	16	50
G20各国平均	m	81	3	41	m	m	m	74	m	32	m	29	m	m	5	42

1. 調査年は2015年。
資料：OECD/UIS/Eurostat (2018)。詳細は「資料」を参照。付録3の注を参照（http://dx.doi.org/10.1787/eag-2018-36-en）。
表中の省略記号については、「利用にあたって」を参照。
StatLink : https://doi.org/10.1787/888933803026

幼児教育

インディケータ B2

- OECD加盟国ではこの数十年間、政策面で幼児教育及び保育への関心が急速に高まり、3歳未満の子どもに焦点が絞られてきた。2016年のOECD各国平均では、幼児教育及び保育に在学している3歳未満児の割合は約3分の1で、2010年と比べて5パーセントポイント増加している。
- OECD加盟国では現在、全員またはほぼ全員が幼児教育及び保育に1年以上在学するのが標準的で、国連が設定した「持続可能な開発目標（Sustainable Development Goals, SDGs）」の教育目標のターゲット4.2.2に向けて大きく前進している。2005～2016年の間に、3～5歳児の就学前または初等教育の平均在学率は75%から85%に上昇している。
- 前進してはいるものの、低年齢の幼児が幼児教育及び保育サービスを受ける機会には、依然として大きな不平等が存在する。例えば、3歳未満児では、社会経済的背景に相対的に恵まれている場合や、母親が高等教育修了者である場合の方が、幼児教育

図B2.1. 3歳未満児の幼児教育及び保育の種類別在学率（2010年、2016年）

すべての幼児教育及び保育サービス（幼児教育［ISCED 0］及びISCED 0の分類外であるその他の登録済み幼児教育及び保育サービス）

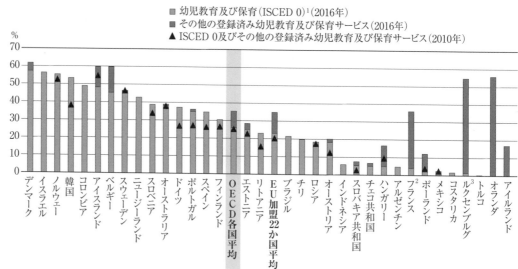

注：幼児教育はISCED 0。その他の登録済み幼児教育及び保育サービスは、ISCEDの基準をすべては満たしていないので、ISCED 2011の分類外である幼児教育及び保育サービス。幼児教育及び保育サービスがISCED 0に分類されるには、以下の条件を満たしていなければならない。1) 適切な計画的教育要素を含む。2) プログラムが画一化されている（通常、学校その他の機関において、子どもの集団を対象として実施される）。3) 教育活動の時間が1日2時間以上、在学期間が年間100日以上である。4) 国の関連当局が認める規定（カリキュラムなど）の枠組みを持つ。5) 訓練を受けた、あるいは（教員資格など）認定を受けた職員を有する。
1. ISCEDの基準に従う。
2. 「その他の登録済み幼児教育及び保育サービス」のデータは、フランス厚生省（社会問題・健康省）調査評価統計局（DREES）が2013年に実施した「幼児保育の現状に関する調査（enquête Modes de garde et d'accueil des jeunes enfants）」に基づく。数字は主要な保育システムを示す。
3. 「その他の登録済み幼児教育及び保育サービス」に在学する3歳未満児の調査年は、2016年ではなく2014年。OECDファミリー・データベース（www.oecd.org/els/family/database.htm）のデータに基づく。

左から順に、2016年の3歳未満児の幼児教育及び保育の在学率が高い国。
資料：OECD (2018). 表B2.1a。詳細は「資料」を参照。付録3の注を参照（http://dx.doi.org/10.1787/eag-2018-36-en）。
StatLink : https://doi.org/10.1787/888933803216

及び保育に参加する可能性が高い。

■ 政策との関連

経済的繁栄は高い就業率の維持にかかっており、労働市場に参入する女性が増加していることから、各国政府は幼児教育及び保育の拡大への関心を高めている。ワークライフバランスの向上を目指して、質の高い幼児教育及び保育などのサービスを提供すれば、両親が就業して仕事と家庭責任を両立できる機会が増える（OECD, 2018[1]；OECD, 2011[2]；OECD, 2016[3]）。

だが、幼児教育及び保育サービスの利点は、労働市場の成果や出生率の向上に限らない。幼児教育及び保育が子どもの発達や学習面、生活面に果たす主要な役割についても、認識が高まっている。人生のスタートにおいてこうした面で恵まれた子どもほど、成長後に優れた成果を示す場合が多い。家庭学習ではこういった能力を伸ばす機会が少なくなりがちなので、これは社会経済的背景に恵まれない子どもに特に当てはまる（OECD, 2017[4]）。

こうした調査結果を受け、政策立案者は、早期介入の方法の構築や、幼児教育及び保育サービスの質と利用機会の公平性の向上を目指す取り組みへの着手、「金額に見合った価値」を得られるような教育支出のパターンの再考を迫られている（Duncan and Magnuson, 2013[5]）。このような一般的な傾向はあるものの、幼児に提供される幼児教育及び保育サービスの質や種類、1週間当たりの通常の在学時間には、OECD加盟国で大きな差がある。

現在、OECD加盟国の半数超では、すべての幼児教育及び保育サービスが、国レベルや地域レベルの一つの主導的当局の責任下で運営され、1歳未満から初等教育開始年齢まで一体型カリキュラムが適用されており、最近、このタイプの一体型制度に移行する国が増えている（OECD, 2017[4]）。

■ その他のハイライト

■ 2015年には、幼児教育及び保育（ISCED 0）への支出は平均でGDPの0.8%を占め、そのうち4分の3前後が就学前教育（ISCED 02）に充てられている。2005年と2015年のデータがある18か国では、就学前教育への支出がGDPよりも速いペースで増加している。

■ 料金の手頃さは、幼児教育及び保育への参加の公平性を左右する重要な要因である。支出総額に占める公的資金の割合は、傾向として、就学前教育よりも早期幼児発達教育（ISCED 01）の方が小さい。OECD加盟国の平均では、就学前教育への公的支出の割合は、2005〜2015年の間に4パーセントポイント増加している。

■ 3歳未満児は、3歳以上の子どもと比べて、私立の幼児教育及び保育機関に在学する可能性がはるかに高い。私立教育機関に在学する子どもの割合は、早期幼児発達教育

CHAPTER **B**　教育機会・在学・進学の状況

（ISCED 01）の方が就学前教育（ISCED 02）よりもかなり大きく、OECD加盟国の3分の2では50%を超えている。

- 就学前教育では、（教員助手を除く）教員一人当たりの在学者数は、OECD加盟国の平均で14人であるが、興味深いことに、2005～2016年の間に、データのあるOECD加盟21か国のうち約3分の2で減少している。平均では、同期間に、就学前教育の在学者数は18%増加しているのに対し、教員数は29%増加している。

■ 結果と解説

幼児教育及び保育サービスの種類

OECD加盟国では、幼児教育及び保育へのニーズが高まっているという点については、見解が一致している。だが、OECD加盟国では、子どもと親に提供されている幼児教育及び保育サービスの種類にかなりの差異があり、対象となる年齢層や管理の主体、資金調達、提供形態（終日預かりか一時預かりか）の他、提供場所（センター／学校か自宅か）に違いがある（OECD, 2017[4]）。

一般に、正規の幼児教育及び保育サービスは、以下の2種類に分類できる。

- ISCED 2011の教育区分による幼児教育及び保育サービス（OECD/Eurostat/UNESCO Institute for Statistics, 2015[6]）。幼児教育及び保育サービスがISCED 0に分類されるには、以下の条件を満たしていなければならない。
  1) 適切な計画的教育要素を含む。
  2) プログラムが画一化されている（通常、学校その他の機関において、子どもの集団を対象として実施される）。
  3) 教育活動の時間が1日2時間以上、在学期間が年間100日以上である。
  4) 国の関連当局が認める規定（カリキュラムなど）の枠組みを持つ。
  5) 訓練を受けた、あるいは（教員資格など）認定を受けた職員を有する。

- 各国が幼児教育及び保育を提供する上で不可欠と考えられるが、ISCED 0の基準をすべては満たしておらず、教育プログラムとは見なされないその他の登録済み幼児教育及び保育サービス（フランスのcrèchesやポルトガルのAmasなど）。この二つの分類の違いは、図B2.1及び表B2.4に明記している。

非公式な保育サービス（通常、子どもの親が手配し、子どもの自宅か、親族や友人、隣人、ベビーシッター、乳母が提供する他の場所で行われる無規制の保育）は、本インディケータでは扱わない（詳細は「定義」を参照）。

幼児教育及び保育の在学率

3歳未満児の在学率

質の高い幼児教育及び保育を受けると、人生のスタートにおいて生活面や学習面、発達面で望ましい効果があると考えられる（OECD, 2018[1]）。

インディケータ B2：幼児教育　　CHAPTER **B**

B₂

2016年には、OECD加盟国の平均で、3歳未満児の約3分の1が、フルタイムかパートタイムで幼児教育及び保育に在学しているが、この平均に隠れて国によって大きな差がある。育児休暇の長さも、幼児教育及び保育の在学年齢に影響を及ぼしている。メキシコ（在学者のうち3歳未満児は2%のみ）、トルコでは、3歳未満児が対象の幼児教育及び保育サービスがほぼ存在しないのに対し、ベルギー、デンマーク、アイスランド、イスラエル、韓国、ルクセンブルグ、オランダ、ノルウェーでは3歳未満児の半分超がすでに在学している（図B2.1）。

国によって大きな差があるものの、一般的な傾向は浮かび上がってくる。幼児教育及び保育に在学する3歳未満の割合は、ほとんどの国で増加しており、2010～2016年の間に、平均では25%から31%に増加している（表B2.1b）。多くの欧州諸国では特に増加が著しいが、これは、バルセロナ会議でEUが設定した目標（2010年までに、3歳未満児の3分の1に、終日利用可能な補助金対象施設を供給する）が、さらなる刺激材料になったためである（OECD, 2017[4]）。もっと世界的に見ると、過去数十年間の幼児教育及び保育の提供拡大は、女性、それも特に3歳未満児の母親の就労増加に多大な影響を与えている。2016年に3歳未満児の在学率が高い国は、傾向として、母親の就業率が最も高い国である（OECD, 2018[1]；OECD, 2018[7]）（図B2.1）。

だが、幼児教育及び保育の在学率が上昇しているのは、子どもに提供される教育の質が理由ではない。例えばノルウェーなどの諸国では、3歳未満児の半分超が、幼児教育及び保育サービスに在学するだけでなく、1歳未満から初等教育開始年齢まで教育制度内で一体化されたプログラムにも参加している。こうしたプログラムでは、3歳になる前でも、訓練を受けた、あるいは認定を受けた職員や、明確な教育目標を有し、国の関連当局が認める規定の枠組みを持つ幼児教育及び保育環境に置かれることが多い。ルクセンブルグやオランダのような、在学率が同程度の他の国では、幼児教育及び保育環境や対象年齢層ごとに異なる基準が設けられていることが少なくない（詳細は表B2.4を参照）。

社会経済的背景別にみた3歳未満児の在学率
調査から、社会経済的に恵まれない家庭出身の子どもや、移民としての背景を持つ子どもは、質の高い幼児教育及び保育から得られる恩恵が最も大きいことが明らかになっている（コラム1参照）。できるだけ早い年齢から教育の公平性を高めるのが最も重要であるが、OECD加盟国では、幼児教育及び保育施設で子どもの経済的・社会的・文化的背景に不平等が存在することが、もっと大きな問題になりつつある。貧困家庭の子どもの方が、従来から、幼児教育及び保育を受ける機会の面で大きな障壁に直面するので、特にそれが言える。恵まれない家庭出身の子どもは、質の高い幼児教育及び保育を最も必要としているが、こうした家庭は既存の幼児教育及び保育サービスに関する知識が不足しがちだとの調査結果も多い（OECD, 2017[4]）（コラムB2.1）。

母親が高等教育を修了している3歳未満児は、幼児教育及び保育を受ける可能性が比較的高い。特に、データのある国の平均では、母親が高等教育修了者である子どもは、母親が高等教育未修了者である子どもより、幼児教育及び保育プログラムに参加する可能性が約10パーセントポイント高い。オーストリア、ベルギー、アイルランド、オランダでは、この差が統計的に有意で、20パーセントポイントを超えている（OECD, 2018[7]）（図B2.2）。高等教育修了女性は、高等教育未修了の女性よりも就業して高い所得を得ている傾向が強いので、子どもにこうしたプログラムを受けさせるのに必要な私的費用を負担するだけの金銭的余裕がある可能性が高い（OECD, 2018[1]；OECD, 2018[7]）。

191

図B2.2. 3歳未満児の在学率（母親の学歴別）（2014年）

すべての幼児教育及び保育サービス（幼児教育［ISCED 0］及びISCED 0の分類外であるその他の登録済み幼児教育及び保育サービス）

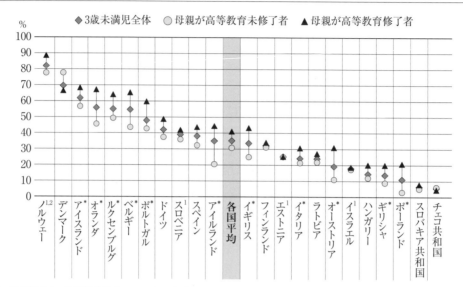

注：ほとんどの欧州諸国は、欧州統計局（Eurostat）が主導した2014年度「欧州連合所得・生活状況統計調査（EU-SILC）」のデータに基づく。EU-SILC調査のデータは複数の調査に基づき、標本数や標本抽出の問題が調査結果に影響している場合もある。EU-SILC調査では、未規制の有料保育士サービスも対象に含まれる。異なる集団が人口の標本になっているため、数か国では、集団による在学率の差が統計的に有意ではない（p値が0.05未満）。*印が付いた国では、集団による在学率の差が統計的に有意である（p値が0.05超）。
1. 当該国が提供した2016年のデータであるため、標本抽出やp値の報告は行われていない。ノルウェーのデータの対象は1〜2歳児。
2. 当該国が提供した幼児教育及び保育（ISCED 0）のみのデータ。
左から順に、3歳未満児全体の在学率が高い国。
資料：OECD（2018）。ホームページの表B2.1c。OECDファミリー・データベース。詳細は「資料」を参照。付録3の注を参照（http://dx.doi.org/10.1787/eag-2018-36-en）。
StatLink：https://doi.org/10.1787/888933803235

実際、3歳未満児は、社会経済的背景に比較的恵まれていると、幼児教育及び保育プログラムに参加する可能性が高くなる。OECD加盟国の平均では、幼児教育及び保育に子どもが在学する割合は、所得が最上位三分位内の世帯では44％超なのに比べて、所得が最下位三分位内の世帯では28％にとどまる（OECD, 2018[7]；OECD, 2016[8]）（表B2.1c）。所得層によるこの差は、データのある国の半分超で統計的に有意であり、子ども全体の在学率が最低水準である国、すなわち、チェコ共和国やハンガリー、ポーランドのような、幼児教育及び保育に在学する子どもの割合が世界的に見て小さい国で、顕著である。

3歳から初等教育開始年齢までの子どもの在学率

多くのOECD加盟国では、大半の子どもが、5歳になるかなり前から幼児教育及び保育を受け始まる。OECD加盟国では、4歳児の10人に9人近く（88％）が就学前教育あるいは初等教育に在学し、EU加盟のOECD加盟国に限れば、その割合は91％に達する。とはいえ、4歳児の就学前教育の在学率は国によって異なり、ベルギー、デンマーク、フランス、アイスランド、イスラエル、イギリスでは98％以上である一方、スイス、トルコでは50％に満たない。3歳児の幼児教育在学率は、ベルギー、デンマーク、フランス、ハンガリー、アイスランド、イスラエル、韓国、ノルウェー、スペイン、イギリスで特に高く、95％を超えている（表B2.1a）。

多くのOECD加盟国では、幼児教育及び保育サービスを受ける法的権利は、義務教育が始まる1、2

インディケータB2：幼児教育　CHAPTER B

図B2.3. 3～5歳児の在学率の変化（2005年、2010年、2016年）
幼児教育（ISCED 0）及び初等教育

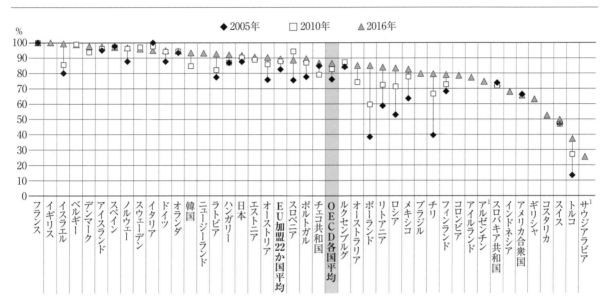

1. 調査年は2016年ではなく2015年。
左から順に、2016年の3～5歳児の在学率が高い国。
資料：OECD（2018）．表B2.1a及び表B2.1b。詳細は「資料」を参照。付録3の注を参照（http://dx.doi.org/10.1787/eag-2018-36-en）。
StatLink : https://doi.org/10.1787/888933803254

年以上前にすべての子どもに与えられる。平均では、3～5歳児の幼児教育及び保育在学率は86％で、ほとんどの場合は就学前教育（ISCED 02）に在学する。データのある42か国中18か国では、3～5歳児の在学率が90％を超え、100％に近い。

この傾向は、多くの国で過去数十年間に幼児教育及び保育サービスが拡充されてきたことによるものである。この間に、幼児教育及び保育政策が重視されるようになったため、義務教育の開始年齢の引き下げや、一部の年齢や限られた人口集団での幼児教育及び保育の無償提供拡大、年長のすべての子どもに対する幼児教育及び保育の提供ならびに、一部の国では1歳から初等教育開始年齢までの一体型幼児教育及び保育プログラムの策定といった措置がとられてきた。データを見ると、2005～2016年の間に、3～5歳児の就学前教育または初等教育の在学率は、平均で75％から85％に上昇し、チリ、リトアニア、ポーランド、ロシア、トルコなど数か国ではめざましい上昇を遂げている。対照的に、ほとんど変化が見られない国もある。例えば、スイスは、2005年も2016年も在学率が最低水準の国に含まれている（図B2.3）。

幼児教育及び保育の地域別在学率

多くの国で、すべての子どもに幼児教育及び保育を受ける権利が与えられるのが3歳からであるとしても、この年齢で就学前教育を受ける機会には、依然として大きな地域差がある。例えばオーストリアでは、3歳児の就学前教育在学率は、シュタイアーマルク（スティリア）地域では54％にとどまるのに比べてブルゲンラント及びニーダーエスターライヒ地域では90％に達しており、顕著な差が見られる（OECD/NCES, 2018[9]）。ポーランド、ロシア、スペイン、アメリカ合衆国では、3歳児の在学率の地域差が20パーセントポイント以上であり、幼児教育及び保育を受ける平等な機会を都市部

CHAPTER B 教育機会・在学・進学の状況

と地方の両方に与える重要性を浮き彫りにしている。

4歳児になると、在学率は大半の国で100％か、それに近い数字になるが、地域データのある14か国では、まだ地域差がある（「資料」を参照）。オーストリア、フィンランド、イタリア、韓国、ポーランド、ロシア、スペイン、トルコ、アメリカ合衆国では、4歳児の就学前または初等教育在学率に、最も高い地域と最も低い地域で10パーセントポイントを超える差がある。

教育機関の設置形態別にみた幼児教育及び保育の在学率

幼児教育プログラムの拡充及び提供者の形態を評価するにあたって、アクセスのしやすさや費用、プログラムと職員の質、説明責任などに関する親のニーズや期待は、いずれも重要である。国公立機関においてプログラムの質やアクセスのしやすさ、料金の手頃さに関する親のニーズが満たされなければ、子どもを私立の就学前教育機関に通わせたいと思う親も出てくるであろう（Shin, 2009[10]）。

コラムB2.1. 質の高い幼児教育及び保育への参加促進による移民の幼児の統合

OECD加盟国の人口は、移住によってますます多民族化している。OECD加盟国の平均では、この20年間に、外国生まれの人口が6％から9％超に増加している。移住が盛んになると多様性が増し、教育の初期段階では特に、統合に向けた特別な取り組みが必要になる（OECD, 2016[11]）。

移民の幼児を新しいコミュニティに統合することは、長い目で見てきわめて重要であり、教育制度は、幼児教育及び保育への参加を促して統合に役立つ可能性がある。だが、大半の国では、移民の子どもは、移民としての背景を持たない子どもと比べて、こうしたプログラムへの参加率がかなり低い（OECD, 2017[4]）（Magnuson and Waldfogel, 2006[12]）。2015年に実施された「生徒の学習到達度調査（Programme for International Student Assessment, PISA）」の平均では、幼児教育及び保育（ISCED 0）に1年以上在学した移民の生徒は、在学期間が1年未満の移民の生徒より科学的リテラシーの得点が36点高く、この得点差は学校教育のほぼ1年分に相当する。子どもの社会経済的背景を考慮した後でも、25点の大きな差がある（OECD, 2017[4]）。

幼児教育及び保育プログラムの拡充が各国で実施されてきたのには、遠隔地に住む子どもに保育を提供する、経済的に恵まれない子どもに対して公平を期する、新たにやって来た移民の新しい文化への移行を容易にする、先住民の文化を支えるなど、さまざまな目的がある。デンマーク、フィンランド、オランダ、ノルウェー、スウェーデンのような数か国では、移民と少数民族が幼児教育サービスを受ける機会を拡大すべく政策が実施されてきた。そうした政策には、子どもやその家族を新しい居住国の言語や伝統に触れさせ、社会との接点や人脈を作る機会を親に提供するねらいがある。

先住民がいる国（オーストラリア、カナダ、ニュージーランド、アメリカ合衆国）も、伝統的な言語や文化を守る措置を取る一方で、各家庭を社会に馴染ませようとしてきた。このように

インディケータB2：幼児教育　**CHAPTER B**

B2

前進してはいるものの、職員を含め、幼児教育を提供するにあたって、民族や文化、言語が多様な家庭のニーズを尊重してこれに対応することが、依然として多くの国で課題となっている（OECD, 2017[4]）。

幼児教育及び保育の質は、最も必要としている者が幼児教育及び保育の恩恵を受けられるようにする上で、きわめて重要である。この主要な問題については、報告書『幼児との関わり（*Engaging Young Children*）』（OECD, 2018[13]）にまとめられた文献レビューとメタ分析の結果から、移民またはバイリンガルの子どもの割合が大きい幼児教育及び保育機関の在学者は、職員との相互交流の質が低いことが窺える。同様に、そのような幼児教育及び保育環境が、子どもの発達に影響を及ぼすこともわかっている。恵まれない背景を持つ子どもが、自分と似た境遇の子どもの割合が大きい就学前学校に在学すると、言語能力や読み書き能力が低くなっているのである。

移民またはバイリンガルの子どもの割合が大きい環境の方が質が低いのは、恵まれない家庭（EACEA P9 Eurydice, 2009[14]）や、特定地域の少数民族またはバイリンガルの家庭（Stewart and Waldfogel, 2017[15]）が、全体的に、機会を妨げる障壁や余計なリスクに直面していることを反映しているとも考えられる。恵まれない子どもを扱う方が難しい、というもっと詳しい説明もこれまでに提示されており、こうした問題に対処してプロセスの質を引き上げるには、さらなる資源が必要と見られる（Pianta *et al.*, 2005[16]；OECD, 2018[13]）。

ほとんどの国で、幼児教育及び保育段階は、私立機関に在学する子どもの割合が初等・中等教育段階よりかなり大きい。私立教育機関は、独立私立機関と公営私立機関の二つのタイプに分けられる。独立私立機関は、非政府組織、または政府当局による任命ではない運営組織の構成員によって管理され、政府当局からの拠出が主たる財源の50％に満たない。公営私立教育機関は、同様の管理体制であるが、主たる財源の50％超を政府当局に依存している。

早期幼児発達プログラム（ISCED 01）では、OECD加盟国の平均で、約半数の子どもが私立教育機関に在学している（図C2.2）が、この平均からはわからないものの、国によって大きな差がある。デンマーク、フィンランド、ハンガリー、アイスランド、スロベニア、スウェーデン、リトアニア、ロシアでは、この割合が20％以下なのに対して、ベルギー、インドネシア、イスラエル、韓国、ニュージーランド、ポルトガル、トルコ、イギリスでは、すべて、またはほぼすべての子どもが私立教育機関に在学している（表B2.2）。

私立教育機関に在学するのは通常、3歳以上の子どもよりも3歳未満児の方が一般的である。そのため、この20年間に大半の欧州諸国で、幼児教育及び保育の公的な提供を促進する公共政策の策定が進められてきたことを反映して、就学前教育（ISCED 02）では、国公立教育機関の在学者がOECD加盟国で約3分の2、EU加盟22か国で約4分の3に達する。とはいえ、少数の国では、幼児教育及び保育は、依然として主に私的部門の財源によって提供されており、インド、アイルランド、日本では、就学前教育プログラムで、70％超の子どもが独立私立教育機関に在学している（表B2.2）。

195

コラムB2.2. 就学前教育の年間平均在学時間

子どもの発達の観点から、幼児教育及び保育の最適な在学時間を示すデータは、ほとんどない。そのため、幼児教育及び保育については、パートタイム在学と比較したフルタイム在学の利点に関する調査結果が、在学期間延長の利点に関するデータほど包括的ではない。とはいえ、労働市場の観点から見れば、週当たりの在学時間が適切な幼児教育及び保育サービスがあることが、幼児を抱える親のフルタイム就業を可能にする重要な要因である（OECD, 2017[4]）。

年齢別の在学率は、子ども時代に幼児教育及び保育に在学する期間（在学年数など）を示す代理指標になるが、就学前教育の在学時間（1日数時間か、終日か）に関する情報は得られない。平均では、就学前教育の在学時間は週31時間で、在学期間は年間40週であるが、平均値では国ごとの大きな違いが見えない上に、課外活動が除外されている。就学前教育の在学時間は、メキシコの週15時間からロシアの週50時間まで幅がある。同様に、就学前教育施設の開所期間は通常、ロシアでは年間30週で、ハンガリーでは年間52週に達する。

教員給与や幼児教育及び保育の提供、職員一人当たり在学者数といった他の要因に加えて、就学前教育の年間在学時間も、就学前教育に投入される公的予算額に大いに影響する。例えば、

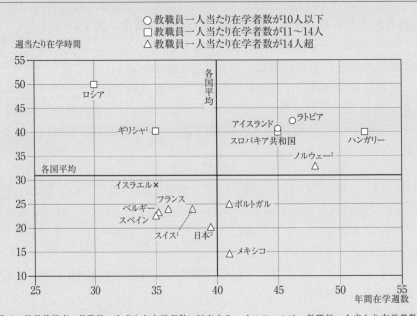

図B2.a. 就学前教育（ISCED 02）の週当たり在学時間と年間在学週数（2016年）

注：3種類の記号は、就学前教育の教職員一人当たり在学者数に対応する。イスラエルは、教職員一人当たり在学者数のデータがない。
1. 教職員一人当たり在学者数のデータの調査年は、スイスが2014年で、ギリシャが2015年である。
2. 就学前教育（ISCED 02）プログラム在学者の平均在学時間。
3. 「幼稚園全国カリキュラム基準（National Curriculum Standards for Kindergarten）」の規定に基づくデータであるため、就学前教育（ISCED 02）の平均の在学時間と年間在学週数が、実状と一致しない可能性がある。
資料：OECD（2018）及び国際教育インディケータ事業（INES）の特別調査。詳細は「資料」を参照。付録3の注を参照（http://dx.doi.org/10.1787/eag-2018-36-en）。

StatLink: https://doi.org/10.1787/888933803311

インディケータ B2：幼児教育　**CHAPTER B**

B2

就学前教育の在学時間が増加したり、教員一人当たり在学者数が減少したりすると、結果的に職員の増員が必要になり、公的予算が増額される。図B2.aを見ると、ノルウェーを除き、週当たりの開所時間と年間週数が特に多い国は、教員一人当たり在学者数がOECD各国平均より少ない。これらの国のうち、アイスランド、ラトビア、ハンガリーは、教育支出の対GDP比がOECD各国平均を上回るのに対し、スロバキア共和国はOECD各国平均の水準である（表B2.3a）。

だが、幼児教育及び保育の提供についてもっと完全に理解するには、在学率と在学時間及び在学期間も合わせて分析する必要がある。ベルギー、フランス、スペインといった諸国は、就学前教育施設の開所時間と年間在学週数が相対的に少なく、職員一人当たり在学者数はOECD各国平均の14人を上回るが、すべての3〜5歳児が在学できる（表B2.1b）。一方、スロバキア共和国では、就学前学教育施設の開所時間は週40時間超だが、在学率はOECD各国平均を下回り、3〜5歳児の73%が就学前教育に在学している（表B2.1a）。

幼児教育及び保育の資金調達

持続的な公的資金の投入は、幼児教育及び保育プログラムの発展と質を支える上で不可欠である。適切な資金提供があれば、子どもの認知的・社会的・情緒的発達を助ける訓練済みの有資格職員を採用することが可能であり、また、幼児教育及び保育の施設や教材への投資は、子ども本位の福祉や学習のための環境の構築を支えることにもなる。質の高いプログラムを広範に提供するために十分な公的資金が投入されていない国では、親によっては、私立の幼児教育及び保育サービスを子どもに受けさせたいと思う場合もあるだろう。また、幼児教育及び保育の費用に関する助成金が不十分であれば、社会経済的背景が恵まれない子どもの幼児教育及び保育への参加が、親の経済力に大きく左右されることになる（OECD, 2017[4]）。

在学者一人当たり支出

就学前教育段階では、国公私立教育機関に対する在学者一人当たり年間支出は、OECD加盟国の平均で8,528ドルであるが、ブラジル、コロンビア、チェコ共和国の5,000ドル以下からルクセンブルグ、ノルウェー、スウェーデンの13,000ドル超までの開きがある。早期幼児発達教育プログラム（ISCED 01）の在学者一人当たり年間支出は、就学前教育（ISCED 02）と比べて、両プログラムのデータがあるOECD加盟14か国中12か国で大幅に多く、平均では12,433ドルである。早期幼児発達教育プログラムの方が職員一人当たり在学者数が少ないことが、こうした差を生む主な要因の一つである（表B2.3a及び表B2.2）が、幼児教育及び保育の年間平均在学時間も各国の支出に影響している（コラムB2.2）。

幼児教育及び保育の財源の公私負担割合

幼児教育及び保育施設の財源は国によって異なる。公的部門が一定の年齢からすべての子どもに教育を受ける機会を提供している国がある一方で、幼児教育及び保育施設が主に私的部門によって提供されていたり、その両方を組み合わせたりしている国もある（表B2.3b）。政府が幼児教育及び保育の公的資金に関する権限を地方当局に委譲している国も多いと考えられる。一般に、幼児教育及び保育は、他のどの教育段階よりも公的資金の分権化が進んでいる（OECD, 2018[17]）。

197

全体的に見ると、OECD加盟国の平均では、幼児教育及び保育への公的支出はかなり多く、増加する一方であるが、就学前教育（ISCED 02）と早期幼児発達教育（ISCED 01）とで差がある。OECD各国平均を見ると、早期幼児発達教育では公的財源が総支出の72%を占めるのに対し、就学前教育では公的支出の割合がもっと大きく、総支出の83%である。また、就学前教育への公的支出も、2005～2015年の間に、両年のデータがある国の平均で4パーセントポイント増加しており、チリ、ドイツ、イスラエル、韓国では増加幅が10パーセントポイントを超えている（表B2.3b）。2015年に私費負担が就学前教育段階の総支出の40%超を占める国は、日本、トルコ、イギリスの3か国のみである。トルコでは、私費負担のほとんどを家計支出が占めるが、各家庭が充実した公的助成金制度を利用できる。日本では、高額な費用を家計と財団、産業界が負担している一方、イギリスでは私費負担の多くを家計支出が占める（表B2.3b）。

支出の対GDP比

幼児教育及び保育への支出は、国の富と比較して分析することもできる。全幼児教育及び保育に対する支出は、OECD加盟国の平均でGDPの0.8%を占め、そのうち4分の3が就学前教育に充てられている（図B2.4）。就学前教育に対する支出は、オーストラリア、ギリシャ、アイスランド、日本ではGDPの0.3%以下である一方、アイスランドやスウェーデンのような国では、GDPの1%超を占める（表B2.3a）。こうした差異は、主として在学率、法的権利、在学時間や在学期間、初等教育開始年齢の違いで説明がつく。各国の幼児教育及び保育に対する相対的支出の比較は、就学前教育の期間とも相関している。例えば、オーストラリア、アイルランド、ニュージーランド、イギリスの場合、幼児教育及び保育への支出の対GDP比がOECD各国平均を下回るのは、初等教育への早期移行により就学前教育の期間が短いのも一因である。各国の幼児教育及び保育プログラムの理論上の期間は、

図B2.4. 就学前教育（ISCED 02）に対する支出の対GDP比（2005年、2010年、2015年）

国公私立教育機関

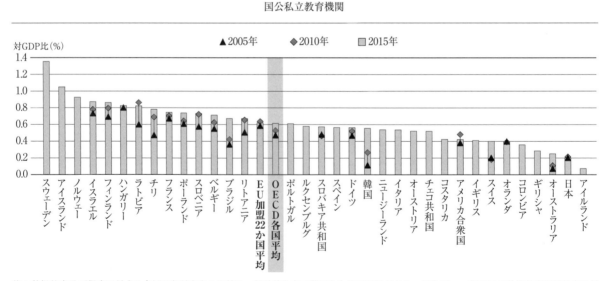

注：幼児教育及び保育に対する各国の相対支出の比較は、就学前教育の期間とも相関関係がある。例えば、一部の国で幼児教育及び保育に対する支出の対GDP比がOECD各国平均を下回っているのは、初等教育への早期移行により就学前教育の期間が短いことが一因と考えられる（表B2.4の就学前教育の期間を参照）。
左から順に、2015年の支出の対GDP比が大きい国。
資料：OECD（2018）。表B2.3a。詳細は「資料」を参照。付録3の注を参照（http://dx.doi.org/10.1787/eag-2018-36-en）。
StatLink：https://doi.org/10.1787/888933803273

表B2.4にまとめており、OECDファミリー・データベースでその他の情報を提供している（OECD, 2018[7]）。

質の高い幼児教育及び保育への投資は、子どもの短期的及び長期的な学習や発達の面で利益をもたらす。そのため、多くのOECD加盟国は、特に、教育を受ける機会を拡大したり、法的権利の対象となる週当たりの在学時間を延長したりするために、幼児教育及び保育への支出を増やしてきた（コラムB2.2）。これは、バルセロナ会議でEUが設定した2010年までの目標が、さらなる刺激材料になったためでもある。データのある18か国では、2005～2015年の就学前教育の在学者数増加に合わせて、教育投資が増えている。これらの国すべてで、就学前教育への支出はGDPより速いペースで増加した結果、OECD加盟国の平均では、2005～2015年に、教育機関への支出が対GDP比で0.1パーセントポイント増加している。ブラジル（0.4%から0.7%へ）、チリ（0.5%から0.8%へ）、韓国（0.1%から0.6%へ）では、この増加幅が0.3パーセントポイント以上である（図B2.4）。

職員一人当たりの在学者数

活気のある豊かな教育環境や質の高い教育は、高い資格を持つ職員によって育まれるものであり、職員と子どもの良質な相互交流こそが学習成果を高めるということは、研究によって実証されている。そうした意味では、職員一人当たり在学者数が少ないと、さまざまな種類の幼児教育及び保育で、職員と子どもの関係に常にプラスになると考えられる。職員一人当たり在学者数が少ない方が、職員は

図B2.5. 就学前教育における在学者数及び教員数、教員一人当たり在学者数の変化（2005年、2016年）

2005～2016年の変化指数（2005年 = 100）

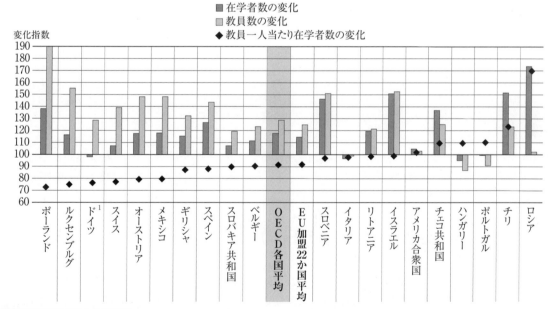

1. 調査年は2005年ではなく2006年。
左から順に、2005～2016年の就学前教育（ISCED 02）における教員一人当たり在学者数の変化が小さい国。
資料：OECD（2018）。表B2.2。詳細は「資料」を参照。付録3の注を参照（http://dx.doi.org/10.1787/eag-2018-36-en）。
StatLink：https://doi.org/10.1787/888933803292

CHAPTER **B**　教育機会・在学・進学の状況

子ども一人ひとりのニーズに応えることができ、子どもを集中させるのに要する時間を減らせるので有益というのが、一般的な見方である（OECD, 2018[13]）。

教職員一人当たりの在学者数は、教育に充てられる資源の重要な指標である。職員一人当たり在学者数と集団規模は、通例、幼児教育及び保育の質を向上するために規定として最も一般的に用いられている。就学前教育段階の教員一人当たりの在学者数は、OECD加盟国の平均では14人である。しかし、国によってかなりのばらつきが見られ、教員一人当たりの在学者数（教員助手を除く）は、ブラジル、チリ、コロンビア、フランス、メキシコ、南アフリカでは20人を上回る一方、アイスランドとスロベニアでは10人を下回る。

教員の日常業務の補助や特別な支援を必要とする子どもへの対応のために、就学前教育段階で教員助手を大勢採用している国もある。データのある22か国中11か国では、職員一人当たりの在学者数が教員一人当たり在学者数よりも少ない。これらの国のうち、職員一人当たりの在学者数が教員一人当たり在学者数を大幅に下回る（少なくとも3人以下）のは、オーストリア、ブラジル、チリ、フランス、リトアニア、ノルウェーの6か国に限られる（表B2.2）。

職員一人当たりの在学者数は、3〜5歳児より3歳未満児との相互交流でもっと重要になる（OECD, 2018[13]）。大半の国では、早期幼児発達プログラムの教員一人当たり在学者数は就学前教育より少ない。両プログラムのデータがあるOECD加盟11か国の平均では、教員一人当たり在学者数は就学前教育では14人であるのに対し、早期幼児発達プログラムでは8人にとどまる（表B2.2）。

この10年間に、多くの国が、幼児教育及び保育の在学率を高めて職員一人当たりの在学者数を削減する政策を実施してきた。その結果、2005〜2016年に、就学前教育のデータがあるOECD加盟20か国の3分の2で、教員一人当たり在学者数が減少している。平均では、同期間に、就学前教育の在学者数は18%増加し、教員数は29%減少している。ただし例外もあり、チリ、チェコ共和国、ハンガリー、ポルトガル、ロシア、アメリカ合衆国では、2016年の方が10年前より教員一人当たり在学者数が多い（図B2.5）。

■定義

幼児教育及び保育サービス：子どもと親に提供される幼児教育及び保育サービスの種類はさまざまであるが、ほとんどの幼児教育及び保育は一般に、以下の分類のどれかに当てはまる（OECD, 2017[4]）（表B2.4）。

■ **センターで提供される通常の幼児教育及び保育**：比較的公式の幼児教育及び保育センターは、通常、三つの下位区分のどれかに分類される。
　– センターで提供される、3歳未満児対象の幼児教育及び保育：crèches（保育所）と呼ばれることが多く、教育機能を備えている場合もあるが、一般には社会・福祉施設に併設され、保育を重視している。多くは学校でパートタイムで提供されるが、指定された幼児教育及び保育センターで提供されることもある。
　– センターで提供される、3歳以上の子どもが対象の幼児教育及び保育：kindergarten（幼稚園）

インディケータB2：幼児教育　　**CHAPTER B**

や就学前学校と呼ばれることが多く、傾向として比較的公式のものであり、教育制度と結びついていることが多い。

－センターで提供される、生後または1歳から初等教育開始までの子どもが対象の年齢統合型幼児教育及び保育：kindergartenや就学前学校、就学前と呼ばれ、総合的な教育・保育サービスを提供する（終日預かりの場合が多い）。

■**昼間の家庭保育による幼児教育及び保育**：有資格の家庭で提供される幼児教育及び保育で、3歳未満児が最も一般的な対象である。教育機能を備えているか、正規の幼児教育及び保育制度の一環であるかは、ケースバイケースである。

■**認可された、あるいは公式の一時預かりの幼児教育及び保育センター**：幼児教育及び保育の対象である全年齢の子ども、場合によっては対象年齢を超えた子どもを受け入れることが多い。親は、家族による家庭での保育や昼間の家庭保育を、制度化されたサービスで（申し込みの必要なく）臨時的に補完できる。

これらの幼児教育及び保育サービスの中には、ISCED 2011の教育区分（ISCED 0の定義を参照）で定められた基準を満たしているものもあれば、当該国の幼児教育及び保育の重要な一部と見なされているが、ISCEDの基準をすべては満たしていないものもある。図B2.1と表B2.4にこれら二つの分類の違いを明記している。

非公式の保育サービス：通常、子どもの親が手配し、子どもの自宅か、親族や友人、隣人、ベビーシッター、乳母が提供する他の場所で行われる無規制の保育で、本インディケータでは扱わない。

ISCED 0は、計画的な教育要素を含む幼児教育プログラムを指す。プログラムをISCED 0として報告するには、以下の条件を必ず満たす必要がある。

■適切な計画的教育要素を含む。
■制度化された環境で提供される（通常、学校その他の機関において、子どもの集団を対象として実施される）。
■最低限の在学時間及び在学期間（1日当たり2時間以上で年間100日以上）を満たす。
■国の関連当局が認める規定（カリキュラム、目標、基準、指導など）の枠組みを持つ。
■訓練を受けた、あるいは（教員資格など）認定を受けた職員を有する。

ISCED 0は、対象年齢と教育内容の複雑さに応じて、さらに二つの下位区分に分類される。

■ISCED 01は早期幼児発達プログラムを指し、一般に、3歳未満の子どもが対象である。その学習環境は、視覚的刺激に満ちて言語的に豊かなものであり、また、言語の習得と意味のある意思疎通のための言語の使用に重点を置いて、自己表現力を育むものでもある。そこでは活動的な遊びの機会が設けられ、監督を受けつつ教育職員と交流する中で、身体的調整力や運動能力を高めることができる。

201

CHAPTER B 教育機会・在学・進学の状況

B₂

■ISCED 02は就学前教育プログラムを指し、義務教育の開始直前の年齢、すなわち、一般に3〜5歳児が対象である。友だちや教員との相互交流を通じて、言語の運用能力や社会的技能を高め、論理的な推論能力を育み始め、順序立てて話すようになる。また、文字や数の概念にも導かれ、言語の理解と使用を進め、自分を取り巻く世界や環境の探索を促される。教員の監督下での粗大運動機能を使う活動（ゲームその他の活動を通じた身体運動）や遊びを基本とする活動を学習機会として利用し、友だちとの社会的交流を進め、技能や自律的態度を育み、学校生活への準備を行うことができる。

等価可処分所得の三分位とは、子どもが暮らす世帯の可処分所得（税引き及び移転後の所得）を、世帯員数が世帯の生活水準に与える影響を考慮するために平方根を用いて等価したものをいう。12歳以下の子どもの等価可処分所得による分布に基づいて算定される。

母親の学歴とは、在学者の母親が高等教育修了者（修了した最も高い教育段階がISCED 5〜ISCED 8）かどうかをいう。

「在学者一人当たり教育支出」及び「教育支出の対GDP比」「職員一人当たりの在学者数」の定義は、インディケータC1及びC2、D2参照。

■ 算定方法

ISCEDの他の教育段階で用いられているフルタイム在学とパートタイム在学を区分する概念、すなわち学習量、出席状況、学力や進度などを、ISCED 0に適用することは容易ではない。また、ISCED 0の教育プログラムでは、一般にフルタイム在学を表す1日当たりあるいは1週間当たりの時間数は、国によって大きく異なる。このため、ISECD 0では、他の段階と同じフルタイム換算の方法を用いることができない。

UOEデータを提出するため、各国は、年齢のみを基準に、ISCED 0のデータをISCED 01及びISCED 02に分類している。すなわち、3歳未満と3歳以上の両方を対象とする年齢統合型プログラムのデータは、対象となる子どもの年齢に従ってISCED 01と02に配分されており、これは、ISCED 01とISCED 02それぞれの支出や教員に関する推計に影響すると思われる。

詳細については『OECD国際比較教育統計ハンドブック2018年版（*OECD Handbook for Internationally Comparative Education Statistics 2018*）』（OECD, 2018[19]）を参照。各国の注記については付録3を参照（http://dx.doi.org/10.1787/eag-2018-36-en）。

リトアニアは、本書を編集時にはOECD加盟国ではなかったので、OECD加盟国リストには記載せず、OECD加盟国の総計に含めていない。

■ 資料

データは、2015〜16学年度及び2015会計年度のものであり、OECDが2017年に実施した特別調査に基づいている。詳細については付録3を参照（http://dx.doi.org/10.1787/eag-2018-36-en）。

インディケータ B2：幼児教育　**CHAPTER B**

B₂

アルゼンチン、中国、コロンビア、インド、インドネシア、サウジアラビア、南アフリカのデータは
ユネスコ統計研究所（UIS）から得ている。

一部の指標の地域データは、全米教育統計センター（US National Centre for Education Statistics,
NCES）の協力を得てOECDが公開してきたものであり、現在、オーストリア、コロンビア、フィ
ンランド、ドイツ、アイルランド、イタリア、韓国、ポーランド、ロシア、スロベニア、スペイ
ン、スウェーデン、トルコ、アメリカ合衆国の14か国のデータがある。地域の推定値は、全国的
なデータソースを用いている国から提供されたもの、または、第二種地域統計分類単位（Level 2
of the Nomenclature of Territorial Units for Statistics, NUTS 2）のデータに基づいて欧州統計局
（Eurostat）が算定したものであるが、イギリスは例外で、第一種地域統計分類単位（Level 1 of the
Nomenclature of Territorial Units for Statistics, NUTS 1）のデータに基づく。

イスラエルのデータについて

イスラエルの統計データは、イスラエル政府関係当局により、その責任の下で提供されている。
OECDにおける当該データの使用は、ゴラン高原、東エルサレム、及びヨルダン河西岸地区のイス
ラエル入植地の国際法上の地位を害するものではない。

■ 参考文献

Duncan, G. and K. Magnuson（2013）, "Investing in preschool programs", *Journal of Economic Perspectives*, Vol. 27/2, pp. 109-132, http://dx.doi.org/10.1257/jep.27.2.109.　[5]

EACEA P9 Eurydice（2009）, *Tackling Social and Cultural Inequalities through Early Childhood Education and Care in Europe*, Education, Audiovisual & Culture Executive Agency, http://dx.doi.org/10.2797/18055.　[14]

Magnuson, K. and J. Waldfogel（2006）, "Preschool and school readiness of children of immigrants", *Social Science Quarterly*, Vol. 87/5, pp. 1241-1262, http://dx.doi.org/10.1111/j.1540-6237.2006.00426.x.　[12]

OECD（2018）, *Engaging Young Children: Lessons from Research about Quality in Early Childhood Education and Care*, Starting Strong, OECD Publishing, Paris, http://dx.doi.org/10.1787/9789264085145-en.　[13]

OECD（2018）, "How does access to early childhood education services affect the participation of women in the labour market?", *Education Indicators in Focus*, No. 59, OECD Publishing, Paris, http://dx.doi.org/10.1787/232211ca-en.　[1]

OECD（2018）, *OECD Family Database*, www.oecd.org/els/family/database.htm.　[7]

OECD（2018）, *OECD Handbook for Internationally Comparative Education Statistics 2018: Concepts, Standards, Definitions and Classifications*, OECD Publishing, Paris, https://doi.org/10.1787/9789264304444-en.　[18]

OECD（2018）, *OECD Online Education Database*, www.oecd.org/education/database.htm.　[17]

OECD（2017）, *Starting Strong 2017: Key OECD Indicators on Early Childhood Education and Care*, Starting Strong, OECD Publishing, Paris, http://dx.doi.org/10.1787/9789264276116-en.　[4]

203

CHAPTER **B**　教育機会・在学・進学の状況

OECD (2016), *International Migration Outlook 2016*, OECD Publishing, Paris, http://dx.doi. [11]
org/10.1787/migr_outlook-2016-en.（『世界の移民政策OECD国際移民アウトルック
（2016年版）』OECD編著、徳永優子訳、明石書店、2018年）

OECD (2016), *Walking the Tightrope: Background Brief on Parents' Work-Life Balance* [3]
across the Stages of Childhood, OECD, www.oecd.org/social/family/Background-brief-
parents-work-life-balance-stages-childhood.pdf.

OECD (2016), *Who Uses Childcare? Background Brief on Inequalities in the Use of Formal* [8]
Early Childhood Education and Care（ECEC）among Very Young Children, OECD,
Paris, www.oecd.org/els/family/Who_uses_childcare-Backgrounder_inequalities_
formal_ECEC.pdf.

OECD (2011), *How's Life?: Measuring Well-being*, OECD Publishing, Paris, http://dx.doi. [2]
org/10.1787/9789264121164-en.（『OECD幸福度白書：より良い暮らし指標：生活向上
と社会進歩の国際比較』OECD編著、徳永優子, 来田誠一郎, 西村美由起, 矢倉美登里訳、
明石書店、2012年）

OECD/Eurostat/UNESCO Institute for Statistics (2015), *ISCED 2011 Operational Manual:* [6]
Guidelines for Classifying National Education Programmes and Related Qualifications,
OECD Publishing, Paris, http://dx.doi.org/10.1787/9789264228368-en.

OECD/NCES (2018), *Education at a Glance Subnational Supplement*, OECD/National [9]
Center for Education Statistics, Paris and Washington, DC, https://nces.ed.gov/
surveys/annualreports/oecd/index.asp.

Pianta, R. *et al.* (2005), "Features of pre-kindergarten programs, classrooms, and teachers: [16]
Do they predict observed classroom quality and child-teacher interactions?", *Applied
Developmental Science*, Vol. 9/3, pp. 144-159, http://dx.doi.org/10.1207/s1532480xads0903_2.

Shin, E. (2009), *A Survey on the Development of the Pre-school Free Service Model*, Korean [10]
Educational Development Institute.

Stewart, K. and J. Waldfogel (2017), *Closing Gaps Early: The Role of Early Years Policy in* [15]
Promoting Social Mobility in England, The Sutton Trust, London.

■ インディケータB2の表*

- 表B2.1a. 幼児教育及び保育と初等教育の年齢別在学率（2016年）
- 表B2.1b. 幼児教育及び保育と初等教育の年齢別在学率の推移（2005年、2010年、2015年、2016年）
- 表B2.1c.（ホームページの表）3歳未満児の幼児教育及び保育在学率（社会経済的背景別）（2016年）
- 表B2.2.　幼児教育及び保育の設置形態別在学率と教員一人当たり在学者数（2016年）
- 表B2.3a. 幼児教育及び保育（ISCED 0）に対する教育支出ならびに就学前教育に対する教育支出の対GDP比
　　　　　の変化（2005年、2010年、2014年、2015年）
- 表B2.3b. 幼児教育及び保育（ISCED 0）に対する教育支出の公私負担割合（2005〜2015年）
- 表B2.4.　OECD加盟国及び非加盟国の幼児教育及び保育プログラム

* データの締切日は2018年7月18日。更新データはホームページで確認可能（http://dx.doi.org/10.1787/eag-
data-en）。詳細な内訳もEducation at a Glance Database（http://stats.oecd.org/）で確認可能。

204

インディケータB2：幼児教育　CHAPTER **B**

表B2.1a. 幼児教育及び保育と初等教育の年齢別在学率（2016年）

	2歳未満			2歳			3歳未満			3歳			4歳			5歳			6歳		
	幼児教育及び保育サービス(ISCED 0)	その他の登録済み幼児教育及び保育サービス	合計	幼児教育及び保育サービス(ISCED 0)	その他の登録済み幼児教育及び保育サービス	合計	幼児教育及び保育サービス(ISCED 0)	その他の登録済み幼児教育及び保育サービス	合計	幼児教育及び保育サービス(ISCED 0)	その他の登録済み幼児教育及び保育サービス	合計	幼児教育及び保育サービス(ISCED 0)	初等教育(ISCED 01)	合計	就学前教育(ISCED 02)	初等教育(ISCED 1)	合計	就学前教育(ISCED 02)	初等教育(ISCED 1)	合計
	(1)	(2)	(3)	(4)	(5)	(6)	(7)	(8)	(9)	(10)	(11)	(12)	(13)	(14)	(15)	(16)	(17)	(18)	(19)	(20)	(21)
OECD加盟国																					
オーストラリア	29	1	30	57	1	58	38	1	39	63	1	64	89	2	91	20	80	100	2	99	100
オーストリア	7	x(8)	x(9)	41	x(8)	41	18	2	20	76	m	76	92	0	92	97	0	97	41	57	98
ベルギー	x(7)	x(8)	x(9)	53	x(8)	53	45	14	60	99	0	99	99	0	99	98	1	99	4	95	98
カナダ	m	a	m	m	a	m	m	a	m	m	a	m	95	0	95	95	0	95	0	100	100
チリ	13	a	13	33	a	33	20	a	20	56	a	56	86	0	86	95	0	95	16	81	97
チェコ共和国	0	x(8)	x(9)	16	x(8)	16	5	2	7	78	m	78	91	0	91	91	0	91	46	48	94
デンマーク	41	x(8)	41	90	x(8)	90	57	5	62	97	m	97	98	0	98	95	2	98	7	92	99
エストニア	6	1	7	64	7	71	25	3	28	87	3	90	92	0	92	93	0	93	92	1	93
フィンランド	16	m	16	58	m	58	30	m	30	73	m	73	79	m	79	84	0	84	98	m	98
フランス※1	0	x(8)	x(9)	12	x(8)	x(9)	4	32	36	99	m	99	100	0	100	100	1	100	1	99	100
ドイツ	24	a	24	65	a	65	37	m	37	92	m	92	96	m	96	97	0	97	35	63	98
ギリシャ※1	2	m	m	11	m	m	5	m	m	27	m	27	65	0	65	94	0	94	3	93	96
ハンガリー	1	4	4	14	28	42	5	12	17	85	13	98	95	0	95	96	0	96	60	30	91
アイスランド	24	17	41	95	0	95	48	12	60	97	0	97	98	0	98	96	2	98	0	99	99
アイルランド	a	x(8)	x(9)	a	x(8)	x(9)	a	17	17	49	m	49	59	31	90	0	92	92	0	97	97
イスラエル	48	m	48	73	a	73	56	a	56	100	a	100	96	0	96	88	8	96	1	96	97
イタリア	m	m	m	16	m	m	m	m	m	92	0	92	96	0	96	88	8	96	1	96	97
日本	0	m	0	1	m	m	0	m	m	84	m	84	95	m	95	96	m	96	0	m	100
韓国	36	a	36	87	a	87	53	a	53	97	a	97	93	0	93	90	1	90	0	95	96
ラトビア	m	m	m	m	m	m	m	m	m	89	m	89	93	0	93	97	0	97	93	4	97
ルクセンブルク[2]	0	m	m	4	m	m	1	53	55	67	m	67	93	0	93	91	5	95	5	93	99
メキシコ	1	a	1	5	a	5	2	a	2	45	a	45	91	0	91	76	24	100	1	99	100
オランダ	a	x(8)	x(9)	a	x(8)	x(9)	a	56	56	86	2	88	96	0	96	0	99	99	0	100	100
ニュージーランド	31	m	31	66	m	66	43	m	43	89	m	89	93	0	93	3	95	98	0	99	99
ノルウェー	37	0	37	92	0	92	55	0	55	96	0	96	97	0	97	97	0	97	1	99	100
ポーランド	0	x(8)	x(9)	9	x(8)	x(9)	3	9	12	71	m	71	86	0	86	98	0	98	21	74	95
ポルトガル	28	1	29	49	1	50	35	1	36	83	0	83	90	0	90	95	0	95	8	89	97
スロバキア共和国	0	x(8)	x(9)	16	x(8)	x(9)	5	2	8	67	m	67	71	0	71	82	0	82	39	49	89
スロベニア	23	m	23	70	m	70	39	m	39	84	m	84	90	0	90	92	0	92	7	90	97
スペイン	24	m	24	57	m	57	35	m	35	96	m	96	96	0	96	98	0	98	1	97	98
スウェーデン	24	1	25	88	2	90	45	1	46	92	2	95	94	0	94	95	0	95	97	1	98
スイス	m	m	m	m	m	m	m	m	m	2	m	2	48	0	48	98	1	99	55	45	100
トルコ	m	m	m	1	a	1	0	m	m	34	0	34	34	m	34	55	15	70	0	94	94
イギリス	x(7)	m	m	51	m	m	18	m	m	100	m	100	100	3	100	0	97	97	0	98	98
アメリカ合衆国	m	m	m	m	m	m	m	m	m	38	m	38	67	m	67	87	4	91	22	81	100
OECD 各国平均	16	m	25	45	m	45	25	9	34	75	1	76	87	1	88	82	12	95	22	76	98
EU 加盟22か国平均	11	m	21	41	m	41	22	11	33	81	1	82	90	1	91	85	9	95	30	67	97
OECD非加盟国																					
アルゼンチン[3]	2	m	m	m	m	m	5	m	m	40	m	40	85	0	85	99	0	99	1	100	100
ブラジル	13	m	13	39	m	39	22	m	22	62	m	62	90	0	90	90	7	97	10	92	97
中国	m	m	m	m	m	m	m	m	m	m	m	m	m	m	m	m	m	m	m	m	m
コロンビア	50	m	50	47	m	47	49	m	49	49	m	49	44	0	44	56	18	74	7	76	82
コスタリカ	1	m	m	m	m	2	m	m	5	m	m	5	64	0	64	90	0	91	1	88	89
インド	m	m	m	m	m	m	m	m	m	m	m	m	m	m	m	m	m	m	m	m	m
インドネシア	3	m	m	12	m	m	6	m	m	35	m	35	71	0	71	96	3	99	x(21)	x(21)	100
リトアニア	6	a	6	58	a	58	23	a	23	78	a	78	84	0	84	95	4	99			
ロシア	4	m	4	48	m	48	18	m	18	79	m	79	84	0	84	91	0	91	81	11	92
サウジアラビア	a	a	a	a	a	a	a	a	a	m	m	5	22	0	22	45	5	50	2	96	97
南アフリカ[3]	m	m	m	m	m	m	m	m	m	m	m	5	8	0	8	17	22	39	22	53	75
G20各国平均	m	m	m	m	m	m	m	m	m	m	m	m	m	m	m	m	m	m	m	m	m

注：幼児教育はISCED 0。その他の登録済み幼児教育及び保育サービスは、ISCEDの基準をすべては満たしていないので、ISCED 2011の分類外である幼児教育及び保育サービス。幼児教育及び保育サービスがISCED 0に分類されるには、以下の条件を満たしていなければならない。1) 適切な計画的教育要素を含む。2) プログラムが画一化されている（通常、学校その他の機関において、子どもの集団を対象として実施される）。3) 教育活動の時間が1日2時間以上、在学期間が年間100日以上である。4) 国の関連当局が認める規定（カリキュラムなど）の枠組みを持つ。5) 訓練を受けた、あるいは（教員資格など）認定を受けた職員を有する。

1. フランスの「その他の登録済み幼児教育及び保育サービス」のデータは、フランス厚生省（社会問題・健康省）調査評価統計局（DREES）が2013年に実施した「幼児保育の現状に関する調査（enquête Modes de garde et d'accueil des jeunes enfants）」に基づく。数字は主要な保育システムを示す。ギリシャの「幼児教育及び保育サービス」のデータには、早期幼児発達プログラム（ISCED 01）の在学者のみしか含まれていない。
2. 「その他の登録済み幼児教育及び保育サービス」に在学する3歳未満児の調査年は、2016年ではなく2014年。OECDファミリー・データベース（www.oecd.org/els/family/database.htm）のデータに基づく。
3. 調査年は2016年ではなく2015年。

資料：国際教育インディケータ事業（INES）の特別調査及びOECD/UIS/Eurostat（2018）。詳細は「資料」を参照。付録3の注を参照（http://dx.doi.org/10.1787/eag-2018-36-en）。
表中の省略記号については、「利用にあたって」を参照。

StatLink : https://doi.org/10.1787/888933803140

CHAPTER B　教育機会・在学・進学の状況

表B2.1b. 幼児教育及び保育と初等教育の年齢別在学率の推移
（2005年、2010年、2015年、2016年）

幼児教育及び保育と初等教育の在学率 — 「3歳未満」は「ISCED 0及びその他の登録済み幼児教育及び保育サービス」、「3歳」「4歳」「5歳」「3〜5歳」は「ISCED 0及び初等教育」。右端は「3〜5歳児の在学率の2005〜2016年の変化指数（2005年=100）」。

国	3歳未満 2005 (1)	2010 (2)	2015 (3)	2016 (4)	3歳 2005 (5)	2010 (6)	2015 (7)	4歳 2005 (8)	2010 (9)	2015 (10)	5歳 2005 (11)	2010 (12)	2015 (13)	3〜5歳 2005 (14)	2010 (15)	2015 (16)	2016 (17)	在学者数の変化 (18)	3〜5歳児人口の変化 (19)	在学率の変化 (20)=(18)/(19)
OECD加盟国																				
オーストラリア	m	38	39	39	m	73	70	m	51	90	m	99	100	m	74	87	85	m	122	m
オーストリア	m	12	19	20	51	66	75	83	90	93	93	96	97	76	86	90	90	123	103	119
ベルギー	m	m	m	60	100	99	98	100	99	99	100	99	99	100	99	99	99	112	113	99
カナダ	m	m	m	m	m	m	m	m	m	95	m	m	95	m	m	m	m	m	113	m
チリ	m	m	19	20	23	38	56	42	75	87	53	87	94	39	67	79	79	176	87	201
チェコ共和国	m	m	4	7	66	60	77	91	86	85	97	93	91	85	79	85	87	129	126	102
デンマーク[1]	m	m	58	62	m	87	97	m	97	98	m	98	99	m	94	98	98	m	93	m
エストニア	m	23	24	28	m	85	86	m	90	91	m	91	92	m	89	90	91	m	118	m
フィンランド[1]	25	27	28	30	62	67	68	69	73	74	73	77	79	68	73	74	79	125	108	116
フランス[1]	9	5	4	4	100	99	99	100	100	100	100	100	100	100	100	100	100	103	103	99
ドイツ[2]	17	27	37	37	80	90	93	89	96	97	93	97	98	88	94	96	95	101	94	108
ギリシャ[1]	m	m	m	m	m	m	26	m	m	66	79	95	94	m	64	63	m	m	97	m
ハンガリー	7	10	16	17	85	84	94	91	93	95	97	96	96	87	87	91	92	100	94	106
アイスランド	53	55	60	60	94	95	97	95	97	97	97	96	94	95	96	96	97	110	107	103
アイルランド	m	m	m	17	m	m	38	m	m	89	97	100	96	m	74	77	m	m	134	m
イスラエル	m	m	28	56	m	78	100	84	83	98	91	96	97	80	86	99	99	152	122	124
イタリア	m	m	m	m	m	99	95	m	m	96	100	99	97	100	98	95	95	96	102	94
日本	16	19	23	m	69	75	98	95	97	94	99	97	97	87	90	90	92	93	88	105
韓国	m	38	52	53	m	80	92	m	84	91	m	90	93	m	85	92	93	m	82	m
ラトビア	m	m	37	m	m	73	87	m	84	91	m	90	93	m	77	82	92	119	100	120
ルクセンブルグ[3]	m	m	m	m	55	62	73	66	95	97	84	93	99	84	87	86	85	114	113	101
メキシコ	2	2	2	2	26	37	46	69	85	89	96	100	100	64	78	82	83	126	97	130
オランダ	m	m	56	56	82	84	83	98	100	96	100	99	99	93	94	93	95	89	88	101
ニュージーランド[1]	m	m	42	43	m	m	89	m	m	97	m	m	97	m	m	94	93	m	110	m
ノルウェー	33	53	55	55	83	95	95	89	97	97	88	91	97	88	96	97	97	117	106	110
ポーランド	3	4	9	12	29	46	66	38	59	79	49	76	95	38	60	80	85	235	106	222
ポルトガル	21	27	35	36	64	78	82	79	87	91	89	96	97	78	87	90	90	97	84	115
スロバキア共和国[1]	7	3	5	5	61	60	60	74	73	76	85	82	81	74	72	72	73	109	110	100
スロベニア[1]	25	34	38	39	67	84	83	76	100	89	84	99	92	75	94	88	89	145	124	117
スペイン[1]	15	26	34	35	94	96	95	99	97	97	100	99	99	98	97	97	97	111	112	99
スウェーデン	m	46	46	46	m	95	94	m	98	95	m	99	97	m	97	95	96	m	129	m
スイス	m	m	m	m	9	4	3	39	41	47	91	95	98	47	47	49	50	120	112	106
トルコ	m	m	m	0	2	4	9	5	17	32	32	61	72	13	27	38	37	251	90	279
イギリス	m	m	m	m	m	m	100	m	m	100	100	99	98	m	100	100	100	m	120	m
アメリカ合衆国	m	m	m	m	39	41	43	68	65	66	93	92	91	66	66	67	66	102	103	99
OECD各国平均	18	25	31	33	63	71	75	78	84	88	88	94	95	76	83	86		126	106	119
全調査年のデータがある国の平均	20	25	30	31	61	70	76	76	84	87	86	93	94	75	80	84	85	126	104	122
EU加盟22か国平均	14	20	28	31	73	80	80	85	90	91	91	94	95	83	88	89	89	119	108	111
OECD非加盟国																				
アルゼンチン[1]	m	m	5	m	m	m	40	m	m	85	m	m	99	m	m	75	m	m	m	m
ブラジル[1]	m	m	21	22	m	m	61	m	61	84	m	72	93	m	m	80	80	m	82	m
中国	m	m	m	m	m	m	m	m	m	m	m	m	m	m	m	m	m	m	m	m
コロンビア[1]	m	m	29	49	m	m	60	m	m	81	m	m	95	m	m	78	78	m	98	m
コスタリカ[1]	m	m	2	2	m	m	5	m	m	61	m	m	89	m	m	52	53	m	93	m
インド	m	m	m	m	m	m	m	m	m	m	m	m	m	m	m	m	m	m	m	m
インドネシア	m	m	3	6	m	m	24	m	m	67	m	m	100	m	m	65	68	m	m	m
リトアニア	13	16	22	23	53	68	77	58	73	86	65	77	89	59	72	84	84	131	91	144
ロシア[1]	21	17	18	18	51	63	76	54	74	88	54	78	87	53	71	83	83	216	136	159
サウジアラビア	m	m	m	m	m	m	1	m	m	10	m	m	37	m	m	16	25	m	m	m
南アフリカ	m	m	m	m	m	m	5	m	m	8	m	m	39	m	m	17	m	m	m	m
G20各国平均	m	m	m	m	m	m	m	m	m	m	m	m	m	m	m	m	m	m	m	m

注：幼児教育はISCED 0。その他の登録済み幼児教育及び保育サービスは、ISCEDの基準をすべては満たしていないので、ISCED 2011の分類外である幼児教育及び保育サービス。幼児教育及び保育サービスがISCED 0に分類されるには、以下の条件を満たしていなければならない。1）適切な計画的教育要素を含む。2）プログラムが画一化されている（通常、学校その他の機関において、子どもの集団を対象として実施される）。3）教育活動の時間が1日2時間以上、在学期間が年間100日以上である。4）国の関連当局が認める規定（カリキュラムなど）の枠組みを持つ。5）訓練を受けた、あるいは（教員資格など）認定を受けた職員を有する。

1. 3歳未満児については幼児教育及び保育（ISCED 0）のみ。ギリシャの「幼児教育及び保育サービス」のデータには、早期幼児発達プログラム（ISCED 01）の在学者の一部しか含まれていない。
2. 調査年は2005年ではなく2006年。
3. 「その他の登録済み幼児教育及び保育サービス」に在学する3歳未満児の調査年は、2016年ではなく2014年。OECDファミリー・データベース（www.oecd.org/els/family/database.htm）のデータに基づく。

資料：国際教育インディケータ事業（INES）の特別調査及びOECD/UIS/Eurostat（2018）。詳細は「資料」を参照。付録3の注を参照（http://dx.doi.org/10.1787/eag-2018-36-en）。

表中の省略記号については、「利用にあたって」を参照。

StatLink : https://doi.org/10.1787/888933803159

B2.2. 幼児教育及び保育の設置形態別在学率と教員一人当たり在学者数（2016年）

早期幼児発達教育（ISCED 01）、就学前教育（ISCED 02）

	ISCED 01の教育機関の設置形態別在学者数の割合				ISCED 02の教育機関の設置形態別在学者数の割合				幼児教育及び保育サービスの種類別の教員一人当たり在学者数（フルタイム換算）						ISCED 02の教員一人当たり在学者数の2005～2016年の変化指数（2005年=100）		
	国公立	私立 公営私立	私立 独立私立	私立 合計	国公立	私立 公営私立	私立 独立私立	私立 合計	ISCED 01 子どもと接する教育職員（教員と教員助手）一人当たり	ISCED 01 教員一人当たり	ISCED 02 子どもと接する教育職員（教員と教員助手）一人当たり	ISCED 02 教員一人当たり	合計(ISCED 0) 子どもと接する教育職員（教員と教員助手）一人当たり	合計(ISCED 0) 教員一人当たり	在学者数の変化	教員数の変化	教員一人当たり在学者数の変化
	(1)	(2)	(3)	(4)	(5)	(6)	(7)	(8)	(9)	(10)	(11)	(12)	(13)	(14)	(15)	(16)	(17) = (15)/(16)
OECD加盟国																	
オーストラリア	m	m	m	m	16	84	a	84	m	m	m	m	m	m	m	m	m
オーストリア	33	x(4)	x(4)	67	71	x(8)	x(8)	29	6	9	9	13	8	12	118	148	79
ベルギー	16	74	11	84	47	53	0	53	m	m	15	15	m	m	112	123	90
カナダ	m	m	m	m	93	x(8)	x(8)	7	m	m	m	m	m	m	m	m	m
チリ	68	30	2	32	32	61	7	68	4	11	10	25	10	24	152	123	123
チェコ共和国	a	a	a	a	96	4	a	4	a	a	13	13	13	13	137	125	109
デンマーク	85	15	0	15	79	21	0	21	m	m	m	m	m	m	m	m	m
エストニア	x(5)	a	x(7)	x(8)	96	a	4	4	x(14)	m	x(14)	m	m	8	m	m	m
フィンランド	80	20	a	20	88	12	a	12	m	m	m	10	m	10	m	m	m
フランス¹	a	a	a	a	87	13	0	13	a	a	15	23	15	23	m	m	m
ドイツ²	27	x(4)	x(4)	73	35	x(8)	x(8)	65	5	5	9	10	7	8	98	128	76
ギリシャ¹	62	a	38	38	91	a	9	9	m	m	m	m	m	m	115	132	87
ハンガリー	86	8	7	14	90	7	3	10	10	10	12	12	12	12	95	87	110
アイスランド	83	17	0	17	85	15	0	15	3	3	5	5	4	4	m	m	m
アイルランド	a	a	a	a	2	0	98	98	a	a	13	13	13	13	m	m	m
イスラエル	a	33	67	100	63	30	7	37	m	m	13	13	13	13	151	153	99
イタリア	a	a	a	a	72	0	28	28	a	a	13	13	13	13	97	99	98
日本	a	a	a	a	26	0	74	74	a	a	14	15	14	15	93	m	m
韓国	9	91	a	91	21	79	a	79	5	5	13	13	9	9	m	m	m
ラトビア	m	m	m	m	93	a	7	7	m	m	m	m	m	10	m	m	m
ルクセンブルク	a	a	a	a	89	0	11	11	a	a	11	11	11	11	116	155	75
メキシコ	36	a	64	64	86	a	14	14	5	14	25	25	21	24	118	148	80
オランダ	a	a	a	a	70	a	30	30	a	a	14	16	14	16	m	m	m
ニュージーランド	1	99	a	99	1	99	a	99	a	a	m	m	m	m	m	m	m
ノルウェー	48	52	a	52	52	48	a	48	3	9	6	15	5	12	m	m	m
ポーランド	a	a	a	a	78	3	20	22	a	a	m	14	m	14	138	190	73
ポルトガル	4	79	18	96	53	31	16	47	m	m	m	17	m	m	100	91	110
スロバキア共和国	94	6	0	6	95	4	0	5	6	6	9	9	8	8	146	151	97
スロベニア	a	a	a	a	68	29	4	32	a	a	m	15	m	13	127	144	88
スペイン	51	15	33	49	68	29	4	32	m	10	m	15	m	13	127	144	88
スウェーデン	81	19	0	19	83	17	0	17	m	m	m	5	m	13	m	m	m
スイス	a	a	a	a	95	1	4	5	a	a	m	17	m	17	107	139	77
トルコ	a	a	100	100	84	a	16	16	a	a	m	17	m	17	m	m	m
イギリス	18	78	4	82	52	43	5	48	m	m	11	13	m	m	m	m	m
アメリカ合衆国	m	a	m	m	59	a	41	41	m	m	11	13	m	m	105	103	102
OECD各国平均	44	m	m	56	67	m	m	33	5	8	12	14	11	13	118	129	92
EU加盟22か国平均	53	m	m	47	74	m	m	26	7	8	12	13	11	13	115	127	90
OECD非加盟国																	
アルゼンチン³	44	x(4)	x(4)	56	68	x(8)	x(8)	32	m	m	m	m	m	m	m	m	m
ブラジル	64	a	36	36	76	a	24	24	8	14	18	21	12	18	m	m	m
中国	a	a	a	a	46	x(8)	x(8)	54	a	a	m	19	m	19	m	m	m
コロンビア	100	a	a	a	77	a	23	23	m	m	m	33	m	m	m	m	m
コスタリカ	23	x(4)	x(4)	77	88	x(8)	x(8)	12	8	8	12	12	11	11	m	m	m
インド²	a	a	a	a	23	5	72	77	a	a	m	11	m	11	m	m	m
インドネシア	0	x(4)	x(4)	100	5	x(8)	x(8)	95	a	32	m	11	m	18	m	m	m
リトアニア	90	a	10	10	96	a	4	4	7	10	7	10	7	10	119	121	98
ロシア	99	a	1	1	99	a	1	1	x(13)	x(14)	x(13)	x(14)	7	11	174	102	170
サウジアラビア	a	a	a	a	56	x(8)	x(8)	44	a	a	m	11	m	11	m	m	m
南アフリカ³	m	m	m	m	94	x(8)	x(8)	6	m	m	30	30	30	30	m	m	m
G20各国平均	m	m	m	m	58	m	m	42	m	m	m	17	m	15	m	m	m

1. 縦列11～17のデータは国公立教育機関と公営私立教育機関のみ。
2. 調査年は2005年ではなく2006年。
3. 調査年は2016年ではなく2015年。

資料：OECD/UIS/Eurostat（2018）。詳細は「資料」を参照。付録3の注を参照（http://dx.doi.org/10.1787/eag-2018-36-en）。

表中の省略記号については、「利用にあたって」を参照。

StatLink：https://doi.org/10.1787/888933803178

CHAPTER B　教育機会・在学・進学の状況

表B2.3a. 幼児教育及び保育（ISCED 0）に対する教育支出ならびに就学前教育に対する教育支出の対GDP比の変化（2005年、2010年、2014年、2015年）

国公私立教育機関

	在学者一人当たり年間支出（購買力平価による米ドル換算額）（2015年）			幼児教育及び保育サービスに対する教育支出の対GDP比（2015年）			就学前教育（ISCED 02）に対する教育支出の対GDP比		
	ISCED 0			ISCED 0					
	早期幼児発達教育（ISCED 01）	就学前教育（ISCED 02）	合計	早期幼児発達教育（ISCED 01）	就学前教育（ISCED 02）	合計	2005年	2010年	2014年
	(1)	(2)	(3)	(4)	(5)	(6)	(7)	(8)	(9)
オーストラリア	7 123	7 097	7 112	0.3	0.3	0.6	0.1	0.1	0.2
オーストリア	11 815	9 439	9 824	0.1	0.5	0.7	m	m	0.5
ベルギー¹	m	7 929	m	0.1	0.7	0.8	0.6	0.6	0.7
カナダ	m	m	m	m	m	m	m	m	m
チリ	9 148	5 100	5 910	0.4	0.8	1.1	0.5	0.7	0.9
チェコ共和国	a	4 953	4 953	a	0.5	0.5	m	m	0.5
デンマーク	m	m	m	m	m	m	m	m	m
エストニア	x(3)	x(3)	6 514	x(6)	x(6)	1.2	m	m	1.2
フィンランド	19 423	10 654	12 332	0.4	0.9	1.2	0.7	0.8	0.9
フランス	a	7 813	7 813	a	0.7	0.7	0.7	0.7	0.8
ドイツ	14 769	9 827	11 122	0.3	0.6	0.9	0.5	0.5	0.6
ギリシャ	m	5 249	m	m	0.3	m	m	m	m
ハンガリー	6 818	6 836	6 835	0.0	0.8	0.9	0.8	m	m
アイスランド	17 349	12 339	13 886	0.7	1.1	1.7	m	m	1.1
アイルランド	a	6 106	6 106	a	0.1	0.1	m	m	0.1
イスラエル	2 713	5 021	4 185	0.3	0.9	1.1	0.7	0.8	0.8
イタリア	a	6 249	6 249	a	0.5	0.5	m	m	0.5
日本	a	7 499	7 499	a	0.2	0.2	0.2	0.2	0.2
韓国	m	7 814	m	m	0.6	m	0.1	0.3	0.5
ラトビア	m	5 313	m	m	0.8	m	0.6	0.9	0.9
ルクセンブルグ	a	20 495	20 495	a	0.6	0.6	m	m	0.6
メキシコ	x(3)	x(3)	2 685	x(6)	x(6)	0.6	m	m	m
オランダ	a	8 352	8 352	a	0.4	0.4	0.4	0.4	0.4
ニュージーランド	15 506	12 209	13 466	0.4	0.5	1.0	m	m	0.6
ノルウェー	24 228	13 457	17 225	0.9	0.9	1.8	m	m	0.9
ポーランド	a	6 222	6 222	a	0.7	0.7	0.6	0.6	0.8
ポルトガル	m	7 099	m	m	0.6	m	m	m	0.6
スロバキア共和国	a	5 811	5 811	a	0.6	0.6	0.5	0.5	0.6
スロベニア	10 520	7 844	8 610	0.4	0.7	1.1	0.6	0.7	0.8
スペイン	8 166	6 596	6 977	0.2	0.6	0.8	m	m	0.6
スウェーデン	16 917	14 212	14 917	0.6	1.4	1.9	m	m	1.4
スイス²	a	m	m	a	0.4	0.4	0.2	0.2	0.2
トルコ	x(3)	x(3)	3 591	x(6)	x(6)	0.2	m	m	m
イギリス	9 560	8 957	9 048	0.1	0.4	0.5	m	m	0.4
アメリカ合衆国	m	10 830	m	m	0.4	m	0.4	0.5	0.4
OECD 各国平均	12 433	8 528	8 759	0.2	0.6	0.8	0.5	0.5	0.6
全調査年のデータがある国の平均	m	m	m	0.6	m	0.6	0.5	0.5	0.6
EU 加盟22か国平均	12 249	8 298	8 952	0.2	0.6	0.8	0.6	0.6	0.7
アルゼンチン²	m	m	m	x(6)	x(6)	0.4	m	m	m
ブラジル²	m	m	3 846	m	0.7	m	0.4	0.4	0.6
中国	m	m	m	m	m	m	m	m	m
コロンビア	m	1 250	m	0.1	0.4	0.5	m	m	0.3
コスタリカ²	m	m	m	0.1	0.4	0.5	m	m	m
インド	m	m	m	m	m	m	m	m	m
インドネシア	x(3)	x(3)	170	x(6)	x(6)	0.1	m	m	m
リトアニア	5 589	5 457	5 479	0.1	0.7	0.8	0.5	0.7	0.6
ロシア	x(3)	x(3)	5 062	x(6)	x(6)	1.0	m	m	1.0
サウジアラビア	m	m	m	m	m	m	m	m	m
南アフリカ	m	m	m	m	m	m	m	m	m
G20 各国平均	m	m	m	m	m	m	m	m	m

1. 公的財源の対象はISCED 01のみ。
2. 公的財源の対象はISCED 01及びISCED 02のみ。

資料：国際教育インディケータ事業（INES）の特別調査及びOECD/UIS/Eurostat（2018）。詳細は「資料」を参照。付録3の注を参照（http://dx.doi.org/10.1787/eag-2018-36-en）。

表中の省略記号については、「利用にあたって」を参照。

StatLink：https://doi.org/10.1787/888933803197

インディケータB2：幼児教育　　**CHAPTER B**

表B2.3b. 幼児教育及び保育（ISCED 0）に対する教育支出の公私負担割合（2005～2015年）
国公立・私立機関、公的資金移転後

		早期幼児発達教育（ISCED 01）					就学前教育（ISCED 02）					就学前教育（ISCED 02）に対する公財政支出の割合の変化		
			私費					私費						
		公財政	家計	その他の私的部門の支出	私費合計[1]	私的部門への公的資金移転	公財政	家計	その他の私的部門の支出	私費合計[1]	私的部門への公的資金移転	2005年	2010年	2014年
		(1)	(2)	(3)	(4)	(5)	(6)	(7)	(8)	(9)	(10)	(11)	(12)	(13)
OECD加盟国	オーストラリア	62	38	m	38	0	68	32	m	32	0	60	56	72
	オーストリア	75	15	10	25	1	87	12	1	13	1	m	m	87
	ベルギー	m	m	m	m	m	97	3	0	3	1	96	96	97
	カナダ	m	m	m	m	m	m	m	m	m	m	m	m	m
	チリ	87	12	0	13	0	81	19	1	19	0	66	81	85
	チェコ共和国	a	a	a	a	a	93	6	1	7	7	m	m	92
	デンマーク	m	m	m	m	m	m	m	m	m	m	m	m	m
	エストニア	x(6)	x(7)	x(8)	x(9)	x(10)	86	13	1	14	0	m	m	84
	フィンランド	91	9	0	9	0	89	11	0	11	0	88	88	89
	フランス	a	a	a	a	a	93	7	0	7	0	95	93	93
	ドイツ	79	x(4)	x(4)	21	0	81	x(9)	x(9)	19	0	69	75	79
	ギリシャ	m	m	m	m	m	91	9	0	9	0	m	m	m
	ハンガリー	93	x(4)	x(4)	7	0	93	x	x	7	0	94	m	m
	アイスランド	89	9	2	11	a	85	13	2	15	a	m	m	85
	アイルランド	a	a	a	a	a	m	m	m	m	m	m	m	100
	イスラエル	15	62	23	85	0	91	7	2	9	1	78	78	90
	イタリア	a	a	a	a	a	87	13	0	13	2	m	m	84
	日本	a	a	a	a	a	48	34	18	52	0	43	45	46
	韓国	m	m	m	m	m	84	15	1	16	0	41	56	83
	ラトビア	m	m	m	m	m	98	2	0	2	0	99	98	98
	ルクセンブルグ	a	a	a	a	a	98	2	0	2	0	m	m	99
	メキシコ	x(6)	x(7)	x(8)	x(9)	x(10)	84	16	0	16	0	m	m	m
	オランダ	a	a	a	a	a	89	11	0	11	1	99	94	89
	ニュージーランド	70	26	4	30	0	85	12	3	15	0	m	m	87
	ノルウェー	85	15	0	15	0	85	15	0	15	0	m	m	85
	ポーランド	a	a	a	a	a	83	17	0	17	0	88	79	79
	ポルトガル	m	m	m	m	m	64	36	0	36	0	m	m	66
	スロバキア共和国	a	a	a	a	a	85	11	4	15	0	79	82	86
	スロベニア	76	24	0	24	0	76	24	0	24	0	81	79	78
	スペイン	59	40	2	41	1	82	17	1	18	1	m	m	83
	スウェーデン	94	6	a	6	a	95	5	0	5	0	m	m	95
	スイス	a	a	a	a	a	m	m	m	m	m	m	m	m
	トルコ	x(6)	x(7)	x(8)	x(9)	x(10)	58	36	6	42	33	m	m	m
	イギリス	30	69	1	70	0	58	41	1	42	0	m	m	48
	アメリカ合衆国	m	m	m	m	m	74	26	0	26	0	79	71	74
	OECD各国平均	72	m	m	28	0	83	16	2	17	2	78	78	83
	全調査年のデータがある国の平均	72	m	m	28	m	85	m	m	15	m	81	81	85
	EU加盟22か国平均	75	m	m	25	0	86	13	1	14	1	89	87	86
OECD非加盟国	アルゼンチン	m	m	m	m	m	m	m	m	m	m	m	m	m
	ブラジル	m	m	m	m	m	m	m	m	m	m	m	m	m
	中国	m	m	m	m	m	m	m	m	m	m	m	m	m
	コロンビア	12	88	0	88	0	71	29	0	29	2	m	m	72
	コスタリカ	m	m	m	m	m	m	m	m	m	m	m	m	m
	インド	m	m	m	m	m	m	m	m	m	m	m	m	m
	インドネシア	x(6)	x(7)	x(8)	x(9)	x(10)	89	11	0	11	0	m	m	m
	リトアニア	80	18	2	20	0	84	15	1	16	0	m	87	83
	ロシア	x(6)	x(7)	x(8)	x(9)	x(10)	88	11	1	12	0	m	m	90
	サウジアラビア	m	m	m	m	m	m	m	m	m	m	m	m	m
	南アフリカ	m	m	m	m	m	m	m	m	m	m	m	m	m
	G20各国平均	m	m	m	m	m	m	m	m	m	m	m	m	m

1. 私的部門を通じて教育機関へ支払われた公的補助を含む。
資料：OECD/UIS/Eurostat（2018）。詳細は「資料」を参照。付録3の注を参照（http://dx.doi.org/10.1787/eag-2018-36-en）。
表中の省略記号については、「利用にあたって」を参照。

StatLink：https://doi.org/10.1787/888933803121

CHAPTER B　教育機会・在学・進学の状況

表B2.4.　[1/6] OECD加盟国及び非加盟国の幼児教育及び保育プログラム

幼児教育及び保育（ISCED 0）とその他の登録済み幼児教育及び保育サービス

		ISCED 2011の教育区分によるISCED 01とISCED 02							
		ISCED 01（早期幼児発達教育）				ISCED 02（就学前教育）			
		通常は乳幼児（0～2歳児）が対象				義務教育開始前の子ども（通常3～5歳児）が対象			
		プログラム名（原語）	プログラム名（英語の日本語訳）	理論上の開始年齢	理論上の在学期間（年）	プログラム名（原語）	プログラム名（英語の日本語訳）	理論上の開始年齢	理論上の在学期間（年）
OECD加盟国	オーストラリア	Family day care and Long day care	昼間の家庭保育及び終日保育	0	5	Quality early childhood education program	優良幼児教育プログラム	3	2
	オーストリア[1]	Kinderkrippe	保育所	0	3	Kindergarten	幼稚園	3	3
						Vorschulstufe	（初等学校の）就学前段階	6	1
	ベルギー（フラマン語圏）	Gezinsopvang	家庭での保育	0	2.5-3	Gewoon kleuteronderwijs	通常保育教育	2.5-3	3
		Groepsopvang	センターでの保育	0	2.5-3	Buitengewoon kleuteronderwijs	特別保育教育	2.5-3	3
	ベルギー（フランス語圏）	a				Enseignement maternel ordinaire	通常就学前教育	2.5-3	3
						Enseignement maternel spécialisé	特別就学前教育	2.5-3	3
	カナダ	Early childhood development or equivalent	初等前教育または早期幼児発達教育相当	3-4	1-2	Kindergarten	初等前教育または幼稚園相当	4-5	1
	チリ	Educación parvularia (sala cuna y nivel medio menor); Salas Cuna (Nurseries) and Jardines Infantiles (Childcare Centres)	就学前教育（昼間保育と前期中級レベル）	0-2	3	Educación parvularia (nivel medio mayor, nivel de transición 1 y nivel de transición 2)	就学前教育（後期中級レベル、第一移行レベル、第二移行レベル）	3-5	3
	チェコ共和国	a				Mateřská škola	幼稚園	3	3
						Přípravné třídy pro děti se sociálním znevýhodněním	社会的に恵まれない子どものための準備学級	6	1
						Přípravný stupeň základní školy speciální	特別基礎学校の準備段階	6	3
	デンマーク	Aldersintegrerede institutioner	年齢統合型システム	26週から	3	Aldersintegrerede institutioner	年齢統合型システム	3	3
		Dagpleje	家庭保育	0	6	Børnehave	幼稚園	3-5	2
		Vuggestuer	保育園	0-2	3				
	エストニア	教育及び保育サービスを含む統合型プログラム。就学前保育機関は、未就学児に保育及び就学前教育を提供する教育機関である。就学前機関には、3歳までの子どもが対象の保育所、7歳までの子どもが対象の就学前学校、特別な支援が必要な7歳までの子どもが対象の就学前学校といった種類がある。就学前機関の一貫した発展を保証するため、就学前学校は、評議会や教員協議会と協力して、就学前機関の発展計画を用意しなければならない。就学前機関の教育課程は、国が策定した就学前保育機関の教育課程に準拠し、学習・指導体制の基盤となる。就学前機関は、その教育課程を修了した子どもに対して、発達の結果を示した学校証準備書類を発行する。親は、子どもが入学して義務教育を受ける学校に、この学校証準備書類を学校に提出する。							
	フィンランド	0-2-v. lapset päiväkodeissa	幼稚園（0～2歳）（特別教育プログラムを含む）	0-2	1-3	3-5-v. lapset päiväkodeissa	幼児教育・保育センター（3～5歳）（特別教育プログラムを含む）。6歳児は、当該年齢対象の就学前教育に加えて、幼児教育及び保育センターを利用する場合もあるが、幼児教育及び保育へのこうした参加は、二重計上につながるのでUOEデータコレクションで報告されていない。	3-5	1-3
		0-2-v. lapset perhepäivähoidossa	昼間の家庭教育（0～2歳）（特別教育プログラムを含む）	0-2	1-3	6-v. lasten esiopetus	幼児教育及び保育センターや総合学校の就学前教育（6歳）（特別教育プログラムを含む）	6	1
						3-5-v. lapset perhepäivähoidossa	特別教育プログラムを含む昼間の家庭保育（3～5歳）。6歳児は、当該年齢対象の就学前教育に加えて、昼間の家庭保育を利用する場合もあるが、幼児教育及び保育へのこうした参加は、二重計上につながるのでUOEデータコレクションで報告されていない。	3-5	1-3
	フランス	a				Enseignement préélémentaire	就学前教育	2 - 3	3

注：ISCED 0に分類されるには、幼児教育及び保育サービスが、1）適切な計画的教育要素を含む、2）制度化された環境で提供される（通常、学校その他の機関において、子どもの集団を対象として実施される）、3）最低限の在学時間及び在学期間（1日当たり2時間以上で年間100日以上）を満たす、4）国の関連当局が認める規定（カリキュラムなど）の枠組みを持つ、5）訓練を受けた、あるいは（教員資格など）認定を受けた職員を有する、といった条件を満たしている必要がある。

1. 機関名ならびに在学者の年齢の下限／上限は州によって異なる。

資料：INESアドホック調査。OECD／UIS／Eurostat（2018）。詳細は付録3の注を参照（http://dx.doi.org/10.1787/eag-2018-36-en）。

表中の省略記号については、「利用にあたって」を参照。

210

インディケータ B2：幼児教育　　**CHAPTER B**

表B2.4. [2/6] OECD加盟国及び非加盟国の幼児教育及び保育プログラム

幼児教育及び保育（ISCED 0）とその他の登録済み幼児教育及び保育サービス

B2

	(ISCED 2011の教育区分外である) その他の公式の幼児教育及び保育サービス			
	幼児教育及び保育の重要な一部と見なされているが、ISCED 2011の基準をすべては満たしていないその他の幼児教育及び保育サービス、通常は乳幼児（0〜2歳児）が対象			
	プログラム名 （原語）	プログラム名 （英語の日本語訳）	理論上の開始年齢	理論上の在学期間 （年）
オーストラリア	Occasional care and In home care	臨時保育及び家庭内保育	0	5
	Outside school hours care	学童保育	0	5
	Budget based funded services	予算で賄われるサービス	0	5
オーストリア[1]	Tageseltern/ Tagesmütter	保育ママによる規制された家庭保育	0	5
ベルギー（フラマン語圏）	a			
ベルギー（フランス語圏）	Milieux d'accueil de type collectif	家庭での保育	0	2.5-3
	Milieux d'accueil de type familial	センターでの保育	0	2
カナダ	a			
チリ	a			
チェコ共和国	Jesie	昼間保育	0	2
	zařízení pro péči o děti do 3 let	センターでの保育、家庭での保育も少数あり	0	3
デンマーク	民間のチャイルドマインディング。民間のチャイルドマインダーは、地方当局との営業協約に基づき、生後26週以上の子どもを対象に保育も行える。地方当局が民間のチャイルドマインダーを紹介することはない。地方政府は、合意に基づく料金をチャイルドマインダーに支払い監督するが、教育課程や教育内容を義務づけることはない。実質的な教育内容がないので、ISCED 0には分類されない。			
エストニア	保育サービス(Lapsehoiuteenus)			
フィンランド	Avoin varhaiskasvatustoiminta (esim. avoimet päiväkodit, kerho- ja leikkitoiminta, leikkipuistot, perhekerhot)	オープン幼児教育及び保育活動(オープン幼児教育及び保育センターでの活動や、グループでの遊び活動、運動場での活動、地方自治体や幼児教育及び保育サービスの民間提供者が編成したファミリーグループなど)	0-6	適用不可
フランス	Crèches collectives (EAJE)	集団保育所	0	1-3
	Assistant(e)s maternel(le)s	昼間の家庭保育	0	1-6
	Jardin d'eveil	幼稚園	2	1-4

注：ISCED 0に分類されるには、幼児教育及び保育サービスが、1) 適切な計画的教育要素を含む、2) 制度化された環境で提供される（通常、学校その他の機関において、子どもの集団を対象として実施される）、3) 最低限の在学時間及び在学期間（1日当たり2時間以上で年間100日以上）を満たす、4) 国の関連当局が認める規定（カリキュラムなど）の枠組みを持つ、5) 訓練を受けた、あるいは（教員資格など）認定を受けた職員を有する、といった条件を満たしている必要がある。
1. 機関名ならびに在学者の年齢の下限／上限は州によって異なる。
資料：INESアドホック調査。OECD／UIS／Eurostat（2018）。詳細は付録3の注を参照（http://dx.doi.org/10.1787/eag-2018-36-en）。
表中の省略記号については、「利用にあたって」を参照。

211

表B2.4. [3/6] OECD加盟国及び非加盟国の幼児教育及び保育プログラム

幼児教育及び保育（ISCED 0）とその他の登録済み幼児教育及び保育サービス

	ISCED 2011の教育区分によるISCED 01とISCED 02							
	ISCED 01（早期幼児発達教育）				ISCED 02（就学前教育）			
	通常は乳幼児（0〜2歳児）が対象				義務教育開始前の子ども（通常3〜5歳児）が対象			
国	プログラム名（原語）	プログラム名（英語の日本語訳）	理論上の開始年齢	理論上の在学期間（年）	プログラム名（原語）	プログラム名（英語の日本語訳）	理論上の開始年齢	理論上の在学期間（年）
ドイツ	Krippen	保育所、昼間保育	0	2-3	01 Kindergärten	幼稚園	3	3
	Mixed-age settings or Kindertagespflege (the 3 last years are reported with ISCED 02)	昼間の家庭保育	0	6	02 Schulkindergärten	学校幼稚園	6	1
					03 Vorklassen	就学前学級	5	1
ギリシャ	Vrefonipiakos stathmos	幼稚園、幼児期	0（2か月）	2.5	Nipiagogio	就学前	4-5	1-2
ハンガリー	Gyógypedagógiai tanácsadás, korai fejlesztés, oktatás és gondozás	特別教育相談、早期発達、教育・保育	0	5	Óvoda	幼稚園	3	3
	Egységes óvoda-bölcsőde	一体型幼稚園・乳幼児保育	2	1				
	Óvoda (3 év alatt)	幼稚園（3歳未満）	2.5	0.5				
アイスランド	Leikskóli I	就学前学校I	0	1-3	Leikskóli II	就学前学校II	3	0-3歳（変更可）
					5 ára bekkur	0学年（5歳）	5	1
アイルランド	a				早期スタート		3-4	1
					私的に提供される就学前教育：幼児教育及び保育（ECCE）計画、地域保育への補助金（CCS）プログラム		3歳〜5歳6か月	1
イスラエル	Hinuh be ganey misrad ha kalkala or harevacha	経済担当調整省または国民福祉担当調整省の監督の幼児教育	0	3	Hinuh kdam yesody-ganey yeladim-ziburi (misrad ha kalkala, misrad ha revacha ve misrad ha hinuh)	国公立の就学前教育（経済担当調整省または国民福祉担当調整省または環境省の監督下）	3	3
					Hinuh kdam yesody-ganey yeladim-prati	独立私立の就学前教育	3	3
イタリア	a				Scuola dell'infanzia	就学前学校	3	3
日本	a				Yohorenkeigata-Nintei-Kodomo-En	幼保連携型認定こども園	3-5	1-3
					Yochien	幼稚園	3-5	1-3
					Tokubetsu-shien-gakko Yochi-bu	特別支援教育学校の幼稚部	3-5	1-3
					Hoikusho	保育所	3-5	1-3
韓国	어린이집 (0-2세) (Eorinyijip, age 0-2)	幼児コース、保育センター	0-2	1-3	어린이집 (3-5세) (Eorinyijip, age 3-5)	保育センターの幼稚園課程	3-5	1-3
	특수학교 영아과정 (Teuksu-hakgyo Younga-kwajeong)	幼児コース、特別学校	0-2	1-3	유치원 (Yuchiwon)	幼稚園	3-5	1-3
					특수학교 유치원 과정 (Teuksu-hakgyo Yuchiwon-kwajeong)	特別学級の幼稚園課程	3-5	1-3
ラトビア	Pirmskolas izglitibas programmas (lidz 2 gadu vecumam)	就学前教育プログラム（2歳までのプログラムの一部）（幼児教育）	0	1-2	Pirmskolas izglitibas programmas (no 3 gadu vecuma)	就学前教育プログラム（3歳以降のプログラムの一部）	3	1-4
リトアニア	Ikimokyklinio ugdymo programos	早期幼児発達教育	0	1-2	Ikimokyklinio ir priešmokyklinio ugdymo programos	就学前教育	3	1-4
ルクセンブルグ	a				Enseignement fondamental/cycle1-éducation précoce	早熟教育	3	1
					Education précoce	早熟教育（独立私立機関による）	<4	1
					Enseignement fondamental/cycle1 - éducation préscolaire (Spillschoul)	就学前教育	4	2
					Education préscolaire	就学前教育（独立私立機関による）	4	2
メキシコ	Educación inicial	幼児教育	0	3	Educación preescolar	就学前教育	3	2-3

注：ISCED 0に分類されるには、幼児教育及び保育サービスが、1）適切な計画的教育要素を含む、2）制度化された環境で提供される（通常、学校その他の機関において、子どもの集団を対象として実施される）、3）最低限の在学時間及び在学期間（1日当たり2時間以上で年間100日以上）を満たす、4）国の関連当局が認める規定（カリキュラムなど）の枠組みを持つ、5）訓練を受けた、あるいは（教員資格など）認定を受けた職員を有する、といった条件を満たしている必要がある。

1. 機関名ならびに在学者の年齢の下限／上限は州によって異なる。

資料：INESアドホック調査。OECD / UIS / Eurostat (2018)。詳細は付録3の注を参照（http://dx.doi.org/10.1787/eag-2018-36-en）。

表中の省略記号については、「利用にあたって」を参照。

インディケータ B2：幼児教育　　**CHAPTER B**

表B2.4. [4/6] OECD加盟国及び非加盟国の幼児教育及び保育プログラム

幼児教育及び保育（ISCED 0）とその他の登録済み幼児教育及び保育サービス

		（ISCED 2011の教育区分外である）その他の公式の幼児教育及び保育サービス			
		幼児教育及び保育の重要な一部と見なされているが、ISCED 2011の基準をすべては満たしていないその他の幼児教育及び保育サービス、通常は乳幼児（0〜2歳児）が対象			
		プログラム名 （原語）	プログラム名 （英語の日本語訳）	理論上の開始年齢	理論上の在学期間 （年）
OECD加盟国	ドイツ	a			
	ギリシャ	Paidikos stathmos	児童センター	2.5	2.5
	ハンガリー	Bölcsőde	保育所	誕生後20週より	2.5年まで
		Mini-bölcsőde	ミニ保育所	誕生後20週より	2.5年まで
		Családi bölcsőde	家庭保育所	誕生後20週より	2.5年まで
		Munkahelyi bölcsőde	職場保育所	誕生後20週より	2.5年まで
	アイスランド	家庭での幼児教育及び保育(Dagforeldri)		0	2
	アイルランド	民間企業や地方自治体によるサービス及び利害関係者が任意に作り出した環境(保育所、ナーサリー、就学前学校、プレイグループなど)、チャイルドマインディング		0	3
	イスラエル	a			
	イタリア	Nido d'infanzia; asilo familiare	託児／保育、家庭での幼児教育及び保育	0	3
	日本	Hoikusho	保育所	0	3
		Yohorennkeigata-Nintei-	幼保連携型認定こども園	0	3
	韓国	a			
	ラトビア	Bērnu uzraudzības pakalpojums	児童保護監督サービス	1歳半。1歳半未満の子どもに提供されることもある	通常は3.5年(親のニーズによる)
	リトアニア	a			
	ルクセンブルグ	Assistants parentaux	チャイルド マインダー	0	4
		Crèches	保育所	0	9か月
	メキシコ	a			

注：ISCED 0に分類されるには、幼児教育及び保育サービスが、1) 適切な計画的教育要素を含む、2) 制度化された環境で提供される（通常、学校その他の機関において、子どもの集団を対象として実施される)、3) 最低限の在学時間及び在学期間（1日当たり2時間以上で年間100日以上）を満たす、4) 国の関連当局が認める規定（カリキュラムなど）の枠組みを持つ、5) 訓練を受けた、あるいは（教員資格など）認定を受けた職員を有する、といった条件を満たしている必要がある。
1. 機関名ならびに在学者の年齢の下限／上限は州によって異なる。
資料：INESアドホック調査。OECD / UIS / Eurostat（2018）。詳細は付録3の注を参照（http://dx.doi.org/10.1787/eag-2018-36-en)。
表中の省略記号については、「利用にあたって」を参照。

213

CHAPTER B　教育機会・在学・進学の状況

表B2.4. [5/6] OECD加盟国及び非加盟国の幼児教育及び保育プログラム
幼児教育及び保育（ISCED 0）とその他の登録済み幼児教育及び保育サービス

	ISCED 01（早期幼児発達教育）				ISCED 02（就学前教育）			
	通常は乳幼児（0〜2歳児）が対象				義務教育開始前の子ども（通常3〜5歳児）が対象			
	プログラム名（原語）	プログラム名（英語の日本語訳）	理論上の開始年齢	理論上の在学期間（年）	プログラム名（原語）	プログラム名（英語の日本語訳）	理論上の開始年齢	理論上の在学期間（年）
OECD加盟国								
オランダ	a				Voorschools onderwijs	昼間保育センターやプレイグループの就学前教育	3	1
					Basisonderwijs en speciaal basisonderwijs, groep 1 en 2	学校環境での就学前教育（就学前特別支援教育学級1と2を含む）	4	2
ニュージーランド	教育及び保育サービスを含む統合型プログラムを提供。主要な5種類の幼児教育及び保育環境があり、センターで行われるもの（0〜5歳児対象の教育及び保育サービスや、2〜5歳児対象の幼稚園など）と、0〜5歳児対象のプレイセンター、0〜5歳児対象の家庭での教育及び保育に大別される。また、マオリ語で0〜5歳児に統合型幼児教育及び保育を提供する総合的なイマージョン言語教育環境、コハンガ・レオ（kōhanga reo）もある。						0	5
ノルウェー	Barnehage, 0-2 åringer	幼稚園	0	2	Barnehage, 3-5 åringer	幼稚園	3	3
ポーランド	a				Wychowanie przedszkolne	就学前教育	3	4
					Wychowanie przedszkolne specjalne	特別就学前教育	3	4
ポルトガル	Creche	昼間の保育（及び教育）、学校で提供	0	2	Educação pré-escolar	就学前教育	3-5	3
スロバキア共和国	a				Materská škola	幼稚園	3	3
					Špeciálna materská škola	特別幼稚園	3	3
					Prípravné triedy na základnej škole	基礎学校の準備学級	6	1
					Prípravné triedy v špeciálnej škole	特別学校の準備学級	6	1
スロベニア	Predšolska vzgoja (1.starostno obdobje)	就学前教育（第一年齢期）	1	2	Predšolska vzgoja (2. starostno obdobje)	就学前教育（第二年齢期）	3	3
スペイン	Educación infantil primer ciclo (0-2 años)	幼児教育	0	3	Educación infantil segundo ciclo (3+ años)	就学前教育	3	3
スウェーデン	Förskola för barn/elever under 3 år	3歳未満の子ども／児童のための就学前学校	0	0-2	Förskola för barn/elever 3 år eller äldre	3歳以上の子ども／児童のための就学前学校	3	3
					Förskoleklass	就学前学校	6	1
スイス	a				Vorschule, préscolarité, prescolarità	幼稚園	4-6	2
					Besonderer Lehrplan, programme d'enseignement spécial, programma scolastico speciale	特別支援教育プログラム	4-6	2
トルコ	Erken çocukluk dönemi eğitimi (0-2 yaş)	幼児教育と保育（0〜2歳）	0-2	1-2	Okul öncesi eğitimi (3-5 yaş)	就学前教育（3〜5歳）	3-5	1-3
	Kreş	保育所、昼間保育センター	0	2				
イギリス	Children's centres (including Sure Start centres)	児童センター（シュアスタートセンターを含む）	0	2	Reception and nursery classes in schools	学校のリセプション学級と保育学級	3	1-2
	Registered child minders	認可チャイルドマインダー	0	2	Pre-school or pre-kindergarten	就学前学校またはプレ幼稚園	2-4	1-2
	Day nurseries	昼間保育	0	2				
アメリカ合衆国	m				Pre-school or pre-kindergarten	就学前学校またはプレ幼稚園	2-4	1-2
					Kindergarten	幼稚園	4-6	1
OECD非加盟国								
ブラジル	Educação infantil – crèche	保育園／昼間保育センター	0	3	Educação infantil - pré-escola	就学前学校	4	2
コロンビア	Atención integral a la primera infnacia	早期幼児発達教育	0	3	Pre-jardin (3-year-olds), Jardin (4-year-olds), and Transicicón (5-year-olds)	就学前教育	3-5	1-3
ロシア	Программыразви тиядетеймладше говозраста	早期幼児発達教育	0	2	Дошкольноеобразован ие	就学前教育	3	3

注：ISCED 0に分類されるには、幼児教育及び保育サービスが、1）適切な計画的教育要素を含む、2）制度化された環境で提供される（通常、学校その他の機関において、子どもの集団を対象として実施される）、3）最低限の在学時間及び在学期間（1日当たり2時間以上で年間100日以上）を満たす、4）国の関連当局が認める規定（カリキュラムなど）の枠組みを持つ、5）訓練を受けた、あるいは（教員資格など）認定を受けた職員を有する、といった条件を満たしている必要がある。

1. 機関名ならびに在学者の年齢の下限／上限は州によって異なる。

資料：INESアドホック調査。OECD / UIS / Eurostat（2018）。詳細は付録3の注を参照（http://dx.doi.org/10.1787/eag-2018-36-en）。
表中の省略記号については、「利用にあたって」を参照。

214

インディケータ B2：幼児教育　　**CHAPTER B**

表B2.4. [6/6] OECD加盟国及び非加盟国の幼児教育及び保育プログラム

幼児教育及び保育（ISCED 0）とその他の登録済み幼児教育及び保育サービス

	（ISCED 2011の教育区分外である）その他の公式の幼児教育及び保育サービス			
	幼児教育及び保育の重要な一部と見なされているが、ISCED 2011の基準をすべては満たしていないその他の幼児教育及び保育サービス、通常は乳幼児（0～2歳児）が対象			
	プログラム名 （原語）	プログラム名 （英語の日本語訳）	理論上の開始年齢	理論上の在学期間 （年）
オランダ	• 民間の保育センター（kinderdagverblijven）：生後すぐから4歳までの子どもを保育。主に共働きの親向け。 • チャイルドマインダーによる家庭内保育(gastouderopvang)：生後すぐから12歳までの子どもを保育。共働きの親の支援が主な目的。 • 公立のプレ幼稚園施設(peuterspeelzalen)またはプレイグループ：2～3歳児対象の比較的公式の幼児教育及び保育を提供。			
ニュージーランド	プレイグループ		年齢設定はないが、通常は3歳未満	
ノルウェー	オープン幼稚園。すべての年齢が対象だが、親または保護者の付き添いが必要			
ポーランド	żłobki ; kluby dziecięce	保育	0.5-1	2
ポルトガル	Creches, Amas	昼間の保育、家庭で提供（チャイルドマインダー）	0	2
スロバキア共和国	Detské jasle.	センターまたは家庭	0	3
スロベニア	教育プログラムを提供する資格がないチャイルドマインダーでも、保育を行えるが、チャイルドマインディングサービスしか提供できない。ただし、教育省での登録が必要。こうした家庭保育サービスは、11か月未満から基礎教育の開始年齢までのごく一部の子どもが対象である。			
スペイン	m			
スウェーデン	Pedagogisk omsorg	認可チャイルドマインダーによる教育的保育	0	6
	Outside the scope of ISCED 2011, there is also Leisure centre (fritidshem) for students in pre-school classes and primary education - and thus not aiming at very young children.	学童余暇ホーム (?)	6	8（13歳まで）
スイス	センター（幼稚園または保育園、保育所）での幼児教育及び保育は、3.5か月から4歳まで（義務教育開始まで）の子どもが対象。一部の州では、5～6歳児に延長保育も提供している。家庭での幼児教育及び保育もあり、たいていは3.5か月から義務教育開始年齢までの子どもが対象だが、それより年長の子どもも受け入れている。			
トルコ	a			
イギリス	無認可のチャイルドマインダー及び昼間保育			
アメリカ合衆国	m			
ブラジル	m			
コロンビア	m			
ロシア	m			

注：ISCED 0に分類されるには、幼児教育及び保育サービスが、1）適切な計画的教育要素を含む、2）制度化された環境で提供される（通常、学校その他の機関において、子どもの集団を対象として実施される）、3）最低限の在学時間及び在学期間（1日当たり2時間以上で年間100日以上）を満たす、4）国の関連当局が認める規定（カリキュラムなど）の枠組みを持つ、5）訓練を受けた、あるいは（教員資格など）認定を受けた職員を有する、といった条件を満たしている必要がある。

1. 機関名ならびに在学者の年齢の下限／上限は州によって異なる。

資料：INESアドホック調査。OECD / UIS / Eurostat（2018）。詳細は付録3の注を参照（http://dx.doi.org/10.1787/eag-2018-36-en）。

表中の省略記号については、「利用にあたって」を参照。

215

インディケータ B3

後期中等教育卒業率

- OECD加盟国の平均では、後期中等教育の卒業者に占める女性の割合は、普通プログラムでは55%であるが、職業プログラムになると46%に低下する。
- OECD加盟国の平均では、職業プログラムの卒業者の平均年齢は、男女ともに普通プログラムより高い。
- 現在の卒業率をもとに算出すると、OECD加盟国では、現在の若年者のうち平均で81%が25歳までに後期中等教育を修了すると推定される。なお、2005年にはこの割合が73%であった。

図B3.1. 後期中等教育職業プログラムにおける女性卒業者の割合
（プログラムの性格別）（2016年）

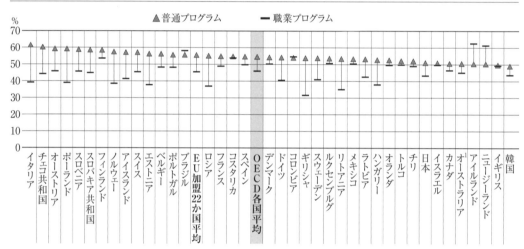

1. 調査年は2015年。
左から順に、普通プログラムの女性の割合が大きい国。
資料：OECD / UIS / Eurostat (2018). Education at a Glance Database (http://stats.oecd.org/)。詳細は「資料」を参照。
付録3の注を参照 (http://dx.doi.org/10.1787/eag-2018-36-en)。
StatLink : https://doi.org/10.1787/888933803406

■ 政策との関連

後期中等教育は、普通プログラムもしくは職業プログラムを通じて基本的な知識や技能を高めるものであり、生徒が高等教育への進学や就職のため、また社会人となるための準備をすることをその目的としている。多くの国では、後期中等教育は義務教育ではなく、履修期間は2～5年である。

いずれにせよ、何よりも重要なのは、労働市場や経済の需要に見合うような良質の教育を提供することである。後期中等教育における不平等は、高等教育や労働市場での不平等につながる恐れがある（インディケータB7及びA章参照）ため、後期中等教育を卒業できるかどうかが、性別や社会経済的背景、人口学的背景に左右されないようにすることも大事である。

後期中等教育を卒業することの重要性が、どこの国でも増している。労働市場で必要な技能が知識基盤型となり、また、急速に変化する世界経済の不確実性に適応することが、労働者にますます求められるようになっているためである。後期中等教育卒業率という指標は、各国の教育制度が労働市場の最低限の要求を満たすべく、生徒にどの程度準備させているかを示す一つの指標とはなるものの、教育成果の質を示すものではない。

インディケータ B3

■ その他のハイライト

■ 後期中等教育段階の初回卒業率は、データのある5か国に4か国超で75%を超える。高等教育以外の中等後教育段階では、この割合はデータのある国の4か国にほぼ3か国で15%を下回る。

■ 2005年、2010年、2016年のデータのある国をみると、後期中等教育の初回卒業率は、2005～2016年の間に7パーセントポイント上昇している。対照的に、高等教育以外の中等後教育段階ではあまり変化がない（およそ11%）。

■ 普通プログラムでも職業プログラムでも、少なくとも両親のどちらかが高等教育修了者である生徒は、両親が高等教育未修了者である生徒と比べて後期中等教育を修了する場合が多い。

■ 注記

ここでいう卒業率とは、全年齢について算定する場合、一定の年齢集団に占める、生涯の間に後期中等教育を当該国で卒業すると推定される人数の比率をいい、2016年の卒業者数と卒業者の年齢分布をもとに算定している。卒業率は人口と現在の卒業の傾向に基づいているため、新たなプログラムの導入やプログラム履修期間の変更といった、教育制度上の変化に影響されやすい。また、予想外の人数が復学するようなことがあると、卒業率は非常に高くなることさえある。

年齢区分のデータがない場合は、代わりに総卒業率を算定している。これは、全卒業者数をその国の標準的な卒業年齢人口で除したものである。

本指標でいう年齢とは一般に、当該の暦年が始まった時点の生徒の年齢であるため、学年度末の卒業時には、本指標に示す年齢より1歳年長になっている場合もある。また、OECD加盟国では、2016年の後期中等教育普通プログラムの卒業者の95%超が25歳未満なので（Education at a Glance Database参照）、中等教育の修了年齢の上限は、25歳としている。25歳以上で後期中等教育普通プログラムを卒業するのは、一般的にはセカンドチャンス・プログラムの在籍者である。高等教育以外の中等後教育段階については、30歳が卒業年齢の上限だと考えられる。

2018年版『図表でみる教育OECDインディケータ』では、主に初回卒業者に焦点を当てている。専攻分野別に卒業者の分析を行う場合に限り、「卒業者」（初回卒業者だけでなくすべての卒業者）の概念を用いる。

CHAPTER B　教育機会・在学・進学の状況

■ 結果と解説

後期中等教育卒業者の特徴

プログラムの性格別にみた後期中等教育卒業者の特徴

中等教育段階で職業プログラムが広く普及している国も多いが、ほとんどの国では、大半の生徒が普通プログラムを選択する。後期中等教育の初回卒業者は、後期中等教育の修了資格を初めて取得した生徒であるが、OECD加盟国の平均では、後期中等教育初回卒業者の42%が、職業プログラムの修了資格を取得している。職業プログラムの初回卒業者の割合は、ブラジル、カナダ、コロンビア、コスタリカ、ギリシャ、ハンガリー、日本、韓国、リトアニアで特に小さい（25%未満）。対照的に、オーストリア、チェコ共和国、スロバキア共和国では、初回卒業者の65%超が職業プログラムの修了資格を取得している。

多くのOECD加盟国で、職業教育訓練（VET）は後期中等教育の重要な部分を占めており、若年者が、就業のための準備をする、成人としてのスキルを習得する、労働市場の需要に応える上で、中心的な役割を果たしている（インディケータA1参照）。だが国によっては、普通教育がますます重視される中でVETの存在感が薄くなり、政策議論の中で軽視されたり過小評価されたりしている場合も少なくない。しかしながら、良質の初期職業教育・訓練が経済的競争力の向上に大きく貢献しうることを認識する国も増えている（OECD, 2015[1]）。

職業プログラムは学校・企業の連携プログラムとして提供されることがある。この場合、学校環境で、あるいは遠隔教育を通じて提供されるカリキュラムは全体の75%未満である。これらのプログラムには学校での訓練と企業での訓練が並行して行われる見習い訓練プログラムや、教育機関での在学と職場での訓練への参加が交互に行われるプログラムなどがある。オーストリア、デンマーク、ドイツ、ラトビア、スイスのような国では、後期中等教育段階の職業教育訓練の在学者のうち30%以上が、このタイプのデュアルシステム（二重制度）に従っている（インディケータB1参照）。生徒は職場での学習を通して仕事で役に立つ技能を習得する。また職場での学習は、官民の連携を進める方法でもあり、雇用主や提携相手がカリキュラムの枠組みを決めることも多く、職業教育訓練プログラム開発への関与を可能にする方法でもある。

また、高度な教育訓練プログラム（VET）は、それがなければ後期中等教育の学歴を取得できないであろう生徒が、技能を取得して、労働市場への円滑で適切な移行を果たす上で、有効な手段となると考えられる。若年齢層では、最終学歴が後期中等教育段階の普通プログラムの場合よりも職業教育訓練プログラムの卒業者の方が就業率が高く、非労働力人口率が低い傾向にある（Education at a Glance Database参照）。だが、ここで重要な点は、VETは他の教育プログラムよりも費用がかかることが多いため、後期中等教育段階の職業プログラムの卒業者には、適切な就業機会が確保される必要があるということである（インディケータC1参照）。

男女別にみた後期中等教育卒業者の特徴

後期中等教育では、女性の割合は、普通プログラムの方が職業プログラムよりも大きい傾向がある。OECD加盟国の平均では、女性の卒業者の割合は、職業プログラムでは46%であるのと比較して、普通プログラムでは55%である。

インディケータ B3：後期中等教育卒業率　　**CHAPTER B**

データのあるほぼすべての国で、後期中等教育普通プログラムの卒業者の半分以上を女性が占め、この割合は韓国の49%からチェコ共和国の60%、イタリアの62%までの幅がある。対照的に、職業プログラムでは、データのある国の4分の3超で女性が少数派である。

とはいえ、職業プログラムでは国によって大きな差があり、女性の割合は、ギリシャ、リトアニアの36%未満からアイルランド、ニュージーランドの60%超まで開きがある。実際、アイルランドとニュージーランドは、職業プログラムの方が普通プログラムより女性の卒業者の割合が大きい（職業プログラムで約60%、普通プログラムで約50%）4か国に含まれている。残り2か国のブラジルとコロンビアでは、職業プログラムと普通プログラムに占める女性の割合の差がもっと小さく、3パーセントポイント未満である。

専攻分野別にみた後期中等教育卒業者の特徴

OECD加盟国の平均では、職業プログラムの卒業者の34%が、工学・製造・建築分野の修了資格を取得する。この数字は商学・経営学・法学では19%に、サービスでは17%に、保健・福祉では12%に低下する。しかしながら、この傾向がすべての国に当てはまるわけではない。ブラジル、コロンビア、イタリア、ルクセンブルグ、スイス、イギリスでは、大半の職業プログラム卒業者が商学・経営学・法学の修了資格を取得し、デンマーク、オランダ、スペインでは保健・福祉、ニュージーランドとポルトガルではサービスが、それぞれ最も人気が高い専攻分野である（表B3.1）。

後期中等教育段階の職業プログラムでは、工学・製造・建築のプログラムを専攻する女性の割合は小さく、この分野の卒業者のうち女性はわずか12%である。対照的に保健・福祉の分野では、女性の割合が大きく（77%）、イタリア（74%）、ニュージーランド（72%）、ポーランド（68%）、スロベニア（73%）、スウェーデン（73%）を除くすべての国で75%を超えるが、コロンビア、エストニア、ラトビアのように、後期中等教育段階でこうしたプログラムを提供していない国もある。この両極の間に、男女の割合のバランスが比較的取れている分野がいくつかあり、平均では、サービス分野の卒業者の60%、商学・経営学・法学分野の卒業者の66%が女性である。

専攻分野によって男女差が生じる一つの理由として、男女の得意分野や就ける職業に関する社会認識が考えられる。例えば、工学・製造・建築分野で女性の割合が小さいのは、科学は男性特有の分野という社会認識があるため、女性がこの分野を専攻するのを避けているからだと思われる（OECD, 2015[2]）。公平性の観点から、男女が私生活や職業生活で同じ機会を保証されることがきわめて大事であり、その点で、公教育は重要な役割を担っている（OECD, 2014[3]）。ジェンダー・ダイバーシティ（性別にとらわれない多様性）は、労働市場におけるチームの業績や生産性に大いに有益であることも確認されている（Hoogendoorn, Oosterbeek and van Praag, 2013[4]）。

年齢別にみた後期中等教育卒業者の特徴

卒業率は卒業年齢によっても変わってくる。そして、生徒の卒業年齢は、教育制度の改変に関連していると考えられる。例えば、初期教育を離れて後に後期中等教育を修了する機会が設けられる、普通プログラム・職業プログラムの履修期間が変更されるなどの場合である。

後期中等教育の平均卒業年齢は、男女ともに、職業プログラムが普通プログラムより高い傾向があ

219

る。OECD加盟国の平均では、男性の修了資格取得年齢は、普通プログラムでは19歳であるのに対し、職業プログラムでは21歳であり、同様に、女性の平均卒業年齢は、普通プログラムで18歳、職業プログラムで22歳である（図B3.2）。とはいえ、国によってある程度ばらつきがある。デンマーク、アイスランド、オランダ、ノルウェー、スペイン、イギリスでは、職業プログラムの平均卒業年齢が普通プログラムよりかなり高く、男女ともに4年以上の差がある。対照的に、チリ、コロンビア、ポーランド、トルコでは、普通プログラムの卒業時期が職業プログラムより1年以上遅い。カナダ、コスタリカ、イスラエル、韓国、メキシコ、スウェーデンでは、男女ともに、普通プログラムと職業プログラムの平均卒業年齢が同じである。職業プログラムと普通プログラムの卒業年齢の差は、これらのプログラムの履修期間の違いを反映していると見られる。例えばノルウェーでは、職業プログラムの履修期間が普通プログラムより1年長いことが、職業プログラムの方が卒業年齢が高い原因だと考えられる（『図表でみる教育OECDインディケータ（2014年版）』（OECD, 2014[5]）のインディケータA2参照）。

普通プログラムでは、平均卒業年齢は男女ほぼ同じで、データのあるすべての国で男女差は1年に満たない。一方、職業プログラムではもっとばらつきがある。ほとんどの国では平均卒業年齢は同程度にとどまっている（OECD加盟国の平均では男女差は1年）が、フィンランドでは約2年、スペインとイギリスでは3年、デンマークとノルウェーに至っては5年も、女性の卒業時期が男性より遅い。

図B3.2. 後期中等教育初回卒業者の平均年齢（プログラムの性格別、男女別）（2016年）

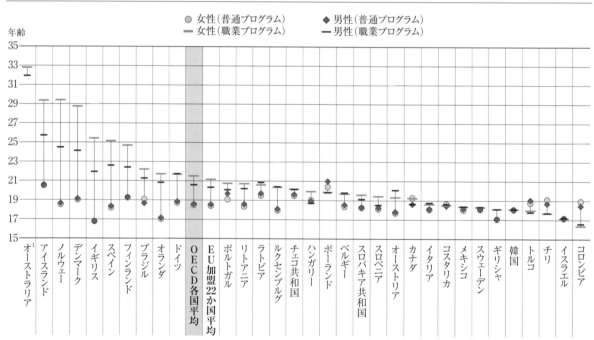

1. 調査年は2015年。
左から順に、職業プログラムの女性の平均年齢が高い国。
資料：OECD / UIS / Eurostat (2018). Education at a Glance Database (http://stats.oecd.org/)．詳細は「資料」を参照．付録3の注を参照 (http://dx.doi.org/10.1787/eag-2018-36-en)．
StatLink : https://doi.org/10.1787/888933803425

初回卒業率

後期中等教育卒業率

後期中等教育の修了は、労働市場に円滑に参入するための最低限の資格とされ、また、高等教育への進学に必要とされる場合が多い。既定の期間で後期中等教育段階を修了しない場合、個人、社会ともに被る損失はかなり大きくなると考えられる（インディケータA3及びインディケータA4参照）。

卒業率は、後期中等教育卒業者数の拡大に関して政府の取り組みが成功しているか否かを示す指標となる。国によって卒業率の差が大きいのは、各国の教育制度がさまざまであり、履修可能なプログラムも多岐にわたること、また社会規範や経済状況のような各国の他の要因を反映している。

現在の卒業率から推定すると、OECD加盟国の平均では、人口の87%が生涯の間に後期中等教育を卒業し、81%が25歳までに卒業するとみられる。25歳未満の初回卒業率は、データのある国の半数超で80%を上回るが、ブラジル、コスタリカ、メキシコの60%未満からギリシャ、イスラエル、韓国、スロベニアの90%超まで幅がある（表B3.2）。

大多数の国では、25歳未満の初回卒業率は、普通プログラムの方が職業プログラムよりかなり高い。OECD加盟国の平均では、25歳までに後期中等教育を卒業するとみられる若年成人の割合は、職業プログラムで31%であるのに比べ、普通プログラムでは50%前後である。オーストリア、チェコ共和国、ルクセンブルグ、オランダ、スロバキア共和国、スロベニア、トルコ、イギリスに限り、職業プログラムの方が初回卒業率が高いが、オランダの差は1パーセントポイントにとどまる（図B3.3）。

普通プログラムの方が卒業率が高いのは、後期中等教育段階では普通プログラムより職業プログラムの方が在学者の割合が小さく（インディケータB1参照）、修了率も職業プログラムの方が低いことを反映していると考えられる（OECD, 2017[5]）（コラムB3.1）。

図B3.3. 25歳未満の後期中等教育初回卒業率（プログラムの性格別）（2016年）

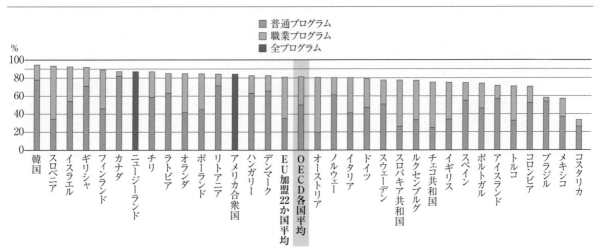

左から順に、全プログラムの初回卒業率が高い国。
資料：OECD / UIS / Eurostat（2018）。Education at a Glance Database（http://stats.oecd.org/）。詳細は「資料」を参照。付録3の注を参照（http://dx.doi.org/10.1787/eag-2018-36-en）。
StatLink: https://doi.org/10.1787/888933803444

CHAPTER **B**　教育機会・在学・進学の状況

2005年、2010年、2016年のデータのある国では、2005〜2016年の間に、25歳未満の初回卒業率は9パーセントポイント上昇している（これと比較して、全年齢の初回卒業率は7パーセントポイントの上昇）。上昇幅は、ポルトガル、トルコ（いずれも23パーセントポイント）、スペイン（22パーセントポイント）、スロベニア（21パーセントポイント）の4か国で著しく大きい。対照的に、ギリシャとスロバキア共和国では、25歳未満の初回卒業率がこの期間に5パーセントポイント以上低下している。

とはいえ卒業率は、すべての卒業者がすぐに高等教育の学位を求めて就学したり、労働市場に参入したり、適切な技能を身につけて就業後すぐに成功したりすることを、そのまま表すわけではない。それどころか、OECD加盟国の約半数では、最終的に就業もせず教育や訓練も受けていない人口（ニート）となる卒業者が増加している（インディケータA2参照）。そのため、卒業した生徒が将来を見失うことがないように、生徒指導と教育の機会を適切に組み合わせて提供する、質の高い後期中等教育プログラムを用意することが重要になっている。

高等教育以外の中等後教育の卒業率

OECD加盟国では、多様な高等教育以外の中等後教育プログラムが提供されている。このプログラムは、後期中等教育と中等後教育の境界線上に位置するものだが、国によっては、後期中等教育プログラムもしくは中等後教育プログラムに分類しているところもある。高等教育以外の中等後教育プログラムの内容は、後期中等教育プログラムより相当に高度なわけではないが、後期中等教育修了資格を得た履修者の知識を広げるものではある。

高等教育以外の中等後教育の初回卒業率は、後期中等教育プログラムと比べて低い。OECD加盟国では、現在の若年者のうち平均で11%が、生涯の間に高等教育以外の中等後教育プログラムを修了すると推定される。高等教育以外の中等後教育の初回卒業率が20%を超えるのは、チェコ共和国、ドイツ、ハンガリー、リトアニア、ニュージーランド、アメリカ合衆国の6か国のみである。2005年、2010年、2016年のデータのあるOECD加盟国では、初回卒業率（全年齢）は2005〜2016年の間にあまり変化していない（平均約11%）。チリ、コスタリカ、インドネシア、韓国、メキシコ、オランダ、スロベニア、トルコ、イギリスの9か国は、この段階の教育を提供していない（表B3.2）。

コラムB3.1. 生徒の後期中等教育のプログラム選択と修了における公平性

後期中等教育のプログラム選択における公平性

OECD加盟国では、労働市場で通用する技能を身につけたい若年者向けの選択肢として、後期中等教育職業プログラムの整備への関心が高まっている。優れた職業プログラムであれば、専門技術を身につけさせるだけでなく、生徒が職業人生で成功したり、進路や選択する職業を変更したりする足掛かりにもなる（OECD, 2010[6]）。職業プログラムを、学力が低い生徒にとっての次善の選択肢と見なすのではなく、重要な技能を伸ばす卓越した拠点と考えるべきである。

とはいうものの、職業プログラムへの進学という決定が、主に生徒の社会経済的背景に基づく

ものである場合は特に、職業教育は公平性に関する懸念も生じさせる。図B3.aは、親の学歴別にみた普通プログラムと職業プログラムの入学者の割合を示している。データのあるすべての国で、職業プログラムでは、両親の学歴が低い生徒の割合がかなり大きい。

データのあるほぼすべての国で、両親が後期中等教育未修了者である入学者の割合は、職業プログラムの方が普通プログラムより2倍以上大きい。一方、少なくとも両親のどちらかが高等教育修了者である生徒で、この差がさらに大きくなる場合もある。例えば、フランスとオランダでは、少なくとも両親のどちらかが高等教育修了者である生徒の割合は、普通プログラムでは約50％であるが、職業プログラムでは20％未満である。

だが、職業プログラムの重要性と魅力は、国によってかなり異なると考えられる。図B3.aに示す国では、職業プログラムの修了資格を取得する後期中等教育卒業者の割合は、ノルウェー、スウェーデンの約3分の1からフィンランドとオランダの半分超まで開きがある（表B3.1）。オーストリアやチェコ共和国、スロバキア共和国、スイスといった、図B3.aでデータがない他のOECD加盟国では、この割合がもっと大きく、後期中等教育卒業者の3分の2超が職業プログラムの修了資格を取得している。これらの国では、職業プログラムの卒業者が労働市場で順調な成果も上げており、職業教育を受けるのは、生徒の社会経済的背景が理由というよりも、慎重な選択に基づくことを示唆している。こうした調査結果から、調査対象国が限られている場合

図B3.a. 後期中等教育の初回入学者の割合（プログラムの性格別、両親の学歴別）（2015年）

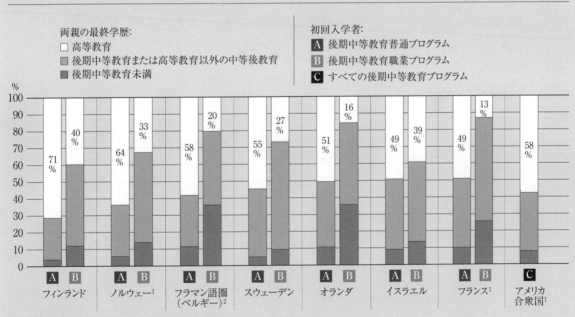

1. 調査年は2015年ではない。詳細は付録3を参照（http://dx.doi.org/10.1787/eag-2018-36-en）。
2. 両親の学歴ではなく母親の学歴。

左から順に、少なくとも両親のどちらかが高等教育修了者である普通プログラムの生徒の割合が大きい国・地域。

資料：公平性の観点からみた後期中等教育修了率に関するOECDの特別調査（2018）。詳細は「資料」を参照。付録3の注を参照（http://dx.doi.org/10.1787/eag-2018-36-en）。

StatLink : https://doi.org/10.1787/888933803463

には特に、ここで示すデータを基に概括的に論じないよう注意が必要なことが窺える。

後期中等教育修了における公平性

生徒の社会経済的背景は、後期中等教育プログラムの選択に影響するのに加えて、生徒の教育成果に重大な影響を及ぼしうる。図B3.bと図B3.cは、両親の学歴と移民としての背景という、社会経済的背景に恵まれないことを示すとみられる二つの尺度から、後期中等教育の修了率を検証したものである。

図B3.bは、入学したプログラムの理論上の履修期間内に後期中等教育を修了する生徒の割合を示している。調査結果から、普通プログラムでも職業プログラムでも、少なくとも両親のどちらかが高等教育修了者である生徒は、両親が高等教育未修了者である生徒より、後期中等教育を修了する見込みが高いことがはっきりと読みとれる。これは、程度に差はあるものの、データのあるすべての国に言えることである。少なくとも両親のどちらかが高等教育修了者である生徒と両親が高等教育未修了者である生徒の修了率の差は、イスラエルの5パーセントポイント前後からノルウェーの10パーセント超までの幅がある。

ほとんどの国では、普通プログラムと職業プログラムにおけるこれら二つの生徒群の差が同程度であるが、フランスとオランダでは、普通プログラムの方が職業プログラムよりも差が大きい。これは、この2か国では、社会経済的背景が生徒の卒業に与える影響を緩和する点で、職業プログラムが普通プログラムより成功していることを示唆している。

図B3.b. 後期中等教育修了率（両親の学歴別、プログラムの性格別）（2015年）

入学したプログラムの理論上の履修期間内の後期中等教育修了率

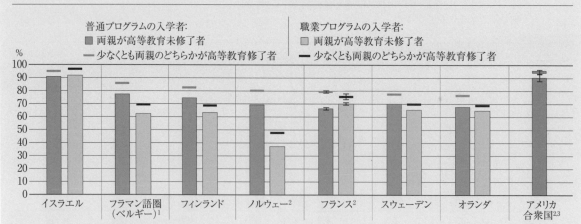

注：フランスとアメリカ合衆国は、縦断調査に基づくデータ。それ以外の国は登録簿に基づくデータ。フランスとアメリカ合衆国のデータ中のエラーバーは、95%信頼区間に対応する。
1. 両親の学歴ではなく母親の学歴。
2. 調査年は2015年ではない。詳細は付録3を参照（http://dx.doi.org/10.1787/eag-2018-36-en）。
3. アメリカ合衆国のデータは、普通プログラムと職業プログラムの合計。
左から順に、少なくとも両親のどちらかが高等教育修了者である普通プログラムの生徒の修了率が高い国・地域。
資料：公平性の観点からみた後期中等教育修了率に関するOECDの特別調査（2018）。詳細は「資料」を参照。付録3の注を参照（http://dx.doi.org/10.1787/eag-2018-36-en）。
StatLink: https://doi.org/10.1787/888933806313

図B3.cは、プログラムの理論上の履修期間内の後期中等教育プログラム修了率を、生徒の移民としての背景別に示している。データのあるほとんどの国では、移民第一世代の生徒（留学生を除く、本人が当該国外で生まれ、また両親ともに当該国外の生まれである生徒）や第二世代の生徒（本人は当該国内の生まれだが、両親ともに当該国外の生まれである生徒）の修了率は、移民としての背景を持たない生徒より低い。

最も大きな差が見られるのはイタリアで、理論上の履修期間内の後期中等教育修了率は、移民第一世代の生徒で32%、第二世代の生徒で37%であるのと比べ、移民の背景を持たない生徒では60%である。ここで留意すべきは、移民の背景を持つ生徒の割合が国によって異なる点である。移民の背景を持つ後期中等教育入学者の割合は、フランスとノルウェーでは10%前後、イスラエル、オランダ、スウェーデン、アメリカ合衆国では15～20%であるのに対し、イタリアとフィンランドでは6%に満たない。この割合は、就学する学齢期の移民のみを表しているが、学齢期の移民が常に就学するとは限らない。また、移民人口は国ごとに大きく異なるので、政策立案時にはそれぞれの特異性を理解することが重要である。

移民第一世代と第二世代の差については、対象国で特定の傾向は見られない。フィンランド、ノルウェー、スウェーデンのような一部の国では、第一世代の生徒が後期中等教育を修了する可能性は、第二世代の生徒よりかなり低い。第一世代の方が成果が低い説明として説得力があるのは、言語の壁であり、当該国に入国した時点の年齢が比較的高い生徒では特にそれが言える。オランダなど、それ以外の国では、第一世代と第二世代の修了率の差がかなり小さい。
後期中等教育を修了する前に学校を去った若年者は、この段階以上の教育を修了した者と比べ

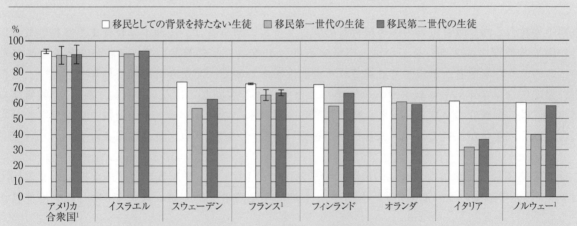

図B3.c. 後期中等教育修了率（移民としての背景別）（2015年）

入学したプログラムの理論上の履修期間内の後期中等教育修了率

注：フランスとアメリカ合衆国は、縦断調査に基づくデータ。それ以外の国は登録簿に基づくデータ。縦断調査ではごく最近の移民の波を考慮に入れない。フランスとアメリカ合衆国のデータ中のエラーバーは、95%信頼区間に対応する。
1. 調査年は2015年ではない。詳細は付録3を参照（http://dx.doi.org/10.1787/eag-2018-36-en）。
左から順に、移民としての背景を持たない生徒の修了率が高い国・地域。
資料：公平性の観点からみた後期中等教育修了率に関するOECDの特別調査（2018年）。詳細は「資料」を参照。付録3の注を参照（http://dx.doi.org/10.1787/eag-2018-36-en）。
StatLink : https://doi.org/10.1787/888933806313

て、技能が低く、就労して所得を得る可能性が低い（インディケータA1、A3、A4参照）。した
がって、両親の学歴水準が低い生徒や、移民としての背景を持つ生徒に関連する低い修了率は、
社会的不平等を助長する大きな一因になりかねない。

■ 定義

調査期間の**卒業者**は、初回卒業者あるいは複数回卒業者であることが考えられる。**初回卒業者**とは、
調査期間中に当該教育段階を初めて卒業した学生・生徒を指す。したがって、調査期間に複数回卒業
した場合、卒業者には各年で参入されるが、初回卒業者に算入されるのは一度だけである。

後期中等教育プログラム純卒業率とは、現在の卒業傾向に基づいて推定した、当該年齢人口のうち後
期中等教育を修了する者の比率である。

標準卒業年齢とは、教育段階やプログラムの修了資格を取得する最終学年の開始時における年齢のこ
とである。

■ 算定方法

特に記載のない限り、卒業率は純卒業率（年齢層別卒業率の合計）として算定している。総卒業率で
示すのは、そうした詳細なデータを提供できない国の場合である。総卒業率の算定のため、各国は標
準卒業年齢を特定している（付録1参照）。総卒業率は卒業生の年齢に関わりなく、卒業生数を標準
卒業年齢人口で除したものである。だが多くの国では、卒業年齢が幅広い年齢に分散しているため、
標準卒業年齢を特定するのが容易ではない。

後期中等教育と高等教育以外の中等後教育のプログラムの卒業者は、後期中等教育または高等教育以
外の中等後教育プログラムを二つ以上卒業する場合が多いことを考慮して、初回卒業とみなされな
い。このような卒業者が重複して計算される可能性があるので、卒業率は単純に加算できない。さら
に、標準的な卒業年齢もプログラムの性格によって必ずしも同じではない（付録1参照）。職業プロ
グラムには、学校でのプログラムと、教育制度の一環とみなされる学校・企業連携プログラムがとも
に含まれる。企業が独自で行う、教育当局の管轄外の教育・訓練プログラムは含まれない。

生徒の平均年齢は、学年度が暦年の後期に始まる国では1月1日、学年度が暦年の前期に始まる国で
は7月1日の年齢をいう。そのため、実際よりも初回卒業者の平均年齢が最大で6か月低い可能性が
ある。

各国の注記については付録3を参照（http://dx.doi.org/10.1787/eag-2018-36-en）。

リトアニアは、本書を編集時にはOECD加盟国ではなかったので、OECD加盟国リストには記載せ
ず、OECD加盟国の総計に含めていない。

インディケータ B3：後期中等教育卒業率　**CHAPTER B**

■ 資料

データは2015〜16学年度に関するものであり、OECDが2017年に収集した教育統計のUNESCO-UIS/OECD/EUROSTATデータコレクションに基づく。詳細については付録3を参照（http://dx.doi.org/10.1787/eag-2018-36-en）。

イスラエルのデータについて

イスラエルの統計データは、イスラエル政府関係当局により、その責任の下で提供されている。OECDにおける当該データの使用は、ゴラン高原、東エルサレム、及びヨルダン川西岸地区のイスラエル入植地の国際法上の地位を害するものではない。

■ 参考資料

Hoogendoorn, S., H. Oosterbeek and M. van Praag (2013), "The impact of gender diversity on the performance of business teams: Evidence from a field experiment", *Management Science*, Vol. 59/7, pp. 1514-1528, http://dx.doi.org/10.1287/mnsc.1120.1674. [4]

OECD (2017), *Education at a Glance 2017: OECD Indicators*, OECD Publishing, Paris, http://dx.doi.org/10.1787/eag-2017-en.（『図表でみる教育OECDインディケータ（2017年版）』経済協力開発機構（OECD）編著、矢倉美登里, 稲田智子, 大村有里, 坂本千佳子, 立木勝, 三井理子訳、明石書店、2017年） [6]

OECD (2015), "Focus on vocational education and training (VET) programmes", *Education Indicators in Focus*, No. 33, OECD Publishing, Paris, http://dx.doi.org/10.1787/5jrxtk4cg7wg-en. [1]

OECD (2015), *The ABC of Gender Equality in Education: Aptitude, Behaviour, Confidence*, PISA, OECD Publishing, Paris, http://dx.doi.org/10.1787/9789264229945-en. [2]

OECD (2014), *PISA 2012 Results: What Students Know and Can Do（Volume I, Revised edition, February 2014）: Student Performance in Mathematics, Reading and Science*, PISA, OECD Publishing, Paris, http://dx.doi.org/10.1787/9789264208780-en. [3]

OECD (2014), *Education at a Glance 2014: OECD Indicators*, OECD Publishing, Paris, http://dx.doi.org/10.1787/eag-2014-en.（『図表でみる教育OECDインディケータ（2014年版）』経済協力開発機構（OECD）編著、明石書店、2014年） [5]

OECD (2010), *Learning for Jobs*, OECD Reviews of Vocational Education and Training, OECD Publishing, Paris, http://dx.doi.org/10.1787/9789264087460-en. [7]

■ インディケータB3の表*

- 表B3.1. 後期中等教育の職業プログラムの卒業者（2016年）
- 表B3.2. 後期中等教育及び高等教育以外の中等後教育初回卒業率（2016年）
- 表B3.3. 後期中等教育及び高等教育以外の中等後教育初回卒業率の推移（2005年、2010年、2016年）

* データの締切日は2018年7月18日。更新データはホームページで確認可能（http://dx.doi.org/10.1787/eag-data-en）。詳細な内訳もEducation at a Glance Database（http://stats.oecd.org/）で確認可能。

227

CHAPTER **B** 　教育機会・在学・進学の状況

表B3.1. 後期中等教育の職業プログラムの卒業者（2016年）

	職業プログラムを修了した初回卒業者の割合	女性卒業者の割合	専攻分野別の卒業者の割合				専攻分野別の女性卒業者の割合			
			商学・経営学・法学	工学・製造・建築	保健・福祉	サービス	商学・経営学・法学	工学・製造・建築	保健・福祉	サービス
	(1)	(2)	(3)	(4)	(5)	(6)	(7)	(8)	(9)	(10)
オーストラリア[1]	m	45	16	37	23	13	66	9	83	59
オーストリア	78	46	28	35	3	19	67	13	77	73
ベルギー	m	48	20	26	16	19	54	7	82	70
カナダ	6	46	m	m	m	m	m	m	m	m
チリ	31	49	31	40	6	12	65	19	83	67
チェコ共和国	68	44	19	39	6	19	67	12	89	65
デンマーク	30	50	22	27	30	13	65	10	87	42
エストニア	m	38	1	52	0	29	97	20	0	74
フィンランド	55	54	17	27	22	20	68	17	84	61
フランス	m	49	21	34	19	19	64	11	91	64
ドイツ	45	41	34	34	11	12	58	9	85	49
ギリシャ	24	32	20	49	1	5	69	14	93	53
ハンガリー	24	38	11	47	5	28	76	8	90	56
アイスランド	29	41	13	40	10	17	54	8	89	56
アイルランド	m	63	m	m	m	m	m	m	m	m
イスラエル	42	50	m	m	m	m	m	m	m	m
イタリア	56	39	32	26	6	21	52	15	74	49
日本	23	43	31	42	6	8	63	11	83	81
韓国	18	44	24	44	2	6	75	16	82	68
ラトビア	27	43	15	39	0	23	79	9	0	68
ルクセンブルグ	59	51	30	23	11	6	60	15	77	47
メキシコ	36	50	m	m	m	m	m	m	m	m
オランダ	54	50	20	18	24	22	53	9	88	44
ニュージーランド	m	61	16	14	8	19	76	14	72	71
ノルウェー	32	38	6	45	25	17	78	7	85	40
ポーランド	45	39	12	39	0	25	66	12	68	70
ポルトガル	38	48	17	20	13	25	66	17	86	54
スロバキア共和国	67	45	16	37	8	25	72	9	85	60
スロベニア	64	46	15	32	14	15	65	10	73	60
スペイン	33	50	13	18	20	13	64	8	77	49
スウェーデン	34	41	8	45	18	20	60	9	73	64
スイス	m	45	33	33	15	9	60	12	90	57
トルコ	52	50	17	38	21	8	55	15	85	63
イギリス	63	49	19	15	18	15	62	6	78	52
アメリカ合衆国	m	m	a	a	a	a	a	a	a	a
OECD 各国平均	42	46	19	34	12	17	66	12	77	60
EU加盟22か国平均	48	46	19	33	12	19	66	11	74	58
アルゼンチン	m	m	m	m	m	m	m	m	m	m
ブラジル	8	58	25	17	10	5	60	32	79	63
中国	m	m	m	m	m	m	m	m	m	m
コロンビア	24	55	m	m	m	m	m	m	m	m
コスタリカ	21	54	m	m	m	m	m	m	m	m
インド	m	m	m	m	m	m	m	m	m	m
インドネシア	m	m	m	m	m	m	m	m	m	m
リトアニア	17	35	16	49	1	27	46	3	91	79
ロシア	52	37	m	m	m	m	m	m	m	m
サウジアラビア	m	m	m	m	m	m	m	m	m	m
南アフリカ	m	m	m	m	m	m	m	m	m	m
G20各国平均	m	m	m	m	m	m	m	m	m	m

OECD加盟国 / OECD非加盟国

注：本表には全専攻分野のデータは含まれない。その他の専攻分野のデータはEducation at a Glance Database（http://stats.oecd.org/）で確認可能。
1. 調査年は2015年。
資料：OECD/UIS/Eurostat（2018）。詳細は「資料」を参照。付録3の注を参照（http://dx.doi.org/10.1787/eag-2018-36-en）。
表中の省略記号については、「利用にあたって」を参照。

StatLink : https://doi.org/10.1787/888933803349

228

インディケータ B3：後期中等教育卒業率　　CHAPTER **B**

表B3.2. 後期中等教育及び高等教育以外の中等後教育初回卒業率（2016年）
各年齢の卒業率の合計、プログラムの性格別

B3

		後期中等教育					高等教育以外の中等後教育			
		全プログラム		普通プログラム		職業プログラム		全プログラム		職業プログラム	
		全年齢	25歳未満	全年齢	25歳未満	全年齢	25歳未満	全年齢	30歳未満	全年齢	30歳未満
		(1)	(2)	(3)	(4)	(5)	(6)	(7)	(8)	(9)	(10)
OECD加盟国	オーストラリア[1]	m	m	m	m	33	14	13	5	13	5
	オーストリア	86	81	19	19	67	61	8	4	8	4
	ベルギー	m	m	m	m	m	m	m	m	m	m
	カナダ	93	87	87	82	6	5	m	m	m	m
	チリ	91	87	63	59	29	28	a	a	a	a
	チェコ共和国	76	75	25	25	52	50	30	m	7	m
	デンマーク	95	82	67	65	28	17	0	0	0	0
	エストニア	m	m	m	m	m	m	m	m	m	m
	フィンランド	101	89	46	46	55	43	8	1	8	1
	フランス	m	m	m	m	m	m	m	m	m	m
	ドイツ	84	79	47	47	37	32	24	21	21	19
	ギリシャ	94	92	71	71	22	21	m	m	m	m
	ハンガリー	85	82	65	63	20	19	21	19	21	19
	アイスランド	89	71	63	57	26	15	10	4	9	4
	アイルランド	m	m	100	100	m	m	m	m	m	m
	イスラエル	92	92	54	54	38	38	m	m	m	m
	イタリア	94	80	41	41	53	39	1	m	1	m
	日本	95	m	73	m	22	m	m	m	m	m
	韓国	94	94	78	78	17	17	a	a	a	a
	ラトビア	90	85	67	63	23	22	9	7	9	7
	ルクセンブルグ	79	77	33	33	46	44	2	1	2	1
	メキシコ	57	57	37	37	20	20	a	a	a	a
	オランダ	89	85	42	42	47	43	a	a	a	a
	ニュージーランド	93	87	m	m	m	m	26	15	m	m
	ノルウェー	90	80	62	61	28	19	4	2	4	2
	ポーランド	88	84	48	45	39	39	15	11	15	11
	ポルトガル	80	74	50	46	30	28	3	3	3	3
	スロバキア共和国	79	77	26	26	53	51	8	5	8	5
	スロベニア	95	93	34	34	61	59	a	a	a	a
	スペイン	81	74	56	55	25	20	2	1	2	1
	スウェーデン	77	77	51	51	27	27	5	2	5	2
	スイス	m	m	m	m	m	m	m	m	m	m
	トルコ	75	71	36	33	39	38	a	a	a	a
	イギリス	90	75	34	34	55	41	a	a	a	a
	アメリカ合衆国	84	84	m	m	m	m	22	m	22	m
	OECD 各国平均	87	81	53	51	36	31	11	m	9	m
	EU 加盟22か国平均	87	81	49	48	41	36	10	m	8	m
OECD非加盟国	アルゼンチン[1]	63	m	m	m	m	m	m	m	m	m
	ブラジル	65	58	59	54	6	4	7	4	7	4
	中国	86	m	m	m	m	m	m	m	m	m
	コロンビア	77	70	59	52	18	18	1	1	a	a
	コスタリカ	36	34	29	26	8	7	a	a	a	a
	インド	33	m	m	m	m	m	m	m	m	m
	インドネシア	72	m	m	m	m	m	a	a	a	a
	リトアニア	87	84	73	71	14	13	21	16	21	16
	ロシア	98	m	46	m	51	m	4	m	4	m
	サウジアラビア	m	m	m	m	m	m	m	m	m	m
	南アフリカ	m	m	m	m	m	m	m	m	m	m
	G20 各国平均	79	m	m	m	m	m	m	m	m	m

1. 調査年は2015年。
資料：OECD/UIS/Eurostat（2018）。詳細は「資料」を参照。付録3の注を参照（http://dx.doi.org/10.1787/eag-2018-36-en）。
表中の省略記号については、「利用にあたって」を参照。

StatLink：https://doi.org/10.1787/888933803368

229

表B3.3. 後期中等教育及び高等教育以外の中等後教育初回卒業率の推移
（2005年、2010年、2016年）
各年齢の初回卒業率の合計

		後期中等教育						高等教育以外の中等後教育					
		全年齢			25歳未満			全年齢			30歳未満		
		2005年	2010年	2016年	2005年	2010年	2016年	2005年	2010年	2016年	2005年	2010年	2016年
		(1)	(2)	(3)	(4)	(5)	(6)	(7)	(8)	(9)	(10)	(11)	(12)
OECD加盟国	オーストラリア[1]	m	m	m	m	m	m	m	16	13	m	7	5
	オーストリア	m	87	86	m	84	81	m	7	8	m	4	4
	ベルギー	m	m	m	m	m	m	m	m	m	m	m	m
	カナダ	80	85	93	75	81	87	m	m	m	m	m	m
	チリ	83	86	91	77	82	87	a	a	a	a	a	a
	チェコ共和国	100[d]	100[d]	76	m	m	75	x(1)	x(2)	30	m	m	m
	デンマーク	83	85	95	74	76	82	1	1	0	1	0	0
	エストニア	m	m	m	m	m	m	m	m	m	m	m	m
	フィンランド	94	95	101	85	85	89	6	7	8	1	1	1
	フランス	m	m	m	m	m	m	m	m	m	m	m	m
	ドイツ	78	83	84	m	m	79	23	25	24	m	m	21
	ギリシャ	96	89	94	96	89	92	m	m	m	m	m	m
	ハンガリー	84	86	85	80	82	82	20	18	21	18	16	19
	アイスランド	m	m	89	m	m	71	m	m	10	m	m	4
	アイルランド	92	86	m	90	85	m	14	10	m	14	7	m
	イスラエル	89	91	92	89	91	92	m	m	m	m	m	m
	イタリア	85	85	94	67	67	80	6	4	1	4	2	1
	日本	m	96	95	m	m	m	m	m	m	m	m	m
	韓国	94	92	94	m	m	94	a	a	a	a	a	a
	ラトビア	m	89	90	m	88	85	m	3	9	m	2	7
	ルクセンブルグ	74	70	79	72	68	77	m	2	2	m	1	1
	メキシコ	40	45	57	39	44	57	a	a	a	a	a	a
	オランダ	m	m	89	m	m	85	m	m	a	m	m	a
	ニュージーランド	95	91	93	86	80	87	26	29	26	12	18	15
	ノルウェー	90	87	90	74	75	80	5	10	4	3	7	2
	ポーランド	m	84	88	m	83	84	15	13	15	11	10	11
	ポルトガル	54	100	80	51	66	74	m	3	3	m	3	3
	スロバキア共和国	86	86	79	84	84	77	12	10	8	11	8	5
	スロベニア	85	94	95	72	83	93	a	a	a	a	a	a
	スペイン	56	61	81	53	57	74	a	a	2	a	a	1
	スウェーデン	76	75	77	76	75	77	1	3	5	0	2	2
	スイス	m	m	m	m	m	m	m	m	m	m	m	m
	トルコ	48	54	75	48	54	71	a	a	a	a	a	a
	イギリス	87	88	90	m	m	75	a	a	a	a	a	a
	アメリカ合衆国	74	77	84	74	77	84	17	22	22	m	m	m
	OECD各国平均	80	84	87	73	76	81	12	11	11	m	m	m
	全調査年のデータがある国の平均	80	83	86	73	75	81	12	11	11	m	m	m
	EU加盟22か国平均	82	86	87	75	78	81	11	8	10	m	m	m
OECD非加盟国	アルゼンチン[1]	m	m	63	m	m	m	m	m	m	m	m	m
	ブラジル	m	m	65	m	m	58	m	m	7	m	m	4
	中国	m	m	86	m	m	m	m	m	m	m	m	m
	コロンビア	m	m	77	m	m	70	m	m	1	m	m	1
	コスタリカ	m	m	36	m	m	34	a	a	a	a	a	a
	インド	m	m	33	m	m	m	m	m	m	m	m	m
	インドネシア	m	m	72	m	m	m	a	a	a	a	a	a
	リトアニア	82	94	87	78	89	84	8	9	21	8	7	16
	ロシア	89	97	98	m	m	m	7	12	4	m	m	m
	サウジアラビア	m	m	m	m	m	m	m	m	m	m	m	m
	南アフリカ	m	m	m	m	m	m	m	m	m	m	m	m
	G20各国平均	m	m	79	m	m	m	m	m	m	m	m	m

1. 調査年は2016年ではなく2015年。
資料：OECD/UIS/Eurostat（2018）。詳細は「資料」を参照。付録3の注を参照（http://dx.doi.org/10.1787/eag-2018-36-en）。
表中の省略記号については、「利用にあたって」を参照。

StatLink : https://doi.org/10.1787/888933803387

インディケータ B4

高等教育進学率

- 博士課程プログラムの新入学者に占める女性の割合は、2005～2016年に平均で2.5パーセントポイント増加し、OECD加盟国では現在、博士課程の新入学者のほぼ半数を女性が占めている。
- データのある31か国中24か国で、高等教育への進学年齢の中央値は18～20歳である。
- ほぼすべてのOECD加盟国で、25歳未満の高等教育への初回進学率は、男性より女性の方が高い。

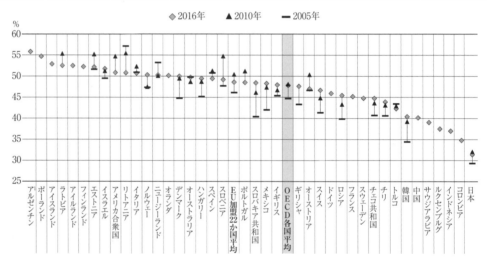

図B4.1. 博士課程プログラム新入学者に占める女性の割合
（2005年、2010年、2016年）

1. 調査年は2016年ではなく2015年。
左から順に、2016年の博士課程（ISCED 8）プログラム新入学者に占める女性の割合が大きい国。
資料：OECD/UIS/Eurostat（2018）。表B4.1。Education at a Glance Database（http://stats.oecd.org）。詳細は「資料」を参照。付録3の注を参照（http://dx.doi.org/10.1787/eag-2018-36-en）。
StatLink: https://doi.org/10.1787/888933803558

■ 政策との関連

高等教育進学率は、生涯のどこかでいずれかの種類の高等教育プログラム（短期高等教育、学士課程、修士課程、長期の第一学位プログラム、博士課程）に進学が見込まれる人の割合を推定したものである。高等教育進学率は、高等教育進学の難易度を反映しており、高度な知識・技能を国民がどの程度習得しているかを知る手がかりの一つともなる。高等教育進学率と在学率が高ければ、高度な教育を受けた労働力を創出し維持していることになる。

あらゆる社会経済的背景を持つ生徒に高等教育に進学する平等な機会を与えれば、若年者が質と賃金の高い仕事に就けるようになり、社会経済的な世代間の格差を是正する強

力な手段になり得る。上位の高等教育や専攻分野への進学機会の男女平等を保証すれ
ば、職場でも男女平等が進む。経済発展の促進や技術革新の支援を行う上で、自然科
学・技術・工学・数学（STEM）の分野が現代社会にとってきわめて重要であることを
反映し、政府がこれらの分野の教育の質向上を特に重視している国もある。しかし、高
い就業率や所得につながるにもかかわらず、ほとんどのOECD加盟国で、これらのプ
ログラムに在学する女性は依然として少ない。

入学基準を柔軟なものにして生涯学習を支援することで、高等教育制度によって平等な
成果をもたらすことも可能である。セカンドチャンス・プログラムは、希望していたよ
りも早くに教育制度から離れてしまった年長の学生や、スキルを労働市場にもっと適合
したものにしたい者に、新たな機会を提供することができる。

■ その他のハイライト

■ 現在の進学状況からすると、OECD加盟国の若年者のうち平均で58%が、生涯のどこ
かで学士課程または同等レベルに進学し、24%が修士課程または同等レベルに進学す
ると考えられる。
■ 高等教育の初回入学者に占める留学生の割合は、ルクセンブルグ（47%）とニュージー
ランド（32%）では大きく、OECD加盟国の平均の12%をはるかに上回る。

■ 注記

高等教育進学率は、在学率と違って、特定期間に高等教育段階に入学した者の割合を測
定したものであり、ある年齢集団のうち、生涯のうちに高等教育プログラムに進学する
と予測される人の割合である。その予測は、ここでは2016年の新入学者数とその年齢
分布に基づいて行われる。つまり、進学率は「仮想コホート」仮説に基づいて算出され
ていることになる。「仮想コホート」仮説では、現在の進学状況は現在の若年成人の生
涯にわたる行動を最もよく予測するとされる。

国によっては、留学生が全学生数のかなりの割合を占める場合もあり、その人数が、高等教
育に進学すると推定される若年者の割合を不自然に押し上げることがある。その場合、留
学生を算定から除外すると、高等教育への新入学者の割合が劇的に変わる可能性がある。

高等教育進学率は、新しいプログラムの導入といった教育制度の変化に敏感に反応す
る。入学者の数が予想外に多い時期には、進学率は非常に高くなることがあり、時には
100%を超えることもある（「仮想コホート」仮説に問題があることが、これで明らかに
なる）。国によっては、高い進学率が一時的な現象、すなわち、景気の循環や経済危機
の影響、ボローニャ・プロセスに促された大学改革、留学生数の急増を反映している場
合がある。政府が、比較的年齢の高い層に再び教育を受けることを奨励するセカンド
チャンス・プログラムもまた、進学率を押し上げることがある。

CHAPTER B　教育機会・在学・進学の状況

■ 結果と解説

B4

高等教育への新入学者の特徴
教育段階別の新入学者の割合

学生が最初にどの段階の高等教育に進学するかを知ることは、学生が取り組む勉学の深度や期間を測定するのに役立つ。ほとんどの国の教育制度では、高等教育は学士課程段階から始まる。

ほとんどのOECD加盟国で、高等教育への初回入学者のうち約4分の3は、学士課程プログラムに進学するが、短期高等教育プログラムや修士課程の長期の第一学位プログラムの相対的な重要性は、国によって大きく異なる。オーストリア、チリ、ロシア、トルコ、アメリカ合衆国など少数の国では、男女ともに、高等教育への新入学者の40%超が短期プログラムに入学している。修士号の取得につながる長期の第一学位プログラムは、ほとんど存在しない国もあれば、新入学者の最大25%を引きつけている国もある（詳細はインディケータB5参照）。

高等教育段階の新入学者に占める男女の割合は、各国内で同じ傾向に従うとは限らない。女性より男性の方が短期プログラムの入学者が多い国もある。この差の一部は、こうしたプログラムで提供される専攻分野によって説明できる。例えばオーストリア、イスラエル、メキシコ、ノルウェー、スロベニア、スウェーデンでは、短期高等教育プログラムの新入学者の30%以上が、男性が多くを占める工学・製造・建築分野を専攻している。

短期高等教育プログラムに進学した高等教育初回入学者についてみた場合、日本は、女性（43%）が人数的に男性（28%）を大きく上回る唯一の国として目立っている。これらのプログラムの多くは、保健・福祉とサービスに含まれ、どちらの分野も伝統的に女性が大半を占めている。

コラムB4.1. 高等教育の出願者と出願

高等教育の新入学者の数は、高等教育に出願できる後期中等教育修了者の潜在人口（インディケータA2参照）、高等教育の魅力（インディケータA4とA5参照）、合格の可能性（出願できる高等教育第一学位プログラムの数と定員）、これらのプログラムの入学制度が選抜制か否か（『図表でみる教育OECDインディケータ（2017年版）』（OECD, 2017[1]）のインディケータD6参照）に左右される。高等教育の入学制度について知る手がかりを得るために、OECDは2017年に、高等教育第一学位プログラムへの出願者数と出願件数に関する調査を実施した（付録3の注を参照）。

調査に回答した30の国と地域のうち、出願者数や出願件数に関するデータがあるのは13か国にとどまる。データがない国・地域がある理由としては、いくつかの要因が考えられる。中央政府がデータをまとめていなかったり、保有していなかったりする国（例えばオーストリア、ドイツ、ニュージーランド、ポーランド）がある一方で、進学に必要な教育段階を修了しているすべての志望者が入学できるオープン・アドミッション制度が導入されていて、データがない国（例えばフランス語圏（ベルギー）、フラマン語圏（ベルギー）、スイス）もある。

インディケータB4：高等教育進学率　CHAPTER B

データがある国では、高等教育への出願件数は国によって大きなばらつきがあり、入学制度の違いを一部反映している。調査年の2016年の出願件数と出願者数についてどちらもデータがある10か国のうち、オランダでは（留学生を除く）生徒一人当たりの出願件数は平均で1件であるが、フランスでは約7件である。フランスの生徒は中央管理型システムを通じて出願しており、最大24件まで出願でき、一つの志望先に合格している。オランダでもやはり、中央管理型システムを通じて出願するが、出願可能なのは3件までで、それぞれについて結果を受け取る。出願料も出願件数に影響している可能性がある。出願料は教育機関や専攻分野によって差がある場合もあり、相当な金額になることも考えられる。データのある国では、出願料は平均で100ドル以下であるが、特定の教育機関や専攻分野では1,000ドル以上に達する可能性がある（OECD, 2017[1]）。

データのある国・地域の半数超では、国公立高等教育機関でオープン・アドミッション制度（必要最低限の教育段階を修了した志願者全員が入学を許可される制度）が採用されており、残り半数弱の国・地域は選抜入学制度を採用し、特定の選抜基準に基づいてプログラムの入学者を制限・決定している。ただし、オープン・アドミッション制度であれ選抜入学制度であれ、ほぼすべての制度で、少なくとも一部の専攻分野に制限が設けられている（OECD, 2017[1]）。

最も選抜的なのは、不合格になった出願者の割合が最も大きい制度と言える。出願者数のデータのある19か国中、出願結果別の出願者の分布を報告できるのは13か国にとどまる（図B4.a）。不合格の出願者の割合は、オーストラリアの5%未満からフィンランドとスウェーデンの60%超まで幅がある。いずれの国でも、すべてのプログラムと専攻分野で入学に制限が設けられており、高等教育機関と中央政府の交渉によって入学者数が決まる。これらの割合からは見えて

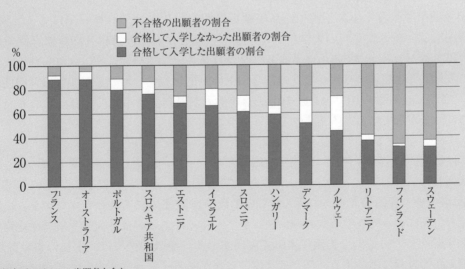

図B4.a. 高等教育第一学位プログラムへの出願者（出願状況別）（2016年）

1. 短期高等教育プログラムの出願者を含む。
左から順に、合格して入学しなかった出願者の割合が大きい国。
資料：OECD (2018). 付録3の注を参照 (http://dx.doi.org/10.1787/eag-2018-36-en)。
StatLink : https://doi.org/10.1787/888933806351

こないが、専攻分野によって各国内でもっと大きな差異がある可能性もある。

ただし、入学プロセスで合格した出願者全員がこれらのプログラムに入学するとは限らない。データのある13か国では、合格したけれど入学しなかった出願者の割合は、デンマーク、イスラエル、スロバキア共和国、スロベニアで10%を超えており、ノルウェーでは25%である。合格した出願者と新入学者の数に差があるのは、入学の先延ばしによるものとみられる。

さらに一般的には、後期中等教育の卒業と出願、そして高等教育入学の間で先延ばしがあることも考えられる。データを提供した10か国では、出願者数は後期中等教育卒業者数より少ないが、これは予想されたことである。というのも、卒業者は、（労働市場に参入するために）就学を中断または先延ばしする可能性があり、後期中等教育段階卒業から数年後に出願した人数によって相殺されるとは限らないからだ。しかし、フィンランド（35%差）とノルウェー（75%差）の両国では、高等教育出願者数が後期中等教育卒業者数よりも多い。これについては、高等教育への進学の先延ばしに加え、高等教育機関の入学者数が制限されているためだと思われる。この2か国では、高等教育新入学者の年齢分布の幅が広く、25歳未満の成人の進学率の低いこととも、これは符合する。後期中等教育の卒業者数と高等教育機関の定員の変化の釣り合いを取るのが難しいことも、一部の国の差の説明になると思われる。

高等教育の入学制度の違いが、後期中等教育段階卒業から高等教育プログラムへの出願や入学にいたる道筋がさまざまである、データをまとめるのが難しい、といった要因と組み合わさって、各国の高等教育に対する需要の推定が困難になっている。

高等教育への新入学者の年齢

若年齢層の後期中等教育の卒業年齢や、高等教育機関の学生受け入れ枠が国によって異なるため、OECD加盟国では、高等教育への入学年齢にかなりの差異がある。特に、高等教育機関の受け入れ学生数を制限する方法の一つであるヌメルス・クラウズス（学術機関に受け入れられる入学者の最大定員）による入学者選抜により、かなりの割合の生徒が進学を先延ばしにしている可能性がある（コラムB4.1）。さらに、少数の国では兵役や市民奉仕活動が義務づけられており、それも高等教育への進学の遅れにつながっていると考えられる（イスラエルなど）。

多くの国では伝統的に、高等教育へは後期中等教育を修了した後すぐに進学するものとされ、現在もその状況は変わっていない。実際、データのある30か国中24か国で、高等教育への進学年齢の中央値は18〜20歳であり、高等教育への新入学者の半数が20歳までに高等教育プログラムに進学していることになる。国によって進学年齢の中央値にわずかな差があるのは、入学手続きや後期中等教育卒業者の標準年齢などの構造的な要因によって説明がつく。少数の国では、生徒の過半数が20歳よりも上の年齢で高等教育に進学する。例えば兵役の義務があるイスラエルや、大学がヌメルス・クラウズスを採用しているフィンランドがこれに該当する（図B4.2）。

6か国では、新入学者のうち最年長の20%の年齢が、進学年齢の中央値（18〜20歳）より5歳以上高

インディケータB4：高等教育進学率　CHAPTER B

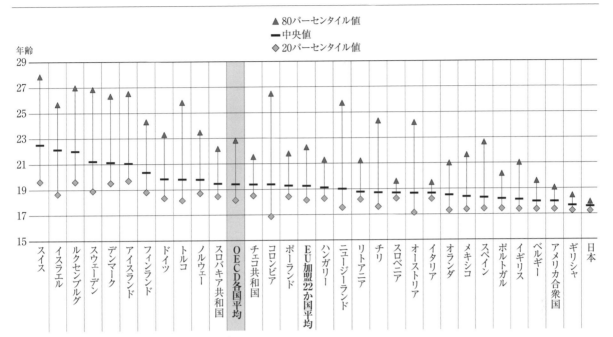

図B4.2. 高等教育への初回入学者の年齢分布（2016年）

左から順に、高等教育への初回入学者の進学年齢の中央値が高い国。
資料：OECD/UIS/Eurostat（2018）。Education at a Glance Database（http://stats.oecd.org/）。詳細は「資料」を参照。付録3の注を参照（http://dx.doi.org/10.1787/eag-2018-36-en）。
StatLink：https://doi.org/10.1787/888933803577

い。このように進学年齢が広範囲に分布する原因ははっきりしない。セカンドチャンス・プログラムや生涯学習プログラムの存在を反映し、就労後に教育制度に戻れる比較的柔軟な教育制度の特徴という可能性もある。一方、進学の先延ばしは、ヌメルス・クラウズズや、後期中等教育卒業直後の高等教育に向けた資金調達の難しさの表れと考えられ、経済的な観点から考えると問題だと思われる。というのも、成人が労働市場に参入し、社会に対して経済的に貢献し始めるまでに長い時間がかかるからである。とはいえ、セカンドチャンス・プログラムは、何らかの理由で高等教育に進学できず、後期中等教育の卒業直後に労働市場に参入した成人も対象となりうる。高等教育への早期の進学や卒業を促すことと、セカンドチャンス・プログラムによって高年齢層に機会を提供することとの間で、適切なバランスを見極めるのは難しい。高等教育の国際化も進学年齢の分布に影響していると考えられる。例えばオーストリア、デンマーク、ニュージーランドでは、新入学者に占める留学生の割合がOECD加盟国の平均より大きく、留学生の年齢も高いことが多い。

博士課程プログラムへの新入学者の特徴

高等教育のさまざまな段階の中で、大学院レベル、それも特に博士課程での研究は、技術革新に重要な役割を果たし、国内的にも国際的にも知識基盤の形成に大いに貢献している。企業も、博士課程レベルの研究成果が利用しやすい国には魅力を感じる（Halse and Mowbray, 2011[2]）と同時に、博士課程の学歴を取得した個人も、高い就業率による恩恵を受けることになる（インディケータA3参照）。

留学生

留学生を誘致するために、博士課程プログラムを拡充したり、授業料政策を変更したりする国もあ

CHAPTER B　教育機会・在学・進学の状況

る。世界中から最も優秀な学生を集めれば、その国が研究や技術革新で主導的な役割を果たす一助となる。すべての高等教育プログラムの中で博士課程段階は、新入学者に占める留学生の割合が最も大きい。OECD加盟国の平均では、博士課程プログラムの新入学者に占める割合は28%であり、データのある33か国中7か国でこの割合は40%を超え、ルクセンブルグでは78%に達している（表B4.2）。

進学年齢

OECD加盟国の平均では、博士課程の進学者の59%は30歳未満で（表B4.1）、この教育段階への進学時の平均年齢は、26歳（オランダ）から38歳（韓国）の間である。若い入学者の占める割合が大きいのは、中途退学率が低いことや、専門的技能の習得が重視されていることの表れだと考えられる。また、補助金や奨学金、留学プログラム、パートタイム労働、遠隔学習といった誘因を提供して、第一学位修了後すぐに進学するよう促している国もある。学術研究市場の競争がますます激しくなっていることを考えると、博士課程での研究をできる限り早く進めることで、より良い研究職に就く機会が増えるとみられる。博士課程修了後に見込める職種によっては、博士課程で研究を行う前に労働市場で数年経験を積むのも、適切な選択肢だと思われる。対照的に、年長の新入学者がいる理由としては、授業料、奨学金の受けやすさ、国特有の社会的期待（特定の年齢までに労働市場に参入する、上位の教育段階に進学する前に就業経験を積むなど）といった要因が考えられる。

専攻分野

博士課程プログラムへの新入学者が他のどの分野よりもSTEM分野を専攻する傾向が強いのは、博士課程の卒業者の雇用可能性に専攻分野による差があることや、研究や技術革新を財政支援する各国の政策を反映している。博士課程で保健・福祉プログラムに進む新入学者もかなりいるが、主に研究職につながる学位である人文科学を専攻する割合はかなり小さい。

男女構成

博士課程プログラムの女性の割合は、この10年間に増加している。OECD加盟国の平均では、博士課程プログラムへ新入学者に占める女性の割合は、2005〜2016年の間に2.5パーセントポイント増加し、2016年には48%に達した。2016年には、20か国で、博士課程への新入学者の約半数（48〜52%）を女性が占め、女性の割合が適正なものになっていく一般的な傾向を示している。ただし、各国間の差は依然として大きく、女性の新入学者の割合は、アルゼンチンとポーランドの55%以上からコロンビア、インドネシア、日本、ルクセンブルグ、サウジアラビアの40%未満まで幅がある（図B4.1）。

博士課程段階は、新入学者に占める留学生の割合が最も大きいが、OECD加盟国の平均で、女性は10人中わずか4人である。オーストリアとチリ以外のすべての国で、博士課程プログラムへの新入学者の留学生のうち、女性は50%未満である。したがって、一部の国で認められる男女の不均衡は、博士課程に入学する留学生の割合が大きく、その中で女性の割合が相対的に小さいことが影響しているとみられる。

OECD加盟国の平均で、博士課程に進学する女性の約3分の1と男性の半数が、STEM分野を専攻する。STEM分野の中で、男性が工学・製造・建築の博士課程に進む割合は女性の2倍で、情報通信技術（ICT）の博士課程プログラムに進学する割合は女性の3倍である。

インディケータB4：高等教育進学率　　**CHAPTER B**

B4

選択する専攻分野のこうした男女差は、学士課程での男女差をよく反映している。STEM分野全体を見るとそうでもないが、主に工学・製造・建築やICTのような技術的分野では女性が少ない。一方、保健・福祉分野は女性が多い。保健・福祉分野は、他の分野と同じくらい科学的知識を要するが、女性が過半数を占める「ケア職」の資格取得が可能な仕事に就けることが多い。したがって、男性と女性が専攻分野を選択するにあたって、予想されるような「文系と理系」にきれいに分かれるとは限らず（Barone, 2011[3]）、むしろいわゆる「ケア系と技術系」に分かれて、それが後に労働市場での職業につながっている。

しかし、これら二つの現象をもってしても、博士課程で女性が少ない国がある理由を完全に説明することはできない。一部の国で、女性があまり博士課程プログラムに出願しないのは、学問の世界で給与が低くて格下の地位に置かれると予想しているからかもしれない（Ginther and Kahn, 2004[4]）。学術研究職は男性中心であることが多いため、女性は文化的及び性差による偏見を恐れて学術研究職を目指すのを思いとどまっている可能性がある（Bosquet, Combes and Garcia-Peualosa, 2014[5]）。また、そうするように幼い頃から言われてきたので、競争が激しくない進路を女性が自ら選択する傾向があるとも考えられる（Niederle and Vesterlund, 2007[6]）（Gneezy, Niederle and Rustichini, 2003[7]）。

高等教育進学率

現在の進学率が続くとすれば、OECD加盟国の平均では、若年者の66%が、生涯で初めて高等教育に進学すると考えられる。OECD加盟国の中で高等教育初回進学率が高い上位3か国は、チリ（89%）、デンマーク（86%）、ニュージーランド（91%）であるが、これらの国の進学率は、概して、年齢の高い学生と留学生が多いことや短期高等教育への進学率が高いことで引き上げられている（表B4.3）。

25歳未満の成人の初回進学率を（留学生を除く）人口全体の初回進学率と比較すると、全体的な進学のしやすさと高等教育進学の遅れについて、ある程度のことがわかる。例えば、イタリアとスウェーデンは、25歳未満の成人の初回進学率が同程度（OECD各国平均の49%に対し40〜41%）であるが、スウェーデンの人口全体の初回進学率は、イタリアを10パーセントポイント上回り、25歳未満の進学率が低いのは、イタリアの進学のしやすさとスウェーデンの進学先延ばしの問題であることがわかる。これは、図B4.2に示す高等教育新入学者の年齢分布によっても裏付けられる。

若年成人の50%は、25歳未満に初めて高等教育に進学する見込みだが、データのある大半のOECD加盟国では、傾向として高等教育への進学年齢を引き下げているのは女性である（図B4.3）。25歳未満の初回進学率の男女差は、OECD加盟国の平均では13パーセントポイントであるが、ベルギー、デンマーク、アイスランド、イスラエル、ノルウェーでは17パーセントポイント以上で、5パーセントポイント以下なのはコロンビア、フィンランド、ルクセンブルグ、メキシコの4か国だけである。男性が遅れて高等教育に進学することを選択しているのだと思われるが、このことから、高等教育の女性の在学者数が男性を上回るというすでに定着した傾向は、今後も続くと見られる。

実際、25歳未満の初回進学率は、データのあるほぼすべての国で、2005〜2016年に男女ともに上昇しているが、男女差は大して縮小していない。両年のデータのある国で、進学率は、女性が平均で9パーセントポイント、男性が8パーセントポイント上昇しており、男女の進学率は、同じような曲線を描いて推移している。ドイツは例外で、25歳未満の進学率は2005年にはほぼ同じだが（女性が

239

CHAPTER B　教育機会・在学・進学の状況

図B4.3. 25歳未満の高等教育初回進学率（男女別）（2005年、2016年）

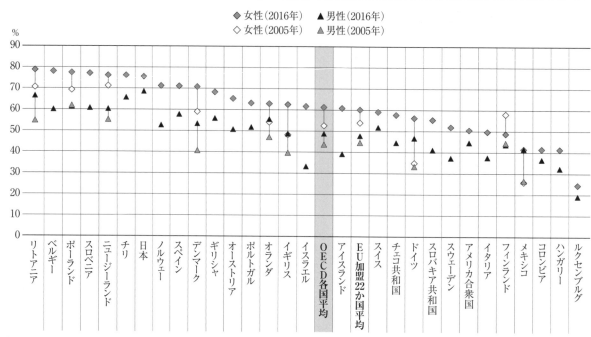

左から順に、2016年の25歳未満の女子学生の初回進学率が高い国。
資料：OECD/UIS/Eurostat（2018）。Education at a Glance Database（http://stats.oecd.org/）。
StatLink：https://doi.org/10.1787/888933803596

35％で男性が33％）、2016年には約10パーセントポイントの差がある（女性が56％で男性が47％）。デンマークとリトアニアの2か国に限り、男性の方が女性より25歳未満の進学率が上昇しているが、両国ともに、進学率は依然として女性の方がかなり高い。

留学生が高等教育進学率に大きな影響を与えていると思われる国もある。留学生の主要な受入国であるオーストラリアは、留学生を算定から除外した場合、学士課程プログラムへの進学率は97％から78％に低下するが、それでもまだOECD加盟国の中で最も進学率が高い。逆に、ルクセンブルグは、国外で学ぶ国民の割合が大きいことから、OECD加盟国の中で最低の進学率である。

■ 定義

進学率とは、ある教育段階に進学したある年齢の進学者数をその年齢の総人口で除した年齢別進学率の合計である。

留学生を調整した進学率とは、各年齢の進学率の分子内の留学生を除外して計算した進学率のことである。

高等教育初回進学率は、現在の進学状況をもとに、後期中等教育修了者が初めて高等教育に進学する可能性を推定するものである。

留学生とは、勉学を目的として出身国から他の国に移り住んだ学生を指す。当該プログラムに初めて入学する留学生は、初回入学者とみなしている。

初回入学者とは、当該教育段階に初めて入学する学生を指す。

高等教育進学率は、現在の進学状況をもとに、後期中等教育修了者が生涯のうちに高等教育に進学する可能性を推定するものである。

■ 算定方法

各年齢の純進学率は、各種の高等教育への初回入学者数を該当年齢人口で除した値である。純進学率の合計は各年齢の進学率を加算したものであり、その数値は、年齢層別の現在の進学率が続くと仮定した場合に、若年者が生涯のうちに高等教育段階に進学すると考えられる割合を示す。

詳細については『OECD国際比較教育統計ハンドブック2018年版：概念・標準・定義・分類（*OECD Handbook for Internationally Comparative Education Statistics 2018: Concepts, Standards, Definitions and Classifications*）』（OECD, 2018[8]）を参照。各国の注記については付録3を参照（http://dx.doi.org/10.1787/eag-2018-36-en）。

データは、高等教育第一学位プログラム（学士課程の第一学位プログラム／応用高等教育プログラム［ISCED 665、666］及び修士課程の第一学位プログラム［ISCED 766]）への出願者と出願に関して収集されたもので、母集団に新規の出願者と出願を含む。新規の出願者には、高等教育第一学位プログラムへの初回出願者と、これらの第一学位プログラムへの2回目以降の出願者が含まれ、すでに学生として在学中で、専攻分野や教育機関の変更を申請した出願者を除く。

リトアニアは、本書を編集時にはOECD加盟国ではなかったので、OECD加盟国リストには記載せず、OECD加盟国の総計に含めていない。

■ 資料

データは2015〜16学年度に関するものであり、OECDが2017年に収集した教育統計のUNESCO-UIS/OECD/EUROSTATデータコレクションに基づく。詳細については付録3を参照（http://dx.doi.org/10.1787/eag-2018-36-en）。

高等教育への出願者と出願に関するデータは、2015〜16学年度のものであり、2017年に実施されたOECD特別調査で収集された。

イスラエルのデータについて

イスラエルの統計データは、イスラエル政府関係当局により、その責任の下で提供されている。OECDにおける当該データの使用は、ゴラン高原、東エルサレム、及びヨルダン河西岸地区のイスラエル入植地の国際法上の地位を害するものではない。

CHAPTER **B** 　教育機会・在学・進学の状況

■ 参考資料

Barone, C. (2011), "Some things never change", *Sociology of Education*, Vol. 84/2, pp. 157-176, 　[3]
　　　http://dx.doi.org/10.1177/0038040711402099.

Bosquet, C., P. Combes and C. Garcia-Peualosa (2014), "Gender and promotions: Evidence 　[5]
　　　from academic economists in France", *Laboratoire Interdisciplinaire d'Evaluation des*
　　　Politiques Publiques (LIEPP) Working Paper n° 29, www.sciencespo.fr/liepp (accessed
　　　on 02 May 2018).

Ginther, D. and S. Kahn (2004), "Women in economics: Moving up or falling off the academic 　[4]
　　　career ladder?", *Journal of Economic Perspectives*, Vol. 18/3, pp. 193-214, http://dx.doi.
　　　org/10.1257/0895330042162386.

Gneezy, U., M. Niederle and A. Rustichini (2003), "Performance in competitive environments: 　[7]
　　　Gender differences", *The Quarterly Journal of Economics*, Vol. 118/3, pp. 1049-1074,
　　　http://dx.doi.org/10.1162/00335530360698496.

Halse, C. and S. Mowbray (2011), "The impact of the doctorate", *Studies in Higher Education*, 　[2]
　　　Vol. 36/5, pp. 513-525, http://dx.doi.org/10.1080/03075079.2011.594590.

Niederle, M. and L. Vesterlund (2007), "Do women shy away from competition? Do men 　[6]
　　　compete too much?", *The Quarterly Journal of Economics*, Vol. 122/3, pp. 1067-1101,
　　　http://dx.doi.org/10.1162/qjec.122.3.1067.

OECD (2018), *OECD Handbook for Internationally Comparative Education Statistics 2018:* 　[8]
　　　Concepts, Standards, Definitions and Classifications, OECD Publishing, Paris, https://doi.
　　　org/10.1787/9789264304444-en.

OECD (2017), *Education at a Glance 2017 : OECD Indicators*, OECD Publishing, http:// 　[1]
　　　dx.doi.org/10.1787/eag-2017-en. (『図表でみる教育OECDインディケータ（2016年版）』
　　　経済協力開発機構（OECD）編著、矢倉美登里, 稲田智子, 大村有里, 坂本千佳子, 立木勝,
　　　三井理子訳、明石書店、2017年）

■ インディケータ A1 の表 *

• 表B4.1. 博士課程プログラムへの新入学者の特徴（2016年）
• 表B4.2. 高等教育初回入学者の特徴（2016年）
• 表B4.3. 高等教育の教育段階別初回進学率（2016年）

* データの締切日は2018年7月18日。更新データはホームページで確認可能（http://dx.doi.org/10.2787/eag-
　　data-en）。詳細な内訳も Education at a Glance Database（http://stats.oecd.org/）で確認可能。

242

インディケータ B4：高等教育進学率　　CHAPTER B

表B4.1. 博士課程プログラムへの新入学者の特徴（2016年）

		女性の新入学者の割合	30歳未満の新入学者の割合	新入学者の平均年齢	女性の新入学者の平均年齢	留学生の新入学者の割合	留学生の新入学者に占める女性の割合	女性の新入学者の専攻分野別割合[1]					男性の新入学者の専攻分野別割合[1]				
								教育	自然科学・数学・統計学	情報通信技術(ICT)	工学・製造・建築	保健・福祉	教育	自然科学・数学・統計学	情報通信技術(ICT)	工学・製造・建築	保健・福祉
		(1)	(2)	(3)	(4)	(5)	(6)	(7)	(8)	(9)	(10)	(11)	(12)	(13)	(14)	(15)	(16)
OECD加盟国	オーストラリア	50	49	33	33	39	43	8	20	2	10	23	4	23	6	25	13
	オーストリア	47	66	30	30	36	50	5	12	2	13	16	1	17	6	26	12
	ベルギー	m	m	m	m	m	m	m	m	m	m	m	m	m	m	m	m
	カナダ	m	m	m	m	m	m	m	m	m	m	m	m	m	m	m	m
	チリ	44	45	32	33	21	53	10	32	1	12	10	5	35	2	19	6
	チェコ共和国	45	76	28	28	21	44	6	22	1	14	14	2	18	7	30	8
	デンマーク	50	62	30	31	38	45	0	11	0	17	42	0	19	0	34	24
	エストニア	52	66	29	29	19	27	5	28	5	11	11	1	27	15	21	5
	フィンランド	52	44	33	34	30	40	1	22	4	8	20	2	12	10	23	15
	フランス	45	75	28	28	m	m	2	36	3	4	14	1	42	6	14	3
	ドイツ	46	71	29	29	14	48	6	25	3	9	18	4	26	6	22	13
	ギリシャ	48	42	33	33	3	36	8	11	4	13	23	3	12	6	22	24
	ハンガリー	49	68	30	29	16	40	7	18	1	4	19	3	22	6	9	13
	アイスランド	53	39	35	37	46	33	7	11	2	4	31	4	37	6	14	16
	アイルランド	52	56	31	31	33	49	7	21	3	9	24	3	23	7	21	15
	イスラエル	52	39	34	34	9	48	8	37	1	6	8	2	38	7	17	2
	イタリア	51	72	28	28	15	44	0	22	1	16	21	0	24	4	30	11
	日本	31	69	m	m	15	43	5[d]	9[d]	x	9[d]	46[d]	2[d]	15[d]	x	23[d]	40[d]
	韓国	40	41	38	38	m	m	14	10	0	10	22	4	14	2	34	12
	ラトビア	53	49	33	33	15	42	7	15	4	14	8	3	15	7	33	4
	ルクセンブルグ	38	74	28	28	78	40	11	22	6	14	0	2	20	23	18	0
	メキシコ	48	m	33	33	2	m	38	13	0	6	3	27	14	1	11	2
	オランダ	50	87	26	26	43	47	m	m	m	m	m	m	m	m	m	m
	ニュージーランド	50	49	32	33	58	45	12	20	3	10	17	5	23	6	27	9
	ノルウェー	50	46	33	34	31	42	6	22	1	6	34	1	34	2	18	21
	ポーランド	55	73	29	29	m	m	4	17	1	11	12	2	16	5	19	6
	ポルトガル	49	37	35	34	31	43	13	13	1	13	14	7	14	5	19	14
	スロバキア共和国	48	67	29	28	9	31	6	17	1	11	20	3	16	5	24	13
	スロベニア	49	62	31	31	10	46	6	16	0	13	6	3	20	10	24	4
	スペイン	49	41	35	34	19	46	8	16	1	8	23	5	16	4	17	13
	スウェーデン	45	56	31	32	38	38	4	14	3	14	25	1	21	7	29	25
	スイス	47	73	29	29	58	46	3	27	2	9	25	1	30	4	19	17
	トルコ	42	57	30	30	11	31	10	17	0	18	12	7	11	1	28	5
	イギリス	48	66	29	30	44	46	7	28	3	8	18	3	28	6	20	11
	アメリカ合衆国	51	74	28	30	50	38	24	31	1	6	11	7	36	6	18	3
	OECD 各国平均	48	59	31	31	28	42	8	19	2	10	19	4	22	6	22	12
	EU加盟22か国平均	49	62	30	30	27	42	6	19	2	11	18	2	20	7	23	11
OECD非加盟国	アルゼンチン[2]	56	m	m	m	m	m	m	m	m	m	m	m	m	m	m	m
	ブラジル	m	m	m	m	m	m	m	m	m	m	m	m	m	m	m	m
	中国	40	m	m	m	m	m	m	m	m	m	m	m	m	m	m	m
	コロンビア	35	30	35	34	6	17	10	24	2	21	11	5	20	2	29	6
	コスタリカ	m	m	m	m	m	m	m	m	m	m	m	m	m	m	m	m
	インド	m	m	m	m	m	m	m	m	m	m	m	m	m	m	m	m
	インドネシア	37	m	m	m	m	m	m	m	m	m	m	m	m	m	m	m
	リトアニア	51	66	30	30	9	47	6	23	1	10	17	2	21	4	29	10
	ロシア	45	m	m	m	7	m	m	m	m	m	m	m	m	m	m	m
	サウジアラビア	39	m	m	m	m	m	m	m	m	m	m	m	m	m	m	m
	南アフリカ	m	m	m	m	m	m	m	m	m	m	m	m	m	m	m	m
	G20 各国平均	45	m	m	m	m	m	m	m	m	m	m	m	m	m	m	m

1. いくつかの分野（農学・林学・水産学・獣医学、サービス、社会科学、芸術・人文科学、商学・経営学）を除く。全分野のデータは、Education at a Glance Database（http://stats.oecd.org/）で閲覧可能。
2. 調査年は2015年。
資料：OECD/UIS/Eurostat（2018）。詳細は「資料」を参照。付録3の注を参照（http://dx.doi.org/10.1787/eag-2018-36-en）。
表中の省略記号については、「利用にあたって」を参照。
StatLink：https://doi.org/10.1787/888933803501

CHAPTER B 　教育機会・在学・進学の状況

表B4.2. 高等教育初回入学者の特徴（2016年）

		女性の割合	留学生に占める女性の割合	平均年齢	女性の平均年齢	留学生の割合	女性の教育段階別割合			男性の教育段階別割		
							短期高等教育プログラム（2〜3年）	学士課程または同等レベル	修士課程または同等レベル	短期高等教育プログラム（2〜3年）	学士課程または同等レベル	修士課程または同等レベル
		(1)	(2)	(3)	(4)	(5)	(6)	(7)	(8)	(9)	(10)	(11)
OECD加盟国	オーストラリア	m	m	m	m	m	m	m	m	m	m	m
	オーストリア	53	54	22	22	21	44	41	15	46	38	16
	ベルギー	56	61	20	20	13	m	m	m	m	m	m
	カナダ	m	m	m	m	m	m	m	m	m	m	m
	チリ	53	55	22	23	1	46	52	2	45	54	1
	チェコ共和国	55	53	22	22	18	1	86	13	1	87	12
	デンマーク	55	51	25	25	16	19	74	7	27	65	8
	エストニア	m	m	m	m	m	m	m	m	m	m	m
	フィンランド	53	45	23	23	11	a	95	5	a	93	7
	フランス	m	m	m	m	m	m	m	m	m	m	m
	ドイツ	51	54	22	22	12	0	78	22	0	86	14
	ギリシャ	54	37	19	19	4	a	100	a	a	100	a
	ハンガリー	55	50	21	22	10	14	69	18	10	75	16
	アイスランド	60	63	24	25	16	5	88	6	6	87	6
	アイルランド	m	m	m	m	m	m	m	m	m	m	m
	イスラエル	57		24	23	m	22	78	a	30	70	a
	イタリア	55	59	20	20	6	1	84	15	2	88	10
	日本	51	m	18	18	m	43	55	2	28	70	3
	韓国	m	m	m	m	m	m	m	m	m	m	m
	ラトビア	m	m	m	m	m	m	m	m	m	m	m
	ルクセンブルグ	53	54	25	25	47	14	47	39	12	47	41
	メキシコ	50	m	21	21	0	7	93	a	10	90	a
	オランダ	52	53	20	20	19	1	91	8	1	91	8
	ニュージーランド	55	49	23	23	32	25	75	a	32	68	a
	ノルウェー	55	55	23	22	4	2	88	10	11	77	12
	ポーランド	54	49	21	21	5	m	m	m	m	m	m
	ポルトガル	53	51	20	20	4	6	81	13	12	73	15
	スロバキア共和国	57	56	22	22	7	3	90	7	2	93	5
	スロベニア	54	52	20	20	4	14	80	6	24	73	3
	スペイン	53	m	21	21	m	30	58	12	38	52	10
	スウェーデン	57	49	24	24	12	11	66	23	16	55	29
	スイス	49	50	25	25	15	3	69	27	2	70	28
	トルコ	47	33	23	23	1	45	53	2	43	56	1
	イギリス	56	54	21	21	12	10	88	1	10	89	1
	アメリカ合衆国	52	36	20	20	3	44	56	a	47	53	a
	OECD 各国平均	54	51	22	22	12	16	74	10	18	73	10
	EU加盟22か国平均	54	52	22	22	13	10	77	13	13	75	12
OECD非加盟国	アルゼンチン	m	m	m	m	m	m	m	m	m	m	m
	ブラジル	m	m	m	m	m	m	m	m	m	m	m
	中国	m	m	m	m	m	m	m	m	m	m	m
	コロンビア	51	52	23	22	0	38	62	a	45	55	a
	コスタリカ	m	m	m	m	m	m	m	m	m	m	m
	インド	47	m	m	m	m	0	100	0	a	99	1
	インドネシア	m	m	m	m	m	m	m	m	m	m	m
	リトアニア	53	41	21	21	4	a	93	7	a	97	3
	ロシア	52	m	m	m	m	47	43	10	48	43	9
	サウジアラビア	m	m	m	m	m	m	m	m	m	m	m
	南アフリカ	m	m	m	m	m	m	m	m	m	m	m
	G20 各国平均	51	m	m	m	m	23	71	7	23	73	5

注：この表の対象は、高等教育段階に関係なく、初めて高等教育に進学した学生。
資料：OECD/UIS/Eurostat（2018）。詳細は「資料」を参照。付録3の注を参照（www.oecd.org/edu/education-at-a-glance-19991487.htm）。
表中の省略記号については、「利用にあたって」を参照。
StatLink：https://doi.org/10.1787/888933803520

244

インディケータB4：高等教育進学率　　**CHAPTER B**

表B4.3. 高等教育の教育段階別初回進学率（2016年）
各年齢層別進学率の合計

	短期高等教育プログラム（2～3年）			学士課程または同等レベル			修士課程または同等レベル			博士課程または同等レベル			高等教育全体		
	合計	留学生を除く 合計	25歳未満	合計	留学生を除く 合計	25歳未満	合計	留学生を除く 合計	30歳未満	合計	留学生を除く 合計	30歳未満	合計	留学生を除く 合計	25歳未満
	(1)	(2)	(3)	(4)	(5)	(6)	(7)	(8)	(9)	(10)	(11)	(12)	(13)	(14)	(15)
オーストラリア	m	m	m	97	78	62	34	15	8	3.4	2.1	0.9	m	m	m
オーストリア	35	34	29	45	36	30	24	17	14	3.3	2.1	1.5	70	56	48
ベルギー	1	1	1	75	67	66	28	24	24	m	m	m	72	63	62
カナダ	m	m	m	m	m	m	m	m	m	m	m	m	m	m	m
チリ	47	47	32	58	57	47	11	10	5	0.4	0.3	0.1	89	89	71
チェコ共和国	0	0	0	59	52	46	31	26	23	3.4	2.7	2.1	57	47	42
デンマーク	28	24	10	71	64	47	34	27	23	3.3	2.1	1.1	86	72	53
エストニア	a	a	a	64	60	48	27	23	17	2.0	1.6	1.1	m	m	m
フィンランド	a	a	a	57	53	42	13	9	4	2.3	1.6	0.6	58	51	42
フランス	29	m	m	55	m	m	39	m	m	2.2	m	m	m	m	m
ドイツ	0	0	0	49	46	39	29	21	20	3.8	3.2	m	60	53	45
ギリシャ	a	a	a	64	62	60	12	12	8	2.5	2.4	1.1	64	62	60
ハンガリー	5	5	4	29	27	25	16	13	11	1.7	1.5	1.0	41	37	33
アイスランド	7	4	1	65	58	43	35	31	15	2.2	1.2	0.3	70	59	43
アイルランド	11	11	4	74	70	62	31	25	14	3.2	2.2	1.2	69	m	m
イスラエル	22	22		56	54	36	22	21	9	1.7	1.6	0.5	69	m	m
イタリア	1	1	0	41	38	35	18	16	14	1.3	1.1	0.9	48	45	41
日本	28	m	m	50	m	m	9	m	m	1.2	1.0	0.7	80	m	m
韓国	32	m	m	56	m	m	13	m	m	3.5	m	m	m	m	m
ラトビア	26	25	15	76	69	56	27	22	17	2.3	2.0	1.0	84	m	m
ルクセンブルグ	4	4	4	16	11	11	14	4	3	1.2	0.3	0.2	31	17	15
メキシコ	4	4	m	45	45	m	6	6	m	0.6	0.6	m	49	49	m
オランダ	2	2	1	59	51	49	23	17	15	1.5	0.9	0.7	64	52	50
ニュージーランド	34	24	11	76	55	42	11	8	4	3.2	1.3	0.5	91	63	49
ノルウェー	5	5	3	69	65	54	31	28	22	2.7	1.8	0.7	75	72	60
ポーランド	0	0	0	69	m	m	42	m	m	3.2	m	m	76	72	66
ポルトガル	6	5	5	50	48	44	34	31	26	3.5	2.4	1.1	62	60	56
スロバキア共和国	1	1	1	50	48	42	34	32	29	2.3	2.1	1.5	54	51	46
スロベニア	24	24	19	71	68	64	33	31	29	2.2	1.9	1.3	72	69	66
スペイン	27	m	m	48	47	44	19	16	14	3.9	3.2	1.7	73	m	m
スウェーデン	9	9	3	44	42	30	30	25	19	2.2	1.4	0.6	62	55	40
スイス	2	2	1	62	55	39	22	15	13	4.7	·2.0	1.5	82	70	47
トルコ	49	49	35	61	60	45	11	10	8	1.1	1.0	0.6	m	m	m
イギリス	14	14	8	65	55	48	26	15	9	4.0	2.3	1.4	64	56	48
アメリカ合衆国	38	37	26	m	m	m	13	11	7	1.2	0.6	0.4	52	50	46
OECD各国平均	16	13	9	58	53	45	24	19	15	2.5	1.7	0.9	66	57	49
EU加盟22か国平均	12	9	6	56	51	44	27	20	17	2.6	1.9	1.1	62	54	48
アルゼンチン[1]	60	m	m	54	m	m	5	m	m	0.6	m	m	m	m	m
ブラジル	m	m	m	m	m	m	m	m	m	m	m	m	m	m	m
中国	38	m	m	34	m	m	4	m	m	0.4	m	m	m	m	m
コロンビア	24	24	15	33	33	24	9	9	3	0.1	0.1	0.0	57	57	39
コスタリカ	m	m	m	m	m	m	m	m	m	m	m	m	m	m	m
インド	a	a	a	45	m	m	10	m	m	a	a	a	63	m	m
インドネシア	6	m	m	22	m	m	2	m	m	0.1	m	m	m	m	m
リトアニア	a	a	a	77	74	66	23	20	17	1.6	1.5	1.0	81	78	70
ロシア	45	44	m	63	56	m	20	m	m	1.5	1.4	m	83	m	m
サウジアラビア	13	m	m	66	m	m	2	m	m	0.3	m	m	78	m	m
南アフリカ	m	m	m	m	m	m	m	m	m	m	m	m	m	m	m
G20各国平均	26	m	m	53	m	m	15	m	m	1.8	m	m	65	m	m

注：人口データと新入学者数データの対象が一致しないのは、留学生の純派遣国の進学率が実際より低く、純受入国の進学率が実際より高い可能性のあることを示す。調整後の進学率は、それを補正しようとするものである。国別の詳細は付録3を参照。
1. 調査年は2015年。
資料：OECD/UIS/Eurostat（2018）。詳細は「資料」を参照。付録3の注を参照（www.oecd.org/edu/education-at-a-glance-19991487.htm）。
表中の省略記号については、「利用にあたって」を参照。
StatLink：https://doi.org/10.1787/888933803539

インディケータ B5

高等教育卒業率

- 高等教育は、専攻分野による大きな男女差が特徴的である。工学・製造・建築の学位を取得する卒業者の割合は、男性では大きい（OECD加盟国の平均で25%）一方、女性では小さい（平均6%）。対照的に、教育分野の学位を取得する卒業者の割合は、女性の14%と比べて、男性は5%にとどまる。
- OECD加盟国の卒業者にとって、学士号は依然として最も一般的な高等教育修了資格である。2016年には、OECD加盟国の平均で、高等教育初回卒業者の大多数（75%）が学士号を取得し、11%が修士号を、15%が短期高等教育の卒業資格を得ている。
- 現在の卒業率の傾向から判断すると、OECD加盟国の平均では、現在の若年者の49%が生涯に少なくとも一度は高等教育を卒業すると推定される。

図B5.1. 高等教育卒業者の分布（男女別、専攻分野別）（2016年）
OECD加盟国の平均

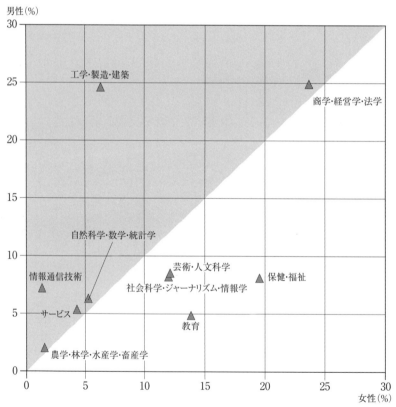

資料：OECD/UIS/Eurostat (2018)。Education at a Glance Database (http://stats.oecd.org/)。詳細は「資料」を参照。付録3の注を参照 (http://dx.doi.org/10.1787/eag-2018-36-en)。
StatLink: https://doi.org/10.1787/888933803691

■ 政策との関連

高等教育の卒業率は、各国が、未来の労働者に高度な専門的知識・技能をどの程度習得させているかを示す指標である。OECD加盟国を通じて、給与が高いことや就業機会に恵まれることなど、高等教育修了資格取得への誘因は依然として強い（インディケータA3、A4、A5参照）。しかし、高等教育プログラムのしくみや範囲は国によってさまざまであり、その卒業率は、高等教育プログラムへの入学のしやすさや、プログラムの柔軟性、教育段階や専攻分野ごとに利用可能な空間の提供、労働市場での高度な技能に対する需要にも影響されると考えられる。

ここ数十年で高等教育を受ける機会は著しく広がり、その中で、今までにないタイプの教育機関が、さまざまな選択肢や新しい提供形態を用意する動きもみられる（OECD, 2016[1]）。それと同時に、学生人口の選択する進路もますます多様化している。学生が高等教育修了資格を求めて、出身国を離れることも増えてきている。

政策立案者は、高等教育から労働市場への移行を円滑に進める方法を模索している（OECD, 2015[2]）。その際、現在の卒業傾向がわかれば、高等教育を通して学生の進歩を把握し、今後新たに高等教育を修了する労働者の労働市場への流れをより正確に予測するのに役立つと考えられる。また、政府は、公平性の観点から、高等教育に関連したよりよい労働市場での成果と社会的成果を考慮し（A章参照）、高等教育の卒業が性別や社会的経済的背景、人口学的背景に左右されないようにすべきである（インディケータB7参照）。例えば、高等教育の不平等に取り組むため、オーストラリアなどの国では、社会的経済的背景に恵まれない学生への奨学金や就学支援、別の進学のしくみが提案されている（OECD, 2014[3]）。

■ その他のハイライト

■ 上級研究学位プログラムは、学士課程または同等レベルより多くの留学生（「定義」を参照）を誘致している。2016年には、博士課程を初めて卒業したOECD加盟国の学生の約26%が留学生であり、それに対して、修士号または同等レベルでは留学生の割合は17%、学士号を初めて取得した学生では7%であった。
■ データのあるすべての国で、男性の高等教育初回卒業率は女性よりかなり低い。OECD加盟国の平均では、女性の43%は、30歳になる前に高等教育の学位取得が見込まれるが、男性ではこの割合が29%にとどまる。
■ データのあるOECD加盟国では、高等教育プログラムを初めて卒業する平均年齢は26歳である。

■ 注記

卒業率は、当該年齢人口に占める、生涯のうちに教育機関を卒業すると予想される人の割合である。本インディケータの卒業率は、2016年の卒業者数及び卒業者の年齢分布に基づいて推定している。つまり、卒業率は現在の傾向に基づいたものであることか

CHAPTER **B**　教育機会・在学・進学の状況

ら、教育制度に変更があると――例えば、ボローニャ・プロセスの施行の結果として、近年多くの EU諸国にみられるような、新しいプログラムの導入やプログラムの履修期間の延長・短縮など――その影響を受けやすい。

本指標でいう年齢とは一般に、当該の暦年が始まった時点の生徒の年齢であるため、学年度末の卒業時には、本指標に示す年齢より1歳年長になっている場合もある。短期高等教育、学士課程、初回高等教育全般については、30歳を修了の上限とし、修士課程及び博士課程については35歳を上限と見なす。

■ 結果と解説

高等教育卒業者と初回卒業者の特徴

ここ20年で、OECD加盟国の高等教育は大きく変化した。学生はより国際的になって、この教育段階を卒業する女性の数は男性を上回り、選択する専攻分野も変わってきた。こうした変化は、グローバル化する経済や労働市場における競争力に対する関心だけでなく、増大する学生人口の興味と優先事項も反映していると考えられる。

卒業者の専攻分野別特徴

卒業者の専攻分野別分布は、例えば学生の間での専攻分野の相対的な人気度、大学やそれに準ずる教育機関が提供する研究スペース数、そして、各種専攻分野におけるその国の学位取得のしくみによって決まる。

現在、ほとんどのOECD加盟国では、全高等教育プログラムで、学位を取得する卒業者の割合が最も大きい分野は、商学・経営学・法学であるが、少数の例外もある（表B5.2）。韓国とポルトガルでは工学・製造・建築分野、ベルギー、フィンランド、ノルウェー、スウェーデンでは保健・福祉、インドでは社会科学・情報学・ジャーナリズム、アルゼンチンでは教育、サウジアラビアとアメリカ合衆国では芸術・人文科学が、それぞれ最も人気が高い分野である。こうした差異は、各国の教育制度のしくみや、それぞれの専攻分野の修了資格を提供する教育機関の種類によって、ある程度説明できる。例えば、中等教育後の職業教育の大部分を高等教育制度に組み込んでいる国では、（保健・福祉分野に含まれる）看護分野などの学位は、高等教育プログラムで提供されることが多い。

自然科学・技術・工学・数学（STEM）分野は、ほとんどの国でそれほど人気がない。データのあるOECD加盟国及び非加盟国の半数超では、自然科学・数学・統計学、工学・製造・建築、情報通信技術の卒業者を合計しても、商学・経営学・法学の卒業者の割合と比べてまだ少ない。2016年には、OECD加盟国の平均で、高等教育卒業者の24%がSTEM分野の学位を取得しているが、この割合は、オランダの16%からドイツの36%まで幅がある。

卒業者の専攻分野別・男女別の特徴

OECD加盟国の平均では、商学・経営学・法学の分野は、高等教育卒業者に占める割合が男女とも同じくらい大きい（女性が24%、男性が25%）（図B5.1）。女性の間では、この分野は飛び抜けて人気が高く、2番目に人気の保健・福祉分野は、女性の卒業者の20%を占める。

インディケータ B5：高等教育卒業率　　**CHAPTER B**

対照的に、工学・製造・建築など他の分野では、女性より男性の方がかなり多い。工学・製造・建築は、男性の間では最も人気が高い分野の一つであるが（OECD加盟国平均で、男性卒業者の25%）、2016年にこの分野の学位を取得した女性の卒業者はわずか6%である。それどころか、この分野で女性の卒業者の割合が10%を超えるのは、メキシコ（11%）とポルトガル（12%）の2か国に限られる。

教育分野では、男女の不均衡の傾向が逆転し、OECD加盟国の平均で、女性の卒業者は14%だが、男性卒業者はわずか5%である。同様に、保健・福祉の学位を取得する割合は、女性の卒業者では20%であるのに比べ、男性の卒業者では8%である。教育及び保健・福祉の分野のこうした男女差は、データのあるすべてのOECD加盟国で共通してみられる。

専攻分野の均衡ある男女別構成が妥当とされるのには、二つの理由がある。第一に、公平の観点から、男女がどういう職業に就くものであるかという社会認識によって意欲を失うことなく、魅力を感じる学問分野や職業を個人が選択できるようにすることが重要である（OECD, 2014[4]）。第二に、専攻分野の男女の不均衡は労働市場の不均衡につながる可能性があり、男女労働者がもっと平等に市場に参加すればGDPが増大するというデータもある（Elborgh-Woytek *et al.*, 2013[5]）

初回卒業者の教育段階別特徴
高等教育初回卒業者とは、任意の国において、生涯で初めて高等教育の学位を取得する学生と定義される。

2016年には、高等教育初回卒業者の大半が学士課程の学位を得ている。OECD加盟国の平均では、高等教育初回卒業者の75%が学士課程、11%が修士課程、15%が短期高等教育の修了資格を取得している（表B5.1）。

だが、この傾向は各国間でかなり異なる。ルクセンブルグ、ロシア、スロベニア、スウェーデンでは、修士課程または同等レベルの学位を得る初回卒業者が30%を上回り、オーストリア、チリ、トルコ、アメリカ合衆国では、短期高等教育の修了資格を取得する初回卒業者が40%を超える。これらの国すべてで、初回卒業者にとって、学士課程または同等レベルの学位は、依然として最も一般的な高等教育の修了資格であるが、例外的に、オーストリアでは短期高等教育の修了資格が、ロシアでは修士課程または同等レベルの修了資格がそれぞれ最も一般的である。

この違いは高等教育制度のしくみによるものか、長期の第一学位（修士課程）で特に、留学生にとってプログラムが魅力的であるためか、あるいは、国によっては、短期高等教育プログラムなどの特定のプログラムを積極的に推進しているためだと考えられる。

初回卒業者の男女別特徴
政策立案者や教育者は、教育が労働市場への参入、職業面での流動性、生活の質に与える影響を認識し、教育機会や教育成果における男女差の縮小に重点を置いている。

2016年には、女性の高等教育卒業者数は男性よりも多い。OECD加盟国の平均では、高等教育初回卒業者の57%が女性であるが、この割合は、スイスの49%からラトビアの65%まで幅がある（表

249

CHAPTER B　教育機会・在学・進学の状況

B5.1）。また、データがあるOECD加盟国及び非加盟国のほぼすべてで、女性の高等教育卒業者の割合は、女性の高等教育初回入学者の割合（インディケータB4参照）を上回っている。初回卒業者と初回入学者の差はチェコ共和国、リトアニア、スロバキア共和国で特に大きく、6パーセントポイントを超えている。このことは、女性は男性よりも高等教育を修了する可能性が高いという以前の調査結果を裏付けている（『図表でみる教育OECDインディケータ（2016年版）』（OECD, 2016[6]）のインディケータA9参照）。

2016年の場合、高等教育卒業者の過半数を女性が占めているとはいえ、労働市場での成果は依然として男性の方が良好である。高等教育を修了した男女を比較すると、平均では男性の方が女性よりも所得が高く、就業率も高い傾向にある（インディケータA3及びA4参照）。

初回卒業者の年齢別特徴

この数年間、多くのOECD加盟国で、高等教育修了に要する期間への関心が高まっている。各国は、より多くの若年労働者を労働市場に送り込むため、もっと速やかに卒業するよう学生に促す政策を展開してきた。例えば、（ヨーロッパ諸国に新しい学位取得のしくみを導入した）1999年のボローニャ宣言後に実施された改革が、就学期間の短縮を目的とした政策に動機づけられていることは明らかである。

2016年には、OECD加盟国の初回卒業者の82%が30歳未満である。平均卒業年齢は26歳であるが（表B5.1）、国によるばらつきが大きく、リトアニアとイギリスの23歳からルクセンブルグ、スウェーデン、スイスの28歳まで幅がある。大部分の学生が卒業する平均年齢は、入学時の平均年齢にプログラムの期間を足した年齢である。高等教育への入学は、後期中等教育制度の構造、高等教育への進学と入学のプロセス、徴兵制、就学から就業へと移行する進路選択の多様性によって、遅れる可能性がある。一方、プログラムの期間は、教育プログラムの構造や就学時間（フルタイム就学かパートタイム就学か）に左右されると考えられる。ルクセンブルグ、スウェーデン、スイスでは学生の卒業年齢が高いが、平均入学年齢（24～25歳）もOECD加盟国の平均（22歳）より2、3歳高い。これらの国で卒業年齢と入学年齢の両方が高いのは、上の教育段階への進学前に学生にはさまざまな進路があることや、教育プログラム間や就学・就業間の移行に対応する教育制度の柔軟性、成人の生涯学習（インディケータB4参照）を反映している。スウェーデンとスイスで見られるパートタイム就学の高い在学率もまた、平均卒業年齢を遅らせる傾向がある（インディケータB1参照）。

入学年齢と卒業年齢の差異がかなり小さい国もあるが、これは、履修期間が学士課程の3～4年に対し通常2年のみである短期高等教育プログラムの普及も、一因と考えられる。また、一部の国では、短期高等教育プログラムが、卒業までに長い期間を要すると思われる年長の学生向けに提供されているため、この教育段階での入学年齢が、卒業年齢に比べて高くなっている。

高等教育初回卒業率

2016年の卒業傾向から判断すると、OECD加盟国の平均では、現在の若年者（留学生を含む）の49%が、生涯のうちに少なくとも一度は高等教育を卒業すると推定される。この割合は、ルクセンブルグの18%（ただし、高等教育に進学する中等教育卒業者の74%が海外留学するので、この数値は負の偏りがある）から、オーストラリア、デンマーク、日本、ニュージーランドの70%以上まで開きがある（表B5.3）。

250

インディケータ B5：高等教育卒業率　**CHAPTER B**

B5

教育段階別初回卒業率

生涯のうちに学士課程プログラムを卒業すると推定される若年者は、他のどの高等教育段階よりも多い。2016年の卒業傾向に基づくと、OECD加盟国の平均では、生涯のうちに学士課程を卒業すると推定される若年者は38%、修士課程は18%、短期高等教育プログラムは10%、博士課程はおよそ2%である（表B5.3）。

OECD加盟国の卒業者にとって、学士号は依然として最も一般的な高等教育修了資格ではあるが、各国は他の高等教育段階の振興もはかっている。その中には、雇用適性の向上と労働市場への移行の円滑化を目指す取り組みとして、短期高等教育プログラムの拡大に力を入れている国もあり、チリ、中国、日本、ニュージーランド、ロシア、トルコでは、生涯のうちに短期高等教育プログラムを卒業する確率が25%以上となっている。他に、雇用適性の向上と労働市場への移行の円滑化をはかる方法としては、学士課程や修士課程において専門的プログラムや職業プログラムを拡充することも挙げられる。

留学生を除外した場合の初回卒業率

留学生（「定義」を参照）が、卒業者数の対人口比の推定値をつり上げて、卒業率に著しい影響を与える場合もある。留学生の割合が大きい国（オーストラリア、ニュージーランドなど）では、その差異がかなり大きいと考えられる。留学生を除外すると、高等教育初回卒業率は、オーストラリアで31パーセントポイント、ニュージーランドで24パーセントポイント低下する（表B5.3）。

留学生の初回卒業者の割合は国ごとにかなり異なる。オーストラリア、ルクセンブルグ、ニュージーランドでは、この割合が特に高く、学士課程または同等レベルのプログラムでは20%以上、修士課

図B5.2. 留学生の初回卒業者の教育段階別割合（2016年）

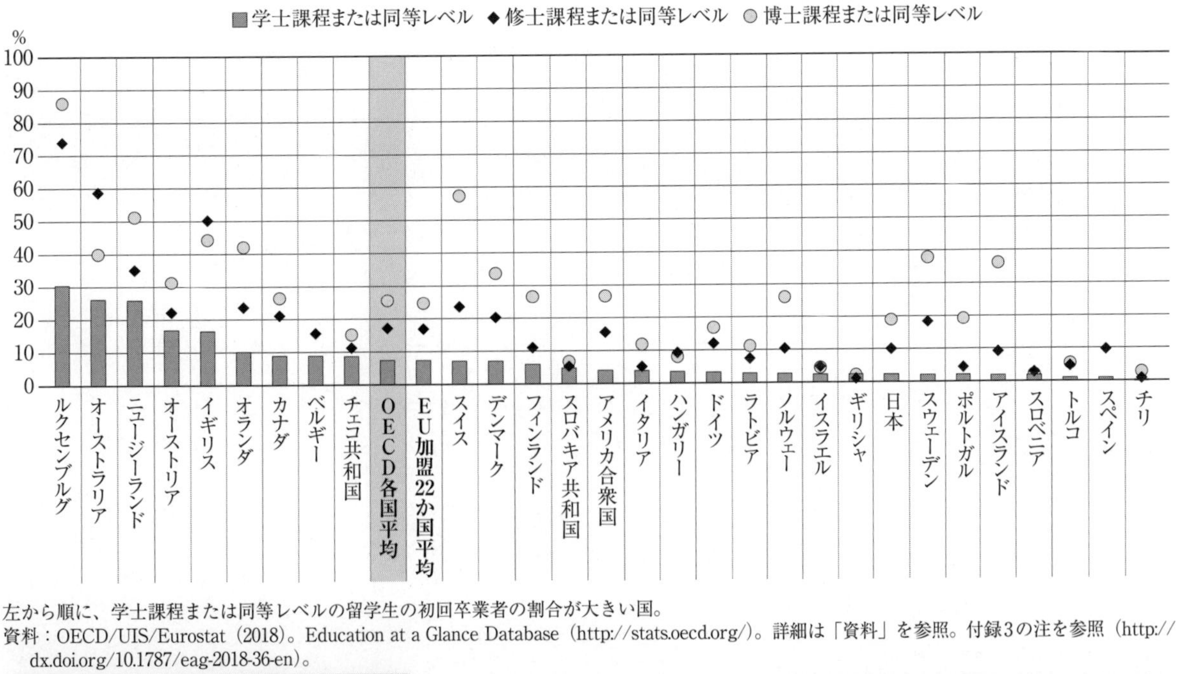

左から順に、学士課程または同等レベルの留学生の初回卒業者の割合が大きい国。
資料：OECD/UIS/Eurostat (2018). Education at a Glance Database (http://stats.oecd.org/)。詳細は「資料」を参照。付録3の注を参照 (http://dx.doi.org/10.1787/eag-2018-36-en)。

StatLink：https://doi.org/10.1787/888933803710

251

程または同等レベルのプログラムでは30%以上、博士課程または同等レベルのプログラムでは40%以上である。対照的に、チリ、ギリシャ、スロベニアは、留学生の初回卒業者の割合が最も小さく、高等教育の全段階で5%未満である（図B5.2）。

このような各国間の差異にも関わらず、データのある国には共通の傾向がある。上級研究学位プログラムは、学士課程または同等レベルより多くの留学生を誘致している。2016年には、博士課程プログラムを初めて卒業したOECD加盟国の学生の約26%が留学生であり、それに対して、修士課程または同等レベルではこの割合が17%、学士課程では7%であった（図B5.2）。

上級研究学位プログラムで留学生の割合が大きい理由として一つ考えられるのは、知識基盤経済（知識や情報の産出、分配、利用を直接的な基盤とする経済）の出現である。この現象は、研究の国際化に寄与しており、その結果、多くの学生が、修士課程や博士課程での留学機会を求めている。受入国の観点からいえば、学生が支払う授業料その他生活費、出身国との社会的及びビジネス上のネットワーク構築への貢献など、留学生誘致はさまざまな理由から魅力がある。また、特に修士課程及び博士課程または同等レベルの留学生は、最初は学生として、場合によってはその後に研究者や高い能力を備えた専門家として、受入国の研究開発に貢献する可能性がある。特に、博士課程の学生は、その国の研究者集団の一翼を担うことになる（OECD, 2016[7]）。

30歳未満の初回卒業率
30歳未満の高等教育初回卒業率は、高等教育修了資格を持って初めて労働市場に参入する若年者数を推定する指標になる。データのある23か国の平均では、若年者（留学生を除く）の36%が30歳になるまでに高等教育の卒業資格を初めて取得すると推定される（表B5.3）が、この割合は、ルクセンブルグの9%（ただし、高等教育に進学する中等教育卒業者の4分の3が海外留学するので、この数値

図B5.3. 30歳未満の自国学生の高等教育初回卒業率（男女別）（2016年）

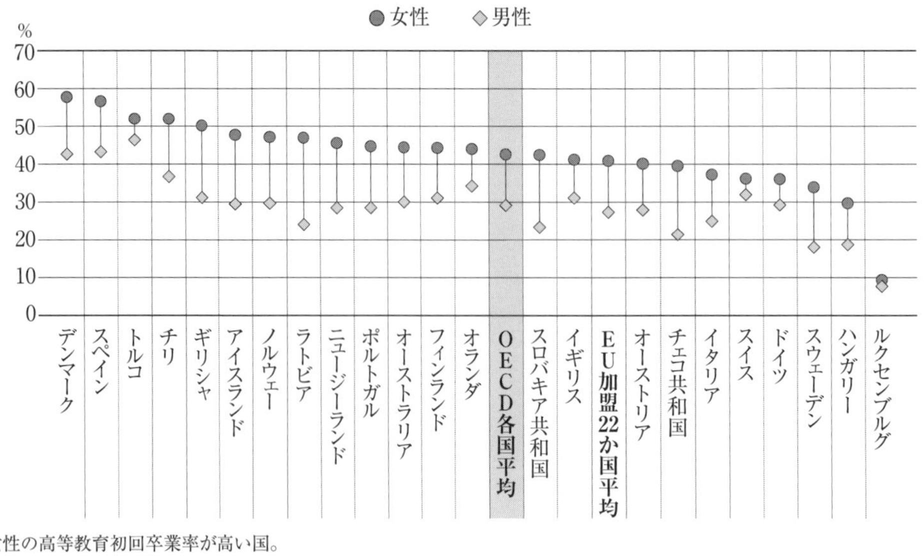

左から順に、女性の高等教育初回卒業率が高い国。
資料：OECD/UIS/Eurostat（2018）。Education at a Glance Database（http://stats.oecd.org/）。詳細は「資料」を参照。付録3の注を参照（http://dx.doi.org/10.1787/eag-2018-36-en）。
StatLink : https://doi.org/10.1787/888933803729

インディケータ B5：高等教育卒業率　　**CHAPTER B**

は負の偏りがある）からデンマークとスペインの50％まで幅がある。

男性は女性より高等教育を卒業する可能性が低い。OECD加盟国の平均では、女性の43％が30歳になるまでに高等教育の資格を取得すると考えられるが、男性ではこの割合が29％である（図B5.3）。特に女性は、各国間のばらつきが大きく、女性の卒業率は、ルクセンブルグの9％からデンマークの58％まで、男性ではルクセンブルグの8％からトルコの46％まで幅がある。

データのあるすべての国で、高等教育の初回卒業率は女性より男性の方が低いが、男女差の大きさは国によってかなりばらつきがあり、ルクセンブルグ、スイスの5パーセントポイント未満からラトビアの20パーセントポイント超までの幅がある。

他よりも幅広い年齢の学生に対応している教育制度もある。チリ、デンマーク、ラトビア、ニュージーランド、スウェーデン、スイス、トルコでは、30歳未満の若年者（留学生を除く）に限ると、高等教育段階の初回卒業率は10パーセントポイント以上低下する。このことは、これらの教育制度が、特に標準年齢の範囲外の学生からみて、入学のしやすさやプログラムの期間の面で柔軟性が高いことを示唆しているほか、成人と生涯学習に向けたさまざまな政策と姿勢を反映しているとも考えられる。実際、トルコを除き、これらの国の初回卒業者の平均年齢は、入学年齢の高さが主に影響して、OECD加盟国の平均よりも概して高い。

■ 定義

初回卒業者とは、調査期間中に当該教育段階を初めて卒業した学生を指す。したがって、調査期間内に複数回卒業した場合、卒業者としては各年に算入されるが、初回卒業者に算入されるのは一度だけである。

高等教育初回卒業者とは、在籍した教育プログラムが何であれ、高等教育の卒業資格を初めて取得した学生をいう。この定義は、表B5.1及び表B5.3（第13列～第15列）に適用される。

当該プログラム（高等教育の各段階）**の初回卒業者**とは、当該プログラムの初回卒業者ではあるが、別のプログラムの卒業資格も取得している可能性のある人をいう。例えば、修士課程の初回卒業者の場合、修士号については初めて取得したものの、学士課程は以前に卒業していることが考えられる。この定義は、表B5.1（第5列～第7列）及び表B5.3に適用される（第1列～第12列）。

留学生とは、勉学を目的として出身国から他の国に移り住んだ学生を指す。大半の国で、留学生の卒業者は、以前に他国でどの教育段階を修了したかに関わりなく初回卒業者とみなされる。本項で行う算定の際、国が留学生の数を報告できなかった場合、外国人学生を近似値として用いている。外国人学生とは、学んだ国の国籍を持たない学生を指す。詳細は付録3を参照（http://dx.doi.org/10.1787/eag-2018-36-en）。

高等教育の純卒業率は、現在の卒業傾向をもとに、ある年齢人口に占める生涯のうちに高等教育を修了すると思われる者の割合を推定したものである。

253

CHAPTER B 教育機会・在学・進学の状況

■ 算定方法

特に記載がない限り、卒業率は、各年齢別の卒業率を合計した純卒業率として算出した。

ただし年齢別のデータのない国については、総卒業率を用いている。総卒業率は、各国が標準的な卒業年齢（付録1を参照）を特定した上で算出する。当該教育段階の標準的な卒業年齢は、『図表でみる教育OECDインディケータ』では、卒業者の少なくとも半数を構成する年齢範囲と定義している。年齢が不明な卒業者数は、その標準的な卒業年齢人口で除して算出する。しかし、多くの国では、卒業者の年齢が広範囲にわたるため標準的な卒業年齢の特定は難しい。

比較可能性の問題により、表B5.3と図B5.3では外れ値の一部を除外しているが、付録3（http://dx.doi.org/10.1787/eag-2018-36-en）にそれらの外れ値を表示している。

学生の平均年齢は、学年度が暦年の後期に始まる国では1月1日、学年度が暦年の前期に始まる国では7月1日の年齢をいう。そのため、実際よりも新入学者の平均年齢が最大で6か月高く、初回卒業者の平均年齢も最大で6か月低い可能性がある。

各国の注記については付録3を参照（http://dx.doi.org/10.1787/eag-2018-36-en）。

リトアニアは、本書を編集時にはOECD加盟国ではなかったので、OECD加盟国リストには記載せず、OECD加盟国の総計に含めていない。

■ 資料

データは2015～16学年度に関するものであり、OECDが2017年に収集した教育統計のUNESCOUIS/OECD/EUROSTATデータコレクションに基づく。詳細については付録3を参照（http://dx.doi.org/10.1787/eag-2018-36-en）。

イスラエルのデータについて

イスラエルの統計データは、イスラエル政府関係当局により、その責任の下で提供されている。OECDにおける当該データの使用は、ゴラン高原、東エルサレム、及びヨルダン川西岸地区のイスラエル入植地の国際法上の地位を害するものではない。

■ 参考資料

Elborgh-Woytek, K. *et al.* (2013), "Macroeconomic gains from gender equity", *IMF Staff Discussion Note*, www.imf.org/external/pubs/ft/sdn/2013/sdn1310.pdf. [5]

OECD (2016), *Education at a Glance 2016 : OECD Indicators*, OECD Publishing, Paris, http://dx.doi.org/10.1787/eag-2016-en (accessed on 12 January 2018). (『図表でみる教育OECDインディケータ（2016年版）』経済協力開発機構（OECD）編著、徳永優子, 稲田智子, 矢倉美登里, 大村有里, 坂本千佳子, 三井理子訳、明石書店、2016年) [6]

OECD (2016), *OECD Science, Technology and Innovation Outlook 2016*, OECD Publishing, [1]

254

インディケータB5：高等教育卒業率　　CHAPTER **B**

http://dx.doi.org/10.1787/sti_in_outlook-2016-en.

OECD（2016）, "The internationalisation of doctoral and master's studies", *Education Indicators*　[7]
　　in Focus, No. 39, OECD Publishing, Paris, http://dx.doi.org/10.1787/5jm2f77d5wkg-en.

OECD（2015）, *Education Policy Outlook 2015: Making Reforms Happen*, OECD Publishing,　[2]
　　Paris, http://dx.doi.org/10.1787/9789264225442-en.

OECD（2014）, *Fostering Equity in Higher Education, Compendium of Practical Case Studies:*　[3]
　　Fostering inclusion of disadvantaged students, w w w. o e c d. o r g / e d u c a t i o n / i m h e /
　　Fostering-inclusion-of-disadvantaged-students.pdf（accessed on 20 June 2018）.

OECD（2014）, *PISA 2012 Results: What Students Know and Can Do（Volume I, Revised*　[4]
　　edition, February 2014）: Student Performance in Mathematics, Reading and Science,
　　PISA, OECD Publishing, Paris, http://dx.doi.org/10.1787/9789264208780-en.

■ インディケータB5の表*

- 表B5.1. 高等教育初回卒業者の特徴（2016年）
- 表B5.2. 高等教育卒業者の専攻分野別の割合（2016年）
- 表B5.3. 高等教育初回卒業率（教育段階別）（2016年）

＊データの締切日は2018年7月18日。更新データはホームページで確認可能（http://dx.doi.org/10.1787/eag-
　data-en）。詳細な内訳も、Education at a Glance Database（http://stats.oecd.org/）で確認可能。

255

CHAPTER B 教育機会・在学・進学の状況

表B5.1. 高等教育初回卒業者の特徴（2016年）

		女性の割合	30歳 （標準卒業年齢） 未満の割合	平均年齢	留学生の割合	短期高等教育 プログラム(2～3年)	学士課程または 同等レベル	修士課程または 同等レベル
		(1)	(2)	(3)	(4)	(5)	(6)	(7)
OECD加盟国	オーストラリア	56	83	26	41	8	74	19
	オーストリア	56	83	24	17	46	34	20
	ベルギー	m	m	m	m	m	m	m
	カナダ	m	m	m	m	m	m	m
	チリ	57	76	27	0	45	53	2
	チェコ共和国	64	86	26	9	1	90	9
	デンマーク	56	85	26	15	18	73	9
	エストニア	m	m	m	m	m	m	m
	フィンランド	57	80	27	10	a	90	10
	フランス	m	m	m	m	m	m	m
	ドイツ	52	87	26	3	0	84	16
	ギリシャ	60	92	25	2	a	100	a
	ハンガリー	60	79	26	5	5	81	14
	アイスランド	62	78	27	2	2	98	0
	アイルランド	m	m	m	m	m	m	m
	イスラエル	m	m	m	m	m	m	m
	イタリア	58	91	25	4	1	81	18
	日本	52	m	m	4	35	63	2
	韓国	m	m	m	m	m	m	m
	ラトビア	65	78	27	3	29	66	5
	ルクセンブルグ	53	74	28	50	12	52	36
	メキシコ	53	90	24	m	8	92	a
	オランダ	56	94	24	16	2	90	8
	ニュージーランド	56	79	26	33	33	67	a
	ノルウェー	60	83	26	2	8	83	9
	ポーランド	m	m	m	m	m	m	m
	ポルトガル	59	90	25	2	0	83	16
	スロバキア共和国	64	87	24	6	3	91	6
	スロベニア	58	57	m	2	8	59	33
	スペイン	55	84	25	4	34	49	17
	スウェーデン	63	75	28	10	2	64	34
	スイス	49	76	28	7	1	99	0
	トルコ	51	83	25	1	42	56	2
	イギリス	56	91	23	13	13	85	1
	アメリカ	58	m	m	3	41	59	a
	OECD各国平均	57	82	26	10	15	75	11
	EU加盟22か国平均	58	83	26	10	10	75	15
OECD非加盟国	アルゼンチン	m	m	m	m	m	m	m
	ブラジル	m	m	m	m	m	m	m
	中国	m	m	m	m	m	m	m
	コロンビア	m	m	m	m	m	m	m
	コスタリカ	m	m	m	m	m	m	m
	インド	m	m	m	m	m	m	m
	インドネシア	m	m	m	m	m	m	m
	リトアニア	61	94	23	m	a	93	7
	ロシア	57	m	m	m	27	34	39
	サウジアラビア	m	m	m	m	m	m	m
	南アフリカ	m	m	m	m	m	m	m
	G20各国平均	m	m	m	m	m	m	m

資料：OECD/UIS/Eurostat（2018）。詳細は「資料」を参照。付録3の注を参照（http://dx.doi.org/10.1787/eag-2018-36-en）。
表中の省略記号については、「利用にあたって」を参照。

StatLink : https://doi.org/10.1787/888933803634

表B5.2. 高等教育卒業者の専攻分野別の割合（2016年）

		教育	芸術・人文科学	社会科学・ジャーナリズム・情報学	商学・経営学・法学	自然科学・数学・統計学	情報通信技術	工学・製造・建築	農学・林学・水産学・畜産学	保健・福祉	サービス
		(1)	(2)	(3)	(4)	(5)	(6)	(7)	(8)	(9)	(10)
OECD加盟国	オーストラリア	9	11	7	34	6	4	8	1	18	2
	オーストリア	12	7	11	22	6	4	21	2	7	8
	ベルギー	9	10	11	22	4	2	12	2	27	2
	カナダ	8	10	16	26	7	3	12	2	14	2
	チリ	15	3	4	24	1	3	16	2	21	10
	チェコ共和国	10	9	11	22	5	4	16	3	12	7
	デンマーク	6	13	11	25	6	5	10	1	20	3
	エストニア	8	12	9	24	7	6	14	2	12	6
	フィンランド	6	12	7	18	5	7	18	2	20	4
	フランス	4	9	8	33	8	3	15	1	15	3
	ドイツ	10	12	7	23	9	5	22	2	7	3
	ギリシャ	7	13	12	21	8	3	17	2	12	4
	ハンガリー	17	10	10	24	4	4	14	3	8	5
	アイスランド	14	10	16	22	5	5	10	1	15	3
	アイルランド	6	14	6	25	8	7	10	2	17	5
	イスラエル[1]	17	9	21	24	6	4	9	1	10	0
	イタリア	4	18	14	21	8	1	16	3	15	0
	日本[2]	10d	15d	8d	20d	3d	x	18d	3d	16d	8d
	韓国	7	17	6	16	5	2	22	1	14	9
	ラトビア	7	8	10	31	3	5	13	2	14	8
	ルクセンブルグ	9	11	12	40	6	6	7	2	6	2
	メキシコ	14	4	9	35	3	2	21	2	10	1
	オランダ[3]	10	9	15	29	6	2	8	1	16	5
	ニュージーランド	10	11	9	26	6	7	8	2	15	6
	ノルウェー	17	8	11	16	5	3	13	1	21	6
	ポーランド	14	7	10	24	4	3	16	1	13	7
	ポルトガル	5	9	11	19	7	1	21	2	18	6
	スロバキア	13	7	12	20	6	3	12	2	18	6
	スロベニア	11	11	11	23	5	3	17	3	8	7
	スペイン	17	9	7	19	5	4	15	1	16	7
	スウェーデン	12	6	13	17	5	4	18	1	22	2
	スイス	10	8	7	29	7	2	16	2	15	5
	トルコ	10	11	8	35	3	2	14	2	10	5
	イギリス	9	15	12	22	14	4	9	1	13	0
	アメリカ	7	20	12	19	7	4	7	1	17	6
	OECD各国平均	10	11	10	24	6	4	14	2	15	5
	EU加盟22か国平均	9	11	10	24	6	4	15	2	14	5
OECD非加盟国	アルゼンチン[4]	21	13	7	17	8	1	5	2	21	4
	ブラジル	20	3	4	36	3	3	11	3	14	4
	中国	m	m	m	m	m	m	m	m	m	m
	コロンビア	8	4	7	46	1	5	17	2	7	3
	コスタリカ	22	3	7	36	2	5	7	1	14	2
	インド	9	6	31	18	13	7	12	1	3	0
	インドネシア	m	m	m	m	m	m	m	m	m	m
	リトアニア	7	9	12	30	4	2	18	2	14	2
	ロシア	7	4	10	33	3	5	23	1	6	7
	サウジアラビア	15	23	9	21	9	7	8	0	7	2
	南アフリカ[4]	18	5	15	33	8	3	9	2	7	0
	G20各国平均	11	11	11	26	7	3	14	2	12	4

1. 短期高等教育の卒業者を除く。
2. 情報通信技術のデータは他の専攻分野に含まれている。
3. 博士課程の卒業者を除く。
4. 調査年は2015年。
資料：OECD/UIS/Eurostat（2018）。詳細は「資料」を参照。付録3の注を参照（http://dx.doi.org/10.1787/eag-2018-36-en）。
表中の省略記号については、「利用にあたって」を参照。

StatLink：https://doi.org/10.1787/888933803653

表B5.3. 高等教育初回卒業率（教育段階別）（2016年）
各年齢別の卒業率の合計（人口統計集団別）

		短期高等教育プログラム (2～3年)			学士課程または同等レベル			修士課程または同等レベル			博士課程または同等レベル			全高等教育		
			留学生を除く			留学生を除く			留学生を除く			留学生を除く			留学生を除く	
		合計	合計	30歳未満	合計	合計	30歳未満	合計	合計	35歳未満	合計	合計	35歳未満	合計	合計	30歳未満
		(1)	(2)	(3)	(4)	(5)	(6)	(7)	(8)	(9)	(10)	(11)	(12)	(13)	(14)	(15)
OECD加盟国	オーストラリア	13	9	5	60	44	35	21	9	6	2.6	1.6	0.7	77	46	37
	オーストリア	24	24	23	25	21	18	20	16	14	1.9	1.3	1.0	47	40	34
	ベルギー	m	m	m	44	40	39	27	23	22	m	m	m	m	m	m
	カナダ	22	18	14	38	34	31	12	9	7	1.6	1.1	0.7	m	m	m
	チリ	28	28	19	36	36	27	10	10	6	0.3	0.1	0.1	60	60	44
	チェコ	0	0	0	35	32	27	24	22	19	1.6	1.3	0.9	39	35	30
	デンマーク	13	11	9	57	53	44	37	30	27	3.2	2.1	1.4	70	60	50
	エストニア	a	a	a	m	m	m	m	m	m	m	m	m	m	m	m
	フィンランド	a	a	a	48	45	35	24	22	16	2.7	2.0	0.8	51	46	38
	フランス	m	m	m	m	m	m	m	m	m	m	m	m	m	m	m
	ドイツ	0	0	0	32	31	28	18	15	15	2.8	2.3	1.9	38	37	33
	ギリシャ	a	a	a	45	44	41	10	10	7	1.4	1.3	0.6	45	44	41
	ハンガリー	2	2	2	26	25	20	16	14	12	0.9	0.9	0.6	31	30	24
	アイスランド	1	1	0	51	50	38	29	27	15	1.6	1.0	0.4	51	50	38
	アイルランド	m	m	m	m	m	m	m	m	m	m	m	m	m	m	m
	イスラエル	m	m	m	42	41	31	20	19	11	1.4	1.4	0.5	m	m	m
	イタリア	0	0	0	30	28	26	20	19	18	1.5	1.3	1.2	36	35	31
	日本	25	24	m	45	44	m	8	7	m	1.2	1.0	m	72	69	m
	韓国	m	m	m	m	m	m	m	m	m	1.8	m	m	m	m	m
	ラトビア	14	13	9	31	30	25	15	14	12	0.7	0.6	0.4	46	45	35
	ルクセンブルグ	2	2	2	10	7	6	8	2	2	1.2	0.2	0.1	18	9	9
	メキシコ	2	m	m	28	m	m	5	m	m	0.5	m	m	31	m	m
	オランダ	1	1	1	44	40	38	19	14	13	2.4	1.4	1.2	49	41	39
	ニュージーランド	27	16	9	54	40	31	9	6	4	2.1	1.0	0.5	73	49	37
	ノルウェー	4	4	3	40	39	33	18	16	13	1.3	1.3	0.5	47	45	38
	ポーランド	0	0	0	m	m	m	m	m	m	m	m	m	m	m	m
	ポルトガル	0	0	0	34	33	30	15	15	14	1.7	1.4	0.7	40	40	37
	スロバキア	1	1	1	35	33	30	32	30	27	2.1	2.0	1.6	38	36	33
	スロベニア	7	7	5	m	m	m	m	m	m	m	m	m	m	m	m
	スペイン	22	22	19	33	33	30	19	17	15	2.2	m		58	56	50
	スウェーデン	7	6	4	26	26	19	20	16	13	2.3	1.4	0.7	40	36	26
	スイス	0	0	0	47	44	34	18	14	12	3.3	1.4	1.1	48	44	34
	トルコ	25	25	20	34	34	34	5	4	3	0.5	0.5	0.3	60	60	49
	イギリス	8	7	5	46	38	34	22	11	8	3.1	1.7	1.2	45	40	36
	アメリカ	23	23	m	40	39	m	20	17	m	1.6	1.2	m	56	54	m
	OECD各国平均	10	9	6	38	36	30	18	15	13	1.8	1.3	0.8	49	44	36
	EU加盟22か国平均	6	6	6	35	33	29	20	17	15	2.0	1.4	0.9	43	39	34
OECD非加盟国	アルゼンチン[1]	19	m	m	13	m	m	2	m	m	0.4	m	m	m	m	m
	ブラジル	m	m	m	m	m	m	m	m	m	m	m	m	m	m	m
	中国	32	m	m	31	m	m	3	m	m	0.2	m	m	m	m	m
	コロンビア	17	m	m	24	m	m	12	m	m	0.1	m	m	m	m	m
	コスタリカ	6	m	m	46	m	m	5	m	m	0.1	m	m	m	m	m
	インド	a	a	a	28	m	m	7	m	m	0.1	m	m	m	m	m
	インドネシア	6	6	m	19	19	m	2	2	m	0.1	m	m	m	m	m
	リトアニア	a	a	a	50	m	m	18	m	m	0.9	m	m	53	m	m
	ロシア	31	m	m	34	m	m	36	m	m	1.1	m	m	m	m	m
	サウジアラビア	m	m	m	m	m	m	m	m	m	m	m	m	m	m	m
	南アフリカ[1]	6	m	m	13	m	m	2	m	m	0.2	m	m	m	m	m
	G20各国平均	16	m	m	33	m	m	12	m	m	1.3	m	m	m	m	m

1. 調査年は2015年。
資料：OECD/UIS/Eurostat（2018）。詳細は「資料」を参照。付録3の注を参照（http://dx.doi.org/10.1787/eag-2018-36-en）。
表中の省略記号については、「利用にあたって」を参照。
StatLink : https://doi.org/10.1787/888933803672

インディケータ B6

高等教育機関における留学生と外国人学生

- 教育段階が高くなるほど、学生の移動が盛んになる。高等教育プログラムの在学者総数に占める留学生の割合は6%にすぎないが、博士課程では留学生の割合が26%を占めている。
- 高等教育段階の留学生に人気がある専攻分野は、自然科学・技術・工学・数学（STEM）である。2016年には留学生の3分の1がSTEM分野を専攻している。高等教育在学者に占める留学生の割合は、自然科学・数学・統計学及び情報通信技術では9%以上で、工学・製造・建築で7%となっている。
- 短期高等教育や修士課程レベルではアジア出身の留学生が多いが、学士課程レベルや博士課程レベルではヨーロッパ出身の留学生が多い傾向がある。それ以外のすべての出身地域で、博士課程レベルの留学が増加している。

図B6.1. 高等教育機関に在籍する留学生または外国人学生の割合（教育段階別）（2016年）

高等教育の各段階の学生全体に占める割合

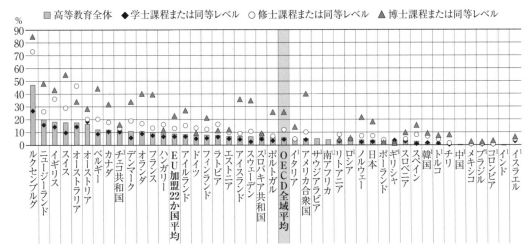

1. 留学生ではなく外国人学生の割合。
2. 調査年は2015年。

左から順に、高等教育に在籍する留学生または外国人学生の割合が大きい国。
資料：OECD（2018）。表B6.1。詳細は「資料」を参照。付録3の注を参照（http://dx.doi.org/10.1787/eag-2018-36-en）。
StatLink : https://doi.org/10.1787/888933803824

■ 政策との関連

留学は、高等教育に在籍する若年成人にとって、他の者と差をつける重要な経験となっており、近年、政策面から留学生への関心が高まってきている。

留学は、質の高い教育を受け、自国では学べないと思われる技能を習得し、教育投資からの収益が大きい労働市場に近づく機会となるほか、ますますグローバル化が進む労働市場での雇用可能性を高める手段と見なされている。その他、異なる社会に関する知識

を広げたい、あるいは語学力、それも特に英語力を高めたいといった本人の希望も、留学の動機となっている。

受入国にとって、留学生は重要な収入源となり、自国に不相応な影響を経済やイノベーションの体制にもたらす可能性がある（OECD, 2016[1]）。短期的に見れば、留学生は多くの場合、自国学生よりも高い授業料を払い、国によっては高い登録料を負担することもある（インディケータC5参照）。また、留学生は生活費という形で地元経済にも貢献する。長期的な面では、高度な教育を受けた留学生は、受入国の労働市場に溶け込み、知識の創造やイノベーション、経済活動に貢献する可能性がある。

そのため、留学生の誘致は、世界の優れた人材の活用や、下位の教育段階における能力の弱さの埋め合わせ、イノベーションや生産体系の開発支援、そして多くの国では、国民の高齢化が将来的に技能供給にもたらす影響の緩和のための一つの手段となっており、留学生がその国に永住する場合は特にそれが言える（OECD, 2016[2]）。だが、学生の出身国によって授業料額に差異を設けている高等教育機関は、より高い授業料を支払って多くの収入をもたらす留学生を優先的に入学させる傾向があると考えられ、優秀な自国学生が国内の高等教育機関から締め出されるリスクもある。

一方、留学生の派遣国からすれば、留学生は喪失した人材と見ることもできる。それでも、留学後に出身国に戻ったり、出身国の国民との強いつながりを維持したりするのであれば、留学生は、知識の吸収や技術向上、能力育成といった面で自国に貢献する可能性がある。留学生が無意識のうちに身につけた知識は、人との直接的なやりとりを通じて共有されることが多く、世界的な知識ネットワークへの母国の参入を可能にする。最近のデータは、頭脳循環の効果がかなり大きいことを証明しており、母国を離れて国外で学ぶ留学生は、将来的な自国への科学者の流入を予測する良い手がかりになるとみられる（Appelt *et al.*, 2015[3]）。さらに、留学生の移動により、共通の言語や地理的・科学的な距離の近さよりもはるかに根本的なところで、将来の国際的な科学協力ネットワークが形作られていると思われる。

また、自治が進む教育機関では、優秀な人材の獲得競争が熾烈化して世界に広がってきていることから、評判を高めて収入を増やし、学部の枠を超えた発展向上を促進するという観点から、有望な学生を幅広く受け入れる必要性が生じてきた（Hénard, Diamond and Roseveare, 2012[4]; OECD, 2016[2]）。そうした点では、大学のリーグ・テーブルなどの大学ランキングが一般に広まったために、大学間の質の違いや、一流大学に入学することの価値への認識がさらに高まっている（Perkins and Neumayer, 2014[5]）。国際化戦略の一環で、国外のサテライト・キャンパスやダブルディグリー（二重学位）プログラムの開設、外国人学生を対象とした入学規定の変更、外国語による授業の推進を目的とするカリキュラム改訂、オンライン講座や国際インターンシップ・プログラムの提供を行う教育機関も増えている。例えば、MOOC（Massive Open Online Course）と呼ばれる大規模公開オンライン講座は、既存キャンパスの展開範囲を広げてきた（『図表でみる教育OECDインディケータ（2017年版）』（OECD, 2017[6]）のコラムC6.1参照）。その結果、

CHAPTER B　教育機会・在学・進学の状況

高等教育機関による国際的な活動は、学生数や範囲を広げただけでなく、複雑性も増している。

■ その他のハイライト

- 世界中の高等教育プログラムに在学する外国人学生数は、1999年の200万人から17年後には500万人へと、過去数十年の間に劇的に増加した。2016年には、就学目的でOECD域内を移動する留学生または外国人学生の数が350万人に上った（「定義」を参照）。
- 流入する留学生はほぼすべてのOECD加盟及び非加盟の受入国で増加しており、エストニア、ラトビア、ポーランドでは2013〜2016年の間に約2倍になっている。OECD加盟の受入国に流出する留学生についてはもっと多様で、就学目的で国を離れる自国学生数は、ハンガリー、インド、イタリア、スペイン、サウジアラビアで最も大幅に増加しているが、減少している国もある。

■ 結果と解説

留学生の特徴

高等教育の段階別に留学生及び外国人学生の集中度を比較すれば、各国の教育プログラムの魅力について公正な見方ができる。

高等教育段階の上位プログラムになるほど、国際的に開かれていると思われる。数か国を除くすべての国で、高等教育プログラムの在学者に占める留学生の割合は、教育段階が上がるにつれて徐々に増加していく。OECD加盟国の平均では、留学生の割合は高等教育プログラム全体では6%だが、博士課程になると26%になる。

こうした傾向については、いくつかの要因が考えられる。出身国での受入能力の制約が上位の教育段階ほど厳しくなっていくこと、留学、特に名門教育機関への留学への投資から得られる収益が大きいこと、受入国にニッチな専攻分野や移住後のプログラムがあることなどである。国外に旅行したり外国で生活したりする学生は、社会・経済的に恵まれている場合が多く、上位の教育プログラムに進学する可能性が高い。受入国からすれば、こうした上位段階の高等教育、それも特に、博士課程に投資する強い誘因がある。というのも、こうした教育段階の卒業者は、研究・開発（R&D）やイノベーションだけでなく、社会・経済的な問題に取り組む上でも大きく貢献してくれるからである。

学士課程プログラムに在学する留学生の割合は、依然として比較的小さく、データのある国の半数で5%未満であり、分析対象の国の80%超で10%未満である（図B6.1参照）。ただし、この教育段階でも留学生の割合が比較的大きい（10%以上）国も数か国あり、オーストリア、ルクセンブルグ、ニュージーランドではこの割合が15%を超えている。

修士課程になると、留学生の割合は大幅に増加する。OECD加盟各国の平均では、その国の修士課程の在学者10人中1人超が留学生である。OECD加盟国の3分の2では、学士課程と修士課程とで留学生の割合に倍以上の差があり、スペインとスウェーデンでは修士課程が学士課程の4倍、オーストラリア（46%対14%）、デンマーク（19%対6%）、ノルウェー（7%対2%）では3倍以上の開きがある。

262

インディケータ B6：高等教育機関における留学生と外国人学生　**CHAPTER B**

この開きが最も際立っているのがオーストラリア（46%対14%）とイギリス（36%対14%）で、この2か国は、学士課程ですでに留学生の占める割合が大きくなっている。一方、オーストリアは、学士課程と修士課程の留学生の割合がほぼ同程度であり、修士課程の学生からみて留学先としてそれほど魅力的ではないと思われる。外国人学生の国籍に関するデータがある国でも、同様の傾向が見られ、韓国（7%対2%）とトルコ（4%対1%）では、学士課程と修士課程との間で外国人学生の割合の増加が目立つ。

博士課程では、OECD域内で留学生の割合がさらに大きくなる。アイスランドとアメリカ合衆国では、博士課程の留学生の割合は修士課程よりもかなり大きく、アメリカ合衆国では40%に達している。だが、OECD加盟国全体では、修士課程から博士課程への留学生の増加幅は、学士課程から修士課程への増加幅よりもはるかに小さく、それが顕著なのが、オーストラリア（46%から34%へ減少）、ドイツ（13%から9%へ）、ハンガリー（16%から12%へ）、ラトビア（16%から11%へ）、リトアニア（8%から5%へ）、ポーランド（4%から2%へ）である。

アメリカ合衆国の博士課程は多くの留学生を惹きつけているが、それはベルギー、アイルランド、ノルウェー、スウェーデンのような小国も同様である。ルクセンブルグとスイスの博士課程は、自国学生より留学生の方が多い（ルクセンブルグでは在学者の85%、スイスでは55%を国外出身者が占める）。またフランス、アイスランド、ノルウェー、ポルトガル、スウェーデン、アメリカ合衆国は、博士課程で受け入れている留学生数が修士課程の3倍である。これはチリ、コロンビア、メキシコの博士課程でも同様だが、これらの国では高等教育段階の留学生の割合が概して小さい（図B6.1）。

自然科学・技術・工学・数学を専攻する留学生が多い

専攻分野別にみると、主に自然科学・技術・工学・数学（STEM）分野に在学する留学生が多く、商学・経営学・法学も多く選ばれる傾向にある。全高等教育段階では、OECD加盟国の留学生の約3分の1がSTEM分野に在学しており、その内訳は工学・製造・建築が17%、自然科学・数学・統計学が10%、情報通信技術が6%となっている。OECD加盟国全体では、自然科学・数学・統計学の分野は、情報通信技術の分野と同様、留学生または外国人学生が全高等教育在学者の9%以上を占めている。この割合は工学・製造・建築の分野では7%に達している。

STEM分野の国際化が進んでいるのは、この分野は語学面で要求される習熟度が比較的低いことによってある程度説明できる。だがおそらく、自然科学・工学・商学・経営学がイノベーションのプロセスや価値創造において中心的な役割を果たしていることや（Henard, Diamond and Roseveare, 2012[4]; OECD, 2014[7]）、これらの分野の修了に関連する賃金プレミアムやより良い就業機会（インディケータA4参照）が、それよりも重要な理由だと思われる。

OECD加盟国では、在学者全体に占める留学生及び外国人学生の割合は、社会科学・ジャーナリズム・情報学では7%、芸術・人文科学及び商学・経営学・法学の分野では6%を占めている。ルクセンブルグでは、留学生は、ほとんどの専攻分野で、高等教育の在学者全体の大多数または大きな割合（19%以上）を占めている。また、オーストラリアでは情報通信技術の分野で、ニュージーランドではサービス、商学・経営学・法学、情報通信技術の分野で、スイスでは自然科学・数学・統計学の分野で、在学者の3分の1超を留学生が占めている。

263

CHAPTER B　教育機会・在学・進学の状況

高等教育における留学生の流れ

2016年に高等教育プログラムに在学した留学生総数は、OECD加盟国全体で約350万人であった。だが、留学生の受入国と送出国は、世界全体でみると依然としてかなり集中しており、その流れは、従来の傾向に深く根ざしている。

OECD加盟国で学ぶ留学生の出身地域と受入国

留学生の移動に関するデータからは、言語や歴史的な結びつき、地理的距離、二国間関係、政治的枠組み（欧州高等教育圏など）の面で自国にどれくらい近いかという要因が、学生の移動を左右する鍵となっていることが読み取れる。

全教育段階の高等教育プログラムについてみると、アジア出身の学生（2016年には190万人で留学生全体の55%、図B6.2）は、OECD加盟国に在学する留学生のうち最大の割合を占めており、そのうち86万人以上が中国出身である。アジア出身の留学生の3分の2がわずか3か国に集中しており、その内訳はオーストラリア（15%）、イギリス（11%）、アメリカ合衆国（38%）となっている。

留学生の出身地域で次に多いのはヨーロッパで、84万5,000人のヨーロッパ出身の学生が、就学目的で国境を越えている（OECD加盟国に在学している留学生全体の24%）。ヨーロッパ出身の学生は、ヨーロッパ域内にとどまる傾向が強く、80%は他のヨーロッパ諸国の高等教育機関に在学している。これについては、EU内のエラスムス（Erasmus）交換留学制度の存在と人気によってある程度説明がつく。

アフリカと南北アメリカ大陸（北アメリカ、南アメリカ、カリブ海）は、どちらも留学生数が30万人未満で、依然として、出身地域としてアジアやヨーロッパにははるかに及ばない。OECD加盟国で在学するアフリカ出身の留学生の4分の3は、ヨーロッパ諸国で学んでおり、特にフランス（35%）、イギリス（12%）、ドイツ（7%）の割合が大きい。一方、北アメリカ及びラテンアメリカ出身の学生は、アメリカ合衆国（37%）とヨーロッパ諸国（45%）に二分される。OECD加盟国のラテンアメリカ出身学生の12%がスペインで学んでいるが、これは、文化や言語及び歴史的結びつきの強さを反映したものであり、北アメリカ出身の学生がイギリスに向かう傾向が強い（22%）のも、それと同様である。

OECD加盟国の中で、高等教育段階の留学生の最大の受入国はアメリカ合衆国であり、OECD域内の留学生350万人のうち97万1,000人が、アメリカ合衆国の教育プログラムに在学している。全体的に、英語圏の国に人気が集まっており、4か国で留学生の半数超を受け入れている。アメリカ合衆国の次に留学生が多いのはイギリス（43万2,000人）で、オーストラリア（33万6,000人）、カナダ（18万9,000人）がそれに続く。これらの国の留学生は主にアジア出身者で、オーストラリアでは留学生全体の87%、アメリカ合衆国では77%、カナダでは61%、イギリスでは52%を占める。

留学生の受け入れでもう一つの重要な地域はEUで、160万人の留学生がヨーロッパの高等教育プログラムに在学している。主な受入国はフランスとドイツ（どちらも24万5,000人）で、次に多いイタリア（9万3,000人）、オランダ（9万人）やオーストリア（7万人）を大きく引き離している。だが、これら上位2か国における学生の移動ルートは、それぞれ大きく異なっている。フランスに入国する

264

留学生の大部分がアフリカ出身者（42%）であるのに対し、ドイツに向かう留学生の出身地は、依然として他のヨーロッパ諸国（40%）である。両国とも、2番目に多い出身地域はアジアで、それぞれ留学生全体の21%と36%を占めている。オーストリア、イタリア、オランダの留学生の主たる出身地もヨーロッパ諸国だが、スペインでは、ラテンアメリカ出身者がかなりの割合を占め、ポルトガルのような小規模な受入国でもそれは同じである。ヨーロッパの小国は特に、ヨーロッパ域内の移動に依存しており、チェコ共和国、デンマーク、ルクセンブルグ、ポーランド、スロバキア共和国、スロベニアに留学する学生の80%超が、ヨーロッパ域内の出身者である。

ロシアも主要な受入国で、25万人の留学生が在学している。ロシアでも、留学生の流入に関しては地域的な誘因があり、留学生の3分の2が、旧ソビエト連邦と歴史的なつながりがある近隣諸国、例えばアゼルバイジャン（6%）、ベラルーシ（6%）、カザフスタン（28%）、トルクメニスタン（7%）、ウクライナ（9%）、ウズベキスタン（8%）の出身者である。

短期高等教育と修士課程に在学しているアジア出身の学生（OECD域内の留学生の55%）は、学士課程や博士課程に在学しているアジア出身の学生より流動性が高く、短期高等教育に在学している留学生の66%、修士課程に在籍している留学生の57%を占めている。対照的に、ヨーロッパ出身の学生（高等教育に在学しているOECD域内の留学生の24%）は、学士課程（25%）と博士課程（32%）で流動性が高い傾向がある。それ以外のすべての出身地域で、博士課程では留学生が増加しており、アフリカ、南北アメリカ大陸、オセアニア出身の学生が留学生に占める割合は、それより下位の教育段階より大きい（図B6.2）。

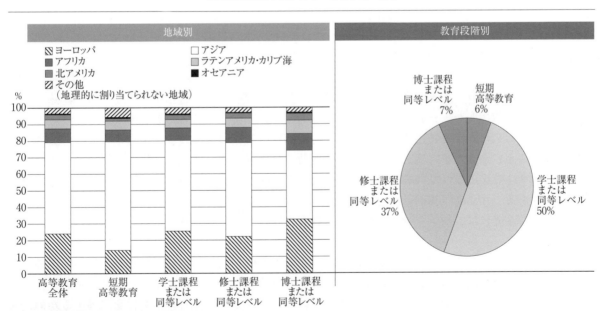

図B6.2. OECD加盟国で学ぶ留学生の割合（出身地域別、教育段階別）（2016年）
OECD加盟国で在学している留学生の割合

資料：OECD（2018）. Education at a Glance Database（http://stats.oecd.org）. 詳細は「資料」を参照。付録3の注を参照（http://dx.doi.org/10.1787/eag-2018-36-en）。
StatLink : https://doi.org/10.1787/888933803843

CHAPTER **B**　教育機会・在学・進学の状況

B₆

頭脳循環の現状

留学生の移動の増加と、それが自国の人材プールに及ぼす影響も、国によって大きく異なる。

数か国では学生が流出し、国外で学ぶ自国学生の割合にそれが表れている。エストニア、アイスランド、アイルランド、ラトビア、リトアニア、ノルウェー、スロバキア共和国といったヨーロッパのいくつかの国では、この割合が7%以上に達している。特に顕著なのがルクセンブルグで、自国学生の4分の3近くが、国外の高等教育プログラムに在学している（国外に留学している自国学生の10人中7人が近隣諸国に在学している）。これらの国では、アイルランドとラトビアを除き、国外に留学している自国学生の割合が、自国の高等教育機関に在学する国外からの留学生の割合を大幅に上回っている。

留学生が自国学生を数で上回っている国もある。こうした留学生の流入は、高等教育プログラム（国内あるいは国外）に在学する自国学生100人に対する自国内の留学生（または外国人学生）数によって測定される。留学生の主要受入国となっているのは主に英語圏の国々で、留学生と自国学生の比率の差が特に大きいのは、オーストラリア（21）、ニュージーランド（24）、イギリス（22）、ルクセンブルグ（23）、スイス（20）である（表B6.3）。

留学生の移動を左右する要因

留学生の移動を左右する要因の見極めは、頭脳循環を促進する効果的な政策立案の鍵となる。学生の移動を促す要因は、主に教育能力の格差（すなわち、出身国の教育機関の不足や、受入国の教育機関の名声）である。また、出身国と受入国との間に、教育や技能の習得によって得られる収益や報酬に格差があることにも左右される。経済的要因としては、1）受入国の方が景気が良いことや、2）学生の移動に影響を及ぼす可能性がある為替レートの差や、教育にかかる費用の違い、3）留学と教育にかかる費用を低く抑えられること（例えば、受入国のほうが授業料が安い、高い学費補助が受けられる）などがある。さらに、留学するかどうかの決定には、受入国の政治的安定や教育機関の信頼性、出身国と受入国の文化や宗教の近似性といった、経済以外の要因も影響すると考えられる（Guha, 1977[8]; UNESCO, 2013[9]; Weisser, 2016[10]）。

政策立案者が高等教育への進学率を高めて公平性の高い教育の実現を目指すという意味で、適切な授業料の設定は、依然として、教育政策の分野で最も盛んに議論されてきた問題の一つである。授業料と補助的サービスにかかる費用の体系だけでなく、高等教育への公財政支出配分や学生への公的支援の程度も国ごとに違うため、個人が負担する教育費用は、国によって大きく異なる（インディケータC5参照）。海外で認知されている授業の質や受入教育機関の評価は、留学先の国を選択する際の鍵となる基準である（Abbott and Silles, 2016[11]; Beine, Noël and Ragot, 2014[12]; Marconi, 2013[13]）。留学生の主要な留学先には、ランキング上位の高等教育機関が数多く含まれている。

大学のリーグ・テーブルなどの国際的な大学ランキングが広く知れ渡るようになり、世界各国の学生たちは、高等教育制度の質の違いをますます意識するようになっている。また、留学生を引き付ける力も、教育機関の実績と質の評価基準となる。各国の政府は、高等教育の国際化を奨励するため、大学への資金拠出の決定式に留学生受入数を組み入れるなど、国内の教育機関とのパフォーマンス契約を見直してきた。

インディケータB6：高等教育機関における留学生と外国人学生　　CHAPTER B

授業で使われる言語は、学生の留学先の選択を左右する大きな要因である。英語、フランス語、ドイツ語、ロシア語、スペイン語など、世界的に広く使われている言語で授業を行う国は、留学生にとって特に魅力的である。

英語は、グローバル化が進む世界の共通語となっており、世界では4人に1人が使用している（OECD, 2016[2]; Sharifian, 2013[14]）。当然ながら、オーストラリア、カナダ、ニュージーランド、イギリス、アメリカ合衆国のような、英語が（法的もしくは事実上の）公用語である国は、OECD加盟国の中で留学生の主要な受入国である。多くの国で、英語教育は、これまで以上に義務教育のカリキュラムに取り入れられるようになり、早期教育段階でも行われている。また、英語を母語とする環境に身を置いて学ぶことで英語能力を高めたいと希望する学生も多い。さらには、非英語圏諸国でも、英語で授業を行う高等教育プログラムを提供する教育機関が増えている。ヨーロッパでは、授業で使われる言語としての英語の普及は、北欧諸国で特に顕著である（Wächter and Maiworm, 2015[15]）（『図表でみる教育OECDインディケータ（2015年版）』（OECD, 2015[16]）のコラムC4.1参照）。

留学生数の推移

外国人学生の増加は、国内外の様々なプッシュ要因（国外への移動を促進する要因）とプル要因（国内への移動を促進する要因）が原因である（UNESCO, 2013[9]）。経済がイノベーションを原動力にますます知識基盤型になる中で、そうした経済を支える技能に対するニーズが増え、世界的に高等教育に対する需要に拍車がかかっているが、国内需要の伸びに対応できるほど急速なペースで、各国の教育能力が必ずしも向上しているわけではない。豊かさを増す新興国では、増加する中流階級の子女が留学機会を求める動きがさらに加速している。また、経済的要因（国際便による移動費用など）、技術的要因（インターネットやソーシャルメディアといった、国境を越えた連絡手段の普及など）、文化的要因（労働環境や授業での共通語としての英語の使用など）のおかげで、国境を越えた移動はこれまでよりも費用面で手が届きやすくなり、また母国への帰国も容易になっている。

国や地域、地方、超国家、教育機関のレベルでの自主的な取り組みも、国境を越えた移動に貢献している。2011年、EUは、EU諸国の学生のうち、国外で就学や訓練を終えて高等教育段階を卒業する者の割合を、2020年までに20％に増やすという意欲的な目標を掲げた（Council of the European Union, 2011[17]）。

ヨーロッパでは、多くの学生がエラスムス交換留学制度の恩恵を受けた。また、北欧諸国及びバルト諸国では、ノルドプラス高等教育プログラム（Nordplus Higher Education Programme）を運用している。これは、協力関係の強化や共同カリキュラム開発、学生及び教員の移動、教育機関間での最良事例の共有を目指した、学生の移動とネットワークに関する広範なプログラムである。さらに、ほとんどの国が、高度な技能を備えた人材が教育目的に限らず国外に移動する際の障壁を下げる改革や、流出入や帰国といった人的移動を支援する資金調達プログラムを実施している。これらのプログラムは、移住の条件（例えば、短期滞在か長期滞在か）により異なるものの、最も一般的なターゲット層は、博士号取得前の学生と、経験の浅い研究者（博士課程及び博士課程修了後の研究者など）である。

267

コラム B6.1. 長期的に見た留学生数の世界的増加

世界各国の高等教育プログラムに在学する外国人学生数は、この20年間に劇的に増加した。1999年の200万人から2016年の500万人へと増加し、年平均増加率はOECD加盟国で5.1％、非加盟国で6.4％となっている。だが、増加が急激なのは2010年初めまでで、データで長期的な推移をみると、それ以降は横ばいが続いている（図B6.a）。ただし、留学生数は2014年から再び堅調に増え始め（2013年と比べると9％の増加）、その後も増加が続いている（2015年は7％増、2016年は6％増）（図B6.a）。

図B6.a. 世界の高等教育機関における留学生及び外国人学生の増加傾向（1998～2016年）
OECD加盟国及び非加盟国に在籍する外国人学生数

注：データソースは同様の定義を用いているので、データの統合が可能になっている。データの欠落で時系列が中断しないように、欠落のある年代については報告された中で最も近いデータを用いた。
資料：OECD/UIS/Eurosat (2018)．詳細は「資料」を参照．付録3の注を参照（http://dx.doi.org/10.1787/eag-2018-36-en）．
StatLink： https://doi.org/10.1787/888933803881

OECD域内への学生の流入は相変わらず活発であるが、発展途上国では、それとは対極的な新しい移住の動きが定着しつつある。就学だけを目的として国境を越える学生（留学生、「定義」を参照）に関するデータによると、OECD域内に流入する留学生数は、2013～2016年の間に推定で19％増加している。流入した学生数の増加幅が特に大きいのはエストニア、ラトビア、ポーランド、ロシアで、国内の高等教育機関に在学する留学生数は、この間に2倍近く増加した。その他、チリ（52％増）、メキシコ（58％増）、トルコ（62％増）なども、留学生を集めている。対照的に、オーストリアとスロバキア共和国では、2013～2016年の間に留学生数が微減（1％減）している。

多くの出身国では、OECD加盟国への学生の流出も2013～2016年の間に増加したが、増加幅はもっと限られている。最大の増加が見られたのはインド出身の学生で（2013年と比較して78％の増加）、フィンランド、ハンガリー、イタリア、オランダ、スペイン、イギリスのようなOECD加盟国出身の学生（同時期に22～37％増）や中国、サウジアラビア出身の学生を大幅に上回る。逆に、アイルランド、韓国、ラトビア、リトアニア出身の学生は、流出が10％以上減少している。

インディケータ B6：高等教育機関における留学生と外国人学生　　CHAPTER B

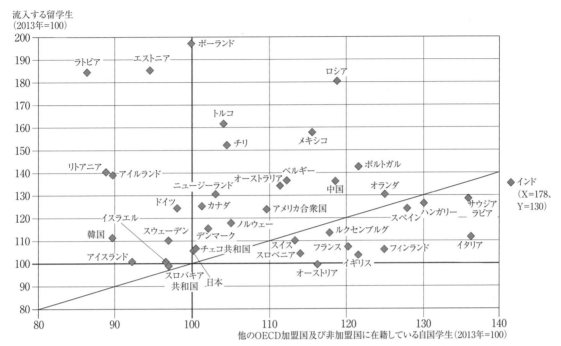

図 B6.3. 留学生の流入と比較した流出の変化（2013～2016年）
留学生の流入と流出の変化指数（2013年=100）

注：イタリアとスペインは短期高等教育の流入する留学生を除く。黒色の斜線は留学生の流入と流出の変化が等しい点を表す。
資料：OECD (2018). Education at a Glance Database (http://stats.oecd.org/). 詳細は「資料」を参照。付属3の注を参照 (http://dx.doi.org/10.1787/eag-2018-36-en)。
StatLink: https://doi.org/10.1787/888933803862

■ 定義

外国人学生とは、データを提出した在学中の国の国籍を持たない学生を指す。留学生として算定されていても、定住者や受入国生まれの外国人学生である場合もある。このカテゴリーは現実的かつ実用的な分類ではあるが、移民の帰化に関する各国の政策が異なるため、「学生の移動」の状況を捉えるには不適切な分類である。例えば、オーストラリアが外国人に対し永住許可を与える率はスイスよりも高いが、これは、たとえオーストラリアとスイスが同程度の割合の外国人学生を高等教育機関で受け入れていても、高等教育機関在籍者に占める留学生の割合は、オーストラリアよりもスイスの方が低いということを示唆している。そのため、外国人学生のデータに基づいて「学生の移動」を解釈したり相互比較したりする際は注意が必要である。一般に、留学生は外国人学生を構成する一部といえる。

留学生とは、勉学を目的として前居住国・出身国から他の国に移り住んだ学生を指す。高等教育段階の学生の出身国は、「後期中等教育を受けた国」「直前の教育段階の教育を受けた国」または「定住している国」の基準により定義される（下記参照）。当該国の入国管理に関わる法律や人の移動に関する協定（例えば、EU及びEEA域内なら個人の移動は自由である、など）、あるいはデータの有無などにより、「留学生」の定義を、受入国の永住者もしくは定住者でない学生とするか、または、直前の教育段階の教育を別の国で受けた学生とすることができる。

269

CHAPTER B 教育機会・在学・進学の状況

直前の教育段階の教育を受けた国とは、「学生が後期中等教育の資格（高等教育プログラムへの進学が可能な後期中等教育または高等教育以外の中等後教育の修了資格）を得た国」または「学生が現在在籍している教育課程に入学するために必要な資格を得た国」を指す。この定義を適用できない国については、「出身国」を「定住もしくは永住している国」と定義することが推奨される。なお、この定義も使用できず、また他の適当な目安が存在しない国については、「国籍」を使用する場合もある。

報告のあった国々での**永住者**と**定住者**の定義は、当該国の法律によって決められているが、実務的な面からいえば、永住者もしくは定住者でない学生とは、学生ビザまたは就学許可証を持っている者、あるいは、その国の教育制度に在籍する前年に他の国に居住していた者などを意味する。

「留学生」の各国の定義については、各表及び付録3（http://dx.doi.org/10.1787/eag-2018-36-en）に示す。

■ 算定方法

現行の国際的及び全国的統計システムでは、各国が自国内で実施する教育活動のみしか報告されないため、留学の形態だけではなく、留学生と外国人学生を区別して定義することが、国際教育統計を開発する上での主要な課題である（OECD, 2018[18]）。

外国人学生及び留学生に関するデータは、受入国の在学者情報から収集したものである。そのため、外国人学生と留学生のデータの収集方法は在学者総数の場合と同じで、教育プログラムの正規在学生のデータを用いている。このデータには、OECDとユネスコ統計研究所のいずれにも報告を上げていない国で学ぶ学生数は含まれていない。そのため、このような国については、国外で学ぶ自国学生の総数が実際より低く算定されている可能性がある。

国外で学ぶ学生総数に関するデータは、留学生数に基づいており、留学生数のデータがない国については、外国人学生数に基づく。在学者数はスナップショット法を用いてコンピューターで算出されている。すなわち、一定期間（例えば、特定の日や一年のうちの特定期間）の在学者数を算出している。

この算定方法には、いくつかの限界がある。OECDの国際教育統計では、遠隔学習やeラーニング、それも特に急速に発展しているMOOCや、日常的に国境を越えて通学している学生、1学年度内に行われる短期間の交換留学プログラムに参加していて調査対象から漏れた学生の影響を見過ごしがちである。もう一つの懸念材料は、国外の分校に在学する学生や、受入国にあるヨーロピアン・スクールに通う学生をどのように分類するか、という点である。

現在の留学生のデータでは、OECD加盟国及び非加盟国を受入国とする場合の学生の流れを追跡することしかできない。OECD域外の学生の流れや、特に、世界的な頭脳循環に対する南南協力の影響について、評価は行うことは不可能である。

詳細については『OECD国際比較教育統計ハンドブック2018年版：概念・標準・定義・分類（*OECD Handbook for Internationally Comparative Education Statistics 2018: Concepts, Standards,*

インディケータB6：高等教育機関における留学生と外国人学生　　CHAPTER **B**

Definitions and Classifications）』（OECD, 2018[18]）を参照。各国の注記については付録3を参照（http://dx.doi.org/10.1787/eag-2018-36-en）。

リトアニアは、本書を編集時にはOECD加盟国ではなかったので、OECD加盟国リストには記載せず、OECD加盟国の総計に含めていない。

■ 資料

データは2015〜16学年度を調査対象年とし、OECDが2017年に収集した教育統計のUNESCO-UIS/OECD/EUROSTATデータコレクションに基づく。詳細については付録3を参照（http://dx.doi.org/10.1787/eag-2018-36-en）。

アルゼンチン、中国、インド、インドネシア、サウジアラビア、南アフリカのデータは、ユネスコ統計研究所（UIS）から得ている。

イスラエルのデータについて

イスラエルの統計データは、イスラエル政府関係当局により、その責任の下で提供されている。OECDにおける当該データの使用は、ゴラン高原、東エルサレム、及びヨルダン川西岸地区のイスラエル入植地の国際法上の地位を害するものではない。

■ 参考資料

Abbott, A. and M. Silles（2016）, "Determinants of international student migration", *The World Economy*, Vol. 39/5, pp. 621-635, http://dx.doi.org/10.1111/twec.12319. [11]

Appelt, S. *et al.*（2015）, "Which factors influence the international mobility of research scientists?", *OECD Science, Technology and Industry Working Papers*, No. 2015/2, OECD Publishing, Paris, http://dx.doi.org/10.1787/5js1tmrr2233-en. [3]

Beine, M., R. Noel and L. Ragot（2014）, "Determinants of the international mobility of students", *Economics of Education Review*, Vol. 41, pp. 40-54, http://dx.doi.org/10.1016/J.ECONEDUREV.2014.03.003. [12]

Council of the European Union（2011）, "Council conclusions on the modernisation of higher education", *3128th Education, Youth, Culture and Sport Council Meeting, Brussels, 28 and 29 November 2011*, Council of the European Union, Brussels. [17]

Guha, A.（1977）, "Brain-drain issue and indicators on brain-drain", *International Migration*, Vol. 15/1, pp. 3-20, http://dx.doi.org/10.1111/j.1468-2435.1977.tb00953.x. [8]

Henard, F., L. Diamond and D. Roseveare（2012）, *Approaches to Internationalisation and Their Implications for Strategic Management and Institutional Practice: A Guide for Higher Education Institutions*, OECD, www.oecd.org/education/imhe/Approaches%20to%20internationalisation%20-%20final%20-%20web.pdf（accessed on 29 April 2018）. [4]

Marconi, G.（2013）, "Rankings, accreditations, and international exchange students", *IZA Journal of European Labor Studies*, Vol. 2/1, p. 5, http://dx.doi.org/10.1186/2193-9012-2-5. [13]

271

CHAPTER **B** 教育機会・在学・進学の状況

OECD（2018）, *OECD Handbook for Internationally Comparative Education Statistics 2018: Concepts, Standards, Definitions and Classifications*, OECD Publishing, Paris, https://doi.org/10.1787/9789264304444-en. [18]

OECD（2017）, *Education at a Glance 2017: OECD Indicators*, OECD Publishing, Paris, http://dx.doi.org/10.1787/eag-2017-en.（『図表でみる教育OECDインディケータ（2017年版）』経済協力開発機構（OECD）編著、徳永優子, 稲田智子, 矢倉美登里, 大村有里, 坂本千佳子, 三井理子訳、明石書店、2017年） [6]

OECD（2016）, "International mobility of highly skilled", in *OECD Science, Technology and Innovation Outlook 2016*, OECD Publishing, Paris, http://dx.doi.org/10.1787/sti_in_outlook-2016-17-en. [1]

OECD（2016）, *OECD Science, Technology and Innovation Outlook 2016*, OECD Publishing, Paris, http://dx.doi.org/10.1787/sti_in_outlook-2016-en. [2]

OECD（2015）, *Education at a Glance 2015: OECD Indicators*, OECD Publishing, Paris, http://dx.doi.org/10.1787/eag-2015-en.（『図表でみる教育OECDインディケータ（2015年版）』経済協力開発機構（OECD）編著、徳永優子, 稲田智子, 矢倉美登里, 大村有里, 坂本千佳子, 三井理子訳、明石書店、2015年） [16]

OECD（2014）, *OECD Science, Technology and Industry Outlook 2014*, OECD Publishing, Paris, http://dx.doi.org/10.1787/sti_outlook-2014-en. [7]

Perkins, R. and E. Neumayer（2014）, "Geographies of educational mobilities: Exploring the uneven flows of international students", *The Geographical Journal*, Vol. 180/3, pp. 246-259, http://dx.doi.org/10.1111/geoj.12045. [5]

Sharifian, F.（2013）, "Globalisation and developing metacultural competence in learning English as an International Language", *Multilingual Education*, Vol. 3/1, p. 7, http://dx.doi.org/10.1186/2191-5059-3-7. [14]

UNESCO（2013）, *The International Mobility of Students in Asia and the Pacific*, UNESCO, http://unesdoc.unesco.org/images/0022/002262/226219E.pdf（accessed on 03 July 2018）. [9]

Wachter, L. and F. Maiworm（2015）, "English-taught programmes in European higher education: The state of play in 2014", *ACA Papers on International Cooperation in Education*, www.aca-secretariat.be/fileadmin/aca_docs/images/members/ACA-2015_English_Taught_01.pdf（accessed on 07 May 2018）. [15]

Weisser, R.（2016）, "Internationally mobile students and their post-graduation migratory behaviour: An analysis of determinants of student mobility and retention rates in the EU", *OECD Social, Employment and Migration Working Papers*, No. 186, OECD Publishing, Paris, http://dx.doi.org/10.1787/5jlwxbvmb5zt-en. [10]

■インディケータB6の表*

• 表B6.1. 高等教育機関に在学する留学生及び外国人学生（2016年）
• 表B6.2. 高等教育在学者に占める留学生と外国人学生の割合と専攻分野別分布（2016年）
• 表B6.3. 外国人学生及び留学生の各種傾向（2016年）
• 表B6.4.（ホームページの表）高等教育に在学する留学生及び外国人学生の出身国別割合（2016年）

インディケータB6：高等教育機関における留学生と外国人学生　　CHAPTER **B**

B6

• 表B6.5.（ホームページの表）高等教育に在学する留学生及び外国人学生の受入国別割合（2016年）

＊ データの締切日は2018年7月18日。更新データはホームページで確認可能（http://dx.doi.org/10.1787/eag-data-en）。詳細な内訳も Education at a Glance Database（http://stats.oecd.org/）で参照可能。

CHAPTER B　教育機会・在学・進学の状況

表B6.1. 高等教育機関に在学する留学生及び外国人学生（2016年）
高等教育全在学者に占める留学生及び外国人学生の割合

表の見方(例)
留学生の第1列：オーストラリアの高等教育在学者の17%、スイスの高等教育在学者の18%が留学生である。本表に示す留学生のデータは、入手可能なもののうち最も適切な推定値である。
外国人学生の第1列：チェコ共和国の高等教育在学者の12%はチェコ共和国国籍を持たず、韓国の高等教育在学者の2%は韓国国籍を持たないことを示す。

	留学生または外国人学生の高等教育の教育段階別割合					留学生または外国人学生の数（単位：1,000人）
	合計	短期高等教育プログラム	学士課程または同等レベル	修士課程または同等レベル	博士課程または同等レベル	
	(1)	(2)	(3)	(4)	(5)	(6)
OECD加盟国						
オーストラリア	17	9	14	46	34	336
オーストリア	16	1	18	20	28	70
ベルギー[1]	12	7	9	20	44	61
カナダ	12	10	10	18	32	189
チリ	0	0	0	1	8	5
デンマーク	11	16	6	19	34	34
エストニア	7	a	5	10	12	3
フィンランド	8	a	5	12	21	23
フランス	10	5	7	13	40	245
ドイツ	8	0	5	13	9	245
ハンガリー	9	1	7	16	12	26
アイスランド	7	25	4	9	36	1
アイルランド	8	2	7	15	27	18
日本	4	5	2	7	18	143
ラトビア	8	2	6	16	11	6
ルクセンブルグ	47	9	27	73	85	3
メキシコ	0	0	0	1	3	13
オランダ	11	1	9	17	40	90
ニュージーランド	20	27	16	26	48	54
ノルウェー	4	1	2	7	22	11
ポーランド	3	0	3	4	2	55
ポルトガル	6	2	3	7	26	20
スロベニア	3	1	3	5	10	3
スペイン	3	2	1	8	15	53
スウェーデン	7	0	2	11	35	28
スイス	18	0	10	29	55	52
イギリス	18	4	14	36	43	432
アメリカ合衆国	5	2	4	10	40	971
チェコ共和国	12	6	10	13	16	43
ギリシャ	3	a	4	1	1	24
イスラエル	m	m	3	4	6	10
イタリア	5	7	5	5	14	93
韓国	2	0	2	7	9	62
スロバキア共和国	6	1	5	8	9	10
トルコ	1	0	1	4	7	88
OECD全域平均	6	3	4	12	26	3 520
EU全域平均	9	4	7	13	23	1 585
OECD非加盟国						
リトアニア	4	a	3	8	5	5
アルゼンチン	m	m	m	m	m	m
ブラジル	0	0	0	1	2	20
中国	0	x(1)	x(1)	x(1)	x(1)	138
コロンビア	0	0	0	1	3	4
コスタリカ	m	m	m	m	m	m
インド	0	a	x(1)	x(1)	x(1)	45
インドネシア	m	m	m	m	m	m
ロシア	4	3	x(4)	4[d]	5	250
サウジアラビア	5	x(1)	x(1)	x(1)	x(1)	80
南アフリカ[2]	4	x(1)	x(1)	x(1)	x(1)	43

1. 短期高等教育プログラムのデータは国籍に基づき、対象はフラマン語圏のみ。
2. 調査年は2015年。
資料：OECD/UIS/Eurostat（2018）。詳細は「資料」を参照。付録3の注を参照（http://dx.doi.org/10.1787/eag-2018-36-en）。
表中の省略記号については、「利用にあたって」を参照。
StatLink：https://doi.org/10.1787/888933803767

インディケータ B6：高等教育機関における留学生と外国人学生　　CHAPTER B

表B6.2. 高等教育在学者に占める留学生と外国人学生の割合と専攻分野別分布（2016年）

全高等教育

	在学者に占める留学生と外国人学生の専攻分野別割合									留学生と外国人学生の専攻分野別分布								
	教育	芸術・人文科学	社会科学・ジャーナリズム・情報学	商学・経営学・法学	自然科学・数学・統計学	情報通信技術	工学・製造・建築	保健・福祉	サービス	教育	芸術・人文科学	社会科学・ジャーナリズム・情報学	商学・経営学・法学	自然科学・数学・統計学	情報通信技術	工学・製造・建築	保健・福祉	サービス
	(1)	(2)	(3)	(4)	(5)	(6)	(7)	(8)	(9)	(10)	(11)	(12)	(13)	(14)	(15)	(16)	(17)	(18)

OECD加盟国

留学生

	(1)	(2)	(3)	(4)	(5)	(6)	(7)	(8)	(9)	(10)	(11)	(12)	(13)	(14)	(15)	(16)	(17)	(18)
オーストラリア	3	10	9	28	17	37	26	8	6	2	6	3	51	5	9	13	9	1
オーストリア	7	23	28	12	21	17	15	18	4	6	15	20	16	10	5	15	9	1
ベルギー	5	17	15	8	20	6	14	16	13	4	13	11	13	6	2	12	33	2
カナダ	3	10	10	15	15	20	19	4	4	1	11	3	29	12	6	20	5	1
チリ	0	0	0	1	1	0	0	0	0	9	5	6	34	6	3	15	13	8
デンマーク	3	11	10	14	12	17	20	4	18	2	12	9	29	6	7	19	8	5
エストニア	0	7	10	12	3	8	5	2	0	0	13	11	42	3	9	12	4	0
フィンランド	4	7	5	10	9	15	8	4	9	2	10	5	23	6	17	20	10	5
フランス	5	13	13	10	13	19	11	4	4	2	17	11	28	13	5	16	6	1
ドイツ	2	10	8	6	7	10	11	4	3	2	17	8	18	8	8	29	6	1
ハンガリー	2	8	9	3	5	5	4	29	2	3	10	10	9	2	2	10	43	2
アイスランド	7	24	4	4	18	2	4	2	2	8	44	9	12	13	2	5	4	1
アイルランド	1	6	9	9	8	9	11	13	4	1	11	6	21	9	8	14	27	2
日本[1]	1d	5d	12d	2d	2d	x	4d	1d	2d	2d	25d	32d	12	2	x	19d	3d	3d
ラトビア	2	5	8	8	3	7	5	16	8	2	5	8	33	1	5	9	28	9
ルクセンブルグ	19	37	46	61	61	59	33	22	74	5	10	10	45	8	7	6	3	3
メキシコ	m	m	m	m	m	m	m	m	m	m	m	m	m	m	m	m	m	m
オランダ	2	15	17	12	11	8	13	6	12	2	12	17	32	5	2	11	9	7
ニュージーランド	9	12	13	34	13	33	25	7	44	3	7	7	38	8	10	11	5	9
ノルウェー	1	7	3	3	11	6	5	3	2	2	18	12	14	15	6	15	11	3
ポーランド	1	3	7	4	2	5	1	5	4	2	9	21	26	2	6	8	15	9
ポルトガル	11	7	6	7	6	7	6	5	4	10	7	6	25	6	2	21	11	4
スロベニア	2	4	5	3	5	5	4	3	2	5	12	15	16	8	7	10	9	3
スペイン	2	3	3	3	2	2	2	4	2	7	11	11	24	4	3	11	23	4
スウェーデン	1	7	7	6	17	10	10	4	3	3	13	12	12	14	7	26	12	1
スイス	9	25	24	14	35	19	20	9	12	5	15	12	20	17	3	18	8	2
イギリス	6	15	20	32	13	19	29	8	0	2	13	12	34	11	4	15	7	0
アメリカ合衆国[2]	2	4d	5	7	10	8	12	2d	2	3	13d	13	24	13	6	17	9d	2

外国人学生

	(1)	(2)	(3)	(4)	(5)	(6)	(7)	(8)	(9)	(10)	(11)	(12)	(13)	(14)	(15)	(16)	(17)	(18)
チェコ共和国	2	12	14	13	14	22	11	17	7	2	10	11	21	8	9	15	18	4
ギリシャ	4	5	4	2	4	4	2	4	3	5	20	15	15	10	4	15	11	3
イスラエル	m	m	m	m	m	m	m	m	m	m	m	m	m	m	m	m	m	m
イタリア	2	8	4	4	7	6	4	2	2	2	26	11	20	5	2	21	12	0
韓国	1	2	4	4	1	1	1	1	1	3	21	14	30	4	2	16	4	6
スロバキア共和国	4	5	2	4	2	2	3	19	2	8	7	4	11	2	1	6	56	4
トルコ	1	1	2	1	3	1	3	2	1	6	13	15	19	6	1	25	11	3
OECD全域平均	2	6	7	6	9	10	10	5	3	3	14	12	27	10	6	17	9	2
EU全域平均	3	10	10	10	9	11	10	7	4	3	15	12	25	9	5	17	11	2

OECD非加盟国

留学生

	(1)	(2)	(3)	(4)	(5)	(6)	(7)	(8)	(9)	(10)	(11)	(12)	(13)	(14)	(15)	(16)	(17)	(18)
リトアニア	2	6	7	4	1	9	3	5	2	3	12	18	28	1	3	15	18	1

外国人学生

	(1)	(2)	(3)	(4)	(5)	(6)	(7)	(8)	(9)	(10)	(11)	(12)	(13)	(14)	(15)	(16)	(17)	(18)
アルゼンチン	m	m	m	m	m	m	m	m	m	m	m	m	m	m	m	m	m	m
ブラジル	0	1	0	0	1	0	0	0	0	10	8	8	19	8	4	23	12	4
中国	m	m	m	m	m	m	m	m	m	m	m	m	m	m	m	m	m	m
コロンビア	0	0	0	0	0	0	0	0	0	7	10	13	25	2	3	16	19	3
コスタリカ	m	m	m	m	m	m	m	m	m	m	m	m	m	m	m	m	m	m
インド	m	m	m	m	m	m	m	m	m	m	m	m	m	m	m	m	m	m
インドネシア	m	m	m	m	m	m	m	m	m	m	m	m	m	m	m	m	m	m
ロシア	m	m	m	m	m	m	m	m	m	m	m	m	m	m	m	m	m	m
サウジアラビア	m	m	m	m	m	m	m	m	m	m	m	m	m	m	m	m	m	m
南アフリカ	m	m	m	m	m	m	m	m	m	m	m	m	m	m	m	m	m	m

注：本表の分布には、留学生の割合が小さい場合が多い「農学・林学・水産学・獣医学」分野が含まれていない。全分野のデータは、Education at a Glance Database（http://stats.oecd.org/）で閲覧可能。
1. 情報通信技術のデータは他の分野に含まれる。
2. 第2列と第11列にすべての学際的プログラムを含み、第8列と第17列に行政学を含む。
資料：OECD/UIS/Eurostat（2018）。詳細は「資料」を参照。付録3の注を参照（http://dx.doi.org/10.1787/eag-2018-36-en）。
表中の省略記号については、「利用にあたって」を参照。

StatLink：https://doi.org/10.1787/888933803786

CHAPTER B 教育機会・在学・進学の状況

表B6.3. 外国人学生及び留学生の各種傾向（2016年）
国外に在学する自国学生の割合と各国間の学生の移動の均衡（全高等教育）

	国外の高等教育機関に在学する自国学生の割合	国外に在学する自国学生一人当たり外国人学生数	国内外の自国学生100人当たりの外国人学生数	近隣諸国出身の外国人学生の割合[1]
	(1)	(2)	(3)	(4)
オーストラリア	1	26	21	4
オーストリア	5	4	19	59
ベルギー	3	4	13	40
カナダ	3	4	13	4
チリ	1	0	0	37
チェコ共和国[2]	4	3	13	55
デンマーク	2	7	12	38
エストニア	8	1	7	50
フィンランド	4	2	8	16
フランス	4	3	11	16
ドイツ	4	2	8	15
ギリシャ[2]	5	1	3	66
ハンガリー	4	2	9	27
アイスランド	13	0	6	8
アイルランド	7	1	8	10
イスラエル[2,3]	4	1	3	2
イタリア[2]	4	1	5	21
日本	1	5	4	63
韓国[2]	3	1	2	65
ラトビア	7	1	8	18
ルクセンブルグ	74	0	23	58
メキシコ	1	0	0	m
オランダ	2	5	12	31
ニュージーランド	3	10	24	6
ノルウェー	7	1	4	19
ポーランド	2	2	3	72
ポルトガル	4	2	6	5
スロバキア共和国[2]	17	0	5	56
スロベニア	4	1	3	36
スペイン	2	1	3	29
スウェーデン	4	2	7	20
スイス	5	4	20	55
トルコ[2]	1	2	1	44
イギリス	2	13	22	11
アメリカ合衆国	0	14	5	5
OECD全域平均	2	3	6	~
EU全域平均（22か国）	4	3	9	~
アルゼンチン[2,4]	m	0	m	m
ブラジル[2]	1	0	0	37
中国[2]	2	0	0	m
コロンビア[2]	1	0	0	54
コスタリカ[2]	m	1	m	m
インド[2]	1	0	0	43
インドネシア[2]	m	0	m	m
リトアニア	8	1	4	27
ロシア[2]	1	4	4	55
サウジアラビア	6	1	5	32
南アフリカ[2,4]	1	6	4	46

1. 近隣諸国とは、陸上または海上の国境で受入国と接している国をいう。
2. 高等教育機関に在学する自国学生数は、在学者総数から留学生数を差し引いた数ではなく、外国人学生数を差し引いた数。
3. 短期高等教育プログラムに在学する留学生を除く。
4. 調査年は2015年。
資料：OECD/UIS/Eurostat（2018）。詳細は「資料」を参照。付録3の注を参照（http://dx.doi.org/10.1787/eag-2018-36-en）。
表中の省略記号については、「利用にあたって」を参照。

StatLink：https://doi.org/10.1787/888933803805

インディケータ **B7**

高等教育の入学及び卒業の公平性

- 学士課程及び長期の第一学位プログラムまたは同等レベルの新入学者及び初回卒業者の間では、両親が高等教育未修了者である者は少数派である。
- 両親が高等教育未修了者である者を男女別にみると、学士課程及び長期の第一学位プログラムまたは同等レベルに入学して卒業する可能性は、男性の方が女性より低い。
- 第一世代や第二世代の移民である者は、学士課程及び長期の第一学位プログラムまたは同等レベルの新入学者に占める割合が年齢人口に占める割合よりも小さい。

図B7.1. 学士課程及び長期の第一学位プログラムまたは同等レベルの新入学者と年齢人口に占める、両親が高等教育未修了者である者の割合（2015年）

18～24歳人口

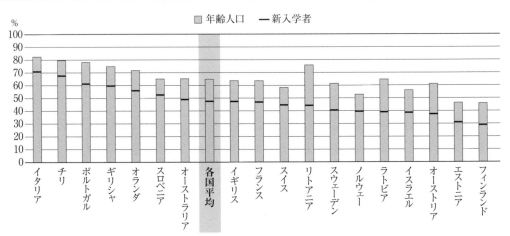

図の見方
イタリアでは、両親が高等教育未修了者である18～24歳の者は、その年齢層の総人口の82%を占めるが、学士課程及び長期の第一学位プログラムまたは同等レベルの新入学者に占める割合は71%にとどまる。
注：調査年が2015年ではない国がある。詳細は付録3を参照。
左から順に、両親が高等教育未修了者である者が新入学者に占める割合が大きい国。
資料：OECD（2018）。表B7.1. 高等教育の平等に関する特別調査。詳細は「資料」を参照。付録3の注を参照（http://dx.doi.org/10.1787/eag-2018-36-en）。
StatLink：https://doi.org/10.1787/888933803995

■ 政策との関連

高等教育がより良好な労働市場での成果や社会的成果に結びつくことを示すデータが増えていることから、高等教育への進学をめぐって多くの疑問が提起され（A章参照）、高等教育に関する政策論議の中で公平性の問題が重視されるようになってきた。OECD加盟国及び非加盟国では、高等教育への進学が社会経済的背景や人口学的背景に左右されないようにする取り組みを政府が強化している。

本インディケータは、高等教育プログラムへの入学と卒業が、潜在的に恵まれない背景を持つ者にとってどの程度異なるかを評価している。潜在的に恵まれない背景を持つ集

団を特定するにあたっては、1）両親の最終学歴、2）移民としての背景、という二つの特徴を用いている。両親の学歴は所得や財産と関係があり、データを見ると、学歴（インディケータ A1 参照）、選択したプログラムの性格（インディケータ B3 参照）、スキルの習得（OECD, 2013 [1]）など、さまざまな教育成果と大いに相関している。移民としての背景は、必ずしも不利な立場を示すとは限らないが、学生の成績の低さとも相関している（OECD, 2018 [2]）。移民としての背景を持つ学生は、移住や、恵まれない社会経済的背景、言語の壁に関連する逆境を乗り越える必要が往々にしてある。

高等教育段階で見られる不平等は、高等教育入学への障壁だけでなく、就学や職業の選択の違いも映し出していると考えられる。また、こうした不平等は、高等教育段階以前の教育段階に端を発している可能性もある。社会経済的背景に恵まれない生徒の多くは、高等教育プログラムに入学できる段階にさえ到達せずに教育制度を離れる（コラムB7.1）。不平等に取り組む効果的な政策を立案するためには、こうした不平等がいつどのように積み重なり始めるかをよりよく理解することが重要である。

■ その他のハイライト

■ 両親の学歴が低いと、学士課程及び長期の第一学位プログラムまたは同等レベルへの入学の遅れにつながる傾向がある。

■ データがある国の後期中等教育の入学者と卒業者、高等教育の入学者を比較すると、両親が高等教育未修了者である生徒が占める割合は、段階が進むにつれて小さくなっている。潜在的に恵まれない背景を持つ学生が高等教育段階で少ないのは、必ずしも高等教育入学への障壁の表れとは限らず、それまでの教育段階での不平等を示している可能性もある。

■ 高等教育で移民第一世代または第二世代にみられる不平等の傾向は、各国の移民人口が一様でないことを反映し、国によって大きく異なる。

CHAPTER B　教育機会・在学・進学の状況

■結果と解説

B7

高等教育就学者に占める、潜在的に恵まれない背景を持つ者の割合

潜在的に恵まれない背景を持つ若年成人が、高等教育就学者と若年人口全体に占める割合を比較することによって、高等教育における不平等を測ることができる。完全に平等な社会では、この二つの割合、すなわち、潜在的に恵まれない背景を持つ者の、若年人口に占める割合と、高等教育の入学者と卒業者に占める割合とが、合致するはずである。例えば、若年人口全体に占める割合よりも入学者に占める割合が小さければ、この人口統計集団は少数であり、高等教育を受ける機会に相対的に恵まれていないことを示している。

両親の学歴による分析

データのあるすべての国で、両親が高等教育未修了者である者は、学士課程及び長期の第一学位プログラムまたは同等レベルの新入学者に占める割合が小さい。データのある国の平均では、両親が高等教育未修了者である者は、18〜24歳人口の65%を占めているが、18〜24歳の新入学者に占める割合は47%にとどまる。とはいえ、国によってかなりばらつきがあり、両親が高等教育未修了者である者の割合は、イタリアでは18〜24歳人口で82%、新入学者で71%である一方、フィンランドでは当該年齢層で46%、新入学者で29%である（図B7.1）。

両親が高等教育未修了者である者は、傾向として、高等教育への入学だけでなく卒業でも不利な立場にある。実際、データのあるすべての国で、学士課程及び長期の第一学位プログラムまたは同等レベルの初回卒業者に占める割合も小さく（表B7.2）、データのある国の平均では、両親が高等教育未修了者である者は、20〜29歳人口の61%を占めながら、同年齢層の初回卒業者では割合が44%にまで低下する。

移民としての背景による分析

移民としての背景も、高等教育への入学及び卒業に影響すると考えられる。データのあるすべての国で、移民第一世代や第二世代の者は、移民としての背景を持たない者と比べて、学士課程及び長期の第一学位プログラムまたは同等レベルに入学する可能性が低い（図B7.2）。移民第一世代は、本人が当該国外で生まれ、親もどちらもが当該国外の生まれである場合をいい、移民第二世代は、本人は当該国内の生まれだが、両親は当該国外の生まれである場合をいう。本インディケータの分析では、移民第一世代と第二世代を区別しておらず、どちらも留学生を除外している。

18〜24歳人口の移民第一世代または第二世代の場合、ノルウェーでは、年齢人口の15%を占めているが、学士課程及び長期の第一学位プログラムまたは同等レベルの新入学者の10%であるのに対し、ギリシャでは、年齢人口の19%、新入学者の9%を占めている。この差は、これらの国の移民人口の教育水準の違いをある程度反映していると考えられる（インディケータA1参照）。また、年齢人口に占める移民の割合がかなり小さい国も少数あり（例えば、フィンランドとスロベニアでは6%）、こうした結果を分析する際にその点を考慮する必要がある。

初回卒業者でも、移民第一世代または第二世代の占める割合が小さい同様の傾向が見られるが（表B7.4）、この割合の小ささには、国によってばらつきがある。スイスでは、移民の割合は20〜29歳人口では33%だが、初回卒業者では14%にまで下がる。一方、イスラエルの場合、初回卒業者の25%

図B7.2. 学士課程及び長期の第一学位プログラムまたは同等レベルの新入学者と年齢人口に占める、移民第一世代または第二世代の者の割合（2015年）

18～24歳人口

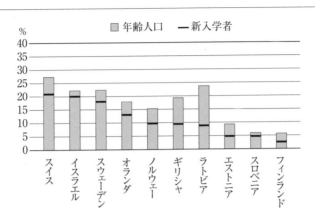

図の見方
スイスでは、18～24歳の移民第一世代または第二世代の者は、その年齢層の総人口の27％を占めるが、学士課程及び長期の第一学位プログラムまたは同等レベルの新入学者に占める割合は21％にとどまる。
注：留学生は移民データから除外されている。国によって留学生の定義と調査年が異なる場合がある。詳細は付録3を参照。
左から順に、新入学者に占める移民第一世代または第二世代の者の割合が大きい国。
資料：OECD（2018）。表7.3。高等教育の平等に関する特別調査。詳細は「資料」を参照。付録3の注を参照（http://dx.doi.org/10.1787/eag-2018-36-en）。
StatLink：https://doi.org/10.1787/888933804014

が移民であるのに対し、20～29歳人口では27％である。当該年齢層に占める移民の割合と卒業者に占める移民の割合を比較するにあたっては、この年齢層の移民が高等教育を修了してから受入国に入国している可能性や、また、十分な時間がなくて29歳までに高等教育を修了できなかった可能性があるため、注意する必要がある（インディケータA1参照）。

学士課程及び長期の第一学位プログラムまたは同等レベルで移民第一世代または第二世代が少数なのは、潜在的な言語の壁（特に、入国年齢が高い場合）や、移民人口の社会経済的背景の一貫した違いなど、幾つかの要因によるものと考えられる（OECD, 2018 [2]）。したがって、政策を決定する際には、各国の移民人口の特徴を考慮することが重要である。

性別の複合的影響

一般的な傾向として、両親が高等教育未修了者である場合、男性は女性と比べて、学士課程及び長期の第一学位プログラムまたは同等レベルに入学し卒業する可能性が低い。データのある国の平均では、両親が高等教育未修了者である者は、18～24歳人口の男女の64％を占めるが、新入学者では、この割合が女性では49％なのに対して、男性では43％にとどまる（図B7.3）。これは、女性の新入学者よりも男性の新入学者の方が、両親が低学歴である者が少ないことを意味する。これについては、男性の方が高等教育進学の機会費用が高いことによって、少なくともある程度は説明がつくと思われる。男性は、高等教育によって得る収益が比較的大きいが（インディケータA5参照）、短期的には、高等教育を受け続けた場合の放棄所得が女性よりも高いため、早期に労働市場への参入を決めることも考えられる（インディケータA3参照）。男性は後期中等教育の修了率も低く（『図表でみる教育 OECDインディケータ（2017年版）』（OECD, 2017 [3]）のインディケータA9参照）、それが高等教育への進学率の低さにつながっている可能性がある。

図B7.3. 学士課程及び長期の第一学位プログラムまたは同等レベルの新入学者と年齢人口に占める、両親が高等教育未修了者である者の割合（男女別）（2015年）

18～24歳人口

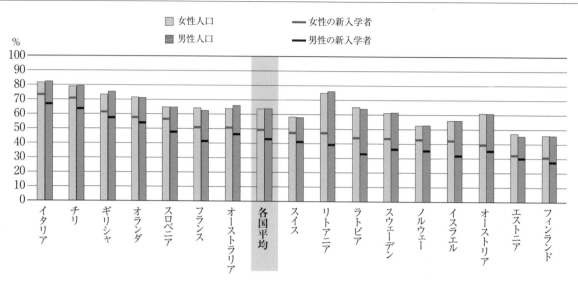

図の見方
　イタリアでは、両親が高等教育未修了者である者は、18～24歳の女性人口の82%、男性人口の83%を占め、新入学者では、この割合が女性で73%、男性で67%に低下する。
注：調査年が2015年ではない国がある。詳細は付録3を参照。
左から順に、両親が高等教育未修了者である者が女性の新入学者に占める割合が大きい国。
資料：OECD（2018）。表B7.1。高等教育の平等に関する特別調査。詳細は「資料」を参照。付録3の注を参照（http://dx.doi.org/10.1787/eag-2018-36-en）
StatLink：https://doi.org/10.1787/888933804033

　学士課程及び長期の第一学位プログラムまたは同等レベルの初回卒業者でも、同様の傾向が見られる。データのあるすべての国で、両親が高等教育未修了者である者の割合は、20～29歳人口では男女同程度であるが、初回卒業者では、女性の方が男性より大きい（表B7.1.b）。平均すると、20～29歳人口では、女性の62%と男性の61%は、両親が高等教育未修了者であるが、初回卒業者になると、この割合が女性は47%に下がり、男性は39%にとどまる。

　両親の学歴に関連する不平等は男性の方が大きいが、移民としての背景に関連する不平等には大きな男女差がない。データのあるほとんどの国で、移民第一世代または第二世代の割合は、年齢人口全体と学生の両方で男女同程度である。

両親の学歴と高等教育入学年齢との関係

　これまでの図では、両親が高等教育未修了者である者は、学士課程及び長期の第一学位プログラムまたは同等レベルの新入学者に占める割合が小さい傾向が見られた。しかし、このようなプログラムにいつ入学するかという意思決定に、両親の学歴が影響するかどうかを調べるのも、興味深い。

　図B7.4は、両親の低学歴が、学士課程及び長期の第一学位プログラムまたは同等レベルへの入学の遅れに関係していることを示している。データのある国の平均では、少なくとも両親のどちらかが高等教育修了者である新入学者では、90%が25歳までに入学しているのに対し、両親が高等教育未

インディケータB7：高等教育の入学及び卒業の公平性　　CHAPTER **B**

修了者である新入学者では、この割合が82%である。実際、高等教育入学が遅れるこうした傾向は、すべての学生が25歳までに入学するイタリアを除き、データのあるすべての国で見られる。

両親が高等教育未修了者である者の入学の遅れには、いくつかの要因が影響しているとみられるが、その要因は国によって異なると思われる。入学の遅れの原因としては、就業期間や後期中等教育修了の遅れ、また、移民第一世代の場合は受入国への入国が遅かったことが考えられる。こうした入学の遅れは、特に、生徒の熟慮の上での選択の結果でない場合や、後に労働市場での不利な立場につながる場合には、公平性についての懸念をもたらす可能性がある。

コラムB7.1. 高等教育段階における不平等は、それ以前の教育段階に起因している可能性がある

本インディケータの表と図は、高等教育段階では、潜在的に恵まれない背景を持つ集団が少数派であるという、OECD加盟国全体の一般的な傾向を示している。だが、高等教育への入学における不平等を解釈する際には、不平等が個人の就学期間全体を通じて蓄積する傾向があることを考慮する必要がある。したがって、恵まれない背景を持つ学生が高等教育プログラムでは少ないのは、高等教育への入学そのものを阻む障害や、それ以前の教育段階での進歩を妨げる障害が原因とも考えられる。

本コラムでは、後期中等教育及び高等教育に関して両親の学歴別に分けたデータを組み合わせて、この問題に取り組んでいる。ここでの分析は、実際には幼児教育段階から始まる教育段階全体を通じた不平等の蓄積に対して、限定的な見解を提供するに過ぎないが、問題点を明らかにするのには役立つ。

図B7.aは、1）後期中等教育入学、2）理論上の履修期間内での後期中等教育卒業、3）高等教育入学という三つの異なる段階の学生の構成比を、両親の学歴別に示している。ほとんどの国では、段階が進むにつれて割合が低下しており、潜在的に恵まれない生徒は進学する可能性が低いことを浮き彫りにしている。

図B7.aは、高等教育で見られる不平等がそれ以前の教育段階に起因する度合いを見極めるのにも役立つ。例えば、ノルウェーでは、両親が高等教育未修了者である生徒は、後期中等教育の卒業を阻む特定の障害に直面していることが読み取れるが、この教育段階を実際に卒業する者が高等教育に進学する可能性は、少なくとも両親のどちらかが高等教育修了者である生徒とほぼ同じである。この調査結果から、ノルウェーでは、高等教育入学への大きな障壁がなく、この教育段階で見られる不平等は、両親が高等教育未修了者である生徒が、少なくとも両親のどちらかが高等教育修了者である生徒よりも、後期中等教育を卒業するケースが少ないことの表れだとわかる。

イスラエルでは傾向が異なり、両親が高等教育未修了者である生徒のほとんどが、少なくとも両親のどちらかが高等教育を修了している生徒とほぼ同じ確率で、後期中等教育を卒業してい

283

るが、両親が高等教育未修了者である生徒の割合は、後期中等教育卒業者の54%から高等教育入学者の39%へと15パーセントポイント低下している。この結果から、高等教育への入学に関しては、背景に恵まれない生徒に偏って影響する特定の障害があることが窺える。

高等教育への入学を妨げている障害は、後期中等教育で取得できる資格を反映しているとも考えられる。多くの国では、高等教育に進学できない後期中等教育プログラムが存在するため、恵まれない背景を持つ生徒が、後期中等教育を卒業したものの、高等教育への入学に必要な資格を取得していない可能性がある。

オランダがこれに当てはまり、約40%の生徒が、高等教育への進学が認められない2年制または3年制の後期中等教育職業プログラムに入学する。高等教育に進学できるプログラムだけを考慮すると、オランダの後期中等教育卒業者と高等教育入学者の差が、図B7.aに示す12パーセントポイントから、わずか4パーセントポイントにまで低下する。このことから、オランダで、恵まれない背景を持つ集団が高等教育段階で少ないのは、高等教育進学への障害よりも、後期中等教育プログラムの選択時の不平等が原因である可能性が高いとわかる。

図B7.a. 後期中等教育の入学者と卒業者、及び18～24歳の高等教育入学者（両親の学歴別）

2010～2012年の後期中等教育入学者、2013～2014年のプログラムの理論上の履修期間内の後期中等教育卒業者、2015年の高等教育入学者

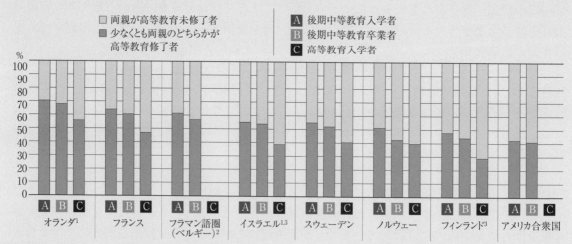

図の見方
積み重ね棒グラフは、両親の学歴別にみた後期中等教育の入学者と卒業者、及び高等教育入学者の構成を示している。フィンランドでは、両親が高等教育未修了者である生徒は、後期中等教育入学者の48%、後期中等教育卒業者の44%、高等教育入学者の29%をそれぞれ占める。

注：高等教育入学者は、18～24歳人口のISCED5、ISCED6、及びISCED7の長期の第一学位プログラムの入学者。
1. 高等教育入学者に短期高等教育プログラムを含まない。
2. 両親の学歴ではなく母親の学歴。
3. イスラエルは、後期中等教育入学者の調査年が2013年、後期中等教育卒業者の調査年が2015年。フィンランドは高等教育入学者の調査年が2016年。
左から順に、両親が高等教育未修了者である後期中等教育入学者の割合が大きい国・地域。
資料：OECD（2018年）。後期中等教育は、後期中等教育修了率（平等の側面別）に関する特別調査のデータ。高等教育は、高等教育の平等に関する予備調査のデータ。詳細は「資料」を参照。付録3の注を参照（http://dx.doi.org/10.1787/eag-2018-36-en）。

StatLink: https://doi.org/10.1787/888933804090

インディケータB7：高等教育の入学及び卒業の公平性　CHAPTER B

高等教育で見られる不平等がそれ以前の教育段階に起因している可能性があるという事実は、高等教育進学に関する問題を十分に説明するものではなく、問題自体を軽減するものでもない。それでも、どのような要因が問題の一因となっているかを理解することが、より良い政策を策定する上では不可欠である。

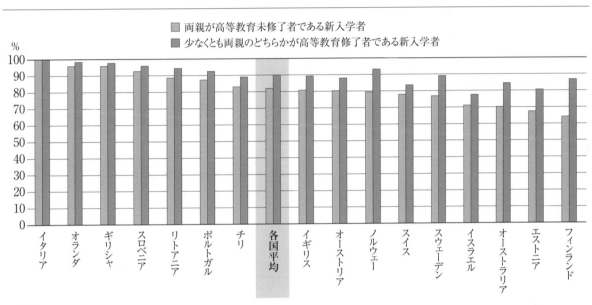

図B7.4. 25歳未満の学士課程及び長期の第一学位プログラムまたは同等レベルの新入学者の割合（両親の学歴別）（2015年）

図の見方
フィンランドでは、少なくとも両親のどちらかが高等教育修了者である高等教育新入学者の87%が、25歳未満で入学している。両親が高等教育未修了者である新入学者では、この割合が64%に低下する。
注：調査年が2015年ではない国がある。詳細は付録3を参照。
左から順に、両親が高等教育未修了者である25歳未満の新入学者の割合が大きい国。
資料：OECD（2018）。高等教育の平等に関する特別調査。詳細は「資料」を参照。付録3の注を参照（http://dx.doi.org/10.1787/eag-2018-36-en）。
StatLink : https://doi.org/10.1787/888933804052

両親の学歴と高等教育プログラム選択との関係

両親の学歴は、高等教育に進学するかどうかの意思決定だけでなく、進学する高等教育プログラムの選択にも影響を与える可能性がある。

図B7.5をみると、データのあるすべての国において、両親が高等教育未修了者である高等教育新入学者は、少なくとも両親のどちらかが高等教育修了者である新入学者に比べて、学士課程及び長期の第一学位プログラムまたは同等レベルよりも、短期高等教育プログラムに入学する可能性が高いことがわかる。例えば、スロベニアでは、両親が高等教育未修了者である新入学者のうち、27%が短期高等教育プログラムに入学し、73%が学士課程及び長期の第一学位プログラムまたは同等レベルに入学している。少なくとも両親のどちらかが高等教育修了者である新入学者では、短期高等教育プログラムに入学する者はわずか15%に過ぎず、85%が学士課程及び長期の第一学位プログラムまたは同等レベルに入学している。

CHAPTER B　教育機会・在学・進学の状況

図B7.5 18～24歳人口の短期高等教育プログラム入学者と学士課程及び長期の第一学位プログラムまたは同等レベル入学者の割合（両親の学歴別）（2015）

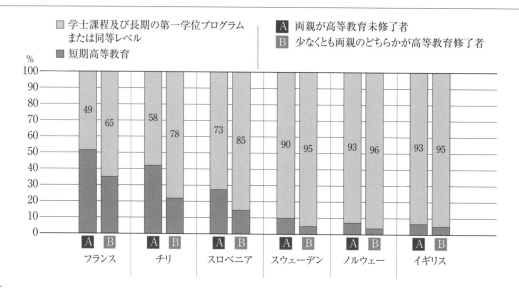

図の見方
積み重ね棒グラフは、短期高等教育プログラムへの入学者と学士課程及び長期の第一学位プログラムまたは同等レベルの入学者の割合を、両親の学歴別に示している。スロベニアでは、両親が高等教育未修了者である新入学者のうち、27％が短期高等教育プログラムに入学し、73％が学士課程及び長期の第一学位プログラムまたは同等レベルに入学している。また、少なくとも両親のどちらかが高等教育修了者である新入学者のうち、15％が短期高等教育プログラムに入学し、85％が学士課程及び長期の第一学位プログラムまたは同等レベルに入学している。
注：調査年が2015年ではない国がある。詳細は付録3を参照。
左から順に、両親が高等教育未修了者である短期高等教育プログラム新入学者の割合が大きい国。
資料：OECD（2018）。高等教育の平等に関する特別調査。詳細は「資料」を参照。付録3の注を参照（http://dx.doi.org/10.1787/eag-2018-36-en）。
StatLink : https://doi.org/10.1787/888933804071

学士課程及び長期の第一学位プログラムまたは同等レベルの卒業者は、短期高等教育プログラムの卒業者よりも、所得と就業率が高い傾向にある（インディケータA3及びA4参照）。したがって、恵まれない背景を持つ集団の割合が、学士課程及び長期の第一学位プログラムまたは同等レベルで小さい場合、労働市場での不平等が強まる恐れがある。短期高等教育プログラムが教育の平等性向上に寄与するかどうかは、労働市場や上位の教育段階での成功に関わる一連のスキルを学生に身につけさせることができるかどうかに左右されるとみられる。

■ 定義

学士課程及び長期の第一学位プログラムまたは同等レベルの新入学者とは、この教育段階に初めて入学する学生をいう。本インディケータでは18～24歳の新入学者のみを対象とする。

学士課程及び長期の第一学位プログラムまたは同等レベルの初回卒業者とは、この教育段階を初めて卒業する学生をいう。本インディケータでは20～29歳の初回卒業者のみを対象とする。

両親が高等教育未修了者とは、両親ともにISCED-11 5、6、7、8を修了していない場合をいう。

移民第一世代とは、本人が当該国外で生まれ、また両親も当該国外の生まれである場合をいう。本指標では、留学生を除く。

インディケータ B7：高等教育の入学及び卒業の公平性　**CHAPTER B**

移民第二世代とは、本人は当該国内の生まれだが、両親が当該国外生まれである場合をいう。

B7

■ 算定方法

いずれの年齢層、性別及び重要な集団（両親が高等教育未修了者である者及び移民としての背景を持つ者）についても、新入学者／初回卒業者の割合は、重要な集団に属する新入学者／初回卒業者の数を新入学者／初回卒業者の総数で除して算定している（表B7.1、表B7.2、表B7.3、表B7.4及び図B7.1、図B7.2、図B7.3）。

25歳未満の新入学者の割合は、25歳未満の新入学者の数を全年齢の新入学者の総数で除して算定している（図B7.4）。

18～24歳人口の**短期高等教育プログラム入学者**の割合は、短期高等教育プログラムの新入学者の数をすべての高等教育プログラム（短期高等教育プログラム、学士課程及び長期の第一学位プログラムまたは同等レベルの両方）の入学者総数で除して算定している。同様に、18～24歳人口の**学士課程及び長期の第一学位プログラムまたは同等レベル入学者**の割合は、学士課程及び長期の第一学位プログラムまたは同等レベルの入学者の数をすべての高等教育プログラムの入学者総数で除して算定している（図B7.5）。

リトアニアは、本書を編集時にはOECD加盟国ではなかったので、OECD加盟国リストには記載せず、OECD加盟国の総計に含めていない。

■ 資料

データは2014～15学年度を調査対象年とし、2017年及び2018年に行われた特別調査に基づく。

イスラエルのデータについて

イスラエルの統計データは、イスラエル政府関係当局により、その責任の下で提供されている。OECDにおける当該データの使用は、ゴラン高原、東エルサレム、及びヨルダン川西岸地区のイスラエル入植地の国際法上の地位を害するものではない。

■ 参考資料

OECD（2018）, *The Resilience of Students with an Immigrant Background: Factors that Shape Well-being*, OECD Publishing,Paris, http://dx.doi.org/10.1787/9789264292093-en. [2]

OECD（2017）, *Education at a Glance 2017: OECD Indicators*, OECD Publishing, Paris, http://dx.doi.org/10.1787/eag-2017-en. （『図表でみる教育OECDインディケータ（2017年版）』経済協力開発機構（OECD）編著、矢倉美登里, 稲田智子, 大村有里, 坂本千佳子, 立木勝, 三井理子訳、明石書店、2017年） [3]

OECD（2013）, *OECD Skills Outlook 2013: First Results from the Survey of Adult Skills*, OECD Publishing, Paris, http://dx.doi.org/10.1787/9789264204256-en. （『OECD成人スキル白書：第1回国際成人力調査（PIAAC）報告書＜OECDスキル・アウトルック2013年版＞』経 [1]

287

CHAPTER **B**　教育機会・在学・進学の状況

済協力開発機構（OECD）編著、矢倉美登里, 稲田智子, 来田誠一郎訳、明石書店、2014年）

■ インディケータB7の表*

- 表B7.1. 学士課程及び長期の第一学位プログラムまたは同等レベルの新入学者と年齢人口に占める、両親が高等教育未修了者である者の割合（男女別）（2015年）
- 表B7.2. 学士課程及び長期の第一学位プログラムまたは同等レベルの初回卒業者と年齢人口に占める、両親が高等教育未修了者である者の割合（男女別）（2015年）
- 表B7.3. 学士課程及び長期の第一学位プログラムまたは同等レベルの新入学者と年齢人口に占める、移民第一世代または第二世代の者の割合（男女別）（2015年）
- 表B7.4. 学士課程及び長期の第一学位プログラムまたは同等レベルの初回卒業者と年齢人口に占める、移民第一世代または第二世代の者の割合（男女別）（2015年）

* データの締切日は2018年7月18日。更新データはホームページで確認可能（http://dx.doi.org/10.1787/eag-data-en）。詳細な内訳もEducation at a Glance Database（http://stats.oecd.org/）で確認可能。

インディケータB7：高等教育の入学及び卒業の公平性　　**CHAPTER B**

B7

表B7.1. 学士課程及び長期の第一学位プログラムまたは同等レベルの新入学者と年齢人口に占める、両親が高等教育未修了者である者の割合（男女別）（2015年）

18～24歳人口

	女性		男性		男女合計	
	新入学者	年齢人口	新入学者	年齢人口	新入学者	年齢人口
	(1)	(2)	(3)	(4)	(5)	(6)
国 オーストラリア	51	64	46	66	49	65
オーストリア	39	61	35	61	37	61
チリ	71	79	64	79	67	79
エストニア	32	47	30	45	31	46
フィンランド	30	46	27	46	29	46
フランス	51	64	41	63	47	63
ギリシャ	61	74	58	76	60	75
イスラエル	42	56	32	56	39	56
イタリア	73	82	67	83	71	82
ラトビア	44	65	34	64	39	65
リトアニア	47	75	39	76	44	76
オランダ	58	72	54	71	56	72
ノルウェー	43	53	35	53	39	53
ポルトガル	m	m	m	m	61	78
スロベニア	56	65	48	65	53	65
スウェーデン	43	61	36	61	40	61
スイス	47	58	41	58	45	58
イギリス	m	m	m	m	47	64
各国平均	49	64	43	64	47	65

注：表B7.1と表B7.2はコホートが異なり、ソースが異なる場合があるので、各表に示すデータを比較すべきではない。調査年が2015年ではない国がある。詳細は付録3を参照。
資料：OECD（2018）。高等教育の平等に関する特別調査。詳細は「資料」を参照。付録3の注を参照（http://dx.doi.org/10.1787/eag-2018-36-en）。
表中の省略記号については、「利用にあたって」を参照。
StatLink：https://doi.org/10.1787/888933803919

表B7.2. 学士課程及び長期の第一学位プログラムまたは同等レベルの初回卒業者と年齢人口に占める、両親が高等教育未修了者である者の割合（男女別）（2015年）

20～29歳人口

	女性		男性		男女合計	
	初回卒業者	年齢人口	初回卒業者	年齢人口	初回卒業者	年齢人口
	(1)	(2)	(3)	(4)	(5)	(6)
国 オーストラリア	52	65	50	66	52	65
オーストリア	39	66	37	62	38	64
カナダ[1]	29	42	25	40	28	41
フィンランド	32	50	29	50	31	50
フランス[2]	69	71	31	65	50	68
イスラエル	39	55	31	55	36	55
イタリア	72	82	65	83	69	83
オランダ	57	73	54	73	55	73
ノルウェー	44	56	35	56	41	56
スロベニア	55	68	45	68	51	68
スウェーデン	42	65	34	65	39	65
スイス	42	62	39	59	41	60
イギリス	m	m	m	m	46	61
アメリカ合衆国	35	51	29	47	32	49
各国平均	47	62	39	61	44	61

注：表B7.1と表B7.2はコホートが異なり、ソースが異なる場合があるので、各表に示すデータを比較すべきではない。調査年が2015年ではない国がある。詳細は付録3を参照。
1. 初回卒業者の数値は少ない標本数に基づくため、解釈には注意が必要である。
2. 初回卒業者の年齢層は20～29歳ではなく20～24歳。
資料：OECD（2018）。高等教育の平等に関する特別調査。詳細は「資料」を参照。付録3の注を参照（http://dx.doi.org/10.1787/eag-2018-36-en）。
表中の省略記号については、「利用にあたって」を参照。
StatLink：https://doi.org/10.1787/888933803938

CHAPTER **B**　教育機会・在学・進学の状況

表B7.3. 学士課程及び長期の第一学位プログラムまたは同等レベルの新入学者と年齢人口に占める、移民第一世代または第二世代の者の割合（男女別）（2015年）

18〜24歳人口

		女性		男性		男女合計	
		新入学者	年齢人口	新入学者	年齢人口	新入学者	年齢人口
		(1)	(2)	(3)	(4)	(5)	(6)
国	エストニア	4	9	6	9	5	9
	フィンランド	3	6	2	6	3	6
	ギリシャ	11	18	8	20	9	19
	イスラエル	20	22	20	22	20	22
	ラトビア	6	24	11	24	9	24
	オランダ	14	18	12	18	13	18
	ノルウェー	9	15	10	15	10	15
	スロベニア	5	6	4	6	5	6
	スウェーデン	18	22	19	23	18	22
	スイス	20	29	22	26	21	27

注：留学生は移民データから除外されている。国によって留学生の定義と調査年が異なる場合がある。表B7.3と表B7.4はコホートが異なり、ソースが異なる場合があるので、各表に示すデータを比較すべきではない。詳細は付録3を参照。
資料：OECD（2018）。高等教育の平等に関する特別調査。詳細は「資料」を参照。付録3の注を参照（http://dx.doi.org/10.1787/eag-2018-36-en）。
表中の省略記号については、「利用にあたって」を参照。
StatLink：https://doi.org/10.1787/888933803957

表B7.4. 学士課程及び長期の第一学位プログラムまたは同等レベルの初回卒業者と年齢人口に占める、移民第一世代または第二世代の者の割合（男女別）（2015年）

20〜29歳人口

		女性		男性		合計	
		初回卒業者	年齢人口	初回卒業者	年齢人口	初回卒業者	年齢人口
		(1)	(2)	(3)	(4)	(5)	(6)
国	フィンランド	2	8	2	8	2	8
	ドイツ	7	19	5	18	7	18
	イスラエル	25	28	25	27	25	27
	オランダ	11	21	9	20	10	21
	ノルウェー	6	21	7	20	7	21
	スロベニア	5	8	5	8	5	8
	スウェーデン	14	24	13	24	14	24
	スイス	14	33	13	33	14	33
	アメリカ合衆国	14	21	15	24	14	23

注：留学生は移民データから除外されている。留学生の定義と調査年は国によって異なっている可能性がある。表B7.3と表B7.4はコホートが異なり、ソースが異なっている可能性があるため、提示されたデータを表間で比較すべきではない。詳細は付録3を参照。
資料：OECD（2018）。高等教育の平等性に関する特別調査。詳細は「資料」を参照。付録3の注を参照（http://dx.doi.org/10.1787/eag-2018-36-en）。
表中の省略記号については、「利用にあたって」を参照。
StatLink：https://doi.org/10.1787/888933803976

Chapter C

教育への支出

インディケータ C1：在学者一人当たり教育支出 ……………………………… 294
　　　　　　 [StatLink：https://doi.org/10.1787/888933804109]

インディケータ C2：国内総生産（GDP）に対する教育支出の割合 ………… 310
　　　　　　 [StatLink：https://doi.org/10.1787/888933804242]

インディケータ C3：教育支出の公私負担割合 ………………………………… 322
　　　　　　 [StatLink：https://doi.org/10.1787/888933804375]

インディケータ C4：公財政教育支出 …………………………………………… 334
　　　　　　 [StatLink：https://doi.org/10.1787/888933804508]

インディケータ C5：高等教育機関の授業料と学生への公的補助 …………… 348
　　　　　　 [StatLink：https://doi.org/10.1787/888933804641]

インディケータ C6：教育支出の使途別構成 …………………………………… 368
　　　　　　 [StatLink：https://doi.org/10.1787/888933804774]

インディケータ C7：教員の給与支出を決定する要因 ………………………… 378
　　　　　　 [StatLink：https://doi.org/10.1787/888933804888]

インディケータ C

教育財政指標の枠組み

教育財政に関する国際指標は、教育プログラムに関連して購入される教育用品や教育サービスの観点から定義される。とはいえ、実際には、学校や大学の支出額にこれまで関心が向けられてきたことを反映して、教育用品や教育サービスよりも教育機関を定義の単位として用いるのが最も一般的である。しかし、教育機関の側面が重要である一方で、支出、それも特に、教育機関以外の公的財源からの支出は、教育機関での学習と教育機会を支えるのに役立っている。教育機関によって提供される教育用品及び教育サービスと、それ以外の物品やサービスに充てられる支出を区別することでも、中核となる教育目的に充当される支出を分析できる。また、教育支出の財源に注目すれば、負担割合が最も大きい財源と、それが教育機会と教育の提供に与えうる影響を評価できる。

したがって、以下の三つの側面を柱に構築された教育支出の枠組みについて、考察することが重要である。

- サービス提供者の場所（教育機関内か教育機関外か）
- 提供または購入される物品とサービス（基本的な物品と周辺的な物品）
- これらの物品及びサービスの提供または購入に対して支出する財源（公財政支出、私費負担、国際財源）

教育支出の分類

本章は、教育支出を三つの側面から分類している。

- 第一の側面は、教育支出が発生する場所による分類である（下表の横軸）。教育支出には、学校や大学のような教育機関に対する支出と、教育関係省庁や、教育の提供と支援に直接関わるその他の機関のような教育機関以外の機関に対する支出が含まれる。これらの機関以外に対する教育支出は、教育機関以外で購入される教育用品や教育サービス（本やコンピュータ、家庭教師の料金など）に対する支出が対象となる。教育機関外で発生する学生の生活費や交通費も扱う。

- 第二の側面は、購入される物品やサービスの内容による分類である（下表の縦軸）。基本的な教育用品及び教育サービスには、指導や教育に直接関わるすべての支出が含まれ、教員や学校施設の維持、教材、図書、学校以外での授業、学校運営にかかる費用すべてが対象となる。ただし、教育機関に対する支出は、そのすべてが教育への直接支出に分類できるわけではない。多くのOECD加盟国では、教育機関は、教育サービスに加えて、給食、交通機関、学生寮など、学生・生徒やその家族を支援するさまざまな補助的サービスを提供している。高等教育では、研究・開発に関する支出がかなり大きくなる場合もある。さらに、教育用品や教育サービスに対する支出は、必ずしも教育機関内で発生するとは限らない。例えば、家庭で独自に教科書や参考書を購入したり、子どもに家庭教師をつけたりする場合もある。その意味では、「教育以外」に対する支出は、学生の生活費や、機関が一般市民に提供しているサービスに広く関わるすべての支出が対象となる。

- 第三の側面は、教育支出の財源による分類で、下の表では濃淡で示してある。この分類では、財源を公財政支出（国際機関からの補助金を財源とするものを含む）（■）と、

私費負担（■）とに区別する。私費負担のうち公財政からの補助部分（■）で示す。着色していないマス目は、『図表でみる教育OECDインディケータ』の財政指標の対象外である枠組みを示す。

教育財政指標

本章では、教育支出の7つの面に焦点を当てて、OECD加盟国の教育支出について、総合的な比較分析を行う。

■教育支出の財源と、在学者数（インディケータC1）及び国の富（インディケータC2）との比較。

■教育支出の財源（インディケータC3）。

■教育機関及び教育機関以外に対する公財政教育支出と一般政府総支出との比較（インディケータC4）。

■高等教育の授業料と学生への財政支援（インディケータC5）。

■教育支出の使途別構成（インディケータC6）。

■国公立教育機関の生徒一人当たり教員給与支出に対するさまざまな要因の影響（インディケータC7）。

インディケータ **C**

□ 公財政支出及び国際財源からの支出
■ 私費負担
■ 私費負担のうち公財政からの補助部分

物品とサービスの種類		サービス提供者の場所	
		教育機関に対する支出（例：学校、大学、教育当局、学生への福利厚生）	教育機関以外に対する支出（例：家庭教師など、教育用品、教育サービスの私的な購入）
基本的な教育用品及び教育サービスに関する支出		例：教育サービスに対する公財政支出	例：公的補助を使った個人による本や参考資料の購入、家庭教師に対する家計支出
		例：教育サービスに対する公的補助を使った家計支出	例：個人による本や参考資料の購入、家庭教師に対する家計支出
		例：授業料への家計支出	
周辺的な教育用品及び教育サービスに関する支出	研究・開発への支出	例：大学での研究に対する公財政支出	
		例：教育機関での研究・開発に対する民間企業からの資金	
	その他の支出	例：給食、学校までの交通機関、学生寮などの補助的サービスに対する公財政支出	例：公的補助を使った生活費への支出、通学割引
		例：下宿や給食、医療サービス、教育機関が生徒・学生に提供するその他の福利厚生	
		例：補助的サービス利用料への家計支出	例：個人による学生の生活費や交通費のための家計支出

インディケータ C1

在学者一人当たり教育支出

- OECD加盟国の平均では、在学者一人当たりの年間支出額は、初等教育から高等教育までの全教育段階で10,500ドル、初等教育で約8,600ドル、中等教育で10,000ドル、高等教育で15,700ドルである。
- 高等教育以外の教育（初等・中等・高等教育以外の中等後教育）では、教育支出の94％が、授業に関係する費用などの教育サービスに支出されており、残り6％が福利厚生など補助的サービスに充てられている。高等教育段階では、教育サービスへの支出の割合が大幅に縮小する（68％）一方で、研究・開発活動への支出が、在学者一人当たり総支出のおよそ30％を占めるようになる。
- OECD加盟国では、初等・中等教育における6～15歳児の在学者一人当たり教育支出の累計総額は約91,000ドルである。

図C1.1. 在学者一人当たりの使途別教育支出額（初等教育から高等教育）（2015年）

購買力平価による米ドル換算額、フルタイム換算

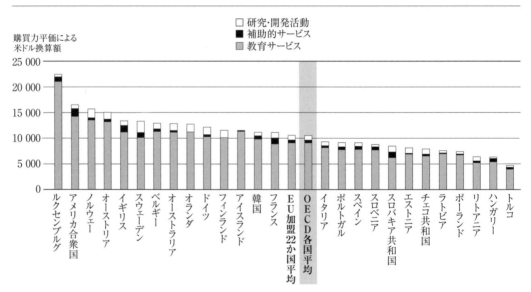

左から順に、在学者一人当たり（全サービスの）教育支出が多い国。
資料：OECD/UIS/Eurostat（2018）。表C1.2。詳細は「資料」を参照。付録3の注を参照（http://dx.doi.org/10.1787/eag-2018-36-en）。
StatLink: https://doi.org/10.1787/888933804185

■ 政策との関連

政策立案にあたって、教育機会の拡大と質の高い教育サービスの提供を意欲的に進めると、在学者一人当たり教育支出の上昇につながると考えられるが、その場合、他分野の公財政支出要求や納税者への全体的な負担との間で均衡をはかる必要がある。こうしたことから、教育に向けられる財源が投資に見合った収益をもたらしているか否かが、公の場での論議で重要な論点となっている。一人の生徒・学生を現代社会での仕事や生活

に備えさせるのに必要な財源の最適規模を判断するのは困難ではあるが、在学者一人当たり教育支出の国際比較を評価基準として役立てることもできる（「定義」及び「算定方法」を参照）。

本インディケータでは、在学者一人当たりの支出を評価していく。在学者一人当たり教育支出は、主として教員の給与（インディケータC7及びD3参照）、年金制度、授業時間数（インディケータC7参照）、教材費や施設・設備費（インディケータC6参照）、提供される教育プログラム（普通プログラムか職業プログラムか、など）、在学者数（インディケータB1参照）によって大きく左右される。また、教員志望者の増加や、平均的な学級規模の縮小、あるいは教員一人当たりの生徒数の削減（インディケータD2参照）をはかる政策も、在学者一人当たり教育支出に影響している。また、補助的サービス及び研究・開発活動も、在学者一人当たり教育支出に影響する場合がある。

初等・中等教育段階では、教育支出の大部分を教育サービスが占める。高等教育では、他のサービス、それも特に補助的サービスや研究・開発活動関連のサービスが、大きな割合を占めることもある。提供されるサービスの種類別の支出配分については、インディケータC6で詳しく見ていく。

■ その他のハイライト

- ほぼすべての国で、在学者一人当たり教育支出は、教育段階が上がるにつれて増加するが、高等教育以外の中等後教育は例外で、平均では初等教育段階と同程度か、他の教育段階よりも少ない。
- 高等教育段階では、私費負担による在学者一人当たり教育支出は、OECD加盟国の平均で4,600ドルを超え、在学者一人当たり公財政支出（11,100ドル）の約40％に相当する。
- OECD加盟国の平均でみると、2010～2015年の間に、高等教育以外の教育機関への支出は4％増加したが、在学者数が1％減少した結果、同期間に在学者一人当たり支出は5％増加している。
- 中等教育段階では、ほとんどの国で、プログラムの性格が在学者一人当たり教育支出に影響している。2015年には、プログラム別の支出データがあるOECD加盟27か国の平均で、後期中等教育段階の在学者一人当たり教育支出は、職業プログラムの方が普通プログラムより2,000ドル近く多い。
- 初等教育から高等教育までの在学者一人当たり年間教育支出は、教育の周辺的な活動（研究・開発活動、在学者に対する福利厚生サービスなどの補助的サービス）を除くと、OECD加盟国の平均で9,800ドルである。
- OECD加盟国の平均では、在学者一人当たりの年間教育支出は、初等教育段階でGDPの22％、中等教育段階で25％である。高等教育段階ではこの割合がかなり増加し、短期高等教育プログラム及び学士・修士・博士課程に対する在学者一人当たりの年間教育支出は、平均でGDPの38％に相当する。

CHAPTER C 教育への支出

■ 結果と解説

教育段階別在学者一人当たり教育支出

初等教育から高等教育段階までの在学者一人当たり年間教育支出から、在学者一人に対して行われた投資額を評価できる。2015年の初等教育から高等教育段階までの在学者一人当たり年間教育支出は、コロンビア、メキシコの3,000ドル前後からオーストリア、ノルウェー、アメリカ合衆国の15,000ドル超、さらにはルクセンブルグの22,000ドル近くまでかなりの開きがあるが（表C1.1及び図C1.1）、OECD加盟国の平均では10,500ドルである。

財源の配分方法は教育段階によって大きく異なるが、これは主に、教育方法の違いが影響している。教育は現在も、基本的には、組織やカリキュラム、教授法、運営方式が概して似通った環境で提供されているため、初等教育から高等教育以外の中等後教育では、一人当たり教育支出の傾向に類似性があることが多い。だが、高等教育に関していえば、この数十年間に私費負担が増加していることから、下位の教育段階と比べて支出配分の傾向が変わってきている（インディケータC3及び表C1.5を参照）。2015年には、OECD加盟国の平均で、在学者一人当たり教育支出は、初等教育段階で約8,600ドル、中等教育段階で10,000ドル、高等教育段階で15,700ドルである。ただし、高等教育段階については、支出額が大きい少数のOECD加盟国（最も顕著なのは、オーストラリア、ルクセンブルグ、ノルウェー、スウェーデン、イギリス、アメリカ合衆国）の影響を受けている（表C1.1及び図C1.1）。各教育段階の在学者一人当たり年間教育支出のこうした差異は、在学期間の在学者一人当たり教育支出の累積総額にも大きな差をもたらすことがある（ホームページの表C1.6）。また、地域レベルでも大きな差が見られる（コラムC1.1）。

コラムC1.1. 在学者一人当たり年間教育支出の地域差

在学者一人当たり年間教育支出は、各国の国内で均一というわけではない。データのある4か国では、2015年に地域間で大きな差異が見られる。初等・中等教育段階の在学者一人当たり年間教育支出の合計では、地域差が最も大きいのはロシアで、最高額が25,000ドル、最低額が約2,700ドルと、9倍もの開きがある。地域差が2番目に大きいのはカナダで、最高額である地域と最低額の地域との比が約3である。（地域数が少ない）ベルギーとドイツは地域差が最も小さい（OECD/NCES, 2018[1]）。

各国の初等・中等教育段階の在学者一人当たり年間教育支出額を均一性という観点からみると、ロシアでは、85の地域のうち57地域が国の平均を下回っており、最高水準の教育支出の恩恵を得るのはごく一部の限られた地域のみであることがわかる。カナダはこれとは対照的で、在学者一人当たり年間教育支出額が国の平均を下回っているのは13ある州・準州の半数に満たない。ドイツでは、9州のうち6州で支出額が国の平均より少なく、その大半が国の西部に位置しているが、これについては東部の州の人口急減によって説明できる（OECD/NCES, 2018[1]）。

各国間の比較を行うために、支出額は、その国の購買力平価（PPP）を用いて共通通貨（米ドル）に換算しているが、国内の生活費の差異は考慮に入れていない。

インディケータ C1：在学者一人当たり教育支出　CHAPTER **C**

各教育段階への支出配分を比較すると、各国政府が相対的に重点を置いている教育段階や、教育提供に掛かる相対的費用がわかる。在学者一人当たり教育支出は、ほぼすべての国で、教育段階が上がるにつれて増えているが、増加幅は国によって著しく異なる（表C1.1）。OECD加盟国の平均では、在学者一人当たり教育支出は、中等教育段階の方が初等教育段階より15%多く、チェコ共和国とフランスではこの割合が約60%、オランダでは50%強である。一方、チリ、コロンビア、アイスランド、リトアニア、ルクセンブルグ、スロバキア共和国、スロベニア、トルコ、イギリスでは、初等教育段階の方が在学者一人当たりの支出額が大きい。同様に、高等教育の在学者一人当たり教育支出（研究・開発活動を除く）は、OECD各国平均で初等教育より30%多いが、これは主に、高等教育段階で国による教育政策の違いが大きいためである（インディケータC5を参照）。例えば、メキシコとアメリカ合衆国では、高等教育の在学者一人当たり教育支出（研究・開発活動を除く）は、初等教育より120%以上多い（表C1.1）。

在学者一人当たりの教育サービス、補助的サービス、研究・開発活動への支出

OECD加盟国の平均では、教育サービスへの支出（授業に関係する費用など）が、初等教育から高等教育までの在学者一人当たり総支出の86%を占め、アイスランド、ラトビア、ルクセンブルグ、ポーランドでは90%を超えている。だが、データのあるOECD加盟及び非加盟の25か国中9か国では、研究・開発活動と補助的サービスへの支出が、在学者一人当たり年間支出総額の約15～30%を占めており、全サービスに関する国別順位に影響していると考えられる。

しかし、この全体像からは、教育段階間の大きな差異は見えてこない（表C1.2）。高等教育以外の教育段階（初等・中等・高等教育以外の中等後教育）では、教育サービスへの支出が教育支出の大部分を占めており、データがあるOECD加盟国の平均で、在学者一人当たり総支出の94%（9,400ドル）が教育サービスに充てられている。ただし、フィンランド、フランス、ハンガリー、スロバキア共和国、スウェーデン、イギリスでは、補助的サービスへの支出が在学者一人当たり教育支出の10%強を占めている（表C1.2）。

高等教育段階になると、在学者一人当たり教育支出総額に占める教育サービスの割合にさらに大きな差がみられるが、これは、研究・開発活動への支出が大きな割合を占める場合があるのが一因である（表C1.2）。OECD加盟国では、高等教育段階の教育支出の68%を教育サービスが占める一方、研究・開発活動への支出は約30%である。研究・開発活動の大半を高等教育機関が担う国は、研究・開発活動の多くが他の公的機関や産業界で行われている国に比べ、在学者一人当たり教育支出が大きい傾向がある。研究・開発活動を除くと、在学者一人当たり教育支出は、すべての国の平均では11,200ドル超で、ギリシャの約2,600ドルからルクセンブルグの40,000ドル超までの開きがある。高等教育段階では、研究・開発活動及び補助的サービスは、OECD加盟国の平均では一人当たり教育支出の32%を占めているが、データがあるOECD加盟及び非加盟国7か国では、この割合が40%以上で、スロバキア共和国（50%）とスウェーデン（54%）で最も大きい。高等教育における補助的サービスの重要性は、下位の教育段階よりもさらに低い。補助的サービスに充てられるのは平均で教育支出の4%にとどまり、チェコ共和国、エストニア、フィンランド、アイスランド、イスラエル、韓国、スウェーデンではゼロに等しい。イギリスとアメリカ合衆国は、補助的サービスに対する在学者一人当たり教育支出が2,000ドル超と突出している。

297

予想される在学期間における教育支出の累計総額

政策立案時には、教育に投入される財源と教育制度から得られる成果との関係に関心が向けられる（『図表でみる教育OECDインディケータ（2017年版）』（OECD, 2017[2]）のコラムB1.1）。各国の教育費を比較するには、在学者一人当たりの年間教育支出額だけでなく、各教育段階で予想される全在学期間の、教育支出の累計総額も考慮する必要がある。例えば、たとえ一人当たり支出額が高くても、プログラムが短期間であったり、その教育段階への進学者数が少なかったりすれば、影響は相殺されている可能性もある。反対に、一人当たり教育支出額が少ないようにみえても、進学者数が多い、学校で過ごす期間が長いなどの場合は、教育支出が高額になることも考えられる。

OECD加盟国では、初等・中等教育は通常義務教育であり、この教育段階の6～15歳児の在学者一人当たり教育支出の予想される累計総額をみれば、現行の義務教育を基準とした場合の、在学者一人にかかる平均的な教育費全体が予測できる（図C1.2及びホームページの表C1.6）。6～15歳児の在学者一人当たり教育支出の累計総額は、OECD加盟国の平均では約92,000ドルだが、国によってかなりの差が見られ、オーストリア、ルクセンブルグ、ノルウェー、アメリカ合衆国では120,000ドルを超える一方、メキシコ、トルコでは40,000ドルを下回る。

在学者一人当たり教育支出の対一人当たりGDP比

在学者一人当たり教育支出の対一人当たりGDP比は、OECD加盟国の相対的価値を踏まえた支出尺

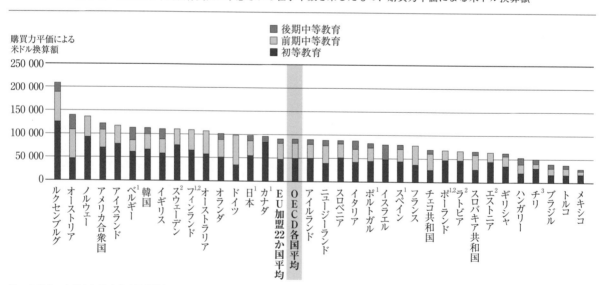

図C1.2. 6～15歳児の在学者一人当たり教育支出累積総額（2015年）
在学者一人当たり年間教育支出に予想される在学年数を乗じたもの、購買力平価による米ドル換算額

注：在学者一人当たり教育支出累積総額は、6～15歳児の予想される在学年数を用いて算定している。
1. 一部の教育段階が他の教育段階に含まれる。該当する教育段階については表C1.1の記号「x」を参照。
2. 教育サービスの一部に1年間の就学前教育が含まれる。
3. 調査年は2016年。
左から順に、初等・中等教育の予想される在学期間における6～15歳児の在学者一人当たり教育支出総額が大きい国。
資料：OECD/UIS/Eurostat（2018）。表C1.6。詳細は「資料」を参照。付録3の注を参照（http://dx.doi.org/10.1787/eag-2018-36-en）。
StatLink : https://doi.org/10.1787/888933804204

度である。下位の教育段階については、大半のOECD加盟国で全児童を対象に教育（多くの場合義務教育）が提供されるため、在学者一人当たり教育支出の対一人当たりGDP比を、在学者一人当たりに費やされるリソースがその国の支払い能力と相関しているかどうかの目安にできる。上位の教育段階では、国によって在学率にかなりのばらつきがあるため、その関連性は不明瞭になる。例えば、高等教育段階で比較的少数の学生に多額の資金を費やせば、対一人当たりGDP比は相対的に高くなると考えられる。

OECD加盟国では、在学者一人当たり教育支出の対一人当たりGDP比は、初等教育から高等教育までの全段階では26％で、教育段階別では、初等教育22％、前期中等教育25％、後期中等教育26％、高等教育以外の中等後教育22％、高等教育39％となっている（図C1.3及びホームページの表C1.4）。在学者一人当たり教育支出が低水準にある国でも、対一人当たりGDP比でみると、投資額が比較的大きい場合がある。例えば、ラトビアは、全教育段階の在学者一人当たり教育支出も一人当たりGDPもOECD加盟国の平均を下回るが、在学者一人当たり教育支出の対一人当たりGDP比は、各教育段階で平均を上回っている。

在学者一人当たり教育支出と一人当たりGDPの関係は解釈が難しいが、高等教育以外の教育段階では、この二つの間に明らかな正の相関関係が見られ、財源の小さい国ほど在学者一人当たりの支出が少ない傾向がある。このように高等教育以外の教育段階には一般に正の相関がみられるものの、一人当たりGDPが同程度の国でも、在学者一人当たり教育支出に違いが生じる場合もあり、一人当たり

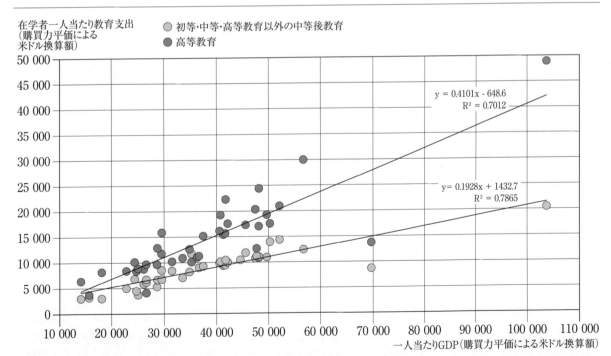

図C1.3. 在学者一人当たり教育支出の対一人当たりGDP比（教育段階別）（2015年）

在学者一人当たり年間教育支出の対一人当たりGDP比、購買力平価による米ドル換算額

資料：OECD/UIS/Eurostat（2018）。表C1.1。OECD.Stat。詳細は「資料」を参照。付録3の注を参照（http://dx.doi.org/10.1787/eag-2018-36-en）。
StatLink : https://doi.org/10.1787/888933804223

CHAPTER C　教育への支出

GDPが30,000ドルを超える国に特にそれが言える。例えば、オーストリアとオランダは一人当たりGDPが同程度（50,000ドル前後）（付録2の表X2.1参照）であるが、初等・中等教育への富の配分割合に大きな差がある。オーストリアは在学者一人当たり教育支出の対一人当たりGDP比が、初等教育では23%とOECD各国平均（22%）を上回り、中等教育でも31%とOECD各国平均（25%）を上回っているのに対し、オランダは対一人当たりGDP比が初等教育17%、中等教育26%となっている（図C1.3及びホームページの表C1.4）。

高等教育における在学者一人当たり教育支出のばらつきは初等・中等教育よりも大きく、国の相対的な豊かさと教育支出レベルの関係も多様である。ブラジル、スロバキア共和国、スウェーデン、イギリス、アメリカ合衆国は、高等教育段階の対一人当たりGDP比が50%を超えている（図C1.3及びホームページの表C1.4）。対一人当たりGDP比が高いのは、例えばスウェーデンの場合、研究・開発活動への教育支出が非常に多く、在学者一人当たり教育支出の半分超を占めていることによって明らかに説明がつく（表C1.2）。

在学者一人当たり教育支出の推移（2010〜2015年）

教育支出の推移は、学齢人口の規模と教員給与の変化を主に反映している。両要素とも、経年的に実質ベースで増加する傾向にあり、教育費の最大の項目である教員給与はこの10年間、大半の国で増加している（インディケータD3参照）。また、学齢人口は在学者数に影響するとともに、国が教育制度に投入すべき資源や行うべき組織的取り組みの規模をも左右する。すなわち、学齢人口が多いほど、教育サービスに対する潜在需要が高くなるのである。しかし、在学者一人当たり教育支出の経年変化は、同じ国の中でも教育段階によってばらつきがみられる場合がある。これは、在学者数と教育支出の両方が、教育段階によって異なる推移をたどるためと思われる。

高等教育以外の教育段階では、在学者数の変化は、在学者一人当たり教育支出の推移の主要因ではないようである。高等教育以外の教育への教育支出は、ほとんどの国で2010〜2015年の間に平均で4%増加した（表C1.3）。同じ期間、この教育段階の在学者数は緩やかに減少し、5年間の合計で1%減となった。教育支出が増加し在学者数が減少した結果、在学者一人当たり教育支出は増加して、2010〜2015年の増加幅は5%であった。2010年よりも2015年の方が、ほとんどの国で在学者一人当たり教育支出は増加しているが、アメリカ合衆国と、2008年の経済危機による打撃が大きかったエストニア、フランス、アイルランド、スロベニア、スペインなどのヨーロッパ諸国では、例外的に減少している。これとは対照的に、チリ（20%）、韓国（24%）、ラトビア（30%）、スロバキア共和国（22%）のようないくつかの国では、同時期に在学者一人当たり教育支出が大幅に増加している。チリ、韓国、ラトビア、ポーランド、スロバキア共和国では、2010〜2015年に在学者数が5%超減少する一方で在学者一人当たり教育支出が大幅に増加したが、アイルランド、スロベニア、スペインでは逆に、在学者数が増加し在学者一人当たり教育支出が減少している。

高等教育段階の教育支出は、2010〜2015年に平均で12%の増加を示し、それより下位の教育段階に比べてその増加幅はかなり大きい。これは一つには、同期間に在学者数が合計3%増加したためである。OECD加盟国では、在学者一人当たりの教育支出は、この5年間で平均11%の増加を記録している。データのある26のOECD加盟国及び非加盟国のうち、チリ、フィンランド、フランス、ドイツ、アイルランド、イスラエル、メキシコ、スペインは、高等教育の在学者一人当たり教育支出が減少し

インディケータ C1：在学者一人当たり教育支出　**CHAPTER C**

ているが、これらの国のほとんどでは、高等教育在学者の急増がその主な原因である。例えば、エストニアやスロバキア共和国では、在学者一人当たりの教育支出の増加は主に、高等教育への支出総額の増加と在学者数の減少によるものである。ただし、オーストラリア、ベルギー、オランダ、ノルウェーのように、高等教育在学者数の大幅な増加が、在学者一人当たり教育支出の減少につながっていない場合もある（表C1.3）。

■ 定義

補助的サービスとは、教育機関の提供するサービスのうち、主目的である教育サービスを補助するものをいう。補助的サービスの中心は、在学者に対する福利厚生サービスである。在学者に対する福利厚生サービスは、初等・中等・高等教育以外の中等後教育では、給食、学校保健、通学用交通機関などがあり、高等教育段階では、寄宿舎（学生寮）、食堂、健康管理などがある。

教育サービスに対する支出は、教育機関での教育指導に直接関わるものである。教員の給与、校舎の建設・維持、教材、図書、学校運営などにかかる支出はすべてこれにあたる。

研究・開発に対する支出には、大学やその他の高等教育機関で行われる研究・開発に関するすべての支出が含まれる。当該機関の一般経費からの支出であるか、または公的もしくは私的部門から提供される別個の助成金あるいは資金であるかは区別していない。

■ 算定方法

各教育段階の在学者一人当たり教育支出は、当該段階の教育機関の総支出を、フルタイム換算した在学者数で除して算出した。対象としたのは、在学者数と教育支出のデータの両方がある教育機関と教育プログラムのみである。各国通貨による支出額は、その金額をGDPベースの購買力平価（PPP）指数で除して米ドルに換算した。購買力平価の為替レートを採用するのは、市場の為替レートでは、各国の相対的な国内購買力に関係の薄い多くの要因（金利、貿易政策、経済成長の見通しなど）に左右されるためである（詳細は付録2を参照）。

在学者一人当たり教育支出の対一人当たりGDP比は、在学者一人当たり教育支出を、一人当たりGDPで除して算出している。教育支出データとGDPデータの対象期間が異なる場合は、当該国のインフレ率を使い、支出データをGDPデータの対象期間に合わせて調整した（付録2参照）。

フルタイム換算の在学者：在学者一人当たり年間教育支出によるOECD加盟国の順位は、学生のフルタイム、パートタイム、及びフルタイム換算を各国がどのように定義するかに影響される。高等教育の全学生をフルタイムとして算入する国もあれば、調査対象期間に取得した単位数によって学生の就学状況を判定する国もある。パートタイム学生数を正確に提示できる国は、就学状況別の学生数を把握できない国に比べて、フルタイム換算の在学者一人当たり教育支出額が多くなることが考えられる。

在学者一人当たり教育支出に関する地域データは、各国の購買力平価（PPP）を用いて調整されてい

301

CHAPTER C 　教育への支出

C₁

る。本インディケータで用いられた在学者一人当たり教育支出に十分な調整を施すため、地域ごとの生活費について、今後さらなる取り組みが必要である。

『OECD国際比較教育統計ハンドブック2018年版（*OECD Handbook for Internationally Comparative Education Statistics 2018*)』（OECD, 2018[3]）を参照。各国の注記については付録3を参照（http://dx.doi.org/10.1787/eag-2018-36-en)。

リトアニアは、本書を編集時にはOECD加盟国ではなかったので、OECD加盟国リストには記載せず、OECD加盟国の総計に含めていない。

■ 資料

データは、（特に記載がない限り）2015年会計年度を調査対象年とし、OECDが2017年に収集した教育統計のUOEデータコレクションに基づいている。詳細は付録3を参照（http://dx.doi.org/10.1787/eag-2018-36-en)。アルゼンチン、中国、コロンビア、インド、インドネシア、サウジアラビア、南アフリカのデータは、ユネスコ統計研究所（UIS）から得ている。

2005年、2011〜2015年の支出データは、2017〜18年の調査に基づいて更新されたものであり、2005〜2014年の支出は、現在のUOEデータコレクションで用いられている方法と定義に従って調整されている。

一部の指標の地域データは、全米教育統計センター（US National Centre for Education Statistics, NCES）の協力を得てOECDが公開してきたものであり、現在、ベルギー、カナダ、ドイツ、ロシアの4か国のデータがある。地域の推定値は、全国的なデータソースを用いている国から提供されたものである。

イスラエルのデータについて

イスラエルの統計データは、イスラエル政府関係当局により、その責任の下で提供されている。OECDにおける当該データの使用は、ゴラン高原、東エルサレム、及びヨルダン川西岸地区のイスラエル入植地の国際法上の地位を害するものではない。

■ 参考資料

OECD（2018), *OECD Handbook for Internationally Comparative Education Statistics 2018: Concepts, Standards, Definitions and Classifications*, OECD Publishing, Paris, https://doi.org/10.1787/9789264304444-en. [3]

OECD（2017), *Education at a Glance 2017: OECD Indicators*, OECD Publishing, Paris, http://dx.doi.org/10.1787/eag-2017-en.（『図表でみる教育OECDインディケータ（2017年版)』経済協力開発機構（OECD）編著、矢倉美登里, 稲田智子, 大村有里, 坂本千佳子, 立木勝, 三井理子訳、明石書店、2017年) [2]

OECD/NCES（2018), *Education at a Glance Subnational Supplement*, OECD/National Center [1]

302

for Education Statistics, Paris and Washington DC, https://nces.ed.gov/surveys/annualreports/oecd/index.asp.

■インディケータC1の表*

- 表C1.1. 在学者一人当たり教育支出（2015年）
- 表C1.2. 在学者一人当たり教育支出の使途別（教育、補助的サービス、研究・開発活動）構成（2015年）
- 表C1.3. 在学者一人当たり教育支出の推移（2005年、2011年、2015年）
- 表C1.4.（ホームページの表）在学者一人当たり教育支出の対一人当たりGDP比（2015年）
- 表C1.5. 在学者一人当たり教育支出（財源別）（2015年）
- 表C1.6.（ホームページの表）6〜15歳児の在学者一人当たり教育支出累計総額（2015年）

* データの締切日は2018年7月18日。更新データはホームページで確認可能（http://dx.doi.org/10.1787/eag-data-en）。データは、Education at a Glance Database（http://stats.oecd.org/）でも確認可能。

表C1.1. 在学者一人当たり教育支出（2015年）

GDP購買力平価による米ドル換算額、教育機関への直接支出、教育段階別、フルタイム換算

	初等教育	中等教育：前期中等教育	後期中等教育：普通プログラム	後期中等教育：職業プログラム	後期中等教育：全プログラム	全中等教育	高等教育以外の中等後教育	初等・中等・高等教育以外の中等後教育	高等教育：短期高等教育	高等教育：長期高等教育	高等教育：全高等教育	高等教育：全高等教育（研究・開発活動を含まない）	初等教育から高等教育	初等教育から高等教育（研究・開発活動を含まない）
	(1)	(2)	(3)	(4)	(5)	(6)	(7)	(8)	(9)	(10)	(11)	(12)	(13)	(14)
OECD加盟国														
オーストラリア	9 546	12 466	12 826	9 328	12 028	12 303	9 343	10 766	21 290	20 122	20 344	14 159	12 829	11 497
オーストリア	11 689	15 514	13 514	16 696	15 432	15 477	4 876	13 931	16 700	17 718	17 555	13 138	15 043	13 688
ベルギー	10 211	12 538	13 138d	13 497d	13 352d	13 070d	x(3, 4, 5, 6)	11 856	11 577	17 538	17 320	11 627	12 900	11 812
カナダ[1]	9 249d	x(1)	x(5)	x(5)	12 900	12 900	x(8)	10 468d	m	m	m	m	m	m
チリ[2]	5 064	4 974	4 852	5 054	4 909	4 930	4 996	4 103	10 164	8 406	8 067	5 986	5 888	
チェコ共和国	5 207	8 714	7 368	8 566	8 251	8 476	2 399	7 075	18 635	10 870	10 891	6 365	7 919	6 918
デンマーク	m	m	m	m	m	m	m	m	m	m	m	m	m	m
エストニア	6 327	6 614	6 514	8 048	7 090	6 861	7 929	6 663	a	12 867	12 867	8 404	8 133	7 076
フィンランド	9 305	14 682	8 425	8 587d	8 543d	10 482d	x(4, 5, 6)	10 025	a	17 591	17 591	10 391	11 518	10 098
フランス	7 395	10 268	13 131	14 963	13 799	11 747	9 286	9 897	14 093	16 805	16 145	10 638	11 106	10 040
ドイツ	8 619	10 680	11 423	15 943	13 652	11 791	10 736	10 863	10 149	17 036	17 036	10 018	12 139	10 689
ギリシャ	5 810	7 099	5 678	8 513	6 490	6 786		6 191	a	4 095	4 095	2 601	5 470	4 957
ハンガリー	5 089	4 711	6 110	9 794	6 966	5 870	12 301	5 852	4 102	8 952	8 761	7 068	6 346	6 058
アイスランド	11 215	12 872	8 142	14 821	10 023	11 149	13 860	11 207	8 918	12 754	12 671	x(11)	11 499	x(13)
アイルランド	8 288	9 983	10 259	a	10 259	10 111	m	8 671	x(11)	x(11)	13 229	9 747	9 439	8 852
イスラエル	7 971	x(3, 4, 5)	6 025d	15 400d	7 987d	7 987d	m	8 831	5 267	13 865	11 003	7 109	9 308	m
イタリア	8 426	9 258			8 969	9 079		8 831		11 245	11 257	7 352	9 308	8 539
日本	9 105	10 562	x(5)	x(5)	11 715d	11 147d	x(5, 6, 9, 10, 11)	10 167	13 806d	20 758d	19 289d	x(11)	12 120	m
韓国	11 047	11 025	x(5)	x(5)	13 247	12 202	a	11 688	5 817	11 310	10 109	8 141	11 143	10 464
ラトビア	6 672	6 723	7 049	7 233	7 123	6 930	8 235	6 824	10 693	10 046	10 137	8 208	7 595	7 146
ルクセンブルク	20 892	21 124	18 580	20 587	19 808	20 413	1 588	20 451	24 769	51 625	48 907	41 905	22 430	21 943
メキシコ	2 874	2 514	4 098	4 249	4 224	3 129	a	2 998	x(11)	x(11)	8 170	6 404	3 611	x(13)
オランダ	8 478	12 491	10 329	14 698	13 241	12 850	12 655	10 960	10 543	19 323	19 286	12 107	12 730	11 204
ニュージーランド	7 849	9 409	11 206	12 544	11 509	10 383	9 990	9 266	11 494	16 015	15 166	12 207	10 392	x(13)
ノルウェー	13 275	14 486	16 429	15 768	16 095	15 401	16 962	14 353	16 399	21 129	20 973	12 363	15 705	13 947
ポーランド	6 757	6 985	5 775	7 346	6 655	6 806	4 424	6 725	16 373	9 678	9 687	7 647	7 400	6 935
ポルトガル	7 380	9 568	x(5)	x(5)	9 469d	9 518d	x(5, 6, 11)	8 533	x(11)	x(11)	11 766d	7 477d	9 153	8 331
スロバキア共和国	6 877	6 282	6 069	7 658	7 092	6 660	7 774	6 747	8 263	15 998	15 874	9 845	8 477	7 334
スロベニア	8 542	9 925	7 971	6 846	7 230	8 290	a	8 406	3 129	11 140	10 208	8 075	8 778	8 338
スペイン	7 320	8 765	8 716	10 408d	9 269d	9 020d	x(4, 5, 6)	8 189	9 088	13 487	12 605	9 328	9 130	8 432
スウェーデン	10 853	11 493	7 749	16 873	11 331	11 402	5 102	11 052	6 777	25 889	24 417	11 297	13 289	11 093
スイス	m	m	m	m	m	m	m	m	m	m	m	m	m	m
トルコ	4 134	3 491	3 175	3 919	3 528	3 511	a	3 715	x(11)	x(11)	8 901	7 018	4 652	4 312
イギリス	11 630	10 249	11 660	9 440	10 798	10 569	a	11 028	8 421	27 931	26 320	20 526	13 355	12 473
アメリカ合衆国	11 727	12 693	x(5)	x(5)	13 474	13 084	14 294	12 424	x(11)	x(11)	30 003	26 817	16 518	15 776
OECD各国平均	8 631	9 941	9 119	11 037	10 196	10 010	8 927	9 401	11 022	16 518	15 656	11 202	10 520	9 772
EU加盟22か国平均	8 656	10 175	9 445	11 428	10 230	10 105	m	9 465	11 090	16 835	15 998	11 132	10 555	9 617
OECD非加盟国														
アルゼンチン	m	m	m	m	m	m	m	m	m	m	m	m	m	m
ブラジル	3 762	3 789	x(5)	x(5)	3 986d	3 872d	x(5, 6)	3 829	x(11)	x(11)	14 261	x(11)	4 451	x(13)
中国	m	m	m	m	m	m	m	m	m	m	m	m	m	m
コロンビア[2]	3 178	2 909	x(5)	x(5)	2 586d	2 817d	x(5, 6)	2 987	x(11)	x(11)	6 369	x(11)	3 683	x(13)
コスタリカ	m	m	m	m	m	m	m	m	m	m	m	m	m	m
インド	m	m	m	m	m	m	m	m	m	m	m	m	m	m
インドネシア	m	m	m	m	m	m	m	m	m	m	m	m	m	m
リトアニア	5 500	5 135	5 244	5 484	5 310	5 188	5 483	5 292	a	9 657	9 657	6 457	6 393	5 585
ロシア	x(8)	x(8)	x(8)	x(8)	x(8)	x(8)	x(8)	4 473d	4 249	9 554	8 369	7 527	5 409	x(13)
サウジアラビア	m	m	m	m	m	m	m	m	m	m	m	m	m	m
南アフリカ	m	m	m	m	m	m	m	m	m	m	m	m	m	m
G20各国平均	m	m	m	m	m	m	m	m	m	m	m	m	m	m

注：詳細は「定義」と「算定方法」を参照。データと詳細な内訳はEducation at a Glance Database（http://stats.oecd.org/）で参照可能。
1. 初等教育に就学前教育と前期中等教育が含まれる。
2. 調査年は2016年。
資料：OECD/UIS/Eurostat（2018）。詳細は「資料」を参照。付録3の注を参照（http://dx.doi.org/10.1787/eag-2018-36-en）。
表中の省略記号については、「利用にあたって」を参照。

StatLink : https://doi.org/10.1787/888933804128

表C1.2. 在学者一人当たり教育支出の使途別（教育、補助的サービス、研究・開発活動）構成（2015年）

GDP購買力平価による米ドル換算額、教育機関への直接支出、教育段階別、フルタイム換算

		初等・中等・高等教育以外の中等後教育			高等教育					初等教育から高等教育				
		教育サービス	補助的サービス	全サービス	教育サービス	補助的サービス	研究・開発活動	全サービス	研究・開発活動を除く全サービス	教育サービス	補助的サービス	研究・開発活動	全サービス	研究・開発活動を除く全サービス
		(1)	(2)	(3)	(4)	(5)	(6)	(7)	(8)	(9)	(10)	(11)	(12)	(13)
OECD加盟国	オーストラリア	10 541	225	10 766	13 370	788	6 186	20 344	14 159	11 151	347	1 332	12 829	11 497
	オーストリア	13 261	670	13 931	12 963	175	4 417	17 555	13 138	13 169	518	1 355	15 043	13 688
	ベルギー	11 452	404	11 856	10 654	973	5 693	17 320	11 627	11 299	513	1 088	12 900	11 812
	カナダ[1]	x(3)	x(3)	10 468	m	m	m	m	m	m	m	m	m	m
	チリ[2]	x(3)	x(3)	4 996	7 961	106	339	8 406	8 067	x(12)	x(12)	98	5 986	5 888
	チェコ共和国	6 624	451	7 075	6 287	78	4 526	10 891	6 365	6 550	368	1 001	7 919	6 918
	デンマーク	m	m	m	m	m	m	m	m	m	m	m	m	m
	エストニア	6 567	96	6 663	8 401	3	4 463	12 867	8 404	7 002	74	1 057	8 133	7 076
	フィンランド	9 023	1 003	10 025	10 391	0	7 200	17 591	10 391	10 098	0	1 420	11 518	10 098
	フランス	8 643	1 254	9 897	9 870	768	5 507	16 145	10 638	8 881	1 160	1 065	11 106	10 040
	ドイツ	10 573	290	10 863	9 137	880	7 018	17 036	10 018	10 276	412	1 450	12 139	10 689
	ギリシャ	x(3)	x(3)	6 191	x(7)	x(7)	1 493	4 095	2 601	x(12)	x(12)	513	5 470	4 957
	ハンガリー	5 193	658	5 852	6 452	615	1 694	8 761	7 068	5 407	651	288	6 346	6 058
	アイスランド	10 971	236	11 207	12 671	0	0	12 671	12 671	11 310	189	0	11 499	11 499
	アイルランド	x(3)	x(3)	8 671	9 747	a	3 483	13 229	9 747	x(12)	x(12)	586	9 439	8 852
	イスラエル	m	m	m	7 069	40	3 894	11 003	7 109	m	m	m	m	m
	イタリア[3]	8 452	378	8 831	6 945	406	3 906	11 257	7 352	8 156	384	769	9 308	8 539
	日本	x(3, 7)	x(3, 7)	10 167	x(7)	x(7)	x(7)	19 289d	x(7)	x(12)	x(12)	x(12)	12 110	x(12)
	韓国	10 751	938	11 688	8 054	86	1 968	10 109	8 141	9 820	644	679	11 143	10 464
	ラトビア	6 714	110	6 824	8 080	128	1 928	10 137	8 208	7 032	114	449	7 595	7 146
	ルクセンブルグ	19 571	880	20 451	40 800	1 105	7 002	48 907	41 905	21 048	896	487	22 430	21 943
	メキシコ	x(3)	x(3)	2 998	x(7)	x(7)	1 766	8 170	6 404	x(12)	x(12)	x(12)	3 611	x(12)
	オランダ	10 960	a	10 960	12 107	a	7 179	19 286	12 107	11 204	a	1 526	12 730	11 204
	ニュージーランド	x(3)	x(3)	9 266	x(7)	x(7)	2 959	15 166	12 207	x(12)	x(12)	x(12)	10 392	x(12)
	ノルウェー	13 850	503	14 353	12 120	243	8 610	20 973	12 363	13 497	450	1 759	15 705	13 947
	ポーランド	6 551	175	6 725	7 437	210	2 040	9 687	7 647	6 752	183	465	7 400	6 935
	ポルトガル	7 974	560	8 533	6 868d	608d	4 289d	11 766d	7 477d	7 762	569	822	9 153	8 331
	スロバキア共和国	5 822	925	6 747	7 990	1 855	6 029	15 874	9 845	6 233	1 101	1 142	8 477	7 334
	スロベニア	7 719	687	8 406	7 755	320	2 133	10 208	8 075	7 727	611	440	8 778	8 338
	スペイン	7 564	625	8 189	8 807	521	3 278	12 605	9 328	7 828	603	698	9 130	8 432
	スウェーデン	9 888	1 165	11 052	11 297	0	13 120	24 417	11 297	10 124	970	2 196	13 289	11 093
	スイス	m	m	m	m	m	14 282	m	m	m	m	2 679	m	m
	トルコ	3 426	289	3 715	6 296	722	1 882	8 901	7 018	3 944	367	340	4 652	4 312
	イギリス	9 871	1 157	11 028	18 429	2 096	5 794	26 320	20 526	11 173	1 300	882	13 355	12 473
	アメリカ合衆国	11 410	1 014	12 424	23 448	3 370	3 186	30 003	26 817	14 213	1 563	742	16 518	15 776
	OECD各国平均	8 822	579	9 401	10 654	593	4 409	15 656	11 249	9 086	548	886	10 520	9 834
	EU加盟22か国平均	8 843	622	9 465	10 696	579	4 723	15 998	11 132	9 082	562	911	10 555	9 617
OECD非加盟国	アルゼンチン	m	m	m	m	m	m	m	m	m	m	m	m	m
	ブラジル	x(3)	x(3)	3 829	x(7)	x(7)	x(7)	14 261	x(7)	x(12)	x(12)	x(12)	4 451	x(12)
	中国	m	m	m	m	m	m	m	m	m	m	m	m	m
	コロンビア[2]	x(3)	x(3)	2 987	x(7)	x(7)	x(7)	6 369	x(7)	x(12)	x(12)	x(12)	3 683	x(12)
	コスタリカ	m	m	m	m	m	m	m	m	m	m	m	m	m
	インド	m	m	m	m	m	m	m	m	m	m	m	m	m
	インドネシア	m	m	m	m	m	m	m	m	m	m	m	m	m
	リトアニア	5 041	250	5 292	5 795	662	3 200	9 657	6 457	5 232	354	807	6 393	5 585
	ロシア	x(3)	x(3)	4 473d	x(7)	x(7)	842	8 369	7 527	x(12)	x(12)	x(12)	5 409	x(12)
	サウジアラビア	m	m	m	m	m	m	m	m	m	m	m	m	m
	南アフリカ	m	m	m	m	m	m	m	m	m	m	m	m	m
	G20各国平均	m	m	m	m	m	m	m	m	m	m	m	m	m

注：幼児教育（early childhood education）のデータはインディケータB2を参照。詳細は「定義」と「算定方法」を参照。データと詳細な内訳は Education at a Glance Database（http://stats.oecd.org/）で参照可能。

1. 初等教育に就学前教育と前期中等教育が含まれる。
2. 調査年は2016年。
3. 高等教育以外の中等後教育のデータは算定から除外されている。

資料：OECD/UIS/Eurostat（2018）。詳細は「資料」を参照。付録3の注を参照（http://dx.doi.org/10.1787/eag-2018-36-en）。
表中の省略記号については、「利用にあたって」を参照。

StatLink：https://doi.org/10.1787/888933804147

CHAPTER C　教育への支出

表C1.3. 在学者一人当たり教育支出の推移（2005年、2011年、2015年）

変化指数（GDPデフレーター2010年＝100、不変価格）

	初等・中等・高等教育以外の中等後教育									高等教育								
	教育機関への教育支出の推移（2010年=100）			在学者数の推移（2010年=100）			在学者一人当たり教育支出の推移（2010年=100）			教育機関への教育支出の推移（2010年=100）			在学者数の推移（2010年=100）			在学者一人当たり教育支出の推移（2010年=100）		
	2005年	2011年	2015年	2005年	2011年	2015年	2005年	2011年	2015年	2005年	2011年	2015年	2005年	2011年	2015年	2005年	2011年	2015年
	(1)	(2)	(3)	(4)	(5)	(6)	(7)	(8)	(9)	(10)	(11)	(12)	(13)	(14)	(15)	(16)	(17)	(18)
オーストラリア	76	98	104	99	102	103	76	96	100	79	102	144	80	103	120	99	99	120
オーストリア	m	m	m	m	m	m	m	m	m	m	m	m	m	m	m	m	m	m
ベルギー	88	101	105	105	100	103	84	101	102	83	102	113	90	103	113	93	99	100
カナダ¹	83d	98d	104d	m	99d	104d	m	99d	100d	83	97	104	90	103	113	93	99	100
チリ²	88	104	113	108	98	94	82	106	120	70	111	108	67	107	124	104	103	87
チェコ共和国	91	103	107	113	98	97	81	105	110	72	117	107	76	101	87	95	116	122
デンマーク	92	92	m	95	105	m	97	88	m	90	102	m	93	94	m	97	109	m
エストニア	92	93	93	118	98	95	78	95	98	74	114	135	100	100	78	75	113	174
フィンランド	90	101	101	100	99	99	89	102	102	86	104	94	101	101	101	85	103	92
フランス	94	99	100	100	100	102	94	98	97	85	101	105	98	101	108	86	100	97
ドイツ	93	100	98	106	98	93	88	101	105	80	104	111	93	105	126	86	99	88
ギリシャ	m	m	m	m	m	m	m	m	m	m	m	m	m	m	m	m	m	m
ハンガリー	m	m	m	107	99	92	m	m	m	m	m	m	114	107	88	m	m	m
アイスランド	107	103	112	99	100	98	108	103	114	98	97	126	86	103	99	115	94	127
アイルランド	70	100	85	93	101	109	75	99	78	72	98	79	98	100	113	73	98	71
イスラエル	76	111	135	92	102	m	83	109	m	83	111	113	84	101	122	99	110	93
イタリア	103	96	99	98	101	99	105	95	100	89	102	93	102	99	92	88	103	101
日本	97	100	100	104	99	96	92	101	104	92d	104d	100d	104d	100d	99d	88d	104d	101d
韓国	71	103	105	108	97	84	66	106	124	m	98	101	98	m	m	m	m	m
ラトビア	100	96	118	129	96	91	78	100	130	105	116	131	119	95	84	89	123	156
ルクセンブルグ	m	96	98	m	m	m	m	m	m	m	m	m	m	m	m	m	m	m
メキシコ	91	104	115	95	101	105	96	103	109	79	96	121	86	105	130	92	92	93
オランダ	88	99	99	98	100	97	90	99	102	84	104	111	84	103	110	100	101	101
ニュージーランド	m	m	m	m	m	m	m	m	m	m	m	m	m	m	m	m	m	m
ノルウェー	91	95	109	98	101	102	93	94	107	m	97	122	94	103	114	m	94	107
ポーランド	82	98	105	120	98	94	68	101	111	85	93	109	106	98	87	80	95	125
ポルトガル	93	94	101	m	m	m	m	m	m	88	94	88d	80	101	85d	110	93	104d
スロバキア共和国	74	93	108	118	97	89	63	96	122	78	111	197	81	98	94	97	113	210
スロベニア	97	98	87	111	99	101	88	99	87	93	104	85	96	98	83	96	106	101
スペイン	84	98	95	95	101	106	88	96	89	79	98	97	90	103	111	88	95	87
スウェーデン	98	100	107	110	99	106	89	101	101	86	102	108	97	103	99	89	99	109
スイス	m	m	m	m	m	m	m	m	m	m	m	m	m	m	m	m	m	m
トルコ	m	m	m	110	115	m	m	m	m	m	m	m	m	m	m	m	m	m
イギリス	92	102	114	100	101	106	92	101	108	m	m	m	95	105	111	m	m	m
アメリカ合衆国	92	98	100	101	101	103	91	97	97	86	104	107	85	104	99	101	100	107
OECD各国平均	89	99	104	104	100	99	86	100	105	84	103	112	93	102	103	93	102	111
EU加盟22か国平均	90	98	101	106	100	99	85	99	102	84	104	110	95	101	98	90	104	115
アルゼンチン	m	m	m	m	m	m	m	m	m	m	m	m	m	m	m	m	m	m
ブラジル	m	m	m	m	m	m	m	m	m	m	m	m	m	m	m	m	m	m
中国	m	m	m	m	m	m	m	m	m	m	m	m	m	m	m	m	m	m
コロンビア²	m	m	m	m	m	m	m	m	m	m	m	m	m	m	m	m	m	m
コスタリカ	m	m	m	m	m	m	m	m	m	m	m	m	m	m	m	m	m	m
インド	m	m	m	m	m	m	m	m	m	m	m	m	m	m	m	m	m	m
インドネシア	m	m	m	m	m	m	m	m	m	m	m	m	m	m	m	m	m	m
リトアニア	m	94	87	126	95	83	m	100	105	78	119	111	102	98	92	76	121	121
ロシア	77	104	110d	m	m	m	m	m	m	43	93	86	m	94	77	m	99	111
サウジアラビア	m	m	m	m	m	m	m	m	m	m	m	m	m	m	m	m	m	m
南アフリカ	m	m	m	m	m	m	m	m	m	m	m	m	m	m	m	m	m	m
G20各国平均	m	m	m	m	m	m	m	m	m	m	m	m	m	m	m	m	m	m

注：詳細は「定義」と「算定方法」を参照。データと詳細な内訳はEducation at a Glance Database（http://stats.oecd.org/）で参照可能。
1. 初等教育に就学前教育と前期中等教育が含まれる。
2. 調査年は2016年。
資料：OECD/UIS/Eurostat（2018）。詳細は「資料」を参照。付録3の注を参照（http://dx.doi.org/10.1787/eag-2018-36-en）。
表中の省略記号については、「利用にあたって」を参照。

StatLink：https://doi.org/10.1787/888933804166

インディケータC1：在学者一人当たり教育支出　　CHAPTER **C**

表C1.5. [1/2] 在学者一人当たり教育支出（財源別）（2015年）

GDP購買力平価による米ドル換算額、教育機関への直接支出、教育段階別、フルタイム換算

	初等・中等・高等教育以外の中等後教育						
	初期支出（政府から私的部門への資金移転前）			最終支出（政府から私的部門への資金移転後）			
	公財政支出	私費負担	国際財源	公財政支出	私費負担	国際財源	合計
	(1)	(2)	(3)	(4)	(5)	(6)	(7)
オーストラリア	8,772	1,994	0	8,737	2,029	0	10,766
オーストリア	13,522	409	a	13,290	641	a	13,931
ベルギー	11,649	196	11	11,466	390	0	11,856
カナダ[1]	m	m	m	9,467	1,000d	m	m
チリ[2]	m	839	m	4,157	839	m	4,996
チェコ共和国	6,480	595	0	6,480	595	0	7,075
デンマーク	m	m	m	m	m	m	m
エストニア	5,195	465	1,003	6,191	465	8	6,663
フィンランド	9,951	74	x(1)	9,943	82	x(4)	10,025
フランス	9,223	671	4	8,985	910	2	9,897
ドイツ	m	m	0	9,454	1,409	0	10,863
ギリシャ	m	m	245	5,769	421	1	6,191
ハンガリー	5,431	420	0	5,431	420	0	5,852
アイスランド	10,784	422	1	10,784	422	1	11,207
アイルランド	8,214	457	2	8,214	457	a	8,671
イスラエル	m	m	m	m	m	m	m
イタリア	8,145	474	212	8,145	474	212	8,831
日本	m	m	0	9,386	782	0	10,167
韓国	m	1,353	m	10,182	1,507	m	11,688
ラトビア	6,107	151	566	6,638	151	34	6,824
ルクセンブルグ	19,399	529	523	19,399	529	523	20,451
メキシコ	2,523	468	7	2,490	508	0	2,998
オランダ	m	m	26	9,581	1,369	10	10,960
ニュージーランド	7,863	1,402	0	7,710	1,556	0	9,266
ノルウェー	14,332	22	0	14,280	74	0	14,353
ポーランド	6,043	556	126	6,095	567	63	6,725
ポルトガル	7,348	970	216	7,348	970	216	8,533
スロバキア共和国	5,731	519	498	6,020	725	3	6,747
スロベニア	7,547	811	48	7,576	814	16	8,406
スペイン	7,078	1,111	0	7,078	1,111	0	8,189
スウェーデン	11,052	a	m	11,052	a	a	11,052
スイス	15,307	m	m	15,293	m	a	m
トルコ	3,007	703	5	3,007	703	5	3,715
イギリス	9,830	1,196	2	9,565	1,461	2	11,028
アメリカ合衆国[3]	11,345	1,080	m	11,338	1,086	a	12,424
OECD各国平均	8,918	688	140	8,805	789	46	9,366
EU加盟22か国平均	8,775	565	193	8,749	698	64	9,465
アルゼンチン	m	m	m	m	m	a	m
ブラジル	m	m	m	3,829	m	m	m
中国	m	m	m	m	m	m	m
コロンビア[2]	2,287	700	1	2,287	700	1	2,987
コスタリカ	m	m	m	4,009	m	m	m
インド	m	m	m	m	m	m	m
インドネシア	m	m	m	m	m	m	m
リトアニア	4,935	213	144	5,024	241	27	5,292
ロシア	m	m	m	4,251d	221d	0d	4,473d
サウジアラビア	m	m	m	m	m	m	m
南アフリカ	m	m	m	m	m	m	m
G20各国平均	m	m	m	m	m	m	m

注：詳細は「定義」と「算定方法」を参照。データと詳細な内訳はEducation at a Glance Database（http://stats.oecd.org）で参照可能。
1. 初等教育に就学前教育と前期中等教育が含まれる。
2. 調査年は2016年。
3. 貸与補助が総額ではなく正味額であるため、公的資金移転が実際より小さい割合になっている。
資料：OECD/UIS/Eurostat (2018)。詳細は「資料」を参照。付録3の注を参照（http://dx.doi.org/10.1787/eag-2018-36-en）。
表中の省略記号については、「利用にあたって」を参照。

StatLink：https://doi.org/10.1787/888933804109

CHAPTER C 教育への支出

表C1.5. [2/2] 在学者一人当たり教育支出（財源別）（2015年）

GDP購買力平価による米ドル換算額、教育機関への直接支出、教育段階別、フルタイム換算

	高等教育						
	初期支出（政府から私的部門への資金移転前）			最終支出（政府から私的部門への資金移転後）			合計
	公財政支出	私費負担	国際財源	公財政支出	私費負担	国際財源	
	(8)	(9)	(10)	(11)	(12)	(13)	(14)
オーストラリア	12,909	7,435	m	7,694	12,650	m	20,344
オーストリア	16,490	1,066	a	16,461	1,094	a	17,555
ベルギー	15,138	1,662	521	14,379	2,460	481	17,320
カナダ[1]	m	m	m	m	m	m	m
チリ[2]	m	4,110	m	2,727	5,679	m	8,406
チェコ共和国	7,120	2,168	1,602	7,120	2,168	1,602	10,891
デンマーク	m	m	m	m	m	m	m
エストニア	8,875	3,068	925	9,129	3,068	671	12,867
フィンランド	16,403	569	x(7)	16,370	602	620	17,591
フランス	13,017	2,826	302	12,567	3,277	301	16,145
ドイツ	m	m	339	14,092	2,604	339	17,036
ギリシャ	m	m	1,169	3,003	474	618	4,095
ハンガリー	5,515	3,247	0	5,515	3,247	0	8,761
アイスランド	11,316	1,047	308	11,316	1,047	308	12,671
アイルランド	11,844	921	466	9,738	3,492	a	13,231
イスラエル	m	m	0	6,425	4,578	0	11,003
イタリア	8,070	2,857	329	6,947	3,980	329	11,257
日本	m	m	0[d]	6,253[d]	13,036[d]	0[d]	19,289[d]
韓国	m	4,964	m	3,653	6,456	m	10,109
ラトビア	6,414	2,239	1,484	7,361	2,293	483	10,137
ルクセンブルグ	45,465	1,818	1,624	45,187	2,096	1,624	48,907
メキシコ	5,943	2,214	13	5,789	2,380	0	8,170
オランダ	m	m	616	13,026	5,645	616	19,286
ニュージーランド	10,974	4,192	0	7,824	7,342	0	15,166
ノルウェー	20,681	292	0	20,129	844	0	20,973
ポーランド	8,570	654	464	7,663	1,567	457	9,687
ポルトガル	6,711[d]	3,716[d]	1,338[d]	6,839[d]	3,716[d]	1,210[d]	11,766[d]
スロバキア共和国	7,643	2,872	5,359	12,498	3,139	236	15,874
スロベニア	8,010	1,296	901	8,506	1,330	372	10,208
スペイン	8,674	3,704	228	8,370	4,008	228	12,605
スウェーデン	20,752	2,693	972	20,691	2,754	972	24,417
スイス	26,891	m	m	26,145	m	a	m
トルコ	m	m	28	6,654	2,219	28	8,901
イギリス	13,726	11,646	948	6,578	18,794	948	26,320
アメリカ合衆国[3]	11,362	18,642	m	10,563	19,441	a	30,003
OECD各国平均	13,140	3,535	767	11,128	4,609	479	15,656
EU加盟22か国平均	12,691	2,724	1,031	12,002	3,420	637	15,998
アルゼンチン	m	m	m	m	m	a	m
ブラジル	m	m	m	14,261	m	m	m
中国	m	m	m	m	m	m	m
コロンビア[2]	m	m	4	2,296	4,069	4	6,369
コスタリカ	m	m	m	6,014	m	m	m
インド	m	m	m	m	m	m	m
インドネシア	m	m	m	m	m	m	m
リトアニア	5,032	2,398	2,227	6,930	2,415	311	9,657
ロシア	m	m	m	5,348	2,925	96	8,369
サウジアラビア	m	m	m	m	m	m	m
南アフリカ	m	m	m	m	m	m	m
G20各国平均	m	m	m	m	m	m	m

注：詳細は「定義」と「算定方法」を参照。データと詳細な内訳はEducation at a Glance Database（http://stats.oecd.org）で参照可能。
1. 初等教育に就学前教育と前期中等教育が含まれる。
2. 調査年は2016年。
3. 貸与補助が総額ではなく正味額であるため、公的資金移転が実際より小さい割合になっている。
資料：OECD/UIS/Eurostat（2018）。詳細は「資料」を参照。付録3の注を参照（http://dx.doi.org/10.1787/eag-2018-36-en）。
表中の省略記号については、「利用にあたって」を参照。

StatLink : https://doi.org/10.1787/888933804109

国内総生産（GDP）に対する教育支出の割合

インディケータ C2

- 2015年におけるOECD加盟国の初等教育から高等教育に対する支出は、平均で国内総生産（GDP）の5%を占め、OECD加盟国及び非加盟国で大きな幅がある。
- OECD加盟国では、高等教育以外の教育（初等・中等・高等教育以外の中等後教育）に充てられる国の財源は、GDPの3.5%で、高等教育に対する支出（GDPの1.5%）よりはるかに大きい。ただし、高等教育では、私費負担が資金調達に重要な役割を果たしており、平均して教育支出のおよそ25%（GDPの0.4%）を占める。
- 2010～2015年の間に、初等教育から高等教育までの教育支出の対GDP比は、OECD加盟国と非加盟国の3分の2超で低下した。これは主に、GDPと比較して公財政教育支出の増加ペースが緩やかなためである。

図C2.1. 教育機関に対する総支出の対GDP比（2015年）
公財政支出、私費負担、国際財源による支出、教育段階別

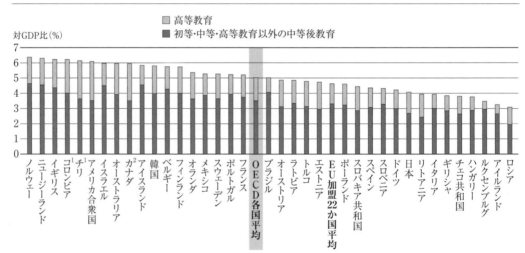

1. 調査年は2016年。
2. 初等教育に就学前教育と前期中等教育が含まれる。

左から順に、初等教育から高等教育の教育機関に対する総支出が多い国。

資料：OECD/UIS/Eurostat（2018）。表C2.1。詳細は「資料」を参照。付録3の注を参照（http://dx.doi.org/10.1787/eag-2018-36-en）。

StatLink：https://doi.org/10.1787/888933804318

■ 政策との関連

各国が教育機関に投資するのは、経済成長の促進、生産性の向上、個人及び社会の発展、社会的不平等の緩和をはじめ、いくつかの目的のためである。だが、各国の教育機関に対する支出の水準は、学齢期人口の規模や在学率、教員給与の水準、学校の体制及び教授方法に影響される。ほとんどのOECD加盟国では、初等教育及び前期中等教育段階（ほぼ5～14歳人口に該当する）の在学率は100%近くに達しているため、在学者数の変化は人口構成の変化と密接に関連している。一方、後期中等教育及び高等教育段階では、該当人口の一部が教育制度から離れるため、これはあまりあてはまらない（イ

ンディケータB1参照)。

これらの問題を説明するため、本インディケータでは、国の富に占める教育支出の割合
を測定し、各国の財源全体と絡めて教育の優先順位を示している。国の富はGDPに基
づいているが、教育支出には政府や企業、在学者個人とその家族による支出が含まれ
る。本インディケータでは、学校、大学及び、教育サービスの提供や支援に携わるその
他の公的または私的機関に対する支出を対象とする。

教育支出は政府によって綿密に精査され、景気悪化の際には、教育のような重要部門で
さえも予算削減の対象となりうる。本インディケータは、OECD加盟国において、教育
支出額の対GDP比が、経時的にどのように推移しているかを示しており、評価の基準
となる。各国政府は教育機関への支出配分を決定するにあたって、教員給与や教育施設
などの分野への増大する支出要求と、それ以外の分野への投資とのバランスを取る必要
がある。

■ その他のハイライト

- 初等教育から前期中等教育への支出は、教育支出に占める割合が最も大きい（OECD
  加盟国の教育支出総額の48%、GDPの2.4%）が、これは在学者総数に相関している。
- OECD加盟国では、私的部門からの直接支出が、初等教育段階から高等教育段階まで
  の教育支出総額（私的部門への資金移転前）の13%を占め、これはGDPの0.7%に相
  当する。
- 2010～2015年には、教育機関に対する支出の対GDP比は、高等教育段階ではほぼ横
  ばいで、高等教育以外の教育段階ではわずかに（OECD加盟国の平均では6%強）低
  下している。

インディケータ C2

CHAPTER C 教育への支出

■ 結果と解説

総教育支出の対GDP比

OECD加盟国及び非加盟国はいずれも、国の財源のうち、かなりの割合を教育機関に充てている。2015年には、OECD各国平均でGDPの5%を初等教育段階から高等教育段階までの教育機関に充てている（表C2.1）。

初等教育から高等教育までの教育機関に対する支出の対GDP比は、オーストラリア、コロンビア、カナダ、チリ、イスラエル、ニュージーランド、ノルウェー、イギリス、アメリカ合衆国の6%から、チェコ共和国、ギリシャ、ハンガリー、アイルランド、イタリア、リトアニア、ルクセンブルグ、ロシアの3〜4%まで幅がある（図C2.1及び表C2.1）。在学者数や在学期間、資金の効果的な配分などの多くの要因が、この指標に関する各国の相対的順位に影響している。高等教育段階の支出は、上位の教育段階への進学基準や、教育機関の設置形態及び専攻分野ごとの在学者数、研究活動への投資の規模に影響されると考えられる。

教育段階別の教育機関に対する支出

データのあるすべてのOECD加盟国及び非加盟国では、教育支出総額に占める割合は、高等教育と比較して、高等教育以外の教育（初等・中等・高等教育以外の中等後教育）がはるかに大きい（表C2.1及び図C2.1）。OECD加盟国の平均では、教育支出の70%（GDPの3.5%）が、高等教育以外の教育に充てられているが、これはこの教育段階の在学水準が高いためである。高等教育以外の教育に充てられる財源の割合は、アイスランド、イスラエル、ニュージーランド、ノルウェー、イギリスでは、GDPの約4.5%である一方、チェコ共和国、ギリシャ、ハンガリー、アイルランド、日本、リトアニア、ルクセンブルグ、ロシア、スロバキア共和国では、GDPの3%弱である。

OECD加盟国の平均では、教育機関に対する支出は、初等教育段階ではGDPの1.5%、前期中等教育段階では0.9%である。ただし、教育支出の割合は、国の人口構成による影響を強く受ける。出生率が比較的高い国は、初等教育と前期中等教育に投資する割合が大きくなる傾向がある。実際、初等教育への投資がGDPの1%を下回るのはすべて、出生率が低い中央及び東ヨーロッパ諸国、すなわちオーストリア、チェコ共和国、ドイツ、ハンガリー、リトアニアである（表C2.1）。OECD加盟国の平均では、後期中等教育段階の教育支出は、職業プログラムでGDPの0.5%、普通プログラムでGDPの0.6%であるが、これらの数値は国によってかなり異なる。データのある29か国中12か国は、普通プログラムより職業プログラムに対する支出が大きく、フィンランド（0.7パーセントポイント）とオランダ（0.6パーセントポイント）で最も大きな差が見られる。高等教育以外の中等後教育——職業プログラムがある場合が多い——への支出はかなり少なく、OECD加盟国の平均でGDPの約0.1%である。

高等教育への支出は平均でGDPの1.5%を占めるが、この教育段階は、OECD加盟国間で学生が選択可能な進路、プログラムの履修期間、指導の体系、研究・開発に対する支出水準の違いが大きいため、支出にかなりの差がある。2015年に高等教育に対する支出の対GDP比が特に大きい（GDPの約2.5%）国は、カナダ、チリ、アメリカ合衆国である。意外なことではないが、これらの国は、高等教育段階における教育支出の私費負担（私的部門への資金移転後）が最も大きいグループに入っている（その割合はカナダがGDPの1.2%、チリとアメリカ合衆国が1.7%である）（表C2.2及び図C2.2）。

312

インディケータC2：国内総生産（GDP）に対する教育支出の割合　CHAPTER **C**

高等教育段階では、教育機関の研究・開発に対する支出が総支出に占める割合が大きい場合があるが、これには、研究活動の形態や性質、ならびに利用可能なインフラや施設が影響している。ほとんどの研究・開発が高等教育機関で行われるOECD加盟国は、研究・開発が他の公的機関や産業部門で行われている国よりも、報告される教育支出の対GDP比が高い傾向にある。研究・開発活動を除外すると、高等教育機関への支出の対GDP比は、OECD加盟国の平均で0.4パーセントポイント低下するが、フィンランド、ノルウェー、スウェーデンでは、この差が0.7パーセントポイント以上である（表C2.1）。

財源別にみた教育支出

OECD加盟国では、政府支出が依然として教育資金の主な財源である。初等教育段階から高等教育段階の直接的な公財政教育支出（私的部門への資金移転前）は、平均でGDPの4.2%を占めるが、データのある国ごとに大きな差が見られる。

教育機関に対する公財政からの直接支出は、チェコ共和国、ギリシャ、ハンガリー、アイルランド、イタリア、リトアニア、ルクセンブルグ、ロシアでは、GDPの約3%だが、フィンランドやノルウェーのような北欧諸国とコスタリカでは、GDPの約6%を占める（図2.2）。

初等教育から高等教育では、家計への公的資金移転（授業料などに充てられる奨学金や貸与補助など）及び教育に関するその他の私的部門への公的補助（見習い訓練プログラムを実施する企業や労働団体に対する補助など）は、OECD加盟国の平均でGDPの0.2%を占め、オーストラリア、チリ、ニュージーランドではGDPの0.4%超、イギリスでは0.6%に達する（図C2.2）。

予算の引き締めに伴い、多く国では、教育制度が私的部門に教育支出のさらなる負担を求める方向に向かっている。労働市場で得られる所得の増加分が多い高等教育では特に、金融メカニズムを利用して学習者と第三者支払者の関与が強化されている。公的資金移転前の私的部門の支出は、初等教育段階から高等教育段階の総教育支出のうち13%の直接の財源であり、GDPの0.7%を占める。とはいえ、教育機関に対する直接支出の私費負担割合は、国によってかなりの差異があり、フィンランド、ルクセンブルグ、ノルウェーのGDPの0.1%以下からオーストラリア、チリ、アメリカ合衆国の1.5～2%まで幅がある（図C2.2）。

高等教育以外の教育段階では、私費負担による直接支出は少なく、OECD加盟国の平均でGDPの0.3%であるが、オーストラリア、コロンビア、ニュージーランドは、私費負担の相対的割合が特に大きく、GDPの0.7%以上である。一方、高等教育段階では、私費負担による直接支出がより重要な役割を果たしており、公的部門から私的部門への資金移転を考慮に入れる前でも、平均して教育支出の約25%（GDPの0.4%）を占める。私費負担が高等教育への投資にかなり寄与している国もあり、チリ、アメリカ合衆国は、高等教育機関に対する支出の対GDP比が突出して大きい（GDPの2.5%以上）。これについては、私的部門への公的資金移転を考慮に入れる前でも、この2か国は、教育支出の私費負担割合がひときわ大きい（チリで1.2%、アメリカ合衆国で1.6%）ことも影響している。オーストラリアとイギリスでは、公的資金移転は、高等教育機関への総支出の約25%であり、チリ、アイルランド、ニュージーランドでは約20%を占める（表C2.2及び図C2.2）。

313

CHAPTER C　教育への支出

図C2.2. 総教育支出の対GDP比（財源別）（2015年）

公財政支出、私費負担、国際財源による支出、教育段階別

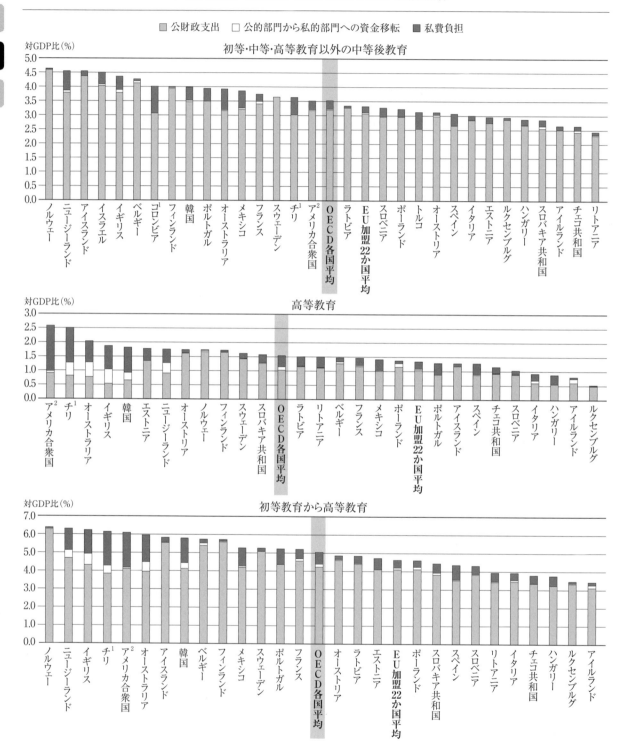

注：データ表示の都合上、国際財源からの支出は公財政支出と合算している。
1. 調査年は2016年。
2. 貸与補助が総額ではなく正味額であるため、公的資金移転が実際より少なくなっている。
左から順に、生徒・学生一人当たりの総教育支出が大きい国。
資料：OECD/UIS/Eurostat（2018）。表C2.2。詳細は「資料」を参照。付録3の注を参照（http://dx.doi.org/10.1787/eag-2018-36-en）。
StatLink：https://doi.org/10.1787/888933804337

インディケータ C2：国内総生産（GDP）に対する教育支出の割合

2010〜2015年の教育支出の推移

2008年に始まった世界規模の経済危機の影響は、現在、政府予算の調整に表れ、ひいては全教育段階の教育支出にも反映されている。公財政教育支出は2010年に再び増加し始めたが、政府予算の調整には時間がかかるため、GDPと比べると増加ペースが遅い（ホームページの表C2.4）。しかし、全教育段階の総教育支出の対GDP比は、OECD加盟国の平均では、2010〜2015年の間に4.1%低下し（表C2.3）、この期間のデータがある28か国中20か国で低下している。エストニア、アイルランド、リトアニア、スロベニアでは、特に大きなマイナス調整が行われているのに対し、スロバキア共和国は重要な例外の一つで、14%上昇している（図C2.3）。

2010〜2015年の支出の推移は、教育段階によってかなりの違いがある。高等教育段階では、教育支出の対GDP比はほぼ横ばいである一方、高等教育以外の教育段階ではわずかに（6%強）低下している。しかしながら、一部の国では、平均値からはみえてこない大きな変化があった。例えばオーストラリア、エストニア、アイルランド、リトアニア、ルクセンブルグ、スロベニア、アメリカ合衆国では、高等教育以外の教育に対する支出の対GDP比は、5年間で10%以上低下している。アイルランドで見られた40%の低下は、2015年のGDPデータ改訂が主な原因と考えられる。同時期に、イスラエルでは、これらの教育段階に対する支出割合が最も大きく（13%）増加している。

OECD加盟国の平均をみると、高等教育段階では、2010〜2015年の間に支出に変化は見られない。

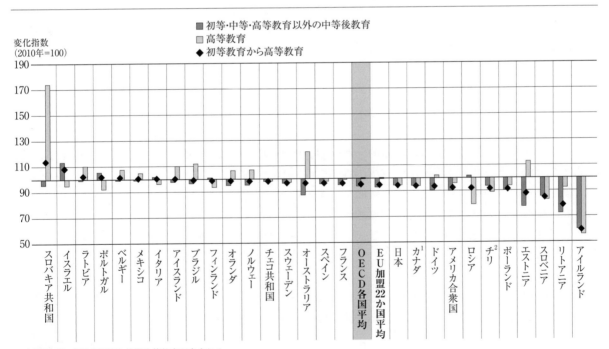

図C2.3. 総教育支出の対GDP比の推移（2010〜2015年）

公財政支出、私費負担、国際財源による支出、教育段階別、2010年＝100

1. 初等教育に就学前教育と前期中等教育が含まれる。
2. 調査年は2016年。
左から順に、初等教育から高等教育の総教育支出の対GDP比の変化指数が大きい国。
資料：OECD/UIS/Eurostat（2018）. 表C2.3. 詳細は「資料」を参照. 付録3の注を参照（http://dx.doi.org/10.1787/eag-2018-36-en）.
StatLink : https://doi.org/10.1787/888933804356

CHAPTER C　教育への支出

実際、2010～2015年の間に、高等教育に対する支出は、データがある国の約3分の1で増加している
が、高等教育以外の教育段階では減少している。その明らかな例はオーストラリアとスロバキア共和
国で、高等教育機関に対する支出の対GDP比はそれぞれ21％と74％上昇しているが、高等教育以外
の教育に対する支出は、同期間に4％以上減少している。スロバキア共和国は、高等教育への総支出
の対GDP比の上昇幅が、OECD加盟国と非加盟国の中で最も大きいが、これは主に、教育への公財
政支出と私費負担の両方が大幅に増加したためである。

■定義

教育機関に対する支出とは、個人向けの教育サービスや、個人または他の教育機関向けの教育関連
サービスを提供する機関（学校、大学及び、その他の公的または私的機関）に対する公財政支出、私
費負担による支出及び国際財源による支出をいう。

初期支出に占める公財政支出、私費負担、国際財源の割合は、資金移転前に、公的部門や私的部門、
国際的部門で発生した、または、これらの部門によって生じた教育支出総額の割合である。**公財政初
期支出**には、教育機関に対する直接的な公財政支出と私的部門への移転が含まれ、国際的部門からの
移転は含まれない。**私費初期負担**は、授業料と、教育機関に対して学生個人または家族が支払うその
他の納付金などから、公的補助分を除いたものである。**国際初期財源**には、国際財源から教育機関へ
の直接支出（外国企業から国公立大学への研究助成金など）と政府への国際的資金移転が含まれる。

最終支出に占める公財政支出、私費負担、国際財源の割合は、資金移転後に、公的部門、私的部門、
国際的部門によって直接支払われた教育支出の割合である。**公財政最終支出**には、公的部門による教
育資源の直接購入や、教育機関に対する支出が含まれる。**私費最終負担**には、その一部に公的補助が
充てられているかどうかに関係なく、教育機関に対するすべての直接支出（授業料とその他の納付金）
が含まれる。また、学校と企業の連携プログラムや、企業で行われる見習生や生徒に対する訓練への
民間企業の支出も、対象としている。**国際最終財源**には、国際財源から教育機関に直接支払われる研
究助成金やその他の基金など、国際財源から教育機関への直接支出が含まれる。

家計及び教育機関に関するその他の私的部門への公的補助には、奨学金や学生に対する他の財政支援
のような公的部門や国際的部門からの資金移転と、他の私的部門への助成金が含まれる。したがっ
て、教育サービス（研究奨学金、学資援助、授業料に充てる貸与補助）のための教育機関への支払い
に充てられる限りにおいて、政府から家計への支出・補助からなる。また見習い訓練を実施する企業
や労働組合に対する補助、学生ローンを提供する民間金融機関に対する利子補給など、政府からその
他の私的部門への資金移転及びその他の支出（主に補助）も含む。

教育機関に対する公財政による直接支出とは、教育機関が使用する教育資源の政府機関自体による購
入、または、教育資源の購入の責任を負う教育機関に対する政府機関の支出の形を取りうる。

教育機関に対する（家計及びその他の私的部門の）私費負担による直接支出には、その一部に公的補
助が充てられているかどうかに関係なく、授業料とその他の納付金が含まれる。

316

インディケータ C2：国内総生産（GDP）に対する教育支出の割合　CHAPTER C

■ 算定方法

定義と対象範囲の変更により、2018年度版『図表でみる教育 OECD インディケータ』のデータは、旧版のデータと比較できない場合がある。

特定の教育段階の**教育機関に対する支出の対 GDP 比**は、その教育段階の教育機関による総支出を GDP で除して算出した。各国通貨による支出額及び GDP 値は、その金額を GDP ベースの購買力平価（PPP）指数で除して米ドルに換算した。購買力平価の為替レートを採用するのは、市場の為替レートでは、各国の相対的な国内購買力に関係の薄い多くの要因（金利、貿易政策、経済成長の見通しなど）に左右されるためである（詳細は付録2を参照）。

初期支出についても、最終支出についても、教育資金の提供者すべてを、政府財源（公財政支出）、非政府財源（私費負担）、国際機関等の国外の財源のような国際財源に分類している。この指標に示す数字は、表示の都合上、公財政支出と国際財源を合算したものである。国際財源の割合は他の財源と比べると比較的小さいため、合算しても公財政支出の割合の分析には影響しない。

教育用品や教育サービスに対する支出は、教育機関の内部だけで発生するとは限らない。例えば、家庭で独自に市販の教科書や参考書を購入したり、教育機関とは関係なく子どもに家庭教師をつけたりすることがある。高等教育段階では、学生の生活費や放棄所得も、教育支出のかなりの割合を占める場合がある。こうした教育機関以外で支出されたものは、たとえそれが公的補助を受けている場合も、すべてこの指標では除外している。教育機関以外の支出に対する公的補助については、インディケータ C4 及び C5 で扱う。

教育機関の予算の一部は、学生に提供される給食、住居、通学手段などの補助的サービスに充てられる。こうしたサービスの経費の一部は学生から徴収される納付金などで賄われるが、これも本インディケータに含む。

教育機関に対する支出は現金主義会計で算定されており、したがって、調査年の支出状況のみを表すことになる。高等教育段階では、貸与補助の返済制度がある国が多い。ここでは公的貸与補助の返済は考慮に入れているが、個人からの融資返済は考慮に入れていないため、教育支出への私費負担が実際よりも小さくなっている可能性がある。

（政府による貸与補助ではない）民間金融機関が提供する学生ローンは私的支出と見なすが、利子補給や債務不履行による政府支出は公的支出とすることに、留意すべきである。

詳細については『OECD 国際比較教育統計ハンドブック 2018年版：概念・標準・定義・分類（*OECD Handbook for Internationally Comparative Education Statistics 2018*）』（OECD, 2018 [1]）を参照。各国の注記については付録3を参照（http://dx.doi.org/10.1787/eag-2018-36-en）。

リトアニアは、本書を編集時には OECD 加盟国ではなかったので、OECD 加盟国リストには記載せず、OECD 加盟国の総計に含めていない。

317

CHAPTER **C**   教育への支出

■ 資料

データは、（特に記載がない限り）2015会計年度を調査対象年とし、OECDが2017年に収集した教育統計のUNESCO/OECD/UOEデータコレクションに基づく。詳細は付録3を参照（http://dx.doi.org/10.1787/eag-2018-36-en）。アルゼンチン、中国、コロンビア、インド、インドネシア、サウジアラビア、南アフリカのデータはユネスコ統計研究所（UNESCO Institute of Statistics, UIS）から得ている。

2005年、2011～2015年の支出データは、2017～18年の調査に基づいて更新し、2005～2014年の支出は、現在のUOEデータコレクションで使用している計算方法と定義に合わせて調整した。

イスラエルのデータについて

イスラエルの統計データは、イスラエル政府関係当局により、その責任の下で提供されている。OECDにおける当該データの使用は、ゴラン高原、東エルサレム、及びヨルダン川西岸地区のイスラエル入植地の国際法上の地位を害するものではない。

■ 参考資料

OECD（2018）, *OECD Handbook for Internationally Comparative Education Statistics 2018:*   [1]
   Concepts, Standards, Definitions and Classifications, OECD Publishing, Paris, https://
   doi.org/10.1787/9789264304444-en.

■ インディケータC2の表*

- 表C2.1. 教育機関に対する支出の対GDP比（2015年）
- 表C2.2. 教育機関に対する支出の対GDP比（財源別）（2015年）
- 表C2.3. 教育機関に対する支出の対GDP比の推移（2005～2015年）
- 表C2.4.（ホームページの表）公財政教育支出（最終財源）の対GDP比の変化（2005～2015年）

* データの締切日は2018年7月18日。更新データはホームページで確認可能（http://dx.doi.org/10.1787/eag-data-en）。データはEducation at a Glance Database（http://stats.oecd.org/）でも確認可能。

318

インディケータC2：国内総生産（GDP）に対する教育支出の割合　　CHAPTER **C**

表C2.1. 教育機関に対する支出の対GDP比（2015年）
教育機関への直接支出、教育段階別

	初等教育	中等教育					高等教育以外の中等教育後教育	初等・中等・高等教育以外の中等教育後教育	高等教育				初等から高等教育	初等から高等教育（研究・開発を除く）
		前期中等教育	後期中等教育			全中等教育			短期高等教育	長期高等教育	全高等教育	全高等教育（研究・開発を除く）		
			普通プログラム	職業プログラム	全プログラム									
	(1)	(2)	(3)	(4)	(5)	(6)	(7)	(8)	(9)	(10)	(11)	(12)	(13)	(14)
OECD加盟国														
オーストラリア	1.8	1.3	0.6	0.1	0.7	2.0		3.9	0.4	1.6	2.0	1.4	6.0	5.3
オーストリア	0.9	1.2	0.3	0.6	1.0	2.2		3.1	0.3	1.5	1.7	1.3	4.9	4.4
ベルギー	1.6	0.9	0.7d	1.1d	1.8d	2.7d	x(3, 4, 5, 6)	4.3	0.0	1.4	1.5	1.0	5.7	5.3
カナダ[1]	2.1d	x(1)	x(5)	x(5)	1.4	1.4		3.5d	0.9	1.5	2.4	1.8	6.0	x(13)
チリ[2]	1.8	0.6	0.9	0.4	1.2	1.8		3.6	0.4	2.1	2.5	2.4	6.1	6.0
チェコ共和国	0.8	0.9	0.2	0.7	0.9	1.8		2.6	0.0	1.2	1.2	0.7	3.8	3.3
デンマーク	m	m	m	m	m	m		m	m	m	m	m	m	m
エストニア	1.4	0.7	0.4	0.3	0.8	1.4		3.0	a	1.8	1.8	1.2	4.7	4.1
フィンランド	1.4	1.1	0.4	1.0d	1.4d	2.6d	x(4, 5, 6)	4.0	a	1.7	1.7	1.0	5.7	5.0
フランス	1.2	1.3	0.8	0.5	1.3	2.5		3.7	0.3	1.2	1.5	1.0	5.2	4.7
ドイツ	0.6	1.2	0.4	0.5	0.9	2.2		3.0	0.0	1.2	1.2	0.7	4.2	3.7
ギリシャ	1.3	0.8	0.5	0.3	0.8	1.5		2.9	a	1.0	1.0	0.6	3.8	3.5
ハンガリー	0.8	0.7	0.7	0.4	1.1	1.8		2.9	0.0	0.9	0.9	0.7	3.8	3.6
アイスランド	2.2	1.0	0.7	0.5	1.2	2.3		4.5	0.0	1.3	1.3	x(11)	5.8	x(13)
アイルランド	1.4	0.6	0.5	a	0.5	1.1		2.7	x(11)	x(11)	0.8	0.6	3.5	3.3
イスラエル	2.4	x(3, 4, 5)	1.3d	0.9d	2.1d	2.1		4.5	0.2	1.2	1.5	0.9	6.0	5.5
イタリア	1.1	0.7	x(5)	x(5)	1.1	1.9		3.0	0.0	0.9	0.9	0.6	3.9	3.6
日本	1.2	0.7	x(5)	x(5)	0.8d	1.5d	x(5, 6, 9, 10, 11, 12)	2.7	0.2d	1.2d	1.4d	x(11)	4.1	x(13)
韓国	1.7	1.0	x(5)	x(5)	1.3	2.3		4.0	0.2	1.6	1.8	1.5	5.8	5.4
ラトビア	1.6	0.8	0.5	0.4	0.9	1.6		3.3	0.2	1.3	1.5	1.2	4.9	4.6
ルクセンブルグ	1.3	0.8	0.3	0.5	0.9	1.7		2.9	0.0	0.5	0.5	0.5	3.5	3.4
メキシコ	1.9	1.0	0.6	0.4	0.9	2.0		3.9	x(11)	x(11)	1.4	1.1	5.3	x(13)
オランダ	1.2	1.2	0.3	0.9	1.2	2.4		3.6	0.0	1.7	1.7	1.1	5.4	4.7
ニュージーランド	1.7	1.3	1.0	0.3	1.4	2.7		4.5	0.2	1.6	1.8	1.4	6.3	x(13)
ノルウェー	2.1	1.0	0.7	0.7	1.5	2.5		4.6	0.0	1.7	1.7	1.0	6.3	5.7
ポーランド	1.6	0.8	0.3	0.8	0.9	1.6		3.2	0.0	1.4	1.4	1.1	4.6	4.3
ポルトガル	1.6	1.2	x(5)	x(5)	1.2d	2.4d	x(5, 6, 10, 11, 12)	3.9	a	1.3d	1.3d	0.8d	5.2	4.8
スロバキア共和国	1.0	0.9	0.3	0.6	0.9	1.9		2.9	0.0	1.6	1.6	1.0	4.4	3.8
スロベニア	1.5	0.8	0.3	0.6	0.9	1.7		3.3	0.0	1.0	1.0	0.8	4.3	4.1
スペイン	1.3	0.8	0.6	0.3d	0.9d	1.7d	x(4, 5, 6)	3.1	0.2	1.1	1.3	0.9	4.4	4.0
スウェーデン	1.8	0.8	0.4	0.6	1.0	1.9		3.6	0.0	1.6	1.6	0.7	5.3	4.4
スイス	m	m	m	m	m	m		m	m	m	m	m	m	m
トルコ	1.1	0.9	0.5	0.6	1.1	2.0		3.1	x(11)	x(11)	1.7	1.3	4.8	4.4
イギリス	2.0	1.0	0.9	0.4	1.4	2.4		4.4	0.0	1.8	1.9	1.5	6.2	5.8
アメリカ合衆国	1.6	0.9	x(5)	x(5)	1.0	1.8		3.5	x(11)	x(11)	2.6	2.3	6.1	5.8
OECD各国平均	1.5	0.9	0.6	0.5	1.1	2.0		3.5	0.2	1.4	1.5	1.1	5.0	4.5
EU加盟22か国平均	1.3	0.9	0.5	0.6	1.0	2.0		3.3	0.1	1.3	1.3	0.9	4.6	4.2
OECD非加盟国														
アルゼンチン	m	m	m	m	m	m		m	m	m	m	m	m	m
ブラジル	1.6	1.4	x(5)	x(5)	1.1d	2.5d	x(5, 6)	4.1	x(11)	x(11)	1.0	x(11)	5.0	x(13)
中国	m	m	m	m	m	m		m	m	m	m	m	m	m
コロンビア[2]	2.1	1.4	x(5)	x(5)	0.5d	2.0d	x(5, 6)	4.0	x(11)	x(11)	2.2	x(11)	6.2	x(13)
コスタリカ	m	m	m	m	m	m		m	m	m	m	m	m	m
インド	m	m	m	m	m	m		m	m	m	m	m	m	m
インドネシア	m	m	m	m	m	m		m	m	m	m	m	m	m
リトアニア	0.7	1.1	0.4	0.1	0.5	1.6		2.4	a	1.5	1.5	1.0	3.9	3.4
ロシア	x(3,4,5,6)	x(3,4,5,6)	1.8d	0.2d	1.9d	1.9d	x(3, 4, 5, 6)	1.9d	0.1	1.0	1.1	1.0	3.1	x(13)
サウジアラビア	m	m	m	m	m	m		m	m	m	m	m	m	m
南アフリカ	m	m	m	m	m	m		m	m	m	m	m	m	m
G20各国平均	m	m	m	m	m	m		m	m	m	m	m	m	m

注：詳細は「定義」と「算定方法」を参照。データと詳細な内訳はEducation at a Glance Database（http://stats.oecd.org）で参照可能。
1. 初等教育に就学前教育と前期中等教育が含まれる。
2. 調査年は2016年。
資料：OECD/UIS/Eurostat（2018）。詳細は「資料」を参照。付録3の注を参照（http://dx.doi.org/10.1787/eag-2018-36-en）。
表中の省略記号については、「利用にあたって」を参照。

StatLink：https://doi.org/10.1787/888933804261

表C2.2. 教育機関に対する支出の対GDP比（財源別）（2015年）
教育機関への直接支出、教育段階別

	初等・中等・高等教育以外の中等教育後						高等教育						初等から高等教育					
	初期支出（政府から私的部門への資金移転前）			最終支出（政府から私的部門への資金移転後）			初期支出（政府から私的部門への資金移転前）			最終支出（政府から私的部門への資金移転後）			初期支出（政府から私的部門への資金移転前）			最終支出（政府から私的部門への資金移転後）		
	公財政支出	私費負担	国際財源	公財政支出	私費負担	国際財源	公財政支出	私費負担	国際財源	公財政支出	私費負担	国際財源	公財政支出	私費負担	国際財源	公財政支出	私費負担	国際財源
	(1)	(2)	(3)	(4)	(5)	(6)	(7)	(8)	(9)	(10)	(11)	(12)	(13)	(14)	(15)	(16)	(17)	(18)
OECD加盟国																		
オーストラリア	3.2	0.7	0.0	3.2	0.7	0.0	1.3	0.7	m	0.8	1.3	m	4.5	1.5	m	4.0	2.0	m
オーストリア	3.0	0.1	a	3.0	0.1	a	1.6	0.1	a	1.6	0.1	a	4.7	0.2	a	4.6	0.3	a
ベルギー	4.2	0.1	0.0	4.1	0.1	0.0	1.3	0.1	0.0	1.2	0.2	0.0	5.5	0.1	0.0	5.4	0.3	0.0
カナダ[1]	m	m	m	3.2d	0.3d	m	1.2	1.2	0.0	1.2	1.2	0.0	m	m	m	4.4	1.6	m
チリ[2]	m	0.6	m	3.0	0.6	m	m	1.2	m	0.8	1.7	m	m	1.9	m	3.8	2.3	m
チェコ共和国	2.4	0.2	0.0	2.4	0.2	0.0	0.8	0.2	0.2	0.8	0.2	0.2	3.2	0.5	0.2	3.2	0.5	0.2
デンマーク	m	m	m	m	m	m	m	m	m	m	m	m	m	m	m	m	m	m
エストニア	2.3	0.2	0.4	2.7	0.2	0.0	1.2	0.4	0.1	1.3	0.4	0.1	3.5	0.6	0.6	4.0	0.6	0.1
フィンランド	4.0	0.0	x(1)	4.0	0.0	x(4)	1.6	0.1	x(7)	1.6	0.1	0.1	5.6	0.1	x(13)	5.6	0.1	x(16)
フランス	3.5	0.3	0.0	3.4	0.3	0.0	1.2	0.3	0.0	1.1	0.3	0.0	4.7	0.5	0.0	4.5	0.6	0.0
ドイツ	m	m	m	2.6	0.4	0.0	m	m	m	1.0	0.2	0.0	m	m	m	3.6	0.6	0.0
ギリシャ	m	m	0.1	2.7	0.4	0.0	m	m	0.3	0.7	0.1	0.1	m	m	0.4	3.4	0.3	0.1
ハンガリー	2.7	0.2	0.0	2.7	0.2	0.0	0.6	0.3	0.0	0.6	0.3	0.0	3.2	0.5	0.0	3.2	0.5	0.0
アイスランド	4.4	0.2	0.0	4.4	0.2	0.0	1.1	0.1	0.0	1.1	0.1	0.0	5.5	0.3	0.0	5.5	0.3	0.0
アイルランド	2.5	0.1	0.0	2.5	0.1	a	0.7	0.1	m	0.6	0.2	a	3.2	0.2	0.0	3.1	0.4	a
イスラエル	4.1	0.4	0.0	4.4	0.5	0.0	m	0.9	0.6	m	0.9	0.6	m	m	0.0	4.9	1.1	0.0
イタリア	2.8	0.2	0.1	2.8	0.2	0.1	0.7	0.2	0.0	0.6	0.2	0.0	3.4	0.4	0.1	3.3	0.5	0.1
日本	m	m	0.0	2.5	0.2	0.0	m	m	0.0	0.4	0.9	0.0	m	m	0.0	2.9	1.1	0.0
韓国	m	0.5	m	3.5	0.5	m	m	0.9	m	0.7	1.2	m	m	1.4	m	4.1	1.7	m
ラトビア	3.0	0.1	0.3	3.3	0.1	0.0	1.0	0.3	0.2	1.1	0.3	0.1	3.9	0.4	0.5	4.3	0.4	0.1
ルクセンブルグ	2.8	0.1	0.1	2.8	0.1	0.1	0.4	0.0	0.0	0.4	0.0	0.0	3.3	0.1	0.1	3.3	0.1	0.1
メキシコ	3.2	0.6	0.0	3.2	0.7	0.0	1.0	0.4	0.0	1.0	0.4	0.0	4.3	1.0	0.0	4.2	1.1	0.0
オランダ	m	m	0.0	3.2	0.5	0.0	m	m	0.1	1.2	0.5	0.1	m	m	0.1	4.3	1.0	0.0
ニュージーランド	3.9	0.7	0.0	3.8	0.8	0.0	1.3	0.5	0.0	0.9	0.9	0.0	5.1	1.2	0.0	4.7	1.6	0.0
ノルウェー	4.6	0.0	0.0	4.6	0.0	0.0	1.7	0.0	0.0	1.7	0.1	0.0	6.3	0.0	0.0	6.3	0.1	0.0
ポーランド	2.9	0.3	0.0	2.9	0.3	0.0	1.2	0.1	0.1	1.1	0.2	0.1	4.1	0.4	0.1	4.0	0.5	0.1
ポルトガル	3.4	0.4	0.1	3.4	0.4	0.1	0.8	0.3	0.2	1.2	0.3	0.0	4.1	0.9	0.2	4.1	0.9	0.2
スロバキア共和国	2.4	0.2	0.2	2.6	0.3	0.0	0.8	0.3	0.5	1.2	0.3	0.0	3.2	0.5	0.7	3.8	0.6	0.0
スロベニア	2.9	0.3	0.1	3.0	0.3	0.1	0.8	0.1	0.1	0.9	0.1	0.1	3.8	0.4	0.1	3.8	0.5	0.0
スペイン	2.7	0.4	0.0	2.7	0.4	0.0	0.9	0.4	0.0	0.8	0.4	0.0	3.5	0.8	0.0	3.5	0.8	0.0
スウェーデン	3.6	a	m	3.6	a	a	1.4	0.2	0.1	1.4	0.2	0.1	5.0	0.2	0.1	5.0	0.2	0.1
スイス	3.2	m	m	3.2	m	a	1.3	m	m	1.3	m	a	4.5	m	m	4.5	m	a
トルコ	2.5	0.6	0.0	2.5	0.6	0.0	m	m	m	1.2	0.4	0.0	m	m	m	3.8	1.0	0.0
イギリス	3.9	0.5	0.0	3.8	0.6	0.0	1.0	0.8	0.1	0.5	1.3	0.1	4.9	1.3	0.1	4.2	1.9	0.1
アメリカ合衆国[3]	3.2	0.3	m	3.2	0.3	a	1.0	1.6	m	0.9	1.7	a	4.2	1.9	m	4.1	2.0	a
OECD各国平均	3.2	0.3	0.1	3.2	0.3	0.0	1.1	0.4	0.1	1.0	0.5	0.0	4.3	0.7	0.1	4.2	0.8	0.1
EU加盟22か国平均	3.1	0.2	0.1	3.0	0.3	0.0	1.0	0.2	0.1	1.0	0.3	0.1	4.0	0.5	0.2	4.0	0.5	0.1
OECD非加盟国																		
アルゼンチン	m	m	m	m	m	m	m	m	m	m	m	m	m	m	m	m	m	m
ブラジル	m	m	m	4.1	m	m	m	m	m	1.0	m	m	m	m	m	5.0	m	m
中国	m	m	m	m	m	m	m	m	m	m	m	m	m	m	m	m	m	m
コロンビア[2]	3.1	0.9	0.0	3.1	0.9	0.0	m	m	m	0.8	1.4	0.0	m	m	0.0	3.9	2.4	0.0
コスタリカ	m	m	m	4.7	m	m	m	m	m	1.6	m	m	m	m	m	6.3	m	m
インド	m	m	m	m	m	m	m	m	m	m	m	m	m	m	m	m	m	m
インドネシア	m	m	m	m	m	m	m	m	m	m	m	m	m	m	m	m	m	m
リトアニア	2.3	0.1	0.1	2.3	0.1	0.0	0.8	0.4	0.3	1.1	0.4	0.0	3.1	0.5	0.4	3.4	0.5	0.1
ロシア	m	m	m	1.8d	0.1d	0.0d	m	m	m	0.7	0.4	0.0	m	m	m	2.6	0.5	0.0
サウジアラビア	m	m	m	m	m	m	m	m	m	m	m	m	m	m	m	m	m	m
南アフリカ	m	m	m	m	m	m	m	m	m	m	m	m	m	m	m	m	m	m
G20各国平均	m	m	m	m	m	m	m	m	m	m	m	m	m	m	m	m	m	m

注：一部の教育段階が他の教育段階に含まれる。該当する教育段階については表C2.1の記号「x」を参照。詳細は「定義」と「算定方法」を参照。データと詳細な内訳はEducation at a Glance Database（http://stats.oecd.org）で参照可能。
1. 初等教育に就学前教育と前期中等教育が含まれる。
2. 調査年は2016年。
3. 貸与補助が総額ではなく正味額であるため、公的資金移転が実際より小さい割合になっている。
資料：OECD/UIS/Eurostat（2018）。詳細は「資料」を参照。付録3の注を参照（http://dx.doi.org/10.1787/eag-2018-36-en）。
表中の省略記号については、「利用にあたって」を参照。

StatLink : https://doi.org/10.1787/888933804280

インディケータ C2：国内総生産（GDP）に対する教育支出の割合　**CHAPTER C**

表C2.3. 教育機関に対する支出の対GDP比の推移（2005～2015年）

変化指数（GDPデフレーター2010年＝100、不変価格）教育機関への直接支出、教育段階別

		初等・中等・高等教育以外の中等後教育			高等教育			初等・中等・高等教育		
		教育支出の対GDP比の推移（2010年＝100）			教育支出の対GDP比の推移（2010年＝100）			教育支出の対GDP比の推移（2010年＝100）		
		2005年	2011年	2015年	2005年	2011年	2015年	2005年	2011年	2015年
		(1)	(2)	(3)	(4)	(5)	(6)	(7)	(8)	(9)
OECD加盟国	オーストラリア	86.4	93.3	87.4	90.6	97.2	121.0	87.5	94.3	96.5
	オーストリア	m	m	m	m	m	m	m	m	m
	ベルギー	94.9	99.2	99.5	89.2	100.5	107.5	93.5	99.5	101.4
	カナダ[1]	87.6[d]	95.5[d]	94.0[d]	88.4	95.0	93.9	88.0[d]	95.3[d]	93.9[d]
	チリ[2]	106.3	98.2	93.6	84.2	104.2	88.9	97.4	100.6	91.7
	チェコ共和国	102.4	100.7	98.1	81.0	115.3	98.2	95.9	105.2	98.1
	デンマーク	93.4	91.2	m	90.7	101.0	m	92.6	93.9	m
	エストニア	90.3	86.2	77.7	72.7	105.6	112.8	85.1	91.9	87.9
	フィンランド	93.4	98.7	101.1	89.9	101.1	93.7	92.3	99.5	98.7
	フランス	98.2	96.7	95.0	88.0	99.0	99.7	95.4	97.3	96.3
	ドイツ	98.8	96.1	90.3	85.5	100.7	102.1	95.3	97.3	93.5
	ギリシャ	m	m	m	m	m	m	m	m	m
	ハンガリー	m	m	m	m	m	m	m	m	m
	アイスランド	112.5	101.1	97.8	103.3	95.3	110.0	110.6	99.9	100.3
	アイルランド	72.8	97.1	59.6	74.7	95.2	55.8	73.3	96.6	58.6
	イスラエル	94.3	105.5	113.4	102.7	105.5	95.0	96.7	105.5	108.2
	イタリア	101.8	95.5	101.8	88.1	100.9	96.3	98.4	96.8	100.4
	日本	96.4	99.8	94.4	91.4[d]	103.2[d]	94.5[d]	94.7	101.0	94.4
	韓国	86.8	98.9	90.4	m	m	m	m	m	m
	ラトビア	97.6	90.1	99.1	102.8	109.2	110.3	99.1	95.6	102.3
	ルクセンブルグ	m	93.2	84.7	m	m	m	m	m	m
	メキシコ	98.2	99.9	99.1	85.0	93.0	104.8	94.8	98.1	100.5
	オランダ	93.7	97.7	95.1	89.8	101.8	106.6	92.6	98.9	98.5
	ニュージーランド	m	m	m	m	m	m	m	m	m
	ノルウェー	100.6	97.3	95.3	m	99.1	107.1	m	97.7	98.2
	ポーランド	103.5	93.7	90.2	107.3	88.3	93.8	104.6	92.1	91.3
	ポルトガル	95.6	95.3	105.5	91.0[d]	95.5[d]	92.4[d]	94.4	95.4	101.9
	スロバキア共和国	93.7	90.6	95.5	98.8	107.6	173.9	94.9	94.5	113.7
	スロベニア	105.6	97.3	85.5	101.1	103.5	83.0	104.5	98.8	84.8
	スペイン	88.4	98.6	95.9	83.2	98.6	97.9	86.9	98.6	96.4
	スウェーデン	105.8	97.6	96.5	92.7	99.3	97.2	101.8	98.1	96.7
	スイス	m	m	m	m	m	m	m	m	m
	トルコ	m	m	m	m	m	m	m	m	m
	イギリス	m	m	m	m	m	m	m	m	m
	アメリカ合衆国	96.4	96.8	89.9	90.1	102.0	95.8	93.8	98.9	92.3
	OECD各国平均	96.1	96.5	93.6	90.5	100.7	101.3	94.6	97.7	95.9
	EU加盟22か国平均	95.9	95.3	92.4	89.8	101.4	101.3	94.2	97.1	95.0
OECD非加盟国	アルゼンチン	m	m	m	m	m	m	m	m	m
	ブラジル	76.1	99.6	96.7	87.4	108.8	112.0	78.0	101.1	99.3
	中国	m	m	m	m	m	m	m	m	m
	コロンビア[2]	m	m	m	m	m	m	m	m	m
	コスタリカ	m	m	m	m	m	m	m	m	m
	インド	m	m	m	m	m	m	m	m	m
	インドネシア	m	m	m	m	m	m	m	m	m
	リトアニア	m	88.9	72.5	82.5	112.0	92.3	m	96.4	78.9
	ロシア	91.5	99.6	101.7	51.0	89.3	79.4	74.1	95.2	92.1
	サウジアラビア	m	m	m	m	m	m	m	m	m
	南アフリカ	m	m	m	m	m	m	m	m	m
	G20各国平均	m	m	m	m	m	m	m	m	m

注：一部の教育段階が他の教育段階に含まれる。該当する教育段階については表C2.1の記号「x」を参照。詳細は「定義」と「算定方法」を参照。データと詳細な内訳はEducation at a Glance Database（http://stats.oecd.org）で参照可能。
1. 初等教育に就学前教育と前期中等教育が含まれる。
2. 調査年は2016年。
資料：OECD/UIS/Eurostat（2018）。詳細は「資料」を参照。付録3の注を参照（http://dx.doi.org/10.1787/eag-2018-36-en）。
表中の省略記号については、「利用にあたって」を参照。
StatLink：https://doi.org/10.1787/888933804299

教育支出の公私負担割合

- OECD加盟国の平均では、教育機関の資金はその多くが公財政支出で賄われており、初等・中等・高等教育以外の中等後教育では90%、高等教育では66%を政府支出が占めている。
- 高等教育機関に対する支出の私費負担割合は、主に高等教育機関によって課される授業料に応じて、国によって大きく異なり、コロンビア、チリ、日本、イギリス、アメリカ合衆国などで最大の割合（約70%）を占めている。
- 公的部門から私的部門への資金移転は、高等教育の資金調達に重要な役割を果たしており、OECD加盟国では、総資金の5%を占める。オーストラリア、ニュージーランド、イギリスは、私的部門への資金移転の割合が最も大きい（高等教育機関に充てられた総資金の20～35%）。

図C3.1. 教育支出における資金移転及び公財政支出、私費負担の割合（2015年）

高等教育段階

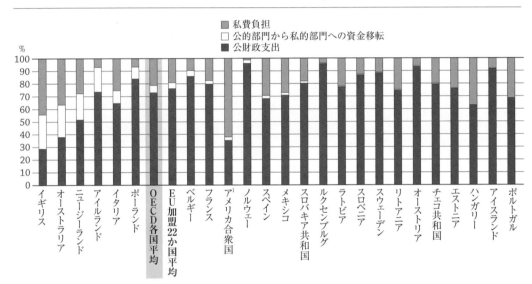

注：データ表示の都合上、国際財源からの支出は公財政支出と合算している。
1. 貸与補助が総額ではなく正味額であるため、公的部門から私的部門への資金移転が実際より小さい割合になっている。
左から順に、公的部門から私的部門への資金移転の割合が大きい国・地域。
資料：OECD/UIS/Eurostat（2018）。表C3.2。詳細は「資料」を参照。付録3の注を参照（http://dx.doi.org/10.1787/eag-2018-36-en）。
StatLink：https://doi.org/10.1787/888933804451

■ 政策との関連

現在は、従来にも増して、より多くの学習者がますます多様化するプログラムに参加し、プログラムの提供機関・組織も増加している。その結果、教育拡充に向けた取り組みを政府と個人のどちらが支えるべきかという問題が、いっそうの重要性を帯びてきている。多くの国では、現在の経済環境で、教育に対する高まる需要を支えるのに必要な財源を、公的資金だけで賄うことは困難になっている。また、政策を立案するにあたっ

て、教育の恩恵を最も被る者（教育を受ける個人）が教育費の少なくとも一部を負担すべきだとの主張もある。教育支出に占める公財政の割合は依然としてきわめて大きいが、一部の教育段階では、教育支出に私費の果たす役割が重要性を増しつつある。

ほとんどの国では義務教育であるのが一般的な高等教育以外の教育段階では、教育支出の多くが公財政支出によって賄われている。それに対して、就学前教育（インディケータB2参照）と高等教育では、教育支出の公私負担割合の国によるばらつきがあるが、これは、財源の全体、あるいはほぼ全体が公財政で賄われることが少ないためである。就学前教育及び高等教育では、私費は主に家計支出であることから、教育機会の平等という点で問題が生じる。特に高等教育の財源については、議論が盛んに行われており、教育支出におけるこうした公私のバランスが理由で、潜在的な学生が高等教育への進学を思いとどまりかねないとの懸念を示す関係者もいる。国は学生への公的支援を大幅に強化すべきであるという考えや、その一方でなお、民間企業の出資拡大に向けた取り組みを支持する動きもある。

このインディケータでは、教育支出に占める公財政、私的負担、国際財源の割合を教育段階別に検証する。また、家計とその他の私的部門による支出の内訳も示す。このインディケータは、特に高等教育段階で、教育支出の公私負担割合がどうあるべきか、という広く議論されてきた問題に光を当てるものである。また、高等教育の費用を賄う目的で、公的部門から私立教育機関や学生個人とその家族に移転される資金の相対的割合にも目を向ける。

■ その他のハイライト

■家計支出は、高等教育段階の私費負担に占める割合が最も大きい（OECD加盟国の平均で70%）。

■OECD加盟国の平均では、2010～2015年の間に、初等教育段階から高等教育段階までの支出の私費負担割合は11%増加しているのに対し、公財政支出は1%減少している。

■高等教育以外の教育段階は、教育支出の私費負担割合に差があり、初等・中等教育段階では約8%だが、後期中等教育段階では13%に達する。

インディケータ **C3**

323

CHAPTER C 教育への支出

C₃

■ 結果と解説

教育支出の公私負担割合

高等教育段階では私費負担の割合が大きいとはいえ、OECD加盟国の教育機関の資金はその多くが公財政によって賄われている。しかし、全教育段階の平均をみる限り、公財政支出、私費負担、国際財源の割合は、国によって大きなばらつきがある。

OECD加盟国の平均では、初等教育段階から高等教育段階までの教育機関の全財源の83%が、公財政からの直接支出によって占められ（表C3.1）、私費負担は総支出の16%である。データのある国の約半数では、私費負担の割合はOECD加盟国の平均より大きい。フィンランド、ルクセンブルグ、ノルウェー、スウェーデンでは、私費負担割合は総教育支出の3%以下であるのに対し、オーストラリア、チリ、コロンビア、韓国、イギリス、アメリカ合衆国では約3分の1である。教育支出に占める国際財源の割合は、平均では1%であるが、チェコ共和国、ギリシャ、ポルトガルでは約4%に達している。データがあるすべてのOECD加盟国及び非加盟国のうち約30%では、国際財源の割合がOECD加盟国の平均より大きい。

高等教育以外の教育段階の教育支出の公私負担割合

すべての国で、高等教育以外の教育段階は公財政で賄われることがはるかに多い。この教育段階では私費負担の割合は約9%で、コロンビアでは20%を超えている（表C3.1及び図C3.2）。ほとんどの国では、この教育段階の私費負担は家計支出、中でも授業料がその多くを占める。

教育支出の私費負担割合は、国ごと、また教育段階によって異なる（OECD, 2018[1]）。初等教育段階では、平均して、教育支出の7%が私費で賄われている。フィンランド、ノルウェー、スウェーデンでは、教育支出のすべてが公財政支出により賄われている。対照的に、チリ（17%）とコロンビア（24%）は、データのあるすべての国の中で、私費負担割合が最も大きい（OECD, 2018[1]）。

前期中等教育段階では、総教育支出に占める私費負担割合は平均で8%である。データのあるOECD加盟32か国中23か国では、公財政支出の割合が90%を超えるが、オーストラリアとコロンビアでは、私費負担が20%強である（OECD, 2018[1]）。

後期中等教育段階は、初等・前期中等教育段階に比べて私費負担割合が大きく、OECD加盟国の平均で13%に達している。普通プログラム（12%）より職業プログラム（14%）で私費負担の割合がやや大きい。ドイツ、オランダ、ニュージーランドでは、職業教育の私費負担割合が普通教育より25パーセントポイント以上大きい。一方、チリ、トルコ、イギリスでは、普通プログラムの私費負担の割合が、職業プログラムより15パーセントポイント以上大きい（OECD, 2018[1]）。

高等教育以外の中等後教育段階では、公財政支出の割合は平均で75%にとどまる。初等・前期中等・後期中等の3つの教育段階とは異なり、イスラエル、ニュージーランド、ポーランド、アメリカ合衆国では、公的財源より私的財源に依存している（OECD, 2018[1]）。

324

インディケータC3：教育支出の公私負担割合　　CHAPTER C

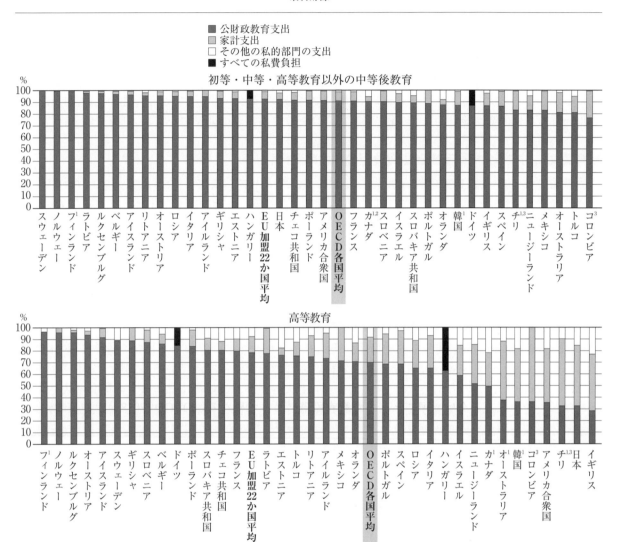

図C3.2. 教育機関に対する教育支出の公私負担割合（教育段階別）（2015年）
最終財源

1. 国際財源からの支出は含まない。
2. 初等教育に就学前教育と前期中等教育が含まれる。
3. 調査年は2016年

注：データ表示の都合上、国際財源からの支出は公財政支出と合算している。
左から順に、教育段階別に教育機関に対する公財政教育支出と国際財源からの支出の割合が大きい国。
資料：OECD/UIS/Eurostat（2018）。表C3.1。詳細は「資料」を参照。付録3の注を参照（http://dx.doi.org/10.1787/eag-2018-36-en）。
StatLink : https://doi.org/10.1787/888933804470

高等教育段階の教育支出の公私負担割合

高等教育段階は個人の収益率が高いので（インディケータA5参照）、さまざまな経済的背景を持つ学生を支援する財政支援体制が整っているという条件付きではあるが、多くの国が私的部門による教育資金への経済貢献の拡大を求めるようになってきた（インディケータC5参照）。すべての国で、教育支出の私費負担割合は、高等教育段階の方が下位の教育段階よりはるかに大きく、平均で総支出の31%近くを占めている（表C3.1及び図C3.2）。

CHAPTER C　教育への支出

高等教育機関に対する支出のうち、個人、企業、その他の私的部門による私費負担（授業料の貸与補助など、公的補助による支出も含む）の割合は、オーストリア、フィンランド、アイスランド、ルクセンブルグ、ノルウェーでは10%未満だが（この5か国では、高等教育機関の授業料が低額もしくはほぼ無料である）、チリ、日本、イギリス、アメリカ合衆国では約70%を占める。この割合は、高等教育機関の授業料の水準に関連している（図C3.2及び表C3.1、インディケータC5参照）。OECD加盟国の平均では、家計支出は私費負担の70%を占め、大多数の国では私費負担の最大の財源となっているが、フィンランドとスウェーデンでは、私費負担のほとんどすべてがその他の私的部門によって賄われ（主に研究開発目的）、家計支出の割合はゼロであるか、非常に小さい（図C3.2）。

教育機関に対する公財政支出と私費負担の割合の変化

初等教育から高等教育までの教育機関の資金は、依然として大部分が公財政支出で賄われているが、教育機関の費用を賄うために投じられる私費もかなり多く、その割合は増加している（表C3.3）。2010～2015年の間に、OECD加盟国では、初等教育から高等教育までの教育支出の私費負担割合は11%増加しているのに対し、公財政支出は約1%減少している。私費負担割合の増加は62%の国でみられ、エストニア（77%）とスペイン（56%）が最も大幅な増加を示している。対照的に、チリとラトビアでは、公的部門の負担増加に支えられて、私費負担割合が最も大きく減少している。

多くのOECD加盟国では、高等教育以外の教育段階における在学者の増加（インディケータB1参照）は、個人と社会双方の高い需要を反映している。在学率が上昇することで、おもに私費負担の面で支出水準が上がり、それによって教育支出の公私負担割合も変わってきている。2010～2015年の増加幅は、私費負担（30%）の方が公財政支出（5%）よりも大きいが、この数字はエストニア、イスラエル、スペインなどの外れ値の影響が強い。こうした国々では、2010～2015年の間に、高等教育以外の教育段階の私費負担割合が50%を超えて増えている。また、公財政支出についても大きな増加が見られ、トルコとイギリスでそれが顕著（25～50%）である。

高等教育段階の公財政支出が増加している国もあるが、それ以外の国では依然として2010年の水準に達していない。だが、こうした公財政支出の減少は私費負担の増加によって相殺されてきた。例えばオーストラリア、カナダ、スペインがそれに当たり、2015年の公財政支出は2010年に比べ10～20%減少しているが、私費負担割合が15～50%増加している（表C3.3及び図C3.3）。

私的部門への公的資金移転

教育機関の費用を賄うために投じられる財源は、政府、国際機関、私立機関、学生とその家族の負担で賄われている。政府支出の大部分は教育機関に直接投入されているが、政府は他のさまざまな配分のしくみによって（授業料助成金や、在学者数または履修単位時間に基づく公財政から教育機関への直接支出を通して）、あるいは、学生や家計、その他の私的部門の支援によって（奨学金、給与補助、授業料に充てる貸与補助を通して）、教育機関への資金移転も行っている。

政府は資金移転を利用して、教育プログラムや授業を編成して学生のニーズをもっと満たす誘因だけでなく、教育を受ける機会を増やし、社会的不平等を縮小する誘因も、教育機関に提供している。学生を経由して経費が教育機関に納入されれば、教育機関同士の競争を促すのに役立ち、結果的に教育支出の効率が高まる。生活費の補助は労働収入の代わりにもなりうるので、公的資金移転は、学生の

326

インディケータ C3：教育支出の公私負担割合　CHAPTER C

図 C3.3. 高等教育機関に対する教育支出の公私負担割合の変化（2010～2015年）

最終財源、2010年＝100

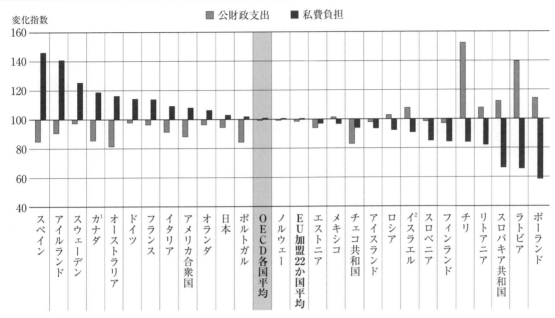

1. 初等教育に就学前教育が含まれる。
2. 公営私立教育機関に対する支出の私費負担が国公立教育機関に対する支出の私費負担に含まれる。

左から順に、2010～2015年の高等教育機関に対する支出の私費負担割合の変化が大きい国。
資料：OECD/UIS/Eurostat（2018）。Education at a Glance Database（http://stats.oecd.org/）。
詳細は「資料」を参照。付録3の注を参照（http://dx.doi.org/10.1787/eag-2018-36-en）。
StatLink : https://doi.org/10.1787/888933804489

フルタイム就学を可能にして学歴取得率の向上につながると考えられる。

私的部門への公的資金移転は、高等教育の資金調達に重要な役割を果たしている（表C3.2及び図C3.1）。高等教育が拡大している国、それも特に、授業料が学生に課せられている国では、公的部門から私的部門への資金移転は、低所得層の学生が教育に参加する機会を増やす手段と見なされることが多い。しかし、OECD加盟国には配分モデルが一つもない（OECD, 2017[2]）。公的資金移転は、高等教育を受ける場合の経済的負担の軽減に大きな影響を与えるが、政府と国際機関の支援によって賄われる高等教育段階の私費負担の割合が比較的小さく思える国がある一方で、私費負担の大部分が資金移転によって賄われている国もある。私費負担が大きいゆえに生徒が高等教育への参加を思いとどまる可能性があるので、これは教育を受ける機会と学習の面で課題となる。

OECD加盟国の平均では、高等教育機関の支出を賄うために公的部門から私的部門に移転されるのは、資金総額の5％である。2015年には、データのある24か国中3か国で、高等教育機関に投入される資金総額の20～30％が、公財政支出または国際財源から家庭や私的部門に移転されている。一方、オーストリア、チェコ共和国、エストニア、ハンガリー、アイスランド、ポルトガルでは、資金移転は1％に満たない。資金移転の割合が最も大きい国は、授業料が最も高い国でもあるが、政府から多大な支援がないために、私費負担が大きい国もある（OECD, 2017[2]）。

CHAPTER C　教育への支出

■ 定義

初期支出に占める公財政支出、私費負担、国際財源の割合は、資金移転前に、公的部門や私的部門、国際的部門で発生した、または、これらの部門によって生じた教育支出総額の割合である。**公財政初期支出**には、教育機関に対する直接的な公財政支出と私的部門への移転が含まれ、国際的部門からの移転は含まれない。**私費初期負担**は、授業料と、教育機関に対して学生個人または家族が支払うその他の納付金などから、公的補助分を除いたものである。**国際初期財源**には、国際財源から教育機関への直接支出（外国企業から国公立大学への研究助成金など）と政府への国際的資金移転が含まれる。

最終支出に占める公財政支出、私費負担、国際財源の割合は、資金移転後に、公的部門、私的部門、国際的部門によって直接支払われた教育支出の割合である。**公財政最終支出**には、公的部門による教育資源の直接購入や、教育機関に対する支出が含まれる。**私費最終負担**には、その一部に公的補助が充てられているかどうかに関係なく、教育機関に対するすべての直接支出（授業料とその他の納付金）が含まれる。また、学校と企業の連携プログラムや、企業で行われる見習生や生徒に対する訓練への民間企業の支出も、対象としている。**国際最終財源**には、国際財源から教育機関に直接支払われる研究助成金やその他の基金など、国際財源から教育機関への直接支出が含まれる。

家計とは、学生とその家族を指す。

その他の私的部門には、民間企業と、宗教団体・慈善団体・事業団体・労働団体などの非営利組織が含まれる。

公的補助には、奨学金や学生に対する他の財政支援のような公的部門や国際的部門からの資金移転と、他の私的部門への助成金が含まれる。

■ 算定方法

定義や対象範囲の変更により、2018年度版『図表でみる教育OECDインディケータ』のデータは、旧版のデータと比較できない場合がある。

初期支出についても、最終支出についても、教育資金の提供者すべてを、政府財源（公財政支出）、非政府財源（私費負担）、国際機関等の国外の財源のような国際財源に分類している。この指標に示す数字は、表示の都合上、公財政支出と国際財源を合算したものである。国際財源の割合は他の財源と比べると比較的小さいため、合算しても公財政支出の割合の分析には影響しない。

教育用品や教育サービスに対する支出は、教育機関の内部だけで発生するとは限らない。例えば、家庭で独自に市販の教科書や参考書を購入したり、教育機関とは関係なく子どもに家庭教師をつけたりすることがある。高等教育段階では、学生の生活費や放棄所得も、教育支出のかなりの割合を占める場合がある。こうした教育機関以外で支出されたものは、たとえそれが公的補助を受けている場合も、すべてこの指標では除外している。教育機関以外の支出に対する公的補助については、インディケータC4及びC5で扱う。

インディケータC3：教育支出の公私負担割合　**CHAPTER C**

教育機関の予算の一部は、学生に提供される給食、住居、通学手段などの補助的サービスに充てられる。こうしたサービスの経費の一部は学生から徴収される納付金などで賄われるが、これも本インディケータに含む。

教育機関に対する支出は現金主義会計で算定されており、したがって、調査年の支出状況のみを表すことになる。高等教育段階では、貸与補助の返済制度がある国が多い。ここでは公的貸与補助の返済は考慮に入れているが、個人からの融資返済は考慮に入れていないため、教育支出への私費負担が実際よりも小さくなっている可能性がある。

（政府による貸与補助ではない）民間金融機関が提供する学生ローンは私的支出と見なすが、利子補給や債務不履行による政府支出は公的支出とすることに、留意すべきである。

詳細については『OECD国際比較教育統計ハンドブック2018年版（*OECD Handbook for Internationally Comparable Education Statistics 2018*）』（OECD, 2018[3]）を参照。各国の注記については付録3を参照（http://dx.doi.org/10.1787/eag-2018-36-en）。

リトアニアは、本書を編集時にはOECD加盟国ではなかったので、OECD加盟国リストには記載せず、OECD加盟国の総計に含めていない。

■ 資料

データは、（特に記載のない限り）2015会計年度を調査対象年とし、OECDが2017年に収集した教育統計のUOEデータコレクションに基づく。詳細は付録3を参照（http://dx.doi.org/10.1787/eag-2018-36-en）。アルゼンチン、中国、コロンビア、インド、インドネシア、サウジアラビア、南アフリカのデータはユネスコ統計研究所（UNESCO Institute of Statistics, UIS）から得ている。

2005年、2011～2015年の支出データは、2017～18年の調査に基づいて更新し、2005～2014年の支出は、現在のUOEデータコレクションで使用している計算方法と定義に合わせて調整した。

イスラエルのデータについて

イスラエルの統計データは、イスラエル政府関係当局により、その責任の下で提供されている。OECDにおける当該データの使用は、ゴラン高原、東エルサレム、及びヨルダン川西岸地区のイスラエル入植地の国際法上の地位を害するものではない。

■ 参考資料

OECD (2018), *Education at a Glance Database*, https://stats.oecd.org/ (accessed on 06 July 2018). [1]

OECD (2018), *OECD Handbook for Internationally Comparative Education Statistics 2018: Concepts, Standards, Definitions and Classifications*, OECD Publishing, Paris, https://doi.org/10.1787/9789264304444-en. [3]

CHAPTER **C**　教育への支出

OECD（2017）, "Who really bears the cost of education? : How the burden of education　[2]
expenditure shifts from the public to the private sector", *Education Indicators in Focus*,
No. 56, OECD Publishing, Paris, http://dx.doi.org/10.1787/4c4f545b-en.

■ インディケータ C3 の表＊

• 表 C3.1. 教育支出に占める公財政支出、私費負担、国際財源の割合（教育段階別）（2015年）
• 表 C3.2. 資金移転前後の教育支出に占める公財政支出、私的負担、国際財源の割合（2015年）
• 表 C3.3. 初等教育段階から高等教育段階までの教育支出の公財政支出割合の推移と公財政支出、私費負担、
　　　国際財源の割合の変化指数（2005〜2015年）

＊ データの締切日は2018年7月18日。更新データはホームページで確認可能（http://dx.doi.org/10.1787/eag-
　data-en）。詳細な内訳も Education at a Glance Database（http://stats.oecd.org/）で確認可能。

インディケータC3：教育支出の公私負担割合　　CHAPTER C

表C3.1. 教育支出に占める公財政支出、私費負担、国際財源の割合（教育段階別）（2015年）

公財政支出からの資金移転後（最終財源）の、教育支出に占める公財政支出、私費負担、国際財源の割合

	初等・中等・高等教育以外の中等後教育段階		私費			高等教育段階		私費			初等教育段階から高等教育段階まで		私費		
	公財政	家計	その他の私的部門の支出	私費合計	国際財源	公財政	家計	その他の私的部門の支出	私費合計	国際財源	公財政	家計	その他の私的部門の支出	私費合計	国際財源
	(1)	(2)	(3)	(4)	(5)	(6)	(7)	(8)	(9)	(10)	(11)	(12)	(13)	(14)	(15)
オーストラリア	81	17	2	19	0	38	50	12	62	x(6)	66	28	6	34	x(11)
オーストリア	95	3	1	5	a	94	3	3	6	a	95	3	2	5	a
ベルギー	97	3	0	3	0	83	9	6	14	3	93	5	2	6	1
カナダ[1,2]	90d	4d	5d	10d	m	49	28	22	51	0	74d	14d	12d	26d	m
チリ[1,3]	83	16	1	17	m	32	57	10	68	m	63	33	4	37	m
チェコ共和国	92	7	2	8	0	65	8	12	20	15	84	7	5	12	4
デンマーク	m	m	m	m	m	m	m	m	m	m	m	m	m	m	m
エストニア	93	6	1	7	0	71	6	17	24	5	85	6	7	13	2
フィンランド	99	1	0	1	x(1)	93	0	3	3	4	98	1	1	2	x(11)
フランス	91	8	1	9	0	78	11	10	20	2	87	9	4	12	1
ドイツ	87	x(4)	x(4)	13	0	83	x(9)	x(9)	15	2	86	x(14)	x(14)	14	1
ギリシャ	93	7	0	7	0	73	x(10)	x(10)	12	15	88	x(14)	x(14)	8	4
ハンガリー	93	x(4)	x(4)	7	0	63	x(10)	x(10)	37	0	86	x(14)	x(14)	14	0
アイスランド	96	3	0	4	0	89	8	1	8	2	95	4	0	5	1
アイルランド	95	5	a	5	a	74	22	5	26	a	90	9	1	10	a
イスラエル	90	7	3	10	0	58	26	16	42	0	82	12	6	18	0
イタリア	92	5	0	5	2	62	28	7	35	3	85	11	2	12	2
日本	92	5	2	8	0	32d	52d	16d	68d	0d	72	21	7	28	0
韓国[1]	87	12	1	13	a	36	45	18	64	a	71	22	7	29	a
ラトビア	97	2	0	2	1	73	21	1	23	5	90	8	0	9	2
ルクセンブルク	95	2	0	3	3	92	2	2	4	3	94	2	0	3	3
メキシコ	83	17	0	17	0	71	29	0	29	0	80	20	0	20	0
オランダ	87	5	8	12	0	68	16	13	29	3	81	8	10	18	1
ニュージーランド	83	12	5	17	0	52	34	15	48	0	74	18	8	26	0
ノルウェー	99	1	0	1	0	96	4	0	4	0	99	1	0	1	0
ポーランド	91	8	0	8	1	79	14	2	16	5	87	10	1	11	2
ポルトガル	86	11	0	11	3	58d	26d	6d	32d	10d	79	15	1	16	4
スロバキア共和国	89	6	5	11	0	79	10	9	20	1	85	8	6	14	1
スロベニア	90	9	0	10	0	83	11	2	13	4	88	10	1	10	1
スペイン	86	13	1	14	0	66	29	3	32	2	81	17	2	19	1
スウェーデン	100	a	a	a	a	85	1	10	11	4	95	0	3	3	1
スイス	m	m	m	m	m	m	m	m	m	m	m	m	m	m	m
トルコ	81	14	5	19	0	75	12	12	25	0	79	13	8	21	0
イギリス	87	11	3	13	0	25	48	23	71	a	68	22	9	31	a
アメリカ合衆国	91	9	0	9	a	35	46	18	65	a	68	25	8	32	a
OECD各国平均	90	8	2	9	0	66	22	9	31	1	83	12	4	16	1
EU加盟22か国平均	92	6	1	8	1	73	15	8	23	5	87	11	3	11	2
アルゼンチン	m	m	m	m	m	m	m	m	m	m	m	m	m	m	m
ブラジル	m	m	m	m	m	m	m	m	m	m	m	m	m	m	m
中国	m	m	m	m	m	m	m	m	m	m	m	m	m	m	m
コロンビア[3]	77	23	0	23	0	36	64	0	64	0	62	38	0	38	0
コスタリカ	m	m	m	m	m	m	m	m	m	m	m	m	m	m	m
インド	m	m	m	m	m	m	m	m	m	m	m	m	m	m	m
インドネシア	m	m	m	m	m	m	m	m	m	m	m	m	m	m	m
リトアニア	95	3	2	5	1	72	18	7	25	3	86	8	4	12	2
ロシア	95	4	1	5	0	64	23	12	35	1	83	11	5	16	0
サウジアラビア	m	m	m	m	m	m	m	m	m	m	m	m	m	m	m
南アフリカ	m	m	m	m	m	m	m	m	m	m	m	m	m	m	m
G20各国平均	m	m	m	m	m	m	m	m	m	m	m	m	m	m	m

注：一部の教育段階が他の教育段階に含まれる。該当する教育段階については表C1.1の記号「x」を参照。私費負担に授業料に対する貸与補助と奨学金が含まれる（私的部門を通じて教育機関へ支払われた公的補助を含む）。個人からの融資返済は考慮に入れていないため、教育支出への私費負担が実際よりも小さくなっている可能性がある。ここで対象となる公財政支出は分類不可能なプログラムを除く。詳細は「定義」と「算定方法」を参照。データと詳細な内訳はEducation at a Glance Database（http://stats.oecd.org）で参照可能。

1. 国際財源を除く。
2. 初等教育に就学前教育と前期中等教育が含まれる。
3. 調査年は2016年。

資料：OECD/UIS/Eurostat（2018）。詳細は「資料」を参照。付録3の注を参照（http://dx.doi.org/10.1787/eag-2018-36-en）。
表中の省略記号については、「利用にあたって」を参照。

StatLink : https://doi.org/10.1787/888933804394

表C3.2. 資金移転前後の教育支出に占める公財政支出、私的負担、国際財源の割合（2015年）

教育段階別・財源別

	初等・中等・高等教育以外の中等後教育段階						高等教育段階						初等教育段階から高等教育段階まで					
	初期資金（公的部門から私的部門への資金移転前）			最終資金（公的部門から私的部門への資金移転後）			初期資金（公的部門から私的部門への資金移転前）			最終資金（公的部門から私的部門への資金移転後）			初期資金（公的部門から私的部門への資金移転前）			最終資金（公的部門から私的部門への資金移転後）		
	公財政支出	私費負担	国際財源	公財政支出	私費負担	国際財源	公財政支出	私費負担	国際財源	公財政支出	私費負担	国際財源	公財政支出	私費負担	国際財源	公財政支出	私費負担	国際財源
	(1)	(2)	(3)	(4)	(5)	(6)	(7)	(8)	(9)	(10)	(11)	(12)	(13)	(14)	(15)	(16)	(17)	(18)
OECD加盟国																		
オーストラリア	81	19	0	81	19	0	63	37	x(7)	38	62	x(10)	75	25	x(13)	66	34	x(16)
オーストリア	97	3	a	95	5	a	94	6	a	94	6	a	96	4	a	95	5	a
ベルギー	98	2	0	97	3	0	87	10	3	83	14	3	95	4	1	93	6	1
カナダ[1]	m	m	m	90ᵈ	10ᵈ	m	m	m	m	49	51	0	m	m	m	74	26	m
チリ[2]	m	m	m	83	17	m	m	m	m	32	68	m	m	m	m	63	37	m
チェコ共和国	92	8	0	92	8	0	65	20	15	65	20	15	84	12	4	84	12	4
デンマーク	m	m	m	m	m	m	m	m	m	m	m	m	m	m	m	m	m	m
エストニア	78	7	15	93	7	0	69	24	7	71	24	5	75	13	12	85	13	2
フィンランド	m	m	x(1)	99	1	x(4)	m	m	x(7)	93	3	4	m	m	x(13)	98	2	x(16)
フランス	93	7	0	91	9	0	81	18	2	78	20	2	90	10	1	87	12	1
ドイツ	m	m	m	87	13	0	m	m	m	83	15	2	m	m	m	86	14	1
ギリシャ	m	m	m	93	7	0	m	m	m	73	12	15	m	m	m	88	8	4
ハンガリー	m	m	m	93	7	0	63	37	0	63	37	0	86	14	0	86	14	0
アイスランド	96	4	0	96	4	0	89	8	2	89	8	2	95	5	1	95	5	1
アイルランド	95	5	a	95	5	a	90	7	4	74	26	a	93	6	1	90	10	a
イスラエル	m	m	m	90	10	0	m	m	m	58	42	0	m	m	m	82	18	0
イタリア	92	5	2	92	5	2	72	25	3	62	35	3	88	10	2	85	12	2
日本	m	m	m	92	8	0	m	m	m	32ᵈ	68ᵈ	0ᵈ	m	m	m	72	28	0
韓国	m	m	m	87	13	0	m	m	m	36	64	0	m	m	m	71	29	a
ラトビア	89	2	8	97	2	1	63	22	15	73	23	5	81	8	10	90	9	2
ルクセンブルグ	95	3	3	95	3	3	93	4	3	92	4	3	95	3	3	94	3	3
メキシコ	84	16	0	83	17	0	73	27	0	71	29	0	81	19	0	80	20	0
オランダ	m	m	m	87	12	0	m	m	m	68	29	3	m	m	m	81	18	1
ニュージーランド	85	15	0	83	17	0	72	28	0	52	48	0	81	19	0	74	26	0
ノルウェー	100	0	0	99	1	0	99	1	0	96	4	0	100	0	0	99	1	0
ポーランド	90	8	2	91	8	1	88	7	5	79	16	5	89	8	3	87	11	2
ポルトガル	86	11	3	86	11	3	57ᵈ	32ᵈ	11ᵈ	58ᵈ	32ᵈ	10ᵈ	79	16	5	79	16	4
スロバキア共和国	85	8	7	89	11	0	48	18	34	79	20	1	72	11	17	85	14	1
スロベニア	90	10	0	90	10	0	78	13	9	83	13	4	87	10	3	88	10	1
スペイン	86	14	0	86	14	0	69	29	2	66	32	2	81	18	1	81	19	1
スウェーデン	100	a	a	100	a	a	85	1	4	95	3	1	95	3	1	95	3	1
スイス	m	m	m	m	m	m	m	m	m	m	m	m	m	m	m	m	m	m
トルコ	m	m	m	81	19	0	m	m	m	75	25	0	m	m	m	79	21	0
イギリス	89	11	0	87	13	0	52	44	4	25	71	4	78	21	1	68	31	1
アメリカ合衆国[3]	91	9	a	91	9	a	38	62	a	35	65	a	69	31	a	68	32	a
OECD 各国平均	91	8	2	90	9	0	73	21	6	66	31	3	85	12	3	83	16	1
EU 加盟22か国平均	91	7	3	92	8	1	74	19	8	73	22	5	86	10	4	87	11	2
OECD非加盟国																		
アルゼンチン	m	m	m	m	m	m	m	m	m	m	m	m	m	m	m	m	m	m
ブラジル	m	m	m	m	m	m	m	m	m	m	m	m	m	m	m	m	m	m
中国	m	m	m	m	m	m	m	m	m	m	m	m	m	m	m	m	m	m
コロンビア	77	23	0	77	23	0	m	m	m	36	64	0	m	m	m	62	38	0
コスタリカ	m	m	m	m	m	m	m	m	m	m	m	m	m	m	m	m	m	m
インド	m	m	m	m	m	m	m	m	m	m	m	m	m	m	m	m	m	m
インドネシア	m	m	m	m	m	m	m	m	m	m	m	m	m	m	m	m	m	m
リトアニア	93	4	3	95	5	1	52	25	23	72	25	3	78	12	10	86	12	2
ロシア	m	m	m	95	5	0	m	m	m	64	35	1	m	m	m	83	16	0
サウジアラビア	m	m	m	m	m	m	m	m	m	m	m	m	m	m	m	m	m	m
南アフリカ	m	m	m	m	m	m	m	m	m	m	m	m	m	m	m	m	m	m
G20各国平均	m	m	m	m	m	m	m	m	m	m	m	m	m	m	m	m	m	m

注：一部の教育段階が他の教育段階に含まれる。該当する教育段階については表C1.1の記号「x」を参照。詳細は「定義」と「算定方法」を参照。データと詳細な内訳はEducation at a Glance Database（http://stats.oecd.org/）で参照可能。
1. 初等教育に就学前教育と前期中等教育が含まれる。
2. 調査年は2016年。
3. 貸与補助が総額ではなく正味額であるため、公的資金移転が実際より小さい割合になっている。
資料：OECD/UIS/Eurostat（2018）。詳細は「資料」を参照。付録3の注を参照（http://dx.doi.org/10.1787/eag-2018-36-en）。
表中の省略記号については、「利用にあたって」を参照。
StatLink : https://doi.org/10.1787/888933804413

インディケータC3：教育支出の公私負担割合　CHAPTER **C**

表**C3.3.** 初等教育段階から高等教育段階までの教育支出の公財政支出割合の推移と公財政支出、私費負担、国際財源の割合の変化指数（2005～2015年）

教育機関への支出に占める公財政支出、私費負担、国際財源（最終財源）の割合の変化指数、年別

	教育機関への支出に占める公財政支出の割合(%)			教育機関への支出の相対的割合の変化指数(2010年=100)								
				公財政支出			私費負担			国際財源		
	2005年	2011年	2015年	2005年	2011年	2015年	2005年	2011年	2015年	2005年	2011年	2015年
	(1)	(2)	(3)	(4)	(5)	(6)	(7)	(8)	(9)	(10)	(11)	(12)
OECD加盟国												
オーストラリア	73	73	66	98	98	89	106	105	131	x(4)	x(5)	x(6)
オーストリア	m	m	95	m	m	m	m	m	m	m	m	m
ベルギー	93	94	93	99	100	99	m	m	m	89	120	121
カナダ[1]	75d	76d	74d	99d	100d	96d	104d	101d	112d	m	m	m
チリ	50	55	63	90	98	115	113	103	81	m	m	m
チェコ共和国	88	88	84	101	100	96	97	97	94	m	m	m
デンマーク	98	96	m	101	100	m	78	115	m	m	m	m
エストニア	92	93	85	99	101	92	109	90	177	m	m	m
フィンランド	98	98	98	100	100	100	97	100	89	m	m	m
フランス	89	88	87	101	99	99	94	104	110	72	117	143
ドイツ	86	87	86	99	100	99	106	99	105	66	89	111
ギリシャ	94	m	88	m	m	m	m	m	m	m	m	m
ハンガリー	91	m	86	m	m	m	m	m	m	m	m	m
アイスランド	95	95	95	100	100	99	101	100	99	m	m	m
アイルランド	94	92	90	101	100	97	83	103	134	m	m	m
イスラエル[2]	82	78	82	100	96	100	98	119	99	m	m	m
イタリア	91	89	85	102	99	95	85	109	122	m	m	m
日本	72	73	72	98	99	98	106	102	104	m	m	m
韓国	m	m	71	m	m	m	m	m	m	m	m	m
ラトビア	83	84	90	99	101	108	126	110	72	44	52	39
ルクセンブルグ	m	m	94	m	m	m	m	m	m	m	m	m
メキシコ	80	79	80	100	99	100	99	103	98	m	m	m
オランダ	83	81	81	101	99	99	97	103	103	62	105	138
ニュージーランド	m	m	74	m	m	m	m	m	m	m	m	m
ノルウェー	m	99	99	m	100	100	m	104	147	m	m	m
ポーランド	91	89	87	104	102	100	72	89	86	m	m	m
ポルトガル	m	m	79	m	m	m	m	m	m	m	m	m
スロバキア共和国	84	86	85	100	102	102	99	90	87	m	m	m
スロベニア	88	90	88	98	100	99	114	101	102	m	m	m
スペイン	89	87	81	101	99	92	89	106	156	m	m	m
スウェーデン	96	96	95	100	100	99	115	112	124	80	103	101
スイス	m	m	m	m	m	m	m	m	m	m	m	m
トルコ	m	82	79	m	m	m	m	m	m	m	m	m
イギリス	m	m	68	m	m	m	m	m	m	m	m	m
アメリカ合衆国	72	69	68	102	98	95	96	105	112	a	a	a
OECD各国平均	86	85	83	100	100	99	99	103	111	m	m	m
EU加盟22か国平均	90	90	87	100	100	98	97	102	111	m	m	m
OECD非加盟国												
アルゼンチン	m	m	m	m	m	m	m	m	m	m	m	m
ブラジル	m	m	m	m	m	m	m	m	m	m	m	m
中国	m	m	m	m	m	m	m	m	m	m	m	m
コロンビア	m	m	64	m	m	m	m	m	m	m	m	m
コスタリカ	m	m	m	m	m	m	m	m	m	m	m	m
インド	m	m	m	m	m	m	m	m	m	m	m	m
インドネシア	m	m	m	m	m	m	m	m	m	m	m	m
リトアニア	m	87	86	m	100	99	m	99	107	m	104	127
ロシア	m	83	83	m	101	102	m	97	89	m	m	m
サウジアラビア	m	m	m	m	m	m	m	m	m	m	m	m
南アフリカ	m	m	m	m	m	m	m	m	m	m	m	m
G20各国平均	m	m	m	m	m	m	m	m	m	m	m	m

注：一部の教育段階が他の教育段階に含まれる。該当する教育段階については表C1.1 の記号「x」を参照。私費負担に授業料に対する貸与補助と奨学金が含まれる（私的部門を通じて教育機関へ支払われた公的補助を含む）。個人からの融資返済は考慮に入れていないため、教育支出への私費負担が実際よりも小さくなっている可能性がある。ここで対象となる公財政支出は分類不可能なプログラムを除く。詳細は「定義」と「算定方法」を参照。データと詳細な内訳はEducation at a Glance Database（http://stats.oecd.org/）で参照可能。

1. 初等教育に就学前教育が含まれる。
2. 公営私立教育機関に対する支出の私費負担が国公立教育機関に対する支出の私費負担に含まれる。

資料：OECD/UIS/Eurostat（2018）。詳細は「資料」を参照。付録3の注を参照（http://dx.doi.org/10.1787/eag-2018-36-en）。

表中の省略記号については、「利用にあたって」を参照。

StatLink : https://doi.org/10.1787/888933804432

公財政教育支出

インディケータ C4

- 公財政教育支出は、OECD各国平均で一般政府総支出の11%を占めるが、国ごとにみると、その割合は約6%から約17%まで開きがある。
- 2011～2015年の間に、一般政府総支出に占める公財政教育支出の割合は、OECD加盟国の平均ではあまり変化していない（約11%）が、OECD加盟国の半数で減少する一方、10%超増加している国もある。
- 高等教育以外の教育（初等・中等・高等教育以外の中等後教育）では、教育支出が分権化されており、最終資金の58%を地域政府と地方政府が管理している。高等教育では、（政府レベル間での資金移転後の）最終的な公的資金の平均で85%が中央政府から支出されている。

図C4.1. 一般政府総支出に占める公財政教育支出の割合の変化（2011～2015年）

初等教育から高等教育（2011年＝100、不変価格）

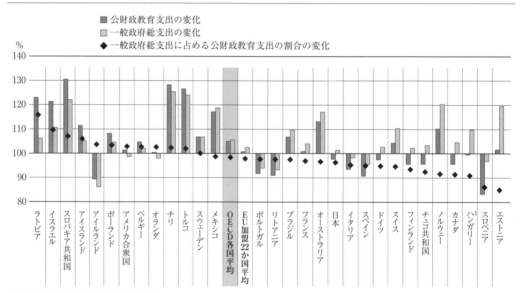

1. 初等教育に就学前教育が含まれる。
左から順に、一般政府総支出に占める公財政教育支出の割合の変化が大きい国。
資料：OECD/UIS/Eurostat（2018）。表C4.3。詳細は「資料」を参照。付録3の注を参照（http://dx.doi.org/10.1787/eag-2018-36-en）。

StatLink : https://doi.org/10.1787/888933804584

■政策との関連

教育、保健衛生、社会保障、防衛など様々な分野への予算配分は、各国の優先順位や、そうしたサービスが民間によって提供されるかどうかによって決まる。政府の財政支出が必要となるのは、公益性が高いにもかかわらず、個人の費用が個人の利益を上回る場合である。教育は、どの国でも政府がサービス提供に介入し、出資と指導に当たっている分野である。市場が平等な教育機会を提供する保証がないのであれば、教育サービスへの政府支出によって、社会の誰もが教育を受けられるようにする必要がある。

経済危機による予算の圧迫のため、教育への公財政支出配分が減少している。予算削減によって、政府資金がより適切に配分されるようになり、効率性や経済的活力が増す場合もあるが、公教育の質に影響が及ぶことも考えられ、特に、教育への投資が経済成長を支えるのに大きな意味を持つ時期にはそれが言える。

本インディケータでは、OECD加盟国及び非加盟国の公財政教育支出と一般政府総支出を比較する。また、中央政府、地域（州・県レベル）政府、地方（市町村レベル）政府という公財政教育支出の各財源と、各レベルの政府間での資金移転に関するデータについても言及している。

■ その他のハイライト

■ 2015年には、教育分野以外の私的部門への公的資金移転と支払いは、一般政府総支出の1%を占める。公財政教育支出に占める割合は9%で、残りの91%は教育機関への直接支出である。

■ OECD加盟国及び非加盟国では、高等教育以外の教育（初等・中等・高等教育以外の中等後教育）に対する公財政支出は、高等教育に対する公財政支出の2倍を超えているが、これは主に、下位の教育段階では在学率が100%に近いためである。

■ 公財政支出に占める教育支出の割合は、2005〜2015年の間に、両年のデータがある国の70%超で減少している。残りのほとんどの国では変化が見られないが、増加している国も多く、特に顕著なチリ、ブラジル、イスラエルでは、2.5パーセントポイント強増加している。

■ OECD加盟国の平均では、高等教育以外の教育段階は、中央政府レベルから地域政府レベル及び地方政府レベルに移転される資金が高等教育段階より多い。OECD加盟国の平均で、中央政府が高等教育以外の教育に支出する公的資金の割合は56%だが、政府レベル間の資金移転を考慮に入れると42%に下がり、結果的に、地方政府の資金の割合が24%から39%に増加する。

■ 結果と解説

公財政教育支出の全体的水準

教育に充てられる公財政支出の割合は、国によって異なる。2015年の全サービスへの一般政府総支出に占める公財政教育支出の割合は、OECD加盟国の平均では11%である。ただし、OECD加盟国及び非加盟国でばらつきがあり、ギリシャやハンガリーの約6%から、チリ、メキシコ、ニュージーランドの17%以上、コスタリカの約30%まで幅がある（表C4.1及び図C4.2）。

全体的にみると、公財政支出の多くが高等教育以外の教育に充てられている。大半の国で、またOECD加盟国の平均で、初等教育から高等教育にいたる公財政支出全体（一般政府総支出の約8.1%）のおよそ4分の3が、高等教育以外の教育に充てられている。これは主に、この教育段階の在学率が100%に近いこと（インディケータB1を参照）や人口構成（表C4.1）、多くのOECD加盟国では高等教育に対する支出の私費負担割合が大きいことによって説明できる。

高等教育に投入される公財政支出は、国によって大きな差異がある。OECD加盟国の平均では、高等教育段階が公財政教育支出に占める割合は27%だが、この割合は、ハンガリー、イスラエル、ルクセンブルグ、ポルトガルの15～20%からオーストリア、エストニア、スロバキア共和国、トルコの約35%まで開きがある（表C4.1）。

公財政教育支出には、教育機関に対する直接支出（国公立学校の運営費用など）及び、教育分野以外の私的部門を経由して教育機関に支払われる資金移転と、家計への生活補助費で授業料などとして教

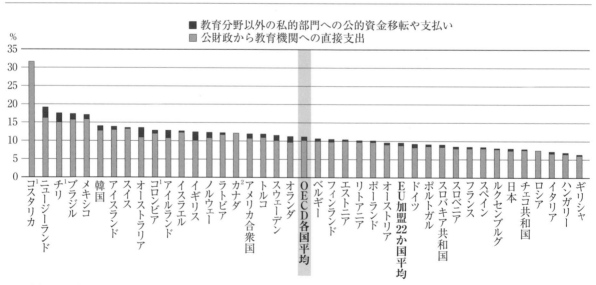

図C4.2. 一般政府総支出に占める公財政教育支出の構成（2015年）
初等教育から高等教育

1. 調査年は2016年。
2. 初等教育に就学前教育が含まれる。
左から順に、一般政府総支出に占める公財政教育支出の割合が大きい国。
資料：OECD/UIS/Eurostat（2018）. 表C4.1. 詳細は「資料」を参照。付録3の注を参照（http://dx.doi.org/10.1787/eag-2018-36-en）。
StatLink : https://doi.org/10.1787/888933804603

インディケータ C4：公財政教育支出　　**CHAPTER C**

育機関に納付されないものの両方が含まれる。教育分野以外の私的部門への公的資金移転や支払い（公的貸与補助、給与補助、奨学金、学生への民間貸与補助など）が一般政府総支出に占める割合は、OECD加盟国及び非加盟国全体では小さいものの、国によってかなりの差が認められる（図C4.2）。2015年には、この私的部門への支出が一般政府総支出に占める割合は1%、公財政教育支出に占める割合は9%で、残りの91%は教育機関への直接支出である。しかしながら、この割合は国によってばらつきがあり、オーストラリア、チリ、アイルランド、ニュージーランド、イギリスでは一般政府総支出の2～3%だが、チェコ共和国、ギリシャ、ルクセンブルグでは0.3%を下回る。

公財政教育支出を一般政府総支出に占める割合でみる際には、政府予算の相対的規模を考慮する必要がある。公財政教育支出を対GDP比でみると、各国の状況はかなり異なってくる。2015年には、公財政教育支出の対GDP比はOECD加盟国の平均では4.5%だが、OECD加盟国及び非加盟国では、チェコ共和国、日本、ロシアの3.3%以下から、ノルウェーの約7%まで幅がある。

一般政府総支出の対GDP比は国によって大きく異なる（表C4.1）。2015年には、全サービスへの一般政府総支出の対GDP比は、最も割合が大きいフィンランド（57%）とノルウェー（58%）を含めて、データがある国のほぼ3分の1で50%を超えている。だが前述の通り、一般政府総支出に占める公財政教育支出の割合が大きいからといって、必ずしもその国のGDPに占める公財政教育支出の割合が大きいとは限らない。例えばアイルランドは、一般政府総支出の13%を教育に充てている（つまり、OECD加盟国の平均の11%を超えている）が、対GDP比で考えると公財政教育支出は比較的低い水準で、OECD加盟国の平均が4.5%であるのに対して3.7%である。これは、アイルランドでは、GDPと比較して一般政府総支出の規模が相対的に小さい（29%）ことで説明できる。

2005～2015年の一般政府総支出に占める公財政教育支出の割合の推移

2005～2015年の間、OECD加盟国の支出傾向はほとんど変化しておらず、一般政府総支出に占める教育支出の割合は11%前後である（表C4.3）。しかし、同期間に、OECD加盟国の平均で、また2005と2015の両年のデータがある国の70%超で、一般政府総支出に占める公財政教育支出の割合は0.5パーセントポイント減少している。メキシコとスロベニアでは減少幅が特に大きい（3.0パーセントポイント）一方、チリとイスラエルは増加幅が最も大きい（2.5パーセントポイント強）。

2005～2011年に一般政府総支出がやや落ち込んだのは、2008年の経済危機が主な原因である。この時期、公財政教育支出が一般政府総支出に占める割合は、OECD加盟国の3分の2（この期間のデータがある30か国中20か国）で減少し、平均では0.4パーセントポイント低下している。この時期に深刻な経済打撃を受けたメキシコ、アイスランド、リトアニアなどでは、一般政府総支出に占める公財政教育支出の割合が、2パーセントポイント強減少している。こうした傾向が当てはまらない例外もあり、ブラジル、チリ、イスラエルでは、この割合が2パーセントポイント強増加している（表C6.3）。

経済危機に続く2011～2015年にも同様の傾向がみられるのは、財政再建を進める必要に迫られたことも一つの理由だと思われる（表C6.3及び図C4.1）。同期間に公財政教育支出が増加した国が多いのは事実だが、その一方で一般政府総支出も増加している。データがある国の約40%のみ、この4年間に一般政府総支出に占める公財政教育支出の割合が増加しており、イスラエルとラトビアが最も大きな増加（約1パーセントポイント）を示している。ただし、この割合が増加した国の80%では、すべ

337

CHAPTER C 教育への支出

ての財・サービスに対する一般政府総支出も増えている。とはいえ、OECD加盟国及び非加盟国のうち18か国では、政府支出全体の増加と比べると、公財政教育支出の増加の幅が小さい。その顕著な例がエストニア、ノルウェー、スロベニアで、一般政府総支出の相対的な増加幅が、公財政教育支出の増加幅より10〜20パーセントポイント大きい。これら18か国中6か国では、同期間に一般政府総支出は増加しているのに対し、公財政教育支出は減少している（表C4.3及び図C4.1）。

政府レベル別の公財政教育支出

中央政府、地域政府、地方政府といった各政府レベル間で教育資金に対する責任をどう分担するかという問題は、教育政策の重要な要素である。実際には、教育資金に関する重要な決定は、資金の出所である政府レベルと、最終的に支出する政府レベルの両方で下される。教育資金の初期支出段階では、資金の配分量と使途に関する制限について決定される。最終支出を行う政府レベルでは、使途制限が追加されたり、場合によっては、教育資源のための直接的な支払い（教員の給与など）が行われたりすることもある。

教育支出がすべて中央政府からの支出に集中している国もあれば、各政府レベル間での資金移転によって、支出の分権化が進んでいる国もある。教育支出がすべて中央政府から支出されると、決定を下すのが遅れかねず、また、影響を受ける人々から遠く離れたところで決定が下されると、地元のニーズや望ましい慣例に変化があっても対応しきれない恐れがある。一方、分権化が徹底されれば、教育関連の優先順位や教育資金の調達能力が異なるので、生徒や学生に費やす教育資源の水準に政府単位で差が生じかねない。教育水準や資源の大幅なばらつきが、教育機会の不平等や、国の長期的な要求基準への配慮不足につながる可能性もある。

近年、多くの学校組織で自治と分権化が進み、成果について生徒・学生や保護者、一般市民への説明責任を果たす能力も高まっている。OECD生徒の学習到達度調査（PISA）の結果からも、自治と説明責任能力が適切に結びつけば、生徒・学生の成績向上につながることが明らかになっている（OECD, 2016[1]）。

教育資金提供の責任を担う政府レベルは、教育段階によって異なる。一般に、高等教育段階では、それより下位の教育段階と比べて、より中央集権的な公財政支出が行われている。2015年には、OECD加盟国の平均で、各政府レベルへ資金移転される前の公財政教育支出のうち、中央政府からの支出は、高等教育以外の教育段階では56%であるのと比べて、高等教育段階では86%である（表C4.2）。

高等教育以外の教育段階の資金提供の責任を担う部門は、国によって大きく異なる（表C4.2及び図C4.3）。

■概して、高等教育以外の教育段階では、初期支出と最終支出の主たる財源は中央政府及び地域政府である。しかしながら、コスタリカやニュージーランドでは、中央政府が、初期支出及び最終支出の唯一の主たる財源である。チリ、コロンビア、フランス、ギリシャ、ハンガリー、アイルランド、イスラエル、イタリア、ルクセンブルグ、オランダ、ポルトガル、スロベニア、トルコのような諸国では、中央政府がいまだに初期支出の大部分の財源であり、教材や教育サービスに対する最終支出を主に負担している。これと対照的なのがカナダ、ドイツ、ノルウェー、ポーランド、ス

338

インディケータC4：公財政教育支出　CHAPTER C

ウェーデン、スイス、アメリカ合衆国で、中央政府が捻出して支出するのは、教育資金の10％未満にとどまる。
- オーストリア、エストニア、韓国、リトアニア、メキシコ、スロバキア共和国では、教育資金の初期支出の主たる財源は中央政府だが、教育サービスに対する最終支出を主に負担するのは地域政府と地方政府である。
- オーストラリア、ベルギー、チェコ共和国、ドイツ、スペイン、スイスでは、地域政府が、教育資金の初期支出と最終支出両方の主たる財源である。ブラジルとカナダでは、初期支出の主な財源は地域政府だが、教育サービスへの最終支出を主に担うのは地方政府である。

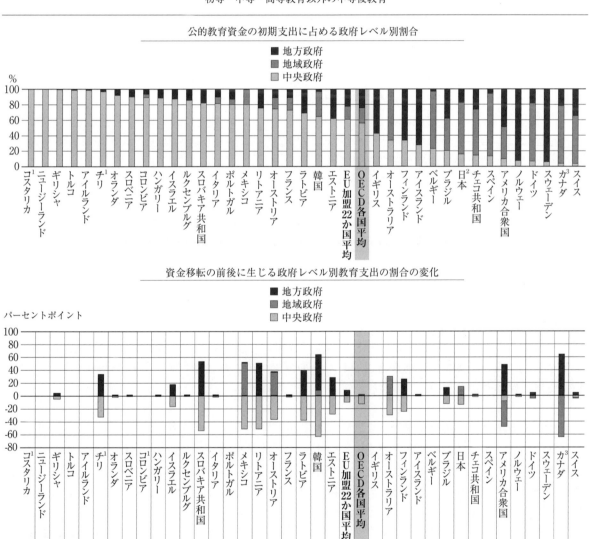

図C4.3. 公的教育資金の初期支出に占める政府レベル別割合（2015年）
初等・中等・高等教育以外の中等後教育

1. 調査年は2016年。
2. 中央政府から地域政府への資金移転に地方政府の初期支出が含まれる。地域政府の最終支出に地方政府の最終支出も含まれる。
3. 初等教育に就学前教育が含まれる。

左から順に、中央政府からの初期支出の占める割合が大きい国。
資料：OECD/UIS/Eurostat（2018）。表C4.2。詳細は「資料」を参照。付録3の注を参照（http://dx.doi.org/10.1787/eag-2018-36-en）。
StatLink: https://doi.org/10.1787/888933804622

CHAPTER C 教育への支出

■フィンランド、ノルウェー、イギリス、アメリカ合衆国では、地方政府当局が、教育資金の初期支出と教育サービスへの最終支出の両方の主たる財源である。

OECD加盟国の平均では、高等教育以外の教育段階は、中央政府から地域及び地方政府への資金移転の規模が高等教育段階より大きく、分権化の範囲が拡大している。事実、この段階の公財政教育支出に占める中央政府資金の割合は、OECD加盟国の平均で56%であるが、他の政府レベルへの資金移転を考慮に入れると42%に低下する。一方、地方政府からの支出の割合は、資金移転の前後で24%から39%に増加する。中央政府から下位の政府レベルへの資金移転後の差異は、国によって大きなばらつきがある。韓国、リトアニア、メキシコ、スロバキア共和国では、地域及び地方政府への資金移転後の差異は50パーセントポイントを上回るが、オーストラリア、オーストリア、チリ、エストニア、フィンランド、ラトビアでは25〜40パーセントポイントである。またカナダやアメリカ合衆国では、地域政府から地方政府への資金移転後の差異が40パーセントポイント以上である（表C4.2及び図C4.3）。

一方、高等教育段階は、政府レベル間の資金移転前も移転後も、中央政府からの支出の割合が比較的大きいので、他の教育段階よりかなり中央集権化されている（表C4.2）。OECD加盟国の平均では、移転前の資金の86%が中央政府によって管理されており、政府間での資金移転を考慮に入れても、この数値はほとんど変わらない。データのあるOECD加盟国及び非加盟国の大半では、高等教育段階の資金の60%超を中央政府が直接支出している。また、15か国では、中央政府が初期支出の唯一の財源で、地域政府または地方政府への資金移転がない。対照的に、ベルギー、ドイツ、スペイン、スイスなどの国では、高等教育段階の資金の60%超は地域政府から出ており、地方政府への資金移転はほとんどあるいはまったくない。地方政府は一般に、高等教育への資金支出に重要な役割を果たしていないが、アイルランドとアメリカ合衆国は例外で、資金の10%前後が地方政府によって捻出されて支出されている。

■ 定義

他の政府レベルからの資金移転は、あるレベルの政府から別のレベルの政府に、教育資金を移転することをいい、高いレベルの政府から低いレベルの政府への正味資金移転と定義される。したがって、**初期支出**とは政府レベル間での資金移転前の支出、**最終支出**とは資金移転後の支出をいう。

公財政教育支出には、教育機関に対する支出のほか、学生の生活費や教育機関以外の私的部門に対する補助金のような、教育機関外での支出も含まれる（教育機関への支出のみに焦点を当てているインディケータC1、C2、C3とは、その点で異なる）。また公財政教育支出には、教育省庁及びその他の省庁、地域及び地方政府、その他の公的機関も含めたすべての公的部門による支出が含まれる。公的資金の教育に対する支出の方法は、OECD加盟各国間で異なっている。教育機関に直接支出される場合もあれば、政府のプログラムや家計への公的補助を通じて教育機関に支出されるものもある。また、使途が教育サービスへの支払いもしくは学生の生活費に限定されていることもある。

公財政教育支出はすべて、国際財源からの支出を除き、1）中央政府（国）、2）地域政府（州や県など）、3）地方政府（市町村など）の3つの政府レベルによる支出に分類される。「地域政府」や「地

340

インディケータ C4：公財政教育支出　**CHAPTER C**

方政府」という用語は、国内の一定の地理的区分の範囲内で責任を負う政府を指す。その役割が地理的に範囲を限定されず、特定のサービス、機能、学生区分に対して責任を負う政府機関は、これにあたらない。

一般政府総支出は、すべてのレベルの政府（中央政府、地域政府、地方政府）及び、政府単位で管理されている非市場組織、社会保障基金による、償還されない（教育を含む）全機能に関する消費的支出及び資本的支出の総計である。公営の銀行、港湾、空港などの公共団体からの支出は含まれない。（前述の）教育機関に対する直接的な公財政支出の他、家計への公的補助（授業料や生活費に充てられる奨学金や貸与補助など）及び教育に関するその他の私的教育部門への公的補助（見習い訓練プログラムを実施する企業や労働団体に対する補助など）も含む。

■ 算定方法

一般政府総支出とGDPの値は、OECDの国民経済計算データベース（付録2を参照）から抽出している。

公財政教育支出は、国の一般政府総支出に占める割合で表している。機能別の一般政府総支出の統計概念は、国民経済計算の「政府の機能別分類（Classification of the Functions of Government, COFOG）」によって定められている。基となる統計概念は多少異なるが、COFOG分類とUOEデータコレクションの間には強い関連性が認められる（Eurostat（European Commission），2011[2]）。

債務償還費（利子の支払いなど）は一般政府総支出に含まれているが、公財政教育支出には含まれていない。これは、一部の国では、教育にかかる利子支払額とその他のサービスにかかる利子支払額を区別できないためである。つまり、全サービスに対する一般政府総支出に占める利子支払い額の割合が高い国では、一般政府総支出に占める公財政教育支出の割合が過小評価される可能性がある。

詳細については『OECD国際比較教育統計ハンドブック2018年版（*OECD Handbook for Internationally Comparable Education Statistics 2018*）』（OECD，2018[3]）を参照。各国の注記については付録3を参照（http://dx.doi.org/10.1787/eag-2018-36-en）。

リトアニアは、本書を編集時にはOECD加盟国ではなかったので、OECD加盟国リストには記載せず、OECD加盟国の総計に含めていない。

■ 資料

データは（特に記載がない限り）2015会計年度を調査対象年とし、OECDが2017年に収集した教育統計のUOEデータコレクションに基づく。詳細は付録3を参照（http://dx.doi.org/10.1787/eag-2018-36-en）。アルゼンチン、中国、コロンビア、インド、インドネシア、サウジアラビア、南アフリカのデータは、ユネスコ統計研究所（UNESCO Institute of Statistics, UIS）から得ている。

341

CHAPTER C 教育への支出

イスラエルのデータについて

イスラエルの統計データは、イスラエル政府関係当局により、その責任の下で提供されている。OECDにおける当該データの使用は、ゴラン高原、東エルサレム、及びヨルダン川西岸地区のイスラエル入植地の国際法上の地位を害するものではない。

■参考資料

Eurostat（European Commission）（2011）, "Manual on sources and methods for the [2] compilation of COFOG Statistics – EU Law and Publications", *Methodologies and Working papers*, Eurostat, Luxembourg, http://dx.doi.org/10.2785/16355.

OECD（2018）, *OECD Handbook for Internationally Comparative Education Statistics 2018: Concepts, Standards, Definitions and Classifications*, OECD Publishing, Paris, httpsVdoi. org/10.1787/9789264304444-en. [3]

OECD（2016）, *PISA 2015 Results（Volume II）: Policies and Practices for Successful Schools*, PISA, OECD Publishing, Paris, http://dx.doi.org/10.1787/9789264267510-en. [1]

■ インディケータC4の表*

• 表C4.1. 一般政府総支出に占める公財政教育支出の割合（2015年）
• 表C4.2. 資金移転前後の政府レベル別公財政教育支出（2015年）
• 表C4.3. 一般政府総支出に占める公財政教育支出の割合の推移（初期支出）（2005年、2011年、2015年）

* データの締切日は2018年7月18日。更新データはホームページで確認可能（http://dx.doi.org/10.1787/eag-data-en）。詳細な内訳もEducation at a Glance Database（http://stats.oecd.org/）で確認可能。

表C4.1. [1/2] 一般政府総支出に占める公財政教育支出の割合（2015年）

一般政府総支出に占める、教育機関への直接支出及び教育分野以外の私的部門への公的資金移転や支払いの割合（教育段階別）

	初等教育	中等教育					高等教育以外の中等後教育	初等・中等・高等教育以外の中等後教育
		前期中等教育	後期中等教育			全中等教育		
			普通プログラム	職業プログラム	全プログラム			
	(1)	(2)	(3)	(4)	(5)	(6)	(7)	(8)
オーストラリア	4.6	2.8	1.3	0.4	1.7	4.4	0.3	9.3
オーストリア	1.8	2.3	0.6	1.3	1.9	4.3	0.0	6.1
ベルギー	2.9	1.6	1.3[d]	2.1[d]	3.4[d]	5.1[d]	x(3, 4, 5, 6)	7.9
カナダ[1]	5.2[d]	x(1)	x(5)	x(5)	3.6	x(13)	0.0	8.8[d]
チリ[2]	5.9	2.1	2.7	1.3	4.0	6.1	a	12.1
チェコ共和国	1.8	2.1	0.5	1.5	2.0	4.1	0.5	6.0
デンマーク	m	m	m	m	m	m	m	m
エストニア	3.1	1.6	1.0	0.8	1.8	3.4	0.5	6.9
フィンランド	2.5	2.0	0.7	2.0[d]	2.7[d]	4.7[d]	x(4, 5, 6)	7.2
フランス	2.0	2.2	1.3	0.8	2.0	4.2	0.0	6.2
ドイツ	1.4	2.7	1.0	0.9	1.9	4.6	0.4	6.4
ギリシャ	2.3	1.4	0.8	0.5	1.3	2.7	0.0	5.0
ハンガリー	1.5	1.3	1.4	0.7	2.1	3.5	0.6	5.6
アイスランド	5.2	2.4	1.6	1.1	2.7	5.1	0.1	10.4
アイルランド	4.8	2.2	2.2	a	2.2	4.4	m	9.8
イスラエル	5.7	x(3, 4, 5)	2.9[d]	1.7[d]	4.5[d]	4.5	0.0	10.3
イタリア	2.0	1.4	x(5)	x(5)	2.1	3.5	0.2	5.7
日本	2.9	1.7	x(5)	x(5)	1.7[d]	3.4[d]	x(5, 6, 9, 10, 11)	6.3
韓国	4.9	2.9	x(5)	x(5)	3.2	6.2	a	11.1
ラトビア	4.3	2.0	1.5	1.0	2.5	4.5	0.2	9.0
ルクセンブルグ	3.0	1.8	0.7	1.3	2.0	3.8	0.0	6.8
メキシコ	6.4	3.4	1.8	1.2	3.0	6.4	a	12.8
オランダ	2.7	2.6	0.6	1.6	2.3	4.9	0.0	7.6
ニュージーランド	5.3	3.9	3.0	0.9	3.9	7.8	0.5	13.6
ノルウェー	3.7	1.7	1.4	1.4	2.8	4.5	0.1	8.3
ポーランド	3.6	1.7	0.7	1.2	1.9	3.6	0.0	7.2
ポルトガル	2.9	2.3	x(5)	x(5)	2.1[d]	4.3[d]	x(5, 6, 10, 11, 12)	7.3
スロバキア共和国	2.0	1.9	0.6	1.4	2.0	3.9	0.1	6.0
スロベニア	2.9	1.6	x(5)	x(5)	2.0	3.5	a	6.5
スペイン	2.6	1.7	1.1	0.7[d]	1.9[d]	3.6[d]	x(4, 5, 6)	6.2
スウェーデン	3.6	1.7	1.0	1.4	2.5	4.1	0.1	7.8
スイス	4.3	2.7	1.1[d]	1.6[d]	2.6[d]	5.3[d]	x(3, 4, 5, 6)	9.6
トルコ	2.9	2.3	0.9	1.5	2.4	4.7	a	7.6
イギリス	4.4	2.0	1.7	1.2	2.9	4.9	a	9.3
アメリカ合衆国	4.0	2.1	x(5)	x(5)	2.2	4.4	0.0	8.4
OECD 各国平均	3.5	2.1	1.3	1.2	2.5	4.5	0.2	8.1
EU加盟22か国平均	2.8	1.9	1.0	1.2	2.2	4.1	0.2	7.0
アルゼンチン	m	m	m	m	m	m	m	m
ブラジル	5.0	4.5	x(5)	x(5)	3.6[d]	8.1[d]	m	13.1
中国	m	m	m	m	m	m	m	m
コロンビア[2]	5.6	4.1	x(5)	x(5)	1.4	5.4	x(11)	x(13)
コスタリカ[2]	12.1	7.5	2.5	1.4	3.8	11.3	a	23.4
インド	m	m	m	m	m	m	m	m
インドネシア	m	m	m	m	m	m	m	m
リトアニア	2.0	3.1	1.0	0.4	1.4	4.4	0.4	6.8
ロシア	x(3, 5, 6)	x(3, 5, 6)	5.0[d]	0.4[d]	5.3[d]	5.3[d]	x(4, 5, 6)	5.3
サウジアラビア	m	m	m	m	m	m	m	m
南アフリカ	m	m	m	m	m	m	m	m
G20 各国平均	m	m	m	m	m	m	m	m

注：本表の公財政支出には、教育分野以外の私的部門を経由して教育機関に支払われる公的資金移転／支払いと、家計への生活補助費で教育機関に納付されないものの両方が含まれる。このため、本表の数値（資金移転前）は、表C1.2及び表C2.2の公財政支出を上回っている。
1. 初等教育に就学前教育が含まれる。
2. 調査年は2016年。
資料：OECD/UIS/Eurostat（2018）。詳細は「資料」を参照。付録3の注を参照（http://dx.doi.org/10.1787/eag-2018-36-en）。
表中の省略記号については、「利用にあたって」を参照。

StatLink：https://doi.org/10.1787/888933804527

表C4.1. [2/2] 一般政府総支出に占める公財政教育支出の割合（2015年）

一般政府総支出に占める、教育機関への直接支出及び教育分野以外の私的部門への公的資金移転や支払いの割合（教育段階別）

	高等教育				初等教育から高等教育（研究・開発活動を含む）		初等教育から高等教育（研究・開発活動を除く）	国内総生産(GDP)に占める公財政教育支出の割合			国内総生産(GDP)に占める一般政府総支出の割合
	短期高等教育	長期高等教育	全高等教育	全高等教育（研究・開発活動を除く）	合計	教育分野以外の私的部門への公的資金移転と支払い	初等教育から高等教育（研究・開発活動を除く）	初等・中等・中等教育以外の中等後教育	全高等教育	初等から高等教育	
	(9)	(10)	(11)	(12)	(13)	(14)	(15)	(16)	(17)	(18)	(19)
OECD加盟国											
オーストラリア	1.1	3.1	4.2	2.6	13.5	2.6	12.0	3.4	1.5	4.9	36.1
オーストリア	0.6	2.9	3.5	2.6	9.6	0.5	8.7	3.1	1.8	4.9	51.7
ベルギー	0.1	2.6	2.7	2.0	10.6	0.7	10.0	4.3	1.4	5.7	53.8
カナダ[1]	x(11)	x(11)	3.4	2.2	12.1[d]	x(13)	x(13)	3.2[d]	1.2	4.4[d]	36.3
チリ[2]	0.6	4.7	5.4	5.0	17.5	0.5	17.1	3.1	1.4	4.5	25.6
チェコ共和国	0.0	1.8	1.9	1.1	7.8	0.2	7.1	2.5	0.8	3.3	41.7
デンマーク	m	m	m	m	m	m	m	m	m	m	54.8
エストニア	a	3.5	3.5	2.3	10.4	0.5	9.2	2.8	1.4	4.2	40.2
フィンランド	a	3.3	3.3	2.3	10.5	0.7	9.4	4.1	1.9	6.0	57.1
フランス	0.5	1.7	2.2	1.5	8.4	0.4	7.7	3.5	1.2	4.8	56.7
ドイツ	0.0	2.8	2.8	1.9	9.2	1.0	8.3	2.8	1.2	4.0	43.9
ギリシャ	a	1.4	1.4	1.0	6.3	0.0	6.0	2.7	0.7	3.4	54.0
ハンガリー	0.0	1.3	1.3	1.0	6.9	0.4	6.6	2.8	0.7	3.4	50.7
アイスランド	0.1	3.4	3.4	m	13.9	0.9	m	4.4	1.5	5.9	42.9
アイルランド	x(11)	x(11)	3.1	2.3	12.8	2.0	12.1	2.8	0.9	3.7	28.8
イスラエル	0.5	1.9	2.4	m	12.7	0.4	m	4.1	1.0	5.0	39.7
イタリア	0.0	1.5	1.5	0.9	7.2	0.5	6.6	2.8	0.8	3.6	50.5
日本	0.2[d]	1.5[d]	1.7[d]	m	8.0	0.5	m	2.5	0.7	3.1	39.4
韓国	0.3	2.6	2.9	2.1	14.0	1.2	13.2	3.6	0.9	4.5	32.3
ラトビア	0.5	2.7	3.2	2.4	12.2	0.5	11.5	3.4	1.2	4.5	37.0
ルクセンブルグ	0.1	1.2	1.2	1.1	8.1	0.2	7.9	2.8	0.5	3.3	41.3
メキシコ	x(11)	x(11)	4.2	3.1	17.0	1.2	15.9	3.4	1.1	4.5	27.0
オランダ	0.0	3.6	3.6	2.5	11.2	1.6	10.1	3.4	1.6	5.0	44.9
ニュージーランド	0.6	4.9	5.5	4.8	19.1	2.9	18.4	3.9	1.6	5.5	28.6
ノルウェー	0.1	3.9	4.0	2.9	12.3	1.5	11.2	4.8	2.3	7.1	58.1
ポーランド	0.0	2.9	2.9	2.5	10.1	0.5	9.6	3.0	1.2	4.2	41.6
ポルトガル	a	1.9[d]	1.9[d]	1.1[d]	9.1	0.5	8.4	3.5	0.9	4.4	48.3
スロバキア共和国	0.0	3.0	3.1	1.8	9.0	0.7	7.8	2.7	1.4	4.1	45.4
スロベニア	x(11)	x(11)	2.0	1.7	8.5	0.5	8.2	3.1	1.0	4.1	47.7
スペイン	0.4	1.8	2.2	1.5	8.4	0.4	7.7	2.7	1.0	3.7	43.8
スウェーデン	0.2	3.6	3.8	2.5	11.6	1.4	10.2	3.9	1.9	5.7	49.6
スイス	x(11)	x(11)	3.9	2.3	13.6	0.3	11.9	3.3	1.3	4.6	34.0
トルコ	x(11)	x(11)	4.3	3.4	11.9	0.9	11.0	2.6	1.5	4.1	34.4
イギリス	0.0	3.1	3.2	2.5	12.4	2.3	11.8	3.9	1.3	5.2	42.4
アメリカ合衆国	x(11)	x(11)	3.5	3.1	11.9	1.2	11.5	3.2	1.3	4.6	38.3
OECD 各国平均	0.3	2.7	3.0	2.3	11.1	1.0	10.2	3.3	1.2	4.5	42.8
EU加盟22か国平均	0.2	2.5	2.6	1.8	9.5	0.7	8.8	3.2	1.2	4.3	46.6
OECD非加盟国											
アルゼンチン	m	m	m	m	m	m	m	m	m	m	39.5
ブラジル	m	m	4.2	m	17.3	1.6	m	4.2	1.3	5.5	31.9
中国	m	m	m	m	m	m	m	m	m	m	31.9
コロンビア[2]	x(11)	x(11)	3.6[d]	m	14.6	1.2	m	3.2	1.0	4.2	28.7
コスタリカ[2]	x(11)	x(11)	8.1	m	31.5	a	m	4.7	1.6	6.3	20.1
インド	m	m	m	m	m	m	m	m	m	m	27.7
インドネシア	m	m	m	m	m	m	m	m	m	m	m
リトアニア	a	3.4	3.4	2.6	10.2	0.4	9.4	2.4	1.2	3.5	35.0
ロシア	0.3	1.8	2.1	2.0	7.5	0.5	m	1.8[d]	0.7	2.6	34.5
サウジアラビア	m	m	m	m	m	m	m	m	m	m	41.2
南アフリカ	m	m	m	m	m	m	m	m	m	m	32.9
G20 各国平均	m	m	m	m	m	m	m	m	m	m	37.9

注：本表の公財政支出には、教育分野以外の私的部門を経由して教育機関に支払われる公的資金移転／支払いと、家計への生活補助費で教育機関に納付されないものの両方が含まれる。このため、本表の数値（資金移転前）は、表C1.2及び表C2.2の公財政支出を上回っている。

1. 初等教育に就学前教育が含まれる。
2. 調査年は2016年。

資料：OECD/UIS/Eurostat (2018)。詳細は「資料」を参照。付録3の注を参照（http://dx.doi.org/10.1787/eag-2018-36-en）。
表中の省略記号については、「利用にあたって」を参照。

StatLink : https://doi.org/10.1787/888933804527

表C4.2. 資金移転前後の政府レベル別公財政教育支出（2015年）
教育段階別

	初等・中等・高等教育以外の中等後教育						高等教育						初等教育から高等教育					
	初期支出(他の政府レベルからの資金移転前)			最終支出(他の政府レベルからの資金移転後)			初期支出(他の政府レベルからの資金移転前)			最終支出(他の政府レベルからの資金移転後)			初期支出(他の政府レベルからの資金移転前)			最終支出(他の政府レベルからの資金移転後)		
	中央政府	地域政府	地方政府	中央政府	地域政府	地方政府	中央政府	地域政府	地方政府	中央政府	地域政府	地方政府	中央政府	地域政府	地方政府	中央政府	地域政府	地方政府
	(1)	(2)	(3)	(4)	(5)	(6)	(7)	(8)	(9)	(10)	(11)	(12)	(13)	(14)	(15)	(16)	(17)	(18)
OECD加盟国																		
オーストラリア	34	66[d]	x(2)	4	96[d]	x(5)	93	7[d]	x(8)	90	10[d]	x(11)	52	48[d]	x(14)	31	69[d]	x(17)
オーストリア	74	14	11	38	50	12	97	3	0	97	3	0	83	10	7	59	33	8
ベルギー	23	74	3	23	74	3	15	83	1	14	85	1	21	76	3	21	77	3
カナダ[1]	4[d]	75[d]	22[d]	3[d]	11[d]	86[d]	m	m	m	m	m	m	m	m	m	m	m	m
チリ[2]	97	a	3	64	a	36	100	a	0	100	a	0	98	a	2	75	a	25
チェコ共和国	14	59	26	13	61	26	96	2	2	96	2	2	34	46	21	32	47	21
デンマーク	m	m	m	m	m	m	m	m	m	m	m	m	m	m	m	m	m	m
エストニア	62	a	38	33	a	67	100	a	0	100	a	0	75	a	25	56	a	44
フィンランド	34	a	66	9	a	91	100	a	0	100	a	0	55	a	45	38	a	62
フランス	73	16	11	72	16	12	85	10	5	85	10	5	76	15	9	76	14	10
ドイツ	7	75	18	6	72	22	28	70	2	18	79	2	13	74	13	10	74	16
ギリシャ	100	a	0	95	a	5	100	a	0	100	a	0	100	a	0	96	a	4
ハンガリー	89	a	11	88	a	12	100	a	0	100	a	0	91	a	9	91	a	9
アイスランド	28	a	72	27	a	73	100	a	a	100	a	a	46	a	54	45	a	55
アイルランド	99	a	1	99	a	1	87	a	13	87	a	13	96	a	4	96	a	4
イスラエル	87	a	13	70	a	30	98	a	2	97	a	3	89	a	11	75	a	25
イタリア	81	8	10	81	7	12	87	12	0	86	14	0	83	9	8	82	8	9
日本[3]	16	66	18	2	80	18	92[d]	8[d]	0[d]	92[d]	8[d]	0[d]	32	54	14	21	65	14
韓国	65	32	3	1	40	58	97	a	1	97	a	1	71	26	3	21	32	46
ラトビア	69	a	31	31	a	69	100	a	0	100	a	0	77	a	23	49	a	51
ルクセンブルグ	86	a	14	85	a	15	100	a	0	100	a	0	88	a	12	87	a	13
メキシコ	80	20	0	29	71	0	79	21	0	77	23	0	80	20	0	41	59	0
オランダ	93	0	7	90	0	10	100	0	a	100	0	a	95	0	5	94	0	6
ニュージーランド	100	a	a	100	a	a	100	a	a	100	a	a	100	a	a	100	a	a
ノルウェー	7	a	93	5	a	95	98	a	2	98	a	2	37	a	63	36	a	64
ポーランド	m	m	m	4	2	95	m	m	m	100	0	0	m	m	m	31	1	67
ポルトガル	80	7	13	80	7	13	100[1]	0[d]	0[d]	100[d]	0[d]	0[d]	84	5	10	84	5	10
スロバキア共和国	82	a	18	29	a	71	100	a	0	100	a	0	88	a	12	53	a	47
スロベニア	90	a	10	90	a	10	99	a	1	99	a	1	92	a	8	92	a	8
スペイン	13	81	6	13	81	6	19	80	1	19	80	1	15	81	5	15	81	5
スウェーデン	6	a	94	6	a	94	98	2	0	98	2	0	37	1	63	37	1	63
スイス	4	62	35	1	61	39	33	67	0	17	83	0	12	63	25	5	67	27
トルコ	99	a	1	99	a	1	100	a	0	100	a	0	99	a	1	99	a	1
イギリス	43	a	57	43	a	57	100	a	0	100	a	0	57	a	43	57	a	43
アメリカ合衆国	10	41	49	1	2	97	50	39	11	50	39	11	22	40	38	15	13	72
OECD各国平均	56	20	24	42	19	39	86	12	2	85	13	2	65	17	18	55	18	27
EU加盟22か国平均	61	17	22	42	37	34	86	13	1	86	25	1	68	16	16	60	31	24
OECD非加盟国																		
アルゼンチン	m	m	m	m	m	m	m	m	m	m	m	m	m	m	m	m	m	m
ブラジル	20	42	38	8	44	48	80	20	1	79	20	1	35	36	29	25	38	36
中国	m	m	m	m	m	m	m	m	m	m	m	m	m	m	m	m	m	m
コロンビア[2]	89	4	6	89	4	6	97	3	0	97	3	0	91	4	5	91	4	5
コスタリカ[2]	100	a	a	100	a	a	100	a	a	100	a	a	100	a	a	100	a	a
インド	m	m	m	m	m	m	m	m	m	m	m	m	m	m	m	m	m	m
インドネシア	m	m	m	m	m	m	m	m	m	m	m	m	m	m	m	m	m	m
リトアニア	75	a	25	24	a	76	99	a	1	99	a	1	83	a	17	49	a	51
ロシア	m	m	m	m	m	m	m	m	m	m	m	m	m	m	m	m	m	m
サウジアラビア	m	m	m	m	m	m	m	m	m	m	m	m	m	m	m	m	m	m
南アフリカ	m	m	m	m	m	m	m	m	m	m	m	m	m	m	m	m	m	m
G20各国平均	m	m	m	m	m	m	m	m	m	m	m	m	m	m	m	m	m	m

注：一部の教育段階が他の教育段階に含まれる。該当する教育段階については、表C4.1の記号「x」を参照。
1. 初等教育に就学前教育が含まれる。
2. 調査年は2016年。
3. 中央政府から地域政府への資金移転に地方政府の初期支出が含まれる。地域政府の最終支出に地方政府の最終支出も含まれる。
資料：OECD/UIS/Eurostat (2018)。詳細は「資料」を参照。付録3の注を参照（http://dx.doi.org/10.1787/eag-2018-36-en）。
表中の省略記号については、「利用にあたって」を参照。

StatLink : https://doi.org/10.1787/888933804546

表C4.3. 一般政府総支出に占める公財政教育支出の割合の推移（初期支出）（2005年、2011年、2015年）

一般政府総支出に占める、家計及びその他の私的部門への公的補助を加えた公財政教育支出の教育段階別割合（年別）

	初等・中等・高等教育以外の中等後教育 一般政府総支出に占める公財政教育支出の割合			高等教育 一般政府総支出に占める公財政教育支出の割合			初等教育から高等教育 一般政府総支出に占める公財政教育支出の割合			2011～2015年の変化指数 公財政教育支出	2011～2015年の変化指数 一般政府総支出	2011～2015年の変化指数 一般政府総支出に占める公財政教育支出の割合
	2005年	2011年	2015年	2005年	2011年	2015年	2005年	2011年	2015年			
	(1)	(2)	(3)	(4)	(5)	(6)	(7)	(8)	(9)	(10)	(11)	(12)
オーストラリア	10.6	10.6	9.3	3.1	3.4	4.2	13.7	14.0	13.5	113.2	117.2	96.6
オーストリア	m	m	6.1	m	m	3.5	m	m	9.6	m	102.8	m
ベルギー	7.7	7.8	7.9	2.5	2.6	2.7	10.2	10.4	10.6	104.7	102.0	102.7
カナダ[1]	m	8.7	8.8d	m	4.6	3.4	m	13.3	12.1d	95.6d	104.6	91.4d
チリ	11.2	11.6	10.8	2.0	3.9	5.0	13.3	15.4	15.8	128.3	125.4	102.3
チェコ共和国	m	m	6.0	m	m	1.9	8.1	8.5	7.8	95.7	103.5	92.5
デンマーク	m	m	m	m	m	m	14.1	12.4	m	m	101.4	m
エストニア	m	m	6.9	m	m	3.5	13.1	12.3	10.4	101.6	119.6	85.0
フィンランド	7.7	7.4	7.2	3.9	3.8	3.3	11.6	11.2	10.5	95.6	102.3	93.5
フランス	m	6.5	6.2	2.2	2.2	2.2	9.1	8.7	8.4	100.9	104.1	96.9
ドイツ	6.5	6.8	6.4	2.4	3.0	2.8	8.9	9.7	9.2	97.4	102.7	94.8
ギリシャ	m	m	5.0	m	m	1.4	8.7	m	6.3	m	89.6	m
ハンガリー	6.8	5.4	5.6	2.0	2.2	1.3	8.9	7.6	6.9	99.8	109.8	90.9
アイスランド	m	m	10.4	m	m	3.4	15.6	13.1	13.9	111.4	105.1	106.0
アイルランド	m	m	9.8	m	m	3.1	13.6	12.4	12.8	89.3	86.1	103.7
イスラエル	7.8	9.3	10.3	2.1	2.2	2.4	9.9	11.6	12.7	121.3	110.6	109.6
イタリア	m	m	5.7	m	m	1.5	8.1	7.5	7.2	93.5	98.2	95.2
日本	m	m	6.3	m	m	1.7d	8.6	8.3	8.0	97.6	101.4	96.3
韓国	10.2	11.5	11.1	m	m	2.9	m	m	14.0	m	111.6	m
ラトビア	9.8	8.0	9.0	2.4	2.6	3.2	12.2	10.5	12.2	123.0	106.2	115.8
ルクセンブルグ	m	m	6.8	m	m	1.2	m	m	8.1	m	110.0	m
メキシコ	16.2	13.6	12.8	4.1	3.7	4.2	20.3	17.3	17.0	117.2	118.7	98.7
オランダ	8.0	7.5	7.6	3.3	3.4	3.6	11.3	10.9	11.2	100.4	97.9	102.6
ニュージーランド	m	m	13.6	m	m	5.5	m	m	19.1	m	101.0	m
ノルウェー	m	m	8.3	m	m	4.0	15.0	13.4	12.3	110.3	120.4	91.6
ポーランド	8.4	7.3	7.2	2.6	2.5	2.9	11.0	9.8	10.1	108.2	104.7	103.4
ポルトガル	m	m	7.3	m	m	1.9d	9.7	9.3	9.1	91.7	93.9	97.6
スロバキア共和国	m	m	6.0	m	m	3.1	8.2	8.4	9.0	130.6	122.0	107.0
スロベニア	m	m	6.5	m	m	2.0	11.5	9.9	8.5	83.3	96.8	86.1
スペイン	m	m	6.2	m	m	2.2	9.4	8.8	8.4	90.7	95.6	94.9
スウェーデン	8.1	7.8	7.8	3.4	3.8	3.8	11.5	11.5	11.6	106.8	106.8	100.0
スイス	10.4	9.9	9.6	4.1	4.5	3.9	14.5	14.3	13.6	104.5	110.4	94.6
トルコ	m	7.2	7.6	m	4.5	4.3	m	11.6	11.9	126.6	124.1	102.0
イギリス	m	m	9.3	m	m	3.2	m	m	12.4	m	100.2	m
アメリカ合衆国	9.2	8.2	8.4	3.5	3.4	3.5	12.7	11.6	11.9	101.4	98.6	102.8
OECD各国平均	m	m	8.0	m	m	3.0	11.5	11.2	11.1	105.0	105.9	98.4
EU加盟22か国平均	m	m	7.0	m	m	2.6	10.5	10.0	9.5	100.8	102.6	97.8
アルゼンチン	m	m	m	m	m	m	m	m	m	m	121.0	m
ブラジル	11.7	14.3	13.1	3.0	3.4	4.2	14.7	17.7	17.3	106.9	109.6	97.5
中国	m	m	m	m	m	m	m	m	m	m	158.7	m
コロンビア	m	m	9.9	m	m	2.9d	m	m	12.8	m	127.1	m
コスタリカ	m	m	15.2	m	m	4.8	m	m	20.0	m	m	m
インド	m	m	m	m	m	m	m	m	m	m	130.0	m
インドネシア	m	m	14.4	m	m	3.3	m	m	17.6	m	120.9	m
リトアニア	9.6	7.0	6.8	3.0	3.4	3.4	12.6	10.4	10.2	91.0	93.3	97.5
ロシア	m	m	5.3	m	m	2.1	m	m	7.5	m	100.8	m
サウジアラビア	m	m	m	m	m	m	m	m	m	m	143.0	m
南アフリカ	m	m	m	m	m	m	m	m	m	m	114.9	m
G20各国平均	m	m	m	m	m	m	m	m	m	m	113.8	m

注：本表の公財政支出には、教育分野以外の私的部門を経由して教育機関に支払われる公的資金移転／支払いと、家計への生活補助費で教育機関に納付されないものの両方が含まれる。このため、本表の数値（資金移転前）は、表C1.2及び表C2.2の公財政支出を上回っている。一部の教育段階が他の教育段階に含まれる。該当する教育段階については、表C4.1の記号「x」を参照。

1. 初等教育に就学前教育が含まれる。

資料：OECD/UIS/Eurostat（2018）。詳細は「資料」を参照。付録3の注を参照（http://dx.doi.org/10.1787/eag-2018-36-en）。

表中の省略記号については、「利用にあたって」を参照。

StatLink : https://doi.org/10.1787/888933804565

インディケータ C5

高等教育機関の授業料と学生への公的補助

- 国公立教育機関の学士課程または同等レベルのプログラムについてみると、データのあるOECD加盟国のうち約3分の1の国では、フルタイムの自国学生に授業料が課されていない。また、約3分の1の国々で年間授業料は低く抑えられており、2,400ドルを下回っている。残りの約3分の1の国々では、年間授業料は3,000ドルから8,000ドル超である。
- 修士課程または博士課程修了による所得の増加分が学士課程レベル修了による所得の増加分よりも大きい場合でも、データのあるOECD加盟国の大多数では、プログラムの教育段階にかかわらず、国公立教育機関が同程度の授業料を課している。修士課程及び博士課程の学生にとって授業料以外で負担となるのは、就学年数が延び、労働市場への参入が遅れることに限られる。
- データのある国の約半数では、国公立教育機関に在学する外国人学生は、同じプログラムの自国学生よりも高い授業料を課される。平均では、オーストラリア、カナダ、ニュージーランド、スウェーデンでは、国公立教育機関における外国人学生と自国学生の年間授業料の差が7,500ドルを上回る。

図C5.1. 国公立高等教育機関の平均授業料（教育段階別）（2015～16学年度）

フルタイムの自国学生に課される授業料、GDP購買力平価による米ドル換算額

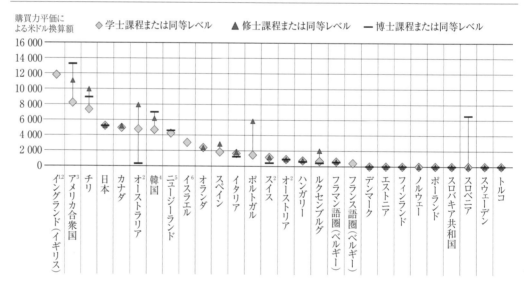

注：本図では、学生の授業料の全部または一部に充当される給与補助や公的補助、貸与補助については考慮していない。授業料はすべての教育機関を含むものではないため、解釈には注意を要する。とはいえ、ここに示すデータは、各教育段階の大多数の学生に課される授業料について各国間の差異を表しており、妥当な代理指標であると考えられる。
1. 国公立教育機関ではなく公営私立教育機関。データはISCED 5と6の合計。
2. 調査年は2014～15学年度。
3. 調査年は2011～12学年度。
4. 調査年は2016学年度。
5. 大学のみが含まれ、ISCED 5と6の合計（ただしISCED 6の第二学位プログラムを除く）。
6. 調査年は2013～14学年度。
左から順に、学士課程または同等レベルの授業料が高い国・地域。
資料：OECD（2018）. 表C5.1. 詳細は「資料」を参照。付録3の注を参照（http://dx.doi.org/10.1787/eag-2018-36-en）。
StatLink：https://doi.org/10.1787/888933804717

■ 政策との関連

ほとんどのOECD加盟国では後期中等教育の在学率が100%に近いことから、各国の政策では高等教育の拡大がますます重視されている。高い教育の質を保ちながら需要に応えようとすると予算が圧迫されるため、各国は現行の支出水準の引き上げや教育支出の効率性向上を迫られている。高等教育にかかる費用の政府、学生やその家族、その他の私的部門の間での負担方法や、学生に対する財政支援については、OECD加盟及び非加盟の各国間で方針に違いがみられる。どの国も、学生が高等教育に進学して卒業するための費用を賄えるようにしたいと考えてはいるものの、その目標に向けては、財源を投入して授業料水準を下げる国もあれば、授業料や生活費に充当するための貸与補助や給与補助を支給する国もある。

授業料は、高等教育機関で生じる費用と、学生やその家族以外の財源から受け取る収入との差異を埋めるものである。費用の水準を決める要因には、1)教員や研究者の給与（特に、グローバルな学術研究職市場で競って最良の人材を雇用する場合）、2)デジタル教育の拡充や授業以外のサービス（雇用適性を伸ばすサービスや企業との関係）、3)高等教育に対する需要の変化、4)国際化支援のための投資、5)各学部で実施される研究活動の規模や種類など、さまざまなものがある。高等教育機関によっては、内部的な資金（寄付金）や学生とその家族以外の私的財源からの収入をもって、その費用の一部を賄う場合もある（インディケータC3）が、残りの費用は、学生からの授業料または公的資金によって賄われる。

高等教育機関の授業料に関する政策決定は、学生が高等教育を受けるための費用や、高等教育機関が利用可能な財源にも影響を及ぼすことが考えられる。そのため、国によっては、高等教育機関が高い授業料を課すことを認める一方で、学生への財政支援、とりわけ給与補助や公的貸与補助の支給による支援を行う場合もある。貸与補助や給与補助は、多くの国で、学生が在学中の生活費にも充当されている。公的貸与補助は、多くの場合、民間市場よりも好条件で、特に、低い利率や返済の軽減・免除の条件付きで利用することができる。

政府は、学生及びその家族への公的補助によって教育への参加を促進することができるが、それは同時に、高等教育機関への間接的な資金提供にもなる。学生を経由して教育機関に資金が流入する形をとることで、教育機関は互いに切磋琢磨するよう促され、学生のニーズへの対応が向上する可能性もある。学生への公的補助には、所得に基づく補助、全学生を対象とした家族手当、学生やその保護者に対する税の減免、その他の家計への補助など、各種の形態がある。高等教育への資金提供の方法を巡る得失評価については、さまざまな観点から広く議論されている（Barr, 2004[1]; Borck and Wimbersky, 2014[2]）。各国政府は、このような各種の補助を適切なバランスで組み合わせる必要があり、特に経済危機下ではそれがいえる。補助の規模を考えると、減税や家族手当などの公的支援は、収入を条件とする補助に比べて、低所得層の生徒の就学を支援する効果は小さいと思われる。そうした公的支援は、低所得層の生徒に的を絞った措置ではないからであるが、それでもなお、学齢期の子どもがいる家庭といない家庭との経済的不均

CHAPTER C 教育への支出

衡を緩和する効果はあると考えられる。

■ その他のハイライト

■給与補助、貸与補助、奨学金といった、高等教育の在学者に対する財政支援のしくみは、授業料が比較的高い国や無料である国の方が発達している。
■OECD加盟国全体でみると、公的貸与補助を受給している学生の割合が大きい国は、個々の学生の年間受給額も最も大きい傾向がある。こうした国々では、学生が平均で年間2,000ドルから15,000ドル超を借り入れ、在学中に利子補給の形で財政支援を受けている。

■ 結果と解説

教育段階による授業料の差異

高等教育への進学は、学生やその家族にとって、授業料と生活費の両面での費用負担を伴うことが多いが、十分な財政支援を受けられる場合もある。OECD加盟国では、高等教育プログラムに進学する自国学生のほとんどが、学士課程及び同等レベルに在学している（インディケータB4参照）。デンマーク、エストニア、フィンランド、ノルウェー、ポーランド、スロバキア共和国、スロベニア、スウェーデン、トルコなど、約3分の1の国では、国公立教育機関が授業料を課していない（図C5.1）。また、約3分の1の国では、授業料は比較的低く抑えられており、学生の負担額は2,400ドル未満である。残りの国では、年間授業料は3,000ドルから8,000ドル超まで幅がある。イングランド（イギリス）では授業料が10,000ドルを超えているが、大多数の学生は「公営私立」教育機関に在籍している。

学士課程修了後に進学すれば、労働市場での成果の向上につながる。修士号や博士号または同等の学位を取得すると、よりよい就業機会に恵まれ、また、修士課程を修了すれば、将来見込まれる所得も高くなる（インディケータA4参照）。だが、修士・博士課程を修了することによって所得の大幅な増加が見込める場合でも、ほとんどのOECD加盟国では、国公立教育機関がフルタイムの自国学生に課す授業料は、修士・博士課程プログラムでも学士課程プログラムでも同程度である（表C5.1）。修士課程及び博士課程の学生にとって授業料以外で負担となるのは、就学年数が延び、労働市場への参入が遅れることに限られる。

学士課程の授業料が無料である国は、修士・博士課程の授業料も無料であるが、スロベニアは例外で、博士課程の学生には平均で約6,550ドルの授業料が課される。オーストリア、カナダ、フラマン語圏（ベルギー）、ハンガリー、イタリア、日本、ルクセンブルグ、オランダ、スイスといった他の諸国では、教育段階が異なっても、平均授業料は同程度（または、さらに低い水準）である（表C5.1）。

修士課程または博士課程修了による所得の増加分が学士課程レベル修了による所得の増加分よりも大きい場合でも、データのあるOECD加盟国の大多数では、プログラムの教育段階に関係なく、国公立教育機関が同程度の授業料を課している。チリ、韓国、アメリカ合衆国では、国公立教育機関の修士課程の授業料が学士課程よりも約30%高く、オーストラリアとスペインでは50%超高くなっており。その差は米ドル換算額で1,000～3,100ドルである（表C5.1）。このように授業料が高いために、

350

インディケータ C5：高等教育機関の授業料と学生への公的補助　**CHAPTER C**

高等教育段階の在学率が限られていると見られ、チリ、韓国、スペイン、アメリカ合衆国では、高等教育段階の修士課程への進学率が、OECD各国平均よりもかなり低い（インディケータB4参照）。少数の国（オーストラリア、ハンガリー、イタリア、スイスなど）では、国公立教育機関が課す博士課程プログラムの授業料が、学士課程及び修士課程プログラムよりも低い。例えばオーストラリアでは、国公立教育機関の博士課程プログラムの平均授業料は、学士課程の約15分の1である（学士課程プログラムが4,785ドルであるのに対し、博士課程プログラムは約320ドル）。実際のところ、オーストラリアでは、授業料を負担している博士課程の自国学生はほとんどいない（国公立教育機関の博士課程の学生のうち5％未満）。対照的に、チリ、韓国、ニュージーランド、スロベニア、アメリカ合衆国では、国公立教育機関の博士課程の授業料が学士・修士課程よりも高い。

国公立教育機関の短期高等教育プログラムの授業料は、全体的にかなり低く、ほとんどの場合、学士課程の半分以下である（表C5.1）。例えばアメリカ合衆国とチリでは、短期高等教育プログラムの平均年間授業料は学士課程よりも4,000ドル以上低いが、日本、韓国、スペインでは1,400〜2,000ドルの差がある（スペインでは、短期高等教育プログラムの大多数の学生が授業料を課されていない）。チリ、韓国、アメリカ合衆国の授業料が低いのは、学士課程以上の教育段階で就学を続けた場合と比べて、短期高等教育プログラム修了による所得の増加分が少ないためである。オランダや、高等教育のすべての教育段階で授業料が一般に無料である国（デンマーク、エストニア、ノルウェー、ポーランド、スロベニア、スウェーデン、トルコ）では、短期高等教育プログラムと学士・修士課程の授業料が同じ水準である。

教育機関の種類による授業料の差異

教育機関が必要とする財源の面で、費用負担が可能な教育をすべての学生に保証するという目標を達成するのが難しい場合もある。OECD加盟各国の教育制度は授業料に関する政策に取り組んできたが、その対応が、教育機関の種類による授業料水準の違いにつながっている。「独立私立」教育機関は、国公立教育機関と比べると、公的資金への依存度が低いことから政府の規制に影響されにくく、学生に提供するサービスの質という点で、より厳しい競争にさらされていると思われる。そのため、データのあるすべてのOECD加盟国で、学士課程または同等レベルで課す年間授業料は、国公立教育機関よりも高いとみられる。

数か国では、国公立教育機関と私立教育機関の授業料の差が大きい（表C5.1）。オーストラリア、日本、韓国では、「独立私立」教育機関の学士課程の年間授業料は8,000ドルを超えているが、国公立教育機関の授業料は4,500〜5,300ドルである。アメリカ合衆国では、学生の3分の1が「独立私立」教育機関に在学しているが、学士課程または同等レベルの平均年間授業料は20,000ドル超と、国公立教育機関のほぼ2.5倍である。「独立私立」教育機関の授業料を国公立教育機関の授業料と比較すると、イタリアでは約3倍、ハンガリーとイスラエルでは2倍となっている。フランス語圏（ベルギー）では、「公営私立」教育機関の授業料は低く抑えられているが、それでも国公立教育機関より高い。ノルウェーの「独立私立」教育機関の平均年間授業料は約6,300ドル、ポーランドでは2,200ドル、スロバキアでは2,900ドルだが、いずれの国でも国公立教育機関の授業料は無料である。

だが、学士課程及び同等レベルの自国学生に課される国公立教育機関と私立教育機関の授業料の差がもっと小さい国もある。フィンランド、スロベニア、スウェーデンでは、国公立教育機関も私立教育機関も授業料は無料で、また、フラマン語圏（ベルギー）とスイスでは、「公営私立」教育機関の授業料は平均すると国公立教育機関と同程度である。ただし、これらの国の中には、私立教育機関に在籍する学生の割合が比

351

較的小さい国もある（スロベニア、スウェーデン、スイスでは20％未満）。オーストリアでは国公立教育機関と「公営私立」教育機関の授業料に、またノルウェーでは「公営私立」教育機関の授業料に、それぞれ上限が設けられているが、「独立私立」教育機関の授業料については各教育機関の裁量に任されている。

C5 外国人学生の授業料

授業料や公的補助に関する国の施策は、その国の教育機関で学ぶすべての学生に適用されるのが一般的であり、自国学生ではない学生（「定義」を参照）もまたその対象となる。だが、留学生の方が授業料が高い場合もあり、自国学生とそうではない学生の間で授業料や学資援助に差を設けることは、これ以外の要因、例えば、出身国で受けることのできる公的支援などとも併せて、学生の国際的な移動に影響を及ぼす可能性がある（OECD, 2017[3]）。特に、OECD加盟国の中で、自国学生以外の学生に対してより高い授業料を課す国が増えているという状況のもとでは、こうした授業料の差異によって、外国からの学生を引きつける国と、留学に二の足を踏ませる国が生じることが考えられる（インディケータB6参照）。とはいえ、外国人学生に高い授業料を課している国であっても、その国の教育機関の質や名声、あるいは卒業後に期待できる労働市場での就業機会によって、魅力的な留学先となりうる。

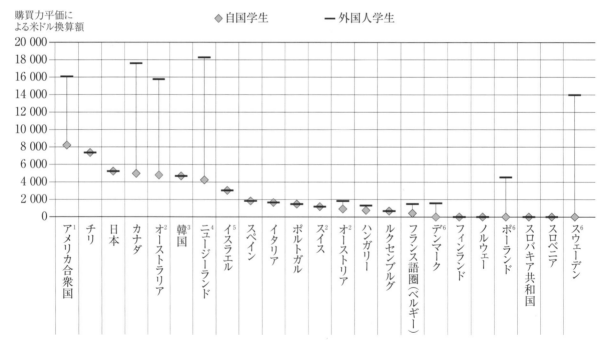

図C5.2. 国公立高等教育機関の学士課程または同等レベルにおける自国学生と外国人学生の平均年間授業料（2015～16学年度）

フルタイムの学生に課される授業料、GDP購買力平価による米ドル換算額

1. 調査年は2011～12学年度。
2. 調査年は2014～15学年度。
3. 調査年は2016年。
4. 大学のみが含まれ、大学院の修了資格や学位など、ISCED 6の第二学位プログラムは含まれない。
5. 調査年は2013～14学年度。
6. 外国人学生の授業料は、EEA域外またはEU域外出身の学生のみが対象（表C5.1参照）。

資料：OECD（2018）。表C5.1。詳細は「資料」を参照。付録3の注を参照（http://dx.doi.org/10.1787/eag-2018-36-en）。

StatLink : https://doi.org/10.1787/888933804736

インディケータC5：高等教育機関の授業料と学生への公的補助 **CHAPTER C**

チリ、イスラエル、イタリア、日本、韓国、ラトビア、ルクセンブルグ、メキシコ、ポルトガル、スペイン、スイスでは、自国学生も外国人学生も一般に同程度の授業料を負担しており、また、自国学生と外国人学生のいずれにも授業料を課していない他の国々（フィンランド、ノルウェー、スロバキア共和国、スロベニア）でも、負担がないということでは同等になる（表C5.1）。対照的に、データのある国の半数で、国公立教育機関が課す授業料の額が、同じプログラムに在籍していても、自国学生と外国人学生の間で異なる場合がある。ただし、EUまたは欧州経済領域（EEA）の国々では、自国学生とEU及びEEA出身の学生に課す授業料に差はない。オーストラリア、カナダ、ニュージーランド、アメリカ合衆国では、国公立教育機関に在籍する外国人学生と自国学生の授業料の差が、平均で年間7,500ドルを超えている（表C5.1）。アメリカ合衆国では、外国人学生と州外で学ぶ自国学生はみな、州内出身の学生より高い授業料を負担している。オーストリアでは、EUまたはEEAの出身ではない学生に対する国公立教育機関の授業料は、自国学生の2倍に相当する（学士・修士・博士課程または同等レベル）。ポーランドとスウェーデンでは、自国学生及びEU域内出身の学生の授業料は無料だが、EU域外出身の学生は、学士課程で4,500ドル超の授業料を負担する。

学生に対する財政支援

充実した財政支援制度とその支援の種類は、高等教育の学生が良好な成果をあげられるようにするうえで重要な要素である（OECD, 2008[4]）。多くの国の教育制度が直面している重要な問題となっているのは、高等教育段階の学生に対する財政的補助は、主として貸与補助と給与補助／奨学金のどちらにすべきかという点である。OECD加盟各国の政府は、これら二つの種類の補助をさまざまな形で組み合わせて、学生の生活費や教育費を助成している。

限られた資源から恩恵を得られる学生の数を増やせるとして、貸与補助を支持する声もある（OECD, 2014[5]）。奨学金／給与補助として支出した金額を仮に貸与補助の保証や貸与金に充てたとすれば、同じ公的財源をより多くの学生に投入でき、全体的に高等教育への進学率が高くなるとみられる。また、貸与補助は、高等教育の最大の受益者である個々の学生に教育費の一部を負担させることができるが、これは高等教育修了によってもたらされる私的収益の高さを反映している（インディケータA5参照）。

一方、低所得層の学生の進学意欲を高めるという点では、貸与補助は給与補助よりも効果が小さい。貸与補助を返済できない学生が多ければ、学生が卒業時に抱える多額の負債が、学生と政府の両方に悪影響をもたらしかねないとの反対意見もある（OECD, 2014[5]）。貸与補助の返済を保証するに足る雇用が見込めなければ、負債を抱えた卒業者の割合が大きいことが問題になりかねない。

オーストラリア、イングランド（イギリス）、ノルウェー、アメリカ合衆国では、学士課程または同等レベルの学生の80％以上が、公的貸与補助や奨学金／給与補助を受けている。国公立教育機関の授業料が無料で、公的支援で学生の生活費が賄えるノルウェーを除き、これらの国は、OECD加盟国の中で特に授業料水準が高い国でもある。オーストリア、フランス語圏（ベルギー）、フラマン語圏（ベルギー）、イタリア、スイスは、授業料がさほど高くはなく、公的な財政支援の対象は限られた数の学生のみである。支援を受けている場合は、奨学金や給与補助の形をとるのが一般的である。フィンランドとトルコの国公立教育機関では授業料が課されておらず、ほとんどの学生が奨学金／給与補助（フィンランド）または貸与補助（トルコ）を受けている（表C5.5）。

353

高等教育機関の資金調達に対する各国の取り組み

OECD加盟国は、それぞれに異なる取り組みを発展させながら、高等教育段階の学生の支援を行っている。各国政府が公的部門と私的部門（学生とその家族を含む）による高等教育の費用負担の現状を改善あるいは調整しようとする中で、授業料水準や奨学金・給与補助・貸与補助の範囲に関する改革、それも、しばしば両者を組み合わせて変更する改革は、国の教育政策の中で大いに議論されるテーマとなっている。

各国内で政策が徐々に変更されたり、OECD加盟国間で政策に相違があったりはするものの、高等教育の資金調達方法は、多くの共通する特徴によっていくつかのパターンに分類することができる。各国は、授業料水準と、国の高等教育の学生向け財政支援制度を通じて学生が利用できる財政支援の水準という、二つの要素に基づいて、おおむね4つのグループに分類される（OECD, 2015[6]）。

- 第1のグループには、フィンランド、ノルウェー、ルクセンブルグ、トルコが含まれる（図C5.3）。学生は高等教育での授業料を負担せず、進学時に大半が公的財政支援を受ける。これらの国々では、学生の過半数が公的給与補助／奨学金や公的貸与補助、あるいはその両方を利用している。トルコは、2012〜2013年度以降に授業料が無料となったため、最近このグループに移行してきた。だが、フィンランドでは、EEA域外出身の学生からの授業料徴収が決定されたことから、高等教育段階の留学生数が減少する可能性がある。
- 第2のグループに含まれるのは、オーストラリア、カナダ、イングランド（イギリス）、ニュージーランド、アメリカ合衆国である（図C5.3及び『図表でみる教育OECDインディケータ（2014年版）』

図C5.3. 国公立教育機関の学士課程または同等レベルの授業料と公的貸与補助・奨学金・給与補助を受ける学生の割合（2015〜16学年度）

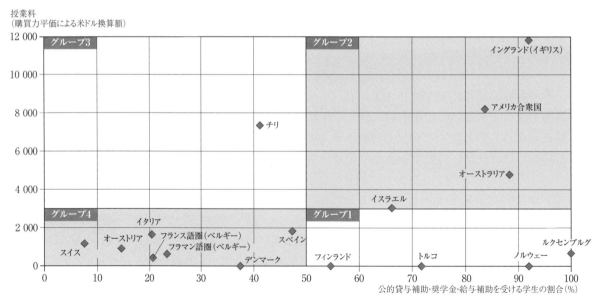

注：デンマークについては、財政支援を受ける学生の割合は、貸与補助の受給者のみ。ルクセンブルグについては、支援を受ける資格のあるすべての学生を含む。それ以外の国の注記については、表C5.1及び表C5.5のデータを参照。
資料：OECD（2018）。表C5.1及び表C5.5。詳細は「資料」を参照。付録3の注を参照（http://dx.doi.org/10.1787/eag-2018-36-en）。
StatLink: https://doi.org/10.1787/888933804755

インディケータ C5：高等教育機関の授業料と学生への公的補助　**CHAPTER C**

（OECD, 2014[5]）の図B5.1）。これらの国では、国公私立教育機関の学士課程の年間授業料は比較的高く、4,000ドルを超えている。オーストラリア、イングランド（イギリス）、アメリカ合衆国では、高等教育の学生の80％以上が公的貸与補助もしくは奨学金／給与補助のかたちで支援を受けている（図C5.3）。ニュージーランドは徐々に第1グループへと移行しており、高等教育段階に初めて入学する自国学生からの授業料徴収を2018年から漸次廃止している。2024年までに、初回入学の自国学生はすべて、3年間の高等教育が無償となる。イングランド（イギリス）は、1995年以降、授業料と学生に対する財政支援が大幅に増加したことから、このグループへと移行した。また、オランダは授業料水準が上がり、学生支援制度が整備されてきたため、第1グループからこのグループに徐々に移行しつつある（『図表でみる教育OECDインディケータ（2014年版）』（OECD, 2014[5]）の図B5.1参照）。イスラエルは、高等教育段階への進学が比較的充実した学生支援制度の上に成り立っており（学生の3分の2が給与補助や奨学金、貸与補助を受給している）、国公立教育機関の学士課程の授業料が約3,000ドルに達することから、第1グループと第2グループの中間に当たる。

■ **第3のグループ**には、チリ（図C5.3）、日本、韓国が含まれる（OECD, 2015[6]）。これらの国では、国公立教育機関の学士課程でほとんどの学生に高い授業料が課せられているが、学生支援体制は第1・第2グループに比べてあまり整備されていない。授業料は、韓国で約4,700ドル、日本で約5,200ドル、チリで7,300ドル超である。だが近年、日本では、給付型奨学金制度や無利子の貸与補助の拡充、所得連動型返済制度（卒業後に返済月額を自由に変更できる返済制度）の導入などを含め、学生に対する財政支援体制を拡充するための改革が実施されている。

■ **第4のグループ**には、オーストリア、ベルギー、フランス、イタリア、スペイン、スイスなど、データがあるその他のヨーロッパ諸国のほとんどが含まれる（OECD, 2015[6]）。学生への財政支援はやや限定的で、少数の学生のみを対象としており、国公立教育機関の授業料は無料ではないが、オーストリア、イングランド（イギリス）、アメリカ合衆国ほど高くはない（OECD, 2015[6]）。

この10年間に、学士課程または同等レベルの授業料は、日本では8％、オーストラリア、イタリア、オランダでは13〜17％上昇している（表C5.2）。カナダ、ニュージーランド、アメリカ合衆国でも授業料が20〜23％上昇しており、イングランド（イギリス）では上昇幅がさらに大きい。対照的に、オーストリア、ラトビア、ルクセンブルグでは、学士課程の授業料は実質的に低下している。

公的貸与補助の規模と卒業時の債務

データのあるOECD加盟国をみると、高等教育段階で公的貸与補助を利用する学生の割合が大きい国は、平均の年間貸与補助総額も特に大きい傾向にある。その中には、オーストラリア、カナダ、イングランド（イギリス）、アメリカ合衆国など、授業料が比較的高い国々（グループ2）のほか、ノルウェー、スウェーデンなど、授業料が無料で、学生の大半が主に生活費に充当するために貸与補助を利用している国々（グループ1）が含まれる。これらの国々では、学生が受け取る貸与補助額は、平均で年間4,200ドル（オーストラリア）から15,000ドル超（イングランド（イギリス）の学士課程とアメリカ合衆国の修士課程）である。だが、これらの国々の大半が、所得連動型（またはハイブリッド型）返済制度を導入している。この制度は、財源の利用の点で比較的公平かつ効率的と考えられており、また、学生が返済を続けられないほどの債務を抱えなくて済むようになっている。このタイプの貸与補助の場合、返済を求められるのは一定額以上の所得がある卒業者・学生に限られ、例えばイングランド（イギリス）では、貸与補助の25％が返済されていない（表C5.3）。

355

CHAPTER C 教育への支出

対照的に、貸与補助を利用する学生の割合が小さい国々、例えばフィンランド（政府保証付きの民間貸与補助で29%）、フランス語圏（ベルギー）（1%未満）、ラトビア（9%）では、学生が受け取る貸与補助の年間総額は比較的少なく、約1,500ドルから3,700ドル超の範囲内である。だが、チリ（4%）、日本（45%）、メキシコ（2%）、オランダ（33%）、スイス（1%）のように、貸与補助を利用する学生の割合が半分以下であり、1人当たりの年間総額が5,000ドルを超える国もある（表C5.3）。

フィンランド（学士課程のみ）、メキシコ（修士課程及び博士課程のみ）、オランダ、ニュージーランド、スウェーデン（学士課程及び修士課程）、イギリスでは、貸与補助を利用した結果、50%以上の学生が卒業時に負債を抱える（OECD, 2015[6]）。卒業者にとって負債がどの程度問題になるかは、主に、負債額、卒業後に見込まれる収入や雇用の安定度の観点からみた労働市場での見通し、及びそれに対する基本的な返済条件によって変わる。高等教育の授業料水準が高い国では、公的貸与補助や国の保証付き学生ローンによって学生が卒業時に負う負債も最も高い水準になる。一方、公的貸与補助を利用する学生の割合が比較的小さい国では、負債も軽くなる傾向がみられる。例えばフィンランドでは、政府の保証付き民間貸与補助を利用する学生の割合は約29%で、卒業時の負債は平均で9,000ドル超である。一方、公的貸与補助を利用する学生の割合が40%以上である日本、メキシコ（修士課程及び博士課程のみ）、ノルウェー、スウェーデン、アメリカ合衆国では、学士課程の卒業時の負債が20,000ドルを上回る（表C5.3）。

利率による財政支援

学生が公的貸与補助や政府保証付き民間貸与補助を利用する際には、利率、返済方式、軽減・免除制度などに設けられた特別な条件によって、恩恵を受ける場合がよくある（表C5.3）。各国政府がそうした特別な条件を設けることが多いのは、学生が負担する貸与補助の費用を低減するためであり、また、所得連動型貸与補助の場合は、卒業後の労働市場の不安定さから学生を守るのが目的である。このような特別条件の導入によって、政府は費用のかなりの部分を自ら引き受けることになり、学生に貸与することのリスクを負うが、学生は、市況よりも低い費用で資本を手にすることできる。

公的貸与補助にせよ民間貸与補助にせよ、利率のしくみは国ごとにある程度異なるため、公的貸与補助の利率を各国間で比較する際には注意を要する。各国政府は、在学中や卒業後の利率低減など、さまざまな方策を用いて学生の財政負担を減らす取り組みをしている。名目金利が設定されていない国もあれば、政府借入金やインフレ指数のような、市場金利よりも低い指数に連動した利率を用いる国もある（表C5.3）。

データのあるOECD加盟国の約半数では、在学中は公的貸与補助にかかる名目金利は設定されていないが、在学期間終了後は、政府借入金と同等もしくはそれ以上の利率が卒業生に課される場合がある。例えばフランス語圏（ベルギー）、カナダ、チリ、日本、ニュージーランド（国外居住者の場合）、ノルウェー、ポーランド、スロバキア共和国では、学生は卒業後に利率が課されるものの、たいていの場合は依然として比較的低い水準である。

オーストラリア、デンマーク、イングランド（イギリス）、エストニア、韓国、ニュージーランド（卒業後も国内にまだ居住している場合）、スウェーデン、アメリカ合衆国では、在学期間終了後に学生が負担する金利は、在学中の利率を上回ることはない。

356

インディケータC5：高等教育機関の授業料と学生への公的補助　**CHAPTER C**

返済方式

高等教育に対する公財政支出及び家計からの教育支出についての本書の報告（インディケータC3参照）では、以前の政府から学生に支給された公的貸与補助の返済は考慮せず、貸与補助総額のみについて考察している。返済期間は国によって異なり、オーストラリア、カナダ、デンマーク、フィンランド、フランス語圏（ベルギー）、ルクセンブルグ、ニュージーランド、スロバキア共和国、トルコといった10年以下の国から、イングランド（イギリス）、ノルウェー、スウェーデン、アメリカ合衆国（所得連動型返済）の20年以上の国までである。

データのある国のほぼ半数では、卒業後の所得水準に連動する返済方式が採用されているが、それ以外の国は、従来の元利均等返済方式を採用している。貸与補助金の返済が課される基準となる所得額は、オーストラリアとイングランド（イギリス）では30,000ドルを超えており、韓国、オランダ、ニュージーランドでは13,000～22,000ドルである（表C5.3）。

返済方式とは別に、学生の貸与補助がある国のほぼすべてで、返済の軽減（返済の延期）や免除のしくみがある。データのある国をみると、返済の軽減もしくは免除措置の恩恵を受けている学生の割合は、オーストラリア、エストニア、フィンランド、日本、ラトビア、ニュージーランド、ノルウェー、スウェーデンの5%以下から、イングランド（イギリス）、オランダ、ポーランドの10%超までの幅がある。このことは、貸与補助のうち返済されない分がかなりの割合を占めることと、貸与補助を提供もしくは保証する公的部門に追加的な費用負担が発生していることを意味する。

こうしたしくみの恩恵を受けられる条件は国によって異なるが、貸与補助受給者の死亡、障害、あるいは卒業後の経済状況の困窮などは、返済免除や軽減の理由として共通して認められている。さらに、軽減や免除の条件が労働市場の状況や学生の就業状況と関連づけられている国もある。例えばアメリカ合衆国では、教員や公務員は貸与補助返済免除を申請することができる。またオーストラリアでは、特定の専攻分野を卒業した（かつ、関連の職業に就いた）場合や、関連の職業に就く、もしくは特定の場所で仕事をする場合は、返済額の減額による軽減措置を受けることができる（表C5.3）。

■ 定義

本指標では、**自国学生**を当該国の国民であり同国内で就学している学生と定義し、**外国人学生**とはデータを収集した国の国籍を持たない学生を指す。このカテゴリーは現実的かつ実用的な分類ではあるが、移民の帰化に関する各国の政策が異なるため、「学生の移動」の状況を捉えるには不適切な分類である。EU加盟国では、EU域内の他の国からの学生は自国学生と同等の授業料を課される場合が多い。このような場合、「外国人学生」とは、EU域外の国の国民である学生を指す。定義に関する詳細はインディケータB6を参照。

■ 算定方法

各国の通貨で表された授業料及び貸与補助の金額は、その数値をGDPの購買力平価（PPP）で除して米ドルに換算している。授業料の額や関連する学生の割合のデータは、高等教育の主体である主なプログラムの加重平均から得た結果であって、すべての教育機関を対象としていない場合があるため、解釈には注意が必要である。

357

CHAPTER C 教育への支出

C5

貸与補助では、学生が受けている支援の現況を把握するために、政府が提供もしくは保証するすべての学生ローンの貸付総額を示している。貸付の総額は、現在の在学者に対する学資援助を把握する上での適切な指標だからである。政府や民間金融機関の貸与補助に関わる実質経費を評価するには、借主による利子の支払いや元金返済を考慮に入れなければならない。ほとんどの国で、貸与補助は教育当局に対して返済されるわけではないので、その返済金を教育当局がその他の教育支出に充てることはできない。

OECDの各指標は、給与補助及び貸与補助（総計）の全額を考慮した上で、在学生への資金援助を論じている。OECD加盟国の中には、学生への貸与補助額の算出が困難な国もあるため、貸与補助に関するデータの扱いには注意が必要である。

詳細については『OECD国際比較教育統計ハンドブック2018年版：概念・標準・定義・分類（*OECD Handbook for Internationally Comparative Education Statistics 2018: Concepts, Standards, Definitions and Classifications*）』（OECD, 2018[7]）を参照。各国の注記については付録3を参照（http://dx.doi.org/10.1787/eag-2018-36-en）。

リトアニアは、本書を編集時にはOECD加盟国ではなかったので、OECD加盟国リストには記載せず、OECD加盟国の総計に含めていない。

■ 資料

データは2015～16学年度を調査対象年とし、OECDが2017年に実施した特別調査の結果に基づく。詳細は付録3を参照（http://dx.doi.org/10.1787/eag-2018-36-en）。

イスラエルのデータについて

イスラエルの統計データは、イスラエル政府関係当局により、その責任の下で提供されている。OECDにおける当該データの使用は、ゴラン高原、東エルサレム、及びヨルダン川西岸地区のイスラエル入植地の国際法上の地位を害するものではない。

■ 参考資料

Barr, N.（2004）, "Higher education funding", *Oxford Review of Economic Policy*, Vol. 20/2, http://dx.doi.org/10.1093/oxrep/grh015. [1]

Borck, R. and M. Wimbersky（2014）, "Political economics of higher education finance", *Oxford Economic Papers*, Vol. 66/1, http://dx.doi.org/10.1093/oep/gps042. [2]

OECD（2018）, *OECD Handbook for Internationally Comparative Education Statistics 2018: Concepts, Standards, Definitions and Classifications*, OECD Publishing, Paris, https://doi.org/10.1787/9789264304444-en. [7]

OECD（2017）, "Tuition fee reforms and international mobility", *Education Indicators in Focus*, No. 51, OECD Publishing, Paris, http://dx.doi.org/10.1787/2dbe470a-en. [3]

OECD（2015）, *Education at a Glance 2015: OECD Indicators*, OECD Publishing, Paris, http://dx.doi.org/10.1787/eag-2015-en.（『図表でみる教育OECDインディケータ（2015 [6]

年版)』経済協力開発機構（OECD）編著、德永優子, 稲田智子, 西村美由起, 矢倉美登里訳、明石書店、2015年）

OECD（2014）, *Education at a Glance 2014 : OECD Indicators*, OECD Publishing, Paris, [5] http://dx.doi.org/10.1787/eag-2014-en.（『図表でみる教育OECDインディケータ（2014年版)』経済協力開発機構（OECD）編著、德永優子, 稲田智子, 定延由紀, 矢倉美登里訳、明石書店、2014年）

OECD（2008）, "Tertiary education for the knowledge society, Volume 1, Special features: [4] governance, funding, quality", www.oecd.org/education/skills-beyond-school/41266690. pdf（accessed on 15 May 2018）.

■ インディケータC5の表*

- 表C5.1. 高等教育機関における推定平均年間授業料（2015～16年度）
- 表C5.2. 高等教育機関における授業料の推定変化指数（2005～06年度から2015～16年度）及び近年実施された授業料改革（2015～16年度）
- 表C5.3. 公的貸与補助の返済と軽減・免除（高等教育）（2015～16年度）
- 表C5.4. 国公立高等教育機関における専攻分野別平均年間授業料（2015～16学年度）
- 表C5.5. 各種財政支援を受ける学生の割合（2015～16学年度）

* データの締切日は2018年7月18日。更新データはホームページで確認可能（http://dx.doi.org/10.1787/eag-data-en）。データはEducation at a Glance Database（http://stats.oecd.org/）でも確認可能。

表C5.1. ［1/2］高等教育機関における推定平均年間授業料（2015〜16年度）

購買力平価による米ドル換算額、教育機関の種類別及び学位プログラム別、フルタイム換算

	フルタイムで在籍する自国学生（高等教育段階）の割合(%)			フルタイムで在籍する自国学生の平均年間授業料								
				国公立教育機関			私立教育機関					
							公営私立			独立私立		
	国公立教育機関	「公営私立」教育機関	「独立私立」教育機関	学士課程または同等レベル	修士課程または同等レベル	博士課程または同等レベル	学士課程または同等レベル	修士課程または同等レベル	博士課程または同等レベル	学士課程または同等レベル	修士課程または同等レベル	博士課程または同等レベル
国	(1)	(2)	(3)	(5)	(6)	(7)	(9)	(10)	(11)	(13)	(14)	(15)
OECD加盟国												
オーストラリア[1]	94	2	4	4 785	7 933	319	5 526	6 222	3 394	10 289	7 800	993
オーストリア[1]	m	m	m	910	910	910	910	910	a	m	m	m
カナダ	m	m	m	4 965	5 158	m	m	m	m	m	m	m
チリ	15	12	72	7 351	9 950	8 929	8 437	12 116	9 237	6 487	10 597	8 510
デンマーク[2]	m	m	m	0	0	0	0	0	0	m	m	m
エストニア	m	m	m	0	0	0	0	0	0	m	m	m
フィンランド	53	47	a	0	0	0	0	0	a	a	a	a
ハンガリー	90	6	4	751	783	619	586	1 175	659	1 896	541	1 237
イスラエル[3]	15	65	20	3 043	m	m	3 041	m	m	6 675	m	m
イタリア[1]	90	a	10	1 647	1 817	1 234	a	a	a	5 771	6 368	2 268
日本	26	a	74	5 218	5 216	5 216	a	a	a	8 411	6 943	5 762
韓国[4]	m	m	m	4 712	6 215	6 970	a	a	a	8 419	11 426	12 175
ラトビア	7	70	24	a	a	a	1 906 ~ 24 912[d]	1961 ~ 29 894	3 388 ~ 18 136	1 435 ~ 15 346[d]	2 152 ~ 16 940	3 786 ~ 7 971
ルクセンブルク	m	m	m	449 ~ 896	449 ~ 3 586	448	a	a	a	m	a	a
メキシコ[1]	70	a	30	m	m	m	a	a	a	4 711[d]	x(13)	x(13)
オランダ	m	m	m	2 395	2 395	a	m	m	a	m	m	m
ニュージーランド[5]	m	m	m	4 236[d]	m	4 598	m	m	a	m	m	m
ノルウェー	84	6	10	0	0	a	2 928[d]	x(9)	a	6 288[d]	x(13)	a
ポーランド[6]	93	a	7	0	0	0	a	a	a	2 175	658	a
ポルトガル	m			1 116 ~ 1 808	1 116 ~ 10 587		a	a	a	m	m	m
スロバキア共和国	95	0	5	0	0	0	a	a	a	2 827	3 503	9 175
スロベニア	94	5	1	0	0	6 553[d]	0	0	x(7)	0	0	x(7)
スペイン	82	x(3)	18[d]	1 832	2 860	m	m	m	m	m	m	m
スウェーデン[2]	87	13	a	0	0	0	0	0	0	a	a	a
スイス[1]	83	7	10	1 170[d]	1 170	437	1 170[d]	1 170	437	m	m	m
トルコ	m	a	m	0	0	0	a	a	a	m	m	m
アメリカ合衆国[7]	67	a	33	8 202	11 064	13 264	a	a	a	21 189	17 084	22 929
地域												
フラマン語圏（ベルギー）	m	m	m	132 ~ 1 112	132 ~ 1 112	556	132 ~ 1 112	132 ~ 1 112	556	m	m	m
フランス語圏（ベルギー）[1]	40	60	a	419[d]	x(5)	x(5)	557[d]	x(9)	x(9)	a	a	a
イングランド（イギリス）	m	m	m	a	a	a	11 797	a	a	a	a	a

注：授業料はすべての教育機関を含むものではないため、解釈には注意を要する。とはいえ、ここに示すデータは、主要教育機関が大多数の学生に課す授業料について、各国間の差異を表しており、妥当な代理指標であると考えられる。

短期高等教育プログラムのデータは、ホームページで閲覧可能（下記StatLinkを参照）。

1. 調査年は2014〜15学年度。
2. 外国人学生の授業料は、EEA域外出身の学生のみが対象。
3. 調査年は2013〜14学年度。
4. 調査年は2016学年度。
5. 大学のみが含まれ、ISCED 6（大学院の修了資格や学位など）は含まれない。
6. 外国人学生の授業料は、EU域外出身の学生のみが対象。
7. 調査年は2011〜12学年度。

資料：OECD（2018）。詳細は「資料」を参照。付録3の注を参照（http://dx.doi.org/10.1787/eag-2018-36-en）。
表中の省略記号については、「利用にあたって」を参照。

StatLink：https://doi.org/10.1787/888933804660

インディケータ C5：高等教育機関の授業料と学生への公的補助　　CHAPTER C

表C5.1. ［2/2］高等教育機関における推定平均年間授業料（2015～16年度）

購買力平価による米ドル換算額、教育機関の種類別及び学位プログラム別、フルタイム換算

	フルタイムで在籍する外国人学生の平均年間授業料								
	国公立教育機関			私立教育機関					
				公営私立			独立私立		
	学士課程または同等レベル	修士課程または同等レベル	博士課程または同等レベル	学士課程または同等レベル	修士課程または同等レベル	博士課程または同等レベル	学士課程または同等レベル	修士課程または同等レベル	博士課程または同等レベル
国	(17)	(18)	(19)	(21)	(22)	(23)	(25)	(26)	(27)
オーストラリア[1]	15 750	14 492	14 841	12 094	8 277	15 334	9 945	10 987	13 369
オーストリア[1]	1 819	1 819	1 819	1 819	1 819	1 819	m	m	m
カナダ	17 588	12 875	m	m	m	m	m	m	m
チリ	自国学生と外国人学生の授業料の差異なし								
デンマーク[2]	1 092 ～ 2 047								
エストニア	プログラムで用いる言語により授業料が異なる。エストニア語以外で指導が行われるプログラムでは、授業料が課される場合がある。								
フィンランド	自国学生と外国人学生の授業料の差異なし								
ハンガリー	1 304	5 352	1 347	465	641	639	3 658	2 731	1 200
イスラエル[3]	自国学生と外国人学生の授業料の差異なし								
イタリア[1]	自国学生と外国人学生の授業料の差異なし								
日本	自国学生と外国人学生の授業料の差異なし								
韓国[4]	自国学生と外国人学生の授業料の差異なし								
ラトビア	自国学生と外国人学生の授業料の差異なし								
ルクセンブルグ	自国学生と外国人学生の授業料の差異なし								
メキシコ[1]	自国学生と外国人学生の授業料の差異なし								
オランダ	m	m	a	a	a	a	m	m	a
ニュージーランド[5]	18 269[d]	m	4 598	m	m	a	m	m	m
ノルウェー	自国学生と外国人学生の授業料の差異なし								
ポーランド[6]	4 545	2 419	0	a	a	a	3 082	2 583	m
ポルトガル	自国学生と外国人学生の授業料の差異なし								
スロバキア共和国	自国学生と外国人学生の授業料の差異なし								
スロベニア	0	0	6 553[d]	0	0	x(19)	0	0	x(19)
スペイン	自国学生と外国人学生の授業料の差異なし								
スウェーデン[2]	13 968	14 415	0	13 968	14 415	0	a	a	a
スイス[1]	自国学生と外国人学生の授業料の差異なし								
トルコ	m	m	m	a	a	a	a	a	a
アメリカ合衆国[7]	16 066	16 489	20 168	a	a	a	29 234	24 095	30 205
地域									
フラマン語圏（ベルギー）	EEA域外出身の学生については、特殊な場合（例えば難民や亡命者）を除き、教育機関が自ら授業料を定めることができる。								
フランス語圏（ベルギー）[1]	1 483	1 979	m	x(17)	x(18)	m	m	m	m
イングランド（イギリス）	a	a	a	a	a	a	m	m	m

注：授業料はすべての教育機関を含むものではないため、解釈には注意を要する。とはいえ、ここに示すデータは、主要教育機関が大多数の学生に課す授業料について、各国間の差異を表しており、妥当な代理指標であると考えられる。

短期高等教育プログラムのデータは、ホームページで閲覧可能（下記StatLinkを参照）。

1. 調査年は2014～15学年度。
2. 外国人学生の授業料は、EEA域外出身の学生のみが対象。
3. 調査年は2013～14学年度。
4. 調査年は2016学年度。
5. 大学のみが含まれ、ISCED 6（大学院の修了資格や学位など）は含まれない。
6. 外国人学生の授業料は、EU域外出身の学生のみが対象。
7. 調査年は2011～12学年度。

資料：OECD（2018）。詳細は「資料」を参照。付録3の注を参照（http://dx.doi.org/10.1787/eag-2018-36-en）。
表中の省略記号については、「利用にあたって」を参照。

StatLink：https://doi.org/10.1787/888933804660

CHAPTER C　教育への支出

表C5.2. [1/2] 高等教育機関における授業料の推定変化指数（2005〜06年度から2015〜16年度）及び近年実施された授業料改革（2015〜16年度）

変化指数（2005〜06年度 = 100）

	高等教育プログラムの授業料の変化指数（国公私立教育機関、不変価格、2005〜06年度=100）			
	短期高等教育プログラム	学士課程または同等レベル	修士課程または同等レベル	博士課程または同等レベル
国	(1)	(2)	(3)	(4)
国				
オーストラリア[1,2]	m	117	116	127
オーストリア[1]	m	83	83	83
カナダ	m	123	88	m
エストニア	m	m	m	m
フィンランド	a	a	a	a
ハンガリー	m	m	m	m
イタリア	m	113	m	122
日本	107	108	105	103
韓国	m	m	m	m
ラトビア	65	65	65	65
ルクセンブルグ	75	75	m	75
オランダ	115	115	115	a
ニュージーランド	x(2)	121	m	m
スウェーデン	a	a	a	a
トルコ	a	a	a	a
アメリカ合衆国[3]	103	120	98	112
地域				
フラマン語圏(ベルギー)	m	m	m	m
フランス語圏(ベルギー)	m	m	m	m
イングランド(イギリス)	x(2)	415	m	m

注：本表には、授業料の変化指数の算定が可能な国や、2010年以降に実施された高等教育政策の改革についての情報がある国のみを掲載している。
　　第1〜5列のデータは、主たる高等教育プログラムの加重平均から得た結果であって、すべての教育機関を対象としていないものの、授業料変動を表す代理指標として有効だと考えられる。
1. 調査年は2014〜15年度。
2. 変化指数の算定は国公立教育機関のみを対象としている。
3. 調査年は2005〜06年度と2015〜16年度ではなく、2003〜04年度と2011〜12年度。
資料：OECD（2018）。詳細は「資料」を参照。付録3の注を参照（http://dx.doi.org/10.1787/eag-2018-36-en）。
表中の省略記号については、「利用にあたって」を参照。
StatLink : https://doi.org/10.1787/888933804679

362

インディケータC5：高等教育機関の授業料と学生への公的補助　　CHAPTER C

表C5.2. [2/2] 高等教育機関における授業料の推定変化指数（2005～06年度から2015～16年度）及び近年実施された授業料改革（2015～16年度）
変化指数（2005～06年度＝100）

国	授業料水準に関わる改革が実施された (5)	改革のうち少なくとも一部が、学生が利用できる公的補助水準の変更と並行して実施された (6)	備考 (7)
国			
オーストラリア[1,2]	はい	はい	需要を重視した財政支援制度が、2012年に本格的に実施されて以降、オーストラリア政府は国公立大学の学士課程（医学部を除く）に在籍するすべての自国学生に補助金を支給している。この政策により、連邦政府の補助が受けられる教育機関に入学する学生が大幅に増加している。
オーストリア[1]	いいえ	いいえ	
カナダ	はい	はい	管轄区ごとに大学の授業料に独自の上限が設けられているが、例外的に上限がない大学も少数ある。
エストニア	はい	はい	2013～14学年度に、ニーズに基づく新たな学生支援制度が導入された。裕福ではない家庭出身の学生は、フルタイムで就学し、かつ、就学期間がその課程の標準的な在籍期間を超えていない場合に、就学手当の支給を申請できる（月額75～220ユーロ）。また、2015年からは、就学手当の受給申請が認められなかった場合や、家庭の経済状況が申請後に変化した場合には、ニーズに基づく特別手当が支給されている。銀行に特別な学生ローンの借り入れを申請することも、依然として可能である。博士課程の学生対象の手当に変更はない。
フィンランド	いいえ	いいえ	2010～2014年は授業料導入の試験期間とされ、高等教育機関は、EUまたはEEA域外の国出身で、大学や、修士課程の総合技術教育プログラム（外国語による指導）に在籍する外国人学生に対して、授業料を課すことができた。授業料を課された学生のほぼ全員が、授業料の一部または全部に充当する給与補助を受け、給与補助には、生活費の一部に充てる補助費が含まれている場合もあった。上位課程の教育機関では、主に学究成果に基づいて給与補助が支給された。2017～18学年度より、EU及びEEA域外からの留学生を対象とした授業料が導入されている。
ハンガリー	はい	はい	学生は、国の奨学金を通じて全額もしくは部分的な補助（学費の50%）を受けるか、学費全額を自費負担するかのいずれかである。2012～13学年度に、政府は、すべて公的資金で運営されている教育機関を27%減らし、部分的に公的資金が使われている教育機関を、それより適度な割合で増やした。この減少傾向は、主に法学・経済学分野に影響を及ぼした。2012～13学年度には、学費を全額負担している学生を対象に、新たな貸与補助制度が施行された。
イタリア	はい	はい	2011～12年以降は標準的な在学期間を超えて在学している学生に対して、また、2013年以降は奨学金を受給している博士課程の学生に対して、授業料の増額が可能となった。
日本	いいえ	いいえ	
韓国	はい	はい	2012年から、既存の低所得層の学生向け奨学金を統合拡張した新たな国費奨学金の給付が始まった。国費奨学金など、政府支給の奨学金の年間予算額は毎年増加しており、2016年には2011年の約8倍に達した。
ラトビア	いいえ	いいえ	
ルクセンブルグ	いいえ	いいえ	
オランダ	いいえ	いいえ	
ニュージーランド	はい	いいえ	2011年の政策改革により、授業料や学費について教育機関側が値上げできる上限が定められた。上限は政府によって毎年設定され、2011～15年は4%、2016年は3%、2017年は2%であった。2012年には、授業料が課されない教育サービスの対価として、教育機関が学生から強制的に徴収する金額について、設定基準を統制する目的で政策変更が行われた。2018年からは、高等教育段階に初回入学する自国学生を対象に、授業料無料の高等教育が漸次導入されており、2024年までに、初回入学のすべての自国学生に3年間の高等教育を無料提供する方針である。
スウェーデン	はい	はい	2011年に、EEA域外の国出身の学生に対し、授業料が導入され、それと同時に、授業料を負担する学生を対象とした2種類の奨学金プログラムが創設された。
トルコ	はい	いいえ	2012～13学年度の時点では、一次教育（正規の昼間プログラム）及びオープン・エデュケーションの学生には、理論上の在学期間中は授業料が課されていない。授業料が課されるのは、国公立教育機関の夜間プログラムの学生と、理論上の在学期間中に卒業しなかった学生のみである。
アメリカ合衆国[3]	いいえ	いいえ	
地域			
フラマン語圏（ベルギー）	はい	いいえ	2015年1月1日より、短期高等教育プログラムの成人教育の授業料は、増額されて1コマあたり1.50ユーロとなり、年間で最大600ユーロとなった。学士課程から博士課程または同等レベルまで、フルタイム学生の年間授業料が、620ユーロから890ユーロに増額された。
フランス語圏（ベルギー）	はい	いいえ	28,972人の学生（財政支援を受ける資格がある学生の17%）が授業料を支払っていない（2014～15年）。また、低所得世帯の学生3,892人（受給資格者の2.3%）が、授業料減免措置を受けている。
イングランド（イギリス）	はい	はい	

注：本表には、授業料の変化指数の算定が可能な国や、2010年以降に実施された高等教育政策の改革についての情報がある国のみを掲載している。
　　第1～5列のデータは、主たる高等教育プログラムの加重平均から得た結果であって、すべての教育機関を対象としていないものの、授業料変動を表す代理指標として有効だと考えられる。
1. 調査年は2014～15年度。
2. 変化指数の算定は国公立教育機関のみを対象としている。
3. 調査年は2005～06年度と2015～16年度ではなく、2003～04年度と2011～12年度。
資料：OECD（2018）。詳細は「資料」を参照。付録3の注を参照（http://dx.doi.org/10.1787/eag-2018-36-en）。
表中の省略記号については、「利用にあたって」を参照。

StatLink：https://doi.org/10.1787/888933804679

363

CHAPTER **C** 教育への支出

表**C5.3.** [1/2] 公的貸与補助の返済と軽減・免除（高等教育）（2015～16年度）

		公的貸与補助			
		貸与補助を利用する学生の割合	学生1人が受給できる貸与補助の平均年間総額（米ドル）	利率による助成	
				利率による助成	卒業後の利率
	国	(1)	(2)	(3)	(4)
OECD加盟国	オーストラリア[1,2]	84%	ISCED 5: 4 771; ISCED 6: 4 181; ISCED 7: 5 385; ISCED 8: 6 171	2.6%	2.6%
	カナダ[3,4]	60%	ISCED 5: 4 399; ISCED 6: 4 458; ISCED 7: 6 094; ISCED 8: 6 685	名目金利なし	5.2%
	チリ	4%	ISCED 5: 3 760; ISCED 6: 6 143; ISCED 7: 9 416; ISCED 8: 9 268	名目金利なし	0.02%
	デンマーク	38%	4 946 (ISCED 5-7 のみ)	0.04%	0.01%
	エストニア	m	3 561 (ISCED 6-8 のみ)	5.0%	5.0%
	フィンランド[5]	29%	3 718 (ISCED 6-8 のみ)	名目金利なし	民間銀行と合意した金利
	ドイツ[6,7]	21%	m	名目金利なし	m
	日本[8]	45%	ISCED 5: 5 937; ISCED 6: 6 074; ISCED 7: 8 527; ISCED 8: 12 580	名目金利なし	0% ~ 3%
	韓国[7,9,10]	m	4 882	2.5% ~ 2.7%	2.5% ~ 2.7%
	ラトビア	9%	2 531	欧州銀行間取引金利（EURIBOR）+2.5%	0% ~ 5%
	ルクセンブルグ	a	a	m	欧州銀行間取引金利（EURIBOR）-2%学生負担
	メキシコ[1]	2%	19 826	m	m
	オランダ	33%	7 115 (ISCED 5-7 のみ)	0.1%	0.9%
	ニュージーランド	m	ISCED 5: 5 314; ISCED 6: 6 424; ISCED 7: 6 663; ISCED 8: 5 702	名目金利なし	ニュージーランド居住者は名目金利なし、非居住者は5.3%
	ノルウェー	100%	ISCED 5: 8 849; ISCED 6: 8 952; ISCED 7: 8 519	名目金利なし	1.9%
	ポーランド	15%	3 972	名目金利なし	0.9%
	スロバキア共和国	1%	4 795	名目金利なし	2.1%
	スウェーデン[11]	100%	ISCED 5: 7 616; ISCED 6-7: 6 665; ISCED 8: 4 697	0.6%	0.6%
	スイス	1%	ISCED 5-6: 4 849; ISCED 7: 7 360; ISCED 8: 5 216	m	m
	トルコ	44%	ISCED 5-6: 3 991; ISCED 7: 7 982; ISCED 8: 11 974	m	m
	アメリカ合衆国[12,13]	55%	ISCED 5: 2 106; ISCED 6: 4 330; ISCED 7: 16 363; ISCED 8: 5 984	4.3% ~ 6.8%	4.3% ~ 6.8%
地域					
	フランス語圏（ベルギー）	0%	1 549	名目金利なし	4.0%
	イングランド（イギリス）[14]	m	14 997 (ISCED 5と6 のみ)	3.9%	0.9% ~ 3.9%

注：貸与補助の返済及び減免に関するその他のデータは、ホームページでのみ閲覧可能（下記StatLinkを参照）。
1. 調査年は2014～15年度。
2. 短期高等教育プログラムを除く。
3. 国による学生支援についての情報のみを示す。すなわち、州レベルで提供される学生ローンの60%はカナダ学生貸与補助プログラム（CSLP）に参加している。ケベック州は除く。
4. 調査年は2013～14年度。
5. 政府保証による民間貸与補助についてのデータ。
6. 貸与補助を利用する学生の割合ではなく、貸与補助の受給資格がある学生の割合。
7. 調査年は2016年。
8. 無利子貸与補助額のみを含む。
9. 所得連動型償還学資金（Income Contingent Student Loans）、一般償還学資金（General Installment Student Loans）、農漁村出身大学生学資金（Student Loans for Undergraduates from Rural Areas）など、韓国奨学財団（Korea Student Aid Foundation）によって提供される政府実施の貸与補助プログラムのみが含まれる。その他の省庁から提供されている貸与補助は含まれていない。重複受給は学期ごとに除外されている。
10. 受給資格：所得連動型償還学資金の場合は、35歳以下、所得が十分位階級で第8分位以下、12単位以上を取得し、成績評価が70点以上（100点満点）であること。一般償還学資金の場合は、55歳以下、所得不問、大学学部生もしくは大学院生、12単位以上を取得し、成績評価が70点以上（100点満点）であること。
11. EU/EEA域内の国及びスイスの国民のみを対象とする貸与補助を含む。
12. 第3列の数字は、2007～08年度の学士課程修了者の2009年時点における平均負債額。
13. 調査年は2011～12年度。
14. 自国学生及びEU域内の国に居住する学生を含む。
資料：OECD（2018）。詳細は「資料」を参照。付録3の注を参照（http://dx.doi.org/10.1787/eag-2018-36-en）。
表中の省略記号については、「利用にあたって」を参照。

StatLink : https://doi.org/10.1787/888933804698

インディケータ C5：高等教育機関の授業料と学生への公的補助　　**CHAPTER C**

表C5.3. [2/2] 公的貸与補助の返済と軽減・免除（高等教育）（2015〜16年度）

C5

		公的貸与補助	
	負債のある卒業生の割合(%)	卒業時の平均負債額(米ドル)	貸与補助を受給する自国学生数の年間増加率(%)（2005〜06年度から2015〜16年度）
	(5)	(6)	(7)

国			
オーストラリア[1,2]	m	m	ISCED 5: 12.4%; ISCED 6: 5.3%; ISCED 7: 10.9%; ISCED 8: 0.6%
カナダ[3,4]	m	ISCED 5: 7 762; ISCED 6-8: 12 856	m
チリ	m	m	m
デンマーク	m	m	m
エストニア	a	a	ISCED 6: -19.4%; ISCED 7: -14.8%; ISCED 8: -16.8%
フィンランド[5]	ISCED 6: 50.3%; ISCED 7: 47.0%	ISCED 6: 9 033 ISCED 7: 10 520	3.5% (ISCED 6-8 のみ)
ドイツ[6,7]	m	m	1.9% (ISCED 5-7 のみ)
日本[8]	m	ISCED 5: 20 868; ISCED 6: 32 172; ISCED 7: 18 408; ISCED 8: 41 305	ISCED 5: 4.7%; ISCED 6: 4.2%; ISCED 7: -1.1%; ISCED 8: -7.3%
韓国[7,9,10]	m	m	m
ラトビア	0.0	m	-0.1
ルクセンブルグ	a	a	a
メキシコ[1]	100% (ISCED 7-8 のみ)	ISCED 7: 39 653; ISCED 8: 49 566	ISCED 7: 13.9%; ISCED 8: 10.0%
オランダ	66.7% (ISCED 5-7 のみ)	18 413 (ISCED 5-7 のみ)	6.0% (ISCED 5-7 のみ)
ニュージーランド	ISCED 5: 64%; ISCED 6: 78%; ISCED 7: 62%; ISCED 8: 54%	ISCED 5: 12 342; ISCED 6: 22 671; ISCED 7: 28 208; ISCED 8: 24 043	ISCED 5: -1.9%; ISCED 6: 3.9%; ISCED 7: 5.6%; ISCED 8: 4.7%
ノルウェー	m	ISCED 6: 26 257; ISCED 7: 36 638	ISCED 6: 1.5%; ISCED 7: 2.1%
ポーランド	5%	10 105	-4.5% (ISCED 6-8 のみ)
スロバキア共和国	1%(ISCED 6-8 のみ)	5 944	-7.3% (ISCED 6-8 のみ)
スウェーデン[11]	ISCED 5: 30%; ISCED 6: 77%; ISCED 7: 64%; ISCED 8: 38%	ISCED 5: 12 646; ISCED 6: 21 432; ISCED 7: 24 374; ISCED 8: 19 042	ISCED 5: 2.5%; ISCED 6-7: 0.1%; ISCED 8: -18.2%
スイス	m	m	-0.1
トルコ	m	m	ISCED 6: 7.0%; ISCED 7: 11.8%; ISCED 8: 6.3%
アメリカ合衆国[12,13]	m	24 900	m

地域			
フランス語圏（ベルギー）	m	m	-30.5%
イングランド（イギリス）[14]	m	m	4.6% (ISCED 5-6 のみ)

注：貸与補助の返済及び減免に関するその他のデータは、ホームページでのみ閲覧可能（下記StatLinkを参照）。
1. 調査年は2014〜15年度。
2. 短期高等教育プログラムを除く。
3. 国による学生支援についての情報のみを示す。すなわち、州レベルで提供される学生ローンの60%はカナダ学生貸与補助プログラム（CSLP）に参加している。ケベック州は除く。
4. 調査年は2013〜14年度。
5. 政府保証による民間貸与補助についてのデータ。
6. 貸与補助を利用する学生の割合ではなく、貸与補助の受給資格がある学生の割合。
7. 調査年は2016年。
8. 無利子貸与補助額のみを含む。
9. 所得連動型償還学資金（Income Contingent Student Loans）、一般償還学資金（General Installment Student Loans）、農漁村出身大学生学資金（Student Loans for Undergraduates from Rural Areas）など、韓国奨学財団（Korea Student Aid Foundation）によって提供される政府実施の貸与補助プログラムのみが含まれる。その他の省庁から提供されている貸与補助は含まれていない。重複受給は学期ごとに除外されている。
10. 受給資格：所得連動型償還学資金の場合は、35歳以下、所得が十分位階級で第8分位以下、12単位以上を取得し、成績評価が70点以上（100点満点）であること。一般償還学資金の場合は、55歳以下、所得不問、大学学部生もしくは大学院生、12単位以上を取得し、成績評価が70点以上（100点満点）であること。
11. EU/EEA域内の国及びスイスの国民のみを対象とする貸与補助を含む。
12. 第3列の数字は、2007〜08年度の学士課程修了者の2009年時点における平均負債額。
13. 調査年は2011〜12年度。
14. 自国学生及びEU域内の国に居住する学生を含む。
資料：OECD（2018）。詳細は「資料」を参照。付録3の注を参照（http://dx.doi.org/10.1787/eag-2018-36-en）。
表中の省略記号については、「利用にあたって」を参照。

StatLink：https://doi.org/10.1787/888933804698

365

CHAPTER C　教育への支出

表C5.4. 国公立高等教育機関における専攻分野別平均年間授業料（2015〜16学年度）

購買力平価による米ドル換算、学士・修士・博士課程または同等レベル、フルタイム換算

		国公立高等教育機関における平均年間授業料（フルタイムの自国学生対象）										
		全専攻分野	教育	芸術・人文科学	社会科学、ジャーナリズム・情報学	学・商学・経営学・法	自然科学・数学・統計学	情報通信技術	工学・製造・建築	農学・林学・水産学・獣医学	健康・福祉	サービス
		(1)	(2)	(3)	(4)	(5)	(6)	(7)	(8)	(9)	(10)	(11)
オーストラリア[1]	短期高等教育プログラム	m	m	m	m	m	m	m	m	m	m	m
	学士課程または同等レベル	4 785	3 913	4 010	4 324	5 558	5 028	4 938	5 324	5 879	4 937	5 241
	修士課程または同等レベル	7 933	4 193	5 623	7 595	12 435	5 652	7 666	5 780	8 620	8 346	7 562
	博士課程または同等レベル	319	162	119	401	350	116	423	357	262	665	61
カナダ[2]	短期高等教育プログラム	m	m	m	m	m	m	m	m	m	m	m
	学士課程または同等レベル	4 965	3 674	4 302	m	5 691	m		6 023	4 606	6 551	m
	修士課程または同等レベル	5 158	4 634	3 818	m	7 956	m		5 250	4 319	5 091	m
	博士課程または同等レベル	m										
チリ	短期高等教育プログラム	3 330	3 063	3 174	0	3 131	4 015	3 335	3 533	3 100	3 248	3 331
	学士課程または同等レベル	7 351	5 308	6 973	7 154	7 592	7 950	7 406	8 060	8 810	7 271	5 586
	修士課程または同等レベル	9 950	4 208	4 933	7 985	11 853	6 685	9 343	6 918	6 422	11 657	4 806
	博士課程または同等レベル	8 929	7 202	7 620	9 309	12 265	8 807	12 351	9 877	8 504	8 309	0
ハンガリー	短期高等教育プログラム	383	430	405	923	3 333	1 103	1 498	3 517	1 511	568	307
	学士課程または同等レベル	751	2 184	4 193	6 145	5 537	3 038	517	5 673	1 582	2 129	3 358
	修士課程または同等レベル	783	993	6 237	3 065	3 765	3 841	925	7 371	2 586	4 910	1 196
	博士課程または同等レベル	619	1 134	5 686	3 767	985	2 852	497	3 138	966	641	661
イスラエル[3]	短期高等教育プログラム	m	m	m	m	m	m	m	m	m	m	m
	学士課程または同等レベル	3 043	3 043	a	a	a	a	a	a	a	a	a
	修士課程または同等レベル	m	m	m	m	m	m	m	m	m	m	m
	博士課程または同等レベル	m	m	m	m	m	m	m	m	m	m	m
ルクセンブルグ[2]	短期高等教育プログラム	223	a	223	223	223	a	a	223	a	223	a
	学士課程または同等レベル	449 to 896	574	668	574	579	647	652	640	a	897	a
	修士課程または同等レベル	449 to 3586	448	448	847	3 470	448	448	448	448	a	a
	博士課程または同等レベル	448	448	448	448	448	448	448	448	a	a	a
ニュージーランド	短期高等教育プログラム	学士課程または同等レベルに含まれる。										
	学士課程または同等レベル	4 236[d]	3 771[d]	3 785[d]	3 737[d]	4 024[d]	4 106[d]	4 222[d]	4 666[d]	4 994[d]	6 046[d]	3 771[d]
	修士課程または同等レベル	m	m	m	m	m	m	m	m	m	m	m
	博士課程または同等レベル	4 598	m	m	m	m	m	m	m	m	m	m
スペイン[1]	短期高等教育プログラム	160	160	160	160	160	160	160	160	160	160	160
	学士課程または同等レベル	1 832	1 535	1 734	1 814	1 607	2 073	2 168	2 175	2 056	1 973	1 784
	修士課程または同等レベル	2 860	2 493	3 960	4 280	3 943	4 184	4 168	2 780	2 365	2 389	3 267
	博士課程または同等レベル	m										m
アメリカ合衆国[4,5]	短期高等教育プログラム	2 277	2 123	2 334	2 104	2 310	2 257	2 208	2 580	2 977	2 204	2 261
	学士課程または同等レベル	8 202	7 560	8 110	8 604	8 224	8 595	7 622	9 624	8 372	7 425	7 497
	修士課程または同等レベル	11 064	7 153	12 023	9 268	13 232	10 488	m	11 555	m	12 230	9 521
	博士課程または同等レベル	13 264	12 223	14 476	11 971	11 158	13 327	m	15 755	m	14 494	11 676

注：専攻分野による授業料額の差異がある国のみを記載。私立教育機関のデータはホームページで閲覧可能（下記StatLinkを参照）。
1. 調査年は2014〜15学年度。
2. 国公立教育機関のみ。
3. 調査年は2013〜14学年度。
4. 調査年は2011〜12学年度。
5. 専攻分野による授業料の差異は、各教育機関が課す授業料の違いによるものであり、同一教育機関内の専攻分野ごとの授業料の違いによるものではない。一般に、同一教育機関内の同じISCEDレベルであれば、すべての専攻分野の授業料が同額である。
資料：OECD（2018）。詳細は「資料」を参照。付録3の注を参照（http://dx.doi.org/10.1787/eag-2018-36-en）。
表中の省略記号については、「利用にあたって」を参照。

StatLink：http://dx.doi.org/10.1787/888933804641

インディケータ C5：高等教育機関の授業料と学生への公的補助　CHAPTER C

表C5.5. 各種財政支援を受ける学生の割合（2015～16学年度）
自国学生のみ、フルタイム換算

学士課程または同等レベル

国	授業料を上回る額の奨学金／給与補助を受けている	授業料と同額の奨学金／給与補助を受けている	授業料の一部を賄う奨学金／給与補助を受けている	授業料に充てられる奨学金／給与補助を受けていない	公的貸与補助のみを受けている	奨学金／給与補助のみを受けている	公的貸与補助と奨学金／給与補助の両方を受けている	公的貸与補助も奨学金／給与補助も受けていない
	(9)	(10)	(11)	(12)	(13)	(14)	(15)	(16)
オーストラリア[1]	x(11)	x(11)	59^d	41	29	0	59	12
オーストリア[1]	14	0^d	x(10)	85	a	15	a	85
チリ	0	17	20	63	4	36	1	59
デンマーク	91	m	m	m	m	m	38	m
フィンランド	55^d	a	a	45^d	a	55^d	a	45^d
イスラエル	7	8	49	37	3^d	55^d	8^d	34^d
イタリア[1]	9^d	4^d	7^d	80^d	0^d	20^d	0^d	80^d
ルクセンブルグ[2]	a	a	100	0	a	100	a	0
メキシコ[1]	0	1	0	99	0	22	0	78
ノルウェー	m	m	m	m	6	3	83	8
スペイン	27	6	15	53	0	47	0	53
スイス[1]	7^d	0^d	0^d	93^d	0^d	7^d	0^d	92^d
トルコ	18	0	0	82	54	18	0	28
アメリカ合衆国[3]	m	m	m	29	12	20	51	16
地域								
イングランド（イギリス）[4]	m	m	m	m	92	x(13)	x(13)	8
フラマン語圏（ベルギー）	23^d	a	a	77^d	a	23^d	a	77^d
フランス語圏（ベルギー）[1]	21^d	0^d	0^d	79^d	0^d	21^d	0^d	79^d

修士課程または同等レベル

国	授業料を上回る額の奨学金／給与補助を受けている	授業料と同額の奨学金／給与補助を受けている	授業料の一部を賄う奨学金／給与補助を受けている	授業料に充てられる奨学金／給与補助を受けていない	公的貸与補助のみを受けている	奨学金／給与補助のみを受けている	公的貸与補助と奨学金／給与補助の両方を受けている	公的貸与補助も奨学金／給与補助も受けていない
	(17)	(18)	(19)	(20)	(21)	(22)	(23)	(24)
オーストラリア[1]	1	x(19)	99^d	0	0	24	76	0
オーストリア[1]	7	0^d	x(18)	93	a	7	a	93
チリ	0	5	7	88	1	11	1	87
デンマーク	76	m	m	m	m	m	59	m
フィンランド	x(9)	a	a	x(12)	a	x(14)	a	x(16)
イスラエル	x(9)	x(10)	x(11)	x(12)	x(13)	x(14)	x(15)	x(16)
イタリア[1]	x(9)	x(10)	x(11)	x(12)	x(13)	x(14)	x(15)	x(16)
ルクセンブルグ[2]	a	a	100	0	a	100	a	0
メキシコ[1]	0	3	0	97	17	0	0	83
ノルウェー	m	m	m	m	4	2	83	11
スペイン	21	2	2	76	0	24	0	76
スイス[1]	6	0	0	94	1	5	0	94
トルコ	1	0	0	99	4	1	0	95
アメリカ合衆国[3]	m	m	m	64	43	12	25	21
地域								
イングランド（イギリス）[4]	m	m	m	m	m	m	m	m
フラマン語圏（ベルギー）	x(9)	a	a	x(12)	a	x(14)	a	x(16)
フランス語圏（ベルギー）[1]	x(9)	x(10)	x(11)	x(12)	x(13)	x(14)	x(15)	x(16)

注：短期高等教育プログラムと博士課程または同等レベルの学生についての、財政支援及び奨学金／給与補助を受ける割合は、ホームページで閲覧可能（下記StatLinkを参照）。
1. 調査年は2014～15学年度。
2. 財政支援及び奨学金／給与補助を受給している学生の割合ではなく、財政支援及び奨学金／給与補助の申請資格がある学生の割合。
3. 2011～12学年度の結果に基づく推計値。公的貸与補助の推計値に、民間の貸与補助を受けている学生が含まれる。
4. 「独立私立」教育機関を除く。
資料：OECD（2018）。詳細は「資料」を参照。付録3の注を参照（http://dx.doi.org/10.1787/eag-2018-36-en）。
表中の省略記号については、「利用にあたって」を参照。
StatLink : http://dx.doi.org/10.1787/888933804641

インディケータ C6

教育支出の使途別構成

- 初等教育から高等教育の教育機関の支出の92%を「消費的支出」（その年に消費した教育用品や教育サービスへの支出）が占めている。
- OECD加盟国の平均では、教職員の給与は、高等教育以外の教育段階（78%）でも高等教育段階（68%）でも、消費的支出に占める割合が最も大きい。
- OECD加盟国は平均で総支出の8%を資本的支出に充てている。この割合は、高等教育以外の教育（7%）より高等教育（12%）の方が大きい。この割合は、各国間でも、また、同じ国の国公立教育機関と私立教育機関の間でも、かなりのばらつきがある。

図C6.1. 国公立・私立教育機関の総教育支出に占める資本的支出の割合（2015年）
初等から高等教育

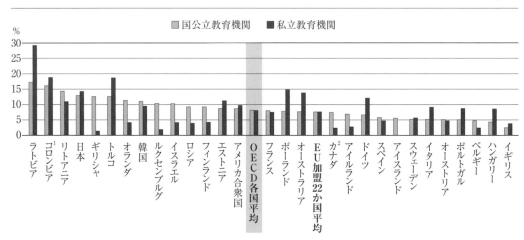

1. 調査年は2016年。
2. 初等教育に就学前教育が含まれる。高等教育以外の中等後教育の数字は、無視しても構わない扱いである。
左から順に、国公立教育機関の資本的支出の割合が大きい国。
資料：OECD/UIS/Eurostat（2018）。Education at a Glance Database（http://stats.oecd.org/）。詳細は「資料」を参照。付録3の注を参照（http://dx.doi.org/10.1787/eag-2018-36-en）。
StatLink：https://doi.org/10.1787/888933804850

■ 政策との関連

消費的支出と資本的支出の配分は、（例えば教員の給与を通して）授業の質、授業が行われる環境条件（校舎の維持管理費など）、及び人口構成や在学者数の変化に対する教育制度の適応能力に影響を及ぼす可能性がある。そのため、教育支出の配分をめぐる決定が、教育の質、ひいては生徒の学習の成果を左右することも考えられる。国の教育上の優先順位を考えて適切なバランスをとることは、すべての国の政府が直面している課題である。各支出項目への教育支出の配分を比較すれば、各国が作り上げてきたさまざまな組織構造や運営体制が明らかになる。

本インディケータでは、全財源（公財政、国際財源、私費）からの教育費の支出対象で

ある資源やサービスについて、また、消費的支出と資本的支出の違いについて示す。資本的支出は入学者数の増加の影響を受けると考えられるが、これは、新規施設の建設が必要になることが多いためである。また、消費的支出が、特に教職員の人件費とそれ以外の費目にどのように充てられているかについて、その詳細もみていく。消費的支出は主に教員の給与（インディケータD3参照）によって決まるが、そのほかにも教員の年齢構成、教員以外の職員数などによる影響も受ける。教育機関は教育以外にも、給食、生徒の送迎、居住場所の提供や、研究活動を行っており、こうした支出についても取り上げている。

■ その他のハイライト

■教職員の給与は、全教育段階において、消費的支出の最も大きい割合を占めている。高等教育以外の教育では、教職員の給与の5分の4は教員に、残りが教員以外の職員に充てられている。高等教育では、教職員の給与の約3分の1が教員以外の職員に充てられており、この割合は高等教育以外の教育のほぼ2倍である。

■総支出に占める消費的支出の割合は、高等教育以外の教育では、国公立教育機関（93%）の方が私立教育機関（91%）より大きいが、高等教育段階では逆に、私立教育機関（92%）の方が国公立教育機関（87%）より大きい。

■教員以外の職員の給与の割合は、高等教育以外の教育機関では、ベルギー、チェコ共和国、エストニア、フランス、アイスランド、リトアニア、アメリカ合衆国の約20%以上から、オーストリア、コロンビア、ギリシャ、ルクセンブルグの10%未満まで幅がある。

インディケータ **C6**

369

CHAPTER C 教育への支出

■ 結果と解説

教育機関の消費的支出と資本的支出の教育段階別構成

教育機関による支出には、消費的支出と資本的支出がある。消費的支出とは、当該年中の学校運営に使われる学校資源への支出である。一方、資本的支出とは、1年を超える耐用年数を持つ資産の取得や管理への支出である（「定義」を参照）。教育は労働集約性が高いことから、消費的支出（特に教職員の給与）は、OECD加盟国の総教育支出に占める割合が特に大きい。2015年の場合、初等教育から高等教育までの全教育段階の、教育機関の総支出に占める消費的支出の割合は、OECD加盟国の平均で92%であった。国ごとにみると、全教育段階の消費的支出の割合は、ラトビアの79%からベルギーとイギリスの97%まで幅がある（表C6.1）。

OECD加盟国の平均で、消費的支出の割合は、高等教育段階（88%）より高等教育以外の教育段階（93%）の方が大きい。初等・中等教育段階では、その割合はラトビアの83%からギリシャの99%まで幅がある。高等教育以外の中等後教育段階では、その割合はラトビアの83%からルクセンブルグの100%まで開きがある。高等教育段階では、ギリシャの52%からフィンランドとスウェーデンの96%まで幅がある。消費的支出の割合のOECD各国平均では、教育段階間の差異は5パーセントポイントを超えない。ほとんどの国では、総支出に占める消費的支出の割合は、高等教育以外の教育段階の方が高等教育段階より大きく、高等教育段階の方が大きいのは、フィンランド、アイルランド、イスラエル、ノルウェー、スウェーデンのみである。

国による支出配分の差異は、各教育段階の制度的な特徴や、新規施設の建設への支出状況を反映している。新規施設の建設は、特に高等教育段階で顕著な、在学者数の増加時に必要になることが多い。表C6.1に示すように、資本的支出の割合は、高等教育機関（OECD加盟国の平均で12%）の方が高等教育以外の教育機関（OECD加盟国の平均で7%）より概して大きい。高等教育における資本的支出は、コロンビアで39%、ギリシャで48%、ラトビアで31%に達している。高等教育以外では、日本、ラトビア、ノルウェーで、資本的支出に充てられる予算の割合がデータのある国の中で特に大きい。

高等教育段階における消費的支出と資本的支出の相対的な割合の差異は、大学施設の所有権に関する取り決めによってある程度説明がつく。例えば、教育に使われる施設や土地は、当該教育機関が所有する場合もあれば、無償あるいは賃貸によって利用している場合もあるため、各国が報告した消費的及び資本的支出の額は、その国で一般的なインフラに関する取り決めによって決まる部分もあるからである（『図表でみる教育OECDインディケータ（2012年版）』（OECD, 2012[1]）のコラムB6.1参照）。

消費的支出の構成

教育機関の消費的支出は、1) 教員の給与、2) 教員以外の職員の給与、3) その他の消費的支出（教材や学用品、校舎の維持管理、給食の提供や学校施設の賃借）という3つの大きな項目に分類できる。これら3つの項目への支出の割合は、毎年さほど大きく変動することはないものの、在学者数の現時点の変化及び今後の予想される変化、教職員の給与額の変更、教育施設の維持費によって、各項目に割り当てられる金額だけではなくその割合にも影響が及ぶことが考えられる。

教員と教員以外の職員の給与は、高等教育以外の教育でも高等教育でも、消費的支出に占める割合が

370

インディケータ C6：教育支出の使途別構成　**CHAPTER C**

最も大きい。ただし、その割合は高等教育以外（78%）の方が高等教育（68%）より大きく、その差は10パーセントポイントである。高等教育以外の教育では、OECD加盟国の平均で、消費的支出総額の63%を教員の給与が占め、15%が教員以外の職員の給与、残り22%がその他の消費的支出に充てられている。高等教育段階では、消費的支出の42%が教員の給与、26%が教員以外の職員の給与、32%がその他の消費的支出に充てられている（表C6.2と図C6.2）。

図C6.2. 国公立・私立教育機関の消費的支出の支出項目別構成（2015年）
初等教育から高等教育

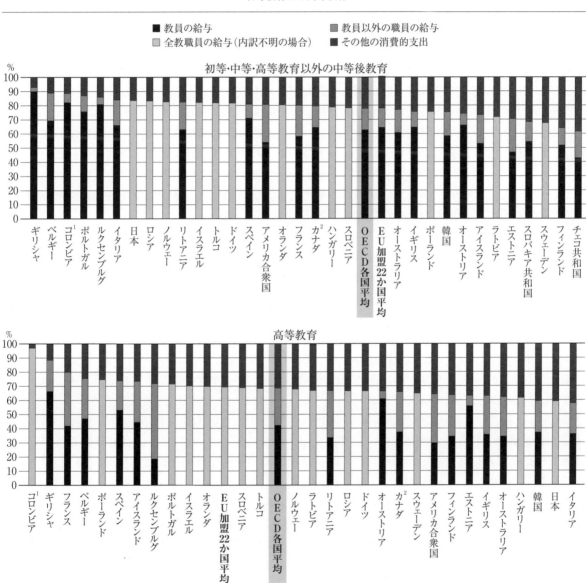

1. 調査年は2016年。
2. 初等教育に就学前教育が含まれる。
左から順に、全教職員の給与の割合が大きい国。
資料：OECD/UIS/Eurostat（2018）. 表C6.2。詳細は「資料」を参照。付録3の注を参照（http://dx.doi.org/10.1787/eag-2018-36-en）。
StatLink : https://doi.org/10.1787/888933804869

CHAPTER C　教育への支出

各教育段階で、消費的支出の配分にはかなり違いがある。高等教育段階の消費的支出に占める教職員の給与の割合が他の教育段階より大きいのは、コロンビアとアイスランドの2か国だけである（表C6.2）。フィンランド、フランス、ポーランドは、高等教育段階と高等教育以外の教職員の給与の割合が同じである。それ以外のすべての国で、高等教育は、消費的支出総額に占める教職員の給与の割合が最も小さく、イタリアと日本では、高等教育以外との差が20パーセントポイントを超えている。全教育段階を見ると、ベルギー、コロンビア、ギリシャ、ルクセンブルグ、ポルトガルで共通のパターンが認められる。これらの国は、傾向として、消費的支出に占める教職員の給与の割合が大きく（82%超）、支援的サービス（校舎の維持管理など）、補助的サービス（給食の調理など）、校舎その他の施設の賃借など、外部への下請けまたは外注に出されるサービスへの支出の割合は小さい。

教育段階によって、「その他の消費的支出」が消費的支出全体に占める割合に差異があるのは、運営体制の規模（例えば、雇用者数や職員が利用する設備など）の違いを一部反映している。施設や設備にかかる費用は、高等教育段階の方が他の教育段階よりも概して高くなる。また、一部の国の高等教育機関は敷地を賃借している場合が多く、それが、その他の消費的支出が消費的支出のかなりの割合を占める理由ともいえる。各国間で、教員以外の職員の給与が消費的支出に占める割合に差異があるのは、例えば、校長、指導カウンセラー、バス運転手、校内看護師、用務員、管理作業員といった職員を、どこまで「教員以外の職員」に含めるかという点を反映していると思われる。フィンランドやスウェーデンなどでは、高等教育段階における研究開発員の給与も、各国間及び各教育段階の間にあるこの割合の差異の一因と考えられる（インディケータC1参照）。

教育機関の種類別にみた消費的支出と資本的支出の構成
消費的支出・資本的支出間の配分は国公立教育機関でも私立教育機関でもほぼ同じであるが、その差は高等教育以外の教育より高等教育の方が顕著である。OECD加盟国の平均では、高等教育以外の教育の消費的支出の割合は、私立教育機関（91%）の方が国公立教育機関（93%）より2パーセントポイント小さい。しかし、高等教育では、私立教育機関（92%）の方が国公立教育機関（87%）より5パーセントポイント大きい。高等教育段階のこうした差は、コロンビア、ギリシャ、リトアニアではさらに顕著である。オーストリア、エストニア、ハンガリー、アイルランド、イタリア、日本では、消費的支出の割合は国公立教育機関の方が大きい。

国公立教育機関と私立教育機関では、消費的支出の配分も異なる（表C6.3）。高等教育以外では、消費的支出に占める教職員の給与の割合は、OECD加盟国の平均では国公立教育機関（80%）の方が私立教育機関（72%）より8パーセントポイント大きい。この差はギリシャ、イタリア、ポルトガル、ロシア、トルコで最も顕著で、20パーセントポイント以上である。チェコ共和国、フィンランド、オランダ、ポーランド、スロバキア共和国ではこの傾向が逆転し、消費的支出に占める教職員の給与の割合は私立教育機関の方が国公立教育機関より大きい。高等教育段階でも、消費的支出に占める教職員の給与の割合は、国公立教育機関（OECD加盟国の平均で68%）が私立教育機関（65%）より大きい。

私立教育機関の方が一般に、消費的支出に占める教職員の給与の割合が小さいという点には、各国の教育制度に特有の要因が絡んでいると思われる。とはいえ、以下のような原因を挙げることもできるだろう。すなわち、私立教育機関の方が、サービスを外部の業者に委託している場合が多いこと、

372

インディケータC6：教育支出の使途別構成　**CHAPTER C**

（国有財産の中で活動するわけではないので）校舎その他の施設の賃貸料を支払わなければならない可能性が高いこと、そして、教材を購入する際、規模の経済性を考えると、公的部門が購入する場合に比べて不利になる可能性があること、などである。

国公立教育機関と私立教育機関の総支出に占める資本投資の割合は同程度（8%）であるが、国公立教育機関と私立教育機関の間で、また、国によって、大きく異なる（図C6.1）。国公立教育機関の資本的支出の割合が特に大きいのはコロンビア、ラトビア、リトアニアで、初等から高等教育までの総支出の14%超に達している。オーストリア、ベルギー、ハンガリー、イタリア、ポルトガル、スウェーデン、イギリスは、この割合が最小のグループである（6%未満）。国家間のばらつきは私立教育機関の方がさらに大きく、コロンビア、ラトビア、トルコの私立教育機関は、総支出の19%超を資本的支出に充てており、ギリシャとアイスランドではこの割合が2%未満である。国公立教育機関と私立教育機関の資本的支出の割合の差は、データのある国の3分の2で4パーセントポイント未満である。ラトビアは、資本的支出の割合の差が最も大きく、私立教育機関の支出が国公立教育機関と比べて比較的多い。

■ 定義

資本的支出とは1年以上の耐用年数を持つ資産への支出を指し、施設の建設や改築、大規模な補修、設備の新規購入や買い換えに伴う支出を含む。この指標で用いる資本的支出のデータは、調査対象年に取得または創設された教育用固定資産の額を表す。その財源が当該年の収入か、借入金かどうかには関わらない。消費的支出と資本的支出のいずれも債務償還費は含まない。

消費的支出とはその年に消費した教育用品や教育サービスへの支出を指し、教育サービスを継続するため毎年繰り返し支払われるものである。教育機関のその他の消費的支出（教職員の給与以外）には、支援的サービス（校舎の維持管理など）、補助的サービス（給食の調理など）、校舎その他の施設の賃借など、外部への下請けまたは外注に出されるサービスへの支出が含まれる。こうしたサービスは、教育当局や教育機関が内部の職員を使って提供するサービスとは違い、外部の業者により提供される。

教職員の給与（教職員とは教員と教員以外の職員をいう。以下参照）とは、1）給与（税金、退職年金への積立金、医療保険料、その他の負担金、社会保険料などの控除前の教職員の額面給与）、2）退職金支出（雇用者または第三者による、現在の教職員に対する退職手当を賄うための実支出または帰属支出）、3）給与以外の報酬への支出（医療保険または健康保険、身体障害保険、雇用保険、出産給付金及び育児休業給付金、その他の社会保険）をいう。「**教員**」とは、生徒を直接指導する人員のみをいう。「**教員以外の職員**」とは、その他の指導員、監理担当者、専門職員、支援要員（校長・学長、その他の学校管理者、指導主事、カウンセラー、学校専属の心理カウンセラー、医療従事者、図書館司書、施設の保守管理要員）をいう。

■ 算定方法

集計結果は、国公立教育機関の支出、または、データがある場合は国公立教育機関と私立教育機関の支出の合計である。

373

CHAPTER **C** 　教育への支出

『OECD国際比較教育統計ハンドブック2018年版：概念・標準・定義・分類（*OECD Handbook for Internationally Comparative Education Statistics 2018: Concepts, Standards, Definitions and Classifications*）』（OECD, 2018[2]）を参照。各国の注記については付録3を参照（http://dx.doi.org/10.1787/eag-2018-36-en）。

リトアニアは、本書を編集時にはOECD加盟国ではなかったので、OECD加盟国リストには記載せず、OECD加盟国の総計に含めていない。

■ 資料

データは、（特に記載がない限り）2015会計年度を調査対象年とし、OECDが2017年に収集した教育統計のUOEデータコレクションに基づく。詳細は付録3を参照（http://dx.doi.org/10.1787/eag-2018-36-en）。アルゼンチン、中国、コロンビア、インド、インドネシア、サウジアラビア、南アフリカのデータはユネスコ統計研究所（UIS）から得ている。

イスラエルのデータについて

イスラエルの統計データは、イスラエル政府関係当局により、その責任の下で提供されている。OECDにおける当該データの使用は、ゴラン高原、東エルサレム、及びヨルダン川西岸地区のイスラエル入植地の国際法上の地位を害するものではない。

■ 参考資料

OECD（2018）, *OECD Handbook for Internationally Comparative Education Statistics 2018: Concepts, Standards, Definitions and Classifications*, OECD Publishing, Paris, https://doi.org/10.1787/9789264304444-en.　[2]

OECD（2012）, *Education at a Glance 2012: OECD Indicators*, OECD Publishing, Paris, http://dx.doi.org/10.1787/eag-2012-en.（『図表でみる教育OECDインディケータ（2012年版）』経済協力開発機構（OECD）編著、徳永優子, 稲田智子, 来田誠一郎, 矢倉美登里訳、明石書店、2012年）　[1]

■ インディケータC6の表*

- 表C6.1. 消費的支出と資本的支出の割合（教育段階別）（2015年）
- 表C6.2. 消費的支出の支出項目別構成（2015年）
- 表C6.3. 教育機関の種類別消費的支出の支出項目別構成（2015年）

* データの締切日は2018年7月18日。更新データはホームページで確認可能（http://dx.doi.org/10.1787/eag-data-en）。詳細な内訳もEducation at a Glance Database（http://stats.oecd.org）で確認可能。

インディケータ C6：教育支出の使途別構成　　CHAPTER C

表C6.1. 消費的支出と資本的支出の割合（教育段階別）（2015年）

教育段階別の国公立・私立教育機関における消費的支出と資本的支出の構成

	初等教育		中等教育 前期中等教育		中等教育 後期中等教育		高等教育以外の中等教育後教育		初等・中等・高等教育以外の中等教育後教育		高等教育		初等教育から高等教育	
	消費的支出	資本的支出	消費的支出	資本的支出	消費的支出	資本的支出	消費的支出	資本的支出	消費的支出	資本的支出	消費的支出	資本的支出	消費的支出	資本的支出
	(1)	(2)	(3)	(4)	(5)	(6)	(7)	(8)	(9)	(10)	(11)	(12)	(13)	(14)
OECD加盟国														
オーストラリア	93	7	91	9	91	9	96	4	92	8	89	11	91	9
オーストリア	94	6	97	3	98	2	99	1	97	3	92	8	95	5
ベルギー	96	4	98	2	98d	2d	x(5)	x(6)	97	3	95	5	97	3
カナダ[1]	93d	7d	x(1)	x(2)	93	7	m	m	93d	7d	93	7	93d	7d
チリ	m	m	m	m	m	m	m	m	m	m	m	m	m	m
チェコ共和国	88	12	88	12	92	8	m	m	m	m	m	m	m	m
デンマーク	m	m	m	m	m	m	m	m	m	m	m	m	m	m
エストニア	94	6	93	7	86	14	89	11	92	8	88	12	90	10
フィンランド	88	12	88	12	92d	8d	x(5)	x(6)	89	11	96	4	91	9
フランス	93	7	92	8	92	8	91	9	92	8	91	9	92	8
ドイツ	94	6	95	5	90	10	93	7	93	7	91	9	92	8
ギリシャ	99	1	99	1	99	1	m	m	m	m	52	48	m	m
ハンガリー	96	4	96	4	97	3	98	2	96	4	89	11	95	5
アイスランド	94	6	95	5	97	3	96	4	95	5	95	5	95	5
アイルランド	93	7	93	7	94	6	m	m	93	7	94	6	93	7
イスラエル	89	11	x(5)	x(6)	93d	7d	96	4	91	9	95	5	92	8
イタリア	96	4	96	4	97	3	85	15	96	4	90	10	95	5
日本	86	14	85	15	89d	11d	x(5, 11)	x(6, 12)	87	13	87d	13d	87	13
韓国	89	11	91	9	91	9	a	a	90	10	88	12	89	11
ラトビア	83	17	83	17	83	17	83	17	83	17	69	31	79	21
ルクセンブルグ	94	6	93	7	93	7	100	0	93	7	75	25	90	10
メキシコ	m	m	m	m	m	m	m	m	m	m	m	m	m	m
オランダ	89	11	89	11	91	9	94	6	90	10	89	11	89	11
ニュージーランド	m	m	m	m	m	m	m	m	m	m	m	m	m	m
ノルウェー	86	14	86	14	89	11	89	11	87	13	91	9	88	12
ポーランド	94	6	97	3	96	4	95	5	95	5	84	16	92	8
ポルトガル	97	3	97	3	89d	11d	x(5, 11)	x(6, 12)	95	5	93d	7d	94	6
スロバキア共和国	96	4	97	3	95	5	97	3	96	4	m	m	m	m
スロベニア	92	8	92	8	94	6	a	a	93	7	90	10	92	8
スペイン	97	3	97	3	97d	3d	x(5)	x(6)	97	3	88	12	94	6
スウェーデン	94	6	94	6	93	7	94	6	94	6	96	4	95	5
スイス	m	m	m	m	m	m	m	m	m	m	m	m	m	m
トルコ	91	9	91	9	89	11	a	a	90	10	78	22	86	14
イギリス	97	3	98	2	98	2	a	a	98	2	94	6	97	3
アメリカ合衆国	92	8	92	8	92	8	90	10	92	8	90	10	91	9
OECD各国平均	93	7	93	7	93	7	m	m	93	7	88	12	92	8
EU加盟22か国平均	94	6	94	6	93	7	m	m	94	6	87	13	92	8
OECD非加盟国														
アルゼンチン	m	m	m	m	m	m	m	m	m	m	m	m	m	m
ブラジル	m	m	m	m	m	m	m	m	m	m	m	m	m	m
中国	m	m	m	m	m	m	m	m	m	m	m	m	m	m
コロンビア[2]	91	9	94	6	94d	6d	x(5)	x(6)	93	7	61	39	83	17
コスタリカ	m	m	m	m	m	m	m	m	m	m	m	m	m	m
インド	m	m	m	m	m	m	m	m	m	m	m	m	m	m
インドネシア	m	m	m	m	m	m	m	m	m	m	m	m	m	m
リトアニア	94	6	94	6	93d	7	92	8	94	6	73	27	86	14
ロシア	x(5)	x(6)	x(5)	x(6)	93d	7d	x(5)	x(6)	93	7	88	12	91	9
サウジアラビア	m	m	m	m	m	m	m	m	m	m	m	m	m	m
南アフリカ	m	m	m	m	m	m	m	m	m	m	m	m	m	m
G20各国平均	m	m	m	m	m	m	m	m	m	m	m	m	m	m

注：一部の教育段階が他の教育段階に含まれる。該当する教育段階については記号「x」を参照。
1. 初等教育に就学前教育プログラムが含まれる。高等教育以外の中等教育後教育の数字は、無視しても構わない扱いである。
2. 調査年は2016年。
資料：OECD/UIS/Eurostat（2018）。詳細は「資料」を参照。付録3の注を参照（http://dx.doi.org/10.1787/eag-2018-36-en）。
表中の省略記号については、「利用にあたって」を参照。
StatLink：https://doi.org/10.1787/888933804793

表C6.2. 消費的支出の支出項目別構成（2015年）

教育段階別の消費的支出の項目別構成（総消費的支出に占める割合）

		初等・中等・高等教育以外の中等後教育				高等教育				初等教育から高等教育			
		全教職員の給与			その他の消費的支出	全教職員の給与			その他の消費的支出	全教職員の給与			その他の消費的支出
		教員の給与	教員以外の職員の給与	合計		教員の給与	教員以外の職員の給与	合計		教員の給与	教員以外の職員の給与	合計	
		(1)	(2)	(3)	(4)	(5)	(6)	(7)	(8)	(9)	(10)	(11)	(12)
OECD加盟国	オーストラリア	61	16	77	23	34	28	62	38	52	20	72	28
	オーストリア	66	8	74	26	61	5	67	33	64	7	71	29
	ベルギー	69	19	89	11	47	29	76	24	64	22	86	14
	カナダ[1]	64[d]	15[d]	79[d]	21[d]	38	29	66	34	53[d]	21[d]	74[d]	26[d]
	チリ	m	m	m	m	m	m	m	m	m	m	m	m
	チェコ共和国	43	19	62	38	m	m	m	m	m	m	m	m
	デンマーク	m	m	m	m	m	m	m	m	m	m	m	m
	エストニア	47	23	70	30	56	7	63	37	50	18	68	32
	フィンランド	52	12	64	36	34	29	64	36	46	18	64	36
	フランス	58	22	80	20	42	38	80	20	54	26	80	20
	ドイツ	x(3)	x(3)	82	18	x(7)	x(7)	67	33	x(11)	x(11)	77	23
	ギリシャ	90	3	93	7	67	22	89	11	87	6	92	8
	ハンガリー	x(3)	x(3)	79	21	x(7)	x(7)	62	38	x(11)	x(11)	75	25
	アイスランド	53	20	73	27	45	29	74	26	51	22	73	27
	アイルランド	m	m	m	m	m	m	m	m	m	m	m	m
	イスラエル	x(3)	x(3)	82	18	x(7)	x(7)	70	30	x(11)	x(11)	79	21
	イタリア	66	18	84	16	36	22	58	42	59	19	78	22
	日本	x(3)	x(3)	84	16	x(7)	x(7)	59[d]	41[d]	x(11)	x(11)	76	24
	韓国	58	17	75	25	37	22	60	40	51	19	70	30
	ラトビア	x(3)	x(3)	72	28	x(7)	x(7)	67	33	x(11)	x(11)	70	30
	ルクセンブルグ	81	5	86	14	19	53	72	28	73	11	84	16
	メキシコ	m	m	m	m	m	m	m	m	m	m	m	m
	オランダ	x(3)	x(3)	80	20	x(7)	x(7)	70	30	x(11)	x(11)	77	23
	ニュージーランド	m	m	m	m	m	m	m	m	m	m	m	m
	ノルウェー	x(3)	x(3)	83	17	x(7)	x(7)	68	32	x(11)	x(11)	79	21
	ポーランド	x(3)	x(3)	75	25	x(7)	x(7)	75	25	x(11)	x(11)	75	25
	ポルトガル	76	11	87	13	x(7)	x(7)	72[d]	28[d]	x(11)	x(11)	83	17
	スロバキア共和国	54	14	68	32	m	m	m	m	m	m	m	m
	スロベニア	x(3)	x(3)	78	22	x(7)	x(7)	69	31	x(11)	x(11)	76	24
	スペイン	71	10	81	19	53	21	74	26	66	13	79	21
	スウェーデン	x(3)	x(3)	67	33	x(7)	x(7)	65	35	x(11)	x(11)	67	33
	スイス	m	m	m	m	m	m	m	m	m	m	m	m
	トルコ	x(3)	x(3)	82	18	x(7)	x(7)	69	31	x(11)	x(11)	78	22
	イギリス	64	11	75	25	36	28	63	37	56	16	72	28
	アメリカ合衆国	54	27	81	19	30	35	64	36	44	30	74	26
	OECD各国平均	63	15	78	22	42	26	68	32	58	18	76	24
	EU加盟22か国平均	64	14	77	23	m	m	70	30	m	m	76	24
OECD非加盟国	アルゼンチン	m	m	m	m	m	m	m	m	m	m	m	m
	ブラジル	m	m	m	m	m	m	m	m	m	m	m	m
	中国	m	m	m	m	m	m	m	m	m	m	m	m
	コロンビア[2]	82	7	89	11	x(7)	x(7)	97	3	x(11)	x(11)	91	9
	コスタリカ	m	m	m	m	m	m	m	m	m	m	m	m
	インド	m	m	m	m	m	m	m	m	m	m	m	m
	インドネシア	m	m	m	m	m	m	m	m	m	m	m	m
	リトアニア	63	19	82	18	34	33	67	33	53	24	77	23
	ロシア	x(3)	x(3)	83	17	x(7)	x(7)	67	33	x(11)	x(11)	77	23
	サウジアラビア	m	m	m	m	m	m	m	m	m	m	m	m
	南アフリカ	m	m	m	m	m	m	m	m	m	m	m	m
	G20各国平均	m	m	m	m	m	m	m	m	m	m	m	m

注：一部の教育段階が他の教育段階に含まれる。該当する教育段階については表C6.1の記号「x」を参照。
1. 初等教育に就学前教育プログラムが含まれる。
2. 調査年は2016年。
資料：OECD/UIS/Eurostat（2018）。詳細は「資料」を参照。付録3の注を参照（http://dx.doi.org/10.1787/eag-2018-36-en）。
表中の省略記号については、「利用にあたって」を参照。
StatLink：https://doi.org/10.1787/888933804812

インディケータ C6：教育支出の使途別構成　　CHAPTER **C**

表C6.3. 教育機関の種類別消費的支出の支出項目別構成（2015年）
教育段階別の消費的支出の項目構成

説明：各段階の区分　初等・中等・高等教育以外の中等後教育（列(1)〜(8)）／高等教育（列(9)〜(16)）。
各段階とも「総教育支出に占める消費的支出の割合」（列(1)(2)・(9)(10)）、「消費的支出に占める教職員の給与の割合」＝教員の給与（列(3)(4)・(11)(12)）、教員以外の職員の給与（列(5)(6)・(13)(14)）、合計（列(7)(8)・(15)(16)）。各組とも左＝国公立教育機関、右＝私立教育機関。

国	(1) 国公立	(2) 私立	(3) 国公立	(4) 私立	(5) 国公立	(6) 私立	(7) 国公立	(8) 私立	(9) 国公立	(10) 私立	(11) 国公立	(12) 私立	(13) 国公立	(14) 私立	(15) 国公立	(16) 私立
オーストラリア	95	86	62	58	15	19	77	77	89	90	34	42	28	39	62	81
オーストリア	97	98	66	67	8	4	74	71	92	91	61	60	6	3	67	63
ベルギー	95	98	68	71	21	18	89	89	95	95	49	46	28	29	77	75
カナダ[1]	93[d]	94[d]	65[d]	52[d]	15[d]	20[d]	80[d]	71[d]	92	100	37	38	29	24	67	62
チリ	m	m	m	m	m	m	m	m	m	m	m	m	m	m	m	m
チェコ共和国	89	25	43	50	16	27	59	77	90	m	32	m	21	m	53	m
デンマーク	m	m	m	m	m	m	m	m	m	m	m	m	m	m	m	m
エストニア	91	96	47	51	24	14	71	65	89	88	45	59	8	7	53	66
フィンランド	89	95	52	48	12	18	64	66	96	97	32	43	31	26	62	69
フランス	92	93	59	53	22	20	81	73	91	91	40	53	41	22	81	75
ドイツ	95	88	x(7)	x(8)	x(7)	x(8)	83	76	91	92	x(15)	x(16)	x(15)	x(16)	67	62
ギリシャ	99	99	92	50	2	23	94	73	52	100	67	a	22	a	89	a
ハンガリー	98	92	x(7)	x(8)	x(7)	x(8)	79	77	90	87	x(15)	x(16)	x(15)	x(16)	61	69
アイスランド	95	100	53	53	20	17	73	70	94	100	45	45	29	29	74	74
アイルランド	93	100	74	m	10	m	84	m	94	92	60	m	25	m	85	m
イスラエル	90	97	x(7)	x(8)	x(7)	x(8)	85[d]	73[d]	86	95	x(15)	x(16)	x(15)	x(16)	64	71
イタリア	96	93	67	42	18	7	86	49	90	88	37	32	22	18	59	51
日本	87	86	x(7)	x(8)	x(7)	x(8)	85	73	89[d]	86[d]	x(15)	x(16)	x(15)	x(16)	55[d]	62[d]
韓国	89	94	58	59	18	13	76	72	87	89	29	41	26	20	55	62
ラトビア	83	84	x(7)	x(8)	x(7)	x(8)	72	72	67	m	x(15)	x(16)	x(15)	x(16)	68	67
ルクセンブルグ	92	98	82	69	4	14	86	83	75	a	19	a	53	a	72	a
メキシコ	98	m	80	m	12	m	92	m	93	m	57	m	14	m	72	m
オランダ	89	97	x(7)	x(8)	x(7)	x(8)	80	86	89	93	x(15)	x(16)	x(15)	x(16)	69	77
ニュージーランド	m	m	m	m	m	m	m	m	m	m	m	m	m	m	m	m
ノルウェー	86	m	x(7)	x(8)	x(7)	x(8)	81	m	90	98	x(15)	x(16)	x(15)	x(16)	68	66
ポーランド	96	80	x(7)	x(8)	x(7)	x(8)	75	76	83	93	x(15)	x(16)	x(15)	x(16)	75	71
ポルトガル	96	89	82	46	11	12	93	58	92[d]	96[d]	x(15)	x(16)	x(15)	x(16)	75	62
スロバキア共和国	95	100	53	63	14	14	67	77	65	m	28	m	20	m	49	m
スロベニア	93	m	x(7)	x(8)	x(7)	x(8)	78	61	90	m	x(15)	x(16)	x(15)	x(16)	71	42
スペイン	98	95	73	64	9	11	83	75	87	95	57	35	21	20	78	55
スウェーデン	94	94	39	33	12	8	68	66	96	97	x(15)	x(16)	x(15)	x(16)	65	62
スイス	90	m	72	m	14	m	86	m	90	m	50	m	26	m	76	m
トルコ	92	83	x(7)	x(8)	x(7)	x(8)	86	58	77	79	x(15)	x(16)	x(15)	x(16)	75	53
イギリス	98	98	67	62	10	12	76	74	a	94	a	36	a	28	a	63
アメリカ合衆国	92	92	54	52	27	26	81	78	90	90	31	28	35	34	66	62
OECD各国平均	93	91	64	m	14	m	80	72	87	92	m	m	m	m	68	65
EU加盟22か国平均	94	91	64	55	13	14	78	72	86	92	m	m	m	m	69	64
アルゼンチン	87		51		17		67	m	96	m	58		29		88	m
ブラジル	97	m	x(7)		x(7)		78	m	96	m	x(15)		x(15)		81	m
中国	m	m	m	m	m	m	m	m	m	m	m	m	m	m	m	m
コロンビア[2]	96	88	85	78	8	4	93	81	51	70	x(15)	x(16)	x(15)	x(16)	93	100
コスタリカ	100	m	75		4		78		100		x(15)		x(15)		100	
インド	m	m	m	m	m	m	m	m	m	m	m	m	m	m	m	m
インドネシア	m	m	m	m	m	m	m	m	m	m	m	m	m	m	m	m
リトアニア	94	86	63	60	19	17	83	77	72	92	34	28	34	28	68	56
ロシア	93	96	x(7)	x(8)	x(7)	x(8)	84[d]	62	88	96	x(15)	x(16)	x(15)	x(16)	67	59
サウジアラビア	m	m	m	m	m	m	m	m	m	m	m	m	m	m	m	m
南アフリカ	m	m	m	m	m	m	m	m	m	m	m	m	m	m	m	m
G20各国平均	m	m	m	m	m	m	m	m	m	m	m	m	m	m	m	m

注：一部の教育段階が他の教育段階に含まれる。該当する教育段階については表C6.1の記号「x」を参照。
1. 初等教育に就学前教育プログラムが含まれる。
2. 調査年は2016年。
資料：OECD/UIS/Eurostat（2018）。詳細は「資料」を参照。付録3の注を参照（http://dx.doi.org/10.1787/eag-2018-36-en）。
表中の省略記号については、「利用にあたって」を参照。

StatLink：https://doi.org/10.1787/888933804831

インディケータ C7

教員の給与支出を決定する要因

- 生徒一人当たり教員給与支出は、4要因（教員の給与、生徒の受ける授業時間、教員の授業時間、学級規模）を用いて算出している（「定義」を参照）。生徒一人当たり教員給与支出の水準の違いは、これら4要因の多様な組み合わせから生じる。
- OECD加盟国の平均では、生徒一人当たり教員給与支出は、初等教育では米ドル換算で2,936ドルだが、前期中等教育では3.604ドルへと増加している。
- 教員給与支出の水準に影響する2大要因は、教員給与と学級規模である。この2要因は正の関係にあり、教員給与の高い国は学級規模も大きくなる傾向がある。このことは、国によっては、教員給与を増やすか教員の採用を増やすかの選択を迫られていることを反映している。

図C7.1. 国公立教育機関の生徒一人当たり年間教員給与支出（教育段階別）（2016年）

個人消費ベースの購買力平価による米ドル換算額

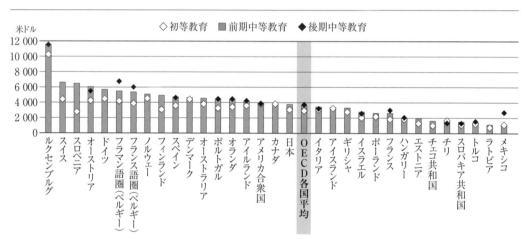

左から順に、前期中等教育の生徒一人当たり教員給与支出が大きい国・地域。
資料：OECD（2018）。表C7.1。詳細は「資料」を参照。付録3の注を参照（http://dx.doi.org/10.1787/eag-2018-36-en）。
StatLink：https://doi.org/10.1787/888933804964

■ 政策との関連

各国政府は、教育に投入する資源と生徒の学習成果との関連にますます関心を持つようになっており、より多くのよりよい教育を国民に提供すると同時に、特に予算が厳しい中、公的資金を効率的に利用するよう努めている。教員報酬は通常、教育支出の最大の部分を占めることから、生徒一人当たり教育支出の大部分を占めることにもなる（コラムC7.1）。本インディケータで算定しているように、教員給与支出を決定づけるのは、生徒が受ける授業時間、教員の授業時間、教員の給与、そして学級規模である（「算定方法」を参照）。

これら4要因に関する国ごとの違いから、生徒一人当たり支出の水準の違いが説明できる場合もある。また同様に、支出水準は同程度だが4要因の組み合わせは異なるという

場合もある。本インディケータでは、各国が初等・中等教育に資源を投資する際の選択について検討するとともに、これら4要因に関する政策選択の違いが教員給与支出にどのような影響を及ぼすかについてみていく。

生徒一人当たり教員給与支出は、人口構成の変化のような、本インディケータで直接評価していない他の変動要因から影響を受けることも考えられる。例えば、近年に在学者数が減っている国では、同時に教員数が減少しない限り、（他の要因がすべて変化しないと仮定すると）学級規模も縮小していくだろう。

■ その他のハイライト

- 教育支出の水準が同程度であると、国ごとの政策選択の違いが見えにくくなる場合がある。例えばオーストラリアとポルトガルは、前期中等教育の教員給与支出がほぼ同じだが、オーストラリアの方がポルトガルより教員給与が多い一方で、学級規模はオーストラリアよりポルトガルの方が小さい。理論的には、ポルトガルは、学級規模を5人分拡大すれば、公的支出を増やさずに、教員給与をオーストラリアと同程度にすることができる。
- 米ドル換算による金額ではなく対一人当たりGDP比でみると、少数の国は、生徒一人当たり教員給与支出による順位がかなり変動する。例えば、ルクセンブルグの前期中等教育段階は、米ドル換算では、生徒一人当たり教員給与支出が11,560ドルで飛び抜けて高く、OECD各国平均の3倍を超えている。しかし、この支出の対一人当たりGDP比は11.2％で、OECD加盟国の中で10位にとどまる。
- 給与支出が一定水準であれば、学級規模の縮小は、教員給与の引き下げか、生徒の受ける授業時間の削減、あるいは教員の授業時間の増加で埋めあわせることができる。例えばオーストラリアでは、学級規模を1人分縮小して、かつ生徒一人当たり給与支出を一定に保とうとすれば、教員給与を3,600ドル引き下げるか、生徒の受ける授業時間を年間で63時間減らすか、または教員の授業時間を年間で54時間増やさなければならなくなる。

■ 注記

生徒一人当たり教員給与支出は、勤続15年で最も一般的な教員資格を持つ教員の法定給与（インディケータD3を参照）、生徒の受ける理論上の授業時間（インディケータD1を参照）、及び教員の法定授業時間（インディケータD4を参照）の値に基づいて推計される。そのため、この指標は、これら4要因の実際の平均値を組み合わせて算出される実際の生徒一人当たり教員給与支出とは異なる可能性がある。

法定給与を用いているということは、本インディケータでは、教員全体の教員資格水準と高齢化を考慮していないことを意味する。教員給与は経験年数と教員資格によって異なる傾向があるので、教員全体の年齢や資格水準が高ければ、本インディケータで分析している4要因に変化がなくても給与支出の増大につながる可能性がある。

CHAPTER C 教育への支出

■ 結果と解説

教育段階別にみた生徒一人当たり教員給与支出のばらつき

OECDに加盟している国・地域の平均では、生徒一人当たり教員給与支出は初等教育で2,936ドル、前期中等教育で3,604ドル、後期中等教育普通プログラムで3,723ドルとなっている。しかし、こうした各教育段階の平均からはわからないが、各国間で給与支出に大きな幅がある。例えば初等教育では、ルクセンブルグの生徒一人当たり教員給与支出（10,265ドル）で、ラトビア（758ドル）の14倍を超えている。給与支出が高いのは、教員給与の高さや生徒一人当たり教員数の多さによるもので、生徒一人当たり教員数自体は、学級規模が小さいこと、生徒に義務づけられる授業時間数が多いこと、あるいは教員の授業時間が少ないことによって押し上げられる。

初等教育と前期中等教育の間で概して支出が増加するのは、教員給与と生徒の受ける授業時間が増え、さらに教員の授業時間が減るためで、これらの要因すべてが支出を押し上げている。2016年のOECD各国平均では、勤続15年の教員の法定給与額は、前期中等教育段階が44,397ドルで、初等教育段階より2,200ドルほど高い。また、平均では、前期中等教育は初等教育と比べて、生徒が受ける年間授業時間は118時間多い一方、教員の授業時間は78時間少なく、一定の生徒数に対してより多くの教員が必要であることを示唆している。

他の要因とは対照的に、学級規模は初等教育から前期中等教育にかけて大きくなる傾向があり、教育段階が上がることによる支出の増加をある程度相殺している（学級規模のOECD各国平均は、初等教育で15人、前期中等教育で16人）。しかし、概して学級規模拡大の効果は、他の3要因による支出増を相殺するのに十分ではない。前期中等教育での学級規模拡大によって、生徒一人当たり教員給与が初等段階を下回っているOECD加盟国は、チリとメキシコの2か国だけである（ホームページの表C7.5a及び表C7.5b）。

少数の国では、初等教育と前期中等教育の学習環境や学校の組織が比較的似ている。例えば、2016年には、カナダ、ハンガリー、アイスランド、アメリカ合衆国で、初等教育と前期中等教育の生徒一人当たり教員給与支出の差が150ドル未満であった。スロベニアは、初等教育と前期中等教育とのこの差が最も大きく、3,700ドルを超えている（表C7.1）。

各国の富裕度を考慮した場合の生徒一人当たり教員給与支出のばらつき

生徒一人当たり教員給与支出の水準は、各国の一人当たりGDPと正の相関があるので、各国を比較する際には、国の相対的富裕度を考慮することも重要となる。OECD加盟国の平均では、生徒一人当たり教員給与支出の対一人当たりGDP比は、初等教育段階では6.9%、前期中等教育段階では8.7%、後期中等教育の普通プログラムでは8.6%である（表C7.1）。

一人当たりGDPを考慮に入れると、いくつかの国は順位が変動する。例えば、ポーランドの初等教育段階の生徒一人当たり教員給与支出は、OECD各国平均を下回る2,183ドルだが、対一人当たりGDP比では8.0%となり、OECD各国平均（6.9%）を上回る。一方、ルクセンブルグの前期中等教育段階では、この逆のことが起きる。教員給与が高いため、生徒一人当たり教員給与支出は11,560ドルと飛び抜けて高く、OECD各国平均（3,604ドル）の3倍を超えるが、一人当たりGDP比では11.2%

380

となり、OECD加盟国中10位にとどまる。

生徒一人当たり教員給与支出の水準に対する各要因の影響

生徒一人当たり教員給与支出の水準は4要因（教員の給与、生徒の受ける授業時間、教員の授業時間、学級規模）に左右される。第1の要因である教員の給与の影響は直接的で、給与が高いほど給与支出が大きくなる。他の3要因は、在学者数が一定であると仮定すると、必要な教員数が変わって給与支出に影響する。生徒の受ける授業時間が増加、または教員の授業時間が減少した場合、学級規模を一定に保つためには、より多くの教員を雇用しなければならなくなる。同様に、学級規模を縮小する一方で他のすべてを一定に保つには、より多くの教員を雇用しなければならない。

ある国の給与支出をOECD各国平均と比較することで、平均との差に対する4要因それぞれの寄与度を割り出せる。言い替えれば、ある国の給与支出が平均を上回っているのが、給与が高いからなのか、生徒の受ける授業時間が多いからなのか、教員の授業時間が少ないからなのか、学級規模が小さ

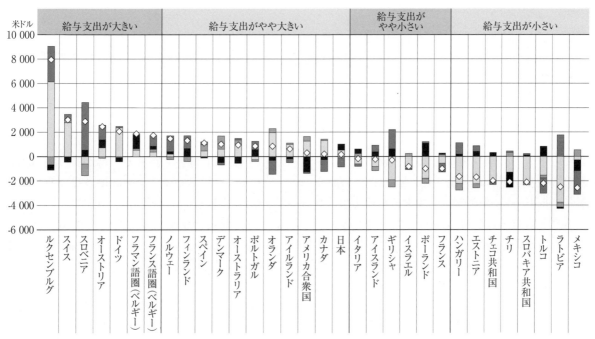

図C7.2. 生徒一人当たり教員給与支出に対する各種要因の寄与度（前期中等教育）（2016年）
国公立教育機関、個人消費ベースの購買力平価による米ドル換算額

図の見方
この図は、各国の生徒一人当たり教員給与支出とOECD各国平均との差異に対する4要因の寄与度（米ドル換算）を示している。例えば、スロベニアでは、生徒一人当たり教員給与支出がOECD各国平均を2,882ドル上回っている。これは、平均を下回る教員給与（-595ドル）と生徒の受ける授業時間（-975ドル）が生徒一人当たり教員給与支出を押し下げているが、OECD各国平均と比べて小さい学級規模（+3,909ドル）と短い教員の授業時間（+543ドル）が、それを埋め合わせてあまりある影響をもたらしているからである。
左から順に、生徒一人当たり教員給与支出のOECD各国平均との差が大きい国・地域。
資料：OECD（2018）。表C7.3。詳細は「資料」を参照。付録3の注を参照（http://dx.doi.org/10.1787/eag-2018-36-en）。
StatLink: https://doi.org/10.1787/888933804983

CHAPTER C 教育への支出

いからなのか、あるいはこの4要因の組み合わせによるものかを評価できるということである。この4要因の一つが変化しただけでも、給与支出の総額を一定に保つために、他の要因間での相殺が必要になると思われる（コラムC7.2）。

図C7.2をみると、4要因の組み合わせとそれによる教員給与支出への影響には、国ごとに大きなばらつきがある。ある国の給与支出とOEDE各国平均との差に対する各要因の寄与度の大きさは、その要因自体とそれに対応するOECD各国平均との差によって決まる。各要因の寄与度の合計は、その国とOECD各国平均との給与支出の差に等しい。例えば、デンマークの前期中等教育の給与支出は4,622ドルで、OECD各国平均よりも1,018ドル高いが、この差は4要因がそれぞれに寄与した結果である。すなわち、平均を上回る教員給与が616ドルを上積みし、平均を上回る生徒の受ける授業時間が1,078ドルを上積みする一方、平均を上回る教員の授業時間が489ドル引き下げ、平均を上回る学級規模が188ドル引き下げているのである。

教育支出と政策選択の関係

教育支出が高水準であるからといって、必ずしも教育制度の成果が優れているということにはならない（OECD, 2016[11]）。構造改革によって学習成果の向上を保証できるわけではないし、教育支出額が同程度の国であっても、教育政策や教育活動の内容が同じとは限らない。図C7.2に示すOECD加盟の国・地域は、生徒一人当たり教員給与支出が同程度の4グループに分けることができる。こうしたグループ分けによって、支出額が同程度の他の国でどのような政策選択が可能であり、また実際に選択されているかがよくわかる。

グループ1：前期中等教育の生徒一人当たり教員給与支出が大きい

前期中等教育の生徒一人当たり教員給与支出が最も大きいこのグループは、オーストリア、フランス語圏及びフラマン語圏（ベルギー）、ドイツ、ルクセンブルグ、スロベニア、スイスから成る。このグループの生徒一人当たり教員給与支出は5,351〜6,621ドルである。ただし、ルクセンブルグは、生徒一人当たりの給与支出が11,560ドルで外れ値のため、この範囲内ではない。

これらの国の大半（スロベニアを除く）は、一人当たりGNPが平均を上回っているが、OECD加盟国で富裕度が最も高い5か国に含まれていない。また、オーストリア、フランス語圏及びフラマン語圏（ベルギー）、ルクセンブルグ、スイスは、生徒一人当たり総教育支出が最も高い国に含まれるが、ドイツとスロベニアはOECD各国平均に近い。このことは、教員給与支出は一人当たりGDP及び総教育支出と関連しているものの、相関関係ではないという調査結果を裏付けている。一部の国は、他の国よりも教員給与支出に対する予算配分がかなり大きい。

他のグループの国と比較すると、支出が大きいこれらの国々は、本インディケータで分析している4要因の間に重要な相反関係がないように見える場合がある。例えば、スロベニアを除いて、このグループの国はすべて、平均を上回る教員給与と平均を下回る学級規模に対応できている。ただし、こうした要因とそれぞれのOECD各国平均との差の大きさには、同じグループの国であってもかなりのばらつきがある。

382

インディケータ C7：教員の給与支出を決定する要因　　CHAPTER **C**

C7

グループ2：前期中等教育の生徒一人当たり教員給与支出がやや大きい

これは最も大きなグループで、教員給与が平均を上回る11か国（オーストラリア、カナダ、デンマーク、フィンランド、アイルランド、日本、オランダ、ノルウェー、ポルトガル、スペイン、アメリカ合衆国）から成る。このグループの生徒一人当たり教員給与支出は3,778～5,075ドルである。このグループは、一人当たりGDP、教育支出、さらには教育制度に関してもかなり不均一で、支出が同程度の国でも多くの異なる選択ができることを浮き彫りにしている。

給与支出に関して各国が直面する主要な相反関係の一つは、教員給与と学級規模の関係である。オーストラリアとポルトガルを除き、このグループの国は、平均を上回る教員給与が、大きな学級規模によって少なくともある程度埋め合わせられている。例外であるオーストラリアとポルトガルの2か国は、どちらも学級規模が平均を下回っているが、教員給与がオーストラリアでは比較的高く、ポルトガルでは比較的低い。ポルトガルが学級規模を5人分拡大すれば、支出を増やすことなく、教員給与をオーストリアと同程度にすることができる。

いくつかの国ではこれ以外にも、生徒の受ける授業時間と教員の授業時間との間に潜在的な相反関係がみられる。例えばオランダでは、生徒の受ける年間授業時間はOECD各国平均より77時間多いが、教員の授業時間も平均を53時間上回るため、ほぼ完全に相殺されている。法定授業時間を引き上げれば、雇用が必要な教員数が限られるので、高い教員給与を埋め合わせることもできる。それが当てはまるのがアメリカ合衆国で、OECD各国平均より270時間多い法定授業時間数が、平均を上回る分の教員給与支出17,510ドル（アメリカ合衆国の教員の法定給与は61,907ドル、OECD各国平均は44,397ドル）の埋め合わせに役立っている。

グループ3：前期中等教育の生徒一人当たり教員給与支出がやや小さい

このグループは、生徒一人当たり教員給与支出が平均を下回る6か国（フランス、ギリシャ、アイスランド、イスラエル、イタリア、ポーランド）から成る。このグループの生徒一人当たり教員給与支出の範囲は2,615～3,432ドルである。グループ2の場合と同様、生徒一人当たり教員給与支出が同程度の水準であるにもかかわらず、このグループは非常に不均一である。ギリシャとポーランドの2か国は、生徒一人当たりの支出と一人当たりGDPが最も少ないが、他の国はすべてOECD各国平均とほぼ同じである。

このグループは、平均を下回る教員給与が、比較的短い教員の授業時間によってある程度相殺されていると見なせるが、国によってかなりのばらつきがある。例えばフランスとポーランドでは、生徒一人当たり教員給与支出はほぼ同じだが、フランスの教員給与はポーランドよりも47%高く、それが、学級規模が約5人分大きいことで相殺されている。ポーランドは教員の授業時間がOECD加盟のすべての国・地域の中で最も少なく（フランスの684時間、OECD各国平均の697時間に対して481時間）、これが給与支出を押し上げる主な要因となっている。

グループ4：前期中等教育の生徒一人当たり教員給与支出が小さい

このグループは、前期中等教育の生徒一人当たり教員給与支出が最も小さい8か国（チリ、チェコ共和国、エストニア、ハンガリー、ラトビア、メキシコ、スロバキア共和国、トルコ）から成る。このグループの生徒一人当たり教員給与支出は1,039～1,971ドルである。このグループの国はいずれも、

383

一人当たりGDPと生徒一人当たりの支出が平均を下回っているが、政策選択に重要な違いがある。

各国間の全体的な比較を行っていれば、ラトビアとスロバキア共和国は、平均を下回る給与と学級規模によって給与支出が低い国として一まとめにされていたかもしれない。しかし、この2か国は異なる政策選択をしている。すなわち、スロバキア共和国は、相対的に大きい学級規模が理由で、ラトビアの2倍を超える給与を教員に支払うことができている。一方のラトビアは、教員給与がOECD加盟国の中で最も低く、学級規模も2番目に小さい。また、チリは、生徒一人当たり教員給与支出がスロバキア共和国とほぼ同じであるが、教員の授業時間がスロバキア共和国の2倍近くであるため、生徒の受ける授業時間を長くし、かつ教員の給与を高くすることができている。

給与支出の水準に影響する主な要因：教員給与と学級規模

各教育段階で、教員給与は一般に、その国の生徒一人当たり教員給与支出がOECD各国平均とどの程度差があるかに最も大きく影響する。2番目に影響の大きい要因は学級規模である。この二つの変動要因は、教育改革や教育政策の目的となることが多く、両者間の相反関係は、教員給与の増額と教

図C7.3. 教員給与と学級規模との関係（生徒一人当たり教員給与支出の水準別）（2016年）
前期中等教育、国公立教育機関のみ

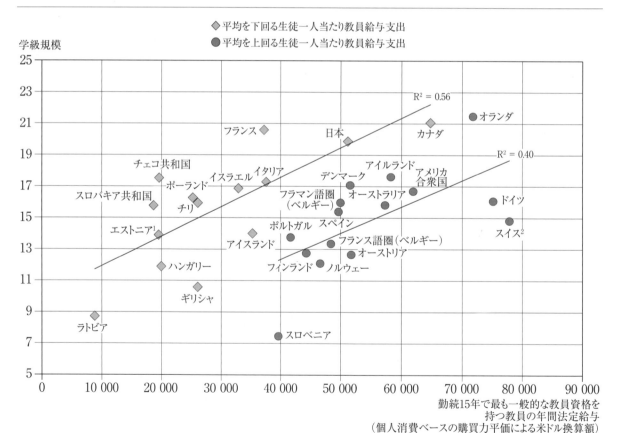

注記：ルクセンブルグ、メキシコ、トルコは、教員給与か学級規模が外れ値のため、図と平均から除いている。
1. 勤続15年の教員の法定給与ではなく新規採用の教員の法定給与。
2. 勤続15年ではなく勤続10年の教員の法定給与。
資料：OECD（2018）。ホームページの表C7.5b。詳細は「資料」を参照。付録3の注を参照（http://dx.doi.org/10.1787/eag-2018-36-en）。
StatLink: https://doi.org/10.1787/888933805002

インディケータ C7：教員の給与支出を決定する要因　CHAPTER **C**

員雇用の拡大の間で各国が迫られている選択を反映している。

図C7.3は、学級規模と教員給与の関係をグラフ化したもので、生徒一人当たり教員給与支出が平均を上回る国と下回る国に分けている。全体的な支出水準を抑制することが重要なのは、支出の多い国は少ない国と比べて、給与の引き上げや学級規模の縮小など何でも行う余裕があり、予算配分内で相反する要求の折り合いをつける必要がないという誤った印象を与えかねないからである。図C7.3をみると、各グループの国の間では、学級規模と教員給与とに正の関係があり、教員給与が高い国は学級規模も大きい傾向があることを示唆している。

学級規模は小さい方が有益だと思われがちであるが、生徒の学習への影響に関しては様々なデータがある。最新の「生徒の学習到達度調査（Programme for International Student Assessment, PISA）」の結果をみると、OECD加盟国の平均では、規模が大きい学級の生徒の方が科学的リテラシーの得点が高い。その一方で、社会経済的背景に恵まれない生徒にはもっと個別に目配りが必要であるなど、場合によっては学級規模が小さい方がよいとの研究結果もある（Dynarski, Hyman and Schanzenbach, 2013[2]）。学級規模の縮小は費用がかさむ施策なので（コラムC7.2）、その影響を他の可能な介入と比較することが重要である（OECD, 2016[1]）。

図C7.3から浮き彫りになるように、代替策の一つは教員給与の増額である。PISA調査のデータは、生徒の成果を向上するには質の高い教育が大事なことを示しており（OECD, 2016[1]）、学校制度が優秀な志望者を教職に引きつけるのに役立つ一つの方法は、より高い給与を提示することである。しかし、優秀な人材を教職に引きつけ、有能な教員をつなぎ止めるために必要なのは、給与の引き上げだけではない。とりわけ、教職に就く前と就いた後の研修の質や、教員と社会との関係の質も問題となる。

コラム C7.1. 生徒一人当たり教員給与支出と生徒一人当たり教育支出との関係

生徒一人当たり教育支出は、学校の組織やカリキュラムといった構造的・制度的要因を反映している。教育機関における消費的支出は、教員報酬とそれ以外の支出（校舎の維持管理、給食、校舎等学校施設の貸借など）に分類できる。教員報酬は一般に、教育機関による消費的支出、ひいては教育支出で最大の割合を占める（インディケータC6 参照）。そのため、教員報酬を生徒数で除したものである「生徒一人当たり教員給与支出」が、生徒一人当たり教育支出の中で最も大きな割合を占めることにもなる。

図C7.aは、前期中等教育の国公立教育機関における生徒一人当たり教育支出と、生徒一人当たり教員給与支出の関係をグラフ化したものである。予想される通り、この図をみると、二つの尺度の間に強い正の関係がある。しかし、生徒一人当たり教育支出が同水準の国の間でも、教員給与支出には大きなばらつきがみられる。例えば、ギリシャとラトビアは、どちらも国公立教育機関の生徒一人当たり教育支出が約7,000ドルであるが、ギリシャの生徒一人当たり教員給与支出はラトビアの3倍となっている。

図C7.a. 前期中等教育の生徒一人当たり給与支出と生徒一人当たり教育支出の関係（2015年、2016年）

国公立教育機関、給与支出は個人消費ベースの購買力平価による米ドル換算額、教育支出はGDP購買力平価による米ドル換算額

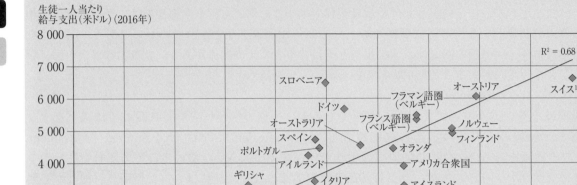

注：見やすくするために、外れ値であるルクセンブルグは図から除外している。同国の生徒一人当たり教育支出は22,927ドル、生徒一人当たり教員給与支出は11,560ドルである。
1. 公的支出のみ。
資料：OECD（2018）。表C7.1、及びEducation at a Glance Database（http://stats.oecd.org）。詳細は「資料」を参照。付録3の注を参照（http://dx.doi.org/10.1787/eag-2018-36-en）。
StatLink： https://doi.org/10.1787/888933805021

こうした差違から浮かび上がるのは、給与支出の財源を4要因（生徒の受ける授業時間、教員の授業時間、教員の給与、学級規模）にどう配分するのが最善かだけでなく、総教育支出のうちどれだけを教員給与支出に充てるかも、各国は決定しなければならないということである。この決定自体が、本インディケータで考察していない他の潜在的な支出（給与以外の教員報酬、教員以外の職員の給与、インフラの改善など）との相反関係を示唆している。

コラムC7.2. 学級規模を1人分縮小する場合の交換条件

本インディケータは、生徒一人当たり教員給与支出に対する4要因（教員の給与、生徒の受ける授業時間、教員の授業時間、学級規模）の影響と、4要因間に存在しうる相反関係について評価している。この分析を用いることで、以下の疑問に答えることができる。すなわち、生徒数と給与支出が一定だと仮定した場合に、他の要因間のどの潜在的な相反関係によって、学級規模の縮小の埋め合わせができるのか、という疑問である。もっと具体的に言えば、同じ給与支出を維持するためには、教員の給与または生徒の受ける授業時間をどれだけ減らさなければなら

インディケータC7：教員の給与支出を決定する要因　**CHAPTER C**

ないか、あるいは教員の授業時間をどれだけ増やさなければならないか、ということである。

表C7.aはこのシミュレーションの結果を示している。それぞれの要因について、他をすべて一定に保って値を計算している。例えばオーストラリアでは、学級規模を1人分縮小し、かつ生徒一人当たり教員給与支出を一定に保つためには、教員の給与を3,600ドル減らすか、生徒が受ける年間の授業時間を63時間減らすか、あるいは教員の年間授業時間を54時間増やさなければならない。生徒一人当たり教員給与支出の総額を変更しないとすれば、これらの交換条件のどれか一つで、学級規模縮小による追加支出を埋め合わせることになる。

表C7.a. 給与支出を一定に保つ場合の、生徒1人分の学級規模縮小の交換条件（2016年）

前期中等教育、国公立教育機関のみ

	教員給与 （米ドル換算額、 年間給与）	生徒の受ける 授業時間 （年間の時間数）	教員の授業時間 （年間の時間数）
	(1)	(2)	(3)
オーストラリア	-3 600	-63	54
オーストリア	-4 100	-71	52
カナダ	-3 100	-44	37
チリ	-1 600	-67	78
チェコ共和国	-1 100	-51	37
デンマーク	-3 000	-70	49
エストニア[1]	-1 400	-59	47
フィンランド	-3 500	-66	51
フラマン語圏（ベルギー）	-3 100	-59	36
フランス	-1 800	-48	35
フランス語圏（ベルギー）	-3 600	-73	53
ドイツ	-4 700	-57	50
ギリシャ	-2 500	-74	61
ハンガリー	-1 700	-64	60
アイスランド	-2 500	-60	48
アイルランド	-3 300	-53	44
イスラエル	-2 000	-59	44
イタリア	-2 200	-57	38
日本	-2 600	-45	32
ラトビア	-1 000	-91	93
ルクセンブルグ	-10 100	-78	75
メキシコ	- 900	-28	26
オランダ	-3 300	-47	37
ノルウェー	-3 900	-72	60
ポーランド	-1 600	-50	31
ポルトガル	-3 000	-65	47
スロバキア共和国	-1 200	-53	45
スロベニア	-5 300	-103	97
スペイン	-3 200	-68	50
スイス[2]	-5 300	-65	55
トルコ	- 800	-31	19
アメリカ合衆国	-3 700	-61	62

注：本インディケータの算定で使用する教員給与とは、勤続15年で最も一般的な教員資格を持つ国公立教育機関の教員の法定給与（インディケータD3）をいう。生徒の受ける授業時間とは、必修授業時間の年平均授業時間数（インディケータD1）をいい、教員の授業時間とは、1学年度当たりの法定授業時間数（インディケータD4）をいう。各要因の調査年が1年ずれている国もある。各要因についての注記はホームページの表C7.5bを参照。
1. 勤続15年の教員の法定給与ではなく新規採用の教員の法定給与。
2. 勤続15年ではなく勤続10年の教員の法定給与。
資料：OECD（2018）。ホームページの表C7.5b。詳細は「資料」を参照。付録3の注を参照（http://dx.doi.org/10.1787/eag-2018-36-en）
表中の省略記号については「利用にあたって」を参照。
StatLink：https://doi.org/10.1787/888933805040

387

CHAPTER C 教育への支出

こうした結果からはっきりするのは、わずか1人分の学級規模を縮小するのでさえ、それなりの費用がかかるということである。実際、いくつかのOECD加盟国で最近、学級規模が縮小しているが（OECD, 2016[3]）、その多くは、積極的な政策選択ではなく人口構成の変化によるものである。学級規模が在学者数の減少に合わせて縮小する傾向にあるのは、それと同時に教員数を減少させるのが政治的、経済的、組織的に困難だからである。しかし、長期的にみれば、教員全体を削減しないこと自体が、学級規模をより小さく保つ政策選択となる。表C7.aが示しているように、学級規模縮小の費用は、給与支出の上昇に反映される場合もあれば、他の3要素の変化によって相殺される場合もある。

表C7.aに示す結果を評価する際には、当該国における各要素の現時点での値を考慮することが重要である。例えば、チリはすでに、OECD加盟国すべての中で教員の授業時間が最も長いので、これをさらに増やして学級規模縮小を埋め合わせるのは、実行不可能であるし、望ましくないと思われる。

このシミュレーションは、改革にかかる実際の費用を評価するためのものではない。この単純なモデルは4要因だけを考慮し、ある時点のある要因の交換条件を示しているにすぎない。現実には、いくつもの要因を同時に変更するのが交換条件であることが多い。また、本インディケータで捉えていない重要な地域差によって、国の平均には必ずしも反映されない特定の政策が必要な場合もあるだろう。ここでの分析はむしろ、政策決定における交換条件の重要性を浮き彫りにし、本インディケータで評価している4要因にまたがる潜在的な相反関係の方向性と強さについて、何らかの目安を提供するためだけのものである。

■ 定義

生徒の受ける授業時間とは、国公立学校が生徒に対し、必修カリキュラムと非必修カリキュラムを合わせた全教科について、学校内または授業前や放課後の活動（必修プログラムの一環）として、提供することを求められている時間をいう。

教員の授業時間とは、フルタイム教員がグループ単位あるいは学級単位の生徒を教える年間平均授業時間数（残業時間を含む）をいう。

教員給与は、勤続15年の年間法定給与を、個人消費ベースの購買力平価で米ドルに換算したものをいう。

■ 算定方法

生徒一人当たり教員給与支出（SCS）は次のように算定される。

$$SCS = 教員給与 \times 生徒の受ける授業時間 \times \frac{1}{教員の授業時間} \times \frac{1}{学級規模}$$

インディケータC7：教員の給与支出を決定する要因　CHAPTER C

学級規模は次のように算定される。

$$学級規模 = \frac{生徒の受ける授業時間}{教員の授業時間} \times \frac{生徒数}{教員数}$$

生徒一人当たり教員給与支出の水準に対する各要因の寄与度の分析では、各国の生徒一人当たり教員給与支出をOECD各国平均と比較し、OECD各国平均との差違に対するこれらの各要因の寄与度を算定している。本書の分析は、各要因間の数学的関連をもとに、カナダのケベック州教育・レクリエーション・スポーツ省が出版した『教育統計紀要（*Education Statistics Bulletin*）』（Quebec Ministry of Education, Recreation and Sports, 2003[4]）の示す方法に従って行っている。この数学的関係を利用し、ある国の4要因の数値をOECD各国平均と比較することによって、その国の生徒一人当たり教員給与支出とOECD各国平均との差異に対する各要因の直接的・間接的寄与度を測定できる。

詳細については『OECD国際比較教育統計ハンドブック2018年版（*OECD Handbook for Internationally Comparable Education Statistics 2018*）』（OECD, 2018[5]）を参照。各国の注記については付録3を参照（http://dx.doi.org/10.1787/eag-2018-36-en）。

リトアニアは、本書を編集時にはOECD加盟国ではなかったので、OECD加盟国リストには記載せず、OECD加盟国の総計に含めていない。

■ 資料

2016学年度を調査対象年とするデータは、OECDが2016年に実施した教育統計のUOEデータコレクションならびに「教員とカリキュラムに関する調査（Survey on Teachers and the Curriculum）」に基づいている。

イスラエルのデータについて

イスラエルの統計データは、イスラエル政府関係当局により、その責任の下で提供されている。OECD における当該データの使用は、ゴラン高原、東エルサレム、及びヨルダン川西岸地区のイスラエル入植地の国際法上の地位を害するものではない。

■ 参考資料

Dynarski, S., J. Hyman and D. Schanzenbach (2013), "Experimental evidence on the effect of childhood investments on postsecondary attainment and degree completion", *Journal of Policy Analysis and Management*, Vol. 32/4, pp. 692-717, http://dx.doi.org/10.1002/pam.21715. [2]

OECD (2018), *OECD Handbook for Internationally Comparative Education Statistics 2018: Concepts, Standards, Definitions and Classifications*, OECD Publishing, Paris, https://doi.org/10.1787/9789264304444-en. [5]

OECD (2016), *Education at a Glance 2016 : OECD Indicators*, OECD Publishing, Paris, http://dx.doi.org/10.1787/eag-2016-en（accessed on 12 January 2018）(『図表でみる教育 OECD インディケータ（2016年版）』経済協力開発機構（OECD）編著、徳永優子，稲田智子，矢倉美登里，大村有里，坂本千佳子，三井理子訳、明石書店、2016年)

OECD (2016), *PISA 2015 Results（Volume II）: Policies and Practices for Successful Schools*, PISA, OECD Publishing, Paris, http://dx.doi.org/10.1787/9789264267510-en.

Quebec Ministry of Education, Recreation and Sports (2003), "Le coût salarial des enseignants par élève pour l'enseignement primaire et secondaire en 2000-2001", *Education Statistics Bulletin*, No. 29, www.education.gouv.qc.ca/fileadmin/site_web/documents/PSG/statistiques_info_decisionnelle/bulletin_29.pdf.

■ インディケータC7の表*

- 表C7.1. 生徒一人当たり教員給与支出（国公立教育機関）（教育段階別）（2016年）
- 表C7.2. 生徒一人当たり教員給与支出に対する各種要因の寄与度（初等教育）（2016年）
- 表C7.3. 生徒一人当たり教員給与支出に対する各種要因の寄与度（前期中等教育）（2016年）
- 表C7.4.（ホームページの表）生徒一人当たり教員給与支出に対する各種要因の寄与度（後期中等教育普通プログラム）（2016年）
- 表C7.5a.（ホームページの表）生徒一人当たり教員給与支出の算定に用いられた要因（国公立教育機関）（初等教育）（2016年）
- 表C7.5b.（ホームページの表）生徒一人当たり教員給与支出の算定に用いられた要因（国公立教育機関）（前期中等教育）（2016年）
- 表C7.5c.（ホームページの表）生徒一人当たり教員給与支出の算定に用いられた要因（国公立教育機関）（後期中等教育普通プログラム）（2016年）

＊データの締切日は2018年7月18日。更新データはホームページで確認可能（http://dx.doi.org/10.1787/eag-data-en）。データはEducation at a Glance Database（http://stats.oecd.org/）でも確認可能。

インディケータ C7：教員の給与支出を決定する要因　　CHAPTER **C**

表**C7.1.** 生徒一人当たり教員給与支出（国公立教育機関）（教育段階別）（2016年）

生徒一人当たり年間教員給与支出の、個人消費ベースの購買力平価による米ドル換算額と対一人当たりGDP比

	生徒一人当たり教員給与支出 （米ドル、2016年不変価格）			生徒一人当たり教員給与支出 （対一人当たりGDP比）		
	初等教育	前期中等教育	後期中等教育普通 プログラム	初等教育	前期中等教育	後期中等教育普通 プログラム
国	(1)	(2)	(3)	(4)	(5)	(6)
国						
オーストラリア	3 808	4 555	m	8.0	9.6	m
オーストリア	4 243	6 059	5 493	8.4	11.9	10.8
カナダ	3 817	3 817	m	8.5	8.5	m
チリ	1 649	1 518	1 339	7.2	6.6	5.9
チェコ共和国	1 013	1 626	m	2.9	4.7	m
デンマーク	4 405	4 622	m	9.0	9.4	m
エストニア	1 296	1 920	m	4.5	m	m
フィンランド	3 080	4 927	m	7.1	11.3	m
フランス	1 827	2 615	2 999	4.4	6.3	7.2
ドイツ	4 461	5 676	m	9.1	11.6	m
ギリシャ	2 782	3 315	m	10.4	12.4	m
ハンガリー	1 832	1 971	2 054	6.9	7.4	7.7
アイスランド	3 241	3 383	m	6.3	6.6	m
アイルランド	3 602	4 235	4 235	5.0	5.9	5.9
イスラエル	2 020	2 793	2 589	5.4	7.4	6.9
イタリア	3 060	3 432	3 202	8.0	8.9	8.3
日本	3 073	3 778	m	7.3	8.9	m
韓国	m	m	m	m	m	m
ラトビア	758	1 115	m	3.0	4.4	m
ルクセンブルグ	10 265	11 560	11 535	9.9	11.2	11.2
メキシコ	1 115	1 039	2 709	6.0	5.5	14.5
オランダ	3 424	4 459	4 459	6.8	8.8	8.8
ニュージーランド	m	m	m	m	m	m
ノルウェー	4 516	5 075	m	8.8	9.9	m
ポーランド	2 183	2 623	m	8.0	9.6	m
ポルトガル	3 268	4 466	4 470	10.7	14.6	14.6
スロバキア共和国	1 089	1 504	1 304	3.6	4.9	4.3
スロベニア	2 775	6 487	m	8.5	19.8	m
スペイン	3 580	4 724	4 624	9.9	13.0	12.7
スウェーデン	m	m	m	m	m	m
スイス	4 407	6 621	m	6.9	10.3	m
トルコ	1 258	1 412	1 546	4.9	5.5	6.1
アメリカ合衆国	3 808	3 911	3 847	6.6	6.8	6.6
地域						
フラマン語圏（ベルギー）	4 186	5 479	6 761	9.0	11.8	14.5
フランス語圏（ベルギー）	3 863	5 351	6 004	8.3	11.5	12.9
イングランド（イギリス）	m	m	m	m	m	m
スコットランド（イギリス）	m	m	m	m	m	m
OECD各国平均[1]	2 936	3 604	3 723	6.9	8.7	8.6

注：本インディケータの算定で使用する教員給与とは、勤続15年で最も一般的な教員資格を有する教員の法定給与（インディケータD3）をいう。
　　生徒の受ける授業時間とは、必修授業時間の年平均授業時間数（インディケータD1）をいい、教員の授業時間とは、1学年度当たりの法定授業
　　時間数（インディケータD4）をいう。各要因の調査年が1年ずれている国もある。各要因についての注記はホームページの表C7.5a、表C7.5b、
　　表C7.5cを参照。
1. OECD各国平均は、教員給与支出の算定に用いたすべての要因のデータがある国・地域のみを含む。
資料：OECD（2018）。詳細は「資料」を参照。付録3の注を参照（http://dx.doi.org/10.1787/eag-2018-36-en）。
表中の省略記号については、「利用にあたって」を参照。

StatLink：https://doi.org/10.1787/888933804907

CHAPTER C　教育への支出

表C7.2. 生徒一人当たり教員給与支出に対する各種要因の寄与度（初等教育）（2016年）
個人消費ベースの購買力平価による米ドル換算額

	生徒一人当たり教員給与支出（2016年）	2016年のOECD各国平均（2,936ドル）との差	OECD各国平均との差への各種要因の寄与度			
			2016年のOECD各国平均（42,193ドル）を下回る／上回る教員給与の影響（米ドル換算）	2016年のOECD各国平均（805時間）を下回る／上回る生徒の受ける授業時間の影響（米ドル換算）	2016年のOECD各国平均（775時間）を下回る／上回る教員の授業時間の影響（米ドル換算）	2016年のOECD各国平均（1学級当たり15人）を下回る／上回る学級規模の影響（米ドル換算）
	(1)	(2)=(3)+(4)+(5)+(6)	(3)	(4)	(5)	(6)
国						
オーストラリア	3 808	872	1 031	734	- 365	- 528
オーストリア	4 243	1 307	551	- 480	- 21	1 257
カナダ	3 817	881	1 456	454	- 100	- 930
チリ	1 649	-1 287	-1 084	596	- 914	114
チェコ共和国	1 013	-1 923	-1 387	- 283	447	- 700
デンマーク	4 405	1 469	681	966	- 43	- 135
エストニア[1]	1 296	-1 639	-1 814	- 422	618	- 22
フィンランド	3 080	144	- 88	- 734	394	572
フランス	1 827	-1 109	- 454	167	- 351	- 471
ドイツ	4 461	1 525	1 813	- 498	- 126	336
ギリシャ	2 782	- 154	-1 406	- 72	472	852
ハンガリー	1 832	-1 104	-1 804	- 470	433	738
アイスランド	3 241	305	- 562	- 312	674	504
アイルランド	3 602	666	1 024	421	- 550	- 229
イスラエル	2 020	- 916	- 852	443	- 224	- 283
イタリア	3 060	124	- 612	305	36	395
日本	3 073	137	582	- 164	130	- 412
韓国	m	m	m	m	m	m
ラトビア	758	-2 177	-2 652	- 569	151	891
ルクセンブルグ	10 265	7 329	5 102	852	- 276	1 652
メキシコ	1 115	-1 821	- 617	- 13	- 62	-1 129
オランダ	3 424	488	989	497	- 589	- 409
ニュージーランド	m	m	m	m	m	m
ノルウェー	4 516	1 580	365	- 276	166	1 325
ポーランド	2 183	- 753	-1 330	- 624	829	372
ポルトガル	3 268	332	- 38	64	132	173
スロバキア共和国	1 089	-1 847	-1 503	- 307	- 68	31
スロベニア	2 775	- 161	- 182	- 552	609	- 36
スペイン	3 580	644	179	- 58	- 418	941
スウェーデン	m	m	m	m	m	m
スイス[2]	4 407	1 471	1 759	42	- 196	- 135
トルコ	1 258	-1 678	-1 168	- 227	151	- 433
アメリカ合衆国	3 808	872	1 190	634	- 891	- 60
地域						
フラマン語圏（ベルギー）	4 186	1 250	596	72	122	460
フランス語圏（ベルギー）	3 863	927	461	181	267	18
イングランド（イギリス）	m	m	m	m	m	m
スコットランド（イギリス）	m	m	m	m	m	m

注：本インディケータの算定で使用する教員給与とは、勤続15年で最も一般的な教員資格を有する教員の法定給与（インディケータD3）をいう。
　　生徒の受ける授業時間とは、必修授業時間の年平均授業時間数（インディケータD1）をいい、教員の授業時間とは、1学年度当たりの法定授業時間数（インディケータD4）をいう。各要因の調査年が1年ずれている国もある。各要因についての注記はホームページの表C7.5aを参照。
1.　勤続15年の教員の法定給与ではなく新規採用の教員の法定給与。
2.　勤続15年ではなく勤続10年の教員の法定給与。
資料：OECD（2018）。詳細は「資料」を参照。付録3の注を参照（http://dx.doi.org/10.1787/eag-2018-36-en）。
表中の省略記号については、「利用にあたって」を参照。

StatLink：https://doi.org/10.1787/888933804926

インディケータ C7：教員の給与支出を決定する要因　　**CHAPTER C**

表C7.3. 生徒一人当たり教員給与支出に対する各種要因の寄与度（前期中等教育）（2016年）

個人消費ベースの購買力平価による米ドル換算額

	生徒一人当たり教員給与支出（2016年）	2016年のOECD各国平均（3,604ドル）との差	OECD各国平均との差への各種要因の寄与度			
			2016年のOECD各国平均（44,397ドル）を下回る／上回る教員給与の影響（米ドル換算）	2016年のOECD各国平均（923時間）を下回る／上回る生徒の受ける授業時間の影響（米ドル換算）	2016年のOECD各国平均（697時間）を下回る／上回る教員の授業時間の影響（米ドル換算）	2016年のOECD各国平均（1学級当たり16人）を下回る／上回る学級規模の影響（米ドル換算）
	(1)	(2)=(3)+(4)+(5)+(6)	(3)	(4)	(5)	(6)
国						
オーストラリア	4 555	951	1 039	328	- 544	127
オーストリア	6 059	2 455	- 726	- 124	656	1 198
カナダ	3 817	213	1 421	6	- 251	- 963
チリ	1 518	-2 087	-1 288	381	-1 239	60
チェコ共和国	1 626	-1 979	-2 037	- 75	321	- 187
デンマーク	4 622	1 018	616	1 078	- 489	- 188
エストニア[1]	1 920	-1 685	-2 236	- 325	417	459
フィンランド	4 927	1 322	- 12	- 380	667	1 047
フランス	2 615	- 989	- 550	222	57	- 717
ドイツ	5 676	2 072	2 410	- 71	- 338	71
ギリシャ	3 315	- 289	-1 908	- 582	633	1 568
ハンガリー	1 971	-1 633	-2 216	- 537	193	927
アイスランド	3 383	- 221	- 813	- 337	389	540
アイルランド	4 235	630	1 065	52	- 187	- 301
イスラエル	2 793	- 812	- 955	255	- 7	- 105
イタリア	3 432	- 172	- 593	248	375	- 202
日本	3 778	174	527	- 115	493	- 732
韓国	m	m	m	m	m	m
ラトビア	1 115	-2 489	-3 766	- 399	- 82	1 757
ルクセンブルグ	11 560	7 956	6 150	- 656	- 440	2 903
メキシコ	1 039	-2 566	- 281	540	- 882	-1 943
オランダ	4 459	854	1 964	330	- 305	-1 135
ニュージーランド	m	m	m	m	m	m
ノルウェー	5 075	1 470	206	- 236	213	1 287
ポーランド	2 623	- 982	-1 778	- 417	1 203	11
ポルトガル	4 466	861	- 255	- 139	568	687
スロバキア共和国	1 504	-2 100	-2 082	- 249	143	89
スロベニア	6 487	2 882	- 595	- 975	543	3 909
スペイン	4 724	1 120	462	510	- 95	243
スウェーデン	m	m	m	m	m	m
スイス[2]	6 621	3 016	2 784	190	- 446	488
トルコ	1 412	-2 192	-1 535	- 225	828	-1 260
アメリカ合衆国	3 911	306	1 270	379	-1 255	- 87
地域						
フラマン語圏（ベルギー）	5 479	1 874	531	122	1 124	98
フランス語圏（ベルギー）	5 351	1 746	379	224	260	884
イングランド（イギリス）	m	m	m	m	m	m
スコットランド（イギリス）	m	m	m	m	m	m

注：本インディケータの算定で使用する教員給与とは、勤続15年で最も一般的な教員資格を有する教員の法定給与（インディケータD3）をいう。
　　生徒の受ける授業時間とは、必修授業時間の年平均授業時間数（インディケータD1）をいい、教員の授業時間とは、1学年度当たりの法定授業時間数（インディケータD4）をいう。各要因の調査年が1年ずれている国もある。各要因についての注記はホームページの表C7.5bを参照。
1. 勤続15年の教員の法定給与ではなく新規採用の教員の法定給与。
2. 勤続15年ではなく勤続10年の教員の法定給与。
資料：OECD（2018）。詳細は「資料」を参照。付録3の注を参照（http://dx.doi.org/10.1787/eag-2018-36-en）。
表中の省略記号については、「利用にあたって」を参照。

StatLink：https://doi.org/10.1787/888933804945

Chapter D

教員と学習環境・学校組織

インディケータD1：初等・中等教育学校の生徒の標準授業時間数 ………… 396
　　　[StatLink：https://doi.org/10.1787/888933805059]
インディケータD2：学級規模と教員一人当たり生徒数 ……………………… 416
　　　[StatLink：https://doi.org/10.1787/888933805230]
インディケータD3：教員と学校長の給与 ……………………………………… 428
　　　[StatLink：https://doi.org/10.1787/888933805363]
インディケータD4：教員の授業時間数及び勤務時間数 ……………………… 452
　　　[StatLink：https://doi.org/10.1787/888933805553]
インディケータD5：教員の構成 ………………………………………………… 470
　　　[StatLink：https://doi.org/10.1787/888933805724]
インディケータD6：教育システムに関する政策・方針決定の場 …………… 484
　　　[StatLink：https://doi.org/10.1787/888933805857]

初等・中等教育学校の生徒の標準授業時間数

インディケータ D1

- OECD加盟の国・地域の生徒は、初等・前期中等教育の間に平均で7,533時間の必修教科の授業を受ける。国別にみると、ハンガリーの5,940時間から、そのほぼ倍のオーストラリア（11,000時間）、デンマーク（10,960時間）までの幅がある。
- OECD加盟の国・地域の平均では、初等教育の生徒が受ける必修カリキュラムの授業時間は年間799時間である。前期中等教育の生徒の必修カリキュラムの授業時間は、初等教育の生徒と比べて、平均で年間114時間多い（913時間）。
- OECD加盟の国・地域の平均では、初等教育の生徒の必修カリキュラムの授業時間に占める国語、算数、芸術の授業時間の割合は51%、前期中等教育の生徒の必修カリキュラムの授業時間に占める国語、第二言語及びその他の言語、数学の授業時間の割合は40%である。

図D1.1. 普通プログラムの必修授業時間数（2018年）
国公立教育機関の初等・前期中等教育

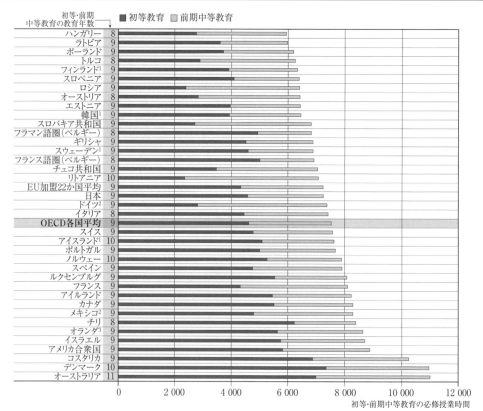

1. 授業時間配分が複数学年にわたる柔軟なものであるため、年平均時間を基にした教育段階別時間数は推定。
2. 調査年は2018年ではない。詳細は表D1.1を参照。
3. 前期中等教育の学年数は、コースによって3年または4年。中等教育職業準備プログラム（VMBO）の4年目は算定から除く。

上から順に、必修授業時間総数の少ない国と地域。
資料：OECD（2018）。表D1.1。詳細は「資料」を参照。付録3の注を参照（http://dx.doi.org/10.1787/eag-2018-36-en）。
StatLink : https://doi.org/10.1787/888933805154

■ 政策との関連

学校での授業の提供は、公的な教育投資の中で大きな部分を占める。全体的な授業時間数や何を必修教科にするかについての選択は、国によってさまざまであり、どういう選択をするかは、国や地方自治体が、生徒の年齢別の教育内容として何を優先し、重視しているかを反映している。ほぼすべての国が、授業時間に関する法令または規定を定めており、それらはほとんどの場合、学校が実施しなければならない最低授業時間数の規定である。最低水準が設定されるのは、十分な授業時間を提供することが優れた学習成果を達成するための前提条件である、という考え方に基づいている。生徒のニーズに合わせて資源を活用し、最適な時間配分をすることは、教育政策の重要な課題である。学校教育の主要経費は、教員の人件費、施設の保守管理費、及びその他の教育資源費であることから、生徒がこれらの学校資源を利用できる時間の長さは、この指標で一部示す通り、資金配分を決定する際の重要な要素といえるのである（生徒一人当たり教員給与支出を決める要因について分析しているインディケータC7参照）。休憩時間など、教室の外で授業以外の活動をして過ごす時間の重要性についても認識が高まっている。生徒は学校での授業時間に加えて、始業前や放課後、あるいは学校の休暇中に、課外活動に参加する場合もあるが、こうした課外活動については、試験期間と同じく、本インディケータでは対象としていない。

■ その他のハイライト

■ 必修カリキュラムの授業時間に占める国語の割合は、初等教育の生徒の場合は、ポーランドの19%からフランスの38%まで、前期中等教育の生徒の場合は、アイルランドの9%（二つの公用語のうちの一つである英語の場合）からギリシャの25%（及び、社会を含むイタリアの25%超）までの開きがある。

■ 初等教育段階の必修カリキュラムに占める算数の割合は、デンマークの12%からメキシコの27%まで、前期中等教育段階の数学の割合は、ハンガリー、韓国の11%からチリ、ラトビア、ロシアの16%（及び、理科を含むイタリアの20%）までの開きがある。

■ 必修カリキュラムのほとんどが選択科目に充てられている数か国を除き、OECD加盟の国・地域の平均では、初等・前期中等教育の必修授業時間のうち選択科目が占める割合は1%である。また、平均して初等教育の必修授業時間の5%と、前期中等教育の7%が学校指定の選択科目に充てられる。

■ データのある国の3分の1で、授業時間の配分は複数学年をまたいで柔軟に行われている。すなわち、学年ごとに授業時間の配分を規定するのではなく、一定数の学年や、場合によっては義務教育期間全体に対して、各教科の授業時間が定められているということである。

インディケータ **D₁**

CHAPTER **D**　教員と学習環境・学校組織

■ 結果と解説

義務教育の普通プログラム

年間授業時間と義務教育期間の年数は、ともに義務教育期間中の総授業時間数に影響を与える。義務
教育期間が他よりも短く、法定要件に基づいて生徒が受ける授業時間が長い国がある一方で、長い年
数にわたって均等に授業時間を配分する国もある。本インディケータでは、初等・前期中等教育段階
の義務教育に焦点を当てる。ただし、オランダなど、就学前教育も義務教育の国があるため、義務教
育開始年齢は初等教育開始年齢よりも低くなっている（義務教育期間の詳細は付録3を参照）。デー
タのある国と地域のおよそ5分の3では、1年以上の後期中等教育がフルタイムの義務教育の一部と
なっている（表D1.1）。

データのある国と地域の約4分の3では、初等教育開始年齢は6歳となっている。エストニア、フィ
ンランド、ラトビア、リトアニア、ポーランド、ロシア、スウェーデンなど、残りの国のほとんど
では、7歳になるまで初等教育は開始されない。またオーストラリア、イングランド（イギリス）、
ニュージーランド、スコットランド（イギリス）に限り、初等教育の開始年齢は5歳である。

初等教育の修業年限にもかなりのばらつきがある。OECD加盟の国・地域の平均では6年だが、国ご
とにみると、オーストリア、ドイツ、ハンガリー、リトアニア、ロシア、スロバキア共和国、トルコ
の4年から、オーストラリア、デンマーク、アイスランド、ノルウェー、スコットランド（イギリス）
の7年までさまざまである。前期中等教育の修業年限も平均では3年だが、チリ、フラマン語圏（ベ
ルギー）、フランス語圏（ベルギー）の2年から、ドイツ、ロシア、スロバキア共和国の5年、リトア
ニアの6年までと国によって開きがある（表D1.2）。

年間授業時間を、1年の間にどう配分するかも国によってさまざまである。国ごとに休日の設定が違
うため、授業日数に加えて、1学年度に授業日をどのように配分するかも、大いに異なることが考え
られる（コラムD1.1）。授業日に、休憩時間をどのように設けるかも国によってさまざまである（コ
ラムD1.2）。

コラムD1.1. 初等教育段階における学年度の学校休暇の設定（2018年）

学年度の長さは国によって大きく異なることから、休業週数も国によって大きなばらつきがあ
ることが窺える。学校休暇の頻度と長さの面で、各国の学年度の編成は多様である。

学校休暇はたいてい国全体で定められているが、特に連邦制の国では、地域ごとに異なる場合
がある。学校休暇は、初等・前期中等教育段階を通じてほぼ同じであるのが一般的だが、アイ
ルランド、イスラエル及びリトアニアでは、この教育段階間の授業週数に1～4週間の差異があ
る（表D4.1参照）。学年度内の休暇の配分を地域ごとに自由に設定できる場合もある。例えばフ
ランスでは、学校休暇の日程が3つの地域ごとに定められており、連邦制の国や、オーストラリ
ア、オーストリア、チェコ共和国、イングランド（イギリス）、イタリア、オランダ、ポーラン

インディケータD1：初等・中等教育学校の生徒の標準授業時間数　　CHAPTER D

ド、スロベニア及びスロバキア共和国でも、一部またはすべての休暇に同様の柔軟性がみられる（初等・前期中等教育段階の学年度の編成は付録3を参照）。

最も長い休暇は、どの国でも、連続する2学年度をまたぐ休暇である。初等教育に限って言えば、この休暇は、メキシコ及びオーストラリアとスイスの一部地域の5週間が最も短く、エストニア、ギリシャ、イタリア（12〜14週間）、ラトビア、リトアニア、ロシア連邦及びトルコの12週間以上までの幅がある。2学年度をまたぐこの休暇は、データのあるほぼすべての国で、学校休暇の半分以上を占めている（図D1.a）。

この長期休暇に加えて、通常は学年度内に3〜4回の短い休暇期間がある。 オーストリア、イングランド（イギリス）、ルクセンブルグ、スコットランド（イギリス）及びドイツの一部の州では、学年度の第3学期に第5の休暇を設けている。

学年度中の休暇は長さも時期もまちまちであるが、各国に共通する主要な休暇は暦年の終わりにあり、北半球では2週間の休暇、南半球では学年度末の休暇となる。休暇の時期の違いは、カレンダー上の休日設定の違いのためだと考えられる（イースター休暇など）。

ほとんどの国では、学年度内の休暇によって長さに数日から2週間まで大きな差がある。この傾

図D1.a. 初等教育の学校休暇（2018年）

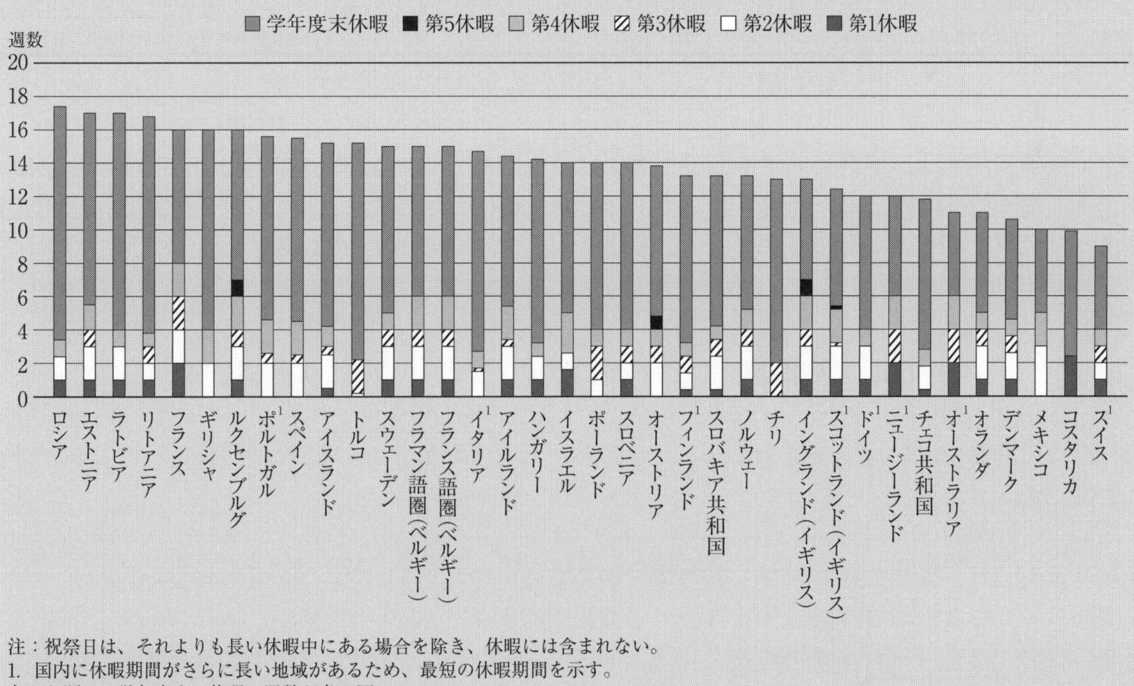

注：祝祭日は、それよりも長い休暇中にある場合を除き、休暇には含まれない。
1. 国内に休暇期間がさらに長い地域があるため、最短の休暇期間を示す。
左から順に、学年度中の休暇の週数が多い国。
資料：OECD（2018）。詳細は「資料」を参照。付録3の注を参照（http://dx.doi.org/10.1787/eag-2018-36-en）。
StatLink : https://doi.org/10.1787/888933805211

399

CHAPTER D　教員と学習環境・学校組織

向には例外があり、リトアニア、ロシア及びスロベニアでは1週間（学年度内で3～4回）、オーストラリア、フランス、ギリシャ及びニュージーランドでは2週間（ギリシャの2回からフランスの4回まで）となっている。ベルギー、イングランド（イギリス）、ドイツ、ルクセンブルグ及びポーランドでは、学年度内に1週間と2週間の休暇が交互に設定されている。

コラムD1.2. 授業間の休憩時間

教室での学習では、生徒は長時間集中して取り組むことが求められる。年間授業時間数と年間授業日数を基にみていくと、約5分の2の国では、初等教育の生徒の必修授業時間は1授業日当たり4時間未満だが、一部の国（オーストラリア、カナダ、チリ、コスタリカ、デンマーク、フラマン語圏（ベルギー）、アイルランド、ルクセンブルグ、アメリカ合衆国）では1日当たり5時間以上である。フランスも同様であるが、週間授業日数が5日ではなく4.5日に設定されているため、1日当たりの教員の授業時間は5時間未満であると考えられる。前期中等教育段階になると、1日の必修授業時間数は一般にもっと長く、すべての国で1日に4時間以上であり、4分の3の国では4～6時間未満、チリ、デンマーク、スペインでは6時間以上である（表D1.1及び表D1.2）。

教室の外で授業以外の活動をして過ごす時間は、生徒の教室での成績向上に役立つという研究結果がある。初等教育段階では、授業の間の休憩時間に遊んだり、休んだり、友だちと自由に交流したりすることで、認知的・情動的・社会的スキルの発達が可能になり、そうしたスキルはやがて教室の中で用いられて、学習面の向上にもつながることが、研究で示唆されているのである（Pellegrini and Bohn, 2005[1]; Pellegrini *et al.*, 2002[2]）。OECD加盟国では、休憩時間を、学校で過ごす日々の重要な要素の一つとする見方が広がっている。

OECD加盟国では、授業間の休憩時間がどのように設けられるかは、その教育制度の管理の仕方や、個々の学校にどの程度裁量が認められているかによって決まってくる（『図表でみる教育OECDインディケータ（2015年版）』（OECD, 2015[3]）のコラムD1.1参照）。ほとんどの国では、学校での1日は45分間から50分間の授業に分割されていて、授業の間の短い休憩時間を含めて1時間を構成するようになっている。OECD加盟国では、生徒が違う教室に移動したり、トイレに行ったりするのに、通常10分から15分の休憩時間があれば十分と考えられている。こうした短い休憩は、大多数の国でみられる長い休憩とは時間の長さや目的が異なっており、長い休憩時間には、生徒は朝食や昼食をとることができ、一人または複数の教員がそれを監督するのが通例である。

初等教育では、長い休憩時間をとるのは一般的であり、場合によっては義務でさえある。例えばスペインでは、初等教育の休憩時間は必修授業時間の一部とみなされている。スペインの初等教育の生徒は、毎日午前の授業の中頃で30分間の休憩をとるが、これは1日5時間の授業時間の一部とみなされている。いくつかの国では、昼食時間が学習プロセスに組み込まれており、生徒は衛生や健康的な食習慣、ごみの再利用について学習する。

すべての教育段階に、長い休憩時間が設けられている国もある。オーストラリアでは全教育段階で、短時間の休憩を午前に、それより長い休憩を昼休みにとるようになっている場合が多い。カナダでは初等教育から後期中等教育までで、正午ごろに昼食のための休憩時間がある。両国とも、この長い休憩時間はだいたい40分間から60分間である。数か国では、これより長い休憩時間があり、例えばフランスの初等教育では、90分間以上の昼食休憩をとる。休憩時間が設けられる時間帯もさまざまである。例えばスイスでは、それぞれ15分から30分の休憩が2回と約60分から90分の長い昼休みが設けられている。チリでは生徒数の多い学校の場合、生徒を学年別あるいは年齢別の二つ以上のグループに分けて休憩をとらせることがある。

休憩時間の目的には、他にもいろいろなものがある。通学距離が長い生徒を助けるための一手段としたり、学年によって授業時間が異なる場合に終業時刻を合わせるのに利用したりする国もある。チェコ共和国では、後者の目的で10分の休憩を5分に短縮する場合がある。デンマークでは地方自治体が、休憩時間を日々の運動や身体活動を一体的に行う時間として、全学年で利用することが多い。スロベニアの場合もまた同じで、体育館や運動場で生徒がスポーツを行えるように、学校が長い休憩時間をとることがある。

必修授業時間

必修授業時間とは、公的な規定に従って、ほぼすべての国公立学校で提供され、ほぼすべての国公立学校の生徒が受けると定められている授業時間の量と配分を指す。

OECD加盟の国・地域の平均では、生徒が受ける必修授業時間は、初等教育で4,620時間、前期中等教育で2,913時間である。つまり、初等・前期中等教育期間に生徒が受ける総必修授業時間は7,533時間（平均9年）ということになるが、ハンガリーの5,940時間（8年）からオーストラリアの11,000時間（11年）まで広い幅がある（図D1.1）。イングランド（イギリス）、ニュージーランド、スコットランド（イギリス）では、学校の総必修授業時間の規定はないが、学校に対しては、定められた1日当たりの最低授業時間は開校すること（ニュージーランド）や、十分な授業時間をかけて、法定要件を満たす広範でバランスのとれたカリキュラムを提供することが求められている（地域レベルの授業時間の差異はコラムD1.3を参照）。

必修授業時間は、生徒が教室で授業を受ける時間のみを表している。つまり、生徒が受ける総授業時間の一部にすぎず、授業は必修授業時間外にも、また教室外や学校外でも行われる。中には中等教育学校の生徒に対し、成績向上のため、すでに学校で授業を受けている教科の放課後学習への参加を奨励する国もある。生徒が参加できる放課後学習の形態には、遅れを取り戻すための補習授業や成績優秀者向けの発展的なコース、個人指導や学校教員が行うグループ学習、その他学校とは独立したコースなどがある（『図表でみる教育OECDインディケータ（2017年版）』（OECD, 2017[4]）のコラムD1.3参照）。放課後学習の費用は、公的に負担される場合もあれば、生徒やその家族が負担する場合もある（『図表でみる教育OECDインディケータ（2011年版）』（OECD, 2011[5]）のコラムD1.1参照）。

本インディケータでは、公的に定められた標準授業時間を学校での学習量の目安としてとらえており、

CHAPTER D　教員と学習環境・学校組織

生徒が受ける実際の授業時間数については示さず、また、学校外での学習活動も対象としていない。

コラムD1.3. 初等・前期中等教育段階における地域ごとの必修授業時間

授業時間は教育段階によって、また各教育段階においても国によって大きく異なる。だが、特に地域レベルで要件が規定される連邦制の国では、同じ国内でも義務教育に大きな差異がある場合がある。

授業時間に関して少なくとも一部の地域別データを報告した4か国（ベルギー、カナダ、イギリス、アメリカ合衆国）のうち、2か国では、初等教育の必修授業時間が最も短い地域と最も長い地域とでかなりの差がある。ベルギーのフランス語圏とフラマン語圏では、4,931時間から5,012時間まで約2%の差があり、アメリカ合衆国の51地域（50州とワシントンDC）では、4,320時間から7,560時間までの75%の差がある。前期中等教育でも初等教育と同様に差がみられ、ベルギーでは1,896〜1,909時間（差は1%未満）、アメリカ合衆国では2,160〜3,780時間（75%）の幅がある。この2か国では、初等・前期中等教育の義務教育年数に地域差がないため、こうした差異は、年間授業時間数の地域差によるものである（OECD/NCES, 2018[6]）。

必修授業の年間時間数の地域差は、初等教育と前期中等教育の両方で、年間授業日数に地域差があることによって説明できる。データがある国をみると、初等・前期中等教育段階の年間必修授業日数は、カナダでは約6%（180〜190日）、ベルギーでは13%未満（159または160〜179日）、アメリカ合衆国では16%（160〜186日）の地域差があるが、イギリスでは、データのある地方自治体間に差異はない（190日）（OECD/NCES, 2018[6]）。

総標準授業時間

総標準授業時間は、学校が生徒への提供を義務づけられている必修及び非必修授業時間からなる。

データのある国の約4分の3では、初等・前期中等教育の生徒が受ける総標準授業時間数は、すべて必修教科に充てられており、総標準授業時間数と必修授業時間数が同じである。フィンランド、フランス（前期中等教育）、ギリシャ、リトアニア、ポーランド、ポルトガル（初等教育）、スロベニアでは、初等・前期中等教育の標準授業時間数は必修授業時間数よりも5%以上多い。だが、総標準授業時間数と生徒が実際に受ける授業時間数が異なる場合もある（コラムD1.3）。

教科別の総授業時間

OECD各国平均では、初等教育段階の生徒が受ける必修授業時間のうち、51%が国語（25%）、算数（17%）、芸術（10%）の3教科に充てられている。教科別総授業時間が規定されているすべてのOECD加盟国では、これら3教科に保健体育（9%）、理科（7%）、社会（6%）を加えた6教科が、選択制ではない必修カリキュラムの大半を占めており、残りが第二言語及びその他の言語、宗教、倫理・道徳教育、情報通信技術（ICT）、科学技術、職業技能、その他に充てられていて、OECD加盟国の平均で初等教育の必修授業時間の19%になる（表D1.3a及び図D1.2a）。

インディケータD1：初等・中等教育学校の生徒の標準授業時間数　　CHAPTER **D**

図**D1.2a.** 初等教育の教科別授業時間（2018年）
総必修授業時間に占める割合、国公立教育機関

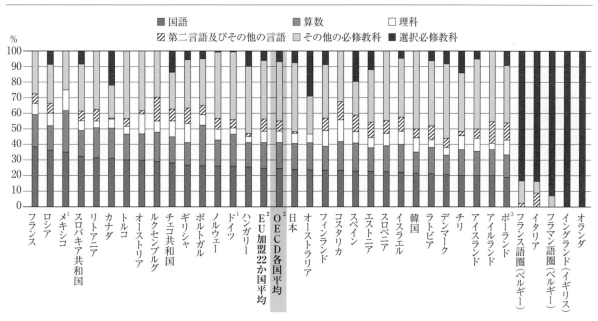

1. 調査年は2017年。
2. イングランド（イギリス）、フラマン語圏（ベルギー）、フランス語圏（ベルギー）、イタリア、オランダを除く。
3. 必修教科の授業時間の多くが選択制である初等教育の最初の3学年を除く。

左から順に、国語の授業時間の割合が大きい国と地域。
資料：OECD（2018）。表D1.3a。詳細は「資料」を参照。付録3の注を参照（http://dx.doi.org/10.1787/eag-2018-36-en）。
StatLink：https://doi.org/10.1787/888933805173

OECD加盟の国・地域の平均では、前期中等教育段階の必修授業時間のうち40%が、国語（14%）、第二言語及びその他の言語（13%）、数学（12%）の3教科に充てられている。また、同じく平均で、必修授業時間のうち12%が理科に、10%が社会に、8%が保健体育に、7%が芸術に充てられている。教科別総授業時間が規定されているすべてのOECD加盟国で、これら7教科がこの教育段階の生徒の必修カリキュラムの大部分を占めており、宗教、倫理・道徳教育、情報通信技術（ICT）、科学技術、職業技能、その他が、選択制ではない残りの必修カリキュラム（12%）となっている（表D1.3b及び図D1.2b）。

初等教育の授業時間の配分に比べると、前期中等教育では大きな変化がみられる。OECD加盟の国・地域の平均で、国語の授業時間は必修カリキュラムの25%から14%へと減少し、数学（算数）の授業時間もまた、必修授業時間の17%から12%へと減少している。反対に理科の授業時間は、必修カリキュラムの7%から12%へ、社会は6%から10%へと増加し、第二言語及びその他の言語の授業時間も6%から13%へと増加している。国レベルでみると、第二言語及びその他の言語は、コスタリカ、フランス、ドイツ、アイスランド、イスラエル、日本、ルクセンブルグで、前期中等教育段階の必修教科で最大の割合を占めている（表D1.3a及び表D1.3b）。

前期中等教育段階では、必修カリキュラムに占める教科別授業時間数の割り当てには、各国間でかなりのばらつきがある。例えば、オーストラリア、コスタリカ、チェコ共和国、フィンランド、アイル

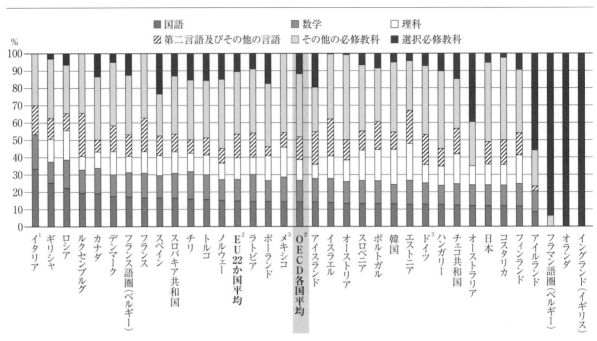

図D1.2b. 前期中等教育普通プログラムの教科別授業時間（2018年）
総必修授業時間に占める割合、国公立教育機関

1. 数学に理科を含む。国語に社会を含む。
2. イングランド（イギリス）、フラマン語圏（ベルギー）、オランダを除く。
3. 調査年は2017年。

左から順に、国語の授業時間の割合が大きい国と地域。
資料：OECD（2018）。表D1.3b。詳細は「資料」を参照。付録3の注を参照（http://dx.doi.org/10.1787/eag-2018-36-en）。
StatLink: https://doi.org/10.1787/888933805192

ランド、日本では、国語の授業時間は必修授業時間の12%以下だが、ギリシャ、イタリアでは25%を上回っている（イタリアでは国語に社会の時間も含む）。アイルランドでは国語が二つの公用語で教えられており、両方を合わせた実際の割合は、総必修授業時間の約21%に達すると思われる。第二言語及びその他の言語に充てられる必修授業時間もまた、国によって大きく異なり、ギリシャ、アイルランド、ポーランドでは、必修授業時間の7%未満であるのに対し、フランス語圏（ベルギー）、アイスランド、日本では13%以上である。また、データのある国の半数強では、前期中等教育で第二言語に加えてさらにもう一つの言語が必修科目になっている。

初等・前期中等教育段階をみてわかるように、生徒の年齢が上がるにつれて、授業時間の各教科への配分はかなり変化する。OECD加盟国の平均で、国語は7歳児には授業時間の28%が充てられており、11歳児では18%、15歳児では11%となっている。対照的に、第二言語に充てられる授業時間は、平均で7歳児では3%であるのに対し、11歳児では第二言語に10%、その他の言語に2%、15歳児では第二言語とその他の言語にそれぞれ9%と5%が充てられている。理科に配分される授業時間の割合は、7歳児の7%から11歳児の9%、15歳児の11%へと増加し、社会の授業時間も、7歳児の5%から11歳児と15歳児の9%へと増加する。芸術に充てる授業時間は、7歳児の11%、11歳児の9%から15歳児の4%へと減少し、一方、体育に充てる時間は、7歳児の9%、11歳児の8%とこの間はあまり変化がないが、15歳児になると6%に減少する（ホームページの表D1.5b、表D1.5f、表D1.5j）。

インディケータD1：初等・中等教育学校の生徒の標準授業時間数　CHAPTER D

カリキュラムの柔軟性

ほとんどの国では、授業時間やカリキュラムについては、国や州の教育当局が規定を設けたり勧告を行ったりするが、時間割作成や教科選択については、程度に差はあるものの、地方の教育当局、学校、教員、生徒の裁量にも委ねられている。

データのある国の約3分の1では、授業時間の配分は複数学年をまたいで柔軟に行われている。すなわち、学年ごとに授業時間の配分を規定するのではなく、一定数の学年や、場合によっては義務教育期間全体に対して、各教科の授業時間が定められているのである。こうした国では、学年ごとの授業時間の配分は学校や地方政府が自由に決定できる（表D1.2及び表D1.4）。

いくつかの国では、ほとんどの必修教科で柔軟な時間配分をするのが慣例となっている。フラマン語圏（ベルギー）、フランス語圏（ベルギー）、イタリアでは、初等教育段階で柔軟なスケジュールをとる必修教科が、必修授業時間の83%以上を占める。イングランド（イギリス）とオランダでは、初等教育段階の必修教科における授業時間の配分は完全に自由なものとなっている。また、前期中等教育段階では、フラマン語圏（ベルギー）、イングランド（イギリス）、オランダで、同様の方式が採られている。これらの国・地域では、必修教科と総授業時間数は定められているが、各教科への配分は指定されていない。地方政府や学校、教員が、各必修教科に割り当てる時間数を自由に決めることができる。スコットランド（イギリス）では、初等教育段階でも前期中等教育段階でも、必修教科が一部指定されてはいるが、総授業時間数については規定がなく、地方政府と学校自身の裁量に任されている。これらの国々を除けば、柔軟な時間配分ができる必修教科は、初等教育・前期中等教育のいずれの教育段階においても、必修授業時間の2%未満である。ただし、カナダの初等教育段階に限り10%を上回っている。

教科の選択に関しては、OECD加盟国で柔軟性のあるケースは少なくなる。初等教育段階では、学校が選択した教科に充てられるのは、平均して必修授業時間の5%にとどまり、前期中等教育段階でも、学校が選択した教科が必修授業時間の7%、生徒が選択した教科が4%である。とはいえ、必修授業時間の多くを自由に選択した教科に配分している国もある。例えば、カナダ（前期中等教育）、チリ、チェコ共和国、エストニア（初等教育）、フランス語圏（ベルギー）（前期中等教育）、ハンガリー、スロバキア共和国（前期中等教育）、スペイン（初等教育）では、学校が選択した教科に必修授業時間の10%以上が充てられている。また、オーストラリア（初等教育で29%、前期中等教育で22%）、フラマン語圏（ベルギー）（前期中等教育で20%）、アイルランド（前期中等教育で50%）、スペイン（前期中等教育で23%）では、学校が選択した教科に充てられる必修授業時間の割合が20%以上である。オーストラリア、アイスランド、ノルウェー、トルコでは、前期中等教育段階の必修授業時間のうち15〜20%が、生徒が選択した教科に充てられる（表D1.3a及び表D1.3b）。

非必修授業時間

OECD加盟国では、非必修授業時間を設けている国はまれである。非必修授業に一定の時間を充てているのは、初等教育段階では6か国、前期中等教育で8か国にとどまる。OECD加盟国の非必修授業時間は平均すると、初等教育段階で総必修授業時間の5%、前期中等教育段階で4%に相当する。とはいえ、追加的な非必修教科にかなり多くの時間を割く国もある。総必修授業時間に対する非必修授業時間の割合が、初等教育段階では、ギリシャで53%、ポルトガルで25%、スロベニアで21%に達

405

CHAPTER D　教員と学習環境・学校組織

し、前期中等教育段階では、フィンランドで11%、フランスで20%、ギリシャで32%、リトアニアで15%、スロベニアで23%になる（表D1.3a及び表D1.3b）。

■定義

必修授業時間／カリキュラムとは、ほぼすべての国公立学校で提供され、ほぼすべての国公立学校の生徒が受けると定められている授業時間の量と配分を指す。必修カリキュラムに柔軟性があって、地方の教育当局、学校、教員、生徒が、程度の差はあれ、必修教科の選択や必修授業時間の配分を裁量する場合もある。

学校の選択する選択必修教科とは、地域の教育当局、地方の教育当局、学校、教員が選択して（または、中央の教育当局が作成した教科リストから選択して）、中央政府が指定した必修授業時間の総量のうち一部を配分する教科をいう。学校はそれらの教科を提供することを義務づけられており、生徒もその教科の授業を受けなければならない。

生徒が選択する選択必修教科とは、必修授業時間の一部に充てるために、（学校が提供を義務づけられている教科から）生徒が選択しなければならない1教科以上の教科の授業時間の総量をいう。

時間配分が自由に決められる必修教科とは、特定の教科群に対して国の教育当局が指示した授業時間の総量であり、地域の教育当局、地方の教育当局、学校、教員が、各教科にそれを配分する。各教科に充てる時間は自由に決められるが、指導する教科は選べない。

複数学年にわたって自由に配分できる授業時間とは、カリキュラムが学年ごとに授業時間の配分を規定しておらず、一定数の学年や、場合によっては義務教育期間全体で各教科の総授業時間のみが定められている場合をいう。この場合、学年ごとの授業時間の配分は、学校や地方当局が自由に決定できる。

授業時間とは、国公立学校が生徒に対し、必修カリキュラムと非必修カリキュラムを合わせた全教科について、学校内または授業前や放課後の活動（必修プログラムの一環）として、提供することを求められている時間をいう。授業の間の休憩時間その他の中断時間、学校の授業日以外の非必修時間、宿題や予習に充てられる時間、家庭教師による指導や個人的な勉強の時間、試験期間（全国学力テストなど、学校以外が実施する試験の期間）は除外する。

標準授業時間とは、1年間に生徒が国公立学校で受けることのできる、必修カリキュラムと非必修カリキュラムを合わせた授業時間数をいう。標準カリキュラムは、国（あるいは中央政府）の教育当局の定める規定や基準に基づく場合もあれば、地域レベルで一連の勧告として定められる場合もある。

非必修カリキュラムとは、必修の授業時間以外に生徒が受けることができ、ほぼすべての国公立学校が提供するよう求められている授業の総時間数を指す。非必修カリキュラムの教科は学校や地域によって異なり、「選択教科」として設置されることもある。生徒の方は、その中から必ず何かの科目を受ける必要があるということはないが、すべての国公立学校は、生徒が選択教科の授業を受けられるようにすることが求められている。

インディケータ D1：初等・中等教育学校の生徒の標準授業時間数　　**CHAPTER D**

■ 算定方法

本インディケータでは、公的に定められた標準授業時間を学校での学習量の目安として捉えており、生徒が受ける実際の授業時間数については示さず、また、学校外での学習活動も対象としていない。どこの国でも、規定された最低授業時間数と生徒が受ける実際の授業時間数に相違が生じることはありうる。学校の時間割や授業の中止、教員の欠勤といった要因を考慮すると、各学校で常に最低授業時間数が達成されるとは限らない（OECD, 2007[7]、コラム D1.1 参照）。

さらにこの指標では、最低授業時間数のカリキュラム各分野への配分状況や、義務教育期間であるフルタイムの普通教育コースの学年ごとの標準授業時間も示す。国によってカリキュラムに関する政策や方針に違いがあるため、こうしたデータは国際的に比較するのは難しいが、それでも、生徒が望ましい教育目標を達成するためにどの程度の授業時間が必要であるかについて、各国の考え方を示唆するものではある。

授業時間配分が学年をまたいで自由に配分できる制度の場合、つまり、ある教科の授業時間の配分が学年ごとに規定されておらず、一定数の学年間、場合によっては義務教育期間全体で定められている場合、年齢あるいは教育段階ごとの授業時間は、総授業時間数を学年数で除した推定値で表している。

詳細については『OECD国際比較教育統計ハンドブック2018年版（*OECD Handbook for Internationally Comparable Education Statistics 2018*）』（OECD, 2018[8]）を参照。各国の注記ついては付録3を参照（http://dx.doi.org/10.1787/eag-2018-36-en）。

リトアニアは、本書を編集時にはOECD加盟国ではなかったので、OECD加盟国リストには記載せず、OECD加盟国の総計に含めていない。

■ 資料

授業時間に関するデータは、2017年に欧州教育情報ネットワーク（Eurydice）とOECDが共同して作成した、授業時間のデータコレクションから得たものである。義務教育期間の初等教育及びフルタイムの（前期及び後期）中等教育普通教育コースについて、2017〜18学年度の授業時間を対象としている。

イスラエルのデータについて

イスラエルの統計データは、イスラエル政府関係当局により、その責任の下で提供されている。OECDにおける当該データの使用は、ゴラン高原、東エルサレム、及びヨルダン河西岸地区のイスラエル入植地の国際法上の地位を害するものではない。

407

CHAPTER **D**　教員と学習環境・学校組織

■ 参考資料

OECD（2018），*OECD Handbook for Internationally Comparative Education Statistics 2018: Concepts, Standards, Definitions and Classifications*, OECD Publishing, Paris, https://doi.org/10.1787/9789264304444-en. [8]

OECD（2017），*Education at a Glance 2017: OECD Indicators*, OECD Publishing, Paris, *http://dx.doi.org/10.1787/eag-2017-en*.（『図表でみる教育OECDインディケータ（2017年版）』 経済協力開発機構（OECD）編著、矢倉美登里, 稲田智子, 大村有里, 坂本千佳子, 立木勝, 三井理子訳、明石書店、2016年） [4]

OECD（2015），*Education at a Glance 2015: OECD Indicators*, OECD Publishing, Paris, *http://dx.doi.org/10.1787/eag-2015-en*.（『図表でみる教育OECDインディケータ（2015年版）』 経済協力開発機構（OECD）編著、徳永優子, 稲田智子, 西村美由起, 矢倉美登里訳、明石書店、2015年） [3]

OECD（2011），*Education at a Glance 2011: OECD Indicators*, OECD Publishing, Paris, *http://dx.doi.org/10.1787/eag-2011-en*.（『図表でみる教育OECDインディケータ（2011年版）』 経済協力開発機構（OECD）編著、徳永優子, 稲田智子, 来田誠一郎, 矢倉美登里訳、明石書店、2011年） [5]

OECD（2007），*Education at a Glance 2007: OECD Indicators*, OECD Publishing, Paris, http://dx.doi.org/10.1787/eag-2007-en.（『図表でみる教育OECDインディケータ（2007年版）』経済協力開発機構（OECD）編著、明石書店、2007年） [7]

OECD/NCES（2018），*Education at a Glance Subnational Supplement*, OECD/National Center for Education Statistics, Paris and Washington, DC, https://nces.ed.gov/surveys/annualreports/oecd/index.asp. [6]

Pellegrini, A. and C. Bohn（2005），"The role of recess in children's cognitive performance and school adjustment", *Educational Researcher*, Vol. 34/1, pp. 13-19, http://dx.doi.org/10.3102/0013189x034001013. [1]

Pellegrini, A. *et al.*（2002），"A short-term longitudinal study of children's playground games across the first year of school: Implications for social competence and adjustment to school", *American Educational Research Journal*, Vol. 39/4, pp. 991-1015, http://dx.doi.org/10.3102/00028312039004991. [2]

■ インディケータD1の表*

- 表D1.1.　義務教育（普通プログラム）の授業時間（2018年）
- 表D1.2.　義務教育（普通プログラム）の体系（2018年）
- 表D1.3a. 初等教育段階の教科別授業時間（2018年）
- 表D1.3b. 前期中等教育段階（普通プログラム）の教科別授業時間（2018年）
- 表D1.4.（ホームページの表）義務教育（普通教育プログラム）の年齢別授業時間（2018年）
- 表D1.5a.（ホームページの表）6歳児が受ける教科別授業時間（2018年）
- 表D1.5b.（ホームページの表）7歳児が受ける教科別授業時間（2018年）
- 表D1.5c.（ホームページの表）8歳児が受ける教科別授業時間（2018年）
- 表D1.5d.（ホームページの表）9歳児が受ける教科別授業時間（2018年）

- 表D1.5e.（ホームページの表）10歳児が受ける教科別授業時間（2018年）
- 表D1.5f.（ホームページの表）11歳児が受ける教科別授業時間（2018年）
- 表D1.5g.（ホームページの表）12歳児が受ける教科別授業時間（2018年）
- 表D1.5h.（ホームページの表）13歳児が受ける教科別授業時間（2018年）
- 表D1.5i.（ホームページの表）14歳児が受ける教科別授業時間（2018年）
- 表D1.5j.（ホームページの表）15歳児が受ける教科別授業時間（2018年）
- 表D1.5k.（ホームページの表）16歳児が受ける教科別授業時間（2018年）
- 表D1.5l.（ホームページの表）17歳児が受ける教科別授業時間（2018年）

* データの締切日は2018年7月18日。更新データはホームページで確認可能（http://dx.doi.org/10.1787/eag-data-en）。データはEducation at a Glance Database（http://stats.oecd.org/）でも確認可能。

CHAPTER D　教員と学習環境・学校組織

表D1.1. [1/2] 義務教育[1]（普通プログラム）の授業時間（2018年）
教育段階別、国公立教育機関

	義務教育である学年数	初等教育					
		年間平均時間			総時間数		
国		必修授業時間	非必修授業時間	標準授業時間	必修授業時間	非必修授業時間	標準授業時間
	(1)	(2)	(3)	(4)=(2)+(3)	(5)	(6)	(7)=(5)+(6)
オーストラリア	7	1 000	m	m	7 000	m	m
オーストリア	4	705	m	m	2 820	m	m
カナダ	6	920	a	920	5 518	a	5 518
チリ	6	1 039	a	1 039	6 233	a	6 233
チェコ共和国	5	694	m	m	3 469	m	m
デンマーク	7	1 051	a	1 051	7 360	a	7 360
エストニア	6	661	a	661	3 964	a	3 964
フィンランド[2]	6	651	33	683	3 905	195	4 100
フランス	5	864	a	864	4 320	a	4 320
ドイツ[3,4]	4	701	a	701	2 804	a	2 804
ギリシャ	6	752	398	1 151	4 514	2 390	6 903
ハンガリー	4	689	a	689	2 754	a	2 754
アイスランド[2]	7	729	a	729	5 100	a	5 100
アイルランド	6	910	a	910	5 460	a	5 460
イスラエル	6	959	a	959	5 755	a	5 755
イタリア	5	891	a	891	4 455	a	4 455
日本[5]	6	763	a	763	4 576	a	4 576
韓国[2]	6	655	a	655	3 928	a	3 928
ラトビア	6	599	m	m	3 595	m	m
ルクセンブルグ	6	924	a	924	5 544	a	5 544
メキシコ[3]	6	800	a	800	4 800	a	4 800
オランダ[6]	6	940	m	m	5 640	m	m
ニュージーランド	6	m	m	m	m	m	m
ノルウェー	7	753	a	753	5 272	a	5 272
ポーランド	6	619	59	677	3 713	352	4 065
ポルトガル	6	834	205	1 039	5 004	1 231	6 235
スロバキア共和国	4	677	a	677	2 707	a	2 707
スロベニア	6	682	140	822	4 091	840	4 931
スペイン	6	792	a	792	4 750	a	4 750
スウェーデン[2]	6	766	m	m	4 593	m	m
スイス	6	796	m	m	4 773	m	m
トルコ	4	720	a	720	2 880	a	2 880
アメリカ合衆国	6	971	m	m	5 824	m	m
地域							
フラマン語圏（ベルギー）	6	822	a	822	4 931	a	4 931
フランス語圏（ベルギー）	6	835	a	835	5 012	a	5 012
イングランド（イギリス）	6	m	m	m	m	m	m
スコットランド（イギリス）	7	m	a	m	m	a	m
OECD各国平均	6	799	m	m	4 620	m	m
EU加盟22か国平均	6	775	m	m	4 337	m	m
アルゼンチン	m	m	m	m	m	m	m
ブラジル	5	m	m	m	m	m	m
中国	m	m	m	m	m	m	m
コロンビア	5	m	m	m	m	m	m
コスタリカ	6	1 147	a	1 147	6 880	a	6 880
インド	m	m	m	m	m	m	m
インドネシア	m	m	m	m	m	m	m
リトアニア	4	589	36	626	2 357	146	2 503
ロシア	4	598	m	m	2 393	m	m
サウジアラビア	m	m	m	m	m	m	m
南アフリカ	m	m	m	m	m	m	m
G20各国平均	m	m	m	m	m	m	m

注：義務教育の後期中等教育の授業時間を示す縦列（19～25列）は、ホームページで参照可能。詳細は「定義」と「算定方法」を参照。データは Education at a Glance Database（http://stats.oecd.org/）で参照可能。
1. フルタイムの義務教育を指し、義務教育であっても就学前教育を除く。
2. 授業時間配分が複数学年にわたる柔軟なものであるため、年平均時間を基にした教育段階別時間数は推定。
3. 調査年は2017年。
4. 義務教育の最終学年（前期中等教育にも後期中等教育にも分類される場合がある）を除く。
5. 学年度初めに各学校で計画された授業時間の平均。
6. 前期中等教育の学年数は、プログラムによって3年または4年。中等教育職業準備プログラム（VMBO）の4年目は算定から除く。
資料：OECD（2018）。詳細は「資料」を参照。付録3の注を参照（http://dx.doi.org/10.1787/eag-2018-36-en）。
表中の省略記号については、「利用にあたって」を参照。

StatLink：https://doi.org/10.1787/888933805078

410

インディケータD1：初等・中等教育学校の生徒の標準授業時間数　　CHAPTER D

表D1.1. [2/2] 義務教育¹（普通プログラム）の授業時間（2018年）
教育段階別、国公立教育機関

		前期中等教育						初等・前期中等教育			
			年間平均時間			総時間数				総時間数	
	義務教育である学年数	必修授業時間	非必修授業時間	標準授業時間	必修授業時間	非必修授業時間	標準授業時間	理論上の修業年限	必修授業時間	非必修授業時間	標準授業時間
	(8)	(9)	(10)	(11)=(9)+(10)	(12)	(13)	(14)=(12)+(13)	(15)	(16)=(5)+(12)	(17)=(6)+(13)	(18)=(16)+(17)

OECD加盟国

国	(8)	(9)	(10)	(11)	(12)	(13)	(14)	(15)	(16)	(17)	(18)
オーストラリア	4	1 000	m	m	4 000	m	m	11	11 000	m	m
オーストリア	4	900	m	m	3 600	m	m	8	6 420	m	m
カナダ	3	924	3	927	2 771	9	2 781	9	8 289	9	8 299
チリ	2	1 077	a	1 077	2 155	a	2 155	8	8 388	a	8 388
チェコ共和国	4	897	m	m	3 587	m	m	9	7 056	m	m
デンマーク	3	1 200	a	1 200	3 600	a	3 600	10	10 960	a	10 960
エストニア	3	823	a	823	2 468	a	2 468	9	6 431	a	6 431
フィンランド²	3	808	87	894	2 423	261	2 683	9	6 327	456	6 783
フランス	4	946	189	1 135	3 784	756	4 540	9	8 104	756	8 860
ドイツ³,⁴	5	916	a	916	4 582	a	4 582	9	7 386	a	7 386
ギリシャ	3	791	253	1 044	2 374	758	3 132	9	6 888	3 147	10 035
ハンガリー	4	797	a	797	3 186	a	3 186	8	5 940	a	5 940
アイスランド²	3	839	a	839	2 516	a	2 516	10	7 616	a	7 616
アイルランド	3	924	a	924	2 772	a	2 772	9	8 232	a	8 232
イスラエル	3	984	a	984	2 951	a	2 951	9	8 706	a	8 706
イタリア	3	990	a	990	2 970	a	2 970	8	7 425	a	7 425
日本⁵	3	893	a	893	2 680	a	2 680	9	7 256	a	7 256
韓国²	3	842	a	842	2 525	a	2 525	9	6 453	a	6 453
ラトビア	3	794	m	m	2 381	m	m	9	5 977	m	m
ルクセンブルグ	3	845	a	845	2 535	a	2 535	9	8 079	a	8 079
メキシコ³	3	1 167	a	1 167	3 500	a	3 500	9	8 300	a	8 300
オランダ⁶	3	1 000	m	m	3 000	m	m	9	8 640	m	m
ニュージーランド	4	m	m	m	m	m	m	10	m	m	m
ノルウェー	3	874	a	874	2 622	a	2 622	10	7 894	a	7 894
ポーランド	3	827	64	891	2 482	192	2 674	9	6 195	544	6 738
ポルトガル	3	892	27	919	2 675	80	2 756	9	7 679	1 311	8 991
スロバキア共和国	5	823	a	823	4 117	a	4 117	9	6 824	a	6 824
スロベニア	3	766	179	944	2 298	536	2 833	9	6 389	1 376	7 764
スペイン	3	1 054	a	1 054	3 161	a	3 161	9	7 911	a	7 911
スウェーデン²	3	766	m	m	2 297	m	m	9	6 890	m	m
スイス	3	936	m	m	2 807	m	m	9	7 580	m	m
トルコ	4	843	a	843	3 371	a	3 371	8	6 251	a	6 251
アメリカ合衆国	3	1 020	m	m	3 059	m	m	9	8 884	m	m

地域

	(8)	(9)	(10)	(11)	(12)	(13)	(14)	(15)	(16)	(17)	(18)
フラマン語圏（ベルギー）	2	948	a	948	1 896	a	1 896	8	6 827	a	6 827
フランス語圏（ベルギー）	2	955	a	955	1 909	a	1 909	8	6 921	a	6 921
イングランド（イギリス）	3	m	m	m	m	m	m	9	m	m	m
スコットランド（イギリス）	3	m	m	m	m	m	m	10	m	m	m
OECD各国平均	3	913	m	m	2 913	m	m	9	7 533	m	m
EU加盟22か国平均	3	894	m	m	2 913	m	m	9	7 250	m	m

OECD非加盟国

	(8)	(9)	(10)	(11)	(12)	(13)	(14)	(15)	(16)	(17)	(18)
アルゼンチン	m	m	m	m	m	m	m	m	m	m	m
ブラジル	4	m	m	m	m	m	m	9	m	m	m
中国	m	m	m	m	m	m	m	m	m	m	m
コロンビア	4	m	m	m	m	m	m	9	m	m	m
コスタリカ	3	1 120	a	1 120	3 360	a	3 360	9	10 240	a	10 240
インド	m	m	m	m	m	m	m	m	m	m	m
インドネシア	m	m	m	m	m	m	m	m	m	m	m
リトアニア	6	787	116	903	4 723	697	5 420	10	7 080	843	7 922
ロシア	5	803	a	m	4 016	a	m	9	6 410	a	m
サウジアラビア	m	m	m	m	m	m	m	m	m	m	m
南アフリカ	m	m	m	m	m	m	m	m	m	m	m
G20各国平均	m	m	m	m	m	m	m	m	m	m	m

注：義務教育の後期中等教育の授業時間を示す縦列（19～25列）は、ホームページで参照可能。詳細は「定義」と「算定方法」を参照。データはEducation at a Glance Database（http://stats.oecd.org/）で参照可能。
1. フルタイムの義務教育を指し、義務教育であっても就学前教育を除く。
2. 授業時間配分が複数学年にわたる柔軟なものであるため、年平均時間を基にした教育段階別時間数は推定。
3. 調査年は2017年。
4. 義務教育の最終学年（前期中等教育にも後期中等教育にも分類される場合がある）を除く。
5. 学年度初めに各学校で計画された授業時間の平均。
6. 前期中等教育の学年数は、プログラムによって3年または4年。中等教育職業準備プログラム（VMBO）の4年目は算定から除く。
資料：OECD（2018）。詳細は「資料」を参照。付録3の注を参照（http://dx.doi.org/10.1787/eag-2018-36-en）。
表中の省略記号については、「利用にあたって」を参照。
StatLink：https://doi.org/10.1787/888933805078

表D1.2. 義務教育[1]（普通プログラム）の体系（2018年）

教育段階別、国公立教育機関

	初等教育					前期中等教育				
	義務教育である学年数	理論上の就学開始年齢	年間平均授業日数	週間平均授業日数	複数学年にわたる柔軟な授業時間配分が可能	義務教育である学年数	理論上の就学開始年齢	年間平均授業日数	週間平均授業日数	複数学年にわたる柔軟な授業時間配分が可能
	(1)	(2)	(3)	(4)	(5)	(6)	(7)	(8)	(9)	(10)
国										
オーストラリア	7	5	200	5.0	いいえ	4	12	200	5.0	いいえ
オーストリア	4	6	180	5.0	いいえ	4	10	180	5.0	いいえ
カナダ	6	6	183	5.0	いいえ	3	12	183	5.0	いいえ
チリ	6	6	180	5.0	いいえ	2	12	178	5.0	いいえ
チェコ共和国	5	6	196	5.0	はい	4	11	196	5.0	はい
デンマーク	7	6	200	5.0	いいえ	3	13	200	5.0	いいえ
エストニア	6	7	175	5.0	はい	3	13	175	5.0	はい
フィンランド[2]	6	7	188	5.0	はい	3	13	188	5.0	はい
フランス	5	6	162	4.5	いいえ	4	11	162	4.5	いいえ
ドイツ[3,4]	4	6	188	5.0	いいえ	5	10	188	5.0	いいえ
ギリシャ	6	6	177	5.0	いいえ	3	12	166	5.0	いいえ
ハンガリー	4	6	180	5.0	いいえ	4	10	180	5.0	いいえ
アイスランド	7	6	170	5.0	はい	3	13	170	5.0	はい
アイルランド	6	6	182	5.0	いいえ	3	12	165	5.0	いいえ
イスラエル	6	6	219	6.0	いいえ	3	12	209	6.0	いいえ
イタリア	5	6	200	5.0	いいえ	3	11	200	6.0	いいえ
日本	6	6	201	5.0	いいえ	3	12	201	5.0	いいえ
韓国	6	6	190	5.0	はい	3	12	190	5.0	はい
ラトビア	6	7	169	5.0	いいえ	3	13	173	5.0	いいえ
ルクセンブルグ	6	6	180	5.0	いいえ	3	12	169	5.0	いいえ
メキシコ[3]	6	6	200	5.0	いいえ	3	12	200	5.0	いいえ
オランダ[5]	6	6	m	5.0	はい	3	12	m	5.0	はい
ニュージーランド	6	5	194	5.0	m	4	11	192	5.0	m
ノルウェー	7	6	190	5.0	いいえ	3	13	190	5.0	いいえ
ポーランド	6	7	178	5.0	はい	3	13	178	5.0	はい
ポルトガル	6	6	180	5.0	はい	3	12	178	5.0	はい
スロバキア共和国	4	6	188	5.0	いいえ	5	10	188	5.0	いいえ
スロベニア	6	6	190	5.0	いいえ	3	12	185	5.0	いいえ
スペイン	6	6	175	5.0	いいえ	3	12	175	5.0	いいえ
スウェーデン[2]	6	7	178	5.0	はい	3	13	178	5.0	はい
スイス	6	6	188	5.0	いいえ	3	12	188	5.0	いいえ
トルコ	4	6	180	5.0	いいえ	4	10	180	5.0	いいえ
アメリカ合衆国	6	6	180	5.0	m	3	12	180	5.0	m
地域										
フラマン語圏（ベルギー）	6	6	159	4.5	いいえ	2	12	160	4.5	いいえ
フランス語圏（ベルギー）	6	6	179	5.0	いいえ	2	12	179	5.0	いいえ
イングランド（イギリス）	6	5	190	5.0	はい	3	11	190	5.0	はい
スコットランド（イギリス）	7	5	190	5.0	はい	3	12	190	5.0	はい
OECD各国平均	6	6	185	5.0	m	3	12	183	5.0	m
EU加盟22か国平均	6	6	182	5.0	m	3	12	180	5.0	m
アルゼンチン	m	m	m	m	m	m	m	m	m	m
ブラジル	5	6	200	5.0	m	4	11	200	5.0	m
中国	m	m	m	m	m	m	m	m	m	m
コロンビア	5	6	200	5.0	m	4	11	200	5.0	m
コスタリカ	6	6	200	5.0	いいえ	3	12	200	5.0	いいえ
インド	m	m	m	m	m	m	m	m	m	m
インドネシア	m	m	m	m	m	m	m	m	m	m
リトアニア	4	7	170	5.0	はい	6	11	181	5.0	はい
ロシア	4	7	169	5.0	いいえ	5	11	175	5.0	いいえ
サウジアラビア	m	m	m	m	m	m	m	m	m	m
南アフリカ	m	m	m	m	m	m	m	m	m	m
G20各国平均	m	m	m	m	m	m	m	m	m	m

注：義務教育である後期中等教育の授業時間を示す縦列（11～15列）は、ホームページで参照可能。詳細は「定義」と「算定方法」を参照。データは Education at a Glance Database（http://stats.oecd.org/）で参照可能。
1. フルタイムの義務教育を対象とし、義務教育であっても就学前教育を除く。
2. 複数の教育段階にわたる柔軟な授業時間配分が可能。
3. 調査年は2017年。
4. 義務教育の最終学年（前期中等教育にも後期中等教育にも分類される場合がある）を除く。
5. 前期中等教育の学年数は、プログラムによって3年または4年。中等教育職業準備プログラム（VMBO）の4年目は算定から除く。
資料：OECD（2018）。詳細は「資料」を参照。付録3の注を参照（http://dx.doi.org/10.1787/eag-2018-36-en）。
表中の省略記号については、「利用にあたって」を参照。
StatLink：https://doi.org/10.1787/888933805097

インディケータD1：初等・中等教育学校の生徒の標準授業時間数　　CHAPTER **D**

表D1.3a. 初等教育段階の教科別授業時間（2018年）
総必修授業時間に占める教科別授業時間の割合、国公立教育機関

D1

	国語	算数	理科	社会	第二言語	その他の言語	保健体育	芸術	宗教／倫理／道徳教育	情報通信技術(ICT)	科学技術	職業技能	その他	時間配分が柔軟な必修教科	生徒が選択する必修教科	学校が選択する必修教科	必修カリキュラム合計	非必修カリキュラム
	(1)	(2)	(3)	(4)	(5)	(6)	(7)	(8)	(9)	(10)	(11)	(12)	(13)	(14)	(15)	(16)	(17)	(18)
国																		
オーストラリア	24	17	6	8[d]	x(16)	x(16)	8	5	x(4)	x(11)	4[d]	x(11)	x(16)	x(16)	m	29[d]	100	m
オーストリア	30	17	13[d]	x(3)	2	a	11	9	9	x(17)	x(3)	6	4	a	a	a	100	m
カナダ	31	19	6	5	1	a	9	10	5	x(16)	3	6	2	17	a	5	100	a
チリ	20	16	9	9	3	x(16)	9	10	5	x(16)	3	6	2	a	0	14[d]	100	a
チェコ共和国	28	17	10[d]	x(3)	8	a	8	10	x(13)	1	4[d]	x(11)	x(16)	a	x(16)	14[d]	100	a
デンマーク	21	12	5	3	5	1	6	8	3	x(14)	a	4	23	8[d]	a	a	100	a
エストニア	23	15	7	5	8	2	11	15	x(16)	x(16)	a	a	a	a	a	12[d]	100	a
フィンランド[1]	23	15	10	4	7	1	9	16	5	x(17)	a	a	4	a	4	4	100	5
フランス	38	21	7[d]	3	6	a	13	8	4	x(3)	x(3)	a	a	a	a	a	100	a
ドイツ[2]	26	21	4	6	5	a	11	14	7	1	1	0	3	a	a	1	100	a
ギリシャ	27	14	12	6	2	a	9	10	3	3	a	a	4	a	a	6	100	53
ハンガリー	25	16	4	a	2	a	20	16	4	a	a	a	4	a	a	10	100	a
アイスランド	20	16	8	13[d]	6[d]	x(5)	9	19[d]	x(4)	3	a	x(8)	x(15)	a	5[d]	x(15)	100	a
アイルランド[3]	20	17	4[d]	8	14	a	4	12	10	x(17)	x(3)	a	11	a	a	a	100	a
イスラエル	22	18	8[d]	8	6	3	6	14	a	x(14)	3	4	a	a	a	5	100	a
イタリア[4]	x(14)	x(14)	x(14)	x(14)	9	a	x(14)	x(14)	7	a	x(14)	a	a	84[d]	a	x(17)	100	a
日本	24	17	7	6	1	a	10	12	3	a	a	a	13	7	a	a	100	a
韓国	21	14	9[d]	9[d]	6	a	7	9	x(4, 13)	x(13)	x(12)	x(3)	25[d]	a	a	a	100	a
ラトビア	21	17	5	6	8	1	8	12	2	1	a	4	10	a	a	6	100	a
ルクセンブルグ[3]	29	19	7	2	15	a	10	11	7	a	a	a	a	a	a	a	100	a
メキシコ[2]	35	27	13	10	m	a	5	5	a	a	a	a	a	a	a	a	100	a
オランダ[4]	x(14)	x(14)	x(14)	x(14)	x(14)	a	x(14)	x(14)	x(14)	x(14)	x(14)	a	100[d]	a	a	a	100	a
ニュージーランド	m	m	m	m	m	m	m	m	m	m	m	m	m	m	m	m	m	m
ノルウェー	26	17	7	7	7	a	11	14	8	a	a	a	2	a	a	1	100	a
ポーランド[5]	19	15	10	4	11	a	9	15	4	4	4	a	4	a	a	9	100	9
ポルトガル	26	26[d]	7	7	6	a	8	9	a	a	a	a	4	a	a	3	100	25
スロバキア共和国	32	17	6	3	6	x(16)	8	10	4	2	a	2	x(16)	a	x(16)	8[d]	100	a
スロベニア	22	17	8	7[d]	8	a	14	15	x(4)	x(17)	5	2	1	a	a	a	100	21
スペイン	23	18	7	7	11	x(16)	8	x(16)	5	a	a	a	a	0	x(16)	20[d]	100	a
スウェーデン	m	m	m	m	m	m	m	m	m	m	m	m	m	m	m	m	m	m
スイス	m	m	m	m	a		m	m	m	m			a				m	m
トルコ	30	17	5	13	5	a	14	7	2	a	a	1	7	a	a	a	100	a
アメリカ合衆国	m	m	m	m	m	m	m	m	m	m	m	m	m	m	m	m	m	m
地域																		
フラマン語圏（ベルギー）[4]	x(14)	x(14)	x(14)	x(14)	x(14)	a	x(14)	x(14)	7	x(17)	x(3)	a	x(17)	93[d]	a	x(14)	100	a
フランス語圏（ベルギー）[4]	x(14)	x(14)	x(14)	x(14)	2	a	7	x(14)	7	a	x(14)	a	a	83[d]	a	a	100	a
イングランド（イギリス）[4]	x(14)	x(14)	x(14)	x(14)	x(14)	a	x(14)	x(14)	x(14)	x(14)	x(14)	a	a	100[d]	a	a	100	a
スコットランド（イギリス）	m	m	m	m	m	m	m	m	m	m	m	m	m	m	m	m	m	m
OECD各国平均[4]	25	17	7	6	6	0	9	10	5	1	1	1	5	1	0	5	100	5
EU加盟22か国平均[4]	25	17	7	5	7	0	10	11	4	1	1	2	4	1	0	5	100	8
アルゼンチン	m	m	m	m	m	m	m	m	m	m	m	m	m	m	m	m	m	m
ブラジル	m	m	m	m	m	m	m	m	m	m	m	m	m	m	m	m	m	m
中国	m	m	m	m	m	m	m	m	m	m	m	m	m	m	m	m	m	m
コロンビア	m	m	m	m	m	m	m	m	m	m	m	m	m	m	m	m	m	m
コスタリカ	23	19	14	9	12	a	5	5	5	a	a	a	9	a	a	a	100	a
インド	m	m	m	m	m	m	m	m	m	m	m	m	m	m	m	m	m	m
インドネシア	m	m	m	m	m	m	m	m	m	m	m	m	m	m	m	m	m	m
リトアニア	31	19	4	4	8	a	12	17[d]	4	x(8)	a	a	a	a	a	6	100	6
ロシア	36	16	8	a	6	a	12	8	1	a	4	a	a	a	a	9	100	a
サウジアラビア	m	m	m	m	m	m	m	m	m	m	m	m	m	m	m	m	m	m
南アフリカ	m	m	m	m	m	m	m	m	m	m	m	m	m	m	m	m	m	m
G20各国平均	m	m	m	m	m	m	m	m	m	m	m	m	m	m	m	m	m	m

注：平均は合計が100%になるように調整しており、各縦列の平均と完全には一致しない。年齢ごとの教科別授業時間は、ホームページの表D1.5a 〜表D1.5lを参照（下記StatLinkを参照）。詳細は「定義」と「算定方法」を参照。データはEducation at a Glance Database（http://stats.oecd.org/）で参照可能。
1. 複数の教育段階にわたる柔軟な授業時間配分が可能。
2. 調査年は2017年。
3. 第二言語に学校で教える他の公用語を含む。
4. イングランド（イギリス）、フラマン語圏（ベルギー）、フランス語圏（ベルギー）、イタリア、オランダのデータは平均に含まない。
5. 必修教科の授業時間の多くが選択制である初等教育の最初の3学年を除く。
資料：OECD（2018）。詳細は「資料」を参照。付録3の注を参照（http://dx.doi.org/10.1787/eag-2018-36-en）。
表中の省略記号については、「利用にあたって」を参照。
StatLink : https://doi.org/10.1787/888933805116

表D1.3b. 前期中等教育段階（普通プログラム）の教科別授業時間（2018年）

総必修授業時間に占める教科別授業時間の割合、国公立教育機関

	国語	数学	理科	社会	第二言語	その他の言語	保健体育	芸術	宗教／倫理／道徳教育	情報通信技術（ICT）	科学技術	職業技能	その他	時間配分が柔軟な必修教科	生徒が選択する必修教科	学校が選択する必修教科	必修カリキュラム合計	非必修カリキュラム
	(1)	(2)	(3)	(4)	(5)	(6)	(7)	(8)	(9)	(10)	(11)	(12)	(13)	(14)	(15)	(16)	(17)	(18)
国																		
オーストラリア[1]	12	12	11	10^d	x(16)	x(16)	8	4	x(4)	x(11)	4^d	x(11)	x(16)	x(16)	18	22^d	100	m
オーストリア	13	13	12	11	12	a	12	13	7	x(17)	a	7	a	a	1	a	100	m
カナダ	19	15	9	13	7	a	10	7	2	a	3	1	1	0	4	10	100	0
チリ	16	16	11	11	8	x(16)	5	8	5	x(16)	3	x(16)	3	a	0	15^d	100	a
チェコ共和国	12	12	17	9	10	5	8	8	x(13)	1	2^d	x(11)	x(16)	a	x(16)	15^d	100	a
デンマーク	18	13	13	8	8	5	8	5	x(15)	2	x(15)	x(15)	2	21	a	5^d	100	a
エストニア	13	14	21	11	10	10	6	6	x(16)	x(16)	5	a	a	a	a	4^d	100	a
フィンランド[2]	12	13	16	8	8	5	12	7	4	x(17)	a	6	a	6	a	4	100	11
フランス	17	14	12	12^d	12	7	12	8	x(4)	x(17)	4	a	1	a	a	a	100	20
ドイツ[3]	13	12	11	10	12	6	8	9	5	1	2	2	2	a	7	a	100	a
ギリシャ	25	12	13	8	6	6	6	6	3	3	2	a	a	a	a	3	100	32
ハンガリー	13	11	11	9	10	a	7	6	6	2	a	a	a	a	10	10	100	a
アイスランド	14	14	8	8^d	19^d	x(5)	8	8^d	x(4)	2	a	x(8)	x(15)	a	20^d	x(15)	100	a
アイルランド[4]	9	12	x(16)	12	3	x(16)	6	x(16)	x(16)	x(16)	x(16)	x(16)	2	6^d	a	50^d	100	a
イスラエル	14	14	13^d	18	11	10	6	4	9	x(3)	x(3)	a	a	a	a	0	100	a
イタリア	33^d	20^d	x(2)	x(1)	10	7	7	13	3	a	7	a	a	a	a	x(17)	100	a
日本	12	12	12	11	13	a	10	7	3	a	3	a	a	12	5	a	100	a
韓国	13	11	20^d	15^d	8	a	8	8	x(4)	x(3)	x(12)	x(3)	9	a	x(16)	5^d	100	a
ラトビア	15	16	10	14	8	6	6	6	a	1	a	4	7	a	a	9	100	m
ルクセンブルク[4]	19	13	8	11	12	13	6	8	9	7	a	a	a	a	a	a	100	a
メキシコ[3]	14	14	17	12	9	a	6	6	8	a	11	a	3	a	a	a	100	a
オランダ[5]	x(14)	x(14)	x(14)	x(14)	x(14)	x(14)	x(14)	x(14)	x(14)	x(14)	x(14)	x(14)	a	100^d	a	a	100	a
ニュージーランド	m	m	m	m	m	m	m	m	m	m	m	m	m	m	m	m	m	m
ノルウェー	15	12	9	9	8	x(15)	9	9	6	a	a	a	7	x(15)	a	15^d	100	x(15)
ポーランド[6]	14	12	14	12	3	2	12	5	a	2	1	a	4	9	a	8	100	8
ポルトガル	13	13	18	14	8	8	7	7	a	2	a	6	a	6	a	2	100	a
スロバキア共和国	16	14	12	11	10	5	8	3	3	x(16)	3	x(16)	a	x(16)	a	13^d	100	a
スロベニア	13	13	17	15^d	11	x(15)	9	8	x(4)	x(17)	4	a	a	a	7^d	a	100	23
スペイン	17	13	11	10	11	x(16)	7	x(16)	4	x(16)	a	a	3	a	x(16)	23^d	100	a
スウェーデン	m	m	m	m	m	m	m	m	m	m	m	m	m	m	m	m	m	m
スイス	m	m	m	m	m	m	m	m	m	m	m	m	m	m	m	m	m	m
トルコ	16	14	11	8	10	x(15)	5	6	8	3	3	1	a	a	16^d	a	100	a
アメリカ合衆国	m	m	m	m	m	m	m	m	m	m	m	m	m	m	m	m	m	m
地域																		
フラマン語圏（ベルギー）[5]	x(14)	x(14)	x(14)	x(14)	x(14)	x(14)	x(14)	x(14)	6	x(14)	a	a	a	73^d	a	20	100	a
フランス語圏（ベルギー）	17	14	9	13	13	a	9	3	6	x(16)	a	a	x(16)	a	x(16)	13^d	100	a
イングランド（イギリス）[5]	x(14)	x(14)	x(14)	x(14)	x(14)	x(14)	x(14)	x(14)	x(14)	x(14)	x(14)	x(14)	x(14)	100^d	a	a	100	a
スコットランド（イギリス）	m	m	m	m	m	m	m	m	m	m	m	m	m	m	m	m	m	m
OECD各国平均[9]	14	12	12	10	9	4	8	7	4	1	2	1	3	1	4	7	100	4
EU加盟22か国平均[9]	15	12	12	10	9	5	8	7	3	1	2	2	2	1	1	8	100	6
アルゼンチン	m	m	m	m	m	m	m	m	m	m	m	m	m	m	m	m	m	m
ブラジル	m	m	m	m	m	m	m	m	m	m	m	m	m	m	m	m	m	m
中国	m	m	m	m	m	m	m	m	m	m	m	m	m	m	m	m	m	m
コロンビア	m	m	m	m	m	m	m	m	m	m	m	m	m	m	m	m	m	m
コスタリカ	12	12	12	14	7	7	5	10	2	a	7	5	a	a	a	2	100	a
インド	m	m	m	m	m	m	m	m	m	m	m	m	m	m	m	m	m	m
インドネシア	m	m	m	m	m	m	m	m	m	m	m	m	m	m	m	m	m	m
リトアニア	18	13	13	15	10	10	6	8	a	1	a	a	a	1	a	a	100	15
ロシア	22	16	17	9	10	a	9	7	5	a	5	1	a	a	a	7	100	a
サウジアラビア	m	m	m	m	m	m	m	m	m	m	m	m	m	m	m	m	m	m
南アフリカ	m	m	m	m	m	m	m	m	m	m	m	m	m	m	m	m	m	m
G20各国平均	m	m	m	m	m	m	m	m	m	m	m	m	m	m	m	m	m	m

注：平均は合計が100%になるように調整しており、各縦列の平均と完全には一致しない。年齢ごとの教科別授業時間は、ホームページの表D1.5a～表D1.5lを参照（インディケータ末尾のStatLinkを参照）。詳細は「定義」と「算定方法」を参照。データはEducation at a Glance Database（http://stats.oecd.org/）で参照可能。
1. オーストラリアのカリキュラムから標準授業時間数を算定する際には、一部の科目が7学年と8学年では必修とみなされている場合があるものの、9学年と10学年では選択科目として提供される可能性があると推定している。
2. 複数の教育段階にわたる柔軟な授業時間配分が可能。
3. 調査年は2017年。
4. 第二言語に学校で教える他の公用語を含む。
5. イングランド（イギリス）、フラマン語圏（ベルギー）、オランダのデータは平均に含まない。
6. 第二言語及びその他の言語は8、9学年の選択必修科目に含まれる。
資料：OECD（2018）。詳細は「資料」を参照。付録3の注を参照（http://dx.doi.org/10.1787/eag-2018-36-en）。
表中の省略記号については、「利用にあたって」を参照。

StatLink：https://doi.org/10.1787/888933805135

インディケータ D2

学級規模と教員一人当たり生徒数

- OECD加盟国では、2016年の初等教育段階の平均学級規模は、国公立教育機関で一クラス当たり21人、私立教育機関で20人である。国公立教育機関と私立教育機関との学級規模の差は、OECD加盟国間でかなりばらつきがあるが、OECD非加盟国ではその差がもっと大きい。
- OECD加盟国では、後期中等教育の普通プログラムと職業プログラムの教員一人当たり生徒数がほぼ等しい。
- OECD加盟国の平均では、初等教育の教員一人当たり生徒数は15人、中等教育では13人、高等教育では15人である。

図D2.1. 初等教育の平均学級規模（教育機関の設置形態別）（2016年）

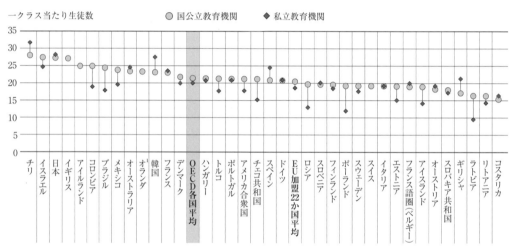

1. 初等教育に就学前プログラムを含む。
左から順に、国公立教育機関の平均学級規模が大きい国。
資料：OECD/UIS/Eurostat（2018）。表D2.1。詳細は「資料」を参照。付録3の注を参照（http://dx.doi.org/10.1787/eag-2018-36-en）。
StatLink : https://doi.org/10.1787/888933805306

■ 政策との関連

学級規模と教員一人当たり生徒数は、教育をめぐる議論でよく取り上げられるテーマであり、また、生徒が受ける授業時間数（インディケータD1参照）、教員の勤務時間、さらには教員の勤務時間のうち授業とその他の業務（インディケータD4参照）に充てられる時間の配分とともに、教員に対する需要を決定する要因でもある。また、学級規模と教員一人当たり生徒数は、教員の給与（インディケータD3参照）及び年齢構成（インディケータD5参照）とも相まって、教育機関の消費的支出の水準にも少なからず影響する（インディケータC6及びインディケータC7参照）。

学級規模が小さい方が、教員は生徒一人ひとりのニーズに応えることができ、生徒を

授業に集中させるのに要する時間を減らすことができるので有益であると、一般に理解されている。だが、規模が小さい学級の方が特定集団の生徒（例えば、社会経済的背景に恵まれない生徒）には効果的であることを示す研究結果はあるものの（Piketty and Valdenaire, 2006[11]）、全体でみると、学級規模が生徒の成績に及ぼす影響については、肯定的なデータと否定的なデータとが混在している（Fredriksson, Öckert and Oosterbeek, 2012[2]）（OECD, 2016[3]）。

インディケータ **D₂**

教員一人当たり生徒数は、教育資源がどのように配分されているかを示す指標である。教員一人当たり生徒数を少なくしようとすれば、教員給与の上昇、教員養成への投資、教育機器・用具への投資拡大、あるいは、有資格の教員より給与がかなり低い場合が多い教育助手及びその他の準専門的職員などの増員、といった問題が生じがちである。

■ その他のハイライト

- データのあるほぼすべての国で、初等教育から前期中等教育にかけて、教員一人当たり生徒数は減少するか、同程度にとどまっているが、学級規模は全般に大きくなっている。
- OECD加盟国の平均では、前期中等教育段階の教員一人当たり生徒数は、私立教育機関の方が国公立教育機関よりもやや少ない。それが最も顕著なのがメキシコで、中等教育段階の国公立教育機関の教員一人当たり生徒数が、私立教育機関のほぼ2倍である。
- 初等教育段階の学級規模は、各国間でかなりのばらつきがあり、コスタリカでは15人、チリでは31人となっている。

417

CHAPTER D　教員と学習環境・学校組織

■ 結果と解説

学級規模

初等教育・前期中等教育の平均学級規模

初等教育段階では、OECD 加盟国の平均学級規模は一クラス当たり21人で、データのある国のほぼ
すべて（チリ、イスラエル、日本を除く）で、平均学級規模が一クラス当たり27人を下回っている（表
2.1）。

前期中等教育段階では、OECD 加盟国の平均学級規模は23人である。データのある国の中では、エ
ストニア、ラトビア、リトアニア、スロバキア共和国、ロシアの20人未満から、コスタリカ、日本
の30人超まで開きがある（表D2.1）。

一クラス当たりの平均生徒数（学級規模）は、初等教育より前期中等教育の方が多くなる傾向があ
り、コスタリカでは前期中等教育の増加分はほぼ18人である。一方、イギリス、オーストラリア、
エストニア、ハンガリー、ラトビアでは、初等教育より前期中等教育の方が一クラス当たり生徒数は
少ない（オーストラリア、エストニア、ハンガリー、ラトビアの差はイギリスほど大きくない）（表
D2.1）。

学級規模に関するこの指標の対象は、初等教育と前期中等教育に限られる。後期中等教育以上の教育
段階では、専攻分野や教科によっては複数のクラスに分かれるのが一般的であり、学級規模を定義し
て比較するのが難しいためである。

国公立・私立教育機関の学級規模

学級規模は、親が子どもの学校を決める際に考慮に入れると思われる要素に数えられる。したがっ
て、国公立教育機関と私立教育機関（及び、設置形態別の私立教育機関）の平均学級規模の違いが、
在学状況に影響している可能性がある。

ほとんどのOECD加盟国では、初等教育と前期中等教育段階のどちらにおいても、国公立教育機関
と私立教育機関の平均学級規模の差は、一クラス当たり2人を超えることはない。しかし、例えば、
ブラジル、コロンビア、チェコ共和国、ラトビア、ポーランド、ロシアの初等教育段階では、国公立
初等教育機関の方が、私立教育機関より平均学級規模が一クラス当たり5人超多い（表D2.1）。ただ
し、ブラジルとコロンビアを除き、これらの国ではいずれも、私立教育機関の在学者の割合が比較的
小さく、初等教育段階の生徒数のせいぜい5%である（Education at a Glance Databaseを参照）。対
照的に、チリ、ギリシャ、韓国、スペインでは、私立教育機関の平均学級規模の方が国公立教育機関
より4人多い。

国公立と私立教育機関との学級規模の比較を、私立教育機関の在学者の割合が相対的に大きい前期中
等教育段階について行うと、その傾向はさらに多種多様である。OECD加盟10か国では、前期中等
教育の平均学級規模は国公立教育機関より私立教育機関の方が大きいが、OECD加盟16か国では私
立教育機関の方が小さく、6か国では同程度である。ただし、初等教育と比べれば両者の差は小さく
なる傾向がみられる。

インディケータ D2：学級規模と教員一人当たり生徒数　**CHAPTER D**

平均学級規模の推移

OECD加盟国の平均では、初等及び前期中等教育段階の学級規模は2005～2016年の間に縮小している（表D2.1）。ただし、平均学級規模が縮小したのは、前期中等教育段階ではデータのある26か国中19か国であったのに対し、初等教育段階では26か国中12か国のみであった。

縮小幅は前期中等教育段階の方が大きく、7%であった。ただし、こうした平均値だけでは、各国の学級規模の非常に大きな変化はみえてこない。例えば、エストニアと韓国では、前期中等教育段階の平均学級規模がその10年間で20%縮小し、韓国では、初等教育段階の平均学級規模も2005年より29%小さくなっており、OECD加盟国で最も大きい縮小幅である。一方、初等教育で平均学級規模が拡大した国もあり、例えば、ポルトガルでは14%、メキシコでは17%、ロシアでは26%の拡大がみられた。前期中等教育段階では、デンマークで平均学級規模が9%拡大し、OECD加盟国で最も大きな拡大幅となった。

教員一人当たり生徒数

教員一人当たり生徒数とは、当該教育段階のフルタイム換算生徒数を、同じ教育段階で設置形態が同種の教育機関のフルタイム換算教員数と比較したものである。だがこの値には、教員の1日の勤務時間に占める授業時間の割合や、教員が実際に授業する時間の長さは考慮されていないため、これを学級規模との関連で解釈することはできない（コラムD2.1）。

初等教育段階では、教員一人当たり生徒数はOECD各国平均で15人であるが、国別にみると、リトアニア、ノルウェーの10人から、メキシコ、インド、南アフリカの25人超までばらつきがある（表D2.2）。

前期中等教育における教員一人当たり生徒数にも、初等教育以上に国によるばらつきがある。オーストリア、ベルギー、フィンランド、ラトビア、リトアニア、ノルウェー、スロベニアでは、教員一人当たり生徒数が10人を下回るのに対し、コロンビア、インド、メキシコでは25人を超える。中等教育段階のOECD各国平均の教員一人当たり生徒数は、約13人である（表D2.2）。

平均では、初等教育段階(15人)よりも中等教育段階(13人)の方が、教員一人当たり生徒数は少ない。教員一人当たり生徒数のこうした減少は、生徒の年間授業時間の差（教育段階が上がると、生徒が受ける授業時間が増加する傾向があり、教員の数も同様に増加する）、あるいは教員の授業時間の差（指導教科の専門化が進むため、教育段階が上がると教員の授業時間は減少する）が原因と思われる。

後期中等教育段階についてみると、普通プログラムと職業プログラムとの教員一人当たり生徒数の差に、国によるばらつきがある。平均では、後期中等教育の普通プログラムと職業プログラムの教員一人当たり生徒数は、ほぼ等しい（普通プログラムで13人、職業プログラムで14人）（図D2.2）。少数の国では、両者の差は無視できるほどだが、実際には、職業プログラムの方が教員一人当たり生徒数の多い国と少ない国とがほぼ同数ある。ラトビアでは、職業プログラム（16人）の教員一人当たり生徒数は普通プログラム（8人）の2倍である。これについては、一部の国では、企業で行われる訓練の比重が高いため、職業プログラムの生徒が学校外でかなりの時間を費やす結果、学校で必要とされる教員が少なくなって、教員一人当たり生徒数が多くなっていると考えられる（OECD, 2017[4]）。

419

図D2.2. 後期中等教育の教員一人当たり生徒数（プログラムの性格別）（2016年）

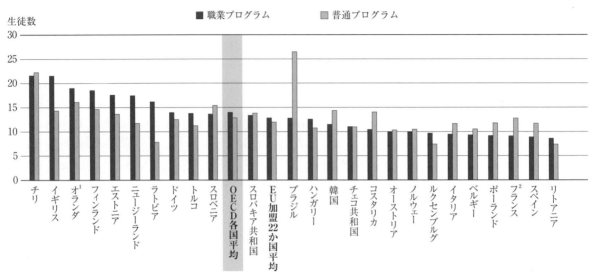

1. 国公立教育機関のみ。
2. 国公立教育機関と公営私立教育機関のみ。
左から順に、後期中等教育職業プログラムの教員一人当たり生徒数が多い国。
資料：OECD/UIS/Eurostat（2018）。表D2.2。詳細は「資料」を参照。付録3の注を参照（http://dx.doi.org/10.1787/eag-2018-36-en）。
StatLink：https://doi.org/10.1787/888933805325

他の国をみると、例えばブラジルでは、データのあるすべての国の中で両プログラムの差が最も大きいが、比率の大小が逆転し、職業プログラムの教員一人当たり生徒数が13人なのに対して、普通プログラムでは26人となっている。職業教育は一般に、普通プログラムよりももっと教員が生徒に注意を払う必要があり、より高度な設備を生徒が扱う場合には特にそれが言える。実際に、職業プログラムの生徒は、技能の特殊性が高まるにつれ、より細心の監督が必要になる。このことは、職業指導にかかる費用の観点から重要な意味合いを持つと考えられる。先進的な職業訓練では、高度な機械とより高いレベルの人材の両方が必要となるからである（Klein, 2001[5]）。

高等教育段階の教員一人当たり生徒数は、ルクセンブルグの8人やノルウェー、スウェーデンの10人から、ベルギー、コロンビア、アイルランド、インド、インドネシア、トルコの20人超まで幅がある。コロンビアでは、高等教育における教員一人当たり生徒数が31人に達している。

国公立及び私立教育機関の教員一人当たり生徒数

国公立教育機関と私立教育機関の教員一人当たり生徒数の差に注目すると、学級規模の差に似た傾向がみられる。データのある国の平均では、前期・後期中等教育段階の教員一人当たり生徒数は、国公立教育機関の方がやや多い（表D2.3）。

前期中等教育段階の場合、両者の差が特に大きいのはコロンビア、メキシコ、トルコで、国公立教育機関の教員一人当たり生徒数は、私立教育機関より8人以上多い。ただし、これらの国はいずれも、前期中等教育段階で私立教育機関に在籍している生徒の割合が20%に満たない（Education at a Glance Database）。逆に、私立教育機関より国公立教育機関の方が、教員一人当たり生徒数が少ない国もある。ルクセンブルグはその顕著な例で、生徒の80%超は国公立教育機関に在籍しているが

(Education at a Glance Database)、国公立教育機関の教員一人当たり生徒数は9人で、私立教育機関の場合は23人である（表D2.3）。

後期中等教育段階では、教員一人当たり生徒数は、15か国では国公立教育機関の方が私立教育機関より多く、14か国では国公立教育機関の方が少なく、5か国では同程度である。この差が最も大きいのはトルコで、教員一人当たり生徒数は国公立教育機関で15人、私立教育機関ではわずか6人である（表D2.3）。後期中等教育段階で多種多様な傾向がみられるのは、国公立教育機関と私立教育機関で提供されるプログラムの性格の違いが一因と思われる。例えばノルウェーでは、職業プログラムを提供している私立学校がほとんどなく、そうした学校では、教員一人当たり生徒数が普通プログラムより少ないことが多い（Education at a Glance Database）。

高等教育の場合は、初等・中等教育よりも自己学習を多く含むと思われるが、それでも、教員一人当たり学生数は重要な関心事である。教員一人当たり学生数は、高等教育の質の代理指標と考えられている（McDonald, 2013[6]）。教員一人当たり学生数が少なければ、学生にもっと目が行き届いて学習を支援できる可能性が高くなる。OECD加盟国の平均では、高等教育段階の教員一人当たり学生数は15人で、国公立教育機関と私立教育機関の差はほとんどない。OECD加盟国中、オーストリアやイタリアなど少数の国では、国公立教育機関の教員一人当たり学生数が私立教育機関よりも5人超多い。ただし、これらの国では、私立教育機関に在籍しているのは、高等教育段階の学生の20%未満である（Education at a Glance Database）。

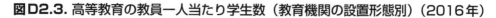

図D2.3. 高等教育の教員一人当たり学生数（教育機関の設置形態別）（2016年）

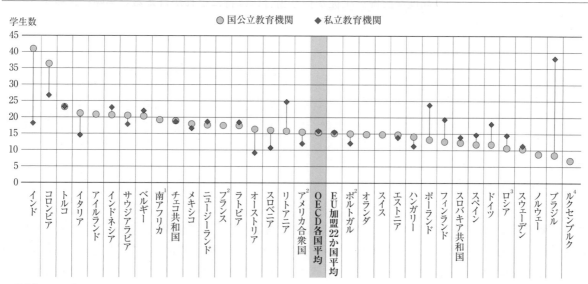

1. 調査年は2015年。
2. 高等教育に高等教育以外の中等後教育を含む。
3. 高等教育に後期中等教育職業プログラムを含む。
4. 短期高等教育プログラムを含まない。

左から順に、国公立教育機関の教員一人当たり学生数が多い国。

資料：OECD/UIS/Eurostat（2018）。Education at a Glance Database（http://stats.oecd.org/）。詳細は付録3の注を参照（http://dx.doi.org/10.1787/eag-2018-36-en）。

StatLink : https://doi.org/10.1787/888933805344

CHAPTER D 教員と学習環境・学校組織

対照的に、国公立教育機関と私立教育機関の教員一人当たり学生数の差は、コロンビアでは10倍、インドでは23倍に達しているものの、これらの国では、高等教育の学生の50%超が私立教育機関に在籍している。この差が最も大きいのはブラジルだが、興味深いことに、高等教育の学生の73%が在籍している私立教育機関の方が、学生の選抜がもっと厳しい国公立教育機関より、教員一人当たり学生数がかなり多い（Education at a Glance Database）。ブラジルでは、無料だが選抜が厳しい国公立教育機関で成績の壁にぶつかるか、私立教育機関で経済面での壁に直面する恐れがあるため、高等教育を受ける機会が制限されて、重大な不平等の懸念が生じかねない。

コラムD2.1. 学級規模と教員一人当たり生徒数の関係

学級規模（一クラス当たり生徒数）は、表D2.1に示すように、共通のコース（通常は必修科目）の学級で学ぶ最大生徒数を示すものであって、少人数に分かれて行われる学習は除外している。学級規模は、生徒数を学級数で除して算出される。教員一人当たり生徒数は、表D2.2と表D2.3に示すように、当該教育段階及び当該設置形態の教育機関に在学するフルタイム換算の生徒数を、勤務するフルタイム換算の教員数で除して算出される。

したがって、二つの指標は、教育制度についてまったく異なる要素を評価していることになる。教員一人当たり生徒数は、ある国で利用可能な教育資源のレベルに関する情報を提供するのに対し、学級規模は、学級を構成する生徒数の平均値を測定するものである。

教員一人当たり生徒数と平均学級規模のこうした違いを踏まえると、教員一人当たり生徒数が同程度の国でも、学級規模には差があるという場合が考えられる。例えば、初等教育段階でみると、イスラエルとアメリカ合衆国は教員一人当たり生徒数が同程度であるが（15人）（表D2.2）、学級規模はアメリカ合衆国が21人、イスラエルが27人とかなり異なる。これは、アメリカ合衆国では教員の授業時間がイスラエルよりかなり多いことで説明できる。すなわち、アメリカ合衆国の教員の方が、1日に受け持てる授業が多いので、学級規模を小さくできるのである（インディケータC7参照）。

■ 定義

教育職員には2種ある。

- **教育助手及び教育／研究助手**は、授業中の教員の支援を行う非専門的職員または学生などをいう。
- **教員**とは、生徒への教育に直接従事している専門的職員をいう。教員は、授業担当教員、特殊教育教員、及びその他の教員などからなり、学級内で生徒全員を対象に、あるいは特別支援学級などで少人数グループを対象に、また、通常の学級の内外で一対一の教育活動を行う。高等教育段階では、授業または研究を主要な任務とする職員も含まれる。授業を一部受け持つ管理職もこれに該当するが、教育助手やその他の準専門的職員など、授業中の教員の支援を行う非専門的職員は含まない。

インディケータ D2：学級規模と教員一人当たり生徒数　　**CHAPTER D**

■算定方法

学級規模は、各教育段階に在籍する生徒数を学級数で除して算出している。各国間の比較を可能にするため、特殊教育は除外した。このデータに含まれるのは、初等教育及び前期中等教育段階における正規のプログラムのみであり、また、通常の学級単位でなく少人数に分かれて行われる学習は除外している。

教員一人当たり生徒数は、当該教育段階のフルタイム換算生徒数を、同じ教育段階の設置形態が同じ教育機関に勤務するフルタイム換算教員数で除して算出している。

本インディケータの定義と算定方法に関する各国の注記事項については、付録3を参照（http://dx.doi.org/10.1787/eag-2018-36-en）。

リトアニアは、本書を編集時にはOECD加盟国ではなかったので、OECD加盟国リストには記載せず、OECD加盟国の総計に含めていない。

■資料

データは2015～16学年度を調査対象年とし、2017年にOECDが収集した教育統計のUNESCO-UIS／OECD／EUROSTATデータコレクションに基づく。詳細は付録3を参照（http://dx.doi.org/10.1787/eag-2018-36-en）。

イスラエルの統計データについて

イスラエルの統計データは、イスラエル政府関係当局により、その責任の下で提供されている。OECDにおける当該データの使用は、ゴラン高原、東エルサレム、及びヨルダン川西岸地区のイスラエル入植地の国際法上の地位を害するものではない。

■参考資料

Fredriksson, P., B. Ockert and H. Oosterbeek（2013）, "Long-term effects of class size", *Working Paper Series*, https://ideas.repec.org/p/hhs/ifauwp/2012_005.html（accessed on 19 April 2018）. [2]

Klein, S.（2001）, *Financing Vocational Education: A State Policymaker's Guide*, RTI, www.rti.org/sites/default/files/resources/financing_vocational_education.pdf. [5]

McDonald, G.（2013）, "Does size matter? The impact of student-staff ratios", *Journal of Higher Education Policy and Managemen*, Vol. 35/6, pp. 652-667, http://dx.doi.org/10.1080/1360080X.2013.844668. [6]

OECD（2018）, *OECD Handbook for Internationally Comparative Education Statistics 2018: Concepts, Standards, Definitions and Classifications*, OECD Publishing, Paris, https://doi.org/10.1787/9789264304444-en. [7]

OECD（2017）, *Education at a Glance 2017: OECD Indicators*, OECD Publishing, Paris, http://dx.doi.org/10.1787/eag-2017-en.（『図表でみる教育OECDインディケータ（2017年 [4]

423

版）』経済協力開発機構（OECD）編著、矢倉美登里, 稲田智子, 大村有里, 坂本千佳子, 立木勝, 三井理子訳、明石書店、2017年）

OECD（2016）, *PISA 2015 Results（Volume II）: Policies and Practices for Successful Schools,* [3]
OECD Publishing, Paris, http://dx.doi.org/10.1787/9789264267510-en.

Piketty, T. and M. Valdenaire（2006）, "L'impact de la taille des classes sur la réussite scolaire [1]
dans les écoles, collgès et lycées français", *Les Dossiers collection thème Enseignement
scolaire,* www.education.gouv.fr/cid3865/l-impact-de-la-tailledes-classes-sur-la-reussite-
scolaire-dans-les-ecoles-colleges-et-lycees-francais.html（accessed on 19 April 2018）.

■ インディケータD2の表*

• 表D2.1. 教育機関の設置形態別平均学級規模（2016年）及び変化指数（2005年、2016年）
• 表D2.2. 教員一人当たり生徒数（教育段階別）（2016年）
• 表D2.3. 教育機関の設置形態別教員一人当たり生徒数（2016年）

* データの締切日は2018年7月18日。更新データはホームページで確認可能（http://dx.doi.org/10.1787/eag-data-en）。詳細な内訳も Education at a Glance Database（http://stats.oecd.org/）で確認可能。

インディケータ D2：学級規模と教員一人当たり生徒数　　CHAPTER **D**

表D2.1. 教育機関の設置形態別平均学級規模（2016年）及び変化指数（2005年、2016年）

教育段階別、生徒数と学級数に基づいて算定した数値

	初等教育					前期中等教育					2005～2016年の変化指数（2015年＝100）					
		私立教育機関					私立教育機関				初等教育			前期中等教育		
	国公立教育機関	私立教育機関の合計	「公営私立」教育機関	「独立私立」教育機関	国公立・私立教育機関の合計	国公立教育機関	私立教育機関の合計	「公営私立」教育機関	「独立私立」教育機関	国公立・私立教育機関の合計	国公立教育機関	私立教育機関の合計	国公立・私立教育機関の合計	国公立教育機関	私立教育機関の合計	国公立・私立教育機関の合計
	(1)	(2)	(3)	(4)	(5)	(6)	(7)	(8)	(9)	(10)	(11)	(12)	(13)	(14)	(15)	(16)
OECD加盟国																
オーストラリア	23	25	25	a	24	21	24	24	a	22	98	m	99	88	m	89
オーストリア	18	19	x(2)	x(2)	18	21	21	x(7)	x(7)	21	91	m	91	87	m	87
ベルギー（フランス語圏）	19	20	20	a	20	m	m	m	a	m	m	m	m	m	m	m
カナダ	m	m	m	m	m	m	m	m	m	m	m	m	m	m	m	m
チリ	28	32	33	25	31	29	31	33	25	30	85	101	95	82	96	90
チェコ共和国	21	15	15	a	21	22	19	19	a	22	103	m	102	93	m	93
デンマーク	22	20	20	a	21	22	21	21	a	21	109	m	110	109	m	109
エストニア	19	15	a	15	19	19	15	a	15	18	96	m	96	81	m	80
フィンランド	20	18	18	a	20	20	20	20	a	20	m	m	m	m	m	m
フランス	23	24	x(2)	x(2)	23	25	26	26	12	25	m	m	m	106	105	106
ドイツ	21	21	x(2)	x(2)	21	24	24	x(7)	x(7)	24	94	90	94	98	92	97
ギリシャ	17	21	a	21	17	20	22	a	22	20	88	m	88	83	m	83
ハンガリー	21	21	21	17	21	21	21	22	17	21	106	108	106	96	97	96
アイスランド	19	14	14	a	19	20	13	13	a	20	103	m	102	102	m	102
アイルランド	25	m	a	m	25	m	m	m	m	m	102	m	102	m	m	m
イスラエル	27	25	25	a	27	29	24	24	a	28	103	m	100	92	m	89
イタリア	19	19	a	19	19	21	21	a	21	21	105	m	105	101	m	101
日本	27	28	a	28	27	32	33	a	33	32	96	84	96	96	92	96
韓国	23	27	a	27	23	29	28	28	a	28	71	85	71	79	80	80
ラトビア	16	10	a	10	16	15	12	a	12	15	m	m	m	m	m	m
ルクセンブルク	m	m	m	m	m	m	m	m	m	m	m	m	m	m	m	m
メキシコ	24	20	a	20	23	29	24	a	24	28	120	89	117	96	91	95
オランダ[1]	23[d]	m	m	m	m	m	m	m	m	m	106[d]	m	m	m	m	m
ニュージーランド	m	m	m	m	m	m	m	m	m	m	m	m	m	m	m	m
ポーランド	19	12	11	13	19	22	17	23	15	22	95	101	93	92	101	91
ポルトガル	21	21	24	20	21	22	24	25	22	22	116	96	114	98	101	98
スロバキア共和国	18	17	17	a	18	19	18	18	a	19	91	m	91	84	m	83
スロベニア	20	20	20	a	20	20	22	22	a	20	108	m	108	97	m	97
スペイン	21	24	25	21	22	25	26	27	22	26	107	101	105	106	99	104
スウェーデン	19	18	18	a	19	20	21	21	a	21	m	m	m	m	m	m
スイス	19	m	m	m	19	19	m	m	m	19	m	m	m	m	m	m
トルコ	21	18	a	18	21	24	17	a	17	24	77	m	78	m	m	m
イギリス	27	a	27	12	26	21	a	20	11	20	105	m	107	85	m	89
アメリカ合衆国	21	18	a	18	21	27	20	a	20	26	102	99	102	101	95	100
OECD 各国平均	21	20	m	m	21	23	22	m	m	23	m	m	m	m	m	m
2005年と2016年のデータがある国の平均	21	20	m	m	21	23	22	m	m	23	99	95	99	93	95	93
EU 加盟22か国平均	20	19	m	m	20	21	21	m	m	21	m	m	m	m	m	m
OECD非加盟国																
アルゼンチン	m	m	m	m	m	m	m	m	m	m	m	m	m	m	m	m
ブラジル	24	18	a	18	23	28	24	a	24	27	94	m	92	84	m	85
中国	m	m	m	m	m	m	m	m	m	m	m	m	m	m	m	m
コロンビア	25	19	m	19	23	31	24	m	24	29	m	m	m	m	m	m
コスタリカ	15	16	x(2)	x(2)	15	35	21	x(7)	x(7)	33	m	m	m	m	m	m
インド	m	m	m	m	m	m	m	m	m	m	m	m	m	m	m	m
インドネシア	m	m	m	m	m	m	m	m	m	m	m	m	m	m	m	m
リトアニア	16	14	a	14	16	18	19	a	19	18	110	143	109	82	121	82
ロシア	20	13	a	13	20	19	12	a	12	19	126	m	126	103	m	103
サウジアラビア	m	m	m	m	m	m	m	m	m	m	m	m	m	m	m	m
南アフリカ	m	m	m	m	m	m	m	m	m	m	m	m	m	m	m	m
G20 各国平均	m	m	m	m	m	m	m	m	m	m	m	m	m	m	m	m

1. 初等教育に就学前教育を含む。
資料：OECD/UIS/Eurostat（2018）。詳細は「資料」を参照。付録3の注を参照（http://dx.doi.org/10.1787/eag-2018-36-en）。
表中の省略記号については「利用にあたって」を参照。
StatLink：https://doi.org/10.1787/888933805249

表D2.2. 教員一人当たり生徒数(教育段階別)(2016年)

教育段階別、フルタイム換算

	初等教育	前期中等教育	後期中等教育			全中等教育	高等教育以外の中等後教育	高等教育		
			普通プログラム	職業プログラム	全プログラム			短期高等教育	学士課程、修士課程、博士課程または同等レベル	全高等教育
	(1)	(2)	(3)	(4)	(5)	(6)	(7)	(8)	(9)	(10)
オーストラリア	15	x(3)	12^d	m	12	m	m	m	15	m
オーストリア	12	9	10	10	10	9	12	8	17	14
ベルギー	13	9	11	9	10	10	16	x(10)	x(10)	21
カナダ[1]	17^d	x(1)	x(5)	x(5)	12	12	m	m	m	m
チリ	20	21	22	22	22	22	a	m	m	m
チェコ共和国	19	12	11	11	11	11	18	11	19	19
デンマーク	m	m	12	m	m	m	a	m	m	m
エストニア	13	10	14	18	15^d	13	x(4)	a	14	14
フィンランド	13	9	15	19	17	13	18	a	15	15
フランス[2]	19	15	13	9	11	13	m	10	m	m
ドイツ	15	13	13	14	13	13	13	12	12	12
ギリシャ	m	m	m	m	m	m	16	a	m	m
ハンガリー	11	10	11	13	11	11	14	13	14	14
アイスランド	11	10	m	m	m	m	m	m	m	m
アイルランド[3]	16	m	14	a	14	14	m	m	m	21
イスラエル[3]	15	12	x(5)	x(5)	11	11	m	m	m	20
イタリア	11	11	12	9	10	11	m	a	20	20
日本	17	13	x(5)	x(5)	12^d	13^d	x(5, 10)	m	m	m
韓国	16	15	14	12	14	14	a	m	m	m
ラトビア	11	8	8	16	10	9	22	19	20	18
ルクセンブルグ	11	11	7^d	10^d	9^d	10	m	x(3, 4)	8	8
メキシコ[4]	27	34	x(5)	x(5)	20	27	a	21	17	17
オランダ[4]	17	16	16	19	18	17	a	15	15	15
ニュージーランド	17	16	12	17	13	14	21	19	18	18
ノルウェー[5]	10	9	10	10	10	10	12	11	10	10
ポーランド	11	10	12	9	10	10	14	9	15	15
ポルトガル	13	10	x(5)	x(5)	10^d	10^d	x(5, 10)	x(10)	x(10)	14^d
スロバキア共和国	17	12	14	13	14	13	14	8	13	12
スロベニア	14	6	15	14	14	9	a	18	15	15
スペイン	14	12	12	9	11	11	a	10	13	12
スウェーデン	13	12	x(5)	x(5)	14	13	10	9	10	10
スイス[4]	16	12	11	m	m	12	m	a	15	15
トルコ	18	15	11	14	13	14	a	55	19	23
イギリス	17	15	14	22	16	16	m	x(10)	x(10)	16
アメリカ合衆国	15	15	x(5)	x(5)	15	15	x(10)	x(10)	x(10)	14^d
OECD 各国平均	15	13	13	14	13	13	m	m	m	15
EU加盟22か国平均	14	11	12	13	12	12	m	m	m	15
アルゼンチン[6]	m	m	m	m	m	m	a	m	m	m
ブラジル	24	25	26	13	24	25	26	10	20	20
中国	17	12	x(5)	x(5)	15	13	m	m	m	m
コロンビア	24	26	x(5)	x(5)	26	26	31	32	30	31
コスタリカ	12	13	14	10	13	13	a	m	m	m
インド	35	27	x(5)	x(5)	30	28	8	a	24	24
インドネシア	14	14	x(5)	x(5)	14	14	a	15	24	22
リトアニア	10	7	7	9	8	7	15	a	16	16
ロシア	21	11^d	x(2)	x(8)	x(2, 8)	11	41	11	11	11
サウジアラビア	12	m	m	m	m	m	a	x(10)	x(10)	20
南アフリカ[6,7]	30	x(5)	x(5)	x(5)	17^d	28	m	m	m	m
G20各国平均	19	16	m	m	15	16	22	m	18	18

1. 初等教育に就学前教育を含む。
2. 国公立及び公営私立教育機関のみ。
3. アイルランドはどの教育段階も国公立教育機関のみ。イスラエルの後期中等教育と全中等教育は国公立教育機関のみ。
4. 国公立教育機関のみ。
5. 初等・前期中等・高等教育機関は国公立及び公営私立教育機関のみ。
6. 調査年は2015年。
7. 後期中等教育に前期中等教育を含む。

資料:OECD/UIS/Eurostat(2018)。詳細は「資料」を参照。付録3の注を参照(http://dx.doi.org/10.1787/eag-2018-36-en)。
表中の省略記号については「利用にあたって」を参照。

StatLink : https://doi.org/10.1787/888933805268

表D2.3. 教育機関の設置形態別教員一人当たり生徒数 （2016年）

教育段階別、フルタイム換算

	前期中等教育				後期中等教育				全中等教育			
		私立教育機関				私立教育機関				私立教育機関		
	国公立教育機関	私立教育機関の合計	「公営私立」教育機関	「独立私立」教育機関	国公立教育機関	私立教育機関の合計	「公営私立」教育機関	「独立私立」教育機関	国公立教育機関	私立教育機関の合計	「公営私立」教育機関	「独立私立」教育機関
	(1)	(2)	(3)	(4)	(5)	(6)	(7)	(8)	(9)	(10)	(11)	(12)
オーストラリア[1]	x(5)	x(6)	x(7)	a	13[d]	12[d]	12[d]	m	m	m	m	m
オーストリア	9	10	x(2)	x(2)	10	10	x(6)	x(6)	9	10	x(10)	x(10)
ベルギー	9	9	9	m	10	10	10	m	10	9	9	m
カナダ	m	m	m	m	12	13	x(6)	x(6)	12	13	x(10)	x(10)
チリ	17	25	26	20	20	24	26	16	19	24	26	17
チェコ共和国	12	11	11	a	11	12	12	a	11	12	12	a
デンマーク	m	m	m	a	m	m	m	a	m	m	m	a
エストニア[2]	10	8	a	8	15	17	a	12	13	10	a	10
フィンランド	9	9	9	a	17	17	17	a	13	16	16	a
フランス	14	m	17	m	11	m	13	m	13	m	15	m
ドイツ	13	13	x(2)	x(2)	13	12	x(6)	x(6)	13	12	x(10)	x(10)
ギリシャ	m	m	m	m	m	m	m	m	m	m	a	m
ハンガリー	10	11	12	9	11	12	11	12	11	12	12	12
アイスランド	10	3	3	a	m	m	m	m	m	m	a	m
アイルランド	x(5)	m	a	m	14[d]	m	a	m	14	m	a	m
イスラエル	12	8	8	0	11	m	m	a	11	m	m	0
イタリア	11	11	a	11	11	7	a	7	11	8	a	8
日本[3]	14	12	a	12	11[d]	14[d]	a	14[d]	12[d]	13[d]	a	13[d]
韓国	14	16	16	a	13	15	15	a	14	15	15	a
ラトビア	8	5	a	5	10	8	a	8	9	7	a	7
ルクセンブルグ	9	23	x(2)	x(2)	9	8	11	6	9	11	23	12
メキシコ	38	18	a	18	22	15	a	15	30	16	a	16
オランダ	16	m	a	m	18	m	a	m	17	m	a	m
ニュージーランド	17	13	0	13	13	10	10	10	15	11	10	12
ノルウェー	9	m	8	m	10	11	11	a	10	11	10	m
ポーランド	10	9	11	8	10	11	12	11	10	10	11	10
ポルトガル[3]	9	15	14	15	9[d]	10[d]	12[d]	10[d]	9[d]	12[d]	13[d]	11[d]
スロバキア共和国	12	11	11	a	14	12	12	a	13	12	12	a
スロベニア	6	4	4	a	14	16	26	12	9	13	15	12
スペイン	11	15	15	m	10	14	15	13	10	15	15	14
スウェーデン	12	17	17	a	14	14	14	a	13	15	15	a
スイス	12	m	m	m	m	m	m	m	m	m	m	m
トルコ	16	7	a	7	15	6	a	6	16	6	a	6
イギリス	16	14	16	8	16	17	19	8	16	16	18	8
アメリカ合衆国	16	11	a	11	16	11	a	11	16	11	a	11
OECD各国平均	13	12	m	13	13	12	m	m	13	12	m	m
EU加盟22か国平均	11	11	m	m	12	12	m	m	12	12	m	m
アルゼンチン	m	m	m	m	m	m	m	m	m	m	m	m
ブラジル	26	20	a	20	25	19	a	19	26	20	a	20
中国	12	17	x(2)	x(2)	15	18	x(6)	x(6)	13	17	x(10)	x(10)
コロンビア	28	20	a	20	27	22	a	22	28	21	a	21
コスタリカ	13	9	x(2)	x(2)	13	9	x(6)	x(6)	13	9	x(10)	x(10)
インド	27	27	x(2)	x(2)	28	32	x(6)	x(6)	27	30	x(10)	x(10)
インドネシア	15	13	x(2)	x(2)	15	14	x(6)	x(6)	15	13	x(10)	x(10)
リトアニア	7	9	a	9	8	5	a	5	7	8	a	8
ロシア	11[d]	5[d]	a	5[d]	x(1)	x(2)	a	x(4)	11	5	a	5
サウジアラビア	m	m	m	m	m	m	m	m	m	m	m	m
南アフリカ	m	m	m	m	m	m	m	m	m	m	m	m
G20各国平均	17	14	m	m	15	14	m	m	16	14	m	m

（左側縦ラベル：OECD加盟国／OECD非加盟国）

1. 前期及び後期中等教育は普通プログラムのみ。
2. 後期中等教育に前期中等教育及び高等教育以外の中等後教育職業プログラムを含む。
3. 後期中等教育に高等教育以外の中等後教育を含む。

資料：OECD/UIS/Eurostat (2018)。詳細は「資料」を参照。付録3の注を参照（http://dx.doi.org/10.1787/eag-2018-36-en）。

表中の省略記号については「利用にあたって」を参照。

StatLink : https://doi.org/10.1787/888933805287

教員と学校長の給与

- 学校長の法定給与及び実際の給与は、就学前教育、初等教育、中等教育普通プログラムの各教育段階で教員よりも高い。OECD加盟の国・地域の平均では、学校長の実際の給与は、すべての教育段階で教員を35%超上回っている。
- OECD加盟国の平均では、就学前教育、初等教育、中等教育普通プログラムの教員の実際の給与は、高等教育修了の就業者の所得の81～96%である。
- OECD加盟の国・地域の平均では、すべての教育段階で、学校長の給与は、高等教育修了の就業者の所得を20%以上上回っている。

図D3.1. 高等教育修了の就業者の所得に対する前期中等教育の教員給与の比率 （2017年）

国公立教育機関における前期中等教育普通プログラムの教員の実際の給与（賞与と手当を含む年間平均給与）

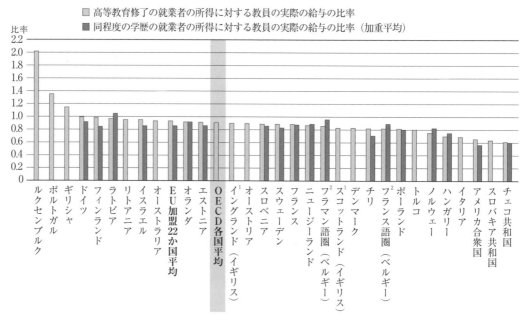

1. 高等教育修了のフルタイム通年就業者の所得は、イギリス全体が対象。
2. 高等教育修了のフルタイム通年就業者の所得は、ベルギー全体が対象。

左から順に、高等教育修了のフルタイム通年就業者（25～64歳）の所得に対する教員給与の比率が高い国と地域。
資料：OECD（2018）。表D3.2a。詳細は「資料」を参照。付録3の注を参照（http://dx.doi.org/10.1787/eag-2018-36-en）。
StatLink：https://doi.org/10.1787/888933805458

■ 政策との関連

学校職員、とりわけ教員と学校長の給与は、学校教育にかかる費用としては最大のものである。また、教員の給与は、人々が教職に魅力を感じるかどうかに直接影響する。教員養成課程に進学するかどうか、卒業後に教員になるかどうか、いったん離職した後に教職に復帰するかどうか、あるいは、ずっと教職にとどまるかどうか（一般には、給与が高いほど、離職を選択する者は少なくなる）といった意思決定を左右するのである

（OECD, 2005[11]）。給与水準が、学校長になるかどうかの決断に影響する可能性もある。

2008年後半に起きた金融危機への政府対応から国家債務が急増したことで、政策立案者には、政府支出、それも特に公務員給与の削減圧力がかかっている。優れた技能を持つ質の高い教員と学校長を引き付け、育成し、教員職や学校長職につなぎ止めるには、教員給与と労働条件が重要であるため、質の高い教育と持続可能な教育財政の両方の確保を目指す政策立案者には、教員給与と昇進の見通しについて熟慮が求められている（インディケーC6及びインディケータC7参照）。

だが、法定給与はあくまで教員及び学校長の報酬の一部であり、これ以外に、遠隔地勤務に対する地域手当、家族手当、公共交通機関の運賃の割引、教材の購入に対する免税といった諸手当も、教員報酬に含まれる場合がある。また、OECD加盟国間では、税制や社会保障制度に関しても大きな違いがある。教員給与を分析し、各国間で比較する際には、収集されたデータに関連する潜在的な比較可能性の問題（『図表でみる教育 OECDインディケータ（2017年版）』（OECD, 2017[2]）のコラムD3.1及び付録3を参照）とともに、こうした点にも留意する必要がある。

■ その他のハイライト

- ■ほとんどのOECD加盟国では、教育段階が上がるとともに教員や学校長の給与も上がる。
- ■データのある国・地域の4分の3以上では、教職に就くための最低限の教員資格が最も一般的な教員資格でもある。
- ■最高の教員資格を持ち、俸給表の最高段階にある教員の法定給与は、最低限の教員資格しかなく、最低給与の新規採用の教員よりも、平均で77〜81％高い。
- ■2005〜2017年の間に、データがあるOECD加盟の国・地域の平均では、勤続15年で最も一般的な教員資格を持つ教員の法定給与が、初等教育段階で8％、前期中等教育段階（普通プログラム）で7％、後期中等教育段階（普通プログラム）で5％上昇している。
- ■勤続15年で最低限の教員資格を持つ教員の法定給与についてみると、現在、後期中等教育段階では経済危機以前の水準に戻り、初等教育及び前期中等教育段階では経済危機以前の水準を超えている。
- ■教員と比べて学校長は、通常業務を超過する責務を果たしても、追加の報酬を受け取ることが少ない。データがあるOECD加盟の国・地域の半分では、恵まれない地域や遠隔地で勤務する学校長や教員に追加報酬が与えられている。

CHAPTER D 教員と学習環境・学校組織

■ 結果と解説

教員の法定給与

教員の法定給与は、教える教育段階や教員資格、勤続年数（または在職期間）など、多くの要因によって差があると考えられる。

D3

教育段階別

教員給与には国ごとに大きな開きがある。勤続15年で最も一般的な教員資格を持つ前期中等教育の教員が受け取る給与（中堅教員の給与の代理指標）は、チェコ共和国、ハンガリー、リトアニア、スロバキア共和国の25,000ドル未満から、カナダ、ドイツ、アイルランド、オランダ、アメリカ合衆国の60,000ドル超まで幅があり、ルクセンブルグでは100,000ドルを超えている（表D3.1a）。

データがある国のほとんどでは、教育段階が高いほど教員の給与も高い。フラマン語圏（ベルギー）、フランス語圏（ベルギー）、オランダ、ノルウェーでは、勤続15年で最も一般的な教員資格を持つ後期中等教育の教員の給与は、同じ勤続年数の就学前教育の教員の給与より25～30％高く、リトアニアとスロバキア共和国ではこの差が37～42％、フィンランドでは50％、メキシコでは92％である。フィンランドとスロバキア共和国に関しては、この差は主に、就学前教育と初等教育の教員給与の差が原因である。フラマン語圏（ベルギー）及びフランス語圏（ベルギー）では、後期中等教育段階の教員給与が、他の教育段階の教員給与をかなり上回っている（表D3.1a）。

就学前教育段階から後期中等教育段階にいたる教員（勤続15年で最も一般的な教員資格を持つ教員）の給与の増加幅は、チリ、コスタリカ、フランス、スロベニアは5％未満で、オーストラリア、イングランド（イギリス）、ギリシャ、ポーランド、ポルトガル、スコットランド（イギリス）、トルコでは、どの教育段階でも給与は同額である（表D3.1a）。

一方、アイスランドとイスラエルでは、就学前教育の教員給与が後期中等教育の教員給与より10％以上高い。アイスランドの場合、これは、教員給与に関する労働協約が教育段階によって違うためだと考えられる。イスラエルについては、これは「新たな地平（New Horizon）」という改革の結果である。この改革は、2008年に始まり、2014年時点でほぼ実施が完了したもので、これによって就学前教育、初等教育、前期中等教育の教員給与が増額された。また2012年に、後期中等教育の教員給与の増額を目的とする別の改革が始まり、現在も実施中である。

教員資格別

国公立教育機関の各教育段階で教えるために必要とされる最低限の教員資格とは、教職に就くために（公式文書に基づいて）必要とされる最低限の期間と種類の教育をいう。「最も一般的な」教員資格とは、最も多くの割合の教員が持っている資格と教育水準をいい、教育水準または勤続年数の特定の段階について定義できる（教員資格の説明は付録3を参照）。

求められる最低限の教員資格が、教える教育段階ごとに異なる場合もある。オーストリア、ハンガリー、ルクセンブルグ、オランダ、ポーランド、スペイン、スイスでは、前期・後期中等教育段階の両方またはいずれかの普通プログラムで教えるのに、初等教育段階より高い学位（修士号または同等

430

インディケータ D3：教員と学校長の給与　　CHAPTER **D**

レベル）が必要となる。このことから、これらの国の当該教育段階にみられる高い給与の説明がつく。

最低限の教員資格の教員と最も一般的な教員資格の教員との給与差には、すべての国に共通する規則性がみられるわけではない。教員の大多数が最低限の教員資格のみを持っている国では、最低限の教員資格が最も一般的な教員資格の場合もある。データのある国・地域の約4分の3（教える教育段階によってはそれ以上）では、教職に就くための最低限の教員資格が、その教育段階で最も一般的な教員資格でもある（そのため、教職に就いている期間を通じて、最低限の教員資格の教員と最も一般的な教員資格の教員との間に法定給与の差がまったくない）。

それ以外の国・地域では、ある教育段階で最も一般的な教員資格が、必要とされる最低限の教員資格よりも高く、それが給与体系に表れている。データのある13か国のうち、最も一般的な教員資格を持つ教員の給与が、最低限の資格を持つ教員より10％以上高いのは、カナダ、フラマン語圏（ベルギー）（後期中等教育）、ノルウェー（後期中等教育）、ポーランド（就学前・初等・前期中等教育）、アメリカ合衆国（初等教育、前期・後期中等教育）と、在職期間中の一時期だけだが、フランス語圏（ベルギー）、ギリシャ、ハンガリー、ニュージーランド、ノルウェー（初等・前期中等教育）である。最も一般的な教員資格の教員と最低限の教員資格の教員との給与差は、イングランド（イギリス）で35％超、コスタリカでは75％超である。ただし、コスタリカでは、最も一般的な教員資格の教員の給与もまだ、（在職期間を通じて全教育段階で）OECD各国平均より20％以上低い。なお、国によっては最低限の教員資格しかない教員の割合が非常に小さいので、こうした給与差を解釈する際には注意が必要である（ホームページの表D3.1b及び表D3.1c）。

最も一般的な教員資格が教員の勤続年数によって異なる国もある。これが当てはまるのは少数の国（カナダ、ハンガリー、アイスランド、アイルランド、イスラエル、ノルウェー）で、こうした相違は、考慮している在職期間中の4つの時点（就職時、勤続10年、勤続15年、範囲内の最長年数）の一つ、またはいくつかに言える。これについては、たいていの場合、給与体系や教職の要件となる教員資格に関する最近の改革に関連している。例えばアイルランドでは、2012年以降に教職に就いた教員の給与体系が変更され、現在、勤続10年以上で最も一般的な教員資格を持つ教員の給与は、2012年以前に任命された教員の給与体系を基準にしている（給与の差は、教育段階や在職期間によって8〜17％の幅がある）。また、ノルウェーは、初等・前期中等教育段階の教職に就く時点では、最も一般的な教員資格は最低限の教員資格であるが、これらの教育段階のすべての教員の間で最も一般的な教員資格は、最低限の教育資格ではない（ホームページの表D3.1a及び表D3.1b）。

勤続年数別

教員の給与体系には通常、在職期間中の各時点に教員に支払われる給与が規定されている。繰延報酬は、雇用者がそれぞれの職場や職業にとどまり、規定の能力基準を満たしたことに対して報いるものであり、教員の給与体系にも用いられている。教員給与に関するOECDのデータは、俸給表の4つの時点での給与、すなわち、初任給、勤続10年の給与、勤続15年の給与、最高給与に限定されている。国によっては、さらに上の資格の取得が初任給と最高給与の差額にも影響して、給与増につながっている。

OECD加盟国では、勤続年数が長くなれば、（当該の教育資格に応じて）教員給与も上昇するが、その上昇率は国によってさまざまである。最も一般的な資格でみると、前期中等教育の勤続10年の教

431

員の法定給与は、初任給より30%高く、勤続15年になると38%高くなる。さらに最高給与（平均して勤続27年で到達）は、初任給より平均で67%高い。ギリシャ、ハンガリー、イスラエル、イタリア、韓国、スペインでは、前期中等教育の教員は、勤続35年を超えなければ最高給与を得られない。それに対してオーストラリア、ニュージーランド、スコットランド（イギリス）では、勤続6〜7年で最高給与に到達する（ホームページの表D3.1b及び表D3.3a）

俸給表に加えて、俸給表の最高段階に到達するまでに要する年数も、昇進のペースや見通しの目安になる。一般に、最低給与と最高給与との幅が大きいほど、最高給与に達するまでにかかる年数が長くなる。例えば、OECD加盟国の平均では、最も一般的な教員資格を持つ前期中等教育の教員は、27年後に最高給与に達すると見込めるが、オーストラリア、ニュージーランド、スコットランド（イギリス）では6〜7年しかかからない。ただし、これらの国では、最高給与が初任給から約33〜53%しか増えない（OECD加盟国の平均では66%増）。しかし、すべての国がそうだというわけではない。例えば、チェコ共和国とイスラエルでは、最も一般的な教員資格を持つ教員は、およそ32〜36年以内に最高給与に達するが、チェコ共和国の最高法定給与は法定初任給から31%しか増えないのに対し、イスラエルでは108%増える（ホームページの表D3.3a）。

授業一時間当たりの教員の平均法定給与

教員が担当する授業時間数は国によっても教育段階によっても大きく異なるため、教員の法定給与の違いは授業一時間当たりの給与の差として解釈してもよいと考えられる。勤続15年で最も一般的な教員資格を持つ教員の授業一時間当たりの法定給与額は、平均で初等教育55ドル、前期中等教育65ドル、後期中等教育普通プログラム74ドルである（ホームページの表D3.3a）。

中等教育の教員は、初等教育の教員よりも義務づけられる授業時間が少ないため、初等教育と中等教育の法定給与が同程度の国でも、授業一時間当たり給与が高いのが一般的である（インディケータD4参照）。OECD加盟国の平均では、後期中等教育の教員の授業一時間当たり給与は、初等教育の教員を約31%上回っている。国別にみると、スコットランド（イギリス）では差がないのに対し、フラマン語圏（ベルギー）とメキシコでは、後期中等教育の教員の授業一時間当たり給与は初等教育の教員より83%以上高い。コスタリカとリトアニアでは逆に、初等教育の教員の方が一時間当たり給与が高い（ホームページの表D3.3a）。

しかし、初等教育と中等教育の法定給与が同程度の国で、授業一時間当たり給与に差があっても、勤務時間一時間当たり給与を比較すると差がなくなる場合もある。これは、教員の法定勤務時間は通常、初等教育でも後期中等教育でも同程度であるためである（インディケータD4参照）。

勤続年数と教員資格別：教員の最低給与と最高給与

教員の供給を増やそうとしている国、特に教員の高齢化や学齢期人口の増加に直面している国では、より魅力的な初任給や就職後の見通しの提示を検討することになるだろう。しかし、有能な教員を確保するには、最も能力があって高い資格を持つ教員を選択し採用するだけではなく、そうした教員をつなぎ止める努力も求められる。

前期中等教育段階では、勤続15年で最も一般的な教員資格を持つ教員の平均法定給与は、最低限の

インディケータD3：教員と学校長の給与　　CHAPTER D

図D3.2. 在職期間中の各時点における前期中等教育の教員の給与（2017年）
国公立教育機関における教員の年間法定給与、購買力平価による米ドル換算額

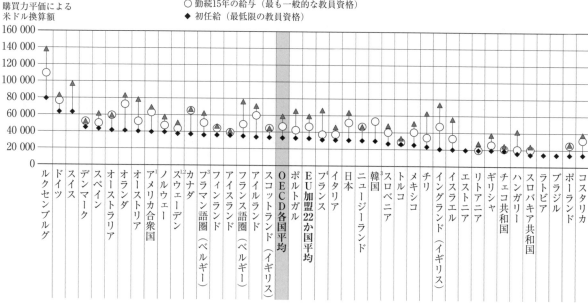

1. 実際の基本給。
2. 俸給表の最高給与（最高の教員資格ではなく最低限の教員資格）。
3. 俸給表の最高給与（最高の教員資格ではなく最も一般的な教員資格）。
4. 超過勤務に対する平均的な固定追加賞与を含む。

左から順に、最低限の教員資格を持つ前期中等教員の初任給が高い国と地域。

資料：OECD（2018）。表D3.1a。ホームページの表D3.1c及び表D3.6。詳細は「資料」を参照。付録3の注を参照（http://dx.doi.org/10.1787/eag-2018-36-en）。

StatLink : https://doi.org/10.1787/888933805477

教員資格を持つ新任教員より41％高い。最高の教員資格を持ち最高給与を得ている場合、平均法定給与は、最低限の教員資格での平均初任給より78％高くなる（図D3.2）。

初任給（最低限の教員資格）から最高給与（最高の教員資格）にいたる法定給与の最大幅に着目すると、初任給がOECD各国平均を下回る国・地域は、最高給与もOECD各国平均より低いところが大半である。ただし、チリ、フランス、イングランド（イギリス）、日本の前期中等教育段階は例外で、初任給はOECD各国平均より5％以上低いものの、最高給与は各国平均を5〜25％上回っている。逆にデンマーク、フィンランド、アイスランド、スウェーデンでは、初任給はOECD各国平均を7〜36％上回っているが、最高給与はOECD各国平均より5％以上（12〜30％）低い。これは、これらの国の多くで、比較的上昇幅の小さい、圧縮された給与体系が採用されているためである（ホームページの表D3.1c及び表D3.6）。

金銭的誘因が弱いと、最高給与に近づくにつれ、教員を教職につなぎ止めるのが難しくなることも考えられる。とはいえ、圧縮された給与体系にも利点はあるだろう。例えば、従業員の給与差が小さい職場ほど、同僚間の協力関係が強まり、組織内の信頼や情報伝達の度合いが高まる面もある。

対照的に、フランス語圏（ベルギー）、チリ、コスタリカ、フランス、ハンガリー、アイルランド、

CHAPTER D　教員と学習環境・学校組織

イスラエル、日本、メキシコ、オランダでは、前期中等教育の最高給与（最高の教員資格）が初任給（最低限の教員資格）の2倍以上で、イングランド（イギリス）では3倍を超えている（図D3.2）。

最高の教員資格を持つ教員の最高給与を、勤続15年で最も一般的な教員資格を持つ教員の給与と比べても、増加分には国ごとのばらつきがある。前期中等教育段階の場合、OECD加盟の国・地域の4分の1では給与差が10％未満だが、チリ、フランス、ハンガリー、イスラエルでは60％を超えている（図D3.2及びホームページの表D3.6）。

初任給（最低限の教員資格）と最高給与（最高の教員資格）を分析する際に、念頭に置くべき重要な点がある。それは、イングランド（イギリス）のような例外もあってすべてではないにしても、大多数の国では最低限の教員資格が最も一般的な教員資格であること（最低限の教員資格または最も一般的な教員資格を持つ教員の割合は、付録2の表X2.5を参照）、すべての教員が最高給与を目指すわけでも到達するわけでもないこと、そして、最低限の教員資格の教員も最高の教員資格の教員も、その数は非常に少ないことである（コラムD3.1）。

コラムD3.1. 最高の教員資格を持つ教員の給与範囲（2017年）

教職に就くためには、特定の最低限の教員資格が必要となる。国によっては、最低限の教員資格より高い教員資格が最も一般的であり、こうした教員資格の水準を認めて、給与水準に差が付けられている。最も一般的な教員資格より高い教員資格を持ち、別の給与体系に従って支払いを受けている教員もいるとみられる。

データがある国・地域の約4分の1は、高い教員資格を持つ教員の給与が、最も一般的な教員資格を持つ教員よりも高い。これが当てはまるのは、カナダ、イングランド（イギリス）、フランス、フランス語圏（ベルギー）、イスラエル、リトアニア、ノルウェー、スロバキア共和国、アメリカ合衆国である。こうした国の大半では、どの教育段階でも、最高の教員資格が最も一般的な教員資格ではない。ただしフランスでは、中等教育段階でしか最高の教員資格が取得できない（上級中等教育教員（Professeurs agrégés）の給与に相当）。ノルウェーでは、修士号が（在職期間中の各時点で）最も一般的な教員資格で、かつ後期中等教育の教員にとって（給与体系で認められている）最高の教員資格でもある。初等及び前期中等教育段階では、修士号は最も一般的な教員資格ではないが、それでも（給与体系で認められている）最高の教員資格である。そのため、最高の教員資格を持つ初等及び前期中等教育の教員の給与は、最も一般的な教員資格を持つ後期中等教育教員と同程度である。フランス語圏（ベルギー）、イスラエル、リトアニア、スロバキア共和国では、最低限の教員資格が（全教育段階で）最も一般的な教員資格でもある。こうした場合、給与体系で認められている高い教員資格段階を取得することも可能だが、実際にそうした資格を持つ教員の割合は、最低限の教員資格の保有者より小さい。カナダ、イングランド（イギリス）、ノルウェーでは、最高の教員資格は、最低限の教員資格及び最も一般的な教員資格に次ぐ、第三の教員資格段階である。この場合の最高の教員資格は一般には修士号であるが、それより上位の教員資格のこともある。イスラエルとスロバキア共和国では、最高の教員資格とは博士課程段階をいう。

434

インディケータ D3：教員と学校長の給与　**CHAPTER D**

こうした教育資格を持つ教員の割合とその教員資格に伴う給与は、国によるばらつきが大きい。データのある国のうちイングランド（イギリス）とフランス（後期中等教育段階）では、教員の10％超は、この給与範囲に従った給与を支払われている。

調査に参加したすべての国・地域の教員資格段階に関する詳細は付録3で確認可能。

D3

2000年以降の教員給与の推移

最も一般的な資格を持つ教員（勤続15年）の法定給与に関する2000年と2015年の（時系列に途切れがない）データがあるのは、OECD加盟国のうち半数で、その大半では、同期間に教員給与（実額）が全体的に増加している。ただし、顕著な例外もあり、イングランド（イギリス）では約4％、フランスでは10％減少し、ギリシャでも16％減少した。また、イタリアの初等・中等教育でも、わずかな（3％未満）減少がみられた。アイルランドとイスラエルでは、初等・中等教育段階で給与が20％超増加している。しかし、一部の国では、2000年から2017年の間に教員給与は全体的に増加したものの、実質ベースで給与が減少している時期（特に2010年以後）もあった（ホームページの表D3.5a）。

OECD加盟の国・地域の約4分の3で、一つ以上の教育段階について2005～2017年の比較可能なデータがあるが、そのうち半数を超える国で、勤続15年で最も一般的な教員資格を持つ教員の法定給与（実額）が上昇している。2005年と2017年のデータがあるOECD加盟の国・地域の平均では、法定給与は初等教育段階で8％、前期中等教育段階で7％、後期中等教育段階で5％上昇している。ポーランドでは、就学前・初等・中等教育段階で上昇幅が20％を超えるが、これは2007年の政府計画の結果である。この計画の目的は、2008年から2013年にかけて教員給与を継続的に上昇させ、経済的誘因を提供することで質の高い教員を引き付け、教育の質を向上させることにあった。また、ハンガリー（就学前教育）、イスラエル、ルクセンブルグ（就学前・初等教育）、ノルウェー（初等・前期中等教育）、スウェーデン（就学前・初等・前期中等教育）でも、教員給与が20％を超えて上昇している。

2005～2017年の間に、ほとんどの国では、初等教育、前期中等教育、後期中等教育の各段階で、教員給与の同程度の増加がみられた。だが、イスラエルはこれには当てはまらず、就学前教育段階で47％超、初等教育段階で32％、前期中等教育段階で43％、後期中等教育段階で35％、教員給与が増加している。これは主に、イスラエル教育省とイスラエル教員組合（初等教育及び前期中等教育の教員による組合）との合意を受け、2008年から初等・中等教育学校で段階的に実施された「新たな地平（New Horizon）」という改革の結果である。この改革では、教員の労働時間延長を交換条件とする給与の増額も行われた（インディケータD4参照）。

対照的に、デンマーク、フランス、イタリア、日本、ポルトガル、スコットランド（イギリス）、スペインなど少数の国では、2005年以降、教員給与が微減し、イングランド（イギリス）では10％、ギリシャにいたっては（2011年からの給与凍結の結果）25％を超える減少がみられる（表D3.5a）。

435

図D3.3. OECD加盟国における教員給与の変化（2005～2017年）

最低限の教員資格を持つ勤続15年の教員の法定給与、2005～2017年の変化指数
（2005年＝100、不変価格）のOECD各国平均（全調査年のデータのある国）

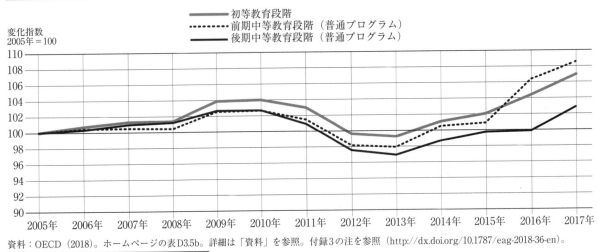

資料：OECD（2018）。ホームページの表D3.5b。詳細は「資料」を参照。付録3の注を参照（http://dx.doi.org/10.1787/eag-2018-36-en）。
StatLink : https://doi.org/10.1787/888933805496

とはいえ、OECD加盟国で2005～2017年にみられたこうした全体的な変化を捉えるだけでは、2008年の経済悪化の影響による、教員給与の時期ごとの変化がみえてこない。この期間内の全年のデータがあるOECD加盟の国・地域の平均をみると、教員給与は2009～2013年に凍結もしくは削減され、その後再び上昇に転じている（図D3.3）。全調査年のデータがあるOECD加盟国の平均では、現時点で、最低限の教員資格を持つ初等・前期中等教育の教員の法定給与は、経済危機前の水準を超えているが、後期中等教育の教員の給与は、まだ当時の水準に戻っていない。

学校長の法定給与

学校長の責務は国によってさまざまで、各国内でも任地の学校によって違ってくると思われる。学校長が教育上の責務を遂行することもあるとみられる（これには授業業務だけでなく、時間割、カリキュラムの実施、指導内容や用いる教材・教育法の決定といった分野で、教育機関を全体的に機能させる責務も含まれる場合がある）。運営や職員管理、財務に関する他の責任を負うこともある。

学校長が遂行する仕事の性質の違いは、各国で用いられる給与体系に反映されている。学校長が特定の給与範囲に従って支払いを受けている場合もあれば、法定給与に加えて学校長手当が支給される場合や支給されない場合もある。しかし、教員の給与範囲に従って支払いを受けつつ、追加の学校長手当を受け取ることもありえる。教員の給与範囲が用いられているのは、学校長がもともと教員であり、さらに別の責務を負っている事実を反映しているとみられる。前期中等教育段階では、データがある32か国のうち、12か国では、学校長が教員の給与範囲に従って支払いを受けた上で学校長手当を受け取り、それ以外の20か国では、学校長の給与範囲に従って支払いを受けている（そのうちの12か国では特別な学校長手当がなく、8か国では学校長手当がある）。法定給与や学校長手当を通じて学校長に支払われるべき金額は、学校長の任地の学校に関連する基準（例えば、在学者数に基づく学校の規模、監督すべき教員数など）や、個々の学校長の特徴（遂行すべき業務、経験年数など）によって違うと思われる（ホームページの表D3.9）。

インディケータD3：教員と学校長の給与　　CHAPTER D

図D3.4. 前期中等教育の教員及び学校長の最低法定給与と最高法定給与（2017年）

当該教育段階で最も一般的な教員資格を持つ教員、及び最低限の資格を持つ学校長

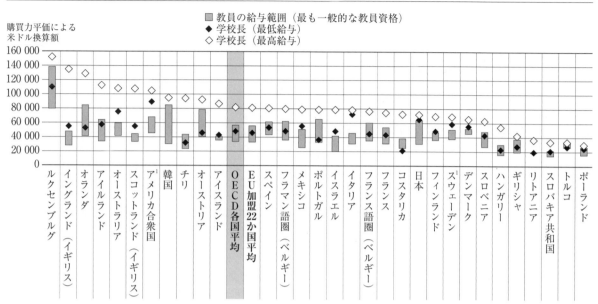

1. 実際の基本給。
左から順に、学校長の最高給与が高い国と地域。
資料：OECD（2018）。表D3.10及びホームページの表D3.1b。詳細は「資料」を参照。付録3の注を参照（http://dx.doi.org/10.1787/eag-2018-36-en）。
StatLink：https://doi.org/10.1787/888933805515

　教員の法定給与額が多くの基準によって異なることを考慮して、学校長の法定給与データは、学校長になるための最低限の資格要件に的を絞って、最低値と最大値のみを表D3.10に示している。前期中等教育段階の場合、学校長の最低給与は、OECD加盟国の平均では48,316ドル（米ドル換算）であるが、ラトビアの18,863ドルからルクセンブルグの109,968ドルまでの幅がある。最高給与は、OECD各国平均では81,872ドルだが、ポーランドの29,617ドルからルクセンブルグの152,083ドルまで開きがある。最低及び最高の法定給与は、種類の異なる学校の学校長を対象にしているので、こうした値を解釈する際には注意が必要である。OECD加盟国の約半数は、初等教育と前期中等教育の学校長の給与範囲は同程度であるが、後期中等教育の学校長は、平均して、それよりも高い法定給与を得ている。

　OECD加盟の国・地域の平均では、最低限の資格を持つ学校長の最高法定給与は、最低法定給与と比べて、初等教育では73％、前期中等教育では68％、後期中等教育では69％高い。10か国に限り、俸給表の最高段階にいる学校長は、これらの教育段階の一つ以上で法定初任給の2倍の所得を期待でき、コスタリカでは、初任給の3倍超の所得を見込める。

　最低限の資格を持つ学校長の最低法定給与は、教員の初任給より高く、例外はコスタリカ（及び、この両方が同等であるリトアニア）のみである。学校長（最低限の資格）の最低給与と教員（最も一般的な教員資格）の初任給との差は、教育段階が上がるとともに大きくなる。OECD加盟の国・地域の平均では、就学前教育段階で24％、初等教育段階で32％、前期中等教育段階で43％、後期中等教育段階で44％の差がある。数は少ないが、学校長の最低法定給与が教員の最高給与より高い国もある。

CHAPTER D　教員と学習環境・学校組織

これが当てはまるのは、オーストラリア、デンマーク、イングランド（イギリス）、フィンランド、アイスランド、イスラエル、イタリア、日本、メキシコ、スコットランド（イギリス）、スウェーデン、アメリカ合衆国（いずれも前期中等教育段階）である（図D3.4）。

同様に、学校長の最高法定給与は、データがあるOECD加盟の国・地域のすべてで、教員の最高法定給与よりも高い。俸給表の最高段階をみると、前期中等教育段階では、学校長の最高法定給与は、給与範囲の最高段階にある教員（最も一般的な教員資格）の給与より、OECD加盟の国・地域の平均で45%高い。ただし、チリ、イングランド（イギリス）、アイスランド、スコットランド（イギリス）では、学校長の最高法定給与は、給与範囲の最高段階にある教員の法定給与の2倍超である（図D3.4）。

教員と学校長の実際の平均給与

法定給与とは違い、教員や学校長の実際の給与には、年間賞与、成果に応じた賞与、休日出勤手当、病欠手当、その他の追加的支給など、仕事に関連した支払いが含まれる場合がある（「定義」を参照）。基本給に上乗せされるこうした賞与や手当が、かなりの額になる可能性もある。そうした場合、実際の教員給与は、教員全体の勤続年数や教員資格段階といった要因に加えて、給与体系における賞与や手当の普及度によっても影響を受ける（コラムD3.3）。法定給与と実際の給与の差異は、勤続年数や教員資格別の教員分布とも関連している。この2要素はいずれも教員の給与水準に影響するからである。

OECD加の盟国・地域の平均では、25～64歳の教員の実際の給与は、就学前教育で37,440ドル、初等教育で41,244ドル、前期中等教育で43,546ドル、後期中等教育で46,713ドルである。平均では、25～64歳の学校長の実際の給与は、初等教育段階の57,141ドルから前期中等教育段階の64,423ドル、後期中等教育段階の68,932ドルまで幅がある（表D3.4）（地域差についてはコラムD3.2を参照）。

一つ以上の教育段階について、勤続15年で最も一般的な教員資格を持つ教員の法定給与と25～64歳の教員の実際の給与の両方のデータがあるOECD加盟の29の国・地域のうち、6分の1（就学前教育段階）から3分の1（後期中等教育段階）では、実際の年間給与が法定給与を10%上回っている。

コラムD3.2. 就学前・初等・中等教育段階の教員給与の地域差

教員の法定給与に関する地域データを報告している5か国（ベルギー、カナダ、スウェーデン、イギリス、アメリカ合衆国）では、法定給与は地域間の差異が大きく、教育段階や在職期間に応じて国によって傾向が違う。

ベルギーでは、教育段階や在職期間に関わらず、フラマン語圏の方がフランス語圏より法定給与が3%高い（給与は教育段階と在職期間によって異なる）。カナダとイギリスでは、地域差は在職期間によってのみ異なる（最低給与も最高給与も、それぞれ教育段階が違っても同程度である）。どちらの国でも地域差は初任給が最も大きく、教育段階が上がるとともに小さくなる。

438

インディケータ D3：教員と学校長の給与　　CHAPTER **D**

例えばカナダでは、法定給与の地域差は就職時点で80%（米ドル換算で31,912ドルから57,425ドルまで）、勤続10年で76%（46,418ドルから81,741ドルまで）、勤続15年または俸給表の最高段階で43%（57,158ドルから81,741ドルまで）である。スウェーデンとアメリカ合衆国では、教員の在職期間と教育段階の両方が地域差に影響する。初任給のばらつきが最も大きいのはスウェーデンで、教育段階に応じて18〜21%、在職期間に応じて（教育段階に関わりなく）10〜17%の差がある。アメリカ合衆国では、教育段階や在職期間の違いによる法定給与の（地域間の）ばらつきに明確な傾向はない。初任給のばらつきが最も小さいのは前期中等教育段階で（33,355ドルから57,030ドルまでの71%）、給与範囲の最高段階でのばらつきが最も大きいのも前期中等教育段階である（51,957ドルから104,045ドルまでの200%）（OECD/NCES, 2018[3]）。

データのある6か国（ベルギー、ブラジル、スロベニア、スウェーデン、イギリス、アメリカ合衆国）では、実際の給与の地域差もかなり大きい。25〜64歳の教員についてみると、ベルギーとスロベニアでは、実際の給与の地域差は、就学前・初等・前期中等・後期中等教育の各教育段階で7%に満たない。この地域差はスウェーデンとイギリスで比較的大きく、スウェーデンの後期中等教育では10%（43,593ドルから48,203ドルまで）、イギリスの前期及び後期中等教育では17%（41,670ドルから48,817ドルまで）である。ブラジルとアメリカ合衆国は地域差がさらに大きい。アメリカ合衆国の初等教育段階及び前期・後期中等教育段階では、最も高い給与が最も低い給与の約2倍（初等教育では42,060ドルから84,064ドルまで、前期中等教育では41,641ドルから81,567ドルまで、後期中等教育では42,393ドルから82,540ドルまで）である。ブラジルでは、就学前・初等・前期中等の各教育段階で、実際の給与が最も高い地域は最も低い地域の3倍超、後期中等教育段階では5.6倍となっている（OECD/NCES, 2018[3]）。

各国内で、実際の給与の地域差は、データが収集されているどの年齢層（25〜34歳人口、35〜44歳人口、45〜54歳人口、55〜64歳人口）でも同程度である。ただし、ブラジルやスウェーデンでは、若年齢層の方が差がわずかに大きい。また、データのある国については、実際の給与の地域差に、男女差もあまりない（OECD/NCES, 2018[3]）。

学校長の実際の給与は教員の実際の給与よりも高く、その差は教育段階が上がるとともに大きくなる。OECD加盟の国・地域の平均では、学校長の実際の給与は、教員給与と比べて、就学前教育段階では35%高く、初等教育段階では39%、前期・後期中等教育段階では18%高い。学校長と教員の実際の給与の差は、各国間及び教育段階ごとに大きなばらつきがある。教員と比較して学校長の割り増し分が最も大きい国はイングランド（イギリス）（中等教育段階）とイタリア（初等及び中等教育段階）で、学校長の実際の給与は教員の2倍である。デンマーク（就学前教育段階）、フィンランド（就学前教育段階）、フランス（就学前・初等教育段階）、ルクセンブルグ（中等教育段階）、ノルウェー（就学前教育段階）では、割り増し分が最も小さく、25%に満たない。それ以外の国では、学校長は、教員と比べて、給与が中等教育段階で急激な増加を示すが、初等教育段階ではその差はもっと小さい。例えばフランスでは、学校長と教員の実際の給与は、就学前教育と初等教育の両段階ではほぼ同じであるが、前期中等教育段階では55%、後期中等教育段階では37%の差がつく。ラトビアでは、就学前・初等教育段階の差の方が、前期・後期中等教育段階の差よりもかなり大きい（表D3.4）。

439

CHAPTER D　教員と学習環境・学校組織

図D3.5. 前期中等教育の教員及び学校長の実際の給与（2016年）
国公立教育機関の教員及び学校長の実際の年間給与、購買力平価による米ドル換算額

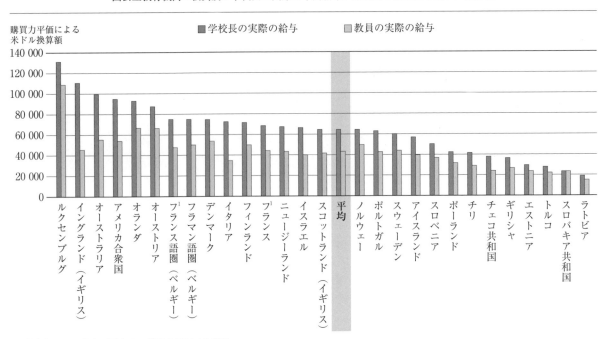

1. 調査年は2016年とは異なる。詳細は表D3.4を参照。
左から、学校長の実際の給与が高い国と地域。
資料：OECD（2018）。表D3.4。詳細は「資料」を参照。付録3の注を参照（http://dx.doi.org/10.1787/eag-2018-36-en）。
StatLink：https://doi.org/10.1787/888933805534

高等教育修了の就業者の所得に対する教員及び学校長の実際の給与の比率

各国の教育制度は、質の高い卒業者を教職に引き付けるために、他の経済部門と競い合うことになる。研究によれば、給与と教職以外の雇用機会が、教員を志望するかどうかに重要な影響を及ぼすという（Johnes and Johnes, 2004[4]）。教職以外の（教育水準が同等の）職業の給与に対する教員の給与の比率と、将来的な所得増加の可能性は、卒業後すぐに教員になるかどうか、また、その後も教職に留まるかどうかの決断を大きく左右するとみられる。学校長の職業上の見通しと相対的給与も、教員に可能な昇進の道筋と長期的に見込める給与を示すものとなる。

ほとんどのOECD加盟国では、どの教育段階の教育機関で働く場合も、教員や学校長になるには高等教育修了資格が必要であることから、教職課程に代わる選択肢となりうるのは、同等の高等教育プログラムである。したがって、各国の給与水準を分析し、相対的な労働市場の状況を示すには、教員の実際の給与を、教育水準が同程度である他の職業の就業者——同等の高等教育（ISCED 5〜8）を修了した25〜64歳のフルタイム通年就業者——の給与と比較することになる（年齢層別、男女別のデータについてはコラムD3.3を参照）。さらに、各国間の比較に際しては、教員における高等教育の修了段階別分布と、高等教育修了の就業者における高等教育の修了段階別分布との差異による偏向が生じないようにするため、教員の実際の給与は、同等の教育段階を修了した就業者の給与の加重平均（同等の教育段階修了者の所得を、同等の高等教育段階を修了した教員の割合で重み付けしたもの）と比較している（教員の学歴別分布は付録2の表X2.6を参照）。

インディケータ D3：教員と学校長の給与　**CHAPTER D**

D₃

少なくとも一つの高等教育段階に関するデータがある19の国・地域のうち、チェコ共和国（初等・前期中等教育）とアメリカ合衆国では、教員の実際の給与が、高等教育修了の就業者の給与の60％以下である。ごくわずかだが、教員の実際の給与が高等教育修了の就業者と同程度または上回っている国・地域もある。フラマン語圏（ベルギー）では、教員の実際の給与が、同等の教育を修了した就業者と同程度であり、ラトビアでは前期中等教育段階で5％、後期中等教育段階では22％上回っている（表D3.2a）。

上記のような比較が可能なデータのある国が少数であることを考えれば、二次的な基準となるのは、高等教育（ISCED 5～8）修了の就業者（25～64歳のフルタイム通年就業者）の所得に対する、全教員の実際の給与額の比率である（「算定方法」参照）。この基準に照らした場合、他の高等教育修了の就業者の給与に対する教員の実際の給与の比率は、教育段階が上がるにつれて大きくなる。平均では、就学前教育の教員の給与は、高等教育修了の就業者の所得の81％、初等教育では86％、前期中等教育では91％、後期中等教育では96％であった（表D3.2a）。

データがある国・地域のほとんどで、また、ほぼすべての教育段階において、教員の実際の給与は高等教育修了の就業者よりも低い。相対的な教員給与が最も低いのは、スロバキア共和国の就学前教育段階（高等教育修了の就業者の所得の48％）とチェコ共和国の初等及び中等教育（高等教育修了の就業者の所得の61～63％）である。しかし、教員の給与が高等教育修了の成人を上回っている国もあり、すべての教育段階ではギリシャ、ルクセンブルグ、ポルトガル、後期中等教育に限ればフィンランド、フラマン語圏（ベルギー）、フランス語圏（ベルギー）、ドイツ、ラトビアがそれに当たる。ルクセンブルグとポルトガルでは、教員の所得は高等教育修了の就業者より30％以上高く、ルクセンブルグの中等教育の教員では2倍に上る。ただし、この比率の解釈には注意が必要である。例えばギリシャでは、資格過剰な就業者の比率が高く、習熟度は同等だが仕事に十分にマッチした就業者と比べて、平均所得が引き下げられている面もあり、これによって、教員給与が同等の教育を修了した就業者よりも高い説明がつくとみられる（表D3.2a及び図D3.1）。

コラム D3.3. 年齢層別・男女別の実際の平均給与（2016年）

初等・中等教育段階では、高年齢層（55～64歳）の教員の実際の平均給与は、若年齢層（25～34歳）の教員よりも37～39％高いが、年齢層間のこの差異は、国や地域によってかなり大きなばらつきがある。オーストラリア、ノルウェー、スウェーデンでは、全教育段階でこの差が20％未満だが、オーストリア、チリ、ギリシャ、イスラエル、ポルトガルでは60％以上ある（表D3.4）。

年齢層が高くなると教員の給与も上昇するとはいえ、教員給与を高等教育修了の就業者の所得と比較すると、教員給与は他の就業者の所得よりも上昇が緩やかで、教員という職業が生産年齢にある就業者にとってさほど魅力的ではないことがわかる。OECD加盟の国・地域の平均でみると、高等教育修了の就業者の所得に対する教員の実際の給与の比率は、前期中等教育段階では、若年齢層（25～34歳）の方が高年齢層（55～64歳）より約14パーセントポイント高い。

441

CHAPTER D 　教員と学習環境・学校組織

だが、この比率は国によるばらつきが大きく、チリ、ギリシャ、ハンガリー、イスラエル、ラトビアの就学前・初等・中等教育段階では、高等教育修了の就業者の所得に対する実際の給与の比率は、高年齢層の教員の方が高い。

教員の実際の給与の男女差は、初等・中等教育段階では小さく、平均で2%以下である（男性の方が高い）。

高等教育修了の25〜64歳の就業者の所得に対する比率でみた場合、教員給与の男女差はこれより大きくなる。OECD加盟の国・地域の平均では、高等教育修了の男性就業者（フルタイム通年就業）の所得と比較した、男性教員（25〜64歳）の実際の教員給与の比率は、初等教育段階の77%から、後期中等教育段階の88%までとなっている。この比率は、就学前教育段階から中等教育段階まで、女性の方が男性よりも約31〜33パーセントポイント高い。女性の方が比率が高いのは、他の職業と比べて教職の魅力が、男性よりも女性にとって大きいことを示しているが、同時に、労働市場における所得に今なお男女差が残っている表れでもある（表D3.2及び表D3.4）。

学校長の実際の給与は教員よりも高いので、平均すれば、他の高等教育修了の成人と比べても高く、その差は教育段階が上がるにつれて大きくなる。OECD加盟の国・地域の平均では、学校長の所得は、高等教育修了の成人と比べて、初等教育段階で21%、前期中等教育段階で34%、後期中等教育段階で42%高い。学校長の所得が高等教育修了の成人より低いのは、チェコ共和国（就学前・初等・前期中等教育段階）、デンマーク（就学前教育段階）、エストニア（就学前教育段階）、フィンランド（就学前教育段階）、フランス（就学前・初等教育段階）、ノルウェー（就学前・初等・前期中等教育段階）、スロバキア共和国に限られる。

基本給と追加的給付のしくみ──インセンティブと手当

俸給表に基づいて支払われる法定給与は、教員と学校長が受け取る報酬総額の一つの要素にすぎない。学校教育制度では、教員及び学校長に対して、基本給の体系に加えて各種の手当、賞与、その他の報奨金といった追加給付も提供している。これらは金銭的な報酬として支給されることもあれば、教員の授業時間数の軽減といった形をとることもある。また、基本給の体系に用いられる基準を定める政府レベルは、国によってさまざまである（ホームページの表D3.8及び表D3.12）。

追加給付の基準は国によって多様である。大多数の国では、教員としての中核業務（授業、授業の計画や準備、採点や添削、一般的事務業務、保護者との連絡、生徒の監督、同僚教員との協働作業など）が賞与や追加給付に値する功労とみなされることはめったにない（ホームページの表D3.7）。教員は、追加報酬なしに何らかの責任を負う、あるいは、何らかの業務を遂行するよう求められることもある（教員の業務及び責任についてはインディケータD4を参照）。だが、その他の職務に関しては、それを担うことで何らかの追加的報酬が支給される場合が多い。

データがある国・地域の4分の3では、前期中等教育の教員が、指導業務に加えて学校運営業務にも

インディケータ D3：教員と学校長の給与　**CHAPTER D**

参画する場合に、何らかの報酬を受け取っている。フィンランド、ポルトガル、スロバキア共和国のように、授業時間が軽減されることもあれば、オーストリア、コスタリカ、イングランド（イギリス）、フランス、ドイツ、アイルランド、イタリア、日本、韓国、ノルウェー、スペイン、トルコのように、臨時の追加給付もしくは年間給与への上乗せになることもある。デンマークでは、授業時間の軽減と年間給与への上乗せの両方がある。

また教員が、フルタイム就業契約に定められたよりも多くの授業時間や授業数をこなした場合や、学級担任を務めた場合、その他の特別な仕事（教員実習生の指導など）を行った場合には、年間もしくは臨時の追加給付が支払われるのが一般的である（ホームページの表D3.7）。

データがあるOECD加盟の国・地域の約半分では、前期中等教育の教員が特に優れた成果を収めた場合に、臨時または年間の追加給付や基本給の増額といった形で、追加的報酬が支給されている。また、追加給付には、特別な支援を必要とする生徒を通常の学校で指導する場合や、社会経済的に恵まれない地域、遠隔地、物価の高い地域での勤務など、特別な状況下での指導に対して支給される賞与を含むこともある（ホームページの表D3.7）。

学校長についても追加給付の規準はあるが、教員と比べると、追加給付につながる業務や責任は少ない。前期中等教育段階で、学校長に追加的報酬をまったく支給していない国は、少数(オーストリア、イングランド（イギリス）、フランス語圏（ベルギー）、ポルトガル）にとどまる。

データがある29か国のうち、約3分の1は、学校長の通常の責務を超えた管理業務への参画や時間外勤務に対して、追加的報酬を支払っている。約半数の国（オーストラリア、オーストリア、フランス語圏（ベルギー）、チリ、イングランド（イギリス）、フィンランド、ギリシャ、アイルランド、日本、韓国、メキシコ、ポルトガル、スロベニア、スペイン）は、特別な責務を引き受けた教員には追加的報酬を提供しているが、学校長への追加給付はまったく支給していない（ホームページの表D3.11）。教員に関しては（上記参照）、ギリシャなど一部の国では、こうした多くの責任や業務が教員と学校長の責務の一部と考えられているため、特別手当による埋め合わせはない。

前期中等教育段階では、データのある国・地域の3分の1で、特に優れた成果を収めた学校長に対して、教員の場合と同様に追加的報酬が支給されている。しかし、オーストリア、チリ、イングランド（イギリス）、イスラエル、トルコは、特に優れた成果に関する追加的報酬を教員には与えているが、学校長には支給していない。その逆がフランスとスペインで、優れた成果に対して学校長には報酬があるが、教員にはない（ホームページの表D3.7及び表D3.11）。

半数の国では、教員と学校長は、社会経済的に恵まれない地域や遠隔地、物価の高い地域での勤務について追加給付を受け取っているが、イングランド（イギリス）は例外で、そのようなインセンティブは教員のみが対象である。またオーストラリアでは、学校長にのみインセンティブが提供されている（ホームページの表D3.7及び表D3.11）

CHAPTER D 教員と学習環境・学校組織

■定義

教員とは、生徒への教育に直接従事している専門的職員をいう。教員は、授業担当教員、特殊教育教員、及びその他の教員などからなり、学級内で生徒全員を対象に、あるいは特別支援学級などで少人数グループを対象に、また、通常の学級の内外で一対一の教育活動を行う。

学校長とは、単独で、もしくは委員会や評議会などの行政機構内で、学校または学校群を統率することが第一または主要な職務である者をいう。学校長は、学校の指導、管理、運営に責任を持つ第一の指導者である。

25～64歳の教員／学校長の実際の給与とは、25～64歳のフルタイム教員／学校長が受け取る平均年間所得（税引前）をいう。これは雇用者からみた給与総額であり、雇用者が支払う社会保障費負担や年金保険料負担も含まれる（雇用主によって雇用者の給与から自動的に天引きされている場合も同様である）。ただし、雇用主による社会保障費や年金保険料の負担分は含まない。また、学校長手当や年間賞与、成果に応じた賞与、休日勤務に対する割増手当、病欠手当といった職業関連の給付金は含み、政府の社会保障移転や投資収益、その他教職とは直接関係のない所得は含まない。

高等教育修了の就業者の所得とは、25～64歳のISCED 5、6、7、または8の修了者で、通年のフルタイム就業者の平均所得である。

最高給与とは、授業担当のフルタイム教員（給与体系で認められている特定段階の教員資格）に支払われる年間法定給与の最高額（給与範囲の最高額）である。

勤続15年の給与とは、勤続15年で授業担当のフルタイム教員の年間法定給与である。法定給与が、給与体系で認められている特定段階の教員資格（正式の教員資格を得るために必要な最低限の教育、最も一般的な教員資格、または最高の教員資格）を持つ、勤続15年の教員の給与を指すこともある。

初任給とは、給与体系で認められている特定段階の教員資格（正式の教員資格を得るために必要な最低限の教育または最も一般的な教員資格）を持つ、1年目の授業担当のフルタイム教員に支払われる年間給与総額である。

法定給与とは、公的な俸給表に従って支払われる予定の給与をいう。ここに示す給与は、現行の給与体系に従い、給与総額（雇用主から支払われる金額の総額）から雇用主負担の社会保障費及び年金保険料を差し引いた額である。給与は「税引き前」、すなわち所得税引前の金額である。

■算定方法

前期・後期中等教育段階の教員給与に関するデータは、普通プログラムのみを対象とする。

教員の給与は、OECDの国民経済計算データベースを基に、個人消費ベースの購買力平価で換算したものである。教員の給与の調査対象期間は、法定給与データが2016年7月1日～2017年6月30日、実際の給与に関するデータが2015年7月1日～2016年6月30日である。購買力平価の調査対象日は、法

444

インディケータ D3：教員と学校長の給与　　**CHAPTER D**

定給与データについては2016～17学年度、実際の給与に関するデータについては2015～16年学年度だが、南半球の一部の国（オーストラリアとニュージーランド）は学年度が1月～12月であるため例外で、調査年が暦年（2017年と2016年）である。教員の給与を各国通貨で示した表については、付録2を参照。教員給与の推移（ホームページの表D3.5a及び表D3.5b）の計算では、個人消費デフレータを使って給与を2005年の物価に調整している。

ほとんどの国で、最も一般的な教員資格は、相対多数の原則に基づいて決定されている（最も多くの割合を占める教員が持つ教員資格水準である）。

表D3.2aでは、高等教育修了で25～64歳のフルタイム通年就業者の所得に対する給与の比率を、高等教育修了の就業者の所得の加重平均に基づいて算定している（第1～第4列）。加重値は各国が個別に収集したもので、教員の修了した高等教育段階（ISCED）別の割合に基づく（付録2の表X2.6参照）。加重平均による比率は、これらのデータがある国についてのみ算出している。就業者の所得に関するデータの調査年が、教員と学校長の給与のデータ収集が行われた2016年でない場合には、デフレータを使って2016年の所得データに合わせて調整している。表D3.2aとホームページの表D3.2cの他のすべての比率については、加重平均の代わりに、高等教育修了の全就業者についての情報が用いられている。就業者の所得に関するデータは、調査年におけるすべての個人が就業によって得た所得を考慮したもので、教員の給与もこれに含まれる。ほとんどの国で、教員は数が多いため、就業者の平均所得に影響を及ぼしている可能性がある。ホームページの表D3.2bでも同様の算定方法が用いられているが、比率の算出には、勤続15年の教員の実際の給与ではなく法定給与が用いられている。

詳細については『OECD国際比較教育統計ハンドブック2018年版（*OECD Handbook for Internationally Comparative Education Statistics 2018*)』（OECD, 2018[5]）を参照。各国の注記については付録3を参照（http://dx.doi.org/10.1787/eag-2018-36-en）。

リトアニアは、本書を編集時にはOECD加盟国ではなかったので、OECD加盟国リストには記載せず、OECD加盟国の総計に含めていない。

■資料
教員及び学校長の給与と賞与に関するデータは、2017年に欧州教育情報ネットワーク（Eurydice）とOECDが共同して作成した、教員及び学校長の給与に関するデータコレクションから得たものである。データは調査対象年を2016～17学年度（法定給与）及び2015～16学年度（実際の給与）とし、国公立教育機関に対する公式の政策に従って報告されている。就業者の所得に関するデータは、OECDの労働市場・経済・社会に対する教育の成果ネットワーク（LSO）による定例のデータコレクションに基づくものである。

イスラエルのデータについて
イスラエルの統計データは、イスラエル政府関係当局により、その責任の下で提供されている。OECDにおける当該データの使用は、ゴラン高原、東エルサレム、及びヨルダン川西岸地区のイスラエル入植地の国際法上の地位を害するものではない

445

CHAPTER **D**　教員と学習環境・学校組織

■ 参考資料

Johnes, G. and J. Johnes（2004）, *International Handbook on the Economics of Education*, 　[4]
　　Edward Elgar Publishing.

OECD（2018）, *OECD Handbook for Internationally Comparative Education Statistics 2018:* 　[5]
　　Concepts, Standards, Definitions and Classifications, OECD Publishing, Paris, https://
　　doi.org/10.1787/9789264304444-en.

OECD（2017）, *Education at a Glance 2017: OECD Indicators*, OECD Publishing, Paris, 　[2]
　　http://dx.doi.org/10.1787/eag-2017-en.（『図表でみる教育OECD インディケータ（2017
　　年版）』経済協力開発機構（OECD）編著、矢倉美登里, 稲田智子, 大村有里, 坂本千佳子,
　　立木勝, 三井理子訳、明石書店、2017年）

OECD（2005）, *Teachers Matter: Attracting, Developing and Retaining Effective* 　[1]
　　Teachers, Education and Training Policy, OECD Publishing, Paris, http://dx.doi.
　　org/10.1787/9789264018044-en.（『教員の重要性：優れた教員の確保・育成・定着』
　　OECD編著、国立教育政策研究所国際研究・協力部、2005年）

OECD/NCES（2018）, *Education at a Glance Subnational Supplement*, OECD/National 　[3]
　　Center for Education Statistics, Paris and Washington, DC, https://nces.ed.gov/surveys/
　　annualreports/oecd/index.asp.

■ インディケータD3の表 *

- 表D3.1a. 教員の法定給与（最も一般的な教員資格）（勤続年数別）（2017年）
- 表D3.1b.（ホームページの表）教員の法定給与（最も一般的な教員資格）（各教育段階）（2017年）
- 表D3.1c.（ホームページの表）教員の法定給与（教職に就くための最低限の教員資格）（2017年）
- 表D3.2a. 高等教育修了の就業者の所得に対する教員及び学校長の給与の比率（実際の給与）（2017年）
- 表D3.2b.（ホームページの表）高等教育修了の就業者の所得に対する教員給与の比率（法定給与）（2017年）
- 表D3.2c.（ホームページの表）高等教育修了の就業者の所得に対する教員給与の比率（実際の給与）（年齢層別、
　　男女別）（2017年）
- 表D3.2d.（ホームページの表）高等教育修了の就業者の所得に対する学校長の給与の比率（法定給与）（2017年）
- 表D3.3a.（ホームページの表）教員の法定給与の比較（最も一般的な教員資格）（教育段階別）（2017年）
- 表D3.3b.（ホームページの表）教員の法定給与の比較（調査年において教職に就くための最低限の教員資格）
　　（2017年）
- 表D3.4. 教員及び学校長の実際の平均給与（年齢層別、男女別）（2016年）
- 表D3.5a.（ホームページの表）教員給与の推移（最も一般的な教員資格）（勤続年数別）（2000〜2017年）
- 表D3.5b.（ホームページの表）教員給与の推移（教職に就くための最低限の教員資格）（2000〜2017年）
- 表D3.6.（ホームページの表）教員の初任給と最高給与（法定給与）（最低限の教員資格と最高の教員資格）
　　（2017年）
- 表D3.7.（ホームページの表）教員の基本給及び追加手当に関連する業務とその他の基準（全教育段階）（2017
　　年）
- 表D3.8.（ホームページの表）教員の基本給及び追加手当の基準を決定する政府レベル（教育段階別）（2017年）
- 表D3.9.（ホームページの表）学校長の給与体系の構造（2017年）
- 表D3.10. 学校長の最低給与と最高給与（法定給与）（最低限の教員資格）（2017年）

インディケータD3：教員と学校長の給与　　CHAPTER D

- 表D3.11.（ホームページの表）学校長の基本給及び追加手当に関連する業務とその他の基準（教育段階別）（2017年）
- 表D3.12.（ホームページの表）学校長の基本給及び追加手当の基準を決定する政府レベル（教育段階別）（2017年）

＊ データの締切日は2018年7月18日。更新データはホームページで確認可能（http://dx.doi.org/10.1787/eag-data-en）。データはEducation at a Glance Database（http://stats.oecd.org/）でも確認可能。

表D3.1a. 教員の法定給与（最も一般的な教員資格）（勤続年数別）（2017年）

国公立教育機関の教員の年間給与、個人消費ベースの購買力平価による米ドル換算額

国	就学前教育 初任給	就学前教育 勤続10年の給与	就学前教育 勤続15年の給与	就学前教育 最高給与	初等教育 初任給	初等教育 勤続10年の給与	初等教育 勤続15年の給与	初等教育 最高給与	前期中等教育(普通プログラム) 初任給	前期中等教育 勤続10年の給与	前期中等教育 勤続15年の給与	前期中等教育 最高給与	後期中等教育(普通プログラム) 初任給	後期中等教育 勤続10年の給与	後期中等教育 勤続15年の給与	後期中等教育 最高給与
	(1)	(2)	(3)	(4)	(5)	(6)	(7)	(8)	(9)	(10)	(11)	(12)	(13)	(14)	(15)	(16)
OECD加盟国・国																
オーストラリア	41 798	59 043	59 568	59 568	41 798	59 043	59 568	59 568	41 800	59 043	59 568	59 568	41 798	59 043	59 568	59 568
オーストリア	m	m	m	m	40 548	44 633	49 961	73 501	40 411	46 965	52 538	78 495	40 460	50 880	57 533	83 660
カナダ					39 222	62 860	65 474	65 474	39 222	62 860	65 474	65 474	39 222	62 860	65 474	65 474
チリ	23 429	29 004	34 231	43 760	23 429	29 004	34 231	43 760	23 429	29 004	34 231	43 760	24 028	29 804	35 111	44 959
チェコ共和国	17 920	18 338	18 805	20 964	18 944	20 110	21 007	24 785	18 953	20 147	21 049	24 901	18 971	20 165	21 044	24 862
デンマーク	41 274	46 552	46 552	46 552	44 919	49 863	51 506	51 506	45 134	50 466	52 183	52 183	42 841	55 675	55 675	55 675
エストニア	a	a	a	a	19 529	a	a	a	19 529	a	a	a	19 529	a	a	a
フィンランド[1]	29 578	31 945	31 945	31 945	33 408	38 671	40 991	43 451	36 081	41 765	44 271	46 927	38 261	45 951	47 789	50 656
フランス[2]	29 516	33 618	35 963	52 374	29 516	33 618	35 963	52 374	31 003	35 106	37 450	54 010	31 003	35 106	37 450	54 010
ドイツ	m	m	m	m	56 535	66 950	70 693	75 002	63 555	73 357	76 838	83 451	63 866	77 619	81 260	92 386
ギリシャ	19 374	22 754	25 998	37 699	19 374	22 754	25 998	37 699	19 374	22 754	25 998	37 699	19 374	22 754	25 998	37 699
ハンガリー	14 227	19 206	20 629	27 031	14 227	19 206	20 629	27 031	15 752	19 206	20 629	27 031	15 752	21 265	22 840	29 928
アイスランド	34 394	35 716	38 105	38 105	35 756	37 179	39 477	39 477	35 756	37 179	39 477	39 477	30 347	31 805	32 706	41 414
アイルランド	23 001	m	m	m	33 962	53 805	59 459	68 712	33 962	55 761	60 053	69 306	33 962	55 761	60 053	69 306
イスラエル	28 514	29 855	33 647	61 436	20 051	27 056	30 321	51 495	20 159	28 891	33 442	53 610	20 666	27 221	30 580	49 298
イタリア	28 514	31 368	34 444	41 914	28 514	31 368	34 444	41 914	30 739	34 051	37 530	46 030	30 739	34 879	38 581	48 121
日本	m	m	m	m	30 631	43 847	51 593	63 969	30 631	43 847	51 593	63 969	30 631	43 847	51 593	65 658
韓国	30 395	45 746	53 405	84 842	30 395	45 746	53 405	84 842	30 455	45 806	53 465	84 902	29 738	45 088	52 747	84 185
ラトビア	12 994	a	a	a	14 252	a	a	a	14 252	a	a	a	14 252	a	a	a
ルクセンブルグ[3]	70 192	90 782	102 505	124 036	70 192	90 782	102 505	124 036	79 551	99 439	109 734	138 279	79 551	99 439	109 734	138 279
メキシコ	19 893	25 261	31 686	39 996	19 893	25 261	31 686	39 996	20 401	32 237	40 555	51 139	20 401	32 237	40 555	51 139
オランダ	38 922	48 775	58 036	61 279	38 922	48 775	58 036	61 279	41 309	63 345	72 778	84 469	41 309	63 345	72 778	84 469
ニュージーランド[4]	m	m	m	m	30 254	46 337	46 337	46 337	30 746	46 963	46 963	46 963	31 238	47 589	47 589	47 589
ノルウェー	35 577	41 489	41 489	41 908	39 585	47 687	47 687	51 209	39 585	47 687	47 687	51 209	42 171	52 171	52 171	57 647
ポーランド	15 600	20 926	25 553	26 636	15 600	20 926	25 553	26 636	15 600	20 926	25 553	26 636	15 600	20 926	25 553	26 636
ポルトガル	32 887	40 041	42 489	65 417	32 887	40 041	42 489	65 417	32 887	40 041	42 489	65 417	32 887	40 041	42 489	65 417
スロバキア共和国[5]	12 754	14 037	14 673	15 824	14 267	17 129	20 057	21 625	14 267	17 129	20 057	21 625	14 267	17 129	20 057	21 625
スロベニア[5]	26 823	31 917	38 890	44 691	26 823	33 099	40 351	48 166	26 823	33 099	40 351	48 166	26 823	33 099	40 351	48 166
スペイン	38 987	42 217	45 069	55 384	38 987	42 217	45 069	55 384	43 565	47 241	50 257	61 543	43 565	47 241	50 257	61 543
スウェーデン[4,5,6]	36 192	38 433	39 444	42 737	36 699	41 322	43 201	49 587	37 566	42 321	43 827	50 964	37 566	43 771	44 891	52 217
スイス	52 743	66 002	m	80 416	56 351	70 049	m	85 753	63 308	80 029	m	96 997	71 249	91 416	m	109 240
トルコ	26 219	27 223	28 835	33 288	26 219	27 223	28 835	33 288	26 219	27 223	28 835	33 288	26 219	27 223	28 835	33 288
アメリカ合衆国[5,6]	38 635	52 853	64 279	71 280	39 183	53 826	61 028	67 197	39 707	54 566	63 046	68 052	40 517	54 609	63 006	70 900
地域																
フラマン語圏（ベルギー）[5]	36 099	45 269	50 966	62 359	36 099	45 269	50 966	62 359	36 099	45 269	50 966	62 359	45 038	57 404	65 463	78 894
フランス語圏（ベルギー）	35 041	43 817	49 332	60 364	35 041	43 817	49 332	60 364	35 041	43 817	49 332	60 364	43 593	55 566	63 369	76 373
イングランド（イギリス）	28 011	a	47 688	47 688	28 011	a	47 688	47 688	28 011	a	47 688	47 688	28 011	a	47 688	47 688
スコットランド（イギリス）	33 531	44 588	44 588	44 588	33 531	44 588	44 588	44 588	33 531	44 588	44 588	44 588	33 531	44 588	44 588	44 588
OECD各国平均	30 817	38 456	41 386	50 486	32 258	41 884	45 004	54 156	33 498	43 886	46 780	56 874	34 943	46 244	48 697	59 639
EU加盟22か国平均	29 922	36 921	40 714	47 867	31 699	40 426	44 568	52 868	33 041	42 704	46 644	56 006	33 781	44 886	48 884	58 736
OECD非加盟国																
アルゼンチン	m	m	m	m	m	m	m	m	m	m	m	m	m	m	m	m
ブラジル	13 971	m	m	m	13 971	m	m	m	13 971	m	m	m	13 971	m	m	m
中国																
コロンビア																
コスタリカ	23 888	28 165	30 304	36 720	23 888	28 165	30 304	36 720	24 893	29 351	31 580	38 266	24 893	29 351	31 580	38 266
インド																
インドネシア																
リトアニア	12 573	13 532	13 842	14 432	19 385	19 571	19 696	19 882	19 385	19 571	19 696	19 882	19 385	19 571	19 696	19 882
ロシア	m	m	m	m	m	m	m	m	m	m	m	m	m	m	m	m
サウジアラビア																
南アフリカ	m	m	m	m	m	m	m	m	m	m	m	m	m	m	m	m
G20各国平均	m	m	m	m	m	m	m	m	m	m	m	m	m	m	m	m

注：教員の最も一般的な教員資格の定義は、標準的なISCEDの学歴レベルやその他の基準も含めた広範な概念に基づいている。最も一般的な教員資格は、本表で扱う在職期間中の4つの時点ごとに定められている。詳細はコラムD3.2、付録2、「定義」と「算定方法」を参照。データはEducation at a Glance Database（http://stats.oecd.org/）で参照可能。

1. 就学前教育の教員のデータには、過半数の幼稚園教員の給与を含む。
2. 前期及び後期中等教育段階では、超過勤務に対する平均的な固定追加賞与を含む。
3. 雇用主が支払う社会保障費及び年金保険の負担分を含む。
4. 雇用者が支払う社会保障費及び年金保険の負担分を含まない。
5. 後期中等教育段階では、職業プログラムの教員を含む（スロベニアは、職業プログラム内で普通プログラムの教科を教える職業プログラムの教員のみを含む）。
6. 実際の基本給。

資料：OECD（2018）詳細は「資料」を参照。付録3の注を参照（http://dx.doi.org/10.1787/eag-2018-36-en）。
表中の省略記号については「利用にあたって」を参照。

StatLink : https://doi.org/10.1787/888933805382

インディケータ D3：教員と学校長の給与　　CHAPTER **D**

表D3.2a. 高等教育修了の就業者の所得に対する教員及び学校長の給与の比率（実際の給与）（2017年）

国公立教育機関の教員及び学校長の年間平均給与（賞与と手当てを含む）の、同等の高等教育段階（ISCED分類で）修了の就業者の給与（加重平均）及び、高等教育段階修了の就業者（通年のフルタイム就業）の給与に対する比率

D3

	高等教育修了の就業者の所得に関する最新データの調査年	全教員								全学校長			
		同等の高等教育段階(ISCED 5〜8のいずれか)修了のフルタイム通年就業者(25〜64歳)の所得(加重平均)に対する実際の給与の比率				高等教育段階(ISCED 5〜8)修了のフルタイム通年就業者(25〜64歳)の所得に対する実際の給与の比率				高等教育段階(ISCED 5〜8)修了のフルタイム通年就業者(25〜64歳)の所得に対する実際の給与の比率			
		就学前教育	初等教育	前期中等教育(普通プログラム)	後期中等教育(普通プログラム)	就学前教育	初等教育	前期中等教育(普通プログラム)	後期中等教育(普通プログラム)	就学前教育	初等教育	前期中等教育(普通プログラム)	後期中等教育(普通プログラム)
	(1)	(2)	(3)	(4)	(5)	(6)	(7)	(8)	(9)	(10)	(11)	(12)	(13)
国													
オーストラリア	2016	m	m	m	m	0.92	0.93	0.93	0.93	1.36	1.42	1.68	1.59
オーストリア	2016	m	m	m	m	m	0.76	0.90	0.97	m	1.06	1.18	1.42
カナダ	2015	m	m	m	m	m	m	m	m	m	m	m	m
チリ	2015	0.73	0.69	0.71	0.76	0.84	0.80	0.82	0.89	1.17	1.16	1.18	1.30
チェコ共和国	2015	0.75	0.60	0.60	0.61	0.52	0.61	0.61	0.63	0.74	0.97	0.97	1.05
デンマーク	2016	m	m	m	0.79	0.68	0.82	0.83	0.95	0.76	1.15	1.15	1.51
エストニア	2016	0.67	0.88	0.86	0.85	0.62	0.91	0.91	0.91	0.94	1.14	1.14	1.14
フィンランド	2015	0.73	0.77	0.84	0.94	0.66	0.89	0.99	1.11	0.82	1.24	1.42	1.50
フランス	2014	0.82	0.80	0.88	0.99	0.78	0.76	0.88	1.00	0.81	0.81	1.37	1.37
ドイツ	2016	m	0.83	0.92	0.97	m	0.90	0.99	1.05	m	m	m	m
ギリシャ	2016	m	m	m	m	1.06	1.06	1.15	1.15	1.44	1.44	1.57	1.57
ハンガリー	2016	0.76	0.75	0.75	0.67	0.66	0.70	0.70	0.75	m	m	m	m
アイスランド	m	m	m	m	m	m	m	m	m	m	m	m	m
アイルランド	m	m	m	m	m	m	m	m	m	m	m	m	m
イスラエル	2016	0.84	0.84	0.86	0.82	0.84	0.88	0.95	0.90	m	1.60	1.59	1.62
イタリア	2014	m	m	m	m	0.68	0.68	0.69	0.72	m	1.44	1.44	1.44
日本	m	m	m	m	m	m	m	m	m	m	m	m	m
韓国	m	m	m	m	m	m	m	m	m	m	m	m	m
ラトビア	2016	0.87	0.88	1.05	1.22	0.79	0.80	0.97	1.13	1.23	1.32	1.21	1.48
ルクセンブルグ	2016	m	m	m	m	1.80	1.80	2.02	2.02	m	m	2.43	2.43
メキシコ	m	m	m	m	m	m	m	m	m	m	m	m	m
オランダ	2014	0.78	0.78	0.92	0.92	0.73	0.73	0.92	0.92	1.03	1.03	1.28	1.28
ニュージーランド	2016	m	0.87	0.89	0.93	m	0.85	0.87	0.93	m	1.27	1.35	1.47
ノルウェー	2016	0.74	0.82	0.82	0.80	0.67	0.75	0.75	0.82	0.81	0.97	0.97	1.12
ポーランド	2016	0.69	0.77	0.80	0.77	0.68	0.79	0.82	0.80	1.01	1.08	1.10	1.10
ポルトガル	2016	m	m	m	m	1.50	1.38	1.35	1.47	1.99	1.99	1.99	1.99
スロバキア共和国	2016	m	m	m	m	0.48	0.64	0.64	0.64	0.48	0.64	0.64	0.64
スロベニア	2016	0.78	0.83	0.86	0.84	0.69	0.87	0.89	0.94	1.18	1.21	1.21	1.24
スペイン	m	m	m	m	m	m	m	m	m	m	m	m	m
スウェーデン	2016	0.84	0.88	0.83	0.83	0.76	0.86	0.89	0.91	1.11	1.21	1.21	1.25
スイス	m	m	m	m	m	m	m	m	m	m	m	m	m
トルコ	2016	m	m	m	m	0.80	0.80	0.80	0.80	1.01	1.01	1.01	1.01
アメリカ合衆国	2016	0.55	0.55	0.56	0.58	0.62	0.63	0.65	0.68	1.09	1.11	1.15	1.17
地域													
フラマン語圏（ベルギー）	2015	0.99	1.00	0.96	0.97	0.88	0.88	0.86	1.11	1.25	1.25	1.28	1.53
フランス語圏（ベルギー）	2015	0.95	0.94	0.89	0.94	0.85	0.84	0.82	1.04	1.19	1.21	1.29	1.54
イングランド（イギリス）	2016	m	m	m	m	0.80	0.80	0.90	0.90	1.48	1.48	2.19	2.19
スコットランド（イギリス）	2016	m	m	m	m	0.83	0.83	0.83	0.83	1.28	1.28	1.28	1.28
OECD各国平均		m	m	m	m	0.81	0.86	0.91	0.96	m	1.21	1.34	1.42
EU加盟22か国平均		0.80	0.82	0.86	0.88	0.82	0.89	0.93	1.00	1.10	1.21	1.37	1.45
アルゼンチン	m	m	m	m	m	m	m	m	m	m	m	m	m
ブラジル	m	m	m	m	m	m	m	m	m	m	m	m	m
中国	m	m	m	m	m	m	m	m	m	m	m	m	m
コロンビア	m	m	m	m	m	m	m	m	m	m	m	m	m
コスタリカ	m	m	m	m	m	m	m	m	m	m	m	m	m
インド	m	m	m	m	m	m	m	m	m	m	m	m	m
インドネシア	m	m	m	m	m	m	m	m	m	m	m	m	m
リトアニア	2014	m	m	m	m	0.95	0.95	0.95	0.95	m	m	m	m
ロシア	m	m	m	m	m	m	m	m	m	m	m	m	m
サウジアラビア	m	m	m	m	m	m	m	m	m	m	m	m	m
南アフリカ	m	m	m	m	m	m	m	m	m	m	m	m	m
G20各国平均		m	m	m	m	m	m	m	m	m	m	m	m

注：詳細は「定義」と「算定方法」を参照。データはEducation at a Glance Database（http://stats.oecd.org/）で参照可能。
資料：OECD（2018）。詳細は「資料」を参照。付録3の注を参照（http://dx.doi.org/10.1787/eag-2018-36-en）。
表中の省略記号については、「利用にあたって」を参照。
StatLink：https://doi.org/10.1787/888933805401

CHAPTER D　教員と学習環境・学校組織

表D3.4. 教員及び学校長の実際の平均給与（年齢層別、男女別）（2016年）

国公立教育機関の教員及び学校長の年間平均給与（賞与と手当てを含む）、個人消費ベースの購買力平価による米ドル換算額

| | | 25～64歳の教員 | | | | 25～64歳の学校長 | | | |
| | | 就学前教育 | 初等教育 | 前期中等教育（普通プログラム） | 後期中等教育（普通プログラム） | 就学前教育 | 初等教育 | 前期中等教育（普通プログラム） | 後期中等教育（普通プログラム） |
		(1)	(2)	(3)	(4)	(29)	(30)	(31)	(32)
国	オーストラリア	54 654	54 914	55 313	55 313	80 743	84 312	99 364	94 123
	オーストリア[1]	m	56 684	66 329	71 920	a	78 503	87 432	104 942
	カナダ	m	m	m	m	m	m	m	m
	チリ	29 659	28 400	28 901	31 290	41 282	40 956	41 666	45 873
	チェコ共和国	20 233	24 060	23 966	24 888	28 980	37 888	37 888	41 110
	デンマーク	44 441	53 121	53 703	61 437	49 457	74 628	74 628	98 402
	エストニア	15 861	23 584	23 584	23 584	24 157	29 421	29 421	29 421
	フィンランド[2]	33 450	45 244	49 860	56 220	41 462	62 917	71 567	75 819
	フランス[3]	38 941	37 968	44 294	49 883	40 455	40 455	68 517	68 517
	ドイツ	m	65 716	72 593	76 823	m	m	m	m
	ギリシャ[1]	24 770	24 770	26 697	26 697	33 399	33 399	36 484	36 484
	ハンガリー	22 824	24 122	24 122	25 909	m	m	m	m
	アイスランド	36 140	39 572	39 572	54 021	50 464	56 885	56 885	79 496
	アイルランド	m	m	m	m	m	m	m	m
	イスラエル	35 210	36 950	39 897	37 536	m	67 167	66 413	67 885
	イタリア	34 167	34 167	34 568	36 383	a	72 478	72 478	72 478
	日本	m	m	m	m	m	m	m	m
	韓国	m	m	m	m	m	m	m	m
	ラトビア	12 267	12 465	15 096	17 590	19 146	20 670	18 882	23 142
	ルクセンブルク	96 884	96 884	108 673	108 673	m	m	131 144	131 144
	メキシコ	m	m	m	m	m	m	m	m
	オランダ	53 149	53 149	66 617	66 617	74 911	74 911	92 837	92 837
	ニュージーランド	m	42 536	43 397	46 714	m	63 537	67 435	73 319
	ノルウェー	44 120	49 753	49 753	54 126	53 748	64 421	64 421	73 979
	ポーランド	26 303	30 508	31 567	30 779	39 184	41 586	42 417	42 529
	ポルトガル	47 336	43 498	42 770	46 587	63 006	63 006	63 006	63 006
	スロバキア共和国[1, 4]	17 449	23 316	23 316	23 367	17 449	23 316	23 316	23 367
	スロベニア	28 621	36 120	36 864	38 950	49 114	50 269	50 269	51 636
	スペイン	m	m	m	m	m	m	m	m
	スウェーデン[1]	37 696	42 657	44 016	45 349	54 965	60 097	60 097	62 271
	スイス	m	m	m	m	m	m	m	m
	トルコ	22 143	22 143	22 143	22 143	27 757	27 757	27 757	27 757
	アメリカ合衆国[1]	51 295	52 197	54 000	55 992	90 208	91 888	94 775	96 262
地域									
	フラマン語圏（ベルギー）	51 325	51 737	50 090	64 977	73 000	73 019	74 846	89 715
	フランス語圏（ベルギー）[5]	49 718	48 856	47 664	60 615	69 593	70 374	74 927	89 599
	イングランド（イギリス）[1]	40 553	40 553	45 343	45 343	74 399	74 399	110 442	110 442
	スコットランド（イギリス）[6]	41 670	41 670	41 670	41 670	64 539	64 539	64 539	64 539
	OECD各国平均	37 440	41 244	43 546	46 713	50 496	57 141	64 423	68 932
	EU加盟22か国平均	36 883	41 402	44 246	47 466	48 072	55 046	64 257	68 570
OECD非加盟国	アルゼンチン	m	m	m	m	m	m	m	m
	ブラジル[7]	22 003	22 740	23 252	24 116	m	m	m	m
	中国	m	m	m	m	m	m	m	m
	コロンビア	m	m	m	m	m	m	m	m
	コスタリカ	m	m	m	m	m	m	m	m
	インド	m	m	m	m	m	m	m	m
	インドネシア	m	m	m	m	m	m	m	m
	リトアニア[8]	21 085	21 085	21 085	21 085	m	m	m	m
	ロシア	m	m	m	m	m	m	m	m
	サウジアラビア	m	m	m	m	m	m	m	m
	南アフリカ	m	m	m	m	m	m	m	m
	G20各国平均	m	m	m	m	m	m	m	m

注：教員の実際の平均給与を年齢層別・男女別に示した縦列（5〜28列）はホームページで閲覧可能。詳細は「定義」と「算定方法」を参照。データはEducation at a Glance Database（http://stats.oecd.org/）で参照可能。
1. 後期中等教育段階では、職業プログラムの教員を含む。
2. 過半数の教員のデータを含む（すなわち、就学前教育では幼稚園教員のみ）。
3. 調査年は2015年。
4. 学校長と教員の給与を含む。
5. 調査年は2017年。
6. 年齢を問わずすべての教員の実際の平均給与を含む。
7. 調査年は2014年。
8. 無資格の教員を含む。
資料：OECD（2018）。詳細は「資料」を参照。付録3の注を参照（http://dx.doi.org/10.1787/eag-2018-36-en）。
表中の省略記号については、「利用にあたって」を参照。
StatLink：https://doi.org/10.1787/888933805420

インディケータ D3：教員と学校長の給与　　CHAPTER **D**

表D3.10. 学校長の最低給与と最高給与（法定給与）（最低限の教員資格）（2017年）

国公立教育機関の学校長の年間給与、個人消費ベースの購買力平価による米ドル換算額（教育段階別）

国	就学前教育			初等教育			前期中等教育（普通プログラム）			後期中等教育（普通プログラム）		
	最低給与	最高給与	比率（最高/最低）	最低給与	最高給与	比率（最高/最低）	最低給与	最高給与	比率（最高/最低）	最低給与	最高給与	比率（最高/最低）
	(1)	(2)	(3)	(4)	(5)	(6)	(7)	(8)	(9)	(10)	(11)	(12)
OECD加盟国												
オーストラリア	66 763	108 091	1.62	66 763	108 091	1.62	75 534	108 091	1.43	75 534	108 091	1.43
オーストリア	m	m	m	46 025	92 484	2.01	46 025	92 484	2.01	60 684	116 155	1.91
カナダ	m	m	m	m	m	m	m	m	m	m	m	m
チリ	32 156	94 205	2.93	32 156	94 205	2.93	32 156	94 205	2.93	32 986	96 604	2.93
チェコ共和国	18 123	a	a	19 005	a	a	19 005	a	a	19 005	a	a
デンマーク	44 506	52 136	1.17	55 296	65 410	1.18	55 296	65 410	1.18	68 345	77 764	1.14
エストニア	a	a	a	a	a	a	a	a	a	a	a	a
フィンランド[1]	33 426	36 100	1.08	47 021	61 242	1.30	48 572	69 307	1.43	55 564	67 385	1.21
フランス	37 246	58 025	1.56	37 246	58 025	1.56	43 400	74 480	1.72	47 626	80 084	1.68
ドイツ	m	m	m	m	m	m	m	m	m	m	m	m
ギリシャ	24 528	39 473	1.61	24 528	39 473	1.61	27 190	42 134	1.55	28 077	43 021	1.503
ハンガリー	22 763	49 083	2.16	22 763	49 083	2.16	22 763	54 343	2.39	25 202	54 343	2.16
アイスランド	39 171	62 899	1.61	43 025	86 750	2.02	43 025	86 750	2.02	59 146	88 780	1.50
アイルランド				43 315	99 206	2.29	57 519	112 551	1.96	57 519	112 551	1.96
イスラエル	a	a	a	48 485	78 408	1.62	48 547	78 623	1.62	39 024	95 859	2.46
イタリア	a	a	a	72 175	78 234	1.08	72 175	78 234	1.08	72 175	78 234	1.08
日本[2]	m	m	m	64 958	71 808	1.11	64 958	71 808	1.11	66 563	75 626	1.14
韓国	a	95 211	a	a	95 211	a	a	95 031	a	a	94 314	a
ラトビア	18 863	a	a	18 863	a	a	18 863	a	a	18 863	a	a
ルクセンブルグ[3]	m	m	m	m	m	m	109 968	152 083	1.38	109 968	152 083	1.38
メキシコ	24 500	72 180	2.95	24 500	72 180	2.95	55 664	78 874	1.42	49 995	79 169	1.58
オランダ	47 857	79 670	1.66	47 857	79 670	1.66	52 697	128 905	2.45	52 697	128 905	2.45
ニュージーランド	m	m	m	49 756	93 728	1.88	m	m	m	48 354	93 746	1.94
ノルウェー	a	a	a	a	a	a	a	a	a	a	a	a
ポーランド	21 199	25 689	1.21	21 963	26 454	1.20	24 410	29 617	1.21	27 515	33 508	1.22
ポルトガル	36 438	78 735	2.16	36 438	78 735	2.16	36 438	78 735	2.16	36 438	78 735	2.16
スロバキア共和国	16 416	26 823	1.63	20 913	33 436	1.60	20 913	33 436	1.60	20 913	33 919	1.62
スロベニア	41 139	62 893	1.53	42 693	62 893	1.47	42 693	62 893	1.47	42 693	73 041	1.71
スペイン	44 742	68 029	1.52	44 742	68 029	1.52	53 493	80 564	1.51	53 493	80 564	1.51
スウェーデン	m	m	m	58 540	68 871	1.18	58 540	68 871	1.18	59 980	70 123	1.17
スイス	m	m	m	m	m	m	m	m	m	m	m	m
トルコ	26 760	33 288	1.24	26 760	33 288	1.24	26 760	33 288	1.24	26 760	33 493	1.25
アメリカ合衆国[4,5]	81 588	101 812	1.25	83 907	103 095	1.23	89 371	104 865	1.17	86 530	114 980	1.33
地域												
フラマン語圏（ベルギー）	47 241	79 710	1.69	47 241	79 710	1.69	48 465	79 710	1.64	58 979	96 245	1.63
フランス語圏（ベルギー）	39 934	74 571	1.87	39 934	74 571	1.87	44 907	76 373	1.70	57 091	91 128	1.60
イングランド（イギリス）	54 984	135 002	2.46	54 984	135 002	2.46	54 984	135 002	2.46	54 984	135 002	2.46
スコットランド（イギリス）	55 135	107 619	1.95	55 135	107 619	1.95	55 135	107 619	1.95	55 135	107 619	1.95
OECD各国平均	38 064	70 056	m	43 233	75 687	1.73	48 316	81 872	1.68	50 575	86 369	1.69
EU加盟22か国平均	35 561	64 904	1.68	40 794	71 481	1.68	46 066	81 137	1.70	49 225	85 520	1.68
OECD非加盟国												
アルゼンチン	m	m	m	m	m	m	m	m	m	m	m	m
ブラジル	m	m	m	m	m	m	m	m	m	m	m	m
中国	m	m	m	m	m	m	m	m	m	m	m	m
コロンビア	m	m	m	m	m	m	m	m	m	m	m	m
コスタリカ	20 621	62 896	3.05	20 137	36 373	1.81	21 174	72 298	3.41	21 174	72 298	3.41
インド	m	m	m	m	m	m	m	m	m	m	m	m
インドネシア	m	m	m	m	m	m	m	m	m	m	m	m
リトアニア	15 422	33 754	2.19	19 385	36 571	1.89	19 385	36 571	1.89	19 385	36 571	1.89
ロシア	m	m	m	m	m	m	m	m	m	m	m	m
サウジアラビア	m	m	m	m	m	m	m	m	m	m	m	m
南アフリカ	m	m	m	m	m	m	m	m	m	m	m	m
G20各国平均	m	m	m	m	m	m	m	m	m	m	m	m

注：学校長の最低限の資格の定義は、標準的なISCEDの学歴レベルやその他の基準も含めた広範な概念に基づいている。詳細は「定義」と「算定方法」を参照。データはEducation at a Glance Database（http://stats.oecd.org/）で参照可能。
1. 過半数の学校長のデータを含む（すなわち、就学前教育では幼稚園教員のみ）。
2. 雇用者が支払う社会保障費及び年金保険の負担分を含まない。
3. 雇用主が支払う社会保障費及び年金保険の負担分を含む。
4. 実際の基本給。
5. 最低給与は最も一般的な資格（修士号）の学校長の給与をいい、最高給与は最高の資格（教育専門家または博士号）の学校長の給与をいう。
資料：OECD（2018）。詳細は「資料」を参照。付録3の注を参照（http://dx.doi.org/10.1787/eag-2018-36-en）。
表中の省略記号については、「利用にあたって」を参照。

StatLink：https://doi.org/10.1787/888933805439

教員の授業時間数及び勤務時間数

- ECD加盟の国・地域では、国公立教育機関の教員の年間法定授業時間数は、当局が定めた規定に基づき、就学前教育で1,044時間、初等教育で784時間、前期中等教育（普通プログラム）で703時間、後期中等教育（普通プログラム）で657時間である。
- データのある国の大多数では、2000～2017年の間、国公立教育機関の初等・前期中等・後期中等教育段階の教員の法定授業時間にほとんど変化はみられない。

インディケータ D4

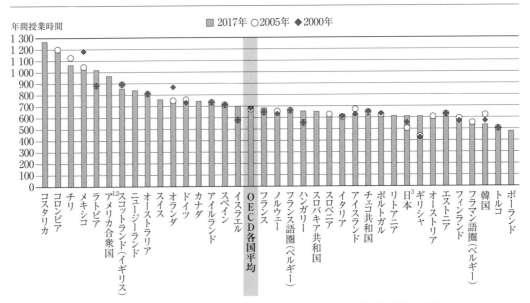

図D4.1. 前期中等教育機関（普通プログラム）の教員の年間授業時間数
（2000年、2005年、2017年）
国公立学校教員の年間法定授業時間数

注：OECD各国平均とは2005年、2010年、2015年、2017年のデータがあるOECD加盟の国と地域の平均をいう。
1. 実際の授業時間。
2. 調査年は2017年ではなく2016年。
3. 学年度初めに各学校で計画された授業時間の平均。
左から順に、2017年の前期中等教育（普通プログラム）での年間授業時間数が多い国と地域。
資料：OECD（2018）。表D4.2。詳細は「資料」を参照。付録3の注を参照（http://dx.doi.org/10.1787/eag-2018-36-en）。
StatLink: https://doi.org/10.1787/888933805629

■ 政策との関連

法定勤務時間及び授業時間は、教員の労働量のすべてを決定するものではないが、各国で教員に求められるものを知る上で有用な手がかりとはなる。授業時間数と授業以外の業務の範囲は、教員という職業の魅力を左右するものでもあると思われる。教員給与（インディケータD3参照）や平均学級規模（インディケータD2参照）とともに、この指標で示す勤務時間及び授業時間は、教員の勤務条件を評価する主要な基準である。

法定勤務時間に占める授業時間の割合から、授業以外の業務、すなわち、授業の準備、

452

宿題や試験の採点、研修、職員会議などに充てられる時間数が明らかになる。勤務時間に占める授業時間の割合が大きいほど、規定されているような生徒の評価や授業の準備などの業務に充てる勤務時間の割合が小さくなる可能性がある。これは、教員が自分の時間をこれらの業務に充てなければならず、そのため法定勤務時間より長く働かなければならない可能性があるということでもある。

学級規模と教員一人当たり生徒数（インディケータ D2 参照）、生徒の授業時間数（インディケータ D1 参照）、教員の給与（インディケータ D3 参照）に加えて、教員が行う授業の時間数も、各国が教育に投資する必要のある財源に影響を与える（インディケータ C7 参照）。

インディケータ **D**₄

■ その他のハイライト

- ■ほとんどの国では、教員に求める年間勤務時間数（授業時間と授業以外の業務を含む）を規定している。学校での勤務時間数が規定されている国がある一方で、学校内外の時間を含む総勤務時間が設定されている国もある。
- ■OECD 加盟国では、就学前・初等・中等教育での、平均的な国公立学校の教員に求められる年間授業時間数は、国によってかなりばらつきがあり、教育段階が上がるにつれて減少する傾向にある。
- ■OECD 加盟の国・地域の平均では、国公立教育機関における就学前教育の教員の法定授業時間は、初等教育の教員よりも約39％長い。教員が学校で勤務しなければならない時間、つまり総勤務時間についても、就学前教育と初等教育の間に差があるが、概して、法定授業時間よりも差は小さい。
- ■就学前教育段階では、国公立学校の教員に求められる授業時間は、他のどの教育段階よりも国によるばらつきが大きい。国公立の就学前学校の教員に求められる年間授業時間数は、OECD 加盟の国・地域の平均では1,044時間であるが、メキシコの532時間からドイツの1,755時間までの幅がある。
- ■初等教育段階では、国公立学校の教員に求められる年間授業時間数は、OECD 加盟の国・地域の平均では784時間であるが、エストニア、リトアニア、ポーランドの590時間未満から、チリ、コスタリカの1,050時間超までの幅がある。
- ■前期中等教育段階（普通プログラム）では、国公立学校の教員に求められる年間授業時間数は、OECD 加盟の国・地域の平均では703時間であるが、ポーランドの478時間から、チリ、コロンビア、コスタリカの1,050時間超までの幅がある。
- ■後期中等教育段階（普通プログラム）では、国公立学校の教員に求められる年間授業時間数は、OECD 加盟の国・地域の平均では657時間であるが、デンマークの405時間から、チリ、コロンビア、コスタリカの1,050時間超までの幅がある。
- ■2000年、2005年、2010年、2015年、2017年のデータのある国の平均では、法定授業時間は、2000～2017年の間にほとんど変化していないが、一部の国では10％以上増減している。

CHAPTER D　教員と学習環境・学校組織

■ 結果と解説

教員の授業時間数

就学前・初等・中等教育段階の法定年間授業時間数（国公立学校のフルタイム教員に求められる年間授業時間数）は、国によってかなりのばらつきがある（地域レベルでの授業時間数のばらつきについてはコラム D4.1 参照）。

データのある国・地域では、就学前教育段階における国公立学校の教員の法定授業時間は、他のどの教育段階よりも国によるばらつきが大きい。授業日数ではフラマン語圏（ベルギー）の年間157日からドイツ、アイスランド、ノルウェーの225日まで、年間授業時間数ではメキシコの年間532時間からドイツの1,755時間までの幅がある。OECD加盟の国・地域の平均では、就学前教育段階の教員は、41週を超える授業週数または196日の授業日数の間に、年間1,044時間の授業を行うよう規定されている（表D4.1及び図D4.2）。

国公立教育機関における初等教育の教員の年間法定授業時間数は、平均で784時間である。データのあるほとんどの国では、教員の一日当たりの法定授業時間数は3〜6時間である。年間を通した授業時間の配分については、特に決まった型はない。例えばスペインは、年間授業時間は880時間で、OECD各国平均よりも100時間近く多いが、授業日数はOECD各国平均よりも少ない。これは、一日当たりの授業時間がOECD各国平均の4.3時間に対して平均5時間であることが理由である（表D4.1）。

コラム D4.1. 地域レベルでの授業時間と勤務時間

地域データを報告した3か国（ベルギー、カナダ、イギリス）では、教員の法定の授業時間と勤務時間に地域差が見られる。就学前・初等・前期中等・後期中等教育段階の授業週数は、地域ごとにばらつきがあり、ベルギーでは1週（36〜37週）、カナダでは2週（36〜38週）の差がある。イギリスでは各地域の授業週数は38週である。だが、これらの差異からは見えてこないが、教員の授業時間（授業日数または授業時間）にはもっと大きな地域差がある（OECD/NCES, 2018[1]）。

地域差の傾向は国によって異なる。ベルギーのフランス語圏とフラマン語圏では、授業日数の方が、授業時間よりも差がはるかに大きい。後期中等教育段階（普通プログラム）では、授業日数は、フランス語圏（179日）の方がフラマン語圏（128日）より40％多く、授業時間は二つの地域間で20％の差がある（フラマン語圏で498時間、フランス語圏で596時間）。ただし、これらの差異は主に、フランス語圏では試験期間を除外するのが不可能で、一方、フラマン語圏では試験期間が除外されているためである。対照的に、カナダの州・準州では、初等・中等教育段階で、授業日数の差は6％である（180日に対し190日）が、授業時間の地域差はもっと大きい。初等教育段階では、最大の授業日数（905時間）が最小の授業日数（700時間）より29％多く、前期・後期中等教育段階では、この差が50％を超える（612時間に対し934時間）（OECD/NCES, 2018[1]）。

454

とはいえ、各国間及び各国内の地域間の規定の違いや、地域ごとのデータの報告方法の差異があるかもしれないので、地域レベルのデータを比較する場合には、注意が必要である。例えば、ベルギーの地域では、最低限または標準の授業時間が報告されているが、カナダの各地域では、最大または推定の授業時間が報告されている（報告されたデータの潜在的差異の詳細についてはコラムD4.2参照）。

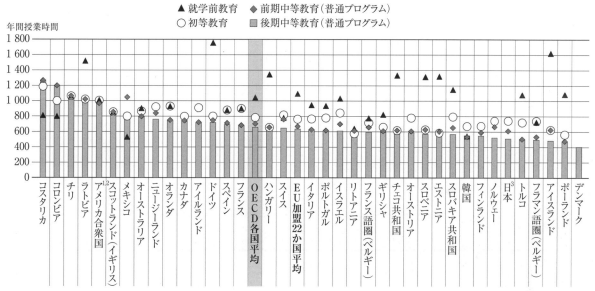

図D4.2. 年間授業時間数（教育段階別）（2017年）
国公立学校教員の年間法定授業時間数

1. 実際の授業時間。
2. 調査年は2016年。
3. 学年度初めに各学校で計画された授業時間の平均。

左から順に、後期中等教育（普通プログラム）での年間授業時間数が多い国と地域。
資料：OECD（2018）。表D4.1。詳細は「資料」を参照。付録3の注を参照（http://dx.doi.org/10.1787/eag-2018-36-en）。
StatLink：https://doi.org/10.1787/888933805648

国公立教育機関における前期中等教育普通プログラムの教員の年間法定授業時間数は、平均で年間703時間である。国ごとにみると、前期中等教育段階の授業時間数は、フィンランド、フラマン語圏（ベルギー）、韓国、ポーランド、トルコの600時間未満から、チリ、コロンビア、コスタリカ、ラトビア、メキシコの1,000時間超までとばらつきがある。しかしながらポーランドの教員は、当該学校長の裁量で、追加の超過勤務として法定授業時間の25％に当たる授業を（前期中等教育段階で）義務づけられることがある。

国公立教育機関における後期中等教育普通プログラムの教員の法定年間授業時間数は、平均で年間657時間である。授業時間数が800時間を超えるのはチリ、コロンビア、コスタリカ、ラトビア、メキシコ、スコットランド（イギリス）、アメリカ合衆国の7つの国・地域に限られる。ただし、チリとスコットランド（イギリス）で報告されているのは最大授業時間数であり、標準的な授業時間数で

CHAPTER D　教員と学習環境・学校組織

はない（コラムD4.2）。反対に500時間を下回るのは、デンマーク、フラマン語圏（ベルギー）、アイスランド、ポーランドである。フィンランド、アイスランド、日本、韓国、ノルウェー、ポーランド、スロバキア共和国、スロベニア、トルコでは、一日当たりの平均授業時間は3時間以下であるのに対し、コロンビア、コスタリカ、ラトビアは6時間以上に達する（表D4.1）。

また、授業時間の報告様式や規定方法に国によるばらつきがあることも、国ごとの法定授業時間の差異の一因といえるかもしれない（コラムD4.2）。

コラムD4.2. 2017年の法定授業時間データの比較可能性

本指標の授業時間のデータは、各国の規定に基づく正味の授業時間数を対象としている。この情報を収集している国際的データコレクションは、すべての国のデータ集計時に同様の定義と算定方法が使用されるようにしているほか、規定に基づく授業時間の報告方法の違いがデータの比較可能性に与える影響も、出来得る限り最小化されている。例えば授業時間は、国ごとに違う一こまの授業時間による差異を避けるために、60分単位に換算されている。

本指標の国際比較における法定授業時間には、準備時間や授業の間の規定の休憩時間は含まれない。ただし、就学前教育段階と初等教育段階では、授業の間のごく短い休憩時間（10分以下）であって、担任の教員がクラスの生徒に責任を負う場合には、授業時間に含まれる（「定義」参照）。

研修日、生徒の試験期間、職員会議のような、教員のその他の活動も、本指標の授業時間から除外している。ただし、これらの活動に充てられる日数が規定されているとは限らず、推計して授業時間から除外するのが難しい場合もある。就学前教育段階では、法定授業時間を報告している国と地域のおよそ4分の1が、これらの活動がデータに含まれているか、除外されているかを明示できなかった。他の教育段階では、ほとんどの国が、これらの活動のすべて、またはほとんどを授業時間から除外できる。とはいえ、試験期間の除外は各国にとって比較的難しい場合があり、後期中等教育段階では、約30％の国はこれを除外しておらず、さらに30％の国は、除外されているのか、含まれているのかの情報がない。このため、これらの国では、授業時間が実際よりも数日分多くなっている可能性がある。

また、本指標で報告されている規定に基づくデータは、最低限または標準、もしくは最大の授業時間が対象なので、それによって国ごとのばらつきをある程度説明できると思われる。ほとんどのデータは標準の授業時間だが、約4分の1の国は最大または最低限の授業時間を報告している。

調査に参加したすべての国と地域の授業時間に関する報告の詳細については付録3を参照。

インディケータD4：教員の授業時間数及び勤務時間数　**CHAPTER D**

教育段階別授業時間数の比較

ほとんどの国では、後期中等教育段階（普通プログラム）の法定授業時間は、就学前教育段階より短い。ただし例外もあって、チリ、スコットランド（イギリス）では、教育段階に関わりなく教員の法定授業時間数が同じであり、また、コロンビア、コスタリカ、韓国、メキシコでは、後期中等教育の教員の法定授業時間が就学前教育の教員よりも長い（表D4.1及び図D4.2）。

法定授業時間の差が最も大きいのは、就学前教育段階と初等教育段階の間である。平均では、就学前教育機関の教員は、学級内で過ごすことを求められる時間が初等教育機関の教員より約39%長い。チェコ共和国、エストニア、ドイツ、ハンガリー、アイスランド、スロベニアでは、就学前教育機関の教員の法定授業時間は、初等教育機関の教員の2倍以上である（表D4.1）。

フラマン語圏（ベルギー）、フランス、トルコでは、初等教育の教員の年間授業時間は、前期中等教育の教員よりも30%以上長い。一方、チリ、チェコ共和国、ハンガリー、アイスランド、ラトビア、スコットランド（イギリス）、スロベニアでは差がまったくなく、コスタリカ、エストニア、リトアニアでは、初等教育の教員の授業時間が前期中等教育の教員よりもわずかに短く、コロンビア、メキシコではかなり短い（表D4.1）。

大半の国では、前期中等教育と後期中等教育の教員の授業時間は同程度であるが、アイスランド、メキシコ、ノルウェーでは、前期中等教育の教員の年間法定授業時間が後期中等教育の教員よりも20%以上長い（表D4.1）。

プログラムの性格別授業時間数の比較

ほとんどの国では、普通プログラムと職業プログラムの法定授業時間に差はない。ほとんどの国に普通プログラムと職業プログラムの両方がある後期中等教育段階に絞ると、データがある国の3分の2近くでは、両プログラムの授業時間は同程度である。しかしながら、国別にみると、授業時間は、職業プログラムが普通プログラムより、フィンランド、ラトビア、リトアニア、スイスでは15%以上長く、フラマン語圏（ベルギー）（職業プログラムの実技講習）とデンマークでは40%以上長い。この2か国では、後期中等教育普通プログラムの年間授業時間（500時間未満）がOECD各国平均（657時間）を大幅に下回る。カナダとメキシコに限り、職業プログラムの方が普通プログラムより授業時間がかなり（15%以上）短い（図D4.3）。

実際の授業時間

この指標でほとんどの国が報告している法定授業時間は、規定された授業時間をいう。しかしながら、個々の教員の授業時間は、例えば残業などにより、規定と異なることがある。実際の授業時間とは、フルタイム教員がグループ単位あるいは学級単位の生徒を教える年間平均授業時間数（残業時間を含む）を指し、教員が実際に行う授業量の全体像を示すものである。

法定授業時間と実際の授業時間の両方を報告できる国は少数に限られるが、得られたデータからは、実際の授業時間が法定授業時間と大きく異なる場合があることがわかる。例えばラトビアでは、前期中等教育の教員は、法定授業時間よりも46%長く授業を行っている。これは法定給与の低さを反映しており、これを補えるように、教員がしばしば追加の授業または授業以外の業務を行っていること

図D4.3. 後期中等教育段階（普通プログラム及び職業プログラム）の年間授業時間数（2017年）

国公立学校教員の年間法定授業時間数

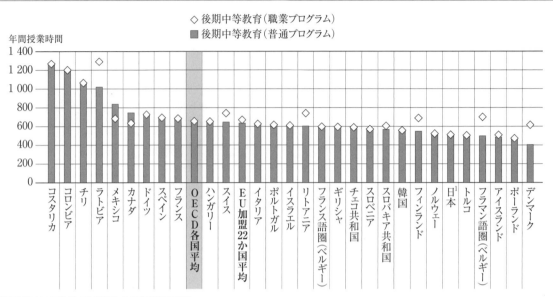

1. 学年度初めに各学校で計画された授業時間の平均。
左から順に、後期中等教育（普通プログラム）での年間授業時間数が多い国と地域。
資料：OECD (2018)。表D4.1。詳細は「資料」を参照。付録3の注を参照 (http://dx.doi.org/10.1787/eag-2018-36-en)。
StatLink: https://doi.org/10.1787/888933805667

を意味する。スロベニアでは、前期中等教育の教員の授業時間が法定標準時間よりも7％前後長く、ポーランドでは、実際の授業時間が法定授業時間よりも14％も長い。対照的に、フランス、リトアニアでは、前期中等教育段階の実際の授業時間が法定授業時間よりも約2〜5％短い（ホームページの図D4.5）。

法定授業時間と実際の授業時間のこのような差については、教員の常習的欠勤や教員不足による残業の結果とも考えられる。また、データの性質から説明できる部分もあるかもしれない。法定授業時間の数値は公的な要件や協定を表すのに対し、実際の授業時間は、行政記録や統計データベース、標本調査、その他の情報源に基づいているためである。

授業時間の推移

この17年間、平均では授業時間にほとんど変化がみられなかったが、データがあり時系列の中断のない一部の国は、2000〜2017年の間に、一つまたは複数の教育段階で、授業時間が10％以上増減したと報告している（表D4.2及び図D4.1）。

初等教育段階では、イスラエル、日本、ラトビアで、2000〜2017年の間に教員の授業時間が15％以上（100時間超）増加している（表D4.2）。イスラエルにおける授業時間と勤務時間の増加は、2008年以降、段階的に実施されている「新たな地平（New Horizon）」という改革の一環である。この改革の主要な施策の一つは、教員給与の増額と引き換えに、教員の一週間当たりの勤務時間を延長して少人数授業を実施することであった。教員の一週間当たりの勤務時間は30時間から36時間に増加し、現在、その中に5時間の少人数授業が含まれていて、これを埋め合わせるため、教員給与が大幅に増

額されている（インディケータD3参照）。

イスラエルでは、同期間に、前期中等教育の教員の授業時間も20%超（120時間）増加している。それより小幅ではあるが、日本でも、前期中等教育の教員の授業時間がかなりの増加（約9%、53時間）を示した。またイスラエルでは、後期中等教育でも、2000～2017年の間の教員の授業時間の増加幅が16%以上（86時間）と、最大であった（表D4.2）。

それに対して、2000～2017年の間に、授業時間が減少した国と地域もある。就学前教育段階の授業時間は、2000～2017年、少数ながらデータのある国と地域のうち、ポルトガル、スコットランド（イギリス）で9%以上（95時間以上）減少している。その他の教育段階についてみると、授業時間は、メキシコの前期中等教育段階（135時間）、オランダの前期・後期中等教育段階（117時間）、スコットランド（イギリス）の初等教育段階（95時間）、トルコの後期中等教育段階（63時間）で10%以上減少し、韓国では初等教育段階（194時間）で22%超減少している。スコットランド（イギリス）の初等教育における教員の授業時間数の減少は、教員協約「21世紀の教職（A teaching profession for the 21st century）」の一環として実施された。この協約によって、2001年、全教員の勤務時間が週35時間となり、初等・中等教育機関及び特別支援学校の一週間当たりの授業時間が、最大22.5時間にまで段階的に短縮されることになったのである。ただし、授業時間が短縮されても、スコットランド（イギリス）における初等・中等教育段階の教員の最大法定授業時間数は、OECD加盟国の平均を上回っている（表D4.2）。

教員の勤務時間数

大多数の国では、教員の勤務時間は、就業規則に定められている法定授業時間によってある程度決定される。また、ほとんどの国では、労働協約その他の契約による取り決めに規定されているように、一定の年間勤務時間数も規定されている。これは、授業時間及び授業以外の業務のために学校内にいることが求められる時間数か、もしくは、総勤務時間数の形で定められる。どちらの場合も、契約上の合意によって規定された公的な勤務時間数に相当する。授業と授業以外の活動に割り当てられる時間は、国によってさまざまである。例えば、イスラエルの最近の改革では、授業時間に加えて学校での勤務時間が考慮に入れられるようになっている。その結果今では、総勤務時間ではなく、授業時間と授業以外の勤務時間を含めた、学校内にいることが求められる勤務時間が明記されている。改革後は、学校内で行われる授業以外の業務時間が延長され、生徒や保護者との面談、授業の準備、生徒の課題の点検のような、授業以外の業務にさらに時間が割り当てられている。

半数を超えるOECD加盟の国・地域では、一つまたは複数の教育段階で、授業時間及び授業以外の時間を含めて、教員が学校内にいなければならない時間が定められている。それらの国の半数超では、後期中等教育と就学前教育の教員が学校内にいなければならない時間の差は10%を下回るが、ハンガリー、ラトビア、スウェーデン、トルコでは、就学前教育の教員の方が後期中等教育の教員よりも学校内にいなければならない時間が30%以上長い（ただし、ハンガリー、ラトビア、トルコでは、両段階の法定総勤務時間が同じである）（表D4.1）。

一部の国では、教員が（学校の内外で）費やす年間の法定勤務時間が定められている。ただし、学校内と学校外の勤務時間の配分については規定がない。これに当てはまるのは、オーストリア（初等及

CHAPTER **D**　教員と学習環境・学校組織

び前期中等教育）、チェコ共和国、デンマーク、イングランド（イギリス）、エストニア（初等及び中等教育）フランス（前期・後期中等教育）、フランス語圏（ベルギー）（就学前及び初等教育）、ドイツ、日本、韓国、リトアニア（初等及び中等教育）、オランダ、ノルウェー（就学前教育）、ポーランド、スロバキア共和国、スイスである。これは、例えばフランスなどの一部の国では、年間法定勤務時間はすべての公務員に適用され、教員も特別ではないためと思われる（表D4.1）。

D4

スウェーデンでは、年間勤務時間数は労働協約によって決定されるが、一週間当たりの勤務時間数や（ある程度までの）勤務配分（授業か授業以外の業務か）は、学校長が決定する。

また、教員の勤務時間や授業時間が在職期間によって変化する場合もある。多くの国では、新任教員の授業時間が、養成課程の一環として短縮される場合がある。年齢の高い教員に、業務の多様化や授業時間の短縮を行うことで教職の継続を奨励している国もある。例えば、ポルトガルでは、年齢や勤務年数によって、または学校での課外活動を行う代わりに、授業時間を減らすことがある。アイスランドでは、年齢に応じて後期中等教育の教員の勤務時間を短縮している。年間の休業日が、30～37歳の教員では1日増え、38歳以上になると2日増える。また、55歳以上の教員は、授業時間が短縮される（55～59歳では58時間、60歳以上では290時間）。

授業時間以外の勤務時間

授業時間は教員の勤務時間に大きな割合を占めているとはいえ、生徒の評価や授業の下準備、生徒の課題の採点や添削、研修、職員会議などの業務についても、それぞれの国で教員に何が求められているかを分析する際には考慮すべきである（後期中等教育段階のこれらの業務の詳細はコラムD4.3参照）。こうした授業以外の業務に充てられる時間数は国によってばらつきがあり、勤務時間に占める授業時間の割合が大きいと、このような業務に充てる勤務時間の割合が小さくなると考えられる。

教員の主要業務は授業を行うことではあるが、多くの国で、勤務時間の相当部分が授業以外の業務に充てられている。前期中等教育の教員の授業時間と勤務時間の両データがある24の国と地域では、教員の勤務時間に占める授業時間の割合は平均44％であり、国別にみると、32％以下である日本、ポーランド、トルコから、75％に達するコロンビアまで幅がある。教員の勤務時間に占める授業時間の割合は、年間授業時間数が多いほど大きくなるものの、国によってかなりばらつきがある。例えば、日本とポルトガルは授業時間数が似通っているが（日本610時間、ポルトガル616時間）、勤務時間に占める授業時間の割合は、ポルトガルが42％であるのに対して日本は32％である。また、授業時間数が大きく異なっていても、教員の勤務時間に占める授業時間の割合が近い国もある。例えば、スペインとアメリカ合衆国の前期中等教育段階では、ともに授業時間が勤務時間のおよそ半分を占めるが、授業時間数はアメリカ合衆国の966時間に対して、スペインは713時間である。例外的に、チリ、コロンビア、イスラエル、ラトビア、スコットランド（イギリス）、スペインでは、教員の法定勤務時間に占める授業時間の割合が50％以上である（図D4.4）。

オーストリア（後期中等教育段階）、コスタリカ、フラマン語圏及びフランス語圏のベルギー（中等教育段階）、イタリアなど一部の国では、授業以外の業務に費やす時間に関して法的に定められていない。しかしこれは、授業以外の業務が教員の裁量に全面的に任されているということではない。フラマン語圏（ベルギー）では、授業の準備、試験や提出物の採点など授業以外の業務に費やす時間数

460

図D4.4. 前期中等教育教員の勤務時間に占める授業時間の割合（2017年）
総法定勤務時間に占める授業時間（標準的な年間時間数）の割合（国公立学校の普通プログラム）

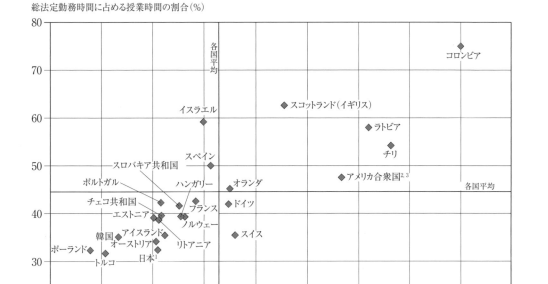

1. 学年度初めに各学校で計画された授業時間の平均。
2. 実際の授業時間。
3. 調査年は2017年でなく2016年。

資料：OECD（2018）。表D4.1。詳細は「資料」を参照。付録3の注を参照（http://dx.doi.org/10.1787/eag-2018-36-en）。
StatLink：https://doi.org/10.1787/888933805686

に関する規定はないが、学校内で行われる授業以外の業務時間数は学校レベルで決められる。イタリアでは、授業以外の学校で行われる予定の各種の会議の時間に、最大年間80時間を充てることが定められている。80時間のうち、教員会議、職員企画会議、保護者面談に最大40時間、残りの40時間は学級会に充てられる（表D4.1）。

コラムD4.3. 前期中等教育の教員に義務づけられている授業以外の業務（2017年）

授業以外の業務も、教員の業務量と勤務条件の一部をなす。法令や規定、利害関係者間の契約（例えば、教員組合や地方教育当局、学校理事会などの間）によって求められている授業以外の業務は、必ずしも実際の実施状況を反映しているわけではないが、教員の役割が広範で複雑であることを知る手がかりとなる。

規定によると、個人で行う授業の計画や準備、生徒の課題の採点や添削、一般的事務連絡や書類作成、保護者との連絡や連携は、前期中等教育（普通プログラム）の教員に対して、法定の学校内勤務時間あるいは法定総勤務時間に行うよう求められる授業以外の業務の中で、最も一

般的なものである（表D4.3）。これらの業務は、データのある37の国・地域中26以上の国・地域で、教員に求められる業務となっていた。同僚との共同作業や話し合い、休み時間の生徒の監督も、データのあるおよそ半数の国で教員に求められていた。また4分の1の国では、前期中等教育の教員は、生徒へのカウンセリング、フルタイムの契約で義務づけられている授業数や授業時間数を超えた授業、学級担任など、種々の付加的な職務を担うことが求められている（表D4.3及び図D4.a）。

教員が行うのは規定によって義務づけられている業務だけではない。課外活動の指導、教育実習生の訓練、生徒指導、学校やその他の運営業務への参画のような業務は、教員自身が自発的に行っている場合が多い。ほぼ半数の国では、これらの業務を実施するかどうかは教員が決定していた。また、学級担任、学校やその他の運営業務への参画のような授業以外の職務は、学校レベルの裁量に任されている場合がほとんどである。

図D4.a. 前期中等教育の教員に求められる業務と職務（2017年）
国公立教育機関の前期中等教育普通プログラムの教員

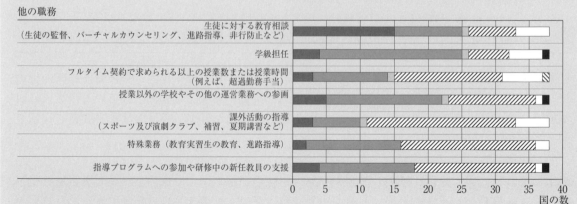

資料：OECD（2018）。表D4.3。詳細は「資料」を参照。付録3の注を参照（http://dx.doi.org/10.1787/eag-2018-36-en）。
StatLink： https://doi.org/10.1787/888933805705

インディケータ D4：教員の授業時間数及び勤務時間数　　**CHAPTER D**

■定義

実際の授業時間とは、フルタイム教員がグループ単位あるいは学級単位の生徒を教える年間平均授業時間数をいい、すべての残業時間が含まれる。これらの時間数のデータは、行政記録や統計データベース、標本調査、その他の情報源から得ることができる。

授業日数とは、一週間当たりの授業日数に授業週数を乗じて、祝祭日などの休校日を差し引いた日数である。

授業週数とは、休業週間を除いた授業が行われる週の数である。

法定授業時間とは、国の政策、教員の雇用契約または他の公式文書で規定された、フルタイム教員がグループ単位あるいは学級単位の生徒を教えることが予定されている年間平均授業時間数（1時間は60分）と定義される。授業時間は一週間または一年当たりで規定することができる。**年間授業時間**は一般に、教員の一日当たり授業時間数に年間授業日数を乗じて算出される（準備時間は含めない）。正味の授業時間数は授業の間の規定の休憩時間や祝祭日などの休校日は含まない。ただし、就学前教育、初等教育段階における、授業の間のごく短い休憩時間であって、教員がクラスの生徒に責任を負う場合には、授業の間の休憩時間も授業時間に含める。

総法定勤務時間とは、国の政策で規定された、フルタイム教員が勤務すると予想される時間数のことである。一週間または一年当たりで規定することができる。有給の残業時間は含まれない。勤務時間は各国の政策により、以下の二つの場合がある。
- 授業及び、宿題や試験などのカリキュラム関連の生徒のための活動に直接関係する時間のみを指す場合。
- 授業だけでなく、授業に関わるその他の活動（例えば、授業の準備、生徒へのカウンセリング、宿題や試験の採点、研修、保護者面談、職員会議、校務全般など）の時間も含む場合。

学校内勤務時間とは、教員が学校内で勤務していなければならない時間をいう。授業時間も授業以外の時間も含まれる。

■算定方法

各国間の授業時間数の差異を解釈する際に注意すべきことは、この指標で使用している授業時間は、必ずしも教員の業務量とは一致しないという点である。授業時間そのものは、教員が担当する業務の大きな割合を占めているが、授業の下準備や授業後に必要なフォローアップ（生徒の提出物の添削など）に要する時間も比較の際には考慮するべきである。また、関連するその他の要素（担当の教科数や生徒数、一人の教員が同じ生徒に教える年数など）も、考慮に入れる必要がある。

詳細については『OECD国際比較教育統計ハンドブック2018年版（*OECD Handbook for Internationally Comparable Education Statistics 2018*）』（OECD, 2018[2]）を参照。各国の注記については付録3を参照（http://dx.doi.org/10.1787/eag-2018-36-en）。

463

CHAPTER **D** 　教員と学習環境・学校組織

リトアニアは、本書を編集時にはOECD加盟国ではなかったので、OECD加盟国リストには記載せず、OECD加盟国の総計に含めていない。

■資料

データは2016～17学年度（法定授業時間のデータ）または2015～16学年度（実際の授業時間のデータ）を調査対象年とし、2017年に行われたOECD国際教育インディケータ事業（INES）の「教員・教育課程調査（Survey on Teachers and the Curriculum）」に基づいている。

イスラエルのデータについて

イスラエルの統計データは、イスラエル政府関係当局により、その責任の下で提供されている。OECDにおける当該データの使用は、ゴラン高原、東エルサレム、及びヨルダン川西岸地区のイスラエル入植地の国際法上の地位を害するものではない。

■参考資料

OECD（2018）, *OECD Handbook for Internationally Comparative Education Statistics 2018:* 　[2]
Concepts, Standards, Definitions and Classifications, OECD Publishing, Paris, https://doi.org/10.1787/9789264304444-en.

OECD/NCES（2018）, *Education at a Glance Subnational Supplement*, OECD/National Center 　[1]
for Education Statistics, Paris and Washington, DC, https://nces.ed.gov/surveys/annualreports/oecd/index.asp.

■インディケータD4の表*

- 表D4.1. 教員の授業時間数及び勤務時間数（2017年）
- 表D4.2. 教員の年間授業時間数の推移（2000年、2005～2017年）
- 表D4.3. 教員の業務と職務（2017年）
- 表D4.5.（ホームページの表）前期中等教育普通プログラムの実際の授業時間及び法定授業時間（2016年）

* データの締切日は2018年7月18日。更新データはホームページで確認可能（http://dx.doi.org/10.1787/eag-data-en）。データはEducation at a Glance Database（http://stats.oecd.org/）でも確認可能。

464

インディケータD4：教員の授業時間数及び勤務時間数　　**CHAPTER D**

表D4.1. ［1/2］教員の授業時間数及び勤務時間数（2017年）

国公立教育機関の一学年度当たりの法定授業週数、授業日数、授業時間数、勤務時間数

		授業週数					授業日数					授業時間数			
	就学前教育	初等教育	前期中等教育（普通プログラム）	後期中等教育（普通プログラム）	後期中等教育（職業プログラム）	就学前教育	初等教育	前期中等教育（普通プログラム）	後期中等教育（普通プログラム）	後期中等教育（職業プログラム）	就学前教育	初等教育	前期中等教育（普通プログラム）	後期中等教育（普通プログラム）	後期中等教育（職業プログラム）
	(1)	(2)	(3)	(5)	(6)	(7)	(8)	(9)	(11)	(12)	(13)	(14)	(15)	(17)	(18)
OECD加盟国 — 国															
オーストラリア[1]	40	40	40	40	m	198	195	195	195	m	903	865	797	797	m
オーストリア[1]	m	38	38	38	m	m	180	180	180	m	m	779	607	589	m
カナダ	m	37	37	37	40	m	183	183	183	200	m	798	745	746	635
チリ[2]	38	38	38	38	38	178	178	178	178	178	1 064	1 064	1 064	1 064	1 064
チェコ共和国[1]	45	39	39	39	39	215	187	187	187	187	1 333	617	617	589	589
デンマーク	a	a	a	a	a	a	a	a	a	a	a	a	a	405	615
エストニア[1]	46	35	35	35	40	220	172	172	172	195	1 320	585	602	568	a
フィンランド[3]	m	38	38	38	38	187	187	187	187	187	m	673	589	547	688
フランス[1]	36	36	36	36	36	162	162	a	a	a	900	900	684	684	684
ドイツ[1]	46	40	40	40	40	225	193	193	193	193	1 755	801	747	719	726
ギリシャ[2]	36	36	36	35	35	176	176	177	172	172	822	660	609	594	594
ハンガリー[3]	43	38	38	38	38	210	182	182	181	181	1 344	655	655	652	652
アイスランド[1]	46	37	37	36	36	225	180	180	175	175	1 620	624	624	485	508
アイルランド[1]	m	37	33	33	m	m	182	164	164	m	m	910	722	722	m
イスラエル[1]	37	37	36	36	36	182	182	175	173	173	1 031	843	699	610	610
イタリア[1]	42	39	39	39	39	189	174	174	174	174	945	766	626	626	626
日本[4]	m	40	40	39	39	m	201	201	196	196	m	742	610	511	511
韓国[3]	36	38	38	38	38	180	190	190	190	190	543	671	533	551	557
ラトビア[1]	39	35	35	35	44	190	170	170	170	215	1 520	1 020	1 020	1 020	1 290
ルクセンブルグ[1]	m	m	m	m	m	m	m	m	m	m	m	m	m	m	m
メキシコ[1]	42	42	42	36	36	200	200	200	171	171	532	800	1 047	838	684
オランダ[2]	40	40	40	40	40	200	200	200	200	200	930	930	750	750	m
ニュージーランド[1]	m	38	38	38	38	m	192	191	190	m	m	922	840	760	m
ノルウェー[2]	45	38	38	38	38	225	190	190	190	190	a	741	663	523	523
ポーランド[1]	45	37	37	37	37	217	179	177	175	175	1 085	564	478	473	473
ポルトガル[2]	41	39	38	38	38	187	173	168	168	168	935	779	616	616	616
スロバキア共和国[1]	44	39	39	39	39	209	189	189	189	189	1 150	794	652	567	605
スロベニア[1]	46	38	38	38	38	219	190	190	190	190	1 314	627	627	570	570
スペイン[1]	37	37	37	36	36	176	176	176	171	171	880	880	713	693	693
スウェーデン[1]	47	a	a	a	a	224	a	a	a	a	a	a	a	a	a
スイス[1]	39	39	39	39	39	190	190	190	190	190	779	817	760	646	741
トルコ	38	38	38	38	38	180	180	180	180	180	1080	720	504	504	504
アメリカ合衆国[5,6]	36	36	36	36[d]	x(5)	180	180	180	180[d]	x(11)	1 011	1 004	966	966[d]	x(17)
地域															
フラマン語圏（ベルギー）[1,3]	37	37	37	37	37	157	157	128	128	128	725	739	533	498	699
フランス語圏（ベルギー）[1]	36	36	36	36	36	179	179	179	179	179	775	716	657	596	596
イングランド（イギリス）	38	38	38	38	a	190	190	190	190	a	a	a	a	a	a
スコットランド（イギリス）[2]	38	38	38	38	a	190	190	190	190	a	855	855	855	855	a
OECD各国平均	41	38	38	37	38	196	183	181	180	182	1044	784	703	657	656
EU加盟22か国平均	41	38	37	37	38	197	180	177	177	180	1093	762	668	635	670
OECD非加盟国															
アルゼンチン	m	m	m	m	m	m	m	m	m	m	m	m	m	m	m
ブラジル	42	42	42	42	42	200	200	200	200	200	m	m	m	m	m
中国	m	m	m	m	m	m	m	m	m	m	m	m	m	m	m
コロンビア[1]	40	40	40	40	40	200	200	200	200	200	800	1 000	1 200	1 200	1 200
コスタリカ[1]	41	41	41	41	41	198	198	198	198	198	812	1 188	1 267	1 267	1 267
インド	m	m	m	m	m	m	m	m	m	m	m	m	m	m	m
インドネシア	m	m	m	m	m	m	m	m	m	m	m	m	m	m	m
リトアニア[1]	a	32	34	34	a	a	160	170	168	a	640	576	612	603	740
ロシア	m	m	m	m	m	m	m	m	m	m	m	m	m	m	m
サウジアラビア	m	m	m	m	m	m	m	m	m	m	m	m	m	m	m
南アフリカ	m	m	m	m	m	m	m	m	m	m	m	m	m	m	m
G20各国平均	m	m	m	m	m	m	m	m	m	m	m	m	m	m	m

注：詳細は「定義」と「算定方法」を参照。前期中等教育（職業プログラム）のデータ（縦列4,10,16,22,28）は、ホームページで参照可能。データはEducation at a Glance Database（http://stats.oecd.org/）で閲覧可能。
1. 標準的な授業時間（教員に適用する特別な事情がない限り、ほとんどの教員に義務付けられた授業時間）（フラマン語圏（ベルギー）は就学前教育段階と初等教育段階）。
2. 最大授業時間。
3. 最低限の授業時間（フラマン語圏（ベルギー）は前期・後期中等教育段階）。
4. 学年度初めに各学校で計画された授業時間の平均。
5. 実際の授業時間。
6. 調査年は2016年。
資料：OECD（2018）。詳細は「資料」を参照。付録3の注を参照（http://dx.doi.org/10.1787/eag-2018-36-en）。
表中の省略記号については、「利用にあたって」を参照。

StatLink：https://doi.org/10.1787/888933805572

CHAPTER D　教員と学習環境・学校組織

表D4.1. [2/2] 教員の授業時間数及び勤務時間数（2017年）
国公立教育機関の一学年度当たりの法定授業週数、授業日数、授業時間数、勤務時間数

	学校内勤務時間					総法定勤務時間				
	就学前教育	初等教育	前期中等教育（普通プログラム）	後期中等教育（普通プログラム）	後期中等教育（職業プログラム）	就学前教育	初等教育	前期中等教育（普通プログラム）	後期中等教育（普通プログラム）	後期中等教育（職業プログラム）
	(19)	(20)	(21)	(23)	(24)	(25)	(26)	(27)	(29)	(30)
国										
オーストラリア[1]	1 243	1 242	1 239	1 239	m	a	a	a	a	a
オーストリア[1]	m	a	a	a	a	a	1 776	1 776	a	a
カナダ[1]	m	1 228	1 233	1 236	1 280	m	a	a	a	1 280
チリ[2]	1 830	1 830	1 830	1 830	1 830	1 962	1 962	1 962	1 962	1 962
チェコ共和国[1]	a	a	a	a	a	1 800	1 560	1 560	1 560	1 560
デンマーク	a	a	a	a	a	1 680	1 680	1 680	1 680	1 680
エストニア[1]	1 610	a	a	a	a	1 610	1 540	1 540	1 540	1 540
フィンランド[3]	m	787	703	642	769	a	a	a	a	a
フランス[1]	954	954	a	a	a	1 607	1 607	1 607	1 607	1 607
ドイツ[1]	a	a	a	a	a	1 782	1 782	1 782	1 782	1 782
ギリシャ[2]	1 134	1 134	1 176	1 176	1 176	a	a	a	a	a
ハンガリー[3]	1 512	1 165	1 165	1 158	1 158	1 664	1 664	1 664	1 664	1 664
アイスランド	1 760	1 610	1 610	1 440	1 440	1 760	1 760	1 760	1 800	1 800
アイルランド	m	1 073	811	811	m	a	a	a	a	a
イスラエル[1]	1 067	1 236	1 181	1 166	1 166	1 067	1 236	1 181	1 166	1 166
イタリア[1]	a	a	a	a	a	a	a	a	a	a
日本[4]	a	a	a	a	a	1 883	1 883	1 883	1 883	1 883
韓国[3]	a	a	a	a	a	1 520	1 520	1 520	1 520	1 520
ラトビア[1]	1 560	1 050	1 050	1 050	1 320	1 760	1 760	1 760	1 760	1 760
ルクセンブルグ[1]	m	m	m	m	m	m	m	m	m	m
メキシコ[2]	772	800	1 167	971	692	a	a	a	a	a
オランダ[2]	a	a	a	a	a	1 659	1 659	1 659	1 659	1 659
ニュージーランド[1]	m	1 536	1 243	950	m	a	a	a	a	a
ノルウェー[2]	a	1 300	1 225	1 150	1 150	1 688	1 688	1 688	1 688	1 688
ポーランド[1]	m	m	m	m	m	1 808	1 496	1 480	1 464	1 464
ポルトガル[2]	1 086	1 038	920	920	920	1 572	1 488	1 458	1 458	1 458
スロバキア共和国[1]	m	m	m	m	m	1 568	1 568	1 568	1 568	1 568
スロベニア[1]	a	a	a	a	a	m	m	m	m	m
スペイン[1]	1 140	1 140	1 140	1 140	1 140	1 425	1 425	1 425	1 425	1 425
スウェーデン	1 792	1 360	1 360	1 360	1 360	a	1 767	1 767	1 767	1 767
スイス[1]	a	a	a	a	a	2 142	2 142	2 142	2 142	2 142
トルコ[1]	1 160	980	836	836	836	1 592	1 592	1 592	1 592	1 592
アメリカ合衆国[5,6]	1 441	1 443	1 449	1 446[d]	x(23)	1 980	2 016	2 032	2 047[d]	x(29)
地域										
フラマン語圏（ベルギー）[1,3]	904	904	a	a	a	a	a	a	a	a
フランス語圏（ベルギー）[1]	a	a	a	a	a	962	962	a	a	a
イングランド（イギリス）[1]	a	a	a	a	a	1 265	1 265	1 265	1 265	a
スコットランド（イギリス）[2]	1 045	1 045	1 045	1 045	a	1 365	1 365	1 365	1 365	a
OECD 各国平均	1 295	1 184	1 178	1 135	1 160	1 630	1 622	1 645	1 640	1 635
EU加盟22か国平均	1 274	1 059	1 041	1 034	1 121	1 568	1 551	1 585	1 571	1 610
アルゼンチン	m	m	m	m	m	m	m	m	m	m
ブラジル	a	a	a	a	a	a	a	a	a	a
中国	m	m	m	m	m	m	m	m	m	m
コロンビア[1]	1 350	1 350	1 350	1 350	1 350	1 600	1 600	1 600	1 600	1 600
コスタリカ[1]	a	a	a	a	a	a	a	a	a	a
インド	m	m	m	m	m	m	m	m	m	m
インドネシア	m	m	m	m	m	m	m	m	m	m
リトアニア[1]	1 452					1 584	1 584	1 584	1 584	1 584
ロシア	m	m	m	m	m	m	m	m	m	m
サウジアラビア	m	m	m	m	m	m	m	m	m	m
南アフリカ	m	m	m	m	m	m	m	m	m	m
G20 各国平均	m	m	m	m	m	m	m	m	m	m

注：詳細は「定義」と「算定方法」を参照。後期中等教育（職業プログラム）のデータ（縦列4,10,16,22,28）は、ホームページで参照可能。データは Education at a Glance Database（http://stats.oecd.org/）で閲覧可能。

1. 標準的な授業時間（教員に適用する特別な事情がない限り、ほとんどの教員に義務付けられた授業時間）（フラマン語圏（ベルギー）は就学前教育段階と初等教育段階）。
2. 最大授業時間。
3. 最低限の授業時間（フラマン語圏（ベルギー）は前期・後期中等教育段階）。
4. 学年度初めに各学校で計画された授業時間の平均。
5. 実際の授業時間。
6. 調査年は2016年。

資料：OECD（2018）。詳細は「資料」を参照。付録3の注を参照（http://dx.doi.org/10.1787/eag-2018-36-en）。
表中の省略記号については、「利用にあたって」を参照。

StatLink：https://doi.org/10.1787/888933805572

インディケータD4：教員の授業時間数及び勤務時間数　CHAPTER **D**

表D4.2. 教員の年間授業時間数の推移（2000年、2005〜2017年）
国公立教育機関における年間法定授業時間数、教育段階別

		初等教育					前期中等教育（普通プログラム）					後期中等教育（普通プログラム）				
		2000年	2005年	2010年	2015年	2017年	2000年	2005年	2010年	2015年	2017年	2000年	2005年	2010年	2015年	2017年
		(15)	(16)	(21)	(26)	(28)	(29)	(30)	(35)	(40)	(42)	(43)	(44)	(49)	(54)	(56)
OECD加盟国 国	オーストラリア	882	888	868	866	865	811	810	819	806	797	803	810	803	804	797
	オーストリア[1]	m	774	779	779	779	m	607	607	607	607	m	589	589	589	589
	カナダ	m	m	799	797	798	m	m	740	742	745	m	m	744	743	746
	チリ	m	1 128	1 105	1 157	1 064	m	1 128	1 105	1 157	1 064	m	1 128	1 105	1 157	1 064
	チェコ共和国	m	813	862	823	617	650	647	647	617	617	621	617	617	589	589
	デンマーク[23]	640	640	650	784[b]	a	640	640	650	784[b]	a	m	m	377	386	405
	エストニア	630	630	630	619	585	630	630	630	619	602	578	578	578	568	568
	フィンランド	656	677	680	677	673	570	592	595	592	589	527	550	553	550	547
	フランス	924	924	924	900	900	648	648	648	648	684	648	648	648	648	684
	ドイツ	783	808	805	799	801	732	758	756	750	747	690	714	713	714	719
	ギリシャ	609	604	589	630[b]	660	426	434	415	592[b]	609	429	430	415	600[b]	594
	ハンガリー	583	583	604	652	655	555	555	604	652	655	555	555	604	648	652
	アイスランド	629	671	624	m	624	629	671	624	m	624	464	560	544	m	485
	アイルランド	915	915	915	915	910	735	735	735	735	722	735	735	735	735	722
	イスラエル	731	731	820	864	843	579	579	598	704	699	524	524	521	587	610
	イタリア	744	739	770	752	766	608	605	630	616	626	608	605	630	616	626
	日本[1]	635	578	707	742	742	557	505	602	610	610	478	429	500	511	511
	韓国	865	883	807	658	671	570	621	627	548	533	530	605	616	551	551
	ラトビア	882	882	882	685[b]	1 020	882	882	882	685[b]	1 020	882	882	882	685[b]	1 020
	ルクセンブルグ	m	774	739	810	m	m	642	634	739	m	m	642	634	739	m
	メキシコ	800	800	800	800	800	1 182	1 047	1 047	1 047	1 047	m	848	843	848	838
	オランダ	930	930	930	930	930	867	750	750	750	750	867	750	750	750	750
	ニュージーランド	m	m	m	922	922	m	m	m	840	840	m	m	m	760	760
	ノルウェー	713	741	741	741	741	633	656	654	663	663	505	524	523	523	523
	ポーランド	m	m	586	573	564	m	m	497	486	478	m	m	494	481	473
	ポルトガル	779	765	779	743	779	634	623	634	605	616	577	567	634	605	616
	スロバキア共和国	m	m	841	832	794	m	m	652	645	652	m	m	624	617	567
	スロベニア	m	627	627	627	627	m	627	627	627	627	m	570	570	570	570
	スペイン	880	880	880	880	880	713	713	713	713	713	693	693	693	693	693
	スウェーデン	m	m	m	m	a	m	m	m	m	a	m	m	m	m	a
	スイス	884	m	m	810	817	m	m	m	765	760	674	m	m	656	646
	トルコ	720	720	720	720	720	504	504	504	504	504	567	567	567	504	504
	アメリカ合衆国[2]	m	m	m	1 004	m	m	m	m	966	m	m	m	m	966	m
	地域															
	フラマン語圏（ベルギー）	754	748	748	744	739	m	554[b]	542	538	533	m	518[b]	505	502	498
	フランス語圏（ベルギー）	722	722	732	728	716	662	662	671	668	657	603	603	610	606	596
	イングランド（イギリス）[2]	m	m	684	942	a	m	m	703	817	a	m	m	703	817	a
	スコットランド（イギリス）	950	893	855	855	855	893	893	855	855	855	893	893	855	855	855
	OECD各国平均	770	775	772	793	777	680	680	679	705	695	628	648	642	662	647
	2000年、2005年、2010年、2015年、2017年のデータがある国の各国平均	777	775	781	767	784	682	673	681	685	696	634	632	640	635	654
	2000年、2005年、2010年、2015年、2017年のデータがある国のEU加盟22か国平均	783	780	782	766	791	678	674	676	680	697	660	655	661	657	682
OECD非加盟国	アルゼンチン	m	m	m	m	m	m	m	m	m	m	m	m	m	m	m
	ブラジル	m	m	m	m	m	m	m	m	m	m	m	m	m	m	m
	中国	m	m	m	m	m	m	m	m	m	m	m	m	m	m	m
	コロンビア	m	1 000	1 000	1 000	1 000	m	1 200	1 200	1 200	1 200	m	1 200	1 200	1 200	1 200
	コスタリカ	m	m	m	1 188	1 188	m	m	m	1 267	1 267	m	m	m	1 267	1 267
	インド	m	m	m	m	m	m	m	m	m	m	m	m	m	m	m
	インドネシア	m	m	m	m	m	m	m	m	m	m	m	m	m	m	m
	リトアニア	m	m	m	565	576	m	m	m	610	612	m	m	m	610	603
	ロシア[2]	m	615	615	561	m	m	507	507	483	m	m	507	507	483	m
	サウジアラビア	m	m	m	m	m	m	m	m	m	m	m	m	m	m	m
	南アフリカ	m	m	m	m	m	m	m	m	m	m	m	m	m	m	m
	G20各国平均	m	m	m	m	m	m	m	m	m	m	m	m	m	m	m

注：詳細は「定義」と「算定方法」を参照。就学前教育の2000〜2017年のデータ（縦列1〜14）についてはホームページで参照可能。初等教育・前期中等教育・後期中等教育の2006年、2007年、2008年、2009年、2011年、2012年、2013年、2014年、2016年のデータ（縦列17〜20、22〜25、27、31〜34、36〜39、41、45〜48、50〜53、55）についてはEducation at a Glance Database（http://stats.oecd.org/）または下記StatLinkで閲覧可能。
1. 就学前教育段階の数値は、就学前学級を受け持つ初等教育の教員（初等教育機関のみ）に関するものである。
2. 実際の授業時間（デンマークでは就学前教育段階を除く。イングランド（イギリス）の2015年のデータの調査年は2016年）。
3. 調査年は2012年、2013年ではなく2011年。後期中等教育は2014年ではなく2015年。
4. 学年度初めに各学校で計画された授業時間の平均。

資料：OECD（2018）。詳細は「資料」を参照。付録3の注を参照（http://dx.doi.org/10.1787/eag-2018-36-en）。
表中の省略記号については、「利用にあたって」を参照。

StatLink：https://doi.org/10.1787/888933805591

CHAPTER D　教員と学習環境・学校組織

表D4.3. [1/2] 教員の業務と職務（2017年）
規定や指針文書で明確に定められている国公立教育機関の教員の業務と職務

	前期中等教育（普通プログラム）						
	業務						
	授業	学校内外で個人で行う授業の計画や準備	生徒の課題の採点や添削	一般的事務業務（連絡や文書作成、職務の一環として必要なその他の事務作業を含む）	保護者との連絡や連携	休憩中の生徒の監督	学校内での同僚との共同作業や話し合い
	(1)	(2)	(3)	(4)	(5)	(6)	(7)
国							
オーストラリア	Mand.	Mand.	Mand.	Mand.	Mand.	Mand.	Mand.
オーストリア	Mand.	Mand.	Mand.	Mand.	Mand.	Mand.	Mand.
カナダ	m	m	m	m	m	m	m
チリ	Mand.	Mand.	Mand.	School req.	School req.	School req.	School req.
チェコ共和国	Mand.	Voluntary	Voluntary	School req.	Voluntary	School req.	School req.
デンマーク	Mand.	Mand.	Mand.	Mand.	Mand.	School req.	Mand.
エストニア	Mand.	Mand.	Mand.	Mand.	Mand.	School req.	Mand.
フィンランド	Mand.	Mand.	Mand.	Mand.	Mand.	School req.	Mand.
フランス	Mand.	Mand.	Mand.	Mand.	Mand.	Not req.	Voluntary
ドイツ	Mand.	Mand.	Mand.	School req.	Mand.	School req.	Voluntary
ギリシャ	Mand.	Mand.	Mand.	Mand.	Mand.	Mand.	Mand.
ハンガリー	Mand.	Mand.	Mand.	Mand.	Mand.	Mand.	Mand.
アイスランド	Mand.	Mand.	Mand.	School req.	School req.	Voluntary	Voluntary
アイルランド	Mand.	Mand.	Mand.	Mand.	Mand.	Mand.	Mand.
イスラエル	Mand.	Mand.	Mand.	Mand.	Mand.	Mand.	Mand.
イタリア	Mand.	Mand.	Mand.	Mand.	Mand.	Mand.	Mand.
日本	Mand.	Mand.	Mand.	Mand.	Mand.	Mand./School req.	Mand.
韓国	Mand.	Mand.	Mand.	Mand.	Mand.	Mand.	Mand.
ラトビア	Mand.	Mand.	Mand.	Mand.	Mand.	Mand.	School req.
ルクセンブルグ	m	m	m	m	m	m	m
メキシコ	Mand.	Mand.	Mand.	School req.	School req.	Not req.	Voluntary
オランダ	School req.	School req.	School req.	School req.	School req.	School req.	School req.
ニュージーランド[1]	Mand.	Mand.	Mand.	Mand.	Mand.	School req.	Mand.
ノルウェー	Mand.	Mand.	Mand.	Mand.	Mand.	School req.	Mand.
ポーランド	Mand.	Mand.	Mand.	Mand.	Mand.	Mand.	Mand.
ポルトガル	Mand.	Mand.	Mand.	Mand.	Mand.	Voluntary	Mand.
スロバキア共和国	Mand.	Mand.	Mand.	Mand.	Mand.	Mand.	Mand.
スロベニア	Mand.	Mand.	Mand.	Mand.	Mand.	School req.	Mand.
スペイン	Mand.	Mand.	Mand.	Mand.	Mand.	Mand.	Mand.
スウェーデン	Mand.	Mand.	Mand.	Mand.	Mand.	School req.	Mand.
スイス	Mand.	Mand.	Mand.	Mand.	Mand.	Mand.	Mand.
トルコ	Mand.	Mand.	Mand.	Not req.	Mand.	Voluntary	Mand.
アメリカ合衆国	Mand.	School req.	School req.	School req.	School req.	School req.	School req.
地域							
フラマン語圏（ベルギー）	Mand.	Mand.	School req.	School req.	School req.	School req.	School req.
フランス語圏（ベルギー）	Mand.	Mand.	Mand.	Mand.	Mand.	Voluntary	Voluntary
イングランド（イギリス）	Mand.	Mand.	Mand.	Voluntary	Mand.	Voluntary	Mand.
スコットランド（イギリス）	Mand.	Mand.	Mand.	Voluntary	Mand.	Voluntary	Mand./School req.
アルゼンチン	m	m	m	m	m	m	m
ブラジル	Mand.	Mand.	m	m	Mand.	m	m
中国	m	m	m	m	m	m	m
コロンビア	Mand.	Mand.	Mand.	Mand.	Mand.	Mand.	Mand.
コスタリカ	Mand.	Mand.	Mand.	Voluntary	Mand.	Mand.	Mand.
インド	m	m	m	m	m	m	m
インドネシア	m	m	m	m	m	m	m
リトアニア	Mand.	Mand.	Mand.	Mand.	Mand.	School req.	School req.
ロシア	m	m	m	m	m	m	m
サウジアラビア	m	m	m	m	m	m	m
南アフリカ	m	m	m	m	m	m	m

教員として義務づけられているか
Mand.　　　　　= はい、義務づけられている。
School Req. = はい、学校の裁量で義務づけられている。
Voluntary　 = いいえ、教員の裁量に任されている。
Not req.　　 = いいえ、義務づけられていない。

注：就学前教育、初等教育、前期中等教育（職業プログラム）、後期中等教育段階（横列に追加）はホームページで閲覧可能（下記StatLinkを参照）。詳細は「定義」と「算定方法」を参照。
1. 前期中等教育（普通プログラム）の最初の2年間の基準は初等教育の基準に従う。前期中等教育（普通プログラム）の最後の2年間の基準は後期中等教育（普通プログラム）の基準に従う。
資料：OECD（2018）。詳細は「資料」を参照。付録3の注を参照（http://dx.doi.org/10.1787/eag-2018-36-en）。
表中の省略記号については、「利用にあたって」を参照。
StatLink : https://doi.org/10.1787/888933805610

表D4.3. [2/2] 教員の業務と職務（2017年）

規定や指針文書で明確に定義されている国公立教育機関の教員の業務と職務

	前期中等教育（普通プログラム）							
	その他の職務							
	授業以外の学校その他の運営業務への参画（学科主任や教員間の調整役に就くなど）	フルタイム契約で義務づけられている授業時間数を超えた指導（超過勤務手当など）	生徒に対する教育相談（生徒の監督、バーチャルカウンセリング、就職指導、非行防止など）	課外活動への参加（宿題クラブ、スポーツや演劇クラブ、サマースクールなど）	特別業務（教育実習生の指導、進路指導など）	学級担任	指導プログラムへの参加や研修中の新任教員の支援	教員の職能開発活動への参加
	(8)	(9)	(10)	(11)	(12)	(13)	(14)	(15)
国								
オーストラリア	School req.	Not req.	Voluntary	Voluntary	School req.	School req.	Voluntary	School req.
オーストリア	School req.	Mand.	School req.	Voluntary	Voluntary	School req.	Voluntary	Mand.
カナダ	m	m	m	m	m	m	m	m
チリ	Voluntary	School req.	School req.	Voluntary	Voluntary	School req.	Voluntary	Mand.
チェコ共和国	Voluntary	School req.	Voluntary	Voluntary	Voluntary	School req.	School req.	Mand.
デンマーク	School req.	School req.	School req.	School req.	School req.	School req.	School req.	School req.
エストニア	School req.	Voluntary	Mand.	School req.	School req.	School req.	Voluntary	Mand.
フィンランド	Voluntary	Voluntary	Mand.	Voluntary	Voluntary	Voluntary	Voluntary	Mand.
フランス	Voluntary	Mand./Vol.	Mand.	Voluntary	Voluntary	Voluntary	Voluntary	Mand./Vol.
ドイツ	Voluntary	Voluntary	Voluntary	Voluntary	Voluntary	Voluntary	Voluntary	School req.
ギリシャ	Not req.	Voluntary	Mand.	Voluntary	Voluntary	Mand.	Mand.	Mand.
ハンガリー	Voluntary	Voluntary	Mand.	Mand.	Not req.	Not req.	Voluntary	Mand.
アイスランド	Voluntary	Not req.	Voluntary	Voluntary	Voluntary	School req.	Voluntary	Mand.
アイルランド	School req.	Voluntary	Not req.	Voluntary	Voluntary	School req.	School req.	Voluntary
イスラエル	Voluntary	Voluntary	School req.	Not req.	Voluntary	School req.	School req.	Voluntary
イタリア	School req.	Voluntary	Voluntary	Voluntary	Voluntary	Not req.	Voluntary	Mand.
日本	Mand./School req.	Mand./School req.	Mand.	Mand./School req.	School req.	Mand./School req.	School req.	Mand.
韓国	School req.	Voluntary	Mand.	School req.	School req.	School req.	School req.	Mand.
ラトビア	Mand.	School req.	Mand.	School req.	School req.	School req.	School req.	Mand.
ルクセンブルグ	m	m	m	m	m	m	m	m
メキシコ	School req.	Not req.	Not req.	Not req.	School req.	Not req.	School req.	Mand.
オランダ	School req.	School req.	School req.	School req.	School req.	School req.	School req.	School req.
ニュージーランド[1]	School req.	School req.	Mand./School req.	Voluntary	School req.	School req.	School req.	School req.
ノルウェー	School req.	School req.	School req.	Not req.	Voluntary	School req.	Voluntary	Voluntary
ポーランド	School req.	Voluntary	Not req.	Voluntary	Voluntary	School req.	Voluntary	Mand.
ポルトガル	Mand.	Mand.	Mand.	Mand.	School req.	Mand.	School req.	Voluntary
スロバキア共和国	Voluntary	School req.	Voluntary	Voluntary	Voluntary	Mand.	Voluntary	Voluntary
スロベニア	School req.	Mand.	Mand.	Mand.	Mand.	a	Mand.	Mand.
スペイン	Mand.	Not req.	Mand.	Voluntary	Voluntary	Not req.	School req.	Voluntary
スウェーデン	Voluntary	Voluntary	School req.	Voluntary	Voluntary	School req.	a	School req.
スイス	Voluntary	Not req.	Mand.	Not req.	Voluntary	Voluntary	Voluntary	Mand.
トルコ	Mand.	Voluntary	Not req.	Voluntary	School req.	School req.	School req.	Voluntary
アメリカ合衆国	School req.	School req.	School req.	School req.	School req.	School req.	School req.	School req.
地域								
フラマン語圏（ベルギー）	Voluntary	Voluntary	Not req.	Voluntary	Voluntary	Voluntary	Voluntary	Mand.
フランス語圏（ベルギー）	Voluntary	Voluntary	Voluntary	Voluntary	Voluntary	Voluntary	School req.	Mand.
イングランド（イギリス）	School req.	School req.	School req.	School req.	School req.	School req.	School req.	School req.
スコットランド（イギリス）	a	Voluntary	Mand.	Voluntary	School req.	School req.	Mand.	Mand.
アルゼンチン	m	m	m	m	m	m	m	m
ブラジル	m	m	m	m	m	m	m	Mand.
中国	m	m	m	m	m	m	m	m
コロンビア	Mand.	Not req.	Mand.	Not req.	Not req.	Not req.	Not req.	School req.
コスタリカ	School req.	Voluntary	Mand.	Voluntary	Mand.	Mand.	Mand.	School req.
インド	m	m	m	m	m	m	m	m
インドネシア	m	m	m	m	m	m	m	m
リトアニア	School req.	School req.	School req.	Voluntary	Voluntary	School req.	Voluntary	Mand.
ロシア	m	m	m	m	m	m	m	m
サウジアラビア	m	m	m	m	m	m	m	m
南アフリカ	m	m	m	m	m	m	m	m

教員として義務づけられているか
Mand.　　　= はい、義務づけられている。
School Req. = はい、学校の裁量で義務づけられている。
Voluntary　= いいえ、教員の裁量に任されている。
Not req.　　= いいえ、義務づけられていない。

注：就学前教育、初等教育、前期中等教育（職業プログラム）後期中等教育段階（横列に追加）はホームページで閲覧可能（下記StatLinkを参照）。
　　詳細は「定義」と「算定方法」を参照。
1. 前期中等教育（普通プログラム）の最初の2年間の基準は初等教育の基準に従う。前期中等教育（普通プログラム）の最後の2年間の基準は後期中等教育（普通プログラム）の基準に従う。
資料：OECD（2018）。詳細は「資料」を参照。付録3の注を参照（http://dx.doi.org/10.1787/eag-2018-36-en）。
表中の省略記号については、「利用にあたって」を参照。

StatLink : https://doi.org/10.1787/888933805610

教員の構成

インディケータ D5

- 就学前教育段階では教員のほぼすべてを女性が占めているが、高等教育段階では女性教員の割合は半分に満たない。この男女差は、過去10年の間に、初等教育段階から後期中等教育段階で徐々に拡大しているが、高等教育段階では縮小している。
- OECD加盟国の平均でみると、この10年間に、50歳以上の教員の割合は、初等・中等教育段階では3パーセントポイント増加しているが、3分の1の国では教員の若年化が進んでいる。
- ほとんどの国で、教員全体に占める50歳以上の教員の割合は大きい。男性のみで見ると、後期中等教育段階の教員のうち30歳未満の若い教員が占める割合は、データのあるOECD加盟国のほとんどで15%未満である

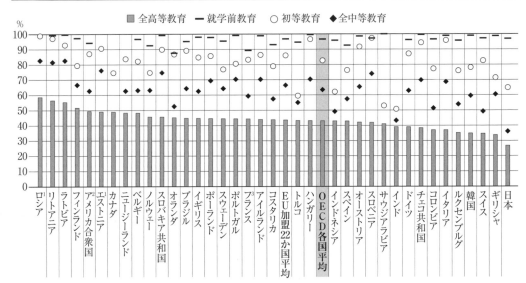

図D5.1. 女性教員の割合（2016年）
国公私立教育機関の教員に占める女性の教育段階別割合

1. 就学前教育に幼児教育を含む。
2. 全高等教育に高等教育以外の中等後教育を含む。
3. 高等教育段階を除くすべての教育段階について、国公立教育機関と「公営私立」教育機関のみ。高等教育段階については国公立教育機関のみ。

左から順に、高等教育における女性教員の割合が大きい国。

資料：OECD/UIS/Eurostat(2018)。表D5.2。Education at a Glance Database(http://stats.oecd.org/)。詳細は「資料」を参照。付録3の注を参照（http://dx.doi.org/10.1787/eag-2018-36-en）。

StatLink: https://doi.org/10.1787/888933805800

■ 政策との関連

教員に対する需要は、さまざまな要因に左右される。すなわち、平均学級規模、生徒の受ける授業時間、教育助手や他の「教育職員以外の」職員の利用、各教育段階の在学率、義務教育の開始年齢と終了年齢といった要因である。いくつかのOECD加盟国では、今後10年間に退職年齢に達する教員の割合が大きく、また、学齢人口の規模拡大

も予想されており、政府は新人教員を募集・養成する必要に迫られるとみられる。生徒の成績を左右する学校内の最大の要因は、教員の能力だとする明らかな証拠も示されていることから、関係者が一致して優秀な人材を教職に誘致し、質の高い研修を施すことが必要となってくる（OECD, 2015[1]; Hiebert and Stigler, 1999[2]）。

教員の定着を図るには、有能な教員が教職を継続できる職場環境を整えることが求められる。また、就学前・初等・前期中等教育段階の教員は依然として女性が多くを占めており、男女の教員数のこうした不均衡は、生徒の学習に与える影響も含めて、詳細な研究を行うに値する問題である（OECD, 2017[3]）。

■ その他のハイライト

- OECD加盟国の平均では、初等教育の教員の12%が30歳未満である。データのある国のうち、この割合が最も大きいのはイギリス（31%）である。対照的に、イタリアとポルトガルでは、この割合が1%にすぎない。
- OECD加盟国の教員の平均年齢を見ると、初等教育段階では、中央値は男女ともほぼ同じ（44歳）である。（前期中等教育段階からは）教育段階が上がると、男性教員の平均年齢が女性教員をわずかに上回る傾向がある。この男女差は高等教育段階で最も大きく、各国の平均年齢の中央値は、男性教員が48歳、女性教員が46歳である。

CHAPTER D　教員と学習環境・学校組織

■ 結果と解説

教員の年齢構成

教員の年齢構成は国によって大きく異なり、人口の規模と年齢構成、高等教育の修業年限、教員の給与や勤務条件といった、さまざまな要因に影響されるとみられる。例えば、出生率の低下によって新人教員に対する需要が押し下げられたり、高等教育の修業年限が長いために教員の就業時期が遅れたりすることも考えられる。競争力のある給与や良い勤務条件、昇進の機会が若年者を教職に惹きつけている国もあれば、それが有能な教員のつなぎ止めに役立っている国もあると思われる。

初等・前期中等・後期中等教育段階では、OECD加盟国の平均で、教員の過半数が30～49歳である。

30歳未満の若い教員の割合は小さく、OECD加盟国の平均では、初等教育で12%、前期中等教育で10%、後期中等教育で8%である。こうした傾向は後期中等教育で特に顕著で、データのある国の3分の2近くで、30歳未満の教員の割合が10%に満たない。チェコ共和国、フィンランド、ギリシャ、ハンガリー、イタリア、リトアニア、ポルトガル、スロベニア、スペインでは、この割合が5%を下回る（表D5.1）。

対照的に、50歳以上の教員の割合は大きく、初等教育の31%から前期中等教育の35%、後期中等教育の38%へと、教育段階が上がるにつれて増加している。この傾向も、後期中等教育で極めて著しく、データのある35か国中28か国で、高年齢の教員の割合が30%を超えている。ただし、この割合は、トルコの12%からイタリアの63%まで、各国間でばらつきが大きい。

データのあるOECD加盟国では、教員の平均年齢は、男女ともに、教育段階が高くなるとわずかに上昇する傾向がある。データがある国の半数で、中等教育段階の女性教員の平均年齢は45歳以上、男性教員は46歳以上である。対照的に、データのある国の半数で、就学前教育段階の女性教員の平均年齢は42歳未満、男性は39歳未満であった。ただし、就学前教育段階の男性教員の割合は、OECD各国平均で3%にすぎないため、この結果の解釈には注意を要する。

全体的にみると、女性教員の平均年齢の分布は、初等教育段階と高等教育段階の間にわずかな違いしかない。教育段階による教員の平均年齢の差は、男性の方が女性より大きい。データのある国では、男性教員の平均年齢の中央値は、初等教育段階の方が高等教育段階よりも4歳低いが、女性教員の場合、この差はわずか1歳である。しかし、こうした結果からは見えてこないが、国によってもっと大きなばらつきがある。例えばカナダでは、初等教育段階と高等教育段階の教員の平均年齢の差は、男女とも同じ（4歳）であるが、対照的に、韓国とイギリスのような国では、大きな男女差がみられる。初等教育の女性教員は、高等教育の女性教員と比べて韓国では6歳、イギリスでは8歳若いが、男性教員の場合は、この差が韓国で13歳、イギリスで12歳と大きくなる（図D5.2）。

教員の高齢化は、各国の教育制度に多くの影響を与える。退職教員の後任を募集・要請する取り組みの促進に加えて、予算決定への影響もあると思われる。ほとんどの国の教育制度では、教員の給与は勤続年数とともに増加するため、教員の高齢化は教育費の負担増大につながって、他の新しい活動に利用できる資源が制限されることも考えられる（インディケータD3参照）。

472

インディケータD5：教員の構成　　CHAPTER **D**

図D5.2. 教員の平均年齢（男女別、教育段階別）（2016年）
教員の平均年齢の中央値、最低値、最高値

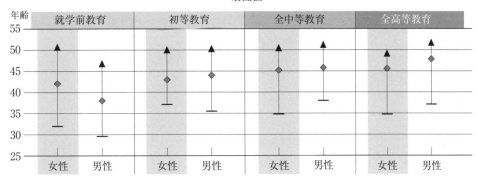

資料：OECD/UIS/Eurostat（2018）。Education at a Glance Database（http://stats.oecd.org/）。詳細は「資料」を参照。付録3の注を参照（http://dx.doi.org/10.1787/eag-2018-36-en）。
StatLink : https://doi.org/10.1787/888933805819

2005～2016年の教員の年齢構成の推移

初等・前期中等・後期中等教育段階についてみると、2005年と2016年の両年のデータがあるOECD加盟国の平均で、50歳以上の教員の割合は、この10年間に3パーセントポイント増加している。ハンガリー、リトアニア、ポーランド、ポルトガル、スロベニアでは、10パーセントポイントを超える増加がみられるが（Education at a Glance Database）、ポーランドでは、50歳以上の教員の割合が依然としてOECD加盟国の平均より小さい。

チリ、フランス、ドイツ、アイルランド、ルクセンブルグ、イギリス、アメリカ合衆国など、データのある国の約3分の1では、逆の変化がみられ、教員人口の若齢化が進んでいる。これについては、教員募集政策の実施によってある程度説明できると思われる。例えば、高年齢の教員の割合が最も縮小したイギリスは、2000年代初頭に大がかりな教員募集キャンペーンを開始した。

2005～2016年に学齢人口が増加した国（インディケータB1参照）では、今後10年間に退職年齢に達する教員を補填するために、新人教員を採用する必要が生じる。各国政府は、教員養成プログラムを拡大し、学生が教職に就こうとする誘因を強化する必要があるとみられる（『図表でみる教育OECDインディケータ（2014年版）』（OECD, 2014[4]）のインディケータD6参照）。また、財源の制約（特に、退職者の年金負担や医療費による制約）から、政府に対して、教育機関の講義科目削減や学級規模の拡大、個々の進度に合わせたオンライン学習の導入を求める圧力が加わる可能性もある（Peterson, 2011[5]）。

教員の男女構成

OECD加盟国の平均では、全教育段階の教員の3分の2超が女性である。ただし、女性教員の割合が大きいのは、学校教育の早い段階に集中しており、教育段階が上がるにつれて女性の割合は減少する。実際、OECD加盟国の平均をみると、就学前教育段階の教員の97％を女性が占めるが、高等教育段階では、この平均が43％に縮小する（表D5.2）。

CHAPTER D　教員と学習環境・学校組織

就学前教育段階では、フランス（89%）とオランダ（88%）を除き、データのあるすべての国で、教員の90%以上が女性である。初等教育段階では、女性教員の割合は、OECD加盟国の平均では83%であり、インド（51%）、サウジアラビア（53%）、トルコ（59%）を除くすべてのOECD加盟国及び非加盟国で、60%を超えている。

前期・後期中等教育段階の場合も、女性教員が過半数を占めるが、男性教員の割合は就学前・初等教育段階よりは大きくなる。前期中等教育段階についてみると、OECD加盟国の平均では、教員の69%が女性で、インド（45%）、インドネシア（49%）、日本（42%）を除いて、データがあるすべての国で、女性教員が教員の50%以上を占めている。

後期中等教育段階では、女性教員の割合はOECD各国平均で59%に低下するが、日本の30%からラトビアの80%まで国によってかなり幅がある。また、プログラムによってもかなり差があり、女性教員の割合は、普通プログラムでは平均で62%、職業プログラムでは56%である。エストニア、フィンランド、ハンガリーなど一部の国では、女性教員の割合は、普通プログラムの方が15パーセントポイント大きいが、職業プログラムでも教員の過半数を女性が占めている。

高等教育段階になると、教員の男女構成は逆転し、OECD加盟国の平均では、男性教員が教員の過半数を占め、女性教員の割合は43%である。実際、データのある国のうち、高等教育段階の女性教員の割合が50%を超えるのは、フィンランド、ラトビア、リトアニア、ロシアの4か国のみである。女性教員の割合が最も小さいのは、OECD加盟国の中では日本（27%）で、非加盟国の中ではコロンビア（37%）である。

下位の教育段階の教職に就こうとする男性はなぜ少ないのか。一つの理由として、文化的観点からいえば、性別と職業を結び付けるような社会認識が、男女の職業選択に影響していることが考えられる。こうした性差によるバイアスは、子どもがまだかなり幼い頃に家庭で生まれることが多い。その頃にはもう、親は性別をめぐる固定観念に基づいて、子どもの職業について願望を持つようになる（Croft *et al.*, 2014[6]; Kane and Mertz, 2012[7]; OECD, 2015[11]）。教員の立場にあっても、指導教科による男女の不均衡がある。前期中等教育段階についてみると、女性が科学や数学、技術の担当教員に占める割合は、教員全体に占める割合よりも小さい（OECD, 2014[8]; OECD, 2017[3]）。これもまた、科学は男性特有の分野という社会認識があり、女性が高等教育段階でこの分野を専攻するのを避けているからだと思われる（OECD, 2014[8]）。

また経済的観点からすれば、将来就く仕事の選択は、将来の賃金に対する予測にも影響されるからだといえる。データのあるすべての国で、男性教員は、他の職業に就く高等教育修了の男性よりも所得が低い一方で、初等・前期中等教育段階の女性教員の所得は、他の分野で働く高等教育修了の女性とほぼ同じである（インディケータD3及びOECD, 2017[3]参照）。相対的な給与のこうした男女差により、特に下位の教育段階では、教職の魅力が女性にとってより大きくなっているとみられる。

男女の教員数のこうした不均衡が生徒の成績や学習意欲、教員の定着状況に与える潜在的な影響は、研究に値するテーマであり、教職への男性の応募が少ない国では特にそれがいえる（Drudy, 2008[9]; OECD, 2005[10]; OECD, 2009[11]）。教員の性別が生徒の成績に影響することを示すデータはごく少数にとどまる（例えば、Antecol, Eren and Ozbeklik, 2012[12]; Holmlund and Sund, 2008[13]）が、男女の教

員間でよりよいバランスを目指せば、すべての生徒に望ましい効果をもたらす可能性がある。特に、数学など一部の教科に対する女性教員の姿勢が、女子生徒の成績に影響する可能性を指摘する調査結果もある（Beilock *et al.*, 2010[14]; OECD, 2014[15]）。また、男性教員が役割モデルとなり、生徒の肯定的なジェンダー・アイデンティティの形成に貢献することも考えられ、生活の中で好ましい男性の役割モデルがあまりいない生徒については、特にそれがいえる。

だが、学校長の男女比率が教員の男女構成を反映していないという問題もある（OECD, 2014[15]）。初等教育機関の男性教員の割合は、多くの国で相対的に小さいにもかかわらず、男性教員数に比して男性の学校長の数が多い。これは、学校長の多くは教員から選ばれ、教員の大半を女性が占めているにもかかわらず、男性教員の方が女性教員よりも学校長に昇進しやすい傾向にあることを示している（『図表でみる教育OECDインディケータ（2016年版）』（OECD, 2016[16]）のインディケータD6参照）。

女性教員の年齢層別・教育段階別割合

若年齢層で女性教員の割合が大きい上に、教育分野の高等教育修了者は女性が圧倒的に多い（Education at a Glance Database参照）ことから、それでなくても女性が多くを占める初等教育から後期中等教育段階の教員をめぐって、将来の男女不均衡に関する懸念が生じると考えられる。

教職における性別及び年齢の不均衡は、教員の男女別年齢構成と各年齢層における男女構成という、少なくとも二つの側面から分析することができる。ほとんどの国で、女性教員の割合は、高年齢層（50歳以上）よりも若年齢層（30歳未満）の方が大きい。初等教育段階の女性教員の割合は、OECD加盟国の平均では、高年齢層が82%であるのに対し、若年齢層では84%で、この二つの年齢層間の差はかなり小さい（表D5.3）。前期中等教育段階でも、この差は平均して小さく、女性教員の割合は30歳未満で70%、50歳以上で66%である。後期中等教育段階になると、この差はもっと拡大し、OECD加盟国の平均で、女性教員の割合は、高年齢層が56%であるのに対し、30歳未満は62%である。

とはいえ、女性教員が総じて少数である高等教育段階で、若年齢層の教員に占める女性の割合が大きくなっていることは、男女の割合が同程度に向かっていることを示している。OECD加盟国の平均で、高等教育段階の女性教員の割合は、50歳以上が38%であるのに対し、30歳未満が52%であり、若年齢層で50%（つまり、男女半々）に近づいている。

これらの指標は、この10年間に見られた男女構成の推移とも一致している。というのも、この推移をみると、教員数の男女差は、初等教育と中等教育段階では徐々に拡大しているが、高等教育段階では縮小している。2005〜2016年の間に、両年のデータがあるすべてのOECD加盟国の平均で、男女差は、女性教員の割合が増加したことにより、初等・中等教育段階では3パーセントポイント拡大している一方で、高等教育段階では4パーセントポイント縮小している。この男女差は、初等・中等教育段階では、チェコ共和国、ドイツ、ギリシャ、アイルランド、韓国といった国々で5パーセントポイント超に達している。高等教育段階では、多くの国で男女差が大幅に縮小し、ベルギー、ドイツ、日本、オランダ、スロベニアでは7パーセントポイント以上変動している。ロシアは高等教育段階で、女性教員の割合が2016年に60%に迫り、男女差が8パーセントポイント拡大している。

このように教職で男女構成の不均衡が根強くみられるために、多くの懸念が生じていることから、イ

475

図D5.3. 中等教育における男性教員の年齢層別割合（2016年）

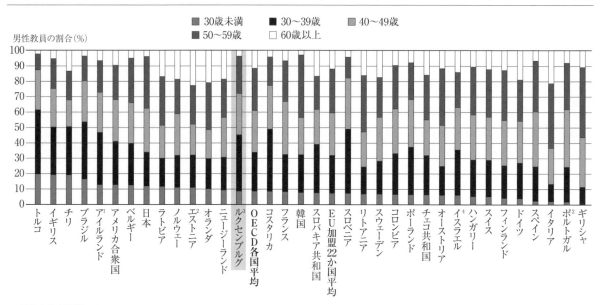

1. 国公立教育機関のみ。
2. 後期中等教育に高等教育以外の中等後教育段階のプログラムを含む。
3. 後期中等教育に短期高等教育プログラムを含む。
4. 私立教育機関は後期中等教育に含まれない。

左から順に、30歳未満の男性教員の割合が大きい国。

資料：OECD/UIS/Eurostat (2018)。Education at a Glance Database (http://stats.oecd.org/)。詳細は「資料」を参照。付録3の注を参照 (http://dx.doi.org/10.1787/eag-2018-36-en)。

StatLink: https://doi.org/10.1787/888933805838

ギリシャなどの国では、性別を含め、多様で包摂的な教員の採用とつなぎ止めを促す政策が実施されている（OECD, 2017[3]; OECD, 2014[8]）。

これらの調査結果から、教育段階が高くなるほど、高年齢層の男性教員が多くなる傾向がみてとれる。中等教育段階の男性教員の割合をみると、50歳以上では、データのある国のほとんどで大きいが、若年者層（30歳未満）では、チリ（19%）とトルコ（20%）を除き、データのあるOECD加盟国のほぼすべてで、15%未満である。日本やスイスなど、男性が教員のほとんどを占めている国でも、男性教員は高年齢層である可能性が高い。事実、いくつかの国では、後期中等教育段階の男性教員の大多数が、50歳以上である。イタリアでは、この教育段階の男性教員の63%が50歳以上で、OECD加盟国及び非加盟国の中でこの割合が最も大きい。

■ 定義

教育職員には2種ある。

- **教育助手及び教育／研究助手**は、授業中の教員の支援を行う非専門的職員または学生などをいう。
- **教員**とは、生徒への教育に直接従事している専門的職員をいう。教員は、授業担当教員、特殊教育教員、及びその他の教員などからなり、学級内で生徒全員を対象に、あるいは特別支援学級などで少人数グループを対象に、また、通常の学級の内外で一対一の教育活動を行う。高等教育段階では、

授業または研究を主要な任務とする職員も含まれる。授業を一部受け持つ管理職もこれに該当するが、教育助手やその他の準専門的職員など、授業中の教員の支援を行う非専門的職員は含まない。

■ 算定方法

詳細については『OECD国際比較教育統計ハンドブック2018年版：概念・標準・定義・分類（*OECD Handbook for Internationally Comparative Education Statistics 2018: Concepts, Standards, Definitions and Classifications*)』（OECD, 2018[17]）を参照。各国の注記については付録3を参照（http://dx.doi.org/10.1787/eag-2018-36-en）。

リトアニアは、本書を編集時にはOECD加盟国ではなかったので、OECD加盟国リストには記載せず、OECD加盟国の総計に含めていない。

■ 資料

データは2015～16学年度を調査対象年とし、2017年にOECDが収集した教育統計のUNESCO-UIS／OECD／EUROSTATデータコレクションに基づく。詳細は付録3を参照（http://dx.doi.org/10.1787/eag-2018-36-en）。

イスラエルのデータについて

イスラエルの統計データは、イスラエル政府関係当局により、その責任の下で提供されている。OECDにおける当該データの使用は、ゴラン高原、東エルサレム、及びヨルダン川西岸地区のイスラエル入植地の国際法上の地位を害するものではない。

■ 参考資料

Antecol, H., O. Eren and S. Ozbeklik (2012), "The Effect of teacher gender on student achievement in primary school: Evidence from a randomized experiment", *IZA Discusssion Papers*, No.6453, http://ftp.iza.org/dp6453.pdf（accessed on 20 April 2018）. [12]

Beilock, S. *et al.* (2010), "Female teachers' math anxiety affects girls' math achievement", *Proceedings of the National Academy of Sciences of the United States of America*, Vol. 107/5, pp. 1860-3, http://dx.doi.org/10.1073/pnas.0910967107. [14]

Croft, A. *et al.* (2014), "The second shift reflected in the second generation", *Psychological Science*, Vol. 25/7, pp. 1418-1428, http://dx.doi.org/10.1177/0956797614533968. [6]

Drudy, S. (2008), "Gender balance/gender bias: the teaching profession and the impact of feminisation", *Gender and Education*, Vol. 20/4, pp. 309-323, http://dx.doi.org/10.1080/09540250802190156. [9]

Holmlund, H. and K. Sund (2008), "Is the gender gap in school performance affected by the sex of the teacher?", *Labour Economics*, Vol. 15/1, pp. 37-53, https://doi.org/10.1016/j.labeco.2006.12.002. [13]

Kane, J. and J. Mertz (2012), "Debunking myths about gender and mathematics performance", [7]

Notices of the AMS, Vol. 59/1, http://dx.doi.org/10.1090/noti790.

OECD (2018), *OECD Handbook for Internationally Comparative Education Statistics 2018*: [17]
Concepts, Standards, Definitions and Classifications, OECD Publishing, Paris, https://
doi.org/10.1787/9789264304444-en.

OECD (2017), "Gender imbalances in the teaching profession", *Education Indicators in* [3]
Focus, No. 49, OECD Publishing, Paris, http://dx.doi.org/10.1787/54f0ef95-en.

OECD (2016), *Education at a Glance 2016 : OECD Indicators*, OECD Publishing, Paris, [16]
http://dx.doi.org/10.1787/eag-2016-en（accessed on 12 January 2018).（『図表でみる教
育OECDインディケータ（2016年版）』経済協力開発機構（OECD）編著、徳永優子, 稲
田智子, 矢倉美登里, 大村有里, 坂本千佳子, 三井理子訳、明石書店、2016年）

OECD (2015), "What lies behind gender inequality in education?", *PISA in Focus*, No. 49, [1]
OECD Publishing, Paris, http://dx.doi.org/10.1787/5js4xffhhc30-en.

OECD (2014), *Education at a Glance 2014: OECD Indicators*, OECD Publishing, Paris, [4]
http://dx.doi.org/10.1787/eag-2014-en.（『図表でみる教育OECDインディケータ（2014
年版）』経済協力開発機構（OECD）編著、徳永優子, 稲田智子, 定延由紀, 矢倉美登里訳、
明石書店、2014年）

OECD (2014), *PISA 2012 Results: What Students Know and Can Do（Volume I, Revised* [8]
edition, February 2014）: Student Performance in Mathematics, Reading and Science,
PISA, OECD Publishing, Paris, http://dx.doi.org/10.1787/9789264208780-en.

OECD (2014), *TALIS 2013 Results: An International Perspective on Teaching and Learning*, [15]
OECD Publishing, Paris, http://dx.doi.org/10.1787/9789264196261-en.

OECD (2009), *Creating Effective Teaching and Learning Environments: First Results from* [11]
TALIS, OECD Publishing, Paris, http://dx.doi.org/10.1787/9789264068780-en.（『OECD
教員白書：効果的な教育実践と学習環境をつくる〈第1回OECD国際教員指導環境調査
（TALIS）報告書〉』OECD編著、斎藤里美監訳、木下江美, 布川あゆみ, 本田伊克, 山本
宏樹訳、明石書店、2012年）

OECD (2005), *Teachers Matter: Attracting, Developing and Retaining Effective Teachers*, [10]
OECD Publishing, Paris, http://dx.doi.org/10.1787/9789264018044-en.（『教員の重要性：
優れた教員の確保・育成・定着』OECD編著、国立教育政策研究所国際研究・協力部監
訳、国立教育政策研究所、2005年）

Peterson, P. (2011), *Saving Schools : From Horace Mann to Virtual Learning*, Belknap Press [5]
of Harvard University Press, Cambridge, MA.

Stigler, J. and J. Hiebert (1999), *The Teaching Gap: Best Ideas from the World's Teachers* [2]
for Improving Education in the Classroom, Free Press, New York, NY, https://eric.
ed.gov/?id=ED434102（accessed on 20 April 2018）.

■インディケータD5の表＊

• 表D5.1. 教員の年齢構成（2016年）
• 表D5.2. 教員の男女別構成（教育段階別）（2016年）
• 表D5.3. 教員の男女別構成（年齢層別、教育段階別）（2016年）と女性教員の割合（全年齢）（2005年、2016年）

インディケータ D5：教員の構成　　**CHAPTER D**

* データの締切日は2018年7月18日。更新データはホームページで確認可能（http://dx.doi.org/10.1787/eag-data-en）。詳細な内訳も Education at a Glance Database（http://stats.oecd.org/）で確認可能。

CHAPTER D　教員と学習環境・学校組織

表D5.1. 教員の年齢構成（2016年）
国公私立教育機関の教員数の教育段階別・年齢層別割合

		初等教育			前期中等教育			後期中等教育			初等・前期中等・後期中等教育		
		30歳未満	30～49歳	50歳以上	30歳未満	30～49歳	50歳以上	30歳未満	30～49歳	50歳以上	30歳未満	30～49歳	50歳以上
		(1)	(2)	(3)	(4)	(5)	(6)	(7)	(8)	(9)	(10)	(11)	(12)
OECD加盟国	オーストラリア	m	m	m	m	m	m	m	m	m	m	m	m
	オーストリア	15	47	39	10	41	49	6	49	45	10	45	45
	ベルギー	20	56	25	17	54	28	14	54	31	17	55	28
	カナダ[1]	11[d]	63[d]	26[d]	x(1)	x(2)	x(3)	11	63	26	11	63	26
	チリ	22	53	25	21	51	28	21	50	29	21	52	27
	チェコ共和国	8	51	41	9	56	36	4	45	51	7	50	43
	デンマーク	m	m	m	m	m	m	m	m	m	m	m	m
	エストニア[2]	10	47	43	8	39	53	8[d]	41[d]	51[d]	9[d]	43[d]	48[d]
	フィンランド	8	61	31	8	60	32	3	49	47	7	57	36
	フランス	12	67	21	9	60	31	9	60	31	10	62	27
	ドイツ	8	53	39	7	46	47	5	54	41	7	50	43
	ギリシャ	9	54	36	1	52	47	0	50	50	5	53	43
	ハンガリー	7	54	39	5	53	42	4	60	36	5	56	39
	アイスランド	5	56	39	5	56	39	m	m	m	m	m	m
	アイルランド[3]	15	67	19	x(7)	x(8)	x(9)	11[d]	63[d]	26[d]	13	65	22
	イスラエル[3]	13	65	22	10	62	28	10	56	34	12	62	26
	イタリア	1	45	55	2	44	55	2	35	63	1	41	58
	日本[4]	17	52	31	16	54	31	11[d]	52[d]	37[d]	15[d]	52[d]	33[d]
	韓国	19	66	15	12	60	28	11	59	31	14	62	23
	ラトビア	9	52	39	6	43	51	6	42	52	7	47	46
	ルクセンブルグ[5]	21	59	20	12	64	24	12[d]	64[d]	24[d]	16[d]	62[d]	22[d]
	メキシコ	m	m	m	m	m	m	m	m	m	m	m	m
	オランダ	15	49	36	15	45	40	11	41	49	14	46	40
	ニュージーランド	12	49	38	12	47	41	10	46	43	12	48	40
	ノルウェー	16	54	30	16	54	30	8	49	43	14	53	33
	ポーランド	9	59	31	6	66	28	5	63	32	7	62	31
	ポルトガル[4]	1	61	38	1	59	40	2[d]	62[d]	36[d]	1[d]	61[d]	38[d]
	スロバキア共和国	7	63	30	9	53	38	8	50	43	8	55	37
	スロベニア	5	58	36	5	58	36	3	53	44	5	57	38
	スペイン	9	58	33	3	60	37	3	60	37	5	59	35
	スウェーデン	8	55	37	8	55	37	5	51	44	7	54	39
	スイス[4]	17	49	33	10	55	36	5[d]	53[d]	42[d]	12[d]	52[d]	36[d]
	トルコ	21	63	15	31	63	5	20	68	12	24	65	11
	イギリス	31	54	15	24	58	18	20	56	25	26	56	19
	アメリカ合衆国	16	55	29	16	56	29	12	54	33	15	55	30
	OECD各国平均	12	56	31	10	54	35	8	53	38	11	55	34
	EU加盟22か国平均	11	56	33	8	53	38	7	52	41	9	54	37
OECD非加盟国	アルゼンチン	m	m	m	m	m	m	m	m	m	m	m	m
	ブラジル	13	68	18	15	65	20	14	64	22	14	66	20
	中国	m	m	m	m	m	m	m	m	m	m	m	m
	コロンビア	7	54	39	7	56	38	7	56	38	7	55	38
	コスタリカ	5	63	31	8	67	24	9	67	23	7	65	28
	インド	m	m	m	m	m	m	m	m	m	m	m	m
	インドネシア	m	m	m	m	m	m	m	m	m	m	m	m
	リトアニア	4	52	44	5	47	48	4	43	53	4	47	48
	ロシア	m	m	m	m	m	m	m	m	m	m	m	m
	サウジアラビア	m	m	m	m	m	m	m	m	m	m	m	m
	南アフリカ	m	m	m	m	m	m	m	m	m	m	m	m
	G20各国平均	m	m	m	m	m	m	m	m	m	m	m	m

1. 初等教育に就学前教育を含む。
2. 後期中等教育に前期中等教育の職業プログラム及び高等教育以外の中等後教育を含む。
3. アイルランドは国公立教育機関のみ。イスラエルは、就学前教育と後期中等教育を除き、全教育段階に私立教育機関を含む。
4. 後期中等教育に高等教育以外の中等後教育を含む。
5. 後期中等教育に短期高等教育プログラムを含む。
資料：OECD/UIS/Eurostat（2018）。詳細は「資料」を参照。付録3の注を参照（http://dx.doi.org/10.1787/eag-2018-36-en）。
表中の省略記号については、「利用にあたって」を参照。
StatLink : https://doi.org/10.1787/888933805743

480

インディケータD5：教員の構成　　CHAPTER D

表D5.2. 教員の男女別構成（教育段階別）（2016年）
国公私立教育機関の教員数に占める女性の割合

		就学前教育	初等教育	前期中等教育	後期中等教育 普通プログラム	後期中等教育 職業プログラム	後期中等教育 全プログラム	高等教育以外の中等後教育	高等教育 短期高等教育	高等教育 学士課程・修士課程・博士課程または同等レベル	全高等教育	全教育段階
		(1)	(2)	(3)	(4)	(5)	(6)	(7)	(8)	(9)	(10)	(11)
OECD加盟国	オーストラリア	m	m	m	m	m	m	m	m	45	m	m
	オーストリア	99	92	72	63	50	55	68	52	40	42	67
	ベルギー	97	82	64	63	63	63	46	x(10)	x(10)	48	70
	カナダ	x(2)	75d	x(2)	x(6)	x(6)	75	m	54	42	49	m
	チリ	99	81	68	58	51	56	a	m	m	m	m
	チェコ共和国	100	94	78	63	63	63	39	63	38	38	76
	デンマーク	m	m	m	54	m	m	a	m	m	m	m
	エストニア 1,2	99	91	83	77	62d	70d	x(5)	a	49	49	82
	フィンランド	97	79	74	70	55	60	54	a	52	52	73
	フランス 3	89	83	60	59	58	59	x(9)	59	41d	44d	67
	ドイツ	96	87	67	56	49	54	59	39	39	39	66
	ギリシャ	99	71	66	56	50	54	53	m	34	34	65
	ハンガリー	100	97	77	67	51	64	52	39	43	43	76
	アイスランド	94	83	83	m	m	m	m	m	m	m	m
	アイルランド 4	99	86	x(4)	70d	a	70d	m	x(10)	x(10)	44	m
	イスラエル 4	99	85	79	x(6)	x(6)	70	m	m	m	m	m
	イタリア	99	96	77	71	58	63	m	a	37	37	77
	日本	97	65	42	x(6)	x(6)	30d	x(6, 8, 9)	48d	21d	27d	48
	韓国	99	78	70	53	45	51	a	45	32	35	62
	ラトビア	100	93	85	84	71	80	65	64	54	55	84
	ルクセンブルグ	96	76	54	56	53	54d	m	x(6)	35	35	m
	メキシコ	96	68	53	x(6)	x(6)	48	a	m	m	m	m
	オランダ	88	87	53	53	53	53	a	45	45	45	66
	ニュージーランド	m	84	66	61	54	60	54	47	49	48	m
	ノルウェー 5	92	75	75	53	53	53	53	53	46	46	65
	ポーランド	98	86	73	70	62	66	68	68	45	45	75
	ポルトガル	99	81	72	x(6)	x(6)	69d	x(6, 10)	x(10)	x(10)	44d	71
	スロバキア共和国	99	90	77	73	71	72	68	58	45	46	77
	スロベニア	97	97	79	66	66	66	a	48	40	42	77
	スペイン	93	76	60	57	51	55	a	49	41	43	64
	スウェーデン	95	77	77	x(6)	x(6)	53	44	43	45	45	75
	スイス	97	83	54	47	43d	44d	x(5)	a	35	35	61
	トルコ	95	59	59	50	52	51	a	40	44	43	57
	イギリス	98	85	64	64	56	61	a	x(10)	x(10)	45	68
	アメリカ合衆国	94	87	67	x(6)	x(6)	58	x(10)	x(10)	x(10)	49d	70
	OECD各国平均	97	83	69	62	56	59	m	m	41	43	70
	EU加盟22か国平均	97	86	71	64	58	62	m	m	43	44	73
OECD非加盟国	アルゼンチン	m	m	m	m	m	m	m	m	m	m	m
	ブラジル	95	89	68	61	51	59	47	45	46	46	71
	中国	98	64	54	x(6)	x(6)	51	m	m	m	m	m
	コロンビア	97	77	53	x(6)	x(6)	46	66	37	37	37	60
	コスタリカ	93	79	57	56	60	57	a	58	44	44	68
	インド	m	51	45	x(6)	x(6)	41	61	a	39	39	m
	インドネシア	96	62	49	x(6)	x(6)	50	a	52	41	43	60
	リトアニア	99	97	82	82	71	79	64	a	56	56	81
	ロシア 1	99	99	83d	x(3)	x(7, 8)	x(3, 7, 8)	57d	73d	51	59d	83
	サウジアラビア	100	53	m	m	m	m	a	x(10)	x(10)	41	m
	南アフリカ 6	m	79	m	x(6)	x(6)	58d	a	m	m	m	m
	G20各国平均	96	75	61	m	m	54	56	m	40	43	m

注：「全教育段階」のデータに早期幼児発達教育（ISCED 01）を含まない。
1. 就学前教育に幼児教育を含む。
2. 後期中等教育の職業プログラムに、前期中等教育と高等教育以外の中等後教育の職業プログラムを含む。
3. 高等教育を除く全教育段階に、国公立教育機関と公営私立教育機関のみを含む。高等教育については、国公立教育機関のみ。
4. アイルランドは、就学前教育を除く全教育段階に国公立教育機関のみを含み、就学前教育には独立私立教育機関のデータのみを含む。イスラエルは、就学前教育と後期中等教育を除き、全教育段階に私立教育機関を含む。
5. 初等教育、前期中等教育及び高等教育段階に国公立教育機関と公営私立教育機関のみを含む。
6. 調査年は2015年。

資料：OECD/UIS/Eurostat (2018)。詳細は「資料」を参照。付録3の注を参照（http://dx.doi.org/10.1787/eag-2018-36-en）。
表中の省略記号については、「利用にあたって」を参照。
StatLink: https://doi.org/10.1787/888933805762

481

CHAPTER D　教員と学習環境・学校組織

表D5.3. 教員の男女構成（年齢層別、教育段階別）（2016年）と女性教員の割合（全年齢）（2005年、2016年）

女性教員の年齢層別・教育段階別割合

	初等教育 2016年		前期中等教育 2016年		後期中等教育 2016年		全高等教育 2016年		初等・前期中等・後期中等教育		全高等教育	
	30歳未満	50歳以上	30歳未満	50歳以上	30歳未満	50歳以上	30歳未満	50歳以上	2005年 全年齢	2016年 全年齢	2005年 全年齢	2016年 全年齢
	(1)	(2)	(3)	(4)	(5)	(6)	(7)	(8)	(10)	(9)	(12)	(11)
オーストラリア	m	m	m	m	m	m	m	m	m	m	m	m
オーストリア	94	91	76	72	71	53	53	37	m	73	m	42
ベルギー[1]	85	78	71	59	69	58	65	44	65d	70	41	48
カナダ	83d	70d	x(1)	x(2)	83	70	58	44	73	75	48	49
チリ	80	80	70	65	61	49	m	m	70	71	m	m
チェコ共和国[1]	93	94	74	82	58	61	m	m	71d	77	40	38
デンマーク	m	m	m	m	m	m	m	m	m	m	m	m
エストニア[2]	84	91	76	84	59d	72d	48	46	m	83d	48	49
フィンランド	81	76	77	72	68	56	44	52	69	72	47	52
フランス[1,3]	89	89	64	56	63	55	57d	39d	65	67	38	44d
ドイツ	93	84	79	67	73	50	46	29	65	70	32	39
ギリシャ	87	58	74	61	67	46	48	31	59	66	36	34
ハンガリー	94	97	70	76	61	59	51	38	79	78	39	43
アイスランド	70	m	70	82	m	m	m	m	m	m	m	m
アイルランド[4]	84	86	x(5)	x(6)	64d	69d	m	m	72	80	39	44
イスラエル[4]	91	83	86	76	82	66	m	m	79	80	m	m
イタリア	96	96	59	77	57	62	52	32	78	78	34	37
日本[5]	65	68	46	38	40d	22d	47d	23d	46	49d	18	27d
韓国	73	88	73	56	70	29	68	22	61	67	31	35
ラトビア	84	94	70	85	63	82	57	53	m	87	m	55
ルクセンブルグ[6]	79	77	67	45	66d	48d	41	27	m	64d	m	35
メキシコ	m	m	m	m	m	m	m	m	56	57	m	m
オランダ	89	83	62	44	64	46	50	36	66	69	35	45
ニュージーランド	87	86	74	66	65	59	49	47	69	72	50	48
ノルウェー[7]	69	77	69	77	58	47	44	42	m	69	m	46
ポーランド	83	87	66	75	62	62	m	m	76	77	41	45
ポルトガル[5]	86	79	62	71	54d	69d	45d	39d	74	74d	42d	44d
スロバキア共和国	89	91	76	78	79	72	57	41	77	79	42	46
スロベニア	100	97	80	79	9	99	67	38	78	82	33	42
スペイン	79	75	66	57	62	52	51	37	62	66	39	43
スウェーデン	71	77	71	77	53	51	46	43	m	71	m	45
スイス[1]	89	78	68	48	56d	40d	54	29	62	64d	32	35
トルコ	73	45	65	38	66	34	53	30	m	56	38	43
イギリス	82	88	67	60	65	56	50	41	68	72	40	45
アメリカ合衆国[8]	88	88	69	68	62	56	m	m	74	75	44d	49d
OECD 各国平均	84	82	70	66	62	56	52	38	68	72	39	43
2005年と2016年のデータがある国のOECD各国平均									68	71	39	43
EU 加盟22か国平均	87	85	70	69	61	61	52	39	70	74	39	44
アルゼンチン	m	m	m	m	m	m	m	m	m	m	m	m
ブラジル	83	92	62	71	55	60	50	42	m	73	m	45
中国	m	m	m	m	m	m	m	m	m	58	m	m
コロンビア	72	77	55	54	49	47	m	m	m	64	m	37
コスタリカ	68	80	58	58	59	58	47	39	m	69	m	44
インド	m	m	m	m	m	m	m	m	m	47	m	39
インドネシア	m	m	m	m	m	m	m	m	m	56	m	43
リトアニア	90	97	74	81	67	79	54	51	84d	85	53	56
ロシア[9]	m	m	m	m	m	m	64d	53d	86	87	51d	59d
サウジアラビア	m	m	m	m	m	m	m	m	m	41	m	41
南アフリカ	m	m	m	m	m	m	m	m	m	70	m	m
G20 各国平均	m	m	m	m	m	m	m	m	m	67	m	41

1. 後期中等教育に高等教育以外の中等後教育を含む（ベルギー、チェコ共和国、フランスは2005年のみ）。
2. 後期中等教育に前期中等教育と高等教育以外の中等後教育職業プログラムを含む。
3. 高等教育を除く全教育段階に国公立教育機関と公営私立教育機関のみを含む。高等教育に国公立教育機関のみを含む。
4. アイルランドは国公立教育機関のみ。イスラエルは、就学前教育と後期中等教育を除き、全教育段階に私立教育機関を含む。
5. 高等教育以外の中等後教育は後期中等教育と全高等教育に含まれる。
6. 後期中等教育に短期高等教育プログラムを含む。
7. 初等教育と前期中等教育、高等教育に、国公立教育機関と公営私立教育機関のみを含む。
8. 全高等教育に高等教育以外の中等後教育を含む。
9. 全高等教育に後期中等教育職業プログラムの一部を含む。

資料：OECD/UIS/Eurostat（2018）。詳細は「資料」を参照。付録3の注を参照（http://dx.doi.org/10.1787/eag-2018-36-en）。
表中の省略記号については、「利用にあたって」を参照。

StatLink：https://doi.org/10.1787/888933805781

教育システムに関する政策・方針決定の場

- 前期中等教育の多様な側面に関する政策・方針決定は、学校か中央政府または州政府で行われることが最も多い。
- ほとんどの国では、教育・指導体制に関する政策・方針決定は、主に学校が行っている。一方、教育資源に関する政策・方針決定は学校または地方政府で行われることが多く、学校制度の整備と教育課程及び人事管理に関する政策・方針決定は、上位の教育当局が行う傾向が強いが、この点については国による違いが大きい。

インディケータ D6

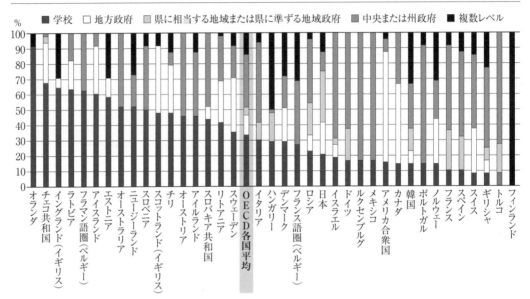

図D6.1. 国公立前期中等教育における政策・方針決定権限の所在別割合（2017年）

左から順に、学校が政策・方針決定を行う割合が大きい国・地域。
資料：OECD（2018）。表D6.1。詳細は「資料」を参照。付録3の注を参照（http://dx.doi.org/10.1787/eag-2018-36-en）。
StatLink: https://doi.org/10.1787/888933805933

■ 政策との関連

中央や地域、地方の各政府の教育当局及び学校との間で、責任をどう分担するかという問題は、教育政策の分野で盛んに議論されている。1980年代初め以降、教育制度の下位組織で政策・方針決定権限を拡大するというのが、教育改革の大きな目標となってきた。その一方で多くの国では、基準設定や教育課程、評価に関して、中央政府の影響力が強化されており、例えば、「手続き」や財政面での規制の緩和と並行して、中央レベルでの教育成果の管理が強化されることも少なくない。

政策・方針決定と責任分担に関する傾向の変化には、さまざまな背景があり、また、そこには国による違いもある。政策・方針決定の分権化がはかられる理由で最も多いのは、効率性の向上及び財政管理の改善、官僚主義的弊害の低減、地域社会への対応力の

向上、創造的な人材管理、革新的な取り組みのできる能力の向上、学校教育の質向上に
向けた強い誘因を生む環境の整備である（Burns and Köster, 2016[11]）。

本インディケータは、前期中等教育段階の国公立教育機関での重要な政策・方針決定
が、どのレベルで行われているかを示すが、学校制度内で行われる政策・方針決定を全
体的に見るのではなく、23の重要な項目について4領域に分類して考察している。これ
らの項目は、教育における政策・方針決定のレベルに関する2003年及び2007年、2011
年の旧データコレクションの簡略版をもとに設定されている（「算定方法」を参照）。

インディケータ **D6**

■ その他のハイライト

■38か国中16か国では、政策・方針決定はほとんどの場合、学校によって行われ、そ
のうちの10か国では、半数以上の政策・方針決定が学校で行われる。チェコ共和国
とオランダでは、3分の2以上の決定が学校によって行われている。

■38か国中11か国では、政策・方針決定は、主に州または中央の政府レベルによって
行われている。ルクセンブルグ、メキシコ、ポルトガルは、OECD加盟の国と地域の
中で政策・方針決定の中央集権化が最も進んでおり、4分の3超の政策・方針決定が、
中央政府か州政府によって行われている。

■大半の国では、教育・指導体制に関する政策・方針決定は、主に学校または地方政府
によって行われるが、ドイツでは、こうした決定の3つに2つは、中央政府または州
政府によって行われる。約半数の国では、人事管理と教育資源の利用に関する政策・
方針決定のほとんどが、地方政府または学校によって行われる。学校制度の整備と教
育課程に関する政策・方針決定は、上位の政府レベルで行われる場合が多い。

■政策・方針決定の方法は、国によってかなりの相違がある。OECD加盟国の平均では、
学校や地方政府が行う政策・方針決定の3分の1近くは、完全な自由裁量の下で行わ
れ、3分の2は、上位の教育当局が設けた枠組み内で行われる。

CHAPTER D　教員と学習環境・学校組織

■ 結果と解説

国公立の前期中等教育における政策・方針決定レベル

本インディケータでは、政策・方針決定を行える政府機関または教育当局について6つのレベル（中央政府、州政府、県に相当する地域政府、県に準ずる地域政府、地方政府、学校）に分けている（「定義」参照）。政策・方針決定が特定の一つのレベルだけでなく、複数のレベルで下される国もあるので、「複数レベル」というカテゴリーも加えている（コラムD6.1参照）。

しかし、データ上では、学校レベル、地方政府レベル、県に相当する地域政府または県に準ずる地域政府レベル、州または中央政府レベル、複数レベルの5つの政府レベルに分けている。このグループ分けの方が、連邦制国家と非連邦制国家の比較が容易になるためである。例えば、教育に関する政策・方針決定を行う最上位の政府は、連邦制国家では一般に州政府であり、非連邦制国家では中央政府であるので、州政府と中央政府を一つのグループにまとめている。同様に、県に相当する地域政府と県に準ずる地域政府は、連邦制国家でも非連邦制国家でも、政策・方針決定を行う2番目に上位の政府なので、これも一つにまとめるのが理にかなっている。

調査結果をみると、データのある38の国と地域では、政策・方針決定の最も大きな部分が学校で行われている。データがあるOECD加盟の36の国・地域の平均では、調査対象となったすべての政策・方針決定のうち、34%は学校で行われ、約34%は中央（国または州）で行われていた。また、政策・方針決定の約13%が、学校の一段階上位にある市町村教育当局によって行われ、約5%が県に相当する地域政府または県に準じる地域政府によって行われている。だが、一部の国では、政策・方針決定が複数レベルを組み合わせて行われており、OECD加盟国の平均では、14%の政策・方針決定が複数レベルによって行われている（表D6.1及び図D6.1）。

半数の国（38か国中19か国）は、前期中等教育に影響する政策・方針決定の大部分が、学校（16か国）または地方政府（3か国）で行われていると回答している。オーストラリア、チェコ共和国、イングランド（イギリス）、エストニア、フラマン語圏（ベルギー）、アイスランド、ラトビア、オランダ、ニュージーランドでは、考慮された一連の政策・方針決定の大部分が学校（のみ）で行われている。政策・方針決定は主に地方（学区や地方政府、地方自治体の教育当局）で行われていると回答した3か国のうち、カナダとアメリカ合衆国では、地方政府が大部分の政策・方針決定を行う教育当局である（表D6.1）。

3分の1超の国（14か国）では、政策・方針決定を行うのは、主に州政府または中央政府のどちらかである。これらの国のうち、フランス、ドイツ、ギリシャ、イスラエル、イタリア、ルクセンブルグ、ポルトガル、トルコの8か国では、政策・方針決定のほとんどが、州政府または中央政府によって行われている。中央政府と州政府を合計すると、オーストラリア、メキシコ、スペインでも、政策・方針決定のほとんどがこれらのレベルで行われている（表D6.1）。

デンマーク、韓国、ノルウェー、スウェーデンでは、中央、地域、地方、学校の間で、政策・方針決定の担当が比較的均等に配分されており、どのレベルも、考慮対象の政策・方針決定の35%超を行うことはない（表D6.1）。

インディケータD6：教育システムに関する政策・方針決定の場　　CHAPTER **D**

コラム D6.1. 複数レベルでの政策・方針決定と非政府機関の影響

本調査の考慮対象の4領域に含まれる特定の項目の政策・方針決定に、（単一レベルではなく）複数レベルの政府または教育当局が関与している場合もある（「算定方法」を参照）。

少数の国（デンマーク、ハンガリー、韓国）では、4領域に含まれる一部またはすべての項目の政策・方針決定に複数レベルが関与している。関与する政策・方針決定のレベルは、政策・方針決定の種類によって異なるとみられるが、ある程度柔軟に、下位の政府に政策・方針決定が委ねられるのが一般的である。フィンランドでは、一部の項目について、より全般的な枠組みが上位の政府レベルで定められている場合でも、地方政府や学校があらゆる決定に関与しているため、すべての政策・方針決定が複数レベルで行われる。例えば韓国では、中央政府が、まとまった学年ごとに最低授業時間を規定しているが、学校が学年ごとに授業時間の配分を決定し、一定範囲内で（中央政府が設定した）時間を増減することができる。

その他の国では、複数レベルが関与する項目はもっと少ないが、これは、学校や地方政府が政策・方針決定の適応や調整を行えるように、ある程度柔軟性をもたしていることが多いためである。例えばノルウェーでは、教員の職務は、雇用主（地方当局）と教員の間の労働協約で規定されているが、追加の職務が学校で決定されることもある。他のいくつかの国では、異なるレベルの政府が共同で政策・方針決定を行っている。例えばリトアニアでは、学校長の採用は、応募者間の競争プロセスを経て決定され、最終決定を行う委員会は、中央政府や地方当局、教育委員会の代表者によって構成されている。

多くの国は、政策・方針決定に対する各レベルの政府の影響力を認めているが、それに加えて、下位レベルの政策・方針決定の枠組みを設定するにあたって、非政府組織にも意見を求めたり、関与させたりすることがあると報告している。関与が最も一般的な非政府組織は、教員組合である。例えば、俸給表の設定について教育当局と交渉する際、教員組合は、特定教員の給与に関する決定に必要な枠組みを定める手助けをしている。教員組合が、教員の職務や労働条件、俸給表、授業時間に関する政策・方針決定に関わるという国も多い。こうした問題に関する政策・方針決定への教員組合の関与は、フラマン語圏（ベルギー）、デンマーク、フィンランド、アイスランド、イスラエル、ノルウェー、スウェーデン及び、カナダの一部の州や準州で顕著である。

例えばフラマン語圏（ベルギー）では、最低授業時間と最高授業時間については州政府が決定するが、その決定は、教員組合や教育ネットワークのような非政府組織との協議のもとで行われる。教員組合は、イタリアでみられるように、教職員の職業研修に関する決定に影響を及ぼす場合もある。ノルウェーでは、雇用主団体が、給与を含む人事管理の政策・方針決定に関与する。オランダでは、教育方針全般や学校の運営方法に関する決定に、雇用主団体とさまざまな市民社会団体が関わる。

CHAPTER D　教員と学習環境・学校組織

親や保護者組織も、政策・方針決定に影響を及ぼす(『図表でみる教育OECDインディケータ (2010年版)』のインディケータD6「学校の教育に対する親の発言機会」参照)。例えばスコットランド(イギリス)では、親の代表が校長の選出に関与することがよくあり、教育当局は教育問題に親を関わらせるよう法律で義務づけられている。トルコでは、資源配分に関してなど、一部の政策・方針決定は、PTAの関与のもとで中央政府が行う。ポルトガルでは、授業時間の枠組み設定や学習プログラムの制定に、教員組合や専門家、科学界が関与している。

調査に参加したすべての国・地域の複数レベルでの政策・方針決定や非政府組織に関する詳細については、付録3を参照。

少数の国では、各レベルの政府が連携して政策・方針決定を行う。ハンガリーとフィンランドでは、大部分の政策・方針決定が複数レベルで行われている。フィンランドでは、本調査の対象となるすべての政策・方針決定が、異なるレベルの連携で行われている。地方当局は、教育の提供者として、実際に大部分の政策・方針決定の責任を負うが、大都市圏では、多くの政策・方針決定、それも特に教職員配置に関する決定が、学校に委ねられている(表D6.1)。

政策・方針決定の領域

教育制度に関する政策・方針決定は、教育・指導体制、人事管理、学校制度の整備と教育課程、教育資源の管理という4つの一般領域に分類されている(表D6.2)。

政策・方針決定に責任を負う政府のレベルは、これら4領域で大きく異なる。OECD加盟の国・地域の平均では、教育・指導体制の政策・方針決定は主に学校で行われ(50%)、資源管理の政策・方針決定は地方政府または学校で行われる(48%)ことが多いのに対し、学校制度の整備と教育課程につ

**図D6.2. 国公立前期中等教育における政策・方針決定権限の所在別割合
(領域別、OECD加盟国の平均)(2017年)**

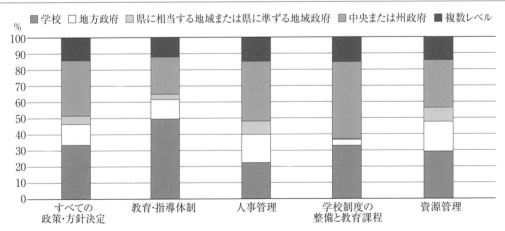

資料:OECD (2018)。表D6.1及び表D6.2。詳細は「資料」を参照。付録3の注を参照 (http://dx.doi.org/10.1787/eag-2018-36-en)。
StatLink: https://doi.org/10.1787/888933805952

インディケータ D6：教育システムに関する政策・方針決定の場　　CHAPTER **D**

いては、中央または州政府で決定されることが多い（48%）。人事管理に関する政策・方針決定は、各レベルに担当が比較的均等に配分されている（図D6.2）。

政策・方針決定の過程で果たす役割についての一般的評価には、領域ごとの政策・方針決定が含まれるので、総合的な指標では、領域ごとに政策・方針決定の中央管理化の度合いに差があることが見えなくなる可能性がある。例えば、国が教育課程に関する政策・方針決定のほとんどすべてを中央集権的に決定する一方、学校は、学校で提供する学習プログラムに関する政策・方針決定の権限をほぼ完全に掌握しているということも考えられる（ホームページの図D6.3b）。4領域の政策・方針決定が各政府レベルでどのように配分されているかは、「機能的分権制」の指標であり、この指標は、政策・方針決定には、活動によって分権化されるものと、中央集権化されるものがあるという事実を考慮に入れたものである（「定義」と「算定方法」参照）。

教育・指導体制
本調査では教育・指導体制に関する3つの政策・方針決定、すなわち、子どもが就学すべき学校、学校内での子どものグループ・学級編制、子どもが受ける授業時間が、考慮の対象となった。これら全体でみると、政策・方針決定の約半分は学校によって行われているが、各国間でも各国内でも、政策・方針決定を担当する当局のレベルには大きなばらつきがある（表D6.2）。

これら3問題に関する政策・方針決定は、チリ、チェコ共和国、オランダでは学校でのみ行われ、それ以外の国では、中央または州政府、地方政府、学校に担当が分かれている（ホームページの図D6.3b）。

子どもが就学すべき学校に関する政策・方針決定は、主に地方政府または学校で行われる。ほぼすべての国で、親も子どもの学校に関して何らかの選択権がある。ただし、ブラジル、フランス、ギリシャ、イスラエル、ノルウェー、スイスに限り、こうした決定は親以外が行う（子どもが国公立教育機関に就学する場合）（ホームページの表D6.5）。

生徒のグループ・学級編制の政策・方針決定は、データがある国・地域の9割近くで学校によって行われている。一方、授業時間の政策・方針決定は、6割の国・地域では州または中央政府が行い、残りの国の大半では、学校または地方政府が行うが、中央政府が設けた枠組み内で政策・方針決定が行われる。イングランド（イギリス）でのみ、授業時間を学校が自律的に決定している（ホームページの表D6.5及びホームページの図D6.3b）（詳細はインディケータD1及びコラムD1.3参照）。

学校制度の整備と教育課程
OECD加盟国の平均では、学習プログラムと学習資源（学習プログラムの制定、各学校が提供する学習プログラムの選定、各学校で教える教科の選定、教科内容の決定）に関する政策・方針決定は、州または中央政府で行われることが最も多い。それ以外では、これらの決定は、学校によって行われるか、もしくは、決定が単一レベルで行われない場合は複数レベルで行われる。地方政府または地域政府が決定を担当する国は、少数にとどまる（表D6.2）。

政策・方針決定に関する領域別データがある38の国・地域のうち、21の国・地域では、学習プログ

CHAPTER D　教員と学習環境・学校組織

図D6.3a. 国公立前期中等教育における政策・方針決定の権限の所在別・方法別割合 （領域別）（2017年）

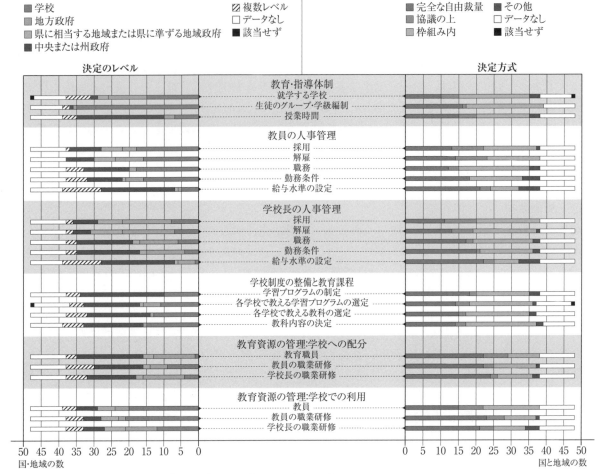

資料：OECD（2018）。ホームページの表D6.5、表D6.6a、表D6.6b、表D6.7、表D6.8。
詳細は「資料」を参照。付録3の注を参照（http://dx.doi.org/10.1787/eag-2018-36-en）。
StatLink : https://doi.org/10.1787/888933805971

ラムと教える教科に関する政策・方針決定の50％以上が、州または中央政府で行われる。イスラエル、ルクセンブルグ、メキシコ、ノルウェー、ポルトガル、ロシア、スイス、トルコでは、こうした決定はすべて、州または中央政府が行う（表D6.2及び図D6.3a）。

しかしながら、政策・方針決定の種類によって、担当する当局のレベルに違いがある。学校または地方政府は、約5分の1の国では、学習プログラムの制定に関する政策・方針決定の責任を負うが、それより多く（最大で3分の1）の国では、各学校が提供する学習プログラムや各学校で教える教科の選定や、教科内容の決定に関する政策・方針決定を担う（ホームページの表D6.7）。

学校や地方政府での政策・方針決定は、これらの当局レベルの完全な自由裁量で行われるわけではなく、上位のレベルが定めた明確な枠組み内で、もしくは他のレベルとの協議の上で行われる。例外はスイスで、各学校が提供する学習プログラムの選定に関しては、地方政府の完全な自由裁量で政策・

方針決定が行われる（ホームページの表D6.7）。

人事管理
人事管理に関する政策・方針決定には、教職員の採用や解雇、職務、勤務条件、給与水準の設定が含まれる。本調査では、教員に関する政策・方針決定と学校長に関する政策・方針決定を区別している。

教員に関する政策・方針決定に焦点を当てると、責任を負う当局のレベルは決定の種類によって異なる。

本調査の対象となる5つの政策・方針決定のうち、学校で行われることが最も多いのは、採用や解雇、職務、教員の労働条件の4つに関わるものである。データがある38の国・地域のうち、40～50％の国・地域が、これらの政策・方針決定を担う当局のレベルとして学校を挙げている。データがある国・地域の4分の1近く（チェコ共和国、デンマーク、イングランド（イギリス）、エストニア、フラマン語圏（ベルギー）、ラトビア、リトアニア、オランダ、スロバキア共和国、スロベニア）では、この4つの政策・方針決定すべてが学校で行われている。オーストラリアとメキシコでは、この4つの政策・方針決定は州政府が担い、ルクセンブルグとトルコでは中央政府が責任を負う。データがある残りの国・地域では、教員に関するこれら4つの政策・方針決定ごとに、各レベルの当局が担当する（ホームページの表D6.6a）。

教員の給与設定に関する政策・方針決定は、それとは異なるパターンに従っている（給与の地域差についてはインディケータD3とコラムD3.2を参照）。こうした政策・方針決定は、データがある国の半数超では、中央政府または州政府の担当であるが、4分の1超の国では、複数レベルで行われている。残りのすべての国では、1か国を除き、地方政府や学校が責任を負う（ホームページの表D6.6a）。

大半の国では、学校長に関する政策・方針決定に責任を負う当局のレベルは、教員に関する場合と同じである。しかし、教員と学校長に関する政策・方針決定を担当する当局のレベルが異なる国も少数あり、チェコ共和国、エストニア、ラトビアにおける人事管理に関する5つの政策・方針決定が、これに当てはまる。これらの国では、教員に関する政策・方針決定は学校が責任を負い、同種の政策・方針決定でも学校長に関するものは、地方政府が責任を負う。教員と学校長に関する政策・方針決定を担う当局のレベルが異なるその他の国では、5つのうち2、3の政策・方針決定のみ、教員と学校長とで異なるレベルの当局が行う。これらのケースの大半では、学校長に関する政策・方針決定は、教員に関するものより上位の政府で行われる（ホームページの表D6.6a及び表D6.6b）。

教育資源の配分と利用
他の領域の政策・方針決定と比べると、教育資源の配分と利用に関する政策・方針決定が中央政府で行われることは少ない（中央政府または州政府で行われる政策・方針決定の30％）。教育資源の配分と利用とで、政策・方針決定に責任を負う当局のレベルに明らかな違いがあることも、歴然としている。

CHAPTER D　教員と学習環境・学校組織

データがある38か国のうち14～19か国（考慮対象の政策・方針決定により異なる）では、中央政府または州政府当局が、教育職員と教員及び学校の職業研修のための資源の配分に関する政策・方針決定を行う。学校または地方政府で政策・方針決定が行われる国は、それよりもやや少ない（考慮対象の政策・方針決定により13～16か国）。ほとんどの国（38か国のうち20か国）では、資源の配分に関する3つの政策・方針決定は同じ当局レベルで行われるが、残りの国では、政策・方針決定が2つのレベルの当局で行われる。スロバキア共和国に限り、これら3つの決定が、それぞれ異なるレベルの当局の責任下にある（ホームページの表D6.8）

半数近くの国では、資源の配分割合については、中央政府または州政府当局が政策・方針決定を行うが、教職員及び、教員や学校長の職業研修のための資源の利用については、学校または地方政府で政策・方針決定が行われることが多い。半数超の国では、教育職員及び教員の職業研修への資源の利用については、学校が決定する。しかし、教員の職業研修への資源の利用に関しては、データがある38か国の大半で学校が決定しているが、学校長の職業研修への資源の利用について、学校が決定する国は3分の1に満たず、地方政府が決定する国も4分の1近くである（ホームページの表D6.8）。

学校または地方政府での政策・方針決定の方法

特定の項目に関する政策・方針決定は、たいていの場合、単一レベルの当局が責任を負う。しかし、だからといって、このレベルの当局が完全に自由裁量で決定するわけではない。また、他との協議を経て、または、上位の当局が定めた枠組み内で、政策・方針決定が行われる場合もある。決定の方法に違いがあるのは、各地域間で政策・方針決定を統一し、国内で格差が生じるのを避ける必要があるためだと考えられる。

最も下位のレベルで行われる政策・方針決定を分析するために、地方レベルと学校レベルを合計すると、OECD加盟の国・地域の平均では、本調査の対象となる政策・方針決定のうち半数近くが、学校または地方政府で行われている。これらの政策・方針決定の3分の1近く（政策・方針決定全体の15%）は、完全に自由裁量の下で行われている一方で、大半（政策・方針決定全体の29%）は、上位の当局が設定した枠組み内で行われている。教育制度内の他の関係者と協議の上でこのレベルの政策・方針決定が行われるのは、比較的まれである（対象となる政策・方針決定の5%未満）。しかし、メキシコでは、学校または地方政府で行われる政策・方針決定（政策・方針決定全体の17%）はすべて、この協議プロセスを経ている。学校または地方政府が直接行う政策・方針決定に加えて、学校または地方政府との協議後に他のレベルで行われる政策・方針決定もある。これらの政策・方針決定は、考慮対象となる政策・方針決定の約2%を占める（表D6.3及び図D6.4a）。

決定方法は、政策・方針決定の領域によって大きく異なる。学校制度の整備と教育課程は、学校または地方政府で行われる政策・方針決定の比率が最も小さい領域（政策・方針決定の39%未満）で、完全に自由裁量で決定される比率はごくわずかである（完全に自由裁量で決定されるのはスウェーデンのみ）。教育資源の管理に関する政策・方針決定の約50%は、学校または地方レベルで行われ、その大部分は完全に自由裁量によるものである。また、それとは別に、教育資源の管理に関する政策・方針決定の5%は、上位レベルの政府で行われるが、学校または地方政府との協議の上である。教育・指導体制は、学校または地方政府で決定される比率が最も小さい領域である（政策・方針決定の3分の2近く）。ただし、この領域では、学校または地方政府の完全な自由裁量の下での政策・方針決定

インディケータD6：教育システムに関する政策・方針決定の場　　CHAPTER D

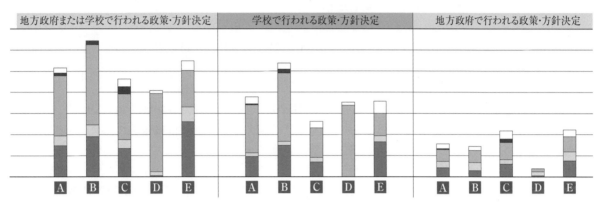

図D6.4a. 国公立前期中等教育において学校または地方政府が持つ政策・方針決定権限の割合
（方法別、領域別、OECD加盟国の平均）（2017年）

資料：OECD（2018）。表D6.3及びホームページの表D6.4a、表D6.4b、表D6.4c。詳細は「資料」を参照。付録3の注を参照（http://dx.doi.org/10.1787/eag-2018-36-en）。
StatLink： https://doi.org/10.1787/888933805990

は19％にとどまり、学校または地方政府による政策・方針決定の中で比率が最も大きいのは、上位のレベルが設定した枠組み内で行われるものである（表D6.4a及び図D6.4a）。

政策・方針決定が行われる方法は、国によってかなり異なる（表D6.3、ホームページの表D6.4a及び図D6.4b）。政策・方針決定のすべての領域を合わせてみた場合、大部分（このレベルで行われる政策・方針決定の50％以上）の政策・方針決定が学校または地方政府の管理化で行われているOECD加盟・非加盟の19の国と地域のうち、大半の国と地域（オーストラリア、カナダ、チリ、チェコ共和国、デンマーク、エストニア、フラマン語圏（ベルギー）、ラトビア、リトアニア、ニュージーランド、スコットランド（イギリス）、スロベニア）では、これらの政策・方針決定のほとんどが、上位のレベルが定めた枠組み内で行われている。ただし、イングランド（イギリス）、フィンランド、アイスランド、スロバキア共和国、スウェーデンでは、こうした政策・方針決定の半分以上が、完全な自由裁量で行われている（表D6.3）。

誰もが予想することであろうが、政策・方針決定の中央集権化が最も進んでいる傾向にある国では、学校で政策・方針決定が行われる場合も、包括的な枠組みのもとである可能性が高い。これに該当するのがフランスやポルトガルで、15％以上の政策・方針決定が学校で行われるが、その大部分またはすべてが、上位のレベルが定めた枠組み内で行われている（表D6.3）。

政策・方針決定がそれ以外のレベルで行われている場合でも、その多くが学校または地方政府との協議を経ている可能性がある。オーストラリアとルクセンブルグでは、すべての政策・方針決定の10％以上がそれ以外のレベルで行われているが、学校または地方政府との協議を経ている（表D6.3）。

CHAPTER D 教員と学習環境・学校組織

■定義

中央レベル：中央政府とは、政策・方針決定を行ったり、政策・方針決定のさまざまな側面に関与したりする、国レベルのすべての機関をいう。

地方レベル：地方自治体（市町村）や地域社会は、一国の中で統治権を持つ最小の地域単位である。**地方政府（市町村）当局**とは、一般的な地方政府内の教育担当部門である場合と、教育分野に対してのみ権限を持つ特別な統治機関である場合とがある。

複数レベル：複数の政策・方針決定レベルとは、上記の2つ以上の当局の組み合わせを指す（例えば、中央政府と地方当局）。

地域レベル：地域（県など）とは、「連邦制」や同様の行政構造を持たない国では、国に次ぐ地域単位であり、「連邦制」や同様の行政構造を持つ国では、国の2段階下の地域単位である。地域政府または地域政府当局は、このレベルでの政策・方針決定機関である。

学校または学校理事会・運営委員会は、個々の学校にのみ関わる機関であり、学校管理者及び教員、あるいは、個々の学校のために設けられた学校理事会・運営委員会を含む。この政策・方針決定機関は、周辺の地域社会の住民を含む外部組織の場合もあれば、学校長や教員、他の学校職員、親、生徒を含む学校内組織の場合、あるいはその両方が設けられている場合もある。「学校ネットワーク」「学校のネットワーク」「教育サークル」「学校グループ」も、学校レベルの機関と見なされるべきである。

州レベル：州は、「連邦制」や同様の行政構造を持つ国では、国に次ぐ地域単位である。州政府は、このレベルでの政策・方針決定を行う統治単位である。「連邦制」や同様の行政構造を持たない国は、州の管轄範囲が国の管轄範囲と同義であるため、州は存在しない。

準地域レベル：県に準ずる地域は、「連邦制」や同様の行政構造を持たない国では、国の2段階下の地域単位である。県に準ずる地域または地方政府間の教育当局または政府は、このレベルでの政策・方針決定機関である。

■算定方法

本インディケータでは、国公立の前期中等教育における政策・方針決定レベルを示す。地方分権化は、各レベルの政府機関間の権限分担に関連しているが、この概念には二つの側面がある。一つは、政策・方針決定が行われる場（決定権限の帰属するレベル）であり、二つ目は、政策・方針決定の方法（自由裁量または権限の「共有」の度合い）である。

政策・方針決定は7つのレベルに区別されている。すなわち、中央政府、州政府、県に相当する地域政府・地域当局、県に準ずる地域または地方政府間の政府・教育当局、地方の政府・教育当局、学校または学校理事会・運営委員会、複数レベルである（「定義」参照）。大部分の政策・方針決定は、単一の政策・方針決定当局が担当するが、特定の政策・方針決定については、複数の政策・方針決定レベルがあると回答することも考えられる。

494

インディケータD6：教育システムに関する政策・方針決定の場　　CHAPTER D

政策・方針決定を行う裁量権の大きさや方法の最も重要な判断材料は、「どのレベルで決定するのか」ということであり、調査では以下のカテゴリーが提示された。すなわち、完全な自由裁量による決定、教育制度内の他のレベルの機関との協議後の決定、自律的ではあるが上位の教育当局が定めた枠組み内での決定、その他、である。

調査では、一般的な政策・方針決定に関する約23の項目（前回の調査では46項目）が挙げられており、それらが以下の4領域に分けられている。

1) **教育・指導体制**：入学者の選考、授業時間、生徒のグループ・学級編制。
2) **人事管理**：教育職員及び学校長の採用と解雇、教育職員と学校長の職務と勤務条件、教育職員と学校長の給与規定。
3) **学校制度の整備と教育課程**：学習プログラムの制定、各学校で教える学習プログラムの選定、各学校で教える教科の選定、教科内容の決定。
4) **資源**：教育職員と学校長への資源の分配と利用。

各領域の政策・方針決定の項目数は同じではないので、調整を行って、4領域にそれぞれ同等の重みを付けている。すなわち、各領域の項目数（政策・方針決定数）が異なるので、各項目に、その領域の項目数の逆数で重み付けをしているのである。項目の中には下位項目が設けられているものもあるが、下位項目の重み付けの和は、下位項目のない（同じ領域内の）項目の重み付けと等しくなっている。回答のない項目や適用不可能な項目は、重み付けはゼロとなり、領域内の他の項目の重みが変わることになる。

各国の詳細については付録3（http://dx.doi.org/10.1787/eag-2018-36-en）を参照。以前のデータコレクションに掲載されているその他の項目に関する情報は、『図表でみる教育OECDインディケータ（2012年度版）』で確認可能（OECD, 2012[3]）。

リトアニアは、本書を編集時にはOECD加盟国ではなかったので、OECD加盟国リストには記載せず、OECD加盟国の総計に含めていない。

■ 資料

データは、2017年に行われたOECD国際教育インディケータ事業（INES）の「政策・方針決定の場に関する調査（Survey on Locus of Decision Making）」から得たものであり、2016～17学年度を調査対象年としている。対象がもっと広範な2011年実施の調査の結果（『図表で見る教育OECDインディケータ（2012年度版）』（OECD, 2012[3]）に掲載）を改訂している。

イスラエルのデータについて

イスラエルの統計データは、イスラエル政府関係当局により、その責任の下で提供されている。OECDにおける当該データの使用は、ゴラン高原、東エルサレム、及びヨルダン川西岸地区のイスラエル入植地の国際法上の地位を害するものではない。

495

CHAPTER **D**　教員と学習環境・学校組織

■ 参考資料

Burns, T. and F. Koster（eds.）(2016), *Governing Education in a Complex World*, Educational　[1]
　　Research and Innovation, OECDPublishing, Paris, http://dx.doi.org/10.1787/9789264255364-
　　en.

OECD（2012）, "Indicator D6 Who makes key decisions in education systems?", in *Education*　[3]
　　at a Glance 2012: OECD Indicators, OECD Publishing, Paris, http://dx.doi.org/10.1787/
　　eag-2012-34-en.（『図表でみる教育OECDインディケータ（2012年版）』（経済協力開発機
　　構（OECD）編著、徳永優子, 稲田智子, 来田誠一郎, 矢倉美登里訳、明石書店、2012年）
　　のインディケータD6「教育制度における政策・方針決定」）

OECD（2010）, "How can parents influence the education of their children?", in *Education at*　[2]
　　a Glance 2010: OECD Indicators, OECD Publishing, Paris, http://dx.doi.org/10.1787/
　　eag-2010-30-en.（『図表でみる教育OECDインディケータ（2010年版）』（経済協力開発機
　　構（OECD）編著、徳永優子, 稲田智子, 来田誠一郎, 矢倉美登里訳、明石書店、2010年）
　　のインディケータD6「学校の教育に対する親の発言機会」）

■ インディケータD6の表*

- 表D6.1.　　国公立前期中等教育における政策・方針決定権限の所在別割合（2017年）
- 表D6.2.　　国公立前期中等教育における政策・方針決定権限の所在別割合（領域別）（2017年）
- 表D6.3.　　国公立前期中等教育において学校が持つ政策・方針決定権限の所在別割合（方法別）（2017年）
- 表D6.4a.　（ホームページの表）国公立前期中等教育において地方政府または学校が持つ政策・方針決定権限
　　の所在別割合（方法別、領域別）（2017年）
- 表D6.4b.　（ホームページの表）国公立前期中等教育において学校が持つ政策・方針決定権限の所在別割合（方
　　法別、領域別）（2017年）
- 表D6.4c.　（ホームページの表）国公立前期中等教育において地方政府が持つ政策・方針決定権限の所在別割
　　合（方法別、領域別）（2017年）
- 表D6.5.　　（ホームページの表）国公立前期中等教育の教育・指導体制に関する各種政策・方針決定を行う政
　　府レベル（2017年）
- 表D6.6a.　（ホームページの表）国公立前期中等教育の教員の人事管理に関する各種政策・方針決定を行う政
　　府レベル（2017年）
- 表D6.6b.　（ホームページの表）国公立前期中等教育の学校長の人事管理に関する各種政策・方針決定を行う
　　政府レベル（2017年）
- 表D6.7.　　（ホームページの表）国公立前期中等教育の学校制度の整備と教育課程に関する各種政策・方針決
　　定を行う政府レベル（2017年）
- 表D6.8.　　（ホームページの表）国公立前期中等教育の資源に関する各種政策・方針決定を行う政府レベル
　　（2017年）
- 図D6.3b.　（ホームページの図）国公立前期中等教育における政策・方針決定権限の所在別割合（領域別、各
　　国別）（2017年）
- 図D6.4b.　（ホームページの図）国公立前期中等教育において地方政府または学校が持つ政策・方針決定権限
　　の所在別割合（方法別、領域別）（2017年）

インディケータD6：教育システムに関する政策・方針決定の場　CHAPTER D

* データの締切日は2018年7月18日。更新データはホームページで確認可能（http://dx.doi.org/10.1787/eag-data-en）。データはEducation at a Glance Database（http://stats.oecd.org/）でも確認可能。

CHAPTER D　教員と学習環境・学校組織

表D6.1. 国公立前期中等教育における政策・方針決定権限の所在別割合（2017年）

	中央政府 (1)	州政府 (2)	県に相当する地域政府 (3)	県に準ずる地域政府 (4)	地方政府 (5)	学校 (6)	複数レベル (7)	合計 (8)
国								
オーストラリア	0	48	a	a	a	52	0	100
オーストリア	32	22	0	0	0	46	0	100
カナダ	0	33	0	0	52	15	0	100
チリ	8	0	0	0	31	48	13	100
チェコ共和国	2	0	4	a	26	68	0	100
デンマーク	21	a	0	a	22	29	28	100
エストニア	0	0	0	0	13	58	29	100
フィンランド	x(7)	a	0	0	x(7)	x(7)	100	100
フランス	55	a	16	10	0	10	8	100
ドイツ	0	63	10	10	0	17	0	100
ギリシャ	52	a	4	4	8	8	23	100
ハンガリー	2	a	a	19	0	29	50	100
アイスランド	8	a	a	a	31	60	0	100
アイルランド	42	a	a	a	0	46	13	100
イスラエル	69	a	4	a	8	19	0	100
イタリア	52	a	11	a	0	30	6	100
日本	13	a	33	a	21	21	13	100
韓国	29	a	15	a	8	15	33	100
ラトビア	18	a	a	a	19	64	0	100
ルクセンブルグ	83	0	0	0	0	17	0	100
メキシコ	49	34	0	0	0	17	0	100
オランダ	0	0	0	0	0	92	8	100
ニュージーランド	21	0	0	0	0	52	27	100
ノルウェー	25	a	a	a	29	15	31	100
ポーランド	m	m	m	m	m	m	m	m
ポルトガル	77	0	0	0	0	15	8	100
スロバキア共和国	48	a	0	a	8	44	0	100
スロベニア	42	a	a	a	0	50	8	100
スペイン	8	47	22	0	0	10	13	100
スウェーデン	21	a	a	a	35	35	8	100
スイス	0	48	a	a	29	8	15	100
トルコ	73	0	19	0	0	8	0	100
アメリカ合衆国	0	8	a	a	72	16	4	100
地域								
フラマン語圏（ベルギー）	0	38	0	0	0	63	0	100
フランス語圏（ベルギー）	0	42	0	a	0	27	31	100
イングランド（イギリス）	0	a	a	a	6	65	29	100
スコットランド（イギリス）	0	a	a	a	44	48	8	100
OECD各国平均	24	11	4	1	13	34	14	100
EU加盟22か国平均	24	9	3	2	8	38	16	100
アルゼンチン	m	m	m	m	m	m	m	m
ブラジル	m	m	m	m	m	m	m	m
中国	m	m	m	m	m	m	m	m
コロンビア	m	m	m	m	m	m	m	m
コスタリカ	m	m	m	m	m	m	m	m
インド	m	m	m	m	m	m	m	m
インドネシア	m	m	m	m	m	m	m	m
リトアニア	29	a	a	0	27	42	2	100
ロシア	42	a	21	a	10	23	4	100
サウジアラビア	m	m	m	m	m	m	m	m
南アフリカ	m	m	m	m	m	m	m	m
G20各国平均	m	m	m	m	m	m	m	m

注：詳細は「定義」と「算定方法」を参照。
資料：OECD（2018）。詳細は「資料」を参照。付録3の注を参照（http://dx.doi.org/10.1787/eag-2018-36-en）。
表中の省略記号については、「利用にあたって」を参照。
StatLink : https://doi.org/10.1787/888933805876

インディケータ D6：教育システムに関する政策・方針決定の場　　CHAPTER D

表D6.2. ［1/2］国公立前期中等教育における政策・方針決定権限の所在別割合（領域別）（2017年）

	教育・指導体制								人事管理							
	中央政府	州政府	県に相当する地域政府	県に準ずる地域政府	地方政府	学校	複数レベル	合計	中央政府	州政府	県に相当する地域政府	県に準ずる地域政府	地方政府	学校	複数レベル	合計
	(1)	(2)	(3)	(4)	(5)	(6)	(7)	(8)	(9)	(10)	(11)	(12)	(13)	(14)	(15)	(16)
国																
オーストラリア	0	33	a	a	a	67	0	100	0	100	a	a	a	0	0	100
オーストリア	33	0	0	0	0	67	0	100	50	33	0	0	0	17	0	100
カナダ	0	33	0	0	33	33	0	100	0	33	0	0	58	8	0	100
チリ	0	0	0	0	0	100	0	100	33	0	0	0	58	8	0	100
チェコ共和国	0	0	0	0	0	100	0	100	8	0	0	0	42	50	0	100
デンマーク	33	a	0	a	0	33	33	100	0	a	0	a	33	33	33	100
エストニア	0	0	0	0	0	67	33	100	0	0	0	0	50	50	0	100
フィンランド	x(7)	a	0	0	x(7)	x(7)	100ᵈ	100	0	a	0	0	x(15)	x(15)	100ᵈ	100
フランス	33	a	0	33	0	33	0	100	83	a	0	8	0	8	0	100
ドイツ	0	67	0	0	0	33	0	100	0	67	17	17	0	0	0	100
ギリシャ	33	a	0	0	33	33	0	100	42	a	17	17	0	0	25	100
ハンガリー	0	a	a	0	0	0	100	100	8	a	a	25	0	8	58	100
アイスランド	33	a	a	a	33	33	0	100	0	a	a	a	67	33	0	100
アイルランド	33	a	a	a	0	67	0	100	50	a	a	0	0	50	0	100
イスラエル	33	a	a	a	33	33	0	100	67	a	17	a	0	17	0	100
イタリア	33	a	0	a	0	67	0	100	58	a	33	a	0	8	0	100
日本	0	a	a	0	67	33	0	100	0	a	a	83	a	17	0	100
韓国	0	a	a	0	33	33	33	100	58	a	33	a	0	0	8	100
ラトビア	33	a	a	a	0	67	0	100	0	a	a	a	50	50	0	100
ルクセンブルグ	33	0	0	0	0	67	0	100	100	0	0	0	0	0	0	100
メキシコ	33	0	0	0	0	67	0	100	33	67	0	0	0	0	0	100
オランダ	0	0	0	0	0	100	0	100	0	0	0	0	0	67	33	100
ニュージーランド	33	0	0	0	0	67	0	100	33	0	0	0	0	58	8	100
ノルウェー	0	a	a	0	a	33	67	100	0	a	a	a	42	0	58	100
ポーランド	m	m	m	m	m	m	m	m	m	m	m	m	m	m	m	m
ポルトガル	33	0	0	0	0	33	33	100	75	0	0	0	0	25	0	100
スロバキア共和国	50	a	0	a	0	50	0	100	50	a	0	a	8	42	0	100
スロベニア	33	a	a	a	0	67	0	100	17	a	a	a	0	50	33	100
スペイン	0	33	33	0	0	33	0	100	0	42	17	0	0	8	33	100
スウェーデン	0	a	a	a	33	67	0	100	0	a	a	a	42	25	33	100
スイス	0	33	a	a	33	33	0	100	0	58	a	a	33	0	8	100
トルコ	33	0	33	0	a	33	0	100	83	0	17	0	a	0	0	100
アメリカ合衆国	0	0	a	a	67	33	0	100	0	0	0	a	67	17	17	100
地域																
フラマン語圏（ベルギー）	0	33	0	0	0	67	0	100	0	33	0	0	0	67	0	100
フランス語圏（ベルギー）	0	33	0	a	0	67	0	100	0	50	0	a	0	0	50	100
イングランド（イギリス）	0	a	a	a	0	67	33	100	0	a	a	a	0	100	0	100
スコットランド（イギリス）	0	a	a	a	67	33	0	100	0	a	a	a	58	8	33	100
OECD各国平均	15	7	2	1	12	50	12	100	24	13	6	2	17	22	15	100
EU加盟22か国平均	17	7	1	1	6	53	14	100	24	10	4	3	12	29	19	100
アルゼンチン	m	m	m	m	m	m	m	m	m	m	m	m	m	m	m	m
ブラジル	33	0	a	a	0	67	0	100	m	m	m	m	m	m	m	m
中国	m	m	m	m	m	m	m	m	m	m	m	m	m	m	m	m
コロンビア	m	m	m	m	m	m	m	m	m	m	m	m	m	m	m	m
コスタリカ	m	m	m	m	m	m	m	m	m	m	m	m	m	m	m	m
インド	m	m	m	m	m	m	m	m	m	m	m	m	m	m	m	m
インドネシア	m	m	m	m	m	m	m	m	m	m	m	m	m	m	m	m
リトアニア	33	a	a	0	33	33	0	100	33	a	a	0	25	33	8	100
ロシア	33	a	0	a	33	33	0	100	33	a	8	a	8	33	17	100
サウジアラビア	m	m	m	m	m	m	m	m	m	m	m	m	m	m	m	m
南アフリカ	m	m	m	m	m	m	m	m	m	m	m	m	m	m	m	m
G20各国平均	m	m	m	m	m	m	m	m	m	m	m	m	m	m	m	m

注：詳細は「定義」と「算定方法」を参照。
資料：OECD (2018)。詳細は「資料」を参照。付録3の注を参照（http://dx.doi.org/10.1787/eag-2018-36-en）。
表中の省略記号については、「利用にあたって」を参照。

StatLink：https://doi.org/10.1787/888933805895

CHAPTER D　教員と学習環境・学校組織

表D6.2. [2/2] 国公立前期中等教育における政策・方針決定権限の所在別割合（領域別）（2017年）

		学校制度の整備と教育課程								資源管理							
		中央政府	州政府	県に相当する地域政府	県に準ずる地域政府	地方政府	学校	複数レベル	合計	中央政府	州政府	県に相当する地域政府	県に準ずる地域政府	地方政府	学校	複数レベル	合計
		(17)	(18)	(19)	(20)	(21)	(22)	(23)	(24)	(25)	(26)	(27)	(28)	(29)	(30)	(31)	(32)
国																	
	オーストラリア	0	33	a	a	a	67	0	100	0	25	a	a	a	75	0	100
	オーストリア	33	17	0	0	0	50	0	100	13	38	0	0	0	50	0	100
	カナダ	0	67	0	0	17	17	0	100	0	0	0	0	100	0	0	100
	チリ	0	0	0	0	17	83	0	100	0	0	0	0	50	0	50	100
	チェコ共和国	0	0	17	0	0	83	0	100	0	0	0	0	63	38	0	100
	デンマーク	50	a	0	a	17	0	33	100	0	a	0	a	38	50	13	100
	エストニア	0	0	0	0	0	67	33	100	0	0	0	0	0	50	50	100
	フィンランド	x(23)	a	0	0	0	x(23)	100d	100	0	a	0	0	x(31)	x(31)	100d	100
	フランス	67	a	0	0	0	0	33	100	38	a	63	0	0	0	0	100
	ドイツ	0	67	0	0	0	33	0	100	0	50	25	25	0	0	0	100
	ギリシャ	83	a	0	0	0	0	17	100	50	a	0	0	0	0	50	100
	ハンガリー	0	a	a	0	0	83	17	100	0	a	a	50	0	25	25	100
	アイスランド	0	a	a	a	0	100	0	100	0	a	a	a	25	75	0	100
	アイルランド	33	a	a	a	0	17	50	100	50	a	a	a	0	50	0	100
	イスラエル	100	a	0	a	0	0	0	100	75	a	a	a	0	25	0	100
	イタリア	67	a	0	a	0	33	0	100	50	a	13	a	0	13	25	100
	日本	50	a	0	a	0	50	0	100	0	a	50	a	0	0	50	100
	韓国	33	a	a	a	0	0	67	100	25	a	25	a	0	25	25	100
	ラトビア	0	a	0	a	0	100	0	100	38	a	a	a	25	38	0	100
	ルクセンブルグ	100	0	0	0	0	0	0	100	100	0	0	0	0	0	0	100
	メキシコ	67	33	0	0	0	0	0	100	63	38	0	0	0	0	0	100
	オランダ	0	0	0	0	0	100	0	100	0	0	0	0	0	100	0	100
	ニュージーランド	17	0	0	0	0	33	50	100	0	0	0	0	0	50	50	100
	ノルウェー	100	a	a	a	0	0	0	100	0	a	a	a	75	25	0	100
	ポーランド	m	m	m	m	m	m	m	m	m	m	m	m	m	m	m	m
	ポルトガル	100	0	0	0	0	0	0	100	100	0	0	0	0	0	0	100
	スロバキア共和国	67	a	0	a	0	33	0	100	25	a	0	a	0	25	50	100
	スロベニア	67	a	a	a	0	33	0	100	50	a	a	a	0	50	0	100
	スペイン	33	50	0	0	0	0	17	100	0	63	38	0	0	0	0	100
	スウェーデン	83	a	a	a	17	0	0	100	0	a	a	a	50	50	0	100
	スイス	0	100	a	a	0	0	0	100	0	0	0	a	50	0	50	100
	トルコ	100	0	0	0	0	0	0	100	75	0	25	0	0	0	0	100
	アメリカ合衆国	0	33	a	a	67	0	0	100	0	0	a	a	88	13	0	100
地域																	
	フラマン語圏(ベルギー)	0	33	0	0	0	67	0	100	0	50	0	0	0	50	0	100
	フランス語圏(ベルギー)	0	33	0	a	0	17	50	100	0	50	0	a	0	25	25	100
	イングランド(イギリス)	0	a	0	a	0	17	83	100	0	a	0	a	25	75	0	100
	スコットランド(イギリス)	0	a	0	a	0	100	0	100	0	a	0	a	50	50	0	100
	OECD各国平均	35	13	0	0	4	33	15	100	21	9	7	2	18	29	14	100
	EU加盟22か国平均	34	9	1	0	1	36	19	100	22	11	6	3	22	33	13	100
	アルゼンチン	m	m	m	m	m	m	m	m	m	m	m	m	m	m	m	m
	ブラジル	m	m	m	m	m	m	m	m	m	m	m	m	m	m	m	m
	中国	m	m	m	m	m	m	m	m	m	m	m	m	m	m	m	m
	コロンビア	m	m	m	m	m	m	m	m	m	m	m	m	m	m	m	m
	コスタリカ	m	m	m	m	m	m	m	m	m	m	m	m	m	m	m	m
	インド	m	m	m	m	m	m	m	m	m	m	m	m	m	m	m	m
	インドネシア	m	m	m	m	m	m	m	m	m	m	m	m	m	m	m	m
	リトアニア	50	a	a	0	0	50	0	100	0	a	a	0	50	50	0	100
	ロシア	100	a	0	a	0	0	0	100	0	a	75	a	0	25	0	100
	サウジアラビア	m	m	m	m	m	m	m	m	m	m	m	m	m	m	m	m
	南アフリカ	m	m	m	m	m	m	m	m	m	m	m	m	m	m	m	m
	G20各国平均	m	m	m	m	m	m	m	m	m	m	m	m	m	m	m	m

注：詳細は「定義」と「算定方法」を参照。
資料：OECD（2018）。詳細は「資料」を参照。付録3の注を参照（http://dx.doi.org/10.1787/eag-2018-36-en）。
表中の省略記号については、「利用にあたって」を参照。
StatLink：https://doi.org/10.1787/888933805895

インディケータ D6：教育システムに関する政策・方針決定の場　　CHAPTER **D**

表D6.3. 国公立前期中等教育において学校が持つ政策・方針決定権限の所在別割合（方法別）（2017年）

	地方政府または学校が行う政策・方針決定							学校が行う政策・方針決定							地方政府が行う政策・方針決定						
	完全な自由裁量	教育制度内の他の機関と協議後	上位の機関が設定する枠組み内	その他	地方政府または学校が行う政策・方針決定の合計	地方政府または学校との協議後に他の機関で行われる政策・方針決定[1]	地方政府または学校が行う政策・方針決定と、地方政府または学校との協議後に他の機関で行われる政策・方針決定の合計	完全な自由裁量	教育制度内の他の機関と協議後	上位の機関との協議後	その他	学校が行う政策・方針決定の合計	学校との協議後に他の機関で行われる政策・方針決定[1]	地方政府または学校が行う政策・方針決定と、学校との協議後に行われる政策・方針決定の合計	完全な自由裁量	教育制度内の他の機関との協議後	上位の機関が設定した枠組み内	その他	地方政府が行う政策・方針決定の合計	地方政府との協議後に他の機関で行われる政策・方針決定[1]	地方政府または学校が行う政策・方針決定と、地方政府との協議後に行われる政策・方針決定の合計
	(1)	(2)	(3)	(4)	(5)	(6)	(7)	(8)	(9)	(10)	(11)	(12)	(13)	(14)	(15)	(16)	(17)	(18)	(19)	(20)	(21)
オーストラリア	6	0	46	0	52	15	67	6	0	46	0	52	15	67	0	0	0	0	0	0	0
オーストリア	3	11	31	0	46	0	46	3	11	31	0	46	0	46	0	0	0	0	0	0	0
カナダ	23	0	44	0	67	0	67	0	0	15	0	15	0	15	23	0	29	0	52	0	52
チリ	8	0	71	0	79	0	79	8	0	40	0	48	0	48	0	0	31	0	31	0	31
チェコ共和国	29	0	65	0	94	0	94	16	0	52	0	68	0	68	14	0	13	0	26	0	26
デンマーク	2	17	32	0	51	0	51	0	8	21	0	29	8	38	2	8	11	0	22	8	30
エストニア	21	0	50	0	71	0	71	15	0	44	0	58	0	58	6	0	6	0	13	0	13
フィンランド	50	0	33	17	100	0	100	x(1)	x(2)	x(3)	x(4)	x(5)	x(6)	x(7)	x(1)	x(2)	x(3)	x(4)	x(5)	x(6)	x(7)
フランス	2	0	8	0	10	3	14	2	0	8	0	10	3	14	0	0	0	0	0	0	0
ドイツ	0	0	17	0	17	0	17	0	0	17	0	17	0	17	0	0	0	0	0	0	0
ギリシャ	0	8	8	0	17	0	17	0	0	8	0	8	0	8	0	8	0	0	8	0	8
ハンガリー	3	0	26	0	29	2	31	3	0	26	0	29	2	31	0	0	0	0	0	0	0
アイスランド	50	0	29	13	92	0	92	31	0	29	0	60	0	60	19	0	0	13	31	0	31
アイルランド	0	0	46	0	46	0	46	0	0	46	0	46	0	46	0	0	0	0	0	0	0
イスラエル	6	10	10	0	27	4	31	6	2	10	0	19	10	29	0	8	0	0	8	2	10
イタリア	11	0	19	0	30	0	30	11	0	19	0	30	0	30	0	0	0	0	0	0	0
日本	8	0	33	8	50	0	50	0	0	21	0	21	0	21	8	0	13	0	21	8	29
韓国	8	0	15	0	23	0	23	8	0	6	0	15	0	15	0	0	8	0	8	0	8
ラトビア	0	0	82	0	82	6	89	0	0	64	0	64	0	64	0	0	19	0	19	6	25
ルクセンブルク	8	0	0	8	17	13	29	0	0	0	8	17	13	29	0	0	0	0	0	0	0
メキシコ	0	17	0	0	17	0	17	0	17	0	0	17	0	17	0	0	0	0	0	17	17
オランダ	44	0	40	8	92	0	92	44	0	40	8	92	0	92	0	0	0	0	0	0	0
ニュージーランド	15	0	38	0	52	0	52	15	0	38	0	52	0	52	0	0	0	0	0	0	0
ノルウェー	18	3	23	0	44	0	44	0	0	15	3	18	3	18	18	3	8	0	29	0	29
ポーランド	m	m	m	m	m	m	m	m	m	m	m	m	m	m	m	m	m	m	m	m	m
ポルトガル	4	0	10	0	15	4	19	4	0	10	0	15	4	19	0	0	0	0	0	0	0
スロバキア共和国	35	8	8	0	52	6	58	29	6	8	0	44	2	46	6	2	0	0	8	13	21
スロベニア	6	4	40	0	50	6	56	6	4	40	0	50	6	56	0	0	0	0	0	0	0
スペイン	8	0	2	0	10	6	17	8	0	2	0	10	6	17	0	0	0	0	0	0	0
スウェーデン	47	0	24	0	71	0	71	25	0	10	0	35	0	35	22	0	14	0	35	0	35
スイス	6	19	13	0	38	2	40	0	0	8	0	8	19	27	6	19	4	0	29	2	31
トルコ	0	0	8	0	8	0	8	0	0	8	0	8	0	8	0	0	0	0	0	0	0
アメリカ合衆国	8	54	23	2	88	2	90	0	7			16	13	28	8	47	15	2	72	9	81
フラマン語圏（ベルギー）	21	0	42	0	63	0	63	21	0	42	0	63	0	63	0	0	0	0	0	0	0
フランス語圏（ベルギー）	0	0	27	0	27	0	27	0	0	27	0	27	0	27	0	0	0	0	0	0	0
イングランド（イギリス）	54	4	13	0	71	0	71	48	4	13	0	65	0	65	6	0	0	0	6	4	10
スコットランド（イギリス）	23	10	58	0	92	8	100	15	0	33	0	48	10	58	8	10	25	0	44	8	52
OECD各国平均	15	5	29	1	49	2	52	10	2	23	0	35	3	38	4	3	6	0	13	2	15
EU加盟22か国平均	16	3	30	1	50	2	52	11	1	24	1	38	2	40	3	1	4	0	8	2	9
アルゼンチン	m	m	m	m	m	m	m	m	m	m	m	m	m	m	m	m	m	m	m	m	m
ブラジル	m	m	m	m	m	m	m	m	m	m	m	m	m	m	m	m	m	m	m	m	m
中国	m	m	m	m	m	m	m	m	m	m	m	m	m	m	m	m	m	m	m	m	m
コロンビア	m	m	m	m	m	m	m	m	m	m	m	m	m	m	m	m	m	m	m	m	m
コスタリカ	m	m	m	m	m	m	m	m	m	m	m	m	m	m	m	m	m	m	m	m	m
インド	m	m	m	m	m	m	m	m	m	m	m	m	m	m	m	m	m	m	m	m	m
インドネシア	m	m	m	m	m	m	m	m	m	m	m	m	m	m	m	m	m	m	m	m	m
リトアニア	23	0	46	0	69	0	69	23	0	19	0	42	0	42	0	0	27	0	27	0	27
ロシア	31	2	0	0	33	0	33	23	0	0	0	23	0	23	8	2	0	0	10	0	10
サウジアラビア	m	m	m	m	m	m	m	m	m	m	m	m	m	m	m	m	m	m	m	m	m
南アフリカ	m	m	m	m	m	m	m	m	m	m	m	m	m	m	m	m	m	m	m	m	m
G20各国平均	m	m	m	m	m	m	m	m	m	m	m	m	m	m	m	m	m	m	m	m	m

注：詳細は「定義」と「算定方法」を参照。
1. すべての政策・方針決定に占める、地方政府または学校との協議後に他の機関が決定する割合。
資料：OECD（2018）。詳細は「資料」を参照。付録3の注を参照（http://dx.doi.org/10.1787/eag-2018-36-en）。
表中の省略記号については、「利用にあたって」を参照。
StatLink：https://doi.org/10.1787/888933805914

付録

教育制度の特徴
(教育関連の主要基礎データ)

付録1の表はすべて以下のホームページから入手可能。
StatLink：https://doi.org/10.1787/888933806009

イスラエルのデータについて
イスラエルの統計データは、イスラエル政府関係当局により、その責任の下で提供されている。OECDにおける当該データの使用は、ゴラン高原、東エルサレム、及びヨルダン川西岸地区のイスラエル入植地の国際法上の地位を侵害するものではない。

付録1

表X1.1a. ［1/2］教育段階別の標準卒業年齢（2016年）

標準卒業年齢とは、学年度の開始時における年齢のことであり、学年度末の卒業時には表に示す年齢よりも
1歳年長になっているのが一般的である。標準卒業年齢は、総卒業率の算定に利用される。

		後期中等教育		高等教育以外の中等後教育		高等教育	
						短期高等教育（ISCED 5）	
		普通プログラム	職業プログラム	普通プログラム	職業プログラム	普通プログラム	職業プログラム
		(1)	(2)	(3)	(4)	(5)	(6)
OECD加盟国	オーストラリア	17-18	18-32	a	18-37	19-24	18-30
	オーストリア	17-18	16-18	a	19-32	a	18-19
	ベルギー	18-18	18-19	a	20-22	a	21-24
	カナダ	17-18	19-33	m	m	a	20-24
	チリ	17-17	17-17	a	a	a	21-26
	チェコ共和国	19-20	19-20	20-22	19-20	a	21-23
	デンマーク	18-19	19-25	a	23-35	a	20-25
	エストニア	18-18	18-19	a	19-25	a	a
	フィンランド	19-19	19-23	a	32-46	a	a
	フランス	17-18	16-19	m	m	m	m
	ドイツ	18-19	19-21	20-23	21-24	a	22-26
	ギリシャ	18-18	19-19	a	20-22	a	a
	ハンガリー	17-19	17-19	a	19-21	a	20-22
	アイスランド	18-19	17-24	20-30	21-33	27-28	20-35
	アイルランド	18-19	18-24	a	20-26	20-35	20-35
	イスラエル	17-17	17-17	m	m	m	m
	イタリア	18-19	18-19	a	20-20	a	20-22
	日本	17-17	17-17	18-18	18-18	19-19	19-19
	韓国	18-18	18-18	a	a	a	20-22
	ラトビア	18-18	20-21	a	20-23	a	21-25
	ルクセンブルグ	18-18	18-20	a	24-29	a	21-23
	メキシコ	17-18	17-18	a	a	a	20-24
	オランダ	17-18	18-21	a	22-32	a	21-27
	ニュージーランド	17-18	16-29	17-26	17-27	18-24	18-24
	ノルウェー	18-18	18-22	a	19-29	22-29	21-26
	ポーランド	19-19	19-20	a	21-25	a	22-25
	ポルトガル	17-17	17-18	a	20-23	a	20-27
	スロバキア共和国	18-19	18-19	a	19-23	a	20-22
	スロベニア	18-18	18-20	a	a	a	21-27
	スペイン	17-17	17-21	a	23-38	a	20-23
	スウェーデン	18-19	18-19	a	19-31	21-28	22-29
	スイス	19-20	19-21	20-23	a	a	25-41
	トルコ	17-17	17-17	a	22-20	a	19-22
	イギリス	15-15	16-19	a	a	19-25	18-29
	アメリカ合衆国	17-17	17-17	19-22	19-22	20-21	20-21
OECD非加盟国	アルゼンチン[1]	17-18	17-20	a	a	20-22	20-24
	ブラジル	16-17	16-18	a	18-26	19-27	19-26
	中国	17-18	17-20	a	a	20-22	20-24
	コロンビア	16-17	16-17	18-20	m	19-24	19-24
	コスタリカ	16-17	17-18	a	a	18-20	m
	インド	17-17	18-18	a	21-21	a	a
	インドネシア	17-19	17-19	a	a	a	21-29
	リトアニア	18-18	19-24	a	21-22	a	a
	ロシア	17-18	17-18	a	18-19	a	19-20
	サウジアラビア	17-18	17-20	a	a	20-22	20-24
	南アフリカ[1]	17-18	17-20	a	a	20-22	20-20

1. 調査年は2015年。
資料：OECD（2018）。詳細は「資料」を参照。付録3の注を参照（http://dx.doi.org/10.1787/eag-2018-36-en）。
表中の省略記号については、「利用にあたって」を参照。
StatLink：https://doi.org/10.1787/888933806028

504

付録1

表X1.1a. [2/2] 教育段階別の標準卒業年齢（2016年）

標準卒業年齢とは、学年度の開始時における年齢のことであり、学年度末の卒業時には表に示す年齢よりも
1歳年長になっているのが一般的である。標準卒業年齢は、総卒業率の算定に利用される。

		高等教育段階						
		学士課程または同等レベル（ISCED 6）			修士課程または同等レベル（ISCED 7）			博士課程または同等レベル（ISCED 8）
		第一学位（3〜4年）	第一学位長期（4年超）	第二学位以上（学士課程または同等レベル修了後）	第一学位長期（5年以上）	第二学位以上（学士課程または同等レベル修了後）	第二学位以上（修士課程または同等レベル修了後）	
		(7)	(8)	(9)	(10)	(11)	(12)	(13)
OECD加盟国	オーストラリア	20-23	22-25	22-32	a	22-30	29-44	26-35
	オーストリア	21-24	a	a	23-27	24-28	a	28-32
	ベルギー	21-23	a	22-24	a	22-24	23-32	27-31
	カナダ	22-24	23-25	23-28	22-24	24-29	26-29	29-34
	チリ	22-27	23-29	23-26	25-26	26-35	a	29-35
	チェコ共和国	22-24	a	24-26	25-26	24-26	26-28	29-33
	デンマーク	22-25	a	32-45	25-27	25-28	a	27-39
	エストニア	21-23	a	a	24-25	23-26	a	28-33
	フィンランド	23-26	a	a	26-28	25-30	30-41	30-37
	フランス	m	m	m	m	m	m	26-30
	ドイツ	22-25	a	24-30	24-27	24-27	24-27	28-32
	ギリシャ	m	m	m	a	m	m	m
	ハンガリー	21-24	a	27-41	23-26	23-26	a	27-34
	アイスランド	22-25	a	27-40	25-26	a	24-32	28-35
	アイルランド	21-23	23-25	23-31	22-30	22-30	22-30	27-32
	イスラエル	24-28	27-29	24-32	m	27-34	m	31-37
	イタリア	22-24	m	m	24-27	24-27	m	27-35
	日本	21-21	m	m	23-23	23-23	m	26-26
	韓国	23-25	x(7)	a	a	25-31	a	28-37
	ラトビア	22-24	23-25	24-33	25-29	24-27	a	28-36
	ルクセンブルグ	22-24	a	a	a	24-27	25-30	28-32
	メキシコ	20-24	x(7)	a	a	23-26	a	24-28
	オランダ	21-23	a	a	a	23-26	24-27	28-31
	ニュージーランド	20-23	22-24	21-27	a	23-30	a	27-35
	ノルウェー	21-24	a	26-30	24-26	24-28	24-27	28-35
	ポーランド	22-24	a	25-34	24-25	24-25	a	29-32
	ポルトガル	21-23	a	33-39	23-24	23-26	a	27-36
	スロバキア共和国	21-22	a	a	24-25	23-25	24-28	26-29
	スロベニア	21-24	a	a	25-31	24-27	a	32-40
	スペイン	21-23	a	a	22-25	22-26	29-32	28-35
	スウェーデン	22-26	a	a	24-28	24-30	a	28-34
	スイス	23-26	a	31-41	23-25	24-29	25-32	29-33
	トルコ	21-24	a	a	23-25	26-27	a	29-34
	イギリス	20-22	22-24	x(8)	x(11)	23-28	x(11)	25-32
	アメリカ合衆国	21-23	a	a	a	24-31	24-31	26-32
OECD非加盟国	アルゼンチン[1]	20-23	21-24	a	22-25	22-25	a	25-29
	ブラジル	20-27	a	m	a	25-31	a	29-37
	中国	20-23	21-24	a	22-25	22-25	a	25-29
	コロンビア	a	22-27	22-27	a	26-36	26-36	30-41
	コスタリカ	18-21	22-23	a	24-26	a	a	27-30
	インド	21-22	23-23	22-22	22-23	22-23	23-24	24-28
	インドネシア	23-32	23-32	a	a	26-36	a	32-45
	リトアニア	21-22	a	23-29	23-24	24-25	27-29	28-31
	ロシア	21-23	a	a	22-25	22-25	a	25-27
	サウジアラビア	20-23	21-24	a	22-25	22-25	a	25-29
	南アフリカ[1]	20-23	21-24	a	22-25	22-25	a	25-29

1. 調査年は2015年。
資料：OECD（2018）。詳細は「資料」を参照。付録3の注を参照（http://dx.doi.org/10.1787/eag-2018-36-en）。
表中の省略記号については、「利用にあたって」を参照。

StatLink：https://doi.org/10.1787/888933806028

付録1

表X1.1b. 教育段階別の標準入学年齢（2016年）

		短期高等教育 (ISCED 5)	学士課程または同等レベル (ISCED 6)	修士課程または同等レベル (ISCED 7)	博士課程または同等レベル (ISCED 8)
		(1)	(2)	(3)	(4)
OECD加盟国	オーストラリア	m	18-20	21-26	22-30
	オーストリア	17-18	19-21	19-24	25-29
	ベルギー	18-20	18-19	21-22	24-27
	カナダ	m	m	m	m
	チリ	18-21	18-19	18-30	25-31
	チェコ共和国	19-21	19-20	22-24	24-28
	デンマーク	19-26	20-22	23-25	25-29
	エストニア	a	19-22	22-27	24-28
	フィンランド	a	19-21	22-30	26-32
	フランス	18-19	18-19	20-23	23-26
	ドイツ	22-26	19-21	19-24	25-29
	ギリシャ	m	18-18	22-28	24-32
	ハンガリー	19-21	19-20	19-23	24-27
	アイスランド	20-31	20-22	23-31	25-33
	アイルランド	18-29	18-19	21-26	22-27
	イスラエル	18-24	21-25	25-34	26-34
	イタリア	19-21	19-19	20-24	25-28
	日本	18-18	18-18	22-23	24-28
	韓国	18-18	18-18	22-27	23-32
	ラトビア	19-23	19-22	22-25	24-30
	ルクセンブルグ	19-21	19-21	22-27	25-28
	メキシコ	18-19	18-19	21-34	25-39
	オランダ	20-24	18-20	22-24	23-27
	ニュージーランド	17-25	18-20	21-28	22-30
	ノルウェー	20-24	19-20	19-24	25-31
	ポーランド	19-30	19-20	19-23	24-26
	ポルトガル	18-20	18-19	18-23	23-33
	スロバキア共和国	19-20	19-20	22-23	24-25
	スロベニア	19-21	19-19	22-24	24-28
	スペイン	18-20	18-18	18-23	23-30
	スウェーデン	19-26	19-21	19-24	24-30
	スイス	18-25	19-23	22-25	25-28
	トルコ	18-20	18-20	23-27	25-29
	イギリス	17-29	18-21	21-30	22-28
	アメリカ合衆国	18-22	18-20	22-28	22-27
OECD非加盟国	アルゼンチン[1]	18-19	18-20	21-24	23-26
	ブラジル	m	m	m	m
	中国	18-19	18-20	21-24	23-26
	コロンビア	17-21	17-21	22-33	25-36
	コスタリカ	17-18	17-18	m	m
	インド	a	18-18	21-22	23-23
	インドネシア	20-23	20-26	24-32	27-33
	リトアニア	a	19-19	23-26	25-28
	ロシア	17-18	17-20	21-24	23-26
	サウジアラビア	18-19	18-20	21-24	23-26
	南アフリカ[1]	18-19	18-20	21-24	23-26

1. 調査年は2015年。
資料：OECD（2018）。詳細は「資料」を参照。付録3の注を参照（http://dx.doi.org/10.1787/eag-2018-36-en）。
表中の省略記号については、「利用にあたって」を参照。

StatLink：https://doi.org/10.1787/888933806047

付録1

表X1.2a. 指標の算定対象となった会計年度及び学年度（OECD加盟国）

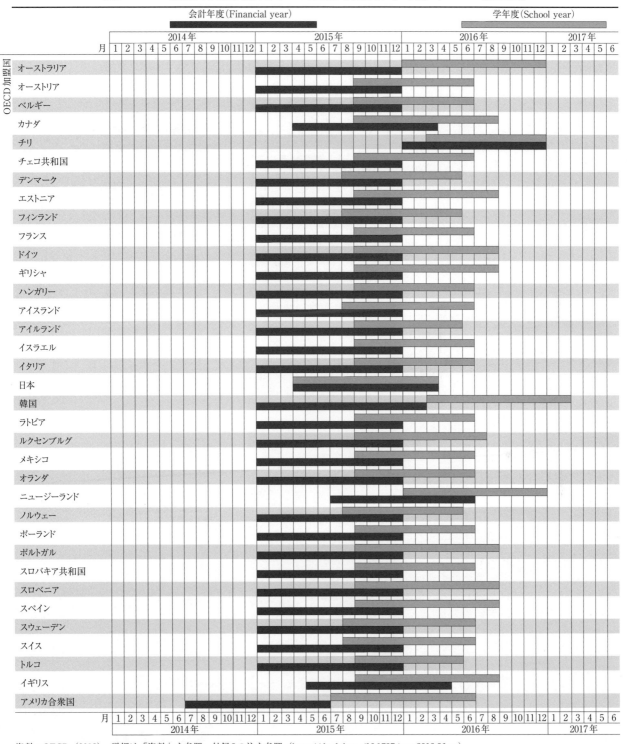

資料：OECD (2018)。詳細は「資料」を参照。付録3の注を参照（http://dx.doi.org/10.1787/eag-2018-36-en）。
StatLink : https://doi.org/10.1787/888933806066

付録1

表X1.2b. 指標の算定対象となった会計年度及び学年度（OECD非加盟国）

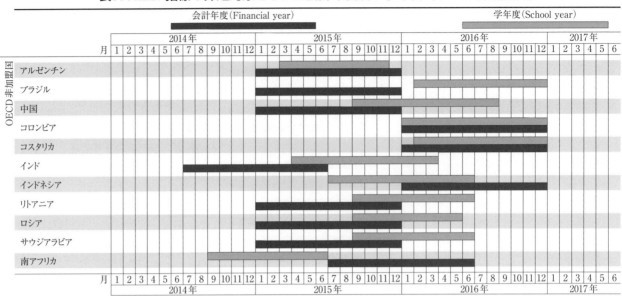

資料：OECD（2018）。詳細は「資料」を参照。付録3の注を参照（http://dx.doi.org/10.1787/eag-2018-36-en）。
StatLink：https://doi.org/10.1787/888933806085

付録 1

表X1.3. 義務教育の開始年齢と終了年齢及び初等教育の開始年齢（2016年）

標準年齢とは、学年度の開始時における年齢をいう。

	義務教育		初等教育（ISCED 1）
	開始年齢	終了年齢	開始年齢
	(1)	(2)	(3)
オーストラリア	6	17	5
オーストリア	6	15	6
ベルギー	6	18	6
カナダ	6	16-18	6
チリ	6	18	6
チェコ共和国	6	15	6
デンマーク	6	16	6
エストニア	7	16	7
フィンランド	7	16	7
フランス	6	16	6
ドイツ	6	18	6
ギリシャ	5	14-15	6
ハンガリー	3	16	7
アイスランド	6	16	6
アイルランド	6	16	5
イスラエル	3	17	6
イタリア	6	16	6
日本	6	15	6
韓国	6	14	6
ラトビア	5	16	7
ルクセンブルグ	4	16	6
メキシコ	3	17	6
オランダ	5	18	6
ニュージーランド	5	16	5
ノルウェー	6	16	6
ポーランド	5	16	7
ポルトガル	6	18	6
スロバキア共和国	6	16	6
スロベニア	6	14	6
スペイン	6	16	6
スウェーデン	7	16	7
スイス	4-5	15	6
トルコ	5-6	17	6
イギリス	4-5	16	5
アメリカ合衆国	4-6	17	6
アルゼンチン[1]	5	17	m
ブラジル	4	17	6
中国	m	m	6
コロンビア	5	15	m
コスタリカ	m	m	m
インド	m	m	6
インドネシア	7	15	m
リトアニア	7	16	7
ロシア	7	17	7
サウジアラビア	6	11	m
南アフリカ[1]	7	15	m

注：年齢とは、学年度の開始時における年齢をいう。義務教育の終了年齢とは、その年齢には義務教育が終了していることをいう。例えば、終了年齢が18歳とあれば、18歳未満の子どもは全員が就学する法的義務があることを示す。
1. 調査年は2015年。
資料：OECD（2018）。詳細は「資料」を参照。付録3の注を参照（http://dx.doi.org/10.1787/eag-2018-36-en）。
表中の省略記号については、「利用にあたって」を参照。

StatLink：https://doi.org/10.1787/888933806104

509

付録
2
主要な基本データ

付録2の表はすべて以下のホームページから入手可能。
StatLink：https://doi.org/10.1787/888933806123

イスラエルのデータについて

イスラエルの統計データは、イスラエル政府関係当局により、その責任の下で提供されている。OECD における当該データの使用は、ゴラン高原、東エルサレム、及びヨルダン川西岸地区のイスラエル入植地の国際法上の地位を害するものではない。

付録2

表X2.1. 主要基準統計（調査年は2015年、2016年（暦年））

	2015年							2016年
	一般政府総支出（各国通貨、時価、単位：百万）	国内総生産（GDP）（各国通貨、時価、単位：百万）	国内総生産（GDP）（会計年度に合わせた調整額）[1]	総人口（1月1日時点、単位：千人）	GDPデフレーター（2010年=100、不変価格）	GDP購買力平価（PPP）（米ドル=1）	一人当たりGDP（購買力平価による米ドル換算額）[2]	一人当たりGDP（購買力平価による米ドル換算額）[2]
	(1)	(2)	(3)	(4)	(5)	(6)	(7)	(8)
オーストラリア	592 151	1 659 604	1 640 504	23 778	102	1.5	47 454	48 789
オーストリア	175 632	344 493	344 493	8 576	110	0.8	50 269	50 792
ベルギー	220 858	410 435	410 435	11 237	107	0.8	45 580	46 541
カナダ	724 310	1 994 911	2 005 060	35 886	107	1.2	44 581	44 825
チリ[3]	42 811 545	167 227 448	167 227 448	18 192	122	402.6	22 834	22 834
チェコ共和国	1 916 390	4 595 783	4 595 783	10 538	107	13.0	33 493	34 790
デンマーク	1 110 402	2 027 108	2 027 108	5 660	106	7.3	48 879	49 207
エストニア	8 185	20 348	20 348	1 315	116	0.5	28 701	29 740
フィンランド	119 759	209 604	209 604	5 472	112	0.9	42 131	43 441
フランス	1 243 414	2 194 243	2 194 243	66 488	105	0.8	40 551	41 425
ドイツ	1 334 874	3 043 650	3 043 650	81 198	109	0.8	48 099	49 046
ギリシャ	94 885	176 312	176 312	10 858	95	0.6	26 606	26 746
ハンガリー	17 226 168	34 324 110	34 324 110	9 856	115	133.4	26 114	26 656
アイスランド	949 126	2 232 362	2 232 362	329	120	142.2	47 691	51 103
アイルランド	75 572	262 037	262 037	4 629	110	0.8	69 658	71 851
イスラエル	462 289	1 162 530	1 162 530	8 297	112	3.9	36 249	37 622
イタリア	830 126	1 652 622	1 652 622	60 796	106	0.7	36 601	38 356
日本	209 545 400	531 985 800	533 600 800	127 083	101	102.8	40 736	42 248
韓国	505 139 400	1 564 123 900	1 564 123 900	51 015	107	870.9	35 204	36 532
ラトビア	9 022	24 320	24 320	1 986	114	0.5	24 404	25 465
ルクセンブルク	21 604	52 102	52 102	563	113	0.9	103 727	103 414
メキシコ	4 917 247	18 536 531	18 536 531	119 713	120	8.5	18 129	18 729
オランダ	306 759	683 457	683 457	16 901	104	0.8	49 643	50 691
ニュージーランド	73 929	251 755	255 245	4 596	108	1.5	37 426	38 565
ノルウェー[4]	1 521 635	2 621 032	2 621 032	5 166	110	9.7	52 121	51 501
ポーランド	747 949	1 799 392	1 799 392	38 006	107	1.8	26 581	27 385
ポルトガル	86 669	179 809	179 809	10 375	104	0.6	29 485	30 612
スロバキア共和国	35 692	78 896	78 896	5 421	103	0.5	29 535	30 486
スロベニア	18 541	38 837	38 837	2 063	105	0.6	31 478	32 737
スペイン	472 740	1 079 998	1 079 998	46 450	101	0.7	34 815	36 340
スウェーデン	2 084 437	4 199 860	4 199 860	9 747	107	8.9	48 146	49 262
スイス	222 498	653 735	653 735	8 238	99	1.2	63 994	64 236
トルコ	804 987	2 338 647	2 338 647	77 696	143	1.2	25 029	25 495
イギリス	800 404	1 888 737	1 907 381	64 875	108	0.7	41 742	42 795
アメリカ合衆国	6 814 719	18 120 714	17 774 162	319 528	109	1.0	56 711	57 920
アルゼンチン	2 315 082	5 854 014	5 854 014	43 417	328	6.6	20 338	m
ブラジル	1 914 809	6 000 570	6 000 570	204 860	145	1.9	15 699	15 301
中国	21 896 915	68 550 575	68 550 575	1 376 049	114	3.5	14 323	m
コロンビア[3]	262 484 880	799 312 000	799 312 000	48 203	117	1 198.7	13 833	13 833
コスタリカ[3]	9 619 594	29 281 362	29 281 362	4 832	125	384.0	15 781	15 781
インド	37 557 086	135 760 859	135 760 859	1 311 051	130	17.1	6 070	m
インドネシア	2 002 221 328	11 526 332 800	11 526 332 800	257 564	128	4 046.5	11 059	m
リトアニア	13 058	37 427	37 427	2 921	111	0.4	28 622	29 652
ロシア	28 690 533	83 232 618	83 232 618	146 267	155	23.0	24 715	24 811
サウジアラビア	m	m	m	m	m	m	m	m
南アフリカ	m	m	m	m	m	m	m	m

1. 財政データとGDPの対象期間が異なる国に対しては、GDPを次の計算式で推定した。(Wt - 1) (GDPt - 1) + Wt (GDPt)。なおWtとWt - 1は2年度に会計年度がまたがる場合の各年度の加重値。C章のオーストラリア、カナダ、日本、ニュージーランド、イギリス、アメリカ合衆国については調整額が用いられている。
2. これらのデータはインディケータC7で、生徒一人当たり教員給与支出の対一人当たりGDP比を算出するのに用いられている。
3. 調査年は2015年ではなく2016年。
4. ノルウェーのGDPは本土の数値を用いている。

資料：OECD (2018)。詳細は「資料」を参照。付録3の注を参照（http://dx.doi.org/10.1787/eag-2018-36-en）。
表中の省略記号については、「利用にあたって」を参照。
StatLink：https://doi.org/10.1787/888933806142

付録 2

表X2.2. [1/2] GDPと一般政府総支出（調査年は2005年、2010〜2015年（暦年）、時価）

		国内総生産(GDP)（各国通貨、時価、単位：百万）						
		2005年	2010年	2011年	2012年	2013年	2014年	2015年
		(1)	(2)	(3)	(4)	(5)	(6)	(7)
OECD加盟国	オーストラリア	958 536	1 356 649	1 455 510	1 515 341	1 564 829	1 608 590	1 640 504
	オーストリア	254 075	295 897	310 129	318 653	323 910	333 063	344 493
	ベルギー	311 481	365 101	379 106	387 500	392 340	400 288	410 435
	カナダ	1 435 823	1 689 078	1 783 143	1 841 489	1 920 694	1 991 365	2 005 060
	チリ[1]	68 831 705	111 508 611	122 006 090	129 947 342	137 876 216	148 855 347	158 636 806
	チェコ共和国	3 264 931	3 962 464	4 033 755	4 059 912	4 098 128	4 313 789	4 595 783
	デンマーク	1 585 984	1 810 926	1 846 854	1 895 002	1 929 677	1 981 165	2 027 108
	エストニア	11 262	14 717	16 668	17 935	18 932	19 766	20 348
	フィンランド	164 387	187 100	196 869	199 793	203 338	205 474	209 604
	フランス	1 771 978	1 998 481	2 059 284	2 086 929	2 115 256	2 147 609	2 194 243
	ドイツ	2 300 860	2 580 060	2 703 120	2 758 260	2 826 240	2 932 470	3 043 650
	ギリシャ	199 242	226 031	207 029	191 204	180 654	178 656	176 312
	ハンガリー	22 559 880	27 224 599	28 304 938	28 781 064	30 247 077	32 591 713	34 324 110
	アイスランド	1 051 258	1 627 108	1 708 315	1 787 684	1 899 680	2 019 038	2 232 362
	アイルランド	170 188	167 583	171 939	175 561	180 298	194 537	262 037
	イスラエル	639 333	873 466	936 134	992 110	1 056 119	1 103 485	1 162 530
	イタリア	1 489 726	1 604 515	1 637 463	1 613 265	1 604 599	1 621 827	1 652 622
	日本	524 819 525	498 117 550	492 295 675	497 011 800	505 850 700	518 403 450	533 600 800
	韓国	919 797 300	1 265 308 000	1 332 681 000	1 377 456 700	1 429 445 400	1 486 079 300	1 564 123 900
	ラトビア	13 597	17 938	20 303	21 886	22 787	23 618	24 320
	ルクセンブルグ	30 031	40 178	43 165	44 112	46 500	49 993	52 102
	メキシコ	9 562 648	13 366 377	14 665 576	15 817 755	16 277 187	17 471 467	18 536 531
	オランダ	545 609	631 512	642 929	645 164	652 748	663 008	683 457
	ニュージーランド	165 230	205 885	214 299	221 185	234 725	244 385	255 245
	ノルウェー[2]	1 514 363	2 077 603	2 161 616	2 298 445	2 423 242	2 539 596	2 621 032
	ポーランド	990 468	1 445 298	1 566 824	1 629 425	1 656 895	1 719 769	1 799 392
	ポルトガル	158 653	179 930	176 167	168 398	170 269	173 079	179 809
	スロバキア共和国	50 415	67 577	70 627	72 704	74 170	76 088	78 896
	スロベニア	29 227	36 252	36 896	36 076	36 239	37 615	38 837
	スペイン	930 566	1 080 935	1 070 449	1 039 815	1 025 693	1 037 820	1 079 998
	スウェーデン	2 907 352	3 519 994	3 656 577	3 684 800	3 769 909	3 936 840	4 199 860
	スイス	508 900	608 831	621 256	626 414	638 177	649 718	653 735
	トルコ	673 703	1 160 014	1 394 477	1 569 672	1 809 713	2 044 466	2 338 647
	イギリス	1 405 648	1 593 673	1 647 603	1 702 057	1 773 681	1 849 981	1 907 381
	アメリカ合衆国	12 684 327	14 691 556	15 241 149	15 836 590	16 423 386	17 059 563	17 774 162
OECD非加盟国	アルゼンチン	582 538	1 661 721	2 179 024	2 637 914	3 348 308	4 579 086	5 854 014
	ブラジル	2 170 585	3 885 847	4 376 382	4 814 760	5 331 619	5 778 953	6 000 570
	中国	18 731 890	41 303 031	48 930 057	54 036 743	59 524 441	64 397 405	68 550 575
	コロンビア[1]	340 156 000	544 924 000	619 894 000	664 240 000	710 497 000	757 065 000	799 312 000
	コスタリカ[1]	9 532 875	19 596 937	21 370 733	23 371 406	24 860 944	27 226 883	29 281 362
	インド	36 924 856	75 476 617	87 360 392	99 513 443	112 727 645	124 882 048	135 760 859
	インドネシア	3 035 611 121	6 864 133 100	7 831 726 000	8 615 704 500	9 546 134 000	10 569 705 300	11 526 332 800
	リトアニア	21 002	28 028	31 275	33 348	34 960	36 568	37 427
	ロシア	23 275 971	49 879 129	60 282 540	68 163 883	73 133 895	79 199 659	83 232 618
	サウジアラビア	m	m	m	m	m	m	m
	南アフリカ	m	m	m	m	m	m	m

1. 調査年は2015年ではなく2016年。
2. ノルウェーのGDPは本土の数値を用いている。
資料：OECD (2018)。詳細は「資料」を参照。付録3の注を参照（http://dx.doi.org/10.1787/eag-2018-36-en）。
表中の省略記号については、「利用にあたって」を参照。

StatLink：https://doi.org/10.1787/888933806161

表X2.2. [2/2] GDPと一般政府総支出（調査年は2005年、2010～2015年（暦年）、時価）

	一般政府総支出(各国通貨、時価、単位：百万)						
	2005年 (8)	2010年 (9)	2011年 (10)	2012年 (11)	2013年 (12)	2014年 (13)	2015年 (14)
OECD加盟国							
オーストラリア	324 216	473 572	505 042	531 994	552 731	574 014	592 151
オーストリア	129 973	156 351	157 846	163 192	167 292	174 305	175 632
ベルギー	160 811	194 749	206 433	216 479	219 062	220 981	220 858
カナダ	m	641 141	665 215	675 081	689 601	703 778	724 310
チリ[1]	15 312 072	26 053 547	27 837 793	30 050 204	31 845 155	35 343 504	39 747 891
チェコ共和国	1 380 188	1 724 241	1 735 916	1 805 836	1 745 908	1 821 984	1 916 390
デンマーク	812 682	1 026 310	1 042 167	1 098 247	1 077 153	1 093 954	1 110 402
エストニア	3 827	5 962	6 238	7 049	7 280	7 597	8 185
フィンランド	81 002	102 446	107 066	112 291	116 922	119 399	119 759
フランス	936 988	1 128 022	1 152 416	1 185 751	1 206 724	1 225 643	1 243 414
ドイツ	1 062 999	1 219 219	1 208 565	1 221 782	1 263 000	1 298 801	1 334 874
ギリシャ	90 778	118 616	111 973	105 923	112 318	89 629	94 885
ハンガリー	11 132 600	13 404 755	13 996 199	13 950 163	14 902 529	16 132 659	17 226 168
アイスランド	437 351	799 305	777 342	807 229	830 530	908 485	949 126
アイルランド	56 746	109 088	79 623	73 603	72 533	73 042	75 572
イスラエル	294 161	361 871	380 492	412 854	436 214	451 097	462 289
イタリア	702 315	800 494	808 562	818 874	819 381	825 565	830 126
日本	186 135 200	198 184 200	201 021 000	201 405 100	205 447 200	207 024 900	209 545 400
韓国	271 192 000	392 264 100	431 075 500	450 811 900	453 991 400	475 250 100	505 139 400
ラトビア	4 662	8 034	7 927	8 112	8 427	8 854	9 022
ルクセンブルグ	13 087	17 729	18 287	19 440	20 145	20 895	21 604
メキシコ	1 979 808	3 355 288	3 655 757	3 942 261	4 206 351	4 566 809	4 917 247
オランダ	230 867	304 107	302 010	303 865	302 036	306 204	306 759
ニュージーランド	49 084	70 099	68 939	69 962	71 174	72 363	73 929
ノルウェー[2]	836 626	1 165 722	1 223 268	1 273 053	1 352 217	1 440 795	1 521 635
ポーランド	439 719	662 055	687 518	698 362	705 750	726 797	747 949
ポルトガル	74 054	93 237	88 112	81 719	85 032	89 598	86 669
スロバキア共和国	20 053	28 480	28 828	29 539	30 737	31 983	35 692
スロベニア	13 127	17 858	18 448	17 503	21 568	18 656	18 541
スペイン	356 547	493 202	490 592	500 177	467 326	465 424	472 740
スウェーデン	1 522 630	1 788 594	1 839 764	1 892 405	1 960 578	2 012 799	2 084 437
スイス	171 949	200 808	204 384	208 135	218 434	219 440	222 498
トルコ	m	442 178	490 770	550 332	623 671	689 007	804 987
イギリス	573 271	754 886	755 024	774 632	773 965	793 200	800 404
アメリカ合衆国	4 772 092	6 425 237	6 492 089	6 466 040	6 465 937	6 633 256	6 814 719
OECD非加盟国							
アルゼンチン	142 219	527 111	722 171	919 573	1 192 696	1 668 167	2 315 082
ブラジル	605 877	1 211 373	1 308 035	1 453 358	1 772 570	1 886 133	1 914 809
中国	3 427 928	10 251 183	13 128 594	15 178 679	17 034 245	18 745 463	21 896 915
コロンビア[1]	87 471 638	164 741 238	188 068 418	205 412 910	224 872 398	243 490 503	262 484 880
コスタリカ[1]	m	m	m	7 302 493	8 148 822	8 910 394	9 619 594
インド	9 761 839	21 365 301	24 147 724	27 210 645	29 881 105	32 810 323	37 557 086
インドネシア	526 114 278	1 159 098 284	1 387 241 117	1 622 837 246	1 821 515 839	1 966 625 285	2 002 221 328
リトアニア	7 157	11 855	13 284	12 040	12 408	12 667	13 058
ロシア	6 820 645	17 616 656	21 283 675	23 824 124	26 179 360	30 546 927	28 690 533
サウジアラビア	m	m	m	m	m	m	m
南アフリカ	m	m	m	m	m	m	m

1. 調査年は2015年ではなく2016年。
2. ノルウェーのGDPは本土の数値を用いている。
資料：OECD（2018）。詳細は「資料」を参照。付録3の注を参照（http://dx.doi.org/10.1787/eag-2018-36-en）。
表中の省略記号については、「利用にあたって」を参照。

StatLink：https://doi.org/10.1787/888933806161

表X2.3. ［1/2］ 主要基準統計（調査年は2005年、2010～2015年（暦年）、2010年不変価格）

	国内総生産(GDP)（各国通貨、2010年不変価格、単位：百万）						
	2005年	2010年	2011年	2012年	2013年	2014年	2015年
	(1)	(2)	(3)	(4)	(5)	(6)	(7)
オーストラリア	1 187 601	1 356 649	1 428 729	1 489 812	1 516 627	1 570 474	1 609 007
オーストリア	277 307	295 897	304 545	306 617	306 696	309 237	312 614
ベルギー	340 164	365 101	371 666	372 539	373 286	378 331	383 645
カナダ	1 591 344	1 689 078	1 727 148	1 762 140	1 809 254	1 839 571	1 866 327
チリ[1]	92 687 960	111 508 611	118 322 811	124 615 961	129 656 682	132 132 727	135 109 066
チェコ共和国	3 512 515	3 962 464	4 032 910	4 000 653	3 981 303	4 089 400	4 306 516
デンマーク	1 791 959	1 810 926	1 835 134	1 839 290	1 856 457	1 886 520	1 916 829
エストニア	15 018	14 717	15 835	16 517	16 836	17 323	17 613
フィンランド	179 646	187 100	191 910	189 173	187 739	186 553	186 805
フランス	1 923 243	1 998 481	2 040 034	2 043 761	2 055 538	2 075 016	2 097 166
ドイツ	2 426 546	2 580 060	2 674 490	2 687 649	2 700 807	2 752 924	2 800 913
ギリシャ	229 784	226 031	205 389	190 395	184 223	185 586	185 046
ハンガリー	27 521 109	27 224 599	27 677 049	27 222 099	27 792 734	28 967 736	29 943 122
アイスランド	1 545 404	1 627 108	1 659 049	1 680 935	1 753 353	1 790 562	1 866 912
アイルランド	161 843	167 583	172 586	172 650	175 479	190 094	238 677
イスラエル	706 218	873 466	919 027	939 210	978 692	1 012 731	1 039 346
イタリア	1 629 932	1 604 515	1 613 766	1 568 274	1 541 172	1 542 924	1 557 612
日本	498 566 759	498 117 550	500 678 668	509 354 112	520 145 516	523 909 132	527 962 389
韓国	1 034 337 497	1 265 308 000	1 311 892 696	1 341 966 504	1 380 832 595	1 426 972 405	1 466 788 298
ラトビア	18 380	17 938	19 083	19 852	20 335	20 713	21 328
ルクセンブルグ	35 606	40 178	41 198	41 053	42 553	45 009	46 297
メキシコ	12 417 875	13 366 377	13 855 989	14 360 668	14 555 125	14 969 260	15 458 825
オランダ	592 793	631 512	642 018	635 232	634 023	643 024	657 561
ニュージーランド	191 302	205 885	209 949	217 792	220 429	227 140	235 555
ノルウェー[2]	1 882 830	2 077 603	2 024 913	2 083 154	2 141 763	2 237 224	2 376 009
ポーランド	1 145 116	1 445 298	1 517 813	1 542 218	1 563 684	1 615 022	1 677 113
ポルトガル	174 509	179 930	176 643	169 527	167 611	169 108	172 190
スロバキア共和国	53 590	67 577	69 482	70 634	71 687	73 658	76 494
スロベニア	33 274	36 252	36 488	35 514	35 112	36 158	36 975
スペイン	1 025 389	1 080 935	1 070 139	1 038 808	1 021 089	1 035 180	1 070 710
スウェーデン	3 253 794	3 519 994	3 613 781	3 603 434	3 648 160	3 743 170	3 912 435
スイス	546 591	608 831	619 137	625 366	636 948	652 548	660 551
トルコ	989 036	1 160 014	1 288 932	1 350 671	1 465 361	1 541 071	1 634 859
イギリス	1 575 072	1 593 673	1 615 120	1 642 816	1 679 964	1 722 682	1 768 065
アメリカ合衆国	13 957 599	14 691 556	14 932 841	15 235 590	15 549 000	15 866 554	16 353 832
アルゼンチン	1 308 651	1 661 721	1 761 490	1 743 410	1 785 344	1 740 485	1 786 561
ブラジル	3 127 392	3 885 847	4 037 996	4 122 713	4 251 305	4 311 976	4 146 837
中国	24 169 867	41 303 031	45 242 986	48 797 624	52 583 542	56 419 444	60 321 214
コロンビア[1]	436 551 119	544 924 000	580 831 828	604 320 345	633 775 311	661 620 916	681 813 696
コスタリカ[1]	15 532 812	19 596 937	20 440 997	21 421 535	21 907 595	22 677 722	23 501 306
インド	52 200 696	75 476 617	80 487 029	85 009 244	90 652 848	97 219 261	104 572 311
インドネシア	5 181 384 704	6 864 133 100	7 287 635 302	7 727 083 416	8 156 497 772	8 564 866 594	8 982 517 102
リトアニア	26 436	28 028	29 721	30 859	31 938	33 068	33 741
ロシア	41 911 235	49 879 129	52 006 063	53 907 353	54 869 791	55 275 060	53 711 748
サウジアラビア	1 488 298	1 975 543	2 172 286	2 289 252	2 350 373	2 444 841	2 545 236
南アフリカ	2 359 095	2 748 004	2 838 252	2 901 073	2 973 288	3 023 820	3 063 096

1. 調査年は2015年ではなく2016年。
2. ノルウェーのGDPは本土の数値を用いている。
資料：OECD（2018）。詳細は「資料」を参照。付録3の注を参照（http://dx.doi.org/10.1787/eag-2018-36-en）。
表中の省略記号については、「利用にあたって」を参照。

StatLink : https://doi.org/10.1787/888933806180

付録 2

表X2.3. [2/2] 主要基準統計（調査年は2005年、2010～2015年（暦年）、2010年不変価格）

		一般政府総支出（各国通貨、2010年不変価格、単位：百万）						
		2005年	2010年	2011年	2012年	2013年	2014年	2015年
		(8)	(9)	(10)	(11)	(12)	(13)	(14)
OECD加盟国	オーストラリア	401 695	473 572	495 749	523 031	535 705	560 412	580 781
	オーストリア	141 858	156 351	155 004	157 028	158 401	161 837	159 379
	ベルギー	175 619	194 749	202 382	208 121	208 424	208 859	206 442
	カナダ	m	641 141	644 326	645 992	649 590	650 132	674 194
	チリ[1]	20 619 055	26 053 547	26 997 389	28 817 327	29 946 696	31 372 965	33 852 802
	チェコ共和国	1 484 849	1 724 241	1 735 552	1 779 478	1 696 138	1 727 210	1 795 769
	デンマーク	918 227	1 026 310	1 035 553	1 065 959	1 036 281	1 041 693	1 049 994
	エストニア	5 103	5 962	5 926	6 491	6 474	6 658	7 085
	フィンランド	88 521	102 446	104 369	106 322	107 952	108 404	106 733
	フランス	1 016 974	1 128 022	1 141 643	1 161 224	1 172 656	1 184 214	1 188 403
	ドイツ	1 121 066	1 219 219	1 195 765	1 190 504	1 206 946	1 219 279	1 228 415
	ギリシャ	104 693	118 616	111 086	105 475	114 537	93 105	99 585
	ハンガリー	13 580 812	13 404 755	13 685 721	13 194 534	13 693 291	14 338 817	15 027 491
	アイスランド	642 929	799 305	754 924	759 027	766 557	805 680	793 749
	アイルランド	53 964	109 088	79 922	72 383	70 595	71 374	68 835
	イスラエル	324 935	361 871	373 539	390 841	404 234	413 998	413 304
	イタリア	768 414	800 494	796 861	796 037	786 992	785 400	782 401
	日本	176 824 259	198 184 200	204 444 060	206 406 600	211 252 925	209 223 599	207 331 192
	韓国	304 962 903	392 264 100	424 351 214	439 196 723	438 551 989	456 347 638	473 704 520
	ラトビア	6 302	8 034	7 450	7 358	7 521	7 765	7 912
	ルクセンブルグ	15 517	17 729	17 454	18 092	18 435	18 812	19 197
	メキシコ	2 570 941	3 355 288	3 453 947	3 579 112	3 761 336	3 912 765	4 100 814
	オランダ	250 832	304 107	301 582	299 187	293 371	296 974	295 136
	ニュージーランド	56 829	70 099	67 540	68 889	66 839	67 257	68 226
	ノルウェー[2]	1 040 190	1 165 722	1 145 907	1 153 808	1 195 146	1 269 249	1 379 388
	ポーランド	508 375	662 055	666 012	660 986	666 047	682 529	697 121
	ポルトガル	81 455	93 237	88 350	82 267	83 705	87 542	82 996
	スロバキア共和国	21 316	28 480	28 361	28 699	29 707	30 962	34 605
	スロベニア	14 945	17 858	18 244	17 230	20 897	17 933	17 652
	スペイン	392 878	493 202	490 450	499 693	465 228	464 240	468 674
	スウェーデン	1 704 068	1 788 594	1 818 232	1 850 618	1 897 261	1 913 781	1 941 785
	スイス	184 684	200 808	203 687	207 786	218 013	220 395	224 817
	トルコ	m	442 178	453 625	473 550	504 999	519 358	562 736
	イギリス	642 368	754 886	740 139	747 671	733 071	738 619	741 942
	アメリカ合衆国	5 251 122	6 425 237	6 360 763	6 220 653	6 121 688	6 169 379	6 270 156
OECD非加盟国	アルゼンチン	319 490	527 111	583 792	607 750	635 955	634 061	706 530
	ブラジル	872 952	1 211 373	1 206 897	1 244 460	1 413 405	1 407 341	m
	中国	4 423 075	10 251 183	12 139 303	13 707 034	15 047 952	16 423 156	19 268 234
	コロンビア[1]	112 259 791	164 741 238	176 217 423	186 883 055	200 589 973	212 793 366	223 899 786
	コスタリカ[1]	m	m	m	6 693 248	7 180 786	7 421 614	7 720 714
	インド	13 800 319	21 365 301	22 247 823	23 244 662	24 029 663	25 542 465	28 929 040
	インドネシア	898 007 144	1 159 098 284	1 290 865 811	1 455 458 317	1 556 356 728	1 593 600 080	1 560 339 063
	リトアニア	9 009	11 855	12 624	11 141	11 336	11 454	11 772
	ロシア	12 281 406	17 616 656	18 361 538	18 841 289	19 641 454	21 319 325	18 514 600
	サウジアラビア	418 967	670 985	724 629	762 801	837 613	983 120	1 036 353
	南アフリカ	664 631	864 157	876 365	909 994	939 433	961 656	1 007 104

1. 調査年は2015年ではなく2016年。
2. ノルウェーのGDPは本土の数値を用いている。
資料：OECD（2018）。詳細は「資料」を参照。付録3の注を参照（http://dx.doi.org/10.1787/eag-2018-36-en）。
表中の省略記号については、「利用にあたって」を参照。

StatLink：https://doi.org/10.1787/888933806180

付録 2

表X2.4a. [1/2] 最も一般的な教員資格を持つ教員の勤続年数別法定給与（2017年）

最も一般的な教員資格を持つ国公立教育機関の教員の年間法定給与（各国通貨）

	就学前教育				初等教育			
	初任給	勤続10年の給与	勤続15年の給与	最高給与	初任給	勤続10年の給与	勤続15年の給与	最高給与
	(1)	(2)	(3)	(4)	(5)	(6)	(7)	(8)
国								
オーストラリア	67 029	94 683	95 524	95 524	67 029	94 683	95 524	95 524
オーストリア	m	m	m	m	34 595	38 080	42 626	62 710
カナダ[1]	m	m	m	m	53 163	85 202	88 746	88 746
チリ	10 662 024	13 199 333	15 578 131	19 914 696	10 662 024	13 199 333	15 578 131	19 914 696
チェコ共和国	255 936	261 912	268 584	299 412	270 564	287 220	300 024	353 988
デンマーク	347 704	392 168	392 168	392 168	378 411	420 063	433 903	433 903
エストニア	a	a	a	a	11 832	a	a	a
フィンランド[2]	28 811	31 116	31 116	31 116	32 542	37 668	39 928	42 324
フランス[3]	25 626	29 188	31 223	45 472	25 626	29 188	31 223	45 472
ドイツ	m	m	m	m	46 984	55 640	58 750	62 331
ギリシャ	13 104	15 390	17 584	25 498	13 104	15 390	17 584	25 498
ハンガリー	2 125 410	2 869 304	3 081 845	4 038 279	2 125 410	2 869 304	3 081 845	4 038 279
アイスランド	5 554 658	5 768 185	6 153 881	6 153 881	5 774 574	6 004 410	6 375 566	6 375 566
アイルランド	m	m	m	m	33 806	53 558	59 186	68 397
イスラエル	101 611	131 894	148 645	271 412	88 579	119 526	133 954	227 496
イタリア	23 051	25 358	27 845	33 884	23 051	25 358	27 845	33 884
日本	m	m	m	m	3 282 000	4 698 000	5 528 000	6 854 000
韓国[1]	30 509 040	45 917 280	53 605 200	85 160 520	30 509 040	45 917 280	53 605 200	85 160 520
ラトビア	7 440	a	a	a	8 160	a	a	a
ルクセンブルグ[4]	70 671	91 401	103 204	124 881	70 671	91 401	103 204	124 881
メキシコ	201 191	255 471	320 453	404 493	201 191	255 471	320 453	404 493
オランダ	34 760	43 558	51 829	54 726	34 760	43 558	51 829	54 726
ニュージーランド	m	m	m	m	49 588	75 949	75 949	75 949
ノルウェー	373 700	435 800	435 800	440 200	415 800	500 900	500 900	537 900
ポーランド	29 368	39 395	48 105	50 145	29 368	39 395	48 105	50 145
ポルトガル	22 224	27 059	28 713	44 207	22 224	27 059	28 713	44 207
スロバキア共和国[5]	6 978	7 680	8 028	8 658	7 806	9 372	10 974	11 832
スロベニア[5]	18 087	21 523	26 225	30 136	18 087	22 320	27 210	32 480
スペイン	28 709	31 087	33 187	40 783	28 709	31 087	33 187	40 783
スウェーデン[1,5,6]	346 830	368 310	378 000	409 560	351 600	396 000	414 000	475 200
スイス[7]	74 563	93 308	m	113 684	79 663	99 029	m	121 229
トルコ	42 056	43 667	46 252	53 395	42 056	43 667	46 252	53 395
アメリカ合衆国[5,6]	38 635	52 853	64 279	71 280	39 183	53 826	61 028	67 197
地域								
フラマン語圏(ベルギー)[5]	31 673	39 719	44 717	54 713	31 673	39 719	44 717	54 713
フランス語圏(ベルギー)	30 744	38 444	43 283	52 962	30 744	38 444	43 283	52 962
イングランド(イギリス)	22 467	a	38 250	38 250	22 467	a	38 250	38 250
スコットランド(イギリス)	26 895	35 763	35 763	35 763	26 895	35 763	35 763	35 763
アルゼンチン	m	m	m	m	m	m	m	m
ブラジル	30 651	m	m	m	30 651	m	m	m
中国	m	m	m	m	m	m	m	m
コロンビア	m	m	m	m	m	m	m	m
コスタリカ	8 915 725	10 512 285	11 310 565	13 705 405	8 915 725	10 512 285	11 310 565	13 705 405
インド	m	m	m	m	m	m	m	m
インドネシア	m	m	m	m	m	m	m	m
リトアニア	6 358	6 843	7 000	7 298	9 803	9 897	9 960	10 054
ロシア	m	m	m	m	m	m	m	m
サウジアラビア	m	m	m	m	m	m	m	m
南アフリカ	m	m	m	m	m	m	m	m

注：教員の最も一般的な教員資格の定義は、標準的なISCEDの学歴レベルやその他の基準も含めた広範な概念に基づいている。詳細はコラムD3.2と付録3を参照。データはEducation at a Glance Database（http://stats.oecd.org/）で参照可能。
1. 雇用者負担の社会保険料及び年金保険料を含まない。
2. 就学前教育の教員のデータに、過半数を占める幼稚園教員の給与を含む。
3. 平均の超過勤務固定手当（前期中等教育及び後期中等教育教員）と住宅手当を含む。
4. 雇用主負担の社会保険料及び年金保険料を含む。
5. 後期中等教育段階では、職業プログラムの教員を含む（スロベニアは、職業プログラム内で普通プログラムの教科を教える職業プログラムの教員のみを含む）。
6. 実際の基本給与。
7. 縦列の2、6、10、14は勤続11年の給与。
資料：OECD（2018）。詳細は「資料」を参照。付録3の注を参照（http://dx.doi.org/10.1787/eag-2018-36-en）。
表中の省略記号については、「利用にあたって」を参照。

StatLink : https://doi.org/10.1787/888933806199

付録2

表X2.4a. [2/2] 最も一般的な教員資格を持つ教員の勤続年数別法定給与（2017年）

最も一般的な教員資格を持つ国公立教育機関の教員の年間法定給与（各国通貨）

国	前期中等教育、普通プログラム				後期中等教育、普通プログラム			
	初任給	勤続10年の給与	勤続15年の給与	最高給与	初任給	勤続10年の給与	勤続15年の給与	最高給与
	(9)	(10)	(11)	(12)	(13)	(14)	(15)	(16)
国								
オーストラリア	67 032	94 683	95 524	95 524	67 029	94 683	95 524	95 524
オーストリア	34 478	40 070	44 824	66 970	34 519	43 410	49 086	71 317
カナダ[1]	53 163	85 202	88 746	88 746	53 163	85 202	88 746	88 746
チリ	10 662 024	13 199 333	15 578 131	19 914 696	10 934 868	13 563 307	15 978 448	20 460 384
チェコ共和国	270 696	287 748	300 636	355 644	270 948	288 000	300 552	355 092
デンマーク	380 228	425 144	439 604	439 604	360 909	469 025	469 025	469 025
エストニア	11 832	a	a	a	11 832	a	a	a
フィンランド[2]	35 145	40 682	43 122	45 710	37 268	44 759	46 549	49 342
フランス[3]	26 917	30 479	32 515	46 892	26 917	30 479	32 515	46 892
ドイツ	52 818	60 964	63 857	69 353	53 076	64 506	67 532	76 778
ギリシャ	13 104	15 390	17 584	25 498	13 104	15 390	17 584	25 498
ハンガリー	2 353 176	2 869 304	3 081 845	4 038 279	2 353 176	3 176 788	3 412 105	4 471 034
アイスランド	5 774 574	6 004 410	6 375 566	6 375 566	4 901 080	5 136 556	5 282 008	6 688 420
アイルランド	33 806	55 505	59 777	68 988	33 806	55 505	59 777	68 988
イスラエル	89 057	127 633	147 740	237 014	91 296	120 258	135 094	217 788
イタリア	24 849	27 527	30 340	37 211	24 849	28 196	31 189	38 901
日本	3 282 000	4 698 000	5 528 000	6 854 000	3 282 000	4 698 000	5 528 000	7 035 000
韓国[1]	30 569 040	45 977 280	53 665 200	85 220 520	29 849 040	45 257 280	52 945 200	84 500 520
ラトビア	8 160	a	a	a	8 160	a	a	a
ルクセンブルグ[4]	80 094	100 117	110 482	139 222	80 094	100 117	110 482	139 222
メキシコ	256 889	326 021	410 549	517 194	498 450	576 774	615 769	665 902
オランダ	36 891	56 570	64 994	75 435	36 891	56 570	64 994	75 435
ニュージーランド	50 394	76 975	76 975	76 975	51 200	78 000	78 000	78 000
ノルウェー	415 800	500 900	500 900	537 900	495 900	548 000	548 000	606 500
ポーランド	29 368	39 395	48 105	50 145	29 368	39 395	48 105	50 145
ポルトガル	22 224	27 059	28 713	44 207	22 224	27 059	28 713	44 207
スロバキア共和国[5]	7 806	9 372	10 974	11 832	7 806	9 372	10 974	11 832
スロベニア[5]	18 087	22 320	27 210	32 480	18 087	22 320	27 210	32 480
スペイン	32 080	34 787	37 007	45 318	32 080	34 787	37 007	45 318
スウェーデン[1,5,6]	360 000	405 570	420 000	488 400	360 000	419 460	430 200	500 400
スイス[7]	89 499	113 137	m	137 125	100 725	129 235	m	154 434
トルコ	42 056	43 667	46 252	53 395	42 056	43 667	46 252	53 395
アメリカ合衆国[5,6]	39 707	54 566	63 046	68 052	40 517	54 609	63 006	70 900
地域								
フラマン語圏（ベルギー）[5]	31 673	39 719	44 717	54 713	39 516	50 365	57 436	69 220
フランス語圏（ベルギー）	30 744	38 444	43 283	52 962	38 247	48 753	55 599	67 009
イングランド（イギリス）	22 467	a	38 250	38 250	22 467	a	38 250	38 250
スコットランド（イギリス）	26 895	35 763	35 763	35 763	26 895	35 763	35 763	35 763
アルゼンチン	m	m	m	m	m	m	m	m
ブラジル	30 651	m	m	m	30 651	m	m	m
中国	m	m	m	m	m	m	m	m
コロンビア	m	m	m	m	m	m	m	m
コスタリカ	9 291 100	10 954 860	11 786 740	14 282 380	9 291 100	10 954 860	11 786 740	14 282 380
インド	m	m	m	m	m	m	m	m
インドネシア	m	m	m	m	m	m	m	m
リトアニア	9 803	9 897	9 960	10 054	9 803	9 897	9 960	10 054
ロシア	m	m	m	m	m	m	m	m
サウジアラビア	m	m	m	m	m	m	m	m
南アフリカ	m	m	m	m	m	m	m	m

注：教員の最も一般的な教員資格の定義は、標準的なISCEDの学歴レベルやその他の基準も含めた広範な概念に基づいている。詳細はコラムD3.2と付録3を参照。データはEducation at a Glance Database（http://stats.oecd.org/）で参照可能。

1. 雇用者負担の社会保険料及び年金保険料を含まない。
2. 就学前教育の教員のデータに、過半数を占める幼稚園教員の給与を含む。
3. 平均の超過勤務固定手当（前期中等教育及び後期中等教育教員）と住宅手当を含む。
4. 雇用主負担の社会保険料及び年金保険料を含む。
5. 後期中等教育段階では、職業プログラムの教員を含む（スロベニアは、職業プログラム内で普通プログラムの教科を教える職業プログラムの教員のみを含む）。
6. 実際の基本給与。
7. 縦列の2、6、10、14は勤続11年の給与。
資料：OECD（2018）。詳細は「資料」を参照。付録3の注を参照（http://dx.doi.org/10.1787/eag-2018-36-en）。
表中の省略記号については、「利用にあたって」を参照。

StatLink : https://doi.org/10.1787/888933806199

付録2

表X2.4c. ［1/2］ 最低限の教員資格を持つ教員の勤続年数別法定給与（2017年）

最低限の教員資格を持つ国公立教育機関の教員の年間法定給与（各国通貨）

	就学前教育				初等教育			
国	初任給	勤続10年の給与	勤続15年の給与	最高給与	初任給	勤続10年の給与	勤続15年の給与	最高給与
	(1)	(2)	(3)	(4)	(5)	(6)	(7)	(8)
国								
オーストラリア	67 029	94 683	95 524	95 524	67 029	94 683	95 524	95 524
オーストリア	m	m	m	m	34 595	38 080	42 626	62 710
カナダ[1]	m	m	m	m	50 300	74 878	78 322	78 322
チリ	10 662 024	13 199 333	15 578 131	19 914 696	10 662 024	13 199 333	15 578 131	19 914 696
チェコ共和国	255 936	261 912	268 584	299 412	270 564	287 220	300 024	353 988
デンマーク	347 704	392 168	392 168	392 168	378 411	420 063	433 903	433 903
エストニア	a	a	a	a	11 832	a	a	a
フィンランド[2]	28 811	31 116	31 116	31 116	32 542	37 668	39 928	42 324
フランス[3]	25 626	29 188	31 223	45 472	25 626	29 188	31 223	45 472
ドイツ	m	m	m	m	46 984	55 640	58 750	62 331
ギリシャ	13 104	15 390	17 584	25 498	13 104	14 424	15 744	24 324
ハンガリー	2 125 410	2 869 304	3 081 845	4 038 279	2 125 410	2 869 304	3 081 845	4 038 279
アイスランド	5 554 658	5 768 185	6 153 881	6 153 881	5 774 574	6 004 410	6 375 566	6 375 566
アイルランド	m	m	m	m	33 806	50 482	56 110	65 321
イスラエル	101 611	131 894	148 645	221 968	88 579	119 526	133 954	186 236
イタリア	23 051	25 358	27 845	33 884	23 051	25 358	27 845	33 884
日本	m	m	m	m	3 282 000	4 698 000	5 528 000	6 854 000
韓国	29 273 520	43 166 760	50 572 080	85 160 520	30 509 040	45 917 280	53 605 200	85 160 520
ラトビア	7 440	a	a	a	8 160	a	a	a
ルクセンブルグ[4]	70 671	91 401	103 204	124 881	70 671	91 401	103 204	124 881
メキシコ	201 191	255 471	320 453	404 493	201 191	255 471	320 453	404 493
オランダ	34 760	43 558	51 829	54 726	34 760	43 558	51 829	54 726
ニュージーランド	m	m	m	m	47 980	59 621	59 621	59 621
ノルウェー	373 700	435 800	435 800	440 200	415 800	469 400	469 400	487 000
ポーランド	23 076	30 402	36 897	38 450	23 076	30 402	36 897	38 450
ポルトガル	22 224	27 059	28 713	44 207	22 224	27 059	28 713	44 207
スロバキア共和国[5]	6 978	7 680	8 028	8 658	7 806	9 372	10 974	11 832
スロベニア[5]	18 087	21 523	26 225	30 136	18 087	22 320	27 210	32 480
スペイン	28 709	31 087	33 187	40 783	28 709	31 087	33 187	40 783
スウェーデン[1,5,6]	346 830	368 310	378 000	409 560	351 600	396 000	414 000	475 200
スイス[7]	74 563	93 308	m	113 684	79 663	99 029	m	121 229
トルコ	42 056	43 667	46 252	53 395	42 056	43 667	46 252	53 395
アメリカ合衆国[5,6]	38 635	47 256	48 855	59 588	39 183	44 796	48 893	59 020
地域								
フラマン語圏（ベルギー）[5]	31 673	39 719	44 717	54 713	31 673	39 719	44 717	54 713
フランス語圏（ベルギー）	30 744	38 444	43 283	52 962	30 744	38 444	43 283	52 962
イングランド（イギリス）	16 461	a	a	26 034	16 461	a	a	26 034
スコットランド（イギリス）	26 895	35 763	35 763	35 763	26 895	35 763	35 763	35 763
アルゼンチン	m	m	m	m	m	m	m	m
ブラジル	30 651	m	m	m	30 651	m	m	m
中国	m	m	m	m	m	m	m	m
コロンビア	m	m	m	m	m	m	m	m
コスタリカ	4 934 475	5 880 035	6 352 815	7 771 155	4 934 475	5 880 035	6 352 815	7 771 155
インド	m	m	m	m	m	m	m	m
インドネシア	m	m	m	m	m	m	m	m
リトアニア	6 358	6 843	7 000	7 298	9 803	9 897	9 960	10 054
ロシア	m	m	m	m	m	m	m	m
サウジアラビア	m	m	m	m	m	m	m	m
南アフリカ	m	m	m	m	m	m	m	m

注：詳細は「定義」と「算定方法」を参照。データはEducation at a Glance Database（http://stats.oecd.org/）で参照可能。
1. 雇用者負担の社会保険料及び年金保険料を含まない。
2. 就学前教育の教員のデータに、過半数を占める幼稚園教員の給与を含む。
3. 前期中等教育及び後期中等教育教員は、平均の超過勤務固定手当を含む。
4. 雇用主負担の社会保険料及び年金保険料を含む。
5. 後期中等教育段階では、職業プログラムの教員を含む（スロベニアは、職業プログラム内で普通プログラムの教科を教える職業プログラムの教員のみを含む）。
6. 実際の基本給与。
7. 縦列の2、6、10、14は勤続11年の給与。
資料：OECD（2018）。詳細は「資料」を参照。付録3の注を参照（http://dx.doi.org/10.1787/eag-2018-36-en）。
表中の省略記号については、「利用にあたって」を参照。

StatLink：https://doi.org/10.1787/888933806218

付録2

表X2.4c. [2/2] 最低限の教員資格を持つ教員の勤続年数別法定給与（2017年）

最低限の教員資格を持つ国公立教育機関の教員の年間法定給与（各国通貨）

	前期中等教育、普通プログラム				後期中等教育、普通プログラム			
	初任給	勤続10年の給与	勤続15年の給与	最高給与	初任給	勤続10年の給与	勤続15年の給与	最高給与
	(9)	(10)	(11)	(12)	(13)	(14)	(15)	(16)
国								
オーストラリア	67 032	94 683	95 524	95 524	67 029	94 683	95 524	95 524
オーストリア	34 478	40 070	44 824	66 970	34 519	43 410	49 086	71 377
カナダ[1]	50 300	74 878	78 322	78 322	50 300	74 878	78 322	78 322
チリ	10 662 024	13 199 333	15 578 131	19 914 696	10 934 868	13 563 307	15 978 448	20 460 384
チェコ共和国	270 696	287 748	300 636	355 644	270 948	288 000	300 552	355 092
デンマーク	380 228	425 144	439 604	439 604	360 909	469 025	469 025	469 025
エストニア	11 832	a	a	a	11 832	a	a	a
フィンランド[2]	35 145	40 682	43 122	45 710	37 268	44 759	46 549	49 342
フランス[3]	26 917	30 479	32 515	46 892	26 917	30 479	32 515	46 892
ドイツ	52 818	60 964	63 857	69 353	53 076	64 506	67 532	76 778
ギリシャ	13 104	14 424	15 744	24 324	13 104	14 424	15 744	24 324
ハンガリー	2 353 176	2 869 304	3 081 845	4 038 279	2 353 176	3 176 788	3 412 105	4 471 034
アイスランド	5 774 574	6 004 410	6 375 566	6 375 566	4 901 080	5 136 556	5 282 008	6 688 420
アイルランド	33 806	52 429	56 701	65 912	33 806	52 429	56 701	65 912
イスラエル	89 057	127 633	143 100	185 669	91 296	119 759	134 624	198 075
イタリア	24 849	27 527	30 340	37 211	24 849	28 196	31 189	38 901
日本	3 282 000	4 698 000	5 528 000	6 854 000	3 282 000	4 698 000	5 528 000	7 035 000
韓国	29 947 320	44 602 680	52 147 200	85 220 520	29 227 320	43 882 680	51 427 200	84 500 520
ラトビア	8 160	a	a	a	8 160	a	a	a
ルクセンブルグ[4]	80 094	100 117	110 482	139 222	80 094	100 117	110 482	139 222
メキシコ	256 889	326 021	410 549	517 194	498 450	576 774	615 769	665 902
オランダ	36 891	56 570	64 994	75 435	36 891	56 570	64 994	75 435
ニュージーランド	49 590	66 636	60 061	60 061	51 200	73 650	60 500	60 500
ノルウェー	415 800	469 400	469 400	487 000	415 800	469 400	469 400	487 000
ポーランド	25 987	34 476	42 040	43 816	29 368	39 395	48 105	50 145
ポルトガル	22 224	27 059	28 713	44 207	22 224	27 059	28 713	44 207
スロバキア共和国[5]	7 806	9 372	10 974	11 832	7 806	9 372	10 974	11 832
スロベニア[5]	18 087	22 320	27 210	32 480	18 087	22 320	27 210	32 480
スペイン	32 080	34 787	37 007	45 318	32 080	34 787	37 007	45 318
スウェーデン[1,5,6]	360 000	405 570	420 000	488 400	360 000	419 460	430 200	500 400
スイス[7]	89 499	113 137	m	137 125	100 725	129 235	m	154 434
トルコ	42 056	43 667	46 252	53 395	42 056	43 667	46 252	53 395
アメリカ合衆国[5,6]	39 707	46 751	50 847	56 687	40 517	46 342	51 542	60 823
地域								
フラマン語圏（ベルギー）[5]	31 673	39 719	44 717	54 713	31 673	39 719	44 717	54 713
フランス語圏（ベルギー）	30 744	38 444	43 283	52 962	35 965	43 756	48 595	58 274
イングランド（イギリス）	16 461	a	a	26 034	16 461	a	a	26 034
スコットランド（イギリス）	26 895	35 763	35 763	35 763	26 895	35 763	35 763	35 763
アルゼンチン	m	m	m	m	m	m	m	m
ブラジル	30 651	m	m	m	30 651	m	m	m
中国	m	m	m	m	m	m	m	m
コロンビア	m	m	m	m	m	m	m	m
コスタリカ	5 142 258	6 087 818	6 560 598	7 978 938	5 142 258	6 087 818	6 560 598	7 978 938
インド	m	m	m	m	m	m	m	m
インドネシア	m	m	m	m	m	m	m	m
リトアニア	9 803	9 897	9 960	10 054	9 803	9 897	9 960	10 054
ロシア	m	m	m	m	m	m	m	m
サウジアラビア	m	m	m	m	m	m	m	m
南アフリカ	m	m	m	m	m	m	m	m

注：詳細は「定義」と「算定方法」を参照。データはEducation at a Glance Database（http://stats.oecd.org/）で参照可能。
1. 雇用者負担の社会保険料及び年金保険料を含まない。
2. 就学前教育の教員のデータに、過半数を占める幼稚園教員の給与を含む。
3. 前期中等教育及び後期中等教育教員は、平均の超過勤務固定手当を含む。
4. 雇用主負担の社会保険料及び年金保険料を含む。
5. 後期中等教育段階では、職業プログラムの教員を含む（スロベニアは、職業プログラム内で普通プログラムの教科を教える職業プログラムの教員のみを含む）。
6. 実際の基本給与。
7. 縦列の2、6、10、14は勤続11年の給与。
資料：OECD（2018）。詳細は「資料」を参照。付録3の注を参照（http://dx.doi.org/10.1787/eag-2018-36-en）。
表中の省略記号については、「利用にあたって」を参照。

StatLink : https://doi.org/10.1787/888933806218

付録2

表X2.4f. [1/2] 教員給与の算定に用いた参照データ（2000年、2005〜2017年）

		個人消費購買力平価(PPP)[1]				
		2015年	2016年	2017年	2016年1月	2017年1月
		(1)	(2)	(3)	(4)	(5)
OECD加盟国	**国**					
	オーストラリア	1.56	1.60	1.60	1.58	1.60
	オーストリア	0.85	0.85	0.85	0.85	0.85
	カナダ	1.34	1.36	1.36	1.35	1.36
	チリ	445.77	455.09	455.09	450.43	455.09
	チェコ共和国	14.25	14.28	14.28	14.26	14.28
	デンマーク	8.33	8.42	8.42	8.38	8.42
	エストニア	0.61	0.61	0.61	0.61	0.61
	フィンランド	0.98	0.97	0.97	0.98	0.97
	フランス[2]	0.88	0.87	0.87	0.87	0.87
	ドイツ	0.84	0.83	0.83	0.83	0.83
	ギリシャ	0.69	0.68	0.68	0.68	0.68
	ハンガリー	148.55	149.39	149.39	148.97	149.39
	アイスランド	155.60	161.50	161.50	158.55	161.50
	アイルランド	1.00	1.00	1.00	1.00	1.00
	イスラエル	4.48	4.42	4.42	4.45	4.42
	イタリア	0.83	0.81	0.81	0.82	0.81
	日本	109.24	107.15	107.15	108.19	107.15
	韓国	999.59	1 003.75	1 003.75	1 001.67	1 003.75
	ラトビア	0.57	0.57	0.57	0.57	0.57
	ルクセンブルグ	1.01	1.01	1.01	1.01	1.01
	メキシコ	9.84	10.11	10.11	9.98	10.11
	オランダ	0.89	0.89	0.89	0.89	0.89
	ニュージーランド	1.63	1.64	1.64	1.64	1.64
	ノルウェー	10.20	10.50	10.50	10.35	10.50
	ポーランド	1.89	1.88	1.88	1.88	1.88
	ポルトガル	0.68	0.68	0.68	0.68	0.68
	スロバキア共和国	0.55	0.55	0.55	0.55	0.55
	スロベニア	0.67	0.67	0.67	0.67	0.67
	スペイン	0.74	0.74	0.74	0.74	0.74
	スウェーデン	9.43	9.58	9.58	9.51	9.58
	スイス	1.42	1.41	1.41	1.42	1.41
	トルコ	1.49	1.60	1.60	1.55	1.60
	アメリカ合衆国	1.00	1.00	1.00	1.00	1.00
	地域					
	フラマン語圏(ベルギー)[3]	0.87	0.88	0.88	0.87	0.88
	フランス語圏(ベルギー)[3]	0.87	0.88	0.88	0.87	0.88
	イングランド(イギリス)[4]	0.81	0.80	0.80	0.80	0.80
	スコットランド(イギリス)[4]	0.81	0.80	0.80	0.80	0.80
OECD非加盟国	アルゼンチン	m	m	m	m	m
	ブラジル	2.04	2.19	2.19	1.88	2.19
	中国	m	m	m	m	m
	コロンビア	1 291.74	1 371.54	1 371.54	1 331.64	1 371.54
	コスタリカ	377.96	373.24	373.24	375.60	373.24
	インド	m	m	m	m	m
	インドネシア	m	m	m	m	m
	リトアニア	0.50	0.51	0.51	0.50	0.51
	ロシア	23.86	24.88	24.88	24.37	24.88
	サウジアラビア	m	m	m	m	m
	南アフリカ	m	m	m	m	m

注：詳細は「定義」と「算定方法」を参照。データはEducation at a Glance Database（http://stats.oecd.org/）で参照可能。
1. 現在のユーロ圏諸国の購買力平価とGDPは、ユーロを用いている。
2. 2016年1月の購買力平価のデータについては、調査年は2015年1月。
3. 購買力平価とデフレーターのデータはベルギー全体のデータである。
4. 購買力平価とデフレーターのデータはイギリス全体のデータである。
資料：OECD（2018）。詳細は「資料」を参照。付録3の注を参照（http://dx.doi.org/10.1787/eag-2018-36-en）。
表中の省略記号については、「利用にあたって」を参照。
StatLink：https://doi.org/10.1787/888933806237

521

付録2

表X2.4f. [2/2] 教員給与の算定に用いた参照データ（2000年、2005～2017年）

| | 個人消費デフレーター（2005年＝100） | | | | | | | | | | | | | | 法定給与データの調査年 | 実際の給与データの調査年 |
| | 2000年1月 | 2005年1月 | 2006年1月 | 2007年1月 | 2008年1月 | 2009年1月 | 2010年1月 | 2011年1月 | 2012年1月 | 2013年1月 | 2014年1月 | 2015年1月 | 2016年1月 | 2017年1月 | | |
	(6)	(7)	(8)	(9)	(10)	(11)	(12)	(13)	(14)	(15)	(16)	(17)	(18)	(19)	(20)	(21)
国																
オーストラリア	88	100	103	106	110	113	116	118	121	124	127	130	131	132	2017	2016
オーストリア	91	100	102	105	107	108	110	112	115	118	121	123	124	125	2016/17	2015/16
カナダ	91	100	101	103	105	105	106	108	110	111	113	115	116	117	2016/17	m
チリ	86	100	104	107	113	118	121	125	129	133	138	146	153	157	2017	2016
チェコ共和国	90	100	101	104	108	111	112	113	115	117	117	118	118	118	2016/17	2015/16
デンマーク	92	100	102	104	106	109	111	113	116	118	119	120	120	120	2016/17	2015/16
エストニア	82	100	105	112	121	126	128	134	141	145	148	148	149	149	2016/17	2015/16
フィンランド	93	100	101	103	106	108	110	113	116	119	121	122	123	123	2017	2015/16
フランス[2]	92	100	102	104	107	107	107	109	111	112	112	112	112	112	2016/17	2015
ドイツ	93	100	101	103	104	105	106	108	110	111	112	113	114	114	2016/17	2015/16
ギリシャ	87	100	103	107	111	114	116	120	121	121	118	115	114	114	2016/17	2015/16
ハンガリー	73	100	103	108	115	121	125	130	136	142	144	144	144	144	2016/17	2016
アイスランド	82	100	104	110	121	139	150	154	161	169	174	177	179	180	2016/17	2016
アイルランド	83	100	102	105	107	105	100	100	101	102	104	105	106	107	2016/17	2015/16
イスラエル	93	100	102	104	107	111	114	118	121	123	124	124	123	123	2016/17	2015/16
イタリア	87	100	102	105	108	109	110	112	115	117	118	118	118	118	2016/17	2015/16
日本	105	100	100	99	99	98	96	94	94	93	94	95	95	94	2016/17	2015
韓国	84	100	102	104	107	111	114	117	121	123	124	125	126	127	2017	2017
ラトビア	77	100	110	122	137	143	139	141	148	150	152	153	152	153	2016/17	2015/16
ルクセンブルグ	90	100	103	105	108	109	110	112	115	117	118	118	118	118	2016/17	2015/16
メキシコ	80	100	104	109	115	121	127	132	137	142	147	153	159	161	2016/17	2016/17
オランダ	88	100	102	105	107	107	107	109	111	113	115	115	116	116	2016/17	2015/16
ニュージーランド	92	100	102	105	108	111	113	116	118	119	119	120	121	121	2017	2016
ノルウェー	91	100	101	103	106	109	111	113	114	116	118	121	125	127	2016/17	2015/16
ポーランド	84	100	102	104	107	111	113	118	122	125	125	124	123	123	2016/17	2015/16
ポルトガル	85	100	104	107	111	111	111	113	115	116	117	118	119	119	2016/17	2015/16
スロバキア共和国	76	100	104	108	111	114	115	117	122	125	125	125	125	125	2016/17	2015/16
スロベニア	76	100	102	106	111	114	116	117	119	121	121	121	120	120	2016/17	2015/16
スペイン	85	100	104	107	111	112	113	115	118	120	121	121	121	120	2016/17	2015/16
スウェーデン	93	100	101	102	105	108	110	111	113	113	114	115	117	117	2016	2016
スイス	97	100	101	102	104	105	105	105	105	104	103	103	102	102	2017	2017
トルコ	28	100	109	118	128	138	147	160	174	186	199	212	227	235	2016/17	2015/16
アメリカ合衆国	90	100	103	105	108	110	111	113	116	117	119	120	121	122	2016/17	2015/16
地域																
フラマン語圏（ベルギー）[3]	90	100	103	106	109	111	111	114	117	119	120	120	121	122	2016/17	2015/16
フランス語圏（ベルギー）[3]	90	100	103	106	109	111	111	114	117	119	120	120	121	122	2016/17	2017
イングランド（イギリス）[4]	95	100	102	105	108	111	112	115	119	121	124	125	126	126	2016/17	2015/16
スコットランド（イギリス）[4]	95	100	102	105	108	111	112	115	119	121	124	125	126	126	2016/17	2015/16
アルゼンチン	m	m	m	m	m	m	m	m	m	m	m	m	m	m	m	m
ブラジル	65	100	106	112	118	126	135	144	156	168	179	194	213	223	2017	2014
中国	m	m	m	m	m	m	m	m	m	m	m	m	m	m	m	m
コロンビア	72	100	104	109	115	120	124	128	133	136	140	147	156	162	m	m
コスタリカ	56	100	115	129	144	154	159	167	173	178	185	189	188	188	2017	2016
インド	m	m	m	m	m	m	m	m	m	m	m	m	m	m	m	m
インドネシア	m	m	m	m	m	m	m	m	m	m	m	m	m	m	m	m
リトアニア	99	100	104	109	118	127	131	134	139	142	142	142	142	143	2016/17	2016/17
ロシア	48	100	110	120	132	148	160	172	185	196	210	235	264	276	m	m
サウジアラビア	m	m	m	m	m	m	m	m	m	m	m	m	m	m	m	m
南アフリカ	m	m	m	m	m	m	m	m	m	m	m	m	m	m	m	m

注：詳細は「定義」と「算定方法」を参照。データはEducation at a Glance Database（http://stats.oecd.org/）で参照可能。
1. 現在のユーロ圏諸国の購買力平価とGDPは、ユーロを用いている。
2. 2016年1月の購買力平価のデータについては、調査年は2015年1月。
3. 購買力平価とデフレーターのデータはベルギー全体のデータである。
4. 購買力平価とデフレーターのデータはイギリス全体のデータである。
資料：OECD（2018）。詳細は「資料」を参照。付録3の注を参照（http://dx.doi.org/10.1787/eag-2018-36-en）。
表中の省略記号については、「利用にあたって」を参照。

StatLink：https://doi.org/10.1787/888933806237

表X2.4g. ［1/2］各国通貨による実際の教員給与の平均の推移 （2000年、2005年、2010～2016年）

25～64歳教員の実際の年間給与（賞与と手当を含む）の平均

	就学前教育				初等教育			
	2000年	2005年	2010年	2016年	2000年	2005年	2010年	2016年
国	(1)	(2)	(3)	(9)	(10)	(11)	(12)	(18)
オーストラリア	m	m	77 641	86 445	m	m	78 352	86 856
オーストリア[1]	m	m	m	m	m	m	m	48 335
カナダ	m	m	m	m	m	m	m	m
チリ	m	m	m	13 359 310	m	m	m	12 792 300
チェコ共和国	m	m	228 603	288 610	m	m	290 682	343 200
デンマーク[2]	m	m	372 336	372 319[b]	m	m	452 337	445 044[b]
エストニア	m	m	m	9 606	m	m	m	14 283
フィンランド[3]	m	m	29 759	32 736	28 723	35 654	40 458	44 278
フランス	m	m	31 448	33 775	m	m	30 876	32 931
ドイツ	m	m	m	m	m	m	m	54 747
ギリシャ	m	m	m	16 897	m	m	m	16 897
ハンガリー	m	m	2 217 300	3 400 080	m	m	2 473 800	3 593 496
アイスランド	m	m	m	5 730 000	m	m	m	6 274 000
アイルランド	m	m	m	m	m	m	m	m
イスラエル	m	m	110 959	156 585	m	m	123 151	164 323
イタリア	m	m	25 774	28 041	m	m	25 774	28 041
日本	m	m	m	m	m	m	m	m
韓国	m	m	m	m	m	m	m	m
ラトビア	m	m	m	7 026	m	m	m	7 139
ルクセンブルグ	m	m	88 315	97 456	m	m	88 315	97 456
メキシコ	m	m	m	m	m	m	m	m
オランダ	m	m	43 374	47 427	m	m	43 374	47 427
ニュージーランド	m	m	m	m	m	m	m	69 588
ノルウェー	m	289 548	368 580	456 640	m	348 877	422 930	514 941
ポーランド	m	m	40 626	49 555	m	m	46 862	57 477
ポルトガル	m	m	m	31 995	m	m	m	29 401
スロバキア共和国	m	m	m	9 589	m	m	m	12 813
スロベニア[4]	m	m	m	19 267[b]	m	m	m	24 315[b]
スペイン	m	m	m	m	m	m	m	m
スウェーデン[5]	204 516	252 268	296 997	358 334	239 887	288 154	323 621	405 490
スイス	m	m	m	m	m	m	m	m
トルコ	m	m	m	34 242	m	m	m	34 242
アメリカ合衆国	38 028	40 268	48 103	51 295	38 746	41 059	49 133	52 197
地域								
フラマン語圏（ベルギー）	m	m	41 046	44 833	m	m	41 543	45 192
フランス語圏（ベルギー）	m	m	m	43 622	m	m	m	42 865
イングランド（イギリス）	22 968	29 418	33 680	32 635	22 968	29 418	33 680	32 635
スコットランド（イギリス）[6]	m	m	31 884	33 534	m	m	31 884	33 534
アルゼンチン	m	m	m	m	m	m	m	m
ブラジル	m	m	m	41 278	m	m	m	42 661
中国	m	m	m	m	m	m	m	m
コロンビア	m	m	m	m	m	m	m	m
コスタリカ	m	m	m	m	m	m	m	m
インド	m	m	m	m	m	m	m	m
インドネシア	m	m	m	m	m	m	m	m
リトアニア	m	m	m	10 617	m	m	m	10 617
ロシア[7]	m	m	m	m	m	m	m	m
サウジアラビア	m	m	m	m	m	m	m	m
南アフリカ	m	m	m	m	m	m	m	m

注：2011～2014年（4～8列、13～17列、22～26列、31～35列）のデータは、ホームページで参照可能。データはEducation at a Glance Database（http://stats.oecd.org/）で参照可能。
1. 2015年以前のデータには、学校長、副校長、教頭の実際の給与データも含む。
2. 就学前教育の数値に、早期幼児発達教育プログラムの教員の給与データを含む。
3. 過半数の教員に関するデータを含む。すなわち、就学前教育段階の教員は幼稚園教員のみである。
4. 就学前教育の数値には、就学前教育の教員助手の給与データも含む（2011～2015年）。
5. 実際の平均給与に賞与と手当を含まない。
6. 年齢には関わりなく、すべての教員を含む。
7. 教えている教育段階に関わりなく、全教員の実際の給与の平均。
資料：OECD（2018）。詳細は「資料」を参照。付録3の注を参照（http://dx.doi.org/10.1787/eag-2018-36-en）。
表中の省略記号については、「利用にあたって」を参照。

StatLink：https://doi.org/10.1787/888933806256

表X2.4g. [2/2] 各国通貨による実際の教員給与の平均の推移 (2000年、2005年、2010〜2016年)

25〜64歳教員の実際の年間給与（賞与と手当を含む）の平均

	前期中等教育				後期中等教育			
	2000年	2005年	2010年	2016年	2000年	2005年	2010年	2016年
	(19)	(20)	(21)	(27)	(28)	(29)	(30)	(36)
国								
オーストラリア	m	m	78 221	87 487	m	m	78 225	87 487
オーストリア[1]	m	m	m	56 559	m	m	m	61 326
カナダ	m	m	m	m	m	m	m	m
チリ	m	m	m	13 017 993	m	m	m	14 093 804
チェコ共和国	m	m	289 771	341 870	m	m	313 534	355 020
デンマーク[2]	m	m	457 728	449 917[b]	m	m	m	514 715[b]
エストニア	m	m	m	14 283	m	m	m	14 283
フィンランド[3]	32 919	39 519	44 421	48 796	37 728	44 051	49 808	55 020
フランス	m	m	37 198	38 418	m	m	41 789	43 265
ドイツ	m	m	m	60 476	m	m	m	64 000
ギリシャ	m	m	m	18 212	m	m	m	18 212
ハンガリー	m	m	2 473 800	3 593 496	m	m	2 814 100	3 859 716
アイスランド	m	m	m	6 274 000	m	m	5 172 300	8 565 000
アイルランド	m	m	m	m	m	m	m	m
イスラエル	m	m	126 309	177 428	m	m	133 790	166 928
イタリア	m	m	27 170	28 370	m	m	28 986	29 860
日本	m	m	m	m	m	m	m	m
韓国	m	m	m	m	m	m	m	m
ラトビア	m	m	m	8 647	m	m	m	10 075
ルクセンブルグ	m	m	101 471	109 315	m	m	101 471	109 315
メキシコ	m	m	m	m	m	m	m	m
オランダ	m	m	52 831	59 445	m	m	52 831	59 445
ニュージーランド	m	m	m	70 997	m	m	m	76 423
ノルウェー	m	348 877	422 930	514 941	m	372 694	449 704	560 205
ポーランド	m	m	47 410	59 473	m	m	46 147	57 988
ポルトガル	m	m	m	28 909	m	m	m	31 489
スロバキア共和国	m	m	m	12 813	m	m	m	12 841
スロベニア[4]	m	m	m	24 816[b]	m	m	m	26 220[b]
スペイン	m	m	m	m	m	m	m	m
スウェーデン[5]	247 793	290 058	324 639	418 415	265 488	315 592	347 967	431 081
スイス	m	m	m	m	m	m	m	m
トルコ	m	m	m	34 242	m	m	m	34 242
アメリカ合衆国	39 500	41 873	50 158	54 000	41 124	43 588	52 188	55 992
地域								
フラマン語圏（ベルギー）	m	m	41 277	43 754	m	m	54 381	56 758
フランス語圏（ベルギー）	m	m	m	41 820	m	m	m	53 183
イングランド（イギリス）	25 347	32 355	36 173	36 490	25 347	32 355	36 173	36 490
スコットランド（イギリス）[6]	m	m	31 884	33 534	m	m	31 884	33 534
アルゼンチン	m	m	m	m	m	m	m	m
ブラジル	m	m	m	43 621	m	m	m	45 242
中国	m	m	m	m	m	m	m	m
コロンビア	m	m	m	m	m	m	m	m
コスタリカ	m	m	m	m	m	m	m	m
インド	m	m	m	m	m	m	m	m
インドネシア	m	m	m	m	m	m	m	m
リトアニア	m	m	m	10 617	m	m	m	10 617
ロシア[7]	m	m	m	m	m	m	m	m
サウジアラビア	m	m	m	m	m	m	m	m
南アフリカ	m	m	m	m	m	m	m	m

注：2011〜2014年（4〜8列、13〜17列、22〜26列、31〜35列）のデータは、ホームページで参照可能。データはEducation at a Glance Database（http://stats.oecd.org/）で参照可能。
1. 2015年以前のデータには、学校長、副校長、教頭の実際の給与データも含む。
2. 就学前教育の数値に、早期幼児発達教育プログラムの教員の給与データを含む。
3. 過半数の教員に関するデータを含む。すなわち、就学前教育段階の教員は幼稚園教員のみである。
4. 就学前教育の数値には、就学前教育の教員助手の給与データも含む（2011〜2015年）。
5. 実際の平均給与に賞与と手当を含まない。
6. 年齢には関わりなく、すべての教員を含む。
7. 教えている教育段階に関わりなく、全教員の実際の給与の平均。
資料：OECD（2018）。詳細は「資料」を参照。付録3の注を参照（http://dx.doi.org/10.1787/eag-2018-36-en）。
表中の省略記号については、「利用にあたって」を参照。

StatLink：https://doi.org/10.1787/888933806256

付録2

表X2.5. 教員の教員資格別割合（2017年）

最低限の（及び最も一般的な）教員資格を持つ教員

	就学前教育			初等教育			前期中等教育			後期中等教育		
	「最低限の」教員資格と「最も一般的な」教員資格を区別している	教職に就くための最低限の教員資格に基づく給与範囲の教員の割合(2017年)	教職に就くための最低限の資格よりも高い（及び最も一般的な）資格に基づく給与範囲の教員の割合(2017年)	「最低限の」教員資格と「最も一般的な」教員資格を区別している	教職に就くための最低限の教員資格に基づく給与範囲の教員の割合(2017年)	教職に就くための最低限の資格よりも高い（及び最も一般的な）資格に基づく給与範囲の教員の割合(2017年)	「最低限の」教員資格と「最も一般的な」教員資格を区別している	教職に就くための最低限の教員資格に基づく給与範囲の教員の割合(2017年)	教職に就くための最低限の資格よりも高い（及び最も一般的な）資格に基づく給与範囲の教員の割合(2017年)	「最低限の」教員資格と「最も一般的な」教員資格を区別している	教職に就くための最低限の教員資格に基づく給与範囲の教員の割合(2017年)	教職に就くための最低限の資格よりも高い（及び最も一般的な）資格に基づく給与範囲の教員の割合(2017年)
	(1)	(2)	(3)	(4)	(5)	(6)	(7)	(8)	(9)	(10)	(11)	(12)

国（OECD加盟国）

国	(1)	(2)	(3)	(4)	(5)	(6)	(7)	(8)	(9)	(10)	(11)	(12)
オーストラリア	m	m	m	m	m	m	m	m	m	m	m	m
オーストリア	m	m	m	いいえ	100	a	いいえ	100	a	いいえ	100	a
カナダ	a	m	m	はい	m	m	はい	m	m	はい	m	m
チリ	いいえ	m	a	いいえ	m	a	いいえ	m	a	いいえ	m	a
チェコ共和国	いいえ	92	a	いいえ	100	a	いいえ	100	a	いいえ	100	a
デンマーク	いいえ	100	a	いいえ	100	a	いいえ	100	a	いいえ	100	a
エストニア	a	a	a	a	a	a	a	a	a	a	a	a
フィンランド	いいえ	90	a	いいえ	99	a	いいえ	96	a	いいえ	91	a
フランス	いいえ	98	a	いいえ	98	a	いいえ	87	a	いいえ	67	a
ドイツ	いいえ	m	a	いいえ	100	a	いいえ	100	a	いいえ	100	a
ギリシャ	いいえ	100	a	いいえ	100	a	いいえ	100	a	いいえ	100	a
ハンガリー	いいえ	m	a	いいえ	m	a	いいえ	m	a	いいえ	m	a
アイスランド	いいえ	46	a	いいえ	96	a	いいえ	96	a	いいえ	86	a
アイルランド	いいえ	m	a	いいえ	16	a	いいえ	17	a	いいえ	17	a
イスラエル	いいえ	72	a	いいえ	63	a	いいえ	50	a	いいえ	49	a
イタリア	いいえ	100	a	いいえ	100	a	いいえ	100	a	いいえ	100	a
日本	m	m	m	いいえ	m	a	いいえ	m	a	いいえ	m	a
韓国	はい	2	33	いいえ	55	a	はい	11	37	はい	9	33
ラトビア	いいえ	100	a	いいえ	100	a	いいえ	100	a	いいえ	100	a
ルクセンブルグ	いいえ	76	a	いいえ	83	a	いいえ	69	a	いいえ	84	a
メキシコ	いいえ	m	a	いいえ	m	a	いいえ	m	a	いいえ	m	a
オランダ	いいえ	100	a	いいえ	100	a	いいえ	100	a	いいえ	100	a
ニュージーランド	はい	m	m	はい	m	m	はい	a	m	はい	m	0
ノルウェー	いいえ	m	m	はい	39	37	はい	39	37	はい	9	53
ポーランド	はい	m	m	はい	m	m	はい	m	m	はい	m	m
ポルトガル	いいえ	100	a	いいえ	100	a	いいえ	100	a	いいえ	100	a
スロバキア共和国	いいえ	m	a	いいえ	m	a	いいえ	m	a	いいえ	m	a
スロベニア	いいえ	100	a	いいえ	100	a	いいえ	100	a	いいえ	100	a
スペイン	いいえ	100	a	いいえ	100	a	いいえ	100	a	いいえ	100	a
スウェーデン	いいえ	100	a	いいえ	100	a	いいえ	100	a	いいえ	100	a
スイス	いいえ	m	m	いいえ	m	m	いいえ	m	m	いいえ	m	m
トルコ	いいえ	m	a	いいえ	m	a	いいえ	m	a	いいえ	m	a
アメリカ合衆国	いいえ	49	a	はい	44	46	はい	40	48	はい	35	50

地域

地域	(1)	(2)	(3)	(4)	(5)	(6)	(7)	(8)	(9)	(10)	(11)	(12)
フラマン語圏（ベルギー）	いいえ	100	a	いいえ	100	a	いいえ	96	a	はい	38	62
フランス語圏（ベルギー）	いいえ	99	a	いいえ	95	a	いいえ	88	a	はい	9	82
イングランド（イギリス）	はい	0	99	はい	0	99	はい	0	100	はい	0	100
スコットランド（イギリス）	いいえ	100	a	いいえ	100	a	いいえ	100	a	いいえ	100	a

OECD非加盟国

	(1)	(2)	(3)	(4)	(5)	(6)	(7)	(8)	(9)	(10)	(11)	(12)
アルゼンチン	m	m	m	m	m	m	m	m	m	m	m	m
ブラジル	いいえ	m	a	いいえ	m	a	いいえ	m	a	いいえ	m	a
中国	m	m	m	m	m	m	m	m	m	m	m	m
コロンビア	m	m	m	m	m	m	m	m	m	m	m	m
コスタリカ	はい	0	93	はい	0	77	はい	0	43	はい	0	43
インド	m	m	m	m	m	m	m	m	m	m	m	m
インドネシア	m	m	m	m	m	m	m	m	m	m	m	m
リトアニア	いいえ	m	a	いいえ	m	a	いいえ	m	a	いいえ	m	a
ロシア	m	m	m	m	m	m	m	m	m	m	m	m
サウジアラビア	m	m	m	m	m	m	m	m	m	m	m	m
南アフリカ	m	m	m	m	m	m	m	m	m	m	m	m

注：詳細は「定義」と「算定方法」を参照。データはEducation at a Glance Database（http://stats.oecd.org/）で参照可能。
資料：OECD（2018）。詳細は「資料」を参照。付録3の注を参照（http://dx.doi.org/10.1787/eag-2018-36-en）。
表中の省略記号については、「利用にあたって」を参照。

StatLink: https://doi.org/10.1787/888933806275

表X2.6. 就学前・初等・前期中等・後期中等教育教員の学歴別の割合（2017年）

		就学前教育			初等教育			前期中等教育			後期中等教育		
		ISCED 5 以下	ISCED 6	ISCED 7 または8	ISCED 5 以下	ISCED 6	ISCED 7 または8	ISCED 5 以下	ISCED 6	ISCED 7 または8	ISCED 5 以下	ISCED 6	ISCED 7 または8
		(1)	(2)	(3)	(4)	(5)	(6)	(7)	(8)	(9)	(10)	(11)	(12)
OECD加盟国	**国**												
	オーストラリア	m	m	m	m	m	m	m	m	m	m	m	m
	オーストリア	m	m	m	m	m	m	m	m	m	m	m	m
	カナダ	m	m	m	m	m	m	m	m	m	m	m	m
	チリ	1	99[d]	x(2)	1	99[d]	x(5)	1	99[d]	x(8)	0	100[d]	x(11)
	チェコ共和国	77	15	8	7	4	89	6	5	89	3	3	94
	デンマーク	m	m	m	m	m	m	m	m	m	0	0	100
	エストニア	33	43	24	9	20	71	5	16	79	3	13	84
	フィンランド	27	67	6	3	7	90	3	5	92	0	1	99
	フランス[1]	19	67	14	19	67	14	7	67	26	7	67	26
	ドイツ	m	m	m	0	0	100	0	0	100	0	0	100
	ギリシャ	a	m	m	a	m	m	a	m	m	a	m	m
	ハンガリー	6	93	1	1	84	16	1	84	16	1	24	75
	アイスランド	6	92	2	2	87	11	2	87	11	m	m	m
	アイルランド	m	m	m	m	m	m	m	m	m	m	m	m
	イスラエル	8	73	19	5	64	31	3	51	46	9	48	43
	イタリア	m	m	m	m	m	m	m	m	m	m	m	m
	日本	m	m	m	m	m	m	m	m	m	m	m	m
	韓国	m	m	m	m	m	m	m	m	m	m	m	m
	ラトビア	19	81[d]	x(2)	14	86[d]	x(5)	6	94[d]	x(8)	2	98[d]	x(11)
	ルクセンブルグ	a	m	m	a	m	m	a	a	m	a	a	m
	メキシコ	13	79	8	3	88	9	7	80	13	m	m	m
	オランダ	a	83	17	a	83	17	a	62	38	a	62	38
	ニュージーランド	m	m	m	11	86	3	11	86	3	3	87	10
	ノルウェー	4	95	1	3	91	6	3	91	6	1	47	52
	ポーランド	3	8	88	1	3	96	0	2	98	0	1	99
	ポルトガル	a	13	88	a	9	91	a	4	96	a	3	97
	スロバキア共和国	m	m	m	m	m	m	m	m	m	m	m	m
	スロベニア	26	58	16	24	3	73	28	2	70	2	1	97
	スペイン	0	100	0	0	100	0	0	0	100	0	0	100
	スウェーデン	45	52	3	5	71	24	4	24	71	3	14	83
	スイス	m	m	m	m	m	m	m	m	m	m	m	m
	トルコ	m	m	m	m	m	m	m	m	m	m	m	m
	アメリカ合衆国	2	47	51	2	42	56	2	39	59	4	34	62
	地域												
	フラマン語圏（ベルギー）	1	99	0	1	98	1	0	100	0	0	0	100
	フランス語圏（ベルギー）	0	99	1	1	95	3	1	84	15	1	10	89
	イングランド（イギリス）	m	m	m	m	m	m	m	m	m	m	m	m
	スコットランド（イギリス）	m	100[d]	x(2)	a	100[d]	x(5)	a	100[d]	x(8)	a	100[d]	x(11)
OECD非加盟国	アルゼンチン	m	m	m	m	m	m	m	m	m	m	m	m
	ブラジル	28	72	0	23	77	1	11	87	2	5	92	2
	中国	m	m	m	m	m	m	m	m	m	m	m	m
	コロンビア	m	m	m	m	m	m	m	m	m	m	m	m
	コスタリカ	m	m	m	m	m	m	m	m	m	m	m	m
	インド	m	m	m	m	m	m	m	m	m	m	m	m
	インドネシア	m	m	m	m	m	m	m	m	m	m	m	m
	リトアニア	m	m	m	m	m	m	m	m	m	m	m	m
	ロシア	m	m	m	m	m	m	m	m	m	m	m	m
	サウジアラビア	m	m	m	m	m	m	m	m	m	m	m	m
	南アフリカ	m	m	m	m	m	m	m	m	m	m	m	m

注：詳細は「定義」と「算定方法」を参照。データは Education at a Glance Database（http://stats.oecd.org/）で参照可能。
1. 就学前教育段階のデータは、就学前教育段階と初等教育段階の教員の合計。前期中等教育段階のデータは、前期中等教育段階と後期中等教育段階の合計。
資料：OECD（2018）。詳細は「資料」を参照。付録3の注を参照（http://dx.doi.org/10.1787/eag-2018-36-en）。
表中の省略記号については、「利用にあたって」を参照。

StatLink : https://doi.org/10.1787/888933806370

付録

3

資料・算定方法・テクニカルノート

付録3の資料・算定方法・テクニカルノートは
下記ホームページを参照。

http://dx.doi.org/10.1787/eag-2018-36-en

『図表でみる教育』 出版への協力者

OECDは、『図表でみる教育OECDインディケータ（2018年版）』の出版にあたり、積極的な協力の提供を受けた各国政府関係者、研究者、専門家の方々の名前を下記に示し、その貴重な協力への感謝の気持ちを表したい。

INES ワーキング・パーティー

Ms Ana COPES （アルゼンチン）
Ms Inés CRUZALEGUI （アルゼンチン）
Mr Juan Manuel CORVALAN ESPINA （アルゼンチン）
Mr Karl BAIGENT （オーストラリア）
Mr Paul CMIEL （オーストラリア）
Mr Patrick DONALDSON （オーストラリア）
Mr Stuart FAUNT （オーストラリア）
Ms Kee HIAUJOO （オーストラリア）
Ms Rebecca SMEDLEY （オーストラリア）
Mr Andreas GRIMM （オーストリア）
Ms Sabine MARTINSCHITZ （オーストリア）
Mr Mark NÉMET （オーストリア）
Mr Wolfgang PAULI （オーストリア）
Ms Helga POSSET （オーストリア）
Ms Natascha RIHA （オーストリア）
Mr Philippe DIEU （ベルギー）
Ms Isabelle ERAUW （ベルギー）
Ms Nathalie JAUNIAUX （ベルギー）
Mr Guy STOFFELEN （ベルギー）
Mr Raymond VAN DE SIJPE （ベルギー）
Ms Ann VAN DRIESSCHE （ベルギー）
Mr Pieter VOS （ベルギー）
Mr Daniel Jaime CAPISTRANO DE OLIVEIRA （ブラジル）
Ms Juliana MARQUES DA SILVA （ブラジル）
Mr Patric BLOUIN （カナダ）
Mr Richard FRANZ （カナダ）
Ms Simone GREENBERG （カナダ）
Ms Amanda HODGKINSON （カナダ）
Ms Jolie LEMMON （カナダ）
Mr David McBRIDE （カナダ）
Mr Michael MARTIN （カナダ）
Ms Klarka ZEMAN （カナダ）
Mr Janusz ZIEMINSKI （カナダ）
Mr Ignacio LARRAGUIBEL （チリ）
Ms Paola LEIVA （チリ）
Mr Fabián RAMÍREZ （チリ）
Mr Juan SALAMANCA （チリ）
Mr Roberto SCHURCH （チリ）
Ms Constanza VIELMA （チリ）
Ms Claudia DÍAZ （コロンビア）
Ms Helga Milena HERNÁNDEZ （コロンビア）
Mr Javier Andrés RUBIO （コロンビア）
Ms Azucena Paola VALLEJO （コロンビア）

Ms Elsa Nelly VELASCO （コロンビア）
Mr Wilfer VALERO （コロンビア）
Ms Erika VILLAMIL （コロンビア）
Mr Andrés FERNÁNDEZ （コスタリカ）
Mr Miguel GUTIÉRREZ （コスタリカ）
Ms Eliecer RAMIREZ （コスタリカ）
Mr Vladimír HULÍK （チェコ共和国）
Ms Michaela MARŠÍKOVÁ （チェコ共和国）
Mr Lubomír MARTINEC （チェコ共和国）
Mr Jens ANDERSEN （デンマーク）
Mr Jens BJERRE （デンマーク）
Ms Susanne Irvang NIELSEN （デンマーク）
Ms Signe Tychsen PHILIP （デンマーク）
Ms Tiina ANNUS （エストニア）
Ms Katrin REIN （エストニア）
Ms Kadi SERBAK （エストニア）
Mr Jan PAKULSKI （欧州委員会）
Ms Christine COIN （欧州統計局，欧州委員会）
Mr Arnaud DESURMONT （欧州統計局，欧州委員会）
Mr Jacques LANNELUC （欧州統計局，欧州委員会）
Ms Malgorzata STADNIK （欧州統計局，欧州委員会）
Mr Mika TUONONEN （フィンランド）
Ms Kristiina VOLMARI （フィンランド）
Mr Cedric AFSA （フランス）
Ms Nathalie CARON （フランス）
Ms Marion DEFRESNE （フランス）
Ms Nadine ESQUIEU （フランス）
Ms Roselyne KERJOSSE （フランス）
Ms Florence LEFRESNE （フランス）
Ms Stéphanie LEMERLE （フランス）
Ms Valérie LIOGIER （フランス）
Ms Pascale POULET-COULIBANDO （フランス）
Mr Robert RAKOCEVIC （フランス）
Ms Marguerite RUDOLF （フランス）
Ms Julie SOLARD （フランス）
Mr Boubou TRAORE （フランス）
Ms Pia BRUGGER （ドイツ）
Mr Andreas SCHULZ （ドイツ）
Mr Hans-Werner FREITAG （ドイツ）
Mr Benny SCHNEIDER （ドイツ）
Mr Martin SCHULZE （ドイツ）
Ms Eveline VON GAESSLER （ドイツ）
Ms Susanne ZIEMEK （ドイツ）

『図表でみる教育』出版への協力者

Mr Michael LENZEN (ドイツ)
Ms Dimitra FARMAKIOTOU (ギリシャ)
Ms Maria FASSARI (ギリシャ)
Mr Antonios KRITIKOS (ギリシャ)
Ms Vassiliki MAKRI (ギリシャ)
Ms Evdokia OIKONOMOU (ギリシャ)
Mr Athanasios STAVROPOULOS (ギリシャ)
Ms Madga TRANTALLIDI (ギリシャ)
Mr István BUCSI SZABÓ (ハンガリー)
Ms Dóra GÉCZI (ハンガリー)
Ms Tünde HAGYMÁSY (ハンガリー)
Ms Sára HATONY (ハンガリー)
Mr Tamás HAVADY (ハンガリー)
Mr Tibor KÖNYVESI (ハンガリー)
Mr László LIMBACHER (ハンガリー)
Mr Krisztián SZÉLL (ハンガリー)
Mr Gunnar J. ÁRNASON (アイスランド)
Ms Ásta M. URBANCIC (アイスランド)
Ms Swapna BHATTACHARYA (インド)
Mr Tayyab MOHAMMAD (インド)
Ms Deirdre CULLEN (アイルランド)
Mr Pádraig MAC FHLANNCHADHA (アイルランド)
Ms Violeta MOLONEY (アイルランド)
Mr Diarmuid REIDY (アイルランド)
Ms Sophie ARTSEV (イスラエル)
Mr Yoav AZULAY (イスラエル)
Ms Orit BARANY (イスラエル)
Mr Matan CHOCRON (イスラエル)
Mr Yosef GIDANIAN (イスラエル)
Ms Osnat LANDAU (イスラエル)
Mr Daniel LEVI-MAZLOUM (イスラエル)
Ms Silvia Liplewski (イスラエル)
Ms Iris Avigail MATATYAHU (イスラエル)
Mr Haim PORTNOY (イスラエル)
Ms Michal SALANSKI (イスラエル)
Ms Naama STEINBERG (イスラエル)
Ms Einat Weiss (イスラエル)
Mr Massimiliano CICCIA (イタリア)
Ms Gemma DE SANCTIS (イタリア)
Ms Daniela DI ASCENZO (イタリア)
Ms Paola DI GIROLAMO (イタリア)
Ms Maria Teresa MORANA (イタリア)
Ms Claudia PIZZELLA (イタリア)
Mr Paolo SESTITO (イタリア)
Mr Paolo TURCHETTI (イタリア)
古舘尚史 (日本)
今村聡子 (日本)
亀岡雄 (日本)
桐生崇 (日本)
岸田紗季 (日本)
牧野浩司 (日本)
永見信吾 (日本)
笹井宏益 (日本)
髙橋憲一郎 (日本)

田中洋美 (日本)
丹生久美子 (日本)
Mr Chang Woan YANG (韓国)
Mr Ho Hyeong LEE (韓国)
Ms Yeong Ok KIM (韓国)
Ms Hee Kyung KWON (韓国)
Ms Won Hee NA (韓国)
Ms Sun Ae YUN (韓国)
Ms Eun Ji LEE (韓国)
Mr Yeon Cheon KIM (韓国)
Ms Han Nah KIM (韓国)
Ms Yoon Hee IM (韓国)
Ms Sol Hwi KIM (韓国)
Mr Hyo Jung JU (韓国)
Ms Gui Ah KIM (韓国)
Ms Anita Švarckopfa (ラトビア)
Mr Pēteris Veģis (ラトビア)
Mr Aleksandrs Aleksandrovs (ラトビア)
Mr Rolands Ņikitins (ラトビア)
Mr Viktors Kravčenko (ラトビア)
Mr Ričardas ALIŠAUSKAS (リトアニア)
Ms Salvinija CHOMIČIENĖ(リトアニア)
Ms Gailė DAPŠIENĖ(リトアニア)
Ms Rita DUKYNAITĖ(リトアニア)
Ms Daiva MARCINKEVIČIENĖ(リトアニア)
Ms Elisa MAZZUCATO (ルクセンブルグ)
Mr Antonio ÁVILA DÍAZ (メキシコ)
Ms Teresa BRACHO GONZÁLEZ (メキシコ)
Mr Marco CALDERÓN ARGOMEDO (メキシコ)
Mr Luis DEGANTE MÉNDEZ (メキシコ)
Mr René GÓMORA CASTILLO (メキシコ)
Mr Rolando Erick MAGAÑA RODRIGUEZ (メキシコ)
Mr Tomás RAMÍREZ REYNOSO (メキシコ)
Ms María del Carmen REYES GUERRERO (メキシコ)
Mr Héctor Virgilio ROBLES VASQUEZ (メキシコ)
Mr Gerardo H. TERRAZAS GONZÁLEZ (メキシコ)
Mr Lorenzo VERGARA LÓPEZ (メキシコ)
Ms Danielle ANDARABI (オランダ)
Mr Maarten BALVERS (オランダ)
Mr Joost SCHAACKE (オランダ)
Ms Priscilla TEDJAWIRJA (オランダ)
Ms Anouschka VAN DER MEULEN (オランダ)
Ms Floor VAN OORT (オランダ)
Ms Megan CHAMBERLAIN (ニュージーランド)
Ms Jessica FORKERT (ニュージーランド)
Mr David JAGGER (ニュージーランド)
Ms Nicola MARSHALL (ニュージーランド)
Mr Aaron NORGROVE (ニュージーランド)
Ms Beth RUST (ニュージーランド)
Mr David SCOTT (ニュージーランド)
Mr Zane VERRAN (ニュージーランド)
Ms Inga BILSTAD BRØYN (ノルウェー)
Mr Sadiq Kwesi BOATENG (ノルウェー)
Mr Øyvind KLUBBEN LEKNESSUND (ノルウェー)

Mr Christian Weisæth MONSBAKKEN（ノルウェー）
Mr Geir NYGÅRD（ノルウェー）
Mr Sverre RUSTAD（ノルウェー）
Ms Anne Marie RUSTAD HOLSETER（ノルウェー）
Ms Alette SCHREINER（ノルウェー）
Ms Suzanne SKJØRBERG（ノルウェー）
Ms Barbara ANTOSIEWICZ（ポーランド）
Ms Joanna DACIUK-DUBRAWSKA（ポーランド）
Ms Renata KORZENIOWSKA-PUCUŁEK（ポーランド）
Mr Andrzej KURKIEWICZ（ポーランド）
Ms Anna NOWOŻYŃSKA（ポーランド）
Ms Małgorzata ŻYRA（ポーランド）
Ms Mónica LUENGO（ポルトガル）
Mr Carlos Alberto MALACA（ポルトガル）
Ms Rute NUNES（ポルトガル）
Mr Marco PIMENTA（ポルトガル）
Ms Dora Pereira（ポルトガル）
Mr Joao PEREIRA DE MATOS（ポルトガル）
Mr José RAFAEL（ポルトガル）
Mr Nuno Miguel RODRIGUES（ポルトガル）
Mr Joaquim SANTOS（ポルトガル）
Mr Amaro Vieira（ポルトガル）
Mr Mark AGRANOVICH（ロシア）
Ms Julia ERMACHKOVA（ロシア）
Ms Irina SELIVERSTOVA（ロシア）
Mr Abdulrahman S. AL-ANGARI（サウジアラビア）
Mr Saad ALBAIZ（サウジアラビア）
Mr Peter BRODNIANSKY（スロバキア共和国）
Ms Eva HLADIKOVA（スロバキア共和国）
Ms Danica OMASTOVA（スロバキア共和国）
Mr Roman SAJBIDOR（スロバキア共和国）
Ms Gabriela SLODICKOVA（スロバキア共和国）
Mr Dejan ARANĐELOVIĆ（スロベニア）
Ms Nina Češek Vozel（スロベニア）
Ms Andreja KOZMELJ（スロベニア）
Ms Barbara KRESAL STERNIŠA（スロベニア）
Ms Duša MARJETIČ（スロベニア）
Ms Karmen SVETLIK（スロベニア）
Ms Tatjana ŠKRBEC（スロベニア）
Ms Jadranka TUŠ（スロベニア）

Ms Darja VIDMAR（スロベニア）
Ms Rirhandzu BALOYI（南アフリカ）
Ms Mamphokhu KHULUVHE（南アフリカ）
Ms Letho MAPASEKA（南アフリカ）
Ms Bheki MPANZA（南アフリカ）
Ms Hersheela NARSEE（南アフリカ）
Ms Matome SEKGOTA（南アフリカ）
Ms Nthabiseng TEMA（南アフリカ）
Ms Cristina ABARCA del VILLAR（スペイン）
Mr Miguel Ángel ÁLVAREZ ESPINOSA（スペイン）
Ms Elena BANDA LÓPEZ（スペイン）
Mr Leonardo CARUANA DE LAS CAGIGAS（スペイン）
Mr Jesús IBAÑEZ MILLA（スペイン）
Mr Joaquín MARTÍN MUÑOZ（スペイン）
Ms Ana REVILLA TRUJILLO（スペイン）
Ms Carmen TOVAR SÁNCHEZ（スペイン）
Mr Jaime VAQUERO JIMÉNEZ（スペイン）
MS Isabel YUN MORENO（スペイン）
Ms Anna ERIKSSON（スウェーデン）
Ms Maria GÖTHERSTRÖM（スウェーデン）
Ms Marie KAHLROTH（スウェーデン）
Mr Alexander GERLINGS（スイス）
Ms Katrin HOLENSTEIN（スイス）
Ms Nicole SCHÖBI（スイス）
Mr Emanuel VON ERLACH（スイス）
Ms Hatice Nihan ERDAL（トルコ）
Ms Nuriye KABASAKAL（トルコ）
Mr Adolfo Gustavo IMHOF（ユネスコ）
Ms Anuja SINGH（ユネスコ）
Mr Said Ould Ahmedou VOFFAL（ユネスコ）
Mr Bruce GOLDING（イギリス）
Ms Emily KNOWLES（イギリス）
Ms Aliki PAREAS（イギリス）
Ms Melissa DILIBERTI（アメリカ合衆国）
Ms Rachel DINKES（アメリカ合衆国）
Ms Jana KEMP（アメリカ合衆国）
Ms Lauren MUSU-GILLETTE（アメリカ合衆国）
Ms Ashley ROBERTS（アメリカ合衆国）
Mr Thomas SNYDER（INESワーキングパーティー議長，アメリカ合衆国）

労働市場・経済・社会に対する教育の成果ネットワーク（LSO）

Mr Karl BAIGENT（オーストラリア）
Mr Paul CMIEL（オーストラリア）
Mr Patrick DONALDSON（オーストラリア）
Mr Stuart FAUNT（オーストラリア）
Ms Kee HIAUJOO（オーストラリア）
Ms Rebecca SMEDLEY（オーストラリア）
Mr Mark NÉMET（オーストリア）
Ms Isabelle ERAUW（ベルギー）
Ms Geneviève HINDRYCKX（ベルギー）
Mr Kasper OSSENBLOK（ベルギー）

Ms Naomi WAUTERICKX（ベルギー）
Ms Camila NEVES SOUTO（ブラジル）
Ms Margarete da SILVA SOUZA（ブラジル）
Mr Patric BLOUIN（カナダ）
Ms Jolie LEMMON（カナダ）
Ms Dallas MORROW（カナダ）
Mr Marco SERAFINI（欧州職業訓練開発センター，CEDEFOP）
Mr Daniel SCHEUREGGER（欧州職業訓練開発センター，CEDEFOP）
Mr Ignacio LARRAGUIBEL（チリ）
Ms Paola LEIVA（チリ）

531

『図表でみる教育』出版への協力者

Mr Fabián RAMÍREZ (チリ)
Mr Roberto SCHURCH (チリ)
Ms Constanza VIELMA (チリ)
Mr Vladimír HULÍK (チェコ共和国)
Ms Michaela MARŠÍKOVÁ (チェコ共和国)
Ms Lidia GONZÁLEZ (コスタリカ)
Ms Dianny HERNÁNDEZ RUÍZ (コスタリカ)
Ms María Luz SANARRUSIA SOLANO (コスタリカ)
Mr Jens ANDERSEN (デンマーク)
Ms Tiina ANNUS (エストニア)
Ms Kristel BANKIER (エストニア)
Ms Ingrid JAGGO (エストニア)
Mr Priit LAANOJA (エストニア)
Ms Marianne LEPPIK (エストニア)
Mr Marti Lillemägi (エストニア)
Ms Kaire Raasik (エストニア)
Ms Aune VALK (エストニア)
Mr Jens FISHER-KOTTENSTEDE (欧州委員会)
Mr Mantas SEKMOKAS (欧州委員会)
Ms Elodie CAYOTTE (欧州統計局, 欧州委員会)
Ms Sabine GAGEL (欧州統計局, 欧州委員会)
Ms Irja BLOMQVIST (フィンランド)
Mr Mika WITTING (フィンランド)
Ms Nathalie CARON (フランス)
Ms Pascale POULET-COULIBANDO (フランス)
Mr Hans-Werner FREITAG (ドイツ)
Ms Sylvia SCHILL (ドイツ)
Ms Susanne ZIEMEK (ドイツ)
Ms Maria FASSARI (ギリシャ)
Mr Vasileios KARAVITIS (ギリシャ)
Ms Athena PLESSA-PAPADAKI (ギリシャ)
Ms Magda TRANTALLIDI (ギリシャ)
Mr Georgios VAFIAS (ギリシャ)
Mr László LIMBACHER (ハンガリー)
Mr István BUCSI SZABÓ (ハンガリー)
Ms Ásta M. URBANCIC (アイスランド)
Ms Deirdre CULLEN (アイルランド)
Ms Helen MAXWELL (アイルランド)
Ms Helen MCGRATH (アイルランド)
Ms Violeta MOLONEY (アイルランド)
Mr Diarmuid REIDY (アイルランド)
Ms Tracey SHANKS (アイルランド)
Ms Sophie ARTSEV (イスラエル)
Mr Yonatan HAYUN (イスラエル)
Ms Rebecca KRIEGER (イスラエル)
Mr Haim PORTNOY (イスラエル)
Ms Raffaella CASCIOLI (イタリア)
Mr Gaetano PROTO (イタリア)
Ms Liana VERZICCO (イタリア)
Mr Chang Woan YANG (韓国)
Mr Ho Hyeong LEE (韓国)
Ms Yeong Ok KIM (韓国)
Ms Hea Jun YOON (韓国)

Ms Sook Weon MIN (韓国)
Ms Hee Kyung KWON (韓国)
Ms Sun Ae YUN (韓国)
Ms Zane Pallo-Mangale (ラトビア)
Mr Viktors Kravčenko (ラトビア)
Mr Eduardas DAUJOTIS (リトアニア)
Ms Jolita GALECKIENĖ (リトアニア)
Mr Gintautas JAKŠTAS (リトアニア)
Ms Julija UMBRASAITĖ (リトアニア)
Ms Karin MEYER (ルクセンブルグ)
Mr Héctor Virgilio ROBLES VÁSQUEZ (メキシコ)
Mr Gerardo H. TERRAZAS GONZÁLEZ (メキシコ)
Mr Ted REININGA (オランダ)
Ms Francis VAN DER MOOREN (オランダ)
Ms Antoinette VAN WANROIJ (オランダ)
Ms Megan CHAMBERLAIN (ニュージーランド)
Ms Jessica FORKERT (ニュージーランド)
Mr David JAGGER (ニュージーランド)
Ms Nicola MARSHALL (ニュージーランド)
Mr Aaron NORGROVE (ニュージーランド)
Ms Beth RUST (ニュージーランド)
Mr David SCOTT (ニュージーランド)
Mr Zane VERRAN (ニュージーランド)
Ms Hild Marte BJØRNSEN (ノルウェー)
Mr Sadiq-Kwesi BOATENG (ノルウェー)
Mr Piotr JAWORSKI (ポーランド)
Mr Jacek MAŚLANKOWSKI (ポーランド)
Ms Anna NOWOŻYŃSKA (ポーランド)
Ms Hanna ZIELIŃSKA (ポーランド)
Mr Carlos Alberto MALACA (ポルトガル)
Mr Joaquim SANTOS (ポルトガル)
Mr Mark AGRANOVICH (ロシア)
Ms Elena SABELNIKOVA (ロシア)
Mr Frantisek BLANAR (スロバキア共和国)
Ms Nina Češek Vozel (スロベニア)
Mr Matej DIVJAK (スロベニア)
Ms Melita SELJAK (スロベニア)
Mr Miguel Ángel ÁLVAREZ ESPINOSA (スペイン)
Mr Jesús IBAÑEZ MILLA (スペイン)
Mr Raúl SAN SEGUNDO (スペイン)
Ms Ann-Charlott LARSSON (スウェーデン)
Mr Mattias FRITZ (スウェーデン)
Ms Anna BENGTSSON (スウェーデン)
Ms Wayra CABALLERO LIARDET (スイス)
Mr Emanuel VON ERLACH (LSOネットワーク議長, スイス)
Mr Davut OLGUN (トルコ)
Mr Cengiz SARAÇOĞLU (トルコ)
Mr Bruce GOLDING (イギリス)
Ms Alicia HEPTINSTALL (イギリス)
Ms Rachel DINKES (アメリカ合衆国)
Ms Ashley ROBERTS (アメリカ合衆国)
Mr Thomas SNYDER (アメリカ合衆国)

『図表でみる教育』出版への協力者

教育制度に関するネットワーク（NESLI）

Mr Karl BAIGENT（オーストラリア）	Ms Magda TRANTALLIDI（ギリシャ）
Mr Stuart FAUNT（オーストラリア）	Ms Sára HATONY（ハンガリー）
Ms Kee HIAUJOO（オーストラリア）	Mr István BUCSI SZABÓ（ハンガリー）
Ms Antonella SALPIETRO（オーストラリア）	Mr Gunnar J. ÁRNASON（アイスランド）
Ms Rebecca SMEDLEY（オーストラリア）	Ms Asta URBANCIC（アイスランド）
Mr Andreas GRIMM（オーストリア）	Ms Deirdre CULLEN（アイルランド）
Mr Stefan POLZER（オーストリア）	Mr Pádraig MAC FHLANNCHADHA（アイルランド）
Mr Philippe DIEU（ベルギー）	Ms Violeta MOLONEY（アイルランド）
Ms Nathalie JAUNIAUX（ベルギー）	Mr Diarmuid REIDY（アイルランド）
Ms Bernadette SCHREUER（ベルギー）	Mr Yoav AZULAY（イスラエル）
Mr Raymond VAN DE SIJPE（ベルギー）	Mr Pinhas KLEIN（イスラエル）
Ms Ann VAN DRIESSCHE（ベルギー）	Mr Aviel KRENTZLER（イスラエル）
Mr Daniel Jaime CAPISTRANO DE OLIVEIRA（ブラジル）	Mr Daniel LEVI-MAZLOUM（イスラエル）
Ms Juliana MARQUES DA SILVA（ブラジル）	Mr David MAAGAN（イスラエル）
Mr Richard FRANZ（カナダ）	Mr Rakan MORAD SHANNAN（イスラエル）
Ms Simone GREENBERG（カナダ）	Ms Gianna BARBIERI（イタリア）
Ms Jolie LEMMON（カナダ）	Ms Lucia DE FABRIZIO（イタリア）
Mr Michael MARTIN（カナダ）	Ms Annarita Lina MARZULLO（イタリア）
Mr Brett WILMER（カナダ）	大塩宏太（日本）
Ms Klarka ZEMAN（カナダ）	杉本孝之（日本）
Mr Ignacio LARRAGUIBEL（チリ）	丹生久美子（日本）
Ms Paola LEIVA（チリ）	Mr Chang Woan YANG（韓国）
Mr Fabián RAMÍREZ（チリ）	Mr Ho Hyeong LEE（韓国）
Mr Roberto SCHURCH（チリ）	Ms Yeong Ok KIM（韓国）
Ms Constanza VIELMA（チリ）	Ms Hee Kyung KWON（韓国）
Mr Vladimír HULÍK（チェコ共和国）	Ms Han Nah KIM（韓国）
Ms Michaela MARŠÍKOVÁ（チェコ共和国）	Ms Modra Jansone（ラトビア）
Mr Lubomír MARTINEC（チェコ共和国）	Mr Viktors Kravčenko（ラトビア）
Mr Jorgen Balling RASMUSSEN（デンマーク）	Mr Ričardas ALIŠAUSKAS（リトアニア）
Ms Tiina ANNUS（エストニア）	Mr Evaldas BAKONIS（リトアニア）
Ms Hanna KANEP（エストニア）	Mr Ovidijus DAMSKIS（リトアニア）
Ms Kristel VAHER（エストニア）	Mr Eduardas DAUJOTIS（リトアニア）
Ms Hille Vares（エストニア）	Ms Rima ZABLACKÉ（リトアニア）
Ms Lene MEJER（欧州委員会）	Mr Gilles HIRT（ルクセンブルグ）
Ms Nathalie BAIDAK（欧州教育情報ネットワーク，Eurydice）	Ms Charlotte MAHON（ルクセンブルグ）
Ms Arlette DELHAXHE（欧州教育情報ネットワーク，Eurydice）	Ms Elisa MAZZUCATO（ルクセンブルグ）
Ms Petra PACKALEN（フィンランド）	Mr Antonio ÁVILA DÍAZ（メキシコ）
Ms Kristiina VOLMARI（フィンランド）	Mr Marco CALDERÓN ARGOMEDO（メキシコ）
Ms Florence LEFRESNE（フランス）	Mr Juan Martín SOCA DE IÑIGO（メキシコ）
Ms Valérie LIOGIER（フランス）	Mr Thijs NOORDZIJ（オランダ）
Mr Robert RAKOCEVIC（フランス）	Mr Hans RUESINK（NESLIネットワーク議長，オランダ）
Mr Thomas ECKHARDT（ドイツ）	Mr Jerry STRATEN（オランダ）
Mr Benny SCHNEIDER（ドイツ）	Mr Dick VAN VLIET（オランダ）
Mr Marco MUNDELIUS（ドイツ）	Ms Megan CHAMBERLAIN（ニュージーランド）
Ms Dimitra FARMAKIOUTOU（ギリシャ）	Ms Jessica FORKERT（ニュージーランド）
Ms Maria FASSARI（ギリシャ）	Mr David JAGGER（ニュージーランド）
Ms Eudokia KARDAMITSI（ギリシャ）	Ms Nicola MARSHALL（ニュージーランド）
Mr Georgios MALLIOS（ギリシャ）	Mr Aaron NORGROVE（ニュージーランド）
Mr Stylianos MERKOURIS（ギリシャ）	Ms Beth RUST（ニュージーランド）
Mr Konstantinos PAPACHRISTOS（ギリシャ）	Mr David SCOTT（ニュージーランド）
Ms Athena PLESSA-PAPADAKI（ギリシャ）	Mr Zane VERRAN（ニュージーランド）

『図表でみる教育』出版への協力者

Mr Christian Weisæth MONSBAKKEN（ノルウェー）
Ms Renata KARNAS（ポーランド）
Ms Renata KORZENIOWSKA-PUCUŁEK（ポーランド）
Ms Anna NOWOŻYŃSKA（ポーランド）
Mr Joaquim SANTOS（ポルトガル）
Mr Mark AGRANOVICH（ロシア）
Ms Julia ERMACHKOVA（ロシア）
Ms Eva HLADIKOVA（スロバキア共和国）
Ms Gabriela SLODICKOVA（スロバキア共和国）
Ms Barbara KRESAL-STERNIŠA（スロベニア）
Ms Duša MARJETIČ（スロベニア）
Ms Karmen SVETLIK（スロベニア）
Ms Tanja TAŠTANOSKA（スロベニア）
Mr Antonio ALAMILLO SÁNCHEZ（スペイン）
Ms Inmaculada CABEZALÍ MONTERO（スペイン）

Mr Joaquin MARTIN MUÑOZ（スペイン）
Mr Jaime VAQUERO JIMÉNEZ（スペイン）
Mr Joaquín VERA MOROS（スペイン）
Mr Christian LOVERING（スウェーデン）
Mr Tomas GUSTAVSSON)（スウェーデン）
Ms Katrin MÜHLEMANN（スイス）
Mr Davut OLGUN（トルコ）
Mr Osman Yıldırım UGĞUR（トルコ）
Mr Matthew BRIDGE（イギリス）
Mr Bruce GOLDING（イギリス）
Mr Adrian HIGGINBOTHAM（イギリス）
Mr Yousaf KANAN（イギリス）
Ms Jana KEMP（アメリカ合衆国）
Ms Lauren MUSU-GILLETTE（アメリカ合衆国）

その他

BRANTRA SPRL（トランスレーター）
Mr Jit CHEUNG（LSOコンサルタント）
Ms Susan COPELAND（エディター）

Mr Patrice DE BROUCKER（LSOコンサルタント）
Ms Sally Caroline HINCHCLIFFE（エディター）
Ms Fung Kwan TAM（レイアウト）

図表でみる教育 OECD インディケータ（2018年版）
2018年11月21日　初版第1刷発行

■ 編　著 ■
経済協力開発機構（OECD）

■ 翻　訳 ■
矢倉美登里

稲田智子、大村有里、坂本千佳子、立木 勝、松尾恵子、三井理子、元村まゆ

■ 発行者 ■
大江道雅

■ 発行所 ■
株式会社明石書店
〒101-0021　東京都千代田区外神田6-9-5
電話 03（5818）1171
FAX 03（5818）1174
振替 00100-7-24505
http://www.akashi.co.jp/

■ 組版・印刷・製本 ■
モリモト印刷株式会社

（定価はカバーに表示してあります）
ISBN978-4-7503-4740-0

世界の移民政策 OECD国際移民アウトルック（2016年版）

経済協力開発機構（OECD）編著　徳永優子 訳

■A4判変型／並製／464頁　◎6800円

OECD諸国内外における国際移民の傾向と政策動向をまとめた年次報告書。移民の流入や流出、外国人人口、難民動向、国籍取得などの各種統計を豊富に収録するとともに、移民が経済や社会に及ぼす影響やその政策対応について詳細に分析評価する。

●内容構成●
- 第1章　最近の国際移民の動向と政策対応の変化
- 第2章　OECD加盟国における新来移民の就業状況と統合政策
- 第3章　移民が経済に及ぼす影響——地域レベルに注目する
- 第4章　環境的及び地政学的ショックに伴う国際移民——それに対するOECD加盟国の対応
- 第5章　国別の情報——最近の移民動向と移民政策の変化

世界の行動インサイト 公共ナッジが導く政策実践
経済協力開発機構（OECD）編著　齋藤長行監訳　濱田久美子訳
◎6800円

OECDビッグデータ白書 データ駆動型イノベーションが拓く未来社会
経済協力開発機構（OECD）編著　大磯一、入江晃史監訳　齋藤長行、田中絵麻訳
◎6800円

社会情動的スキル 学びに向かう力
経済協力開発機構（OECD）編著　ベネッセ教育総合研究所企画・制作　無藤隆、秋田喜代美監訳
◎3600円

PISA2015年調査 評価の枠組み
OECD生徒の学習到達度調査　経済協力開発機構（OECD）編著　国立教育政策研究所監訳
◎4500円

TIMSS2015算数・数学教育／理科教育の国際比較
国際数学・理科教育動向調査の2015年調査報告書　国立教育政策研究所編
◎3700円

諸外国の教育動向 2017年度版
文部科学省編著
◎3600円

諸外国の初等中等教育
文部科学省編著
◎3600円

諸外国の生涯学習
文部科学省編著
◎3600円

〈価格は本体価格です〉